《新概念大学语文》编委会

普通高等学校通用教材

新概念大学语文

姜剑云　主编

王岩峻　王淑芬　副主编

中华书局

图书在版编目(CIP)数据

新概念大学语文 / 姜剑云主编. —北京：中华书
局,2014.4

ISBN 978 – 7 – 101– 10023 – 5

Ⅰ.新… Ⅱ.姜… Ⅲ.大学语文课—高等学校—教材
Ⅳ.H19

中国版本图书馆 CIP数据核字(2014)第 034477 号

书　　名	新概念大学语文
著　　者	姜剑云
责任编辑	陈　洁　孙永娟
出版发行	中华书局
	（北京市丰台区太平桥西里 38 号　100073）
	http://www.zhbc.com.cn
	E-mail:zhbc@zhbc.com.cn
印　　刷	北京天来印务有限公司
版　　次	2014 年 4 月北京第 1 版
	2014 年 4 月北京第 1 次印刷
规　　格	开本 /700×1000 毫米　1/16
	印张 30½　插页 2　字数 550 千字
印　　数	1–5000 册
国际书号	ISBN 978 – 7 – 101– 10023 – 5
定　　价	45.00 元

前　　言

　　《大学语文》教材版本有很多种，本书可以称为"新概念大学语文"。"新概念"的定位与释义是：其一，"语文"≠"文学作品"选集；其二，"语文"≠"文学作品"＋"非文学作品"；其三，"语文"＝"语言"（能力）＋"文学"（素养）。

　　本书的框架体系由3大板块，13个单元，87篇古今文学经典，8个语言知识通论专题，12种常用文体例说构成。内容包括：上编，文学作品导读；中编，语言知识通论；下编，常用文体例说。其中，通论分语音、文字、词汇、语法、修辞、逻辑、阅读、检索8个专题，涉及语言知识与应用；例说包括常用文体12种，分属"新闻与行政"、"艺术与学术"两大类。

　　文学作品导读部分选文定篇的原则：一是精选具有经典性与代表性的作家作品；二是尽量避免与中学阶段所学篇目重复；三是古代部分以作者生活时代排序，现当代部分以作品发表年代排序。文学经典篇目不再包括外国作品，理由是翻译文学不再是原汁原味的文学。所谓语文，文学素养的前提是有语言能力，为此，我们既系统又概括地安排了8个专题，这在《大学语文》教材编写方面算是我们的一个尝试。随着社会文化生活的日益丰富，艺术类的常用文体也愈来愈显示出其重要意义，我们为此特留出篇幅，增加了解说词、对联、剧本、书评、微型小说5种文体的说明。撰写毕业论文是大学本科阶段的最后一个学习环节，也是语言能力与水平的一个综合检验。基于这样的认识，本教材特别安排了相关专题，可视为我们的又一个尝试。

　　语文，在学科体系中找不到固定的位置，也没有唯一的学科身份代码。它既跨学科、跨领域，又有一定的独立地位。语文，人文内容无所不包，知识体系庞大而复杂，是文明历史数千年的积淀，也是无数学人接力跑的集成。在这个超大知识数据库中，各种信息由谁先输入、为谁所专属，已经很难截然分开了。在编写本书的过程中，我们参考学习并得益于学界丰厚的学术成果，在此诚致衷心感谢。尽管我们参考必注所出，以示不敢掠美，但还不能说绝无遗漏。若有不到之处，还请各位同仁指出修正。

　　本书编写组成员主要来自以下10省市23所高等院校：河北大学、湖州师范学院、南开大学、首都师范大学、中央民族大学、石家庄学院、保定学院、河北工程技术高等专科学校、塔里木大学、山东大学、杭州师范大学、安徽财经大学、山西大同大学、运城学院、江南大学、邯郸学院、忻州师范学院、南京师范大学、阳泉学院、内蒙古民族大学、阳泉师范高等专科学校、山西大学、河北工程大学。

　　这部教材的编写，先后得到了许多专家与朋友的指导、关心和帮助，其中有郭健（河北工业大学），杨学新、徐建民、胡保利、张燕京（河北大学），吴格明（江南大学），王剑虹（北京师范大学），阮鸿娇（河南大学），黄建才（华北电力大学），康殿英（中华文人书画艺术研究院），韩一菲（保定文化促进会），陈庆春（保定市文广新局），等等，在此，一并致以衷心的感谢。

　　限于编者水平，错误与不足在所难免，欢迎读者批评指正。

姜剑云

2013 年 11 月 6 日

目　录

上编　文学作品导读

中编　语言知识通论

下编　常用文体例说

上编

文学作品导读

第一单元 先秦两汉文学

关　雎[1]

《诗经·周南》

　　《诗经》是我国现存第一部诗歌总集，共有305篇。另有6篇笙诗，有目无词。原名只称作《诗》或"诗三百"，汉代开始称作《诗经》。全书主要收集周初至春秋中叶500多年的作品，传说孔子是最终的编订者，然而至今仍无确证。

　　《诗经》按风、雅、颂分为三类，其内容既有民族开国、发展的历史，又有农业生产生活的情况；既有战争徭役的痛楚，又有爱情婚姻的喜悦。其诗大多自然、纯朴，有极其重要的史料价值和文化价值。诗歌形式以四言为主，句式整齐，多重章叠句，又有赋、比、兴表现手法的运用，风格多样，对后代文学创作产生了深远的影响。

　　《诗经》传本在汉代有鲁、齐、韩、毛四家，但后来齐、鲁、韩三家诗先后亡佚，今仅存《毛诗》。

> 关关雎鸠[2]，在河之洲[3]。窈窕淑女[4]，君子好逑[5]。
> 参差荇菜[6]，左右流之[7]。窈窕淑女，寤寐求之[8]。
> 求之不得，寤寐思服[9]。悠哉悠哉[10]，辗转反侧[11]。
> 参差荇菜，左右采之。窈窕淑女，琴瑟友之[12]。
> 参差荇菜，左右芼之[13]。窈窕淑女，钟鼓乐之[14]。

（《毛诗正义》，影印《十三经注疏》本，阮元校刻，中华书局，1980）

【注释】

[1] 诗作抒发了一个青年男子对一位美丽女子的爱恋和思念之情。

[2] 关关：形容水鸟雌雄和鸣的象声词。雎鸠（jū jiū）：水鸟，相传这种鸟用情专一，和常鸟不同。

[3] 在河之洲：（雌雄雎鸠）在河中陆地栖息着。洲，水中的陆地。

[4] 窈窕（yǎo tiǎo）：美好的样子，叠韵词。淑：好，善。

[5] 好逑（hǎo qiú）：喜欢追求为对象。逑，配偶。

[6] 参差（cēn cī）：长短不齐的样子，双声联绵词。荇（xìng）菜：一种水生植物，夏天开黄色花，可食用。

[7] 左右：采荇菜女子的双手。流：摘取。

[8] 寤（wù）寐：日日夜夜。寤，醒来。寐，睡着。

[9] 思服：思念，牵挂。

[10] 悠哉：形容思念深长的样子。

[11] 辗转反侧：翻来覆去。

[12] 琴瑟：古乐器名。友：亲爱，交好。

[13] 芼（mào）：选择，采摘。

[14] 钟鼓乐之：敲击钟鼓使她快乐。乐，使淑女快乐。

【评析】

　　本篇选自《诗经·周南》，是《诗经》开卷之作，同时也是《国风》的第一篇。历史上对于该篇主旨有许多的评述，其中最主要的是歌颂"后妃之德"和讽谏君王的说法。"后妃之德"是说女子只有忠贞贤淑，含蓄克制才能配得上王侯，因为儒家学说在中国古代一直占据着统治地位，而《诗经》又是儒学中的经典，《关雎》位于三百篇之首，若不言赞美"后妃之德"的主题，不足以显示其"正始之道，王化之基"的重要地位。而讽谏君王的观点则是对于君王好色行为的讽刺和劝谏。这两种理解都使该篇与君王联系在了一起。

　　从内容上看，本篇可分为三个层次。第一层四句，客观描写水鸟欢快的歌唱，淑女是君子追求的对象，此为全文总述之句；第二层八句，从现实角度来写君子因得不到淑女而产生的思念之苦和单恋之痛；第三层最后八句，从幻想的角度落笔，若是可以得到心中的淑女，男主人公一定会千方百计地使她幸福快乐。从水鸟雌雄和鸣写到男主人公对淑女的相思热恋，这不就是一曲天然素朴的青春恋歌吗？为什么偏偏要与"后妃之德"扯到一起呢？

　　然而这曲青春恋歌却有着神秘而深厚的内涵。首先，单恋情思的渗透。诗中只有一位男主人公在倾诉、在幻想，根本听不到一点儿女性的声音。从男主人公看见水鸟嬉戏联想到对淑女的渴求；从得不到淑女的痛苦联想到拥有后的快乐，可以见出这仅仅是单相思、空幻想，留给读者的只是一片渺茫的虚幻。因而此诗是一曲反映青年男子不懈追求，独自怅惘，最终爱情幻灭的失恋情歌；其次，爱情理想的表达。君子一般是指有学识和修养的人，而淑女往往是德行和美貌兼备的女子。作者用君子和淑女的结合作为其心中理想的标尺，无疑是将其爱情理想上升到了一种至善至美的境界；最后，现实生活的寄托。本篇题旨可能不仅在写爱情，作者极有可能把在事业、功名、理想上的失意借用爱情的言语道出，作者曾经奋斗过，期待过，最终却不得不接受幻灭的悲剧。所以他只能如诗中男主人公那样幻想美好，然而越是幻想越难以摆脱失落之痛苦。这大概也是诗人想要表达的一种思想。

本篇在艺术上多有可圈可点之处。首先，比兴手法的运用。诗人从"关关雎鸠"着笔，心灵触动，开始写君子对淑女的热恋，并联想到二人长相厮守后的快乐，言有尽而意无穷；其次，多种表现手法并存。"辗转"为双声词，"窈窕"为叠韵词，"关关"为重叠词，多样的表现形式使得人物含有一种动态之美，同时也使得音调具有一种节奏和谐之美。最后，语言纯朴自然。民歌的写法使得该诗更加清新朴实，自然灵动。《诗经》中的许多艺术特点和写作手法，大多在该篇有所反映，所以《关雎》是无愧于《诗经》开篇之作这一重要地位的。

【练习】

1. 你认为《关雎》的主题是什么？
2. 以《关雎》为例，试述《诗经》的艺术特色。

（刘世明）

君子于役[1]

《诗经·王风》

时至汉代，儒家学者将"诗三百"奉为经典，尊称为《诗经》，并列入"五经"。

一般认为，《诗经》中的作品根据音乐的不同，可分为风、雅、颂三部分。其中有十五"国风"共160篇，如《周南》、《召南》、《王风》、《邶风》、《卫风》、《郑风》、《豳风》等。"王风"是东周王室所在地洛邑（今河南洛阳）一带的歌谣。"周南"、"召南"是地名，其余大多是各诸侯国名。"风"多为采风所得，保存了各地方的乡土乐歌，是《诗经》中内容最为丰富的部分，其所反映的当时的社会生活可谓广泛而深刻；"雅"是正声雅乐，分为《大雅》（用于隆重盛大宴会的典礼）和《小雅》（用于一般宴会的典礼），共有105篇；"颂"是祭祀乐歌，用于宫廷宗庙祭祀祖先，祈祷和赞颂神明，现存共40篇。《诗经》，尤其是《国风》和《小雅》中的一部分作品因其关注现实，抒发作者的真情实感而具有很强的艺术感染力。

君子于役，不知其期[2]。曷至哉[3]？鸡栖于埘[4]，日之夕矣[5]，羊牛下来[6]。君子于役，如之何勿思[7]！

君子于役，不日不月[8]。曷其有佸[9]？鸡栖于桀[10]，日之夕矣，羊牛下括[11]。君子于役，苟无饥渴[12]？

　　　　　（《毛诗正义》，影印《十三经注疏》本，阮元校刻，中华书局，1980）

【注释】

[1] 本篇选自《诗经·王风》。这是一首以思妇口吻写成的诗。女主人公因看到黄昏时分鸡进笼、牛羊
　　归圈而想到自己在外服役的丈夫还没有回来，于是顿生无尽思念。

[2] 君子：这里是对丈夫的尊称。于役：到外面服役。于，往。期：指服役的期限。

[3] 曷（hé）：通"何"，何时。

[4] 埘：指开凿在墙上的鸡窝。

[5] 日之夕矣：天色已至黄昏。

[6] 羊牛下来：牛羊正从放牧之地归来。下来，当指从山坡上回来。

[7] 如之何：怎么能。

[8] 不日不月：无日无月，极言时间之久。

[9] 佸（huó）：相聚。

[10] 桀（jié）：鸡栖息的木桩。

[11] 括：来到。

[12] 苟：或许。

【评析】

　　《君子于役》选自《诗经·王风》。这是一首以思妇口吻写的诗。丈夫在外服役，归期遥遥。夕阳西下，妻子触景生情，无助而又无奈地思念服役不归的丈夫。此诗深刻地反映了当时重役之下百姓的痛苦，曲折地表达了人民对自由幸福生活的向往和追求。

　　这首诗在写法上最为突出的是"赋"与"兴"手法的运用。所谓"赋"就是铺陈直叙，是诗人将思想感情，或者能够表达其思想感情的景物平铺直叙地表达出来。"兴"，就是诗人触景生情，借助眼前所见引发所思所感。夕阳西下，鸡、牛、羊都已回窝归圈，"鸡栖于埘，日之夕矣，羊牛下来"，"鸡栖于桀，日之夕矣，羊牛下括"，是直接写景，是"赋"的运用，这几句所描绘的黄昏时分乡间生活场景，更烘托了浓浓的思念氛围。在家中"成员"一个个按时回家的时候，女主人公又怎么可能不牵挂那个"于役"在外不能归家的"君子"呢？这里正是"兴"的表现手法的运用。全诗十分生动地展现了女主人公倚门望归的形象，细致入微地刻画了她希望"于役"无期的丈夫早日归来的心理。"君子于役，如之何勿思！"这种思念是那样无助与无奈，毕竟，"君子于役，不知其期"，于是无法释怀的思念进而又变成了无尽的牵挂。"君子于役，苟无饥渴？"那个"于役"的"君子"有没有忍受饥渴？这种深挚的情感怎能不令我们为之动容！

　　这首诗在中国诗歌史上有着开创性的地位和极为深远的影响。可以说，

从此诗开始，便逐渐形成了"日夕闺思"的背景和主题。"鸡栖于桀下牛羊，饥渴萦怀对夕阳。已启唐人闺怨句，最难消遣是昏黄。"（许瑶光《雪门诗草》卷一《再读〈诗经〉四十二首》）毫无疑问，《君子于役》以其内容的深刻性和主题的开创性，以及赋、兴手法的成功运用，给后代文人和读者提供了典范。

【练习】

1. 这首诗描绘了一幅怎样的乡村生活画卷？这对表现诗的主题有怎样的作用？
2. 在学过的历代诗作中，能否再举出一些以"日夕闺思"为主题背景的诗歌？

（孙欣欣）

蒹　葭

《诗经·秦风》

《诗经》风格多属现实主义一脉，与以浪漫风格著称的《楚辞》并为中国古代诗歌的源头。《蒹葭》在《诗经·秦风》中。周代秦地，约当今陕西大部和甘肃部分地区。《秦风》共收录诗歌10篇，多为车马狩猎、争战杀伐之篇，多为对英雄的赞叹。朱熹说，"秦人之俗，大抵尚气概，先勇力，忘生死"，所以诗篇风格粗犷而质朴。然而《蒹葭》之篇，从题材到风格，颇似《郑风》格调。

蒹葭苍苍[1]，白露为霜。所谓伊人，在水一方。溯洄从之[2]，道阻且长。溯游从之，宛在水中央。

蒹葭萋萋，白露未晞[3]。所谓伊人，在水之湄[4]。溯洄从之，道阻且跻[5]。溯游从之，宛在水中坻[6]。

蒹葭采采，白露未已。所谓伊人，在水之涘[7]。溯洄从之，道阻且右[8]。溯游从之，宛在水中沚[9]。

（《毛诗正义》，影印《十三经注疏》本，阮元校刻，中华书局，1980）

【注释】

[1] 蒹葭：初生的芦苇。苍苍：茂盛。下文"萋萋"、"采采"意思相同。

[2] 溯洄：逆流而上。

[3] 晞（xī）：干。

[4] 湄（méi）：《说文解字》曰："水草交为湄。"

[5] 跻（jī）：登，上升。

[6] 坻（chí）：小渚也，水中的小洲或高地。

[7] 涘（sì）：水边。

[8] 右：道路迂回曲折。

[9] 沚（zhǐ）：水中小块陆地。

【评析】

　　《蒹葭》是一首融清美景色、纯美情感、至美意境于一体的诗歌作品。诗人通过三个复沓的小章节，表现出君子对佳人的无限向往与不懈追求，将求而不得的淡淡怅惘化于笔端，在似有若无间挑起动人的情弦。

　　诗歌具有柔婉美、复沓美和朦胧美的艺术特色。

　　诗歌中所描写的景象、人物无一例外具有柔情的特质。从景物来看，在秋露的滋润下愈加繁茂的芦苇，随风摇曳，伸展出细长的叶子。清秀灵动的自然风光，勾起了人心底的柔情，让人不禁沉醉其间。从人物来看，诗人并没有着力描写女子的仙姿妹容，仅仅用"伊人"一笔带过。伊人临水而居，临水而立，自是飘逸不凡。庄子以"肌肤若冰雪，绰约若处子，不食五谷，吸风饮露"幻化出了不食人间烟火的神女形象，诗歌却通过居所及君子追求，从侧面烘托出了伊人的靓丽，读者可以尽情地发挥联想，使佳人形象一点点丰润而至完美。

　　诗歌在句式结构和语言运用上都遵循一定的规律。句式上，结构相同，字数对等，让诗歌在整体构架上具有了匀称丰满之美，读起来若流水潺潺，似泉涌汩汩，仿佛流珠走盘，富有节奏感。在语言运用上适时予以重复，收到了一唱三叹的功效。"苍苍"、"萋萋"、"采采"相生相谐，将芦苇生命力之茂盛表现得淋漓尽致，反反复复的"溯洄"让人对君子执着之心的体会更加深切。此外，诗歌还用了形象的比喻手法，通过方位的推移，幻化出一个飘渺难寻的佳人形象。

　　由这首诗引发的争议很多，突出表现在对"伊人"意象的解读。一是爱情说，认为这首诗歌表现了君子对佳人的追慕之情，且有评论曰："古之写相思，未有过之《蒹葭》者。"二是招贤说，"伊人"即为贤达之士，可望而不可即也，姚际恒的《诗经通论》、方玉润的《诗经原始》都认同这一说法。三是讽刺诗，《毛诗序》云："《蒹葭》，刺襄公也。未能用周礼，将无以固其国焉。"礼为治国之根本，违逆周礼而治之，那么国将不国。此又是一家之言。

　　总之，形象大于思想，一首《蒹葭》，意境深幽，意蕴深厚，朦胧隐约，主题多元。撷取自然美景，浸润温婉柔情，化为无尽思索，诗歌如同一位娉娉袅袅的凌波仙子，形神态兼得，观之韵味无穷！

【练习】

1. 《蒹葭》中的景物描写有何特点？
2. 《关雎》和《蒹葭》都充分表达了诗人细腻的思想感情，试比较并解读。

（贾玉婷）

七　月

《诗经·豳风》

《七月》选自《诗经》十五国风中的《豳风》。《豳风》即豳地一带的民歌。"豳"在今陕西旬邑、彬县一带，一说认为还包括今甘肃庆阳一带。周部族首领公刘率领周人迁徙定居于豳地。公刘即豳公。周民族以农业开国，所以豳地的一切活动，包括日常生活、风土人情、祭祀典礼等无不围绕农事活动而展开，由此形成了具有鲜明农业特色的豳地文化，又为农事诗的诞生提供了肥沃的土壤。以农事活动为歌咏题材，对于周民族来说，既是最自然不过的事，又具有非同寻常的意义。《诗经》中的农事诗从各个方面反映了人们对自然的认识以及当时农业文明的程度。《七月》作为《诗经》农事诗的典型代表，诗中不仅有对农事活动的歌咏，而且还涉及与农事活动密切相关的其他活动。《七月》以其包含的极其丰富的内容及现实主义表现手法，对后世的文学创作产生了深远的影响。

七月流火[1]，九月授衣[2]。一之日觱发[3]，二之日栗烈[4]。无衣无褐[5]，何以卒岁[6]！三之日于耜[7]，四之日举趾[8]。同我妇子[9]，馌彼南亩[10]。田畯至喜[11]。

七月流火，九月授衣。春日载阳[12]，有鸣仓庚[13]。女执懿筐[14]，遵彼微行[15]，爰求柔桑[16]。春日迟迟[17]，采蘩祁祁[18]。女心伤悲，殆及公子同归[19]。

七月流火，八月萑苇[20]。蚕月条桑[21]，取彼斧斨[22]，以伐远扬[23]，猗彼女桑[24]。七月鸣鵙[25]，八月载绩。载玄载黄，我朱孔阳[26]，为公子裳。

四月秀葽[27]，五月鸣蜩[28]。八月其获，十月陨萚[29]。一之日于貉，取彼狐狸，为公子裘。二之日其同[30]，载缵武功[31]。言私其豵[32]，献豜于公[33]。

五月斯螽动股[34]，六月莎鸡振羽[35]。七月在野，八月在宇，九月在户，十月蟋蟀入我床下。穹窒熏鼠[36]，塞向墐户[37]，嗟我妇子，曰为改岁[38]，入此室处。

六月食郁及薁[39]，七月亨葵及菽[40]。八月剥枣[41]，十月获稻。为此春酒[42]，以介眉寿[43]。七月食瓜，八月断壶[44]，九月叔苴[45]。采荼薪樗[46]，食我农夫。

九月筑场圃[47]，十月纳禾稼[48]。黍稷重穋[49]，禾麻菽麦。嗟我农夫，我稼既同，上入执宫功[50]。昼尔于茅[51]，宵尔索绹[52]。亟其乘屋[53]，其始播百谷。

二之日凿冰冲冲[54]，三之日纳于凌阴[55]。四之日其蚤[56]，献羔祭韭。九月肃霜[57]，十月涤场[58]。朋酒斯飨[59]，曰杀羔羊。跻彼公堂[60]，称彼兕觥[61]，万寿无疆！

（《毛诗正义》，影印《十三经注疏》本，阮元校刻，中华书局，1980）

【注释】

[1] 七月流火：这句的意思是，七月大火星下降，天气即将转凉。

[2] 授衣：将裁制冬衣的工作交给女工。

[3] 一之日：周历一月，夏历十一月。以下二之日、三之日、四之日，可顺序类推。觱（bì）发（bō）：寒风吹起。

[4] 栗烈：寒气凛冽。

[5] 褐：粗布衣服。

[6] 卒岁：终岁。

[7] 于：为，修理。耜（sì）：古代的一种农具。

[8] 举趾：抬足，这里指下地耕田。

[9] 妇子：妻子和孩子。

[10] 馌（yè）：送饭到田间。

[11] 田畯（jùn）：农官。喜：通"饎"。酒食。

[12] 载阳：天气开始暖和。

[13] 仓庚：黄鹂。

[14] 懿筐：深筐。

[15] 遵：沿着。微行（háng）：小路。

[16] 柔桑：初长的嫩桑叶。

[17] 迟迟：指春日长。

[18] 蘩：白蒿。祁祁：人多的样子。

[19] 殆及公子同归：是说怕被女公子带去陪嫁，一说指怕被公子强迫带回家去。

[20] 萑（huán）苇：芦苇。

[21] 条桑：修剪桑枝。

[22] 斧斨（qiāng）：装柄处圆孔的叫斧，方孔的叫斨。

[23] 远扬：指又长又高的桑枝。

[24] 猗：攀折。女桑：嫩桑。

[25] 鵙（jú）：伯劳鸟，叫声响亮。

[26] 朱：赤色。阳：鲜艳。以上二句言染色有玄有黄有朱，而朱色尤为鲜艳。

[27] 秀葽（yāo）：远志结实。

[28] 蜩（tiáo）：蝉。

[29] 陨：落下。蘀（tuò）：枝叶脱落。

[30] 同：聚合，指狩猎之前聚合众人。

[31] 缵：继续。武功：指打猎。

[32] 豵（zōng）：一岁野猪，这里代表比较小的兽。

[33] 豣（jiān）：三岁的野猪，代表大兽。

[34] 斯螽（zhōng）：虫名，蝗类，即蚱蜢、蚂蚱。旧说斯螽以两股相切发声，"动股"言其发出鸣声。

[35] 莎（suō）鸡：虫名，纺织娘。振羽：言鼓翅发声。

[36] 穹：穷尽，清除。窒（zhì）：堵塞。这句将室内满塞的角落搬空，便于熏鼠。

[37] 向：朝北的窗户。墐：用泥涂抹。

[38] 改岁：指旧年将尽，新年快到。

[39] 郁：郁李。薁（yù）：野葡萄。

[40] 亨：烹。葵：一种蔬菜。菽：豆。

[41] 剥（pū）：击，打。

[42] 春酒：冬天酿酒经春始成，叫做"春酒"。枣和稻都是酿酒的原料。一说为冻醪，即今带滓的米酒。

[43] 介：祈求。眉寿：长寿。

[44] 壶：葫芦。

[45] 叔：拾取。苴（jū）：秋麻籽，可食。

[46] 荼（tú）：苦菜。樗（chū）：臭椿树。

[47] 场（cháng）：打谷的场地。圃：菜园。春夏做菜园的地方，秋冬就成为打谷场。

[48] 纳：收进谷仓。禾稼：谷类通称。

[49] 重（tóng）：通"穜"。晚熟作物。穋（lù）：早熟作物。

[50] 上：同"尚"。宫功：修建宫室，或指室内的事。

[51] 于茅：割取茅草。

[52] 索綯（táo）：搓绳子。

[53] 亟：急忙。乘屋：爬上房顶去修理。

[54] 冲冲：凿冰的声音。

[55] 凌阴：冰室。

[56] 蚤：同"早"。

[57] 肃霜：降霜。

[58] 涤场：打扫场院。

[59] 朋酒：两壶酒。飨（xiǎng）：用酒食招待客人。

[60] 跻（jī）：登上。

[61] 称：举起。兕觥（sì gōng）：酒器。

【评析】

《七月》这首诗是国风中篇幅最长的一篇，全诗分8章，每章11句，共380字，是《诗经》农事诗中最优秀的作品，具有重要的史料及文学艺术价值。

此诗以时令为序，描写周人一年四季的生产生活。诗中既有关于时令特征的描写，又有对现实生活的描述；既有整体的概括，又有细节的刻画；既有叙事，又有抒情。此诗内容丰富，结构完整，生动地展示了一幅幅当时社会的风俗画面。

《七月》反映了周人对自然的认识及当时人们的生产生活水平。诗中提到的鸟兽草木与人们当时的生活息息相关，甚至成为人们生活中的重要组成部分。人们要满足衣食住行的需要就必须认识自然，掌握时令季节的特点。因为那时人们进行农业生产基本靠天收，所以时令对于他们来说具有非常重要的意义。认识和掌握时令的特点和规律也就成为人们迫切的愿望，这也就不难理解诗中为什么反复吟咏"月"、"日"。在长期的实践活动中，人们通过观测天象、观察自然界的各种现象及变化，并结合当地流传的农谚民谣，掌握了一些季节的特征和规律，如看到"七月流火"，就知道天气将逐渐转寒；听到"五月鸣蜩"，就知道炎热的夏季已经到来。人们依此来进行农业生产和与之相关的各种活动。

这首诗在艺术表现上，主要采用赋的方法。即用铺叙来概括当时社会的整体风貌，具有很强的叙事性。此外，抒情描写的诗句，如"无衣无褐，何以卒岁"，"女心伤悲，殆及公子同归"，这种描写，并非表现人物大喜大悲或爱憎分明的情感，而应是生活中人们真实情感的自然流露；诗中细节的描写，也很值得称道，如写斯螽和莎鸡的鸣叫，分别用"动股"和"振羽"。再如写蟋蟀随气候的渐冷，由"野"到"宇"再到"户"进而到"床下"，刻画细腻，生动形象。诗中还从衣、食、住等几个方面的对比描写，来反映劳动者和贵族的不平等。

这首诗语言简洁，诗句以四言为主，兼用五、六、七、八杂言句。《七月》是长诗，这些语言的变化增强了诗歌的表现力。

【练习】

1. 《七月》反映了周人一年四季怎样的劳动生活？

2. 这首诗在叙事上有何特点？

3. "女心伤悲，殆及公子同归"反映了人物什么样的心理？

（叶宁）

吾十有五而志于学

《论语》

　　《论语》是儒家学派的经典著作，主要记录孔子言行，反映孔子的政治主张和教育思想。孔子，名丘，字仲尼，春秋时鲁国人，被尊称为"圣人"，是我国古代伟大的思想家和教育家。他一生述而不作，有弟子三千，贤者七十二人。孔子提出了"有教无类"、"因材施教"的教育理念，将教育的范围由上层贵族扩展到平民百姓。

　　子曰："吾十有五而志于学[1]，三十而立[2]，四十而不惑[3]，五十而知天命[4]，六十而耳顺[5]，七十而从心所欲，不逾矩[6]。"

（《论语正义》，刘宝楠撰，高流水点校，中华书局，1990）

【注释】

[1] 有：又。

[2] 立：有所成就。

[3] 不惑：明白，不疑惑。

[4] 知天命：对人生、对生活的运行规律有了一定的认识。

[5] 耳顺：郑注曰："耳闻其言，而知其微旨。"意思是，能够辨明别人说话的真实意趣所在。

[6] 矩：法度。这二句的意思是说从心所欲，而又合乎法度。

【评析】

　　此章出自《论语·为政》。孔子七十岁后追述其所历年数，追忆了他的求学、立身、明道的经历。

　　关于《论语》的解读，版本众多，但多为引经据典，注释词句之作，宋代蔡节的《论语集说》则以解说思想内涵为主。其有观点曰："圣人之为学，不终其身，不诣其极，不止也。"他认为孔子是"智圣"的代表，孔子年十五而入大学，立志为学，后加以十五年持守之功，于三十岁时卓然能有所立即有所成就也。又加以十年探索之功，年四十时能够做到所见明彻、无所滞碍，对万事万物之理洞然于胸中。又以十年之功，年五十时能够明白理无不穷，性无不尽，知天之所命，此则知之至也。又十年，年六十时能够达到声入耳，心无不通的境界，即所谓不思而得者也。又十年，年七十时能够做到心与理合二为一，即所谓不勉而中者也。学而至此，圣人之德所以为至也。蔡节认为，圣人尚且如此，普通士人更应深深体味孔子的言行，并笃行之，日积月累或许可以得到其所崇尚的德行。

　　孔子所谓"十有五而志于学"是指大学。孔子"有志于学"、"而立"、"不惑"、"知天命"、"耳顺"、"从心所欲"的经历和体验，对后人有着极为重要的借鉴意义，从一定程度上说，也指导着今人的思想，规范着今人的行为。

【练习】

1. 孔子被称为"圣人"，"孔子学院"在越来越多的国家兴办，那么，孔子对古代以及当代教育的影响主要表现在哪些方面？
2. 孔子七十岁后追忆了他的求学、立身、明道的经历，你从中获得了什么启示？

（马桓）

庄子与惠子游于濠梁之上

《庄子》

　　庄子（约前369—前286），名周，战国时期的著名哲学家、思想家，道家学派的鼻祖。与老子并称"老庄"。《庄子》一书33篇，分为内篇、外篇、杂篇三个部分，其中内7篇被认为是庄子本人所作，或者说这7篇代表了庄子自己的思想。外、杂篇为庄子后学所著，延续了庄子精神，但已有了儒家的思想倾向。庄子生活在战国时期，做过漆园吏，生活贫困，却淡泊名利，鄙弃荣华，追求逍遥无待的人生境界。他的一些思想在当时积极于世事的诸子学派中，颇显得保守与另类。作为道家学派的代表人物，庄子在书中主要阐发了齐物与养生的思想。齐物论可以视为庄子哲学思想的集中代表，而养生论，则被道教吸收，并加以改造，成为道士炼丹养生的重要依据。庄子追求内心精神境界的超脱与自由，这对于他摆脱乱世之苦是有积极意义的。作为精神境界的思想阐述，庄子学说对后来重视写心、抒情的中国艺术产生了至关重要的影响。

　　庄子与惠子游于濠梁之上[1]。庄子曰："儵鱼出游从容，是鱼之乐也[2]。"
　　惠子曰："子非鱼，安知鱼之乐[3]？"
　　庄子曰："子非我，安知我不知鱼之乐？"

　　惠子曰："我非子，固不知子矣[4]；子固非鱼矣，子之不知鱼之乐全矣[5]。"

　　庄子曰："请循其本[6]。子曰'汝安知鱼乐'云者，既已知吾知之而问我。我知之濠上也。"

（《庄子集释》，郭庆藩撰，王孝鱼点校，中华书局，1985）

【注释】

[1] 惠子：惠施，战国时期重要思想家，庄子非常要好的朋友，也是其书中重要的论辩假想敌。濠梁：指濠水上的桥梁。濠，水名，在淮南钟离郡。

[2] 儵：同"鲦"。鱼名。从容：放逸的样子。此指鱼儿游于水中适情逍遥的情态。

[3] 非：不是。安知：怎么知道。

[4] 固：固然。

[5] 全矣：周洽，于理无亏。意思是说，惠子不是庄子，故不知庄子，正如庄子不是鱼，也不知鱼的快乐。这正通于情理，于理无亏。

[6] 循：寻找。本：惠子所言之意。

【评析】

　　这段文字取自《庄子》之《秋水》的最后一段，其文本的意蕴与《齐物论》最后部分对"庄周梦为胡蝶"的阐述可以相互参照。

　　庄子与惠子游于濠梁之上，并就鱼儿之乐的问题进行论辩，颇有诡辩论的意味。庄子认为，鱼儿在水中放逸逍遥的样子是多么快乐啊。好辩的惠子反问道，你不是鱼，又怎么会知道鱼儿的快乐。这种追问方式预设了一个前提，即自然之物与我是绝然分开的。而庄子的回答，不自觉地陷入了惠子的预设前提，他说，你不是我，你怎么知道我不知鱼儿的快乐。即你与我之间存在区隔，我的意思你自然不懂。惠子就庄子之意总结其论辩的主旨，他认为，我不是你，固然不知道你的意思。但是，你也不是鱼啊，所以就情理而言，你自然也不知道鱼儿的快乐。惠子在自然之物与我之间存在区隔的前提下，完成了对庄子的追问，也达到了驳难对方的目的。如果顺着惠子的逻辑，庄子是无可辩驳的，论辩也就此而终止。

　　好辩的思想家是不会就此为止的，这也不是庄子的风格。作为假想敌，惠子在庄子的思想世界中已经成为他阐释思想的重要工具。而对鱼儿之乐的论辩，庄子巧妙地改变了惠子的预设前提。他认为惠子所论，有言无理，如果深入思考他提问的本意，即惠子显然已经知道我体会到了鱼儿的快乐，才进一步发问的。因此，他问题的本意就在于，我是通过何种方式得知这种快乐的。我说我是在濠梁之上知道的。作为辩护，庄子改动预设前提的做法，巧妙地借对惠子的批判完成了对自己思想的阐释。

　　庄子的前提何在？这恐怕就要借助对《秋水》全文的理解了。我们读《庄子》，觉得它的故事性很强，每段故事都可以独自成文，但对其思想的理解却需要融会贯通了。《秋水》开篇借河伯、海若的问答，阐述了天人妙合无间，毋以人为泯灭大道之本真的思想。故而，后面的寓言故事都离不开对这一主题的阐释。濠梁观鱼之乐，即庄子要在寻常物理中体察万物之情。之所以能够体察，是因为自然之物与我之间不存在区隔，我与万物是一体的，我的精神能够自由地往来于天地之间，而不受任何拘束与限制。这才是庄子的论辩前提，也是《庄子》思想的基石。这个基石突出表现在《齐物论》中。有意思的是，《齐物论》最后一段广为人知的寓言故事"庄周梦蝶"之说，在旨趣上与濠梁观鱼之乐神理相通。庄子不辨自我与胡蝶，正是游于大道，与道为一，浑然一体的境界。他通过消解万物与自我的区隔，泯灭了偏执一端的立场，从而达到了融合诸说，大辩不言的目的。庄子对惠子前提的改设与辩驳，正透露出此种信息。

【练习】

1. 试谈庄子的论辩艺术。
2. 庄子思想中何处体现了艺术的精神？

（陈博涵）

山　鬼[1]

屈　原

　　屈原（约前339—约前278），名平，字原，战国后期楚国丹阳（今湖北秭归）人，楚武王熊通之子屈瑕的后代。屈原以上古帝王颛顼氏为先祖，属楚国公族。据《史记·屈原贾生列传》记载：屈原曾任楚怀王左徒，他"博闻强志，明于治乱，娴于辞令。入则与王图议国事，以出号令；出则接遇宾客，应对诸侯"，对内主张举贤任能，对外主张联齐抗秦，深得楚怀王的信任，后来受到诬陷排挤，被怀王疏远。楚怀王死了以后，长子顷襄王继位，又把屈原流放到沅、湘一带。屈原远离故国，痛心于国势殆危，自己的政治理想无法实现，遂自投汨罗江而死。

　　屈原是中国最伟大的浪漫主义诗人之一，他留存下来的作品，得到研究者肯定的有《离骚》、《九歌》（11篇）、《九章》（9篇）、《天问》、《招魂》等，共23篇。他的作品揭露楚国政治的腐朽和黑暗，表达自己对进步理想的追求，充满了热爱祖国的真挚感情和刚强不屈的斗争精神，想象丰富，构思奇特，富于浪漫主义精神。其人其文对后世产生了巨大而深远的影响。

若有人兮山之阿[2]，被薜荔兮带女罗[3]。既含睇兮又宜笑[4]，子慕予兮善窈窕[5]。乘赤豹兮从文狸[6]，辛夷车兮结桂旗[7]。被石兰兮带杜衡[8]，折芳馨兮遗所思[9]。余处幽篁兮终不见天[10]，路险难兮独后来[11]。

表独立兮山之上[12]，云容容兮而在下[13]。杳冥冥兮羌昼晦[14]，东风飘兮神灵雨[15]。留灵修兮憺忘归[16]，岁既晏兮孰华予[17]。采三秀兮於山间[18]，石磊磊兮葛蔓蔓[19]。怨公子兮怅忘归[20]，君思我兮不得闲[21]。

山中人兮芳杜若[22]，饮石泉兮荫松柏[23]。君思我兮然疑作[24]。雷填填兮雨冥冥[25]，猨啾啾兮狖夜鸣[26]。风飒飒兮木萧萧[27]，思公子兮徒离忧[28]。

（《楚辞补注》，洪兴祖撰，白化文等点校，中华书局，1983）

【注释】

[1] 本篇选自《九歌》。《九歌》是屈原根据流传于江南楚地的民间祭神乐歌创制而成的祭祀乐曲，为追悼在丹阳之战中阵亡的楚军将士而作，时间应该是在楚怀王十七年（前 312 年）。《九歌》共 11 篇。《山鬼》一篇，旧注认为是祭祀山中的鬼怪，这与本篇中描写的美丽多情的女性形象是有很大差距的，因此，山鬼应即山神，这是因为古代鬼神是可以通称的。从本篇的内容来看，通篇以自述的口吻，刻画了一位美丽善良、纯洁坚贞、痴情而孤独的女神形象。

[2] 若：仿佛。山之阿（ē）：山丘弯曲处。

[3] 被：同“披”。薜荔（bì lì），一种蔓生的常绿香草。女罗：同“女萝”，一种青色细长的蔓生植物，又名松萝。带女罗，以女萝为衣带。

[4] 含睇（dì）：含情流盼。宜笑：笑得美妙。

[5] 子：山鬼对恋人的称呼。慕：爱慕。予：我，山鬼自指。善窈窕：善，美好，指内在的美。窈窕，体态优美。

[6] 乘赤豹：让赤色的豹驾车。从文狸：让文狸当我的随从。文狸，有花纹的野猫。

[7] 辛夷车：用辛夷香木做的车。辛夷，一种香木，初春开花，又名迎春、木笔。结：系、扎。桂旗：用桂花枝枝做的旗。

[8] 石兰、杜衡：均为香草名。“被石兰兮带杜衡”和上面“被薜荔兮带女罗”一样，是指山鬼的装束。

[9] 折：采摘。芳馨（xīn）：各种芳香的花草。遗（wèi）：赠送。所思：指山鬼的恋人。

[10] 余：山鬼自称。处：居住。幽篁：幽深的竹林。终不见天：总也见不到天光。

[11] 后来：即来迟。

[12] 表：突出的，屹然独立的样子。

[13] 容容：云气浮动的样子。

[14] 杳：深远。冥冥：阴暗的样子。羌：楚国方言，发语词。昼晦：白天也昏暗不明。

[15] 飘：急风猛烈。神灵：指雨神。雨：下雨。

[16] 灵修：指恋人。憺（dàn）：安心地，安然地。

[17] 岁既晏：指年华已逝，青春将老。岁，年岁。既，已经。晏，晚。孰：谁。华予：使我重新开花，意即使我青春重现。华，同"花"。

[18] 三秀：灵芝的别名。秀，即花。灵芝一年开三次花，故称。於山：即巫山。

[19] 磊磊：乱石堆积的样子。葛：葛藤。蔓蔓：蔓延缭绕的样子。

[20] 公子：指山鬼的恋人。怅：惆怅。

[21] 君：山鬼所思念的人。不得闲：没空。这句是说：公子虽然思念我，但是因为没有空闲，不能前来相会。

[22] 山中人：山鬼自称。芳杜若：像杜若那样芳香。杜若，一种香草，又名山姜。

[23] 石泉：山石间的泉水。饮石泉，自喻其清；荫松柏，自喻其贞。

[24] 君：指山鬼的恋人。然疑作：疑信交加。然，诚然。疑，怀疑。这句意为：我一会觉得公子真的在思念着我，一会又很怀疑，这两种念头在我心里交替纠缠。这表达了山鬼对于爱情的疑虑。

[25] 填填：雷声。冥冥：即蒙蒙，细雨迷蒙的样子。

[26] 猨：同"猿"。啾啾：指猿的叫声。狖（yòu）：黑色长尾猴。

[27] 飒飒：风声。木：树木。萧萧：风吹树叶的声音。

[28] 徒：徒然、白白地。离：通"罹"，遭受。

【评析】

　　本篇分为三个部分，细腻地刻画了山鬼这一美丽痴情的女神形象。第一部分写女神赴约前后的情景。她出场时乘着赤豹驾的车带着文狸，并以辛夷为车，以桂枝为旗，这都非常切合其神的身份。在描写女神的装扮时，只见她"被薜荔兮带女罗"，"被石兰兮带杜衡"，大量香草的重叠衬托，凸现了女神美丽高洁的形象。并且她长期独处于幽篁，经历山难路险才能前往赴约，又采撷了山中的芳馨欲赠其所思，这也都是充分结合其山神身份进行的渲染描摹；第二部分写女神等待恋人的过程，着重表现了她的希冀、焦虑和矛盾的心情。女神独立于山上痴痴守候，也不见爱人前来，但见云溶雨骤，不禁泫然欲涕。她不忍离去，在骤雨中安之若素，苦盼恋人那熟悉的身影。然而这么痴情的等待也没能等到恋人前来，于是她发出"岁既晏兮孰华予"的悠长慨叹。她徘徊不归，甚而对恋人发出埋怨，不过转念一想，也许他只是由于没有空闲才不能前来相会吧，恐怕此时他正在远方思念着我呢。这样就将山鬼的情感表现得缱绻缠绵，丝丝入扣。同时云雨、山石、瑞草、葛藤、溪流的环境描写，与人物的行动及心理刻画和谐完美地统一起来；第三部分突出表现了女神的贞洁和怅惘。她认为自己的品质如杜若般芳香，如石泉般清莹，如松柏般贞洁。对恋人的思念让她柔肠百转，思绪纷杂。此时风声飒飒，雷鸣阵阵，细雨迷离，又加之猿狖的哀鸣，此情此景，怎不让人断肠！

　　全篇以充满光彩和欢乐的气氛开始，继而转成白昼如晦的凄迷景象，最后变成雷雨交加、风啸猿鸣的险恶环境，其变化过程动人心魄，使人目不暇接，而这些无不与女神的情感和心理的变化紧密交融，从而达到情景交融的艺术境界。

【练习】

1. 分析本篇借景抒情，情景交融的艺术特色。
2. 人神杂糅的艺术手法对刻画山鬼形象有何作用？

（王新芳）

怨　歌　行

班婕妤

　　班婕妤（前48—前2），西汉时楼烦（今山西宁武）人。她是著名史学家、文学家班固的祖姑。班婕妤文学造诣极高，少有才学，熟读经史，善于诗赋。汉成帝时被选入后宫，立为婕妤。起初受到成帝的宠爱，后来赵飞燕进宫，放纵骄奢，邀宠嫉妒，班婕妤恐日久见危，遂请求去长信宫供养太后。成帝死后，充奉园陵。今传其作品三篇，大都以情调哀婉的语言抒写个人抑郁之情，含蓄委婉，怨深意长。

　　新裂齐纨素[1]，皎洁如霜雪。裁为合欢扇[2]，团团似明月。出入君怀袖[3]，动摇微风发。常恐秋节至，凉风夺炎热。弃捐箧笥中[4]，恩情中道绝[5]。

（《文选》，萧统编，李善注，上海古籍出版社，1986）

【注释】

[1] 新裂：刚刚裁断的。纨（wán）素：指精美的丝绢。
[2] 合欢：古时一种对称的图案花纹，用以象征和美欢乐。汉诗中还有"合欢襦"、"合欢被"等词，均因上面有合欢图案而得名。
[3] 怀袖：襟怀衣袖。这里比喻受到君王的宠爱。
[4] 弃捐：抛弃。箧笥（qiè sì）：小箱子。
[5] 中道：中途。

【评析】

　　在这首诗中，班婕妤以"团扇"的际遇自喻，用秋日渐凉，团扇遭弃，比喻恩情易失，宠幸不常的命运悲剧。这首诗所表现的不仅仅是其一个人的遭际，而是在封建社会中，在皇权控制下，在茫茫深宫里，成千上万的宫中女性生活的真实写照，暗示了她们无助凄凉的悲惨命运。

《汉书·外戚传》记载："孝成班倢伃（同婕妤），帝初即位选入后宫。始为少使，蛾（同俄）而大幸，为倢伃。""其后，赵飞燕姊弟亦从自微贱兴，逾越礼制，浸盛于前。班倢伃及许皇后皆失宠，稀复进见。""赵氏姊弟骄妒，倢伃恐久见危，求供养太后长信宫，上许焉。"可见，班婕妤在宫中经历了一个由深得宠幸喜爱，到最终失宠被抛弃的坎坷经历。赵氏姐妹肆无忌惮，恃宠而骄，放纵嫉妒，使得班婕妤时常生活在惶恐不安中，恐遭赵氏姐妹陷害，为自求保全，迫不得已供养太后于长信宫中。由此变故，可以想象她内心所承受的失落孤寂、悲伤凄凉，甚至是对生活，对来自后宫尔虞我诈的忧怖恐惧。

"团扇"正如班婕妤的遭遇一样。诗中说道，刚刚剪裁的团扇精美可爱，扇子的颜色洁白如雪，上面绣有合欢花的图案，象征着和美快乐，扇子的形状是圆形的，仿佛夜空中明亮皎洁的月亮，象征着团圆欢聚。盛夏时节，时常带在身边，轻轻摇动，微微的凉风轻盈拂过，气爽神清。这也正如君恩的宠爱一般，时常关照想念，不离不弃。然而诗人又清醒地意识到，这种长久的宠爱是不可能的，宫女嫔妃的命运也正如这团扇一样，当秋高气爽，天气转凉时，也就再也用不着了，团扇只能被遗弃在角落的箱子中，独自默默承受着孤寂凄清。

这首诗是一首典型的宫怨诗，诗中充满着比兴寄托。诗人用含蓄委婉的笔法，深沉哀怨的情绪，幽美凄清的意境，表达自己的失意落寞之情。钟嵘的《诗品》将其列为上品，说："（婕妤诗）其源出于李陵，团扇短章，辞旨清捷，怨深文绮，得匹妇之致。"沈德潜在《古诗源》卷二中也评价此诗"用意微婉，音韵和平"。而"团扇"也成为以后文人诗作中常用的典故意象，象征着佳人失宠、红颜命薄，才子失势、怀才不遇。

【练习】

1. 诗中运用了哪些比喻？说明了什么问题？
2. 全诗反映了诗人怎样的思想？

（金艳 宿月）

饮马长城窟行

汉乐府民歌

《饮马长城窟行》又名《饮马行》或《长城窟行》，是古乐府相和歌辞瑟调曲名。相传长城之下有泉窟，可以用来饮马，征戍的将士经常到此处来饮马。妇人思念其离家征戍的丈夫，故而创作此曲，以抒发相思之情。后来曹丕、陈琳、傅玄、陆机、杨广、虞世南、李世民、王翰、王建等多位诗人皆有拟作。然而，关于本篇《饮马长城窟行》的作者问题却历来存在争议，一种说法认为，此篇作品是乐府古辞，作者的姓名及生卒年皆不详。而另一种说法认为，此诗出于东汉著名文学家蔡邕之手。蔡邕（133—192），字伯喈，陈留圉（今河南杞县南）人。汉献帝时，官拜左中郎将，后人习称"蔡中郎"。是东汉著名文学家、书法家。此外，这首诗还有其他版本，见于《昭明文选》和《玉台新咏》等诗文集。

青青河畔草，绵绵思远道[1]。远道不可思，宿昔梦见之[2]。梦见在我傍，忽觉在他乡[3]。他乡各异县，展转不相见[4]。枯桑知天风，海水知天寒[5]。入门各自媚，谁肯相为言[6]。客从远方来，遗我双鲤鱼[7]。呼儿烹鲤鱼[8]，中有尺素书[9]。长跪读素书[10]，书中竟何如？上言加餐饭，下言长相忆。

（《乐府诗集》，郭茂倩编，中华书局，1979）

【注释】

[1] 绵绵：连绵不绝，既是对青草的描绘，又是对相思的形容。
[2] 宿昔：夜晚。
[3] 觉：睡醒。
[4] 异县：不同的地区。展转：即"辗转"，迁移不定。
[5] 这两句的意思是：桑树枯萎，故而深知高空的风吹；海水无遮，故而深知气节的寒冷。此处使用比兴手法来说明，夫妻久别只有自己能够体会其中滋味。
[6] 这两句的意思是：同乡的游子各自入家门与家人相亲相伴，有谁肯告诉我关于自己丈夫的讯息呢？
[7] 遗：赠。双鲤鱼：指古代的信封，它是用两块鲤鱼形的木板做成的，中间夹着书信。
[8] 烹：在此意为"打开"。
[9] 尺素书：指书信。
[10] 长跪：直身而跪，以示庄重。

【评析】

《饮马长城窟行》是一首汉乐府民歌。东汉末年，赋税沉重、徭役频繁，且宦游之风盛行于世，故而思妇怀人之作甚为丰富，这篇《饮马长城窟行》便是代表之作。全诗以思妇为第一人称进行自叙，表现了思妇独守空闺的忧愁苦闷和对远游之人的相思之情。

这首诗总共 20 句，大致可分为三层。

第一层从"青青河畔草"到"展转不可见"。主要是写闺中之人对远方游子的殷切怀念。作者以连绵不绝的"青青河畔草"起兴，引发出她对远方丈夫的无尽相思。然而，路途的遥远只能够让她在梦中与丈夫相会，得到短暂的慰藉，可是一旦醒来，丈夫远在他乡，彼此之间仍旧难以相见，顿时又变得失落、惆怅。这八句，悲而转喜，喜又转悲，一波三折，意境迷离，情思缠绵，笔法委曲婉转，充分表现出了抒情主人公情思的曲折回旋。

第二层从"枯桑知天风"到"谁肯相为言"。侧重表现主人公独守空闺的愁闷心情与凄苦境况。"枯桑知天风，海水知天寒"两句使用比兴手法，形象地表现出女主人公自己默默忍受夫妻久别之苦，别人不予理睬的凄苦境况。随之，"入门各自媚"与女主人公的独守空闺又形成鲜明对比。他人都沉浸在团聚的欢愉之中，各自相亲相爱，而女主人公形单影只，故不禁发出"谁肯相为言"的怨语，突出表现了闺妇的痛苦与怨恨。

第三层从"客从远方来"到"下言长相忆"。这一层是情节的一个转折，思妇终于盼望到了远方丈夫的书信。主人公接到书信后，"呼儿烹鲤鱼，中有尺素书。长跪读素书，书中竟何如？"表现出了当时主人公的复杂心情。她因得到丈夫的消息而欣喜不已，但欣喜之余又不忘表达对丈夫的敬意，同时还迫切想要知道书信的内容。在这种复杂的心境下，她看到书信中"上言加餐饭，下言长相忆"。短短数语，一方面，表现出丈夫对妻子仍旧一往情深，但另一方面，也说明丈夫归家无期，夫妻难以团聚。以此作结，给读者留下了想象的空间，余味无穷。

这首诗成功塑造了一个独守空闺的思妇形象，表达了闺妇复杂多变的内心世界，语言简练，文字质朴，情感真挚，哀婉动人，具有典型的民歌特色，可谓乐府诗歌的上乘之作。

【练习】

1. 学界对"枯桑知天风，海水知天寒"还有另一种理解，认为意思是说"枯桑已经无叶，尚且知道天风的吹拂；海水广大不易结冰，尚且知道天气寒冷，远游的丈夫怎会不知道家中妻子对他的思念呢？"结合你对这首诗的认识，谈谈你对这句诗的理解。

2. 谈一谈《饮马长城窟行》作为汉乐府民歌所体现出的民歌风味。

3. 阅读陈琳的《饮马长城窟行》，并对其进行鉴赏。

（梁成龙）

行行重行行[1]

《古诗十九首》

《古诗十九首》最早收录在南朝萧统编的《昭明文选》中。关于这组诗的作者，被提及者有枚乘、傅毅、曹植、王粲等。现代学者大多认为这十九首诗出于东汉中后期中下层无名氏文人之手。《古诗十九首》的出现，标志着文人五言诗创作的成熟，具有很高的艺术成就。在内容上，虽然大多只是抒写士人游宦失意后产生的人生苦闷和游子思妇的相思别离之情，但它反映了人们开始向内关注自身，关注现实，关注人的精神世界和个体的生命价值，并在其中灌注作者真挚而强烈的思想感情。《古诗十九首》善于通过写景和比兴手法的运用来抒情，语言朴素自然，深衷浅貌，"随语成韵，随韵成趣"（胡应麟《诗薮》），自然天成，已达到炉火纯青的地步。钟嵘《诗品》称它"惊心动魄，可谓几乎一字千金"。

行行重行行，与君生别离[2]。相去万余里，各在天一涯[3]；道路阻且长[4]，会面安可知！胡马依北风，越鸟巢南枝[5]。相去日已远，衣带日已缓[6]；浮云蔽白日[7]，游子不顾反[8]。思君令人老，岁月忽已晚[9]。弃捐勿复道[10]，努力加餐饭[11]！

（《文选》，萧统编，李善注，上海古籍出版社，1986）

【注释】

[1] 本诗是《古诗十九首》的第一篇，篇名取自诗里的第一句。所谓"行行重行行"，就是走了又走，不停地走。

[2] 生别离：活生生地分开。

[3] 天一涯：天一方。意思是两人各在天之一方，相距遥远，无法相见。

[4] 阻且长：艰险而且遥远。

[5] 胡马依北风，越鸟巢南枝：胡马南来后依恋于北风，越鸟北飞后在向南的树枝上筑集。胡马，指北方的马。越鸟，指南方的鸟。这两句是思妇对游子说的，意思是动物尚眷恋故土，更何况人呢？

[6] 相去日已远，衣带日已缓：相离愈来愈远，衣带愈来愈松，指人由于相思而消瘦。已，同"以"。缓，宽松。

[7] 浮云蔽白日：这句有两种解释：一种是说谗邪害公正；另一种是说"浮云"比喻丈夫在外遇到了

其他女子的迷惑。

[8] 顾反：反，同"返"。顾反，即"顾返"。

[9] 老："老"并非实指年龄，而指消瘦的体貌和忧伤的心情，是说身心憔悴。

[10] 弃捐勿复道：什么都撇开，不必再说了。

[11] 努力加餐饭：一说是希望在外的游子努力加餐，保重身体；另一说是思妇自我劝慰："我还是努力加餐，保养好身体，也许将来会有相见的机会。"

【评析】

《行行重行行》以一个女子的口吻抒写对久行不归的亲人的相思之情。

诗以送别开始，第一句"行行重行行"包含了三重含义，其一，妻子与丈夫将分别时，陪丈夫走了又走，不忍分离；其二，别后丈夫还要不停地远行跋涉，走多远，走多长时间，都是未知数；其三，妻子虽不远行，别后却不得不独自一人在孤独岁月中不停地走下去，等多久，仍是未知数。后人读此诗句，也会生出无限的感慨，无论聚散，无论悲欢，生命就是以各种方式在不停地远行。人生最大的悲哀与苦痛是"与君生别离"，而别后"相去万余里，各在天一涯"，"道路阻且长，会面安可知"。相见已是遥遥无期，接下来用"胡马依北风，越鸟巢南枝"来说明动物尚有眷恋故土的本性，更何况是人？让人仿佛听到女子内心深处对远行亲人的深切呼唤：不要忘记故乡，不要忘记故乡的亲人！如果说上文的"相去万余里"拉大了空间的距离，那么"相去日已远"又进一步拉长了时间的距离，让思念的人几近绝望，使得"衣带日已缓"。"浮云蔽白日，游子不顾反"，是女主人公由于极度思念而生出的怀疑猜测：是什么阻隔了丈夫回家的路？"思君令人老，岁月忽已晚"，生命短促，而青春却在无尽的相思中不停地消耗，年复一年的相思，只能令人愈加憔悴，"弃捐勿复道，努力加餐饭"。努力加餐，保重身体，或许会有相见之日。虽然相距遥远，相会无期，但女主人公在自我安慰中仍充满期待，令人回味无穷。

这首诗在艺术上最为突出的就是其强烈的抒情性。诗中所表达的情感，缠绵曲折，强烈真挚。先写"生别离"，接着反复哀叹路途遥远，相见无期，又用"胡马"、"越鸟"、"浮云"、"白日"等暗喻女主人公的揣测心理，再接着感叹自己在相思中耗去了青春，最后在无可奈何的自我安慰中结束全篇。这首诗非常真实地表现了主人公连绵不绝的情思，低回反复，一唱三叹，令人感慨不已。诗的语言特点是言浅意深。有些地方虽然像口语，但却意蕴深厚。如"生别离"、"道路阻且长"，用语自然贴切，韵味无穷。这首诗还善于从汉乐府民歌中汲取营养，使诗歌具有民歌的风格。如诗中的"相去日已远，衣带日已缓"，与汉乐府《古歌》中的"离家日趋远，衣带日趋缓"十分相似。再加上"胡马"、"越鸟"、"浮云"等句比兴手法的运用，极具张力地增强了诗歌的抒情效果。

【练习】

1. 这首诗是如何运用比兴手法来表现思妇情感的？
2. 谈谈此诗的语言特点。
3. 课外阅读《古诗十九首》。

（叶宁）

归　田　赋

张　衡

　　张衡（78—139），字平子，南阳西鄂（今河南南阳石桥镇）人，东汉科学家、文学家。作为科学家，他发明了浑天仪和地动仪，改进了圆周率的算法，在其天文学著作《灵宪》中还探讨了日月星辰的运动规律，科学地说明了月蚀形成的原因；作为文学家，张衡的贡献在辞赋和诗两方面。张衡辞赋的代表作是《二京赋》和《归田赋》。《二京赋》是典型的汉大赋，模仿经典汉赋《子虚赋》、《上林赋》和《两都赋》，寓讽谏之意于富丽的描写中。《归田赋》突破了汉赋铺张扬厉的传统，是汉赋从大赋到抒情小赋转变的标志性作品。张衡的诗以《四愁诗》和《同声歌》最为有名，风情绮旎，丽而不淫，对后世诗歌有不小的影响。《隋书•经籍志》著录有《张衡集》14卷，已佚，明代张溥编有《张河间集》，收入《汉魏六朝百三家集》。

　　游都邑以永久[1]，无明略以佐时[2]。徒临川以羡鱼[3]，俟河清乎未期[4]。感蔡子之慷慨，从唐生以决疑[5]。谅天道之微昧[6]，追渔父以同嬉[7]。超埃尘以遐逝[8]，与世事乎长辞。

　　于是仲春令月[9]，时和气清；原隰郁茂[10]，百草滋荣。王雎鼓翼，仓庚哀鸣[11]；交颈颉颃，关关嘤嘤[12]。于焉逍遥，聊以娱情。尔乃龙吟方泽，虎啸山丘[13]。仰飞纤缴，俯钓长流[14]。触矢而毙，贪饵吞钩。落云间之逸禽，悬渊沉之鲿鲤[15]。

　　于时曜灵俄景，系以望舒[16]。极般游之至乐，虽日夕而忘劬[17]。感老氏之遗诫，将回驾乎蓬庐[18]。弹五弦之妙指，咏周孔之图书[19]。挥翰墨以奋藻[20]，陈三皇之轨模[21]。苟纵心于物外，安知荣辱之所如[22]。

（《文选》，萧统编，李善注，上海古籍出版社，1986）

【注释】

[1] 都邑：东汉京都洛阳。

[2] 明略：高明的谋略。佐时：辅佐当世之君治理国家。

[3] 徒：空。临川以羡鱼：比喻空有愿望，却没有实际行动。《淮南子·说林训》："临河而羡鱼，不如归家织网。"

[4] 俟河清：等待黄河水清。《左传·襄公八年》："周诗有之曰：'俟河之清，人寿几何？'"黄河水清难得一见，故而用俟河之清比喻期望之事难以实现。

[5] 蔡子：蔡泽。蔡泽是战国时的策士，燕国人，博学善辩，曾游说诸国却怀才不遇，于是请当时善于相面的唐举为他相面。慷慨：感叹，此处指不得志的郁闷心情。唐生：唐举，战国时相术家。

[6] 谅：信，诚信。微昧：昏暗不明，此处用来暗示朝廷昏乱。

[7] 渔父（fǔ）：用《楚辞·渔父》典。屈原被放逐后，遇到渔父，渔父劝屈原不必清高愤世嫉俗，不如与世沉浮。

[8] 埃尘：污浊的社会。遐逝：远远离开，此处指归隐、隐退。

[9] 仲春：春季的第二个月，即农历二月。因处春季之中，故称。令月：吉祥美好的月份。

[10] 原隰：广平与低湿之地。郁茂：茂盛。

[11] 王雎：鸟名。一名雎鸠。仓庚：鸟名，即黄莺。

[12] 颉颃：鸟上下翻飞的样子。关关嘤嘤：象声词，鸟鸣叫的声音。

[13] 尔乃：于是。方泽：大泽。这两句的意思是：归隐之后好像龙回到大泽、虎回到山丘那样逍遥自在。

[14] 纤缴（zhuó）：系在箭上的细丝线，这里用来代指箭。这两句的意思是：归隐之后可以射箭、垂钓、娱乐身心。

[15] 鲂鰡（shā liú）：两种鱼名，此处泛指各种鱼。

[16] 曜灵：太阳。俄景：偏西的日光。俄，倾斜。景，日光。望舒：月神，此处指月亮。

[17] 般（pán）游：游乐。劬：劳苦。

[18] 老氏之遗诫：《老子》第十二章中有"驰骋畋猎，令人心发狂"的说法，主张田猎娱乐不能过度。茅庐：茅屋。这两句的意思是：田猎游戏不能过度，要早些回家休息。

[19] 五弦：琴。周孔之图书：周公、孔子撰著的书，此处泛指古代典籍。

[20] 翰墨：笔墨。奋藻：奋笔写作。

[21] 三皇：传说中的古代三个帝王，所指说法不一，通常指燧人、伏羲、神农，或者天皇、地皇、人皇。此处泛指古代圣君。轨模：法度规则。

[22] 苟：姑且。物外：世俗名利之外。所如：所归。

【评析】

东汉中期开始，宦官和外戚交替专权，朝政腐败，在顺帝时张衡曾为侍中，正直敢言，抨击朝政，引起了宦官势力的不满，于是在永和初年，张衡被贬为河间相。《归田赋》即是张衡任河间相后，抒发对仕途政治的失望、对平静田园的向往之情的作品。

《归田赋》写于作者晚年，是汉大赋向抒情小赋转变过程中具有标志性意义的作品。赋分两部分。第一部分从开篇到"超埃尘以遐逝，与世事乎长辞"，述说归隐的原因。作者在都邑为官多年，看尽了宦官外戚之间的争权夺利，朝政日益腐败堕落。"无明略以佐时"，表面看是自谦之语，其实蕴含着不遇明主、生不逢时的愤懑之情，对东汉政权江河日下的无奈感慨。"俟河清乎未期"和"谅天道之微昧"，是对未来的悲观写照。东汉不仅重振朝纲无望，未来更是危机重重。张衡对东汉命运的悲观预测不久就被印证，汉灵帝时爆发黄巾起义，此后群雄并起，东汉名存实亡。第二部分是描写想象中美好的归田生活，在美好的春季，逍遥于山林之间，射箭、垂钓以娱情，诗书、五弦以遣怀。

《归田赋》描绘田园，用语清丽自然，又注重语言的形式美。多用骈俪对偶，运用常见典故，虽篇幅短小，但内容精练丰富，一扫汉大赋用语夸饰、臃肿繁复之弊，给人典雅精致的美感。这是汉代大赋衰落、抒情小赋兴起过程中的重要作品，此后抒情小赋在语言和体式上多受《归田赋》的影响。

《归田赋》作为汉赋中的名篇，反映了古代文人在政治昏乱时期的典型心态，容易引发后人的共鸣。古代知识分子大多怀有建功立业、济世救民的理想，但这种理想往往被现实粉碎。士人如果不接受残酷的现实而挺身反抗，一般会受到打击，如屈原被放逐，伍子胥被杀，所以很多士人面对黑暗现实的时候会调整心态，保全自身，选择归隐。《归田赋》表现的就是这样的心态，描写了归隐后游于山林亲近自然之乐、自由生活田猎游戏之乐，以及读书弹琴的雅趣。这些都是厌倦了宦海沉浮的古代文士所向往的诗意生活，这在中国古代文学中成为突出的主题取向之一，反复出现。

【练习】

1. 结合张衡的《二京赋》，谈谈大赋和抒情小赋在语言方面的区别。
2. 谈谈《归田赋》的文学史意义。

（张勇）

刺世疾邪赋

赵 壹

赵壹，字元叔，汉阳西县（今甘肃天水西南）人。生卒年不详，约生于汉顺帝永建年间，卒于汉灵帝中平年间。据《后汉书·赵壹传》记载，赵壹体貌魁伟，美须眉，恃才傲物，刚直不阿，多次触犯权贵差点被杀，因有朋友营救才幸免于难，于是作《穷鸟赋》感谢友人帮助。赵壹只做过下层郡吏，当时大臣羊陟和袁逢曾举荐赵壹，但赵壹愤世嫉俗，不愿出仕，最后终老家中。赵壹代表作《刺世疾邪赋》，就是鞭笞控诉社会不公的作品。据《后汉书》和《隋书·经籍志》记载，赵壹有赋、颂、箴、诔、书、论及杂文 16 篇，编为《赵壹集》两卷，已亡佚。赵壹现存作品有《穷鸟赋》、《刺世疾邪赋》、《报皇甫规书》、《非草书》，除此以外还有《迅风赋》、《解摈赋》和《报羊陟书》的残句，均收入《全后汉文》中。

　　伊五帝之不同礼，三王亦又不同乐[1]。数极自然变化，非是故相反驳[2]。德政不能救世涊乱，赏罚岂足惩时清浊[3]？春秋时祸败之始，战国愈复增其荼毒[4]。秦汉无以相逾越，乃更加其怨酷。宁计生民之命？唯利己而自足[5]。
　　于兹迄今，情伪万方[6]。佞谄日炽，刚克消亡[7]。舐痔结驷，正色徒行[8]。妪媽名势，抚拍豪强[9]。偃蹇反俗，立致咎殃[10]。捷慑逐物，日富月昌[11]。浑然同惑，孰温孰凉[12]？邪夫显进，直士幽藏[13]。
　　原斯瘼之攸兴，实执政之匪贤[14]。女谒掩其视听兮，近习秉其威权[15]。所好则钻皮出其毛羽，所恶则洗垢求其瘢痕[16]。虽欲竭诚而尽忠，路绝崄而靡缘。九重既不可启，又群吠之猜猜[17]。安危亡于旦夕，肆嗜欲于目前。奚异涉海之失柁，积薪而待燃[18]？荣纳由于闪揄，孰知辨其蚩妍[19]？故法禁屈挠于势族，恩泽不逮于单门[20]。宁饥寒于尧舜之荒岁兮，不饱暖于当今之丰年。乘理虽死而非亡，违义虽生而匪存[21]。
　　有秦客者[22]，乃为诗曰：河清不可俟[23]，人命不可延。顺风激靡草，富贵者称贤[24]。文籍虽满腹[25]，不如一囊钱。伊优北堂上，抗脏依门边[26]。
　　鲁生闻此辞，系而作歌曰[27]：势家多所宜，咳唾自成珠；被褐怀金玉，兰蕙化为刍[28]。贤者虽独悟，所困在群愚。且各守尔分，勿复空驰驱。哀哉复哀哉，此是命矣夫！

（《全上古三代秦汉三国六朝文》，严可均辑，中华书局，1958）

【注释】

[1] 伊：发语词。五帝：传说中的五个古代帝王，说法不一，通常指黄帝、颛顼、帝喾、唐尧、虞舜。三王：即三皇。不同礼：典章制度不同。不同乐：祭祀时用的音乐不同。
[2] 数：气数。极：极限。非是：错误和正确。驳：排斥。这两句的意思是：事物发展到极限之后就会变化，是与非相互对立。
[3] 涊（hùn）乱：混乱。这两句的意思是：德政不能让社会免于昏乱，法治赏罚也没能惩戒世人让

社会风气变好。

[4] 荼毒：毒害，残害。荼，一种苦菜。毒，螫人之虫。

[5] 宁：岂。计：考虑。自足：此处指满足自己的私欲。

[6] 于兹：到现在。情伪：真实和虚假的事情。此文中偏重表达“伪”。万方：多种多样。这两句的意思是：到了现在，虚伪狡诈的事情多种多样，到处可见。

[7] 佞谄：奸佞和谄媚的人。刚克：刚强而能立事的人。

[8] 舐痔：舔别人的痔疮。比喻无耻的谄媚行为。《庄子·列御寇》：“秦王有病召医，破痈溃痤者得车一乘，舐痔者得车五乘。所治愈下，得车愈多。”结驷：一车并驾四马，此处指乘驷马高车的显贵。正色：谓神色庄重、态度严肃，此处指不会逢迎权贵的正人君子。徒行：走路，此处指地位低下，生活贫困。

[9] 妪媀（yù qǔ）：弯腰曲背的样子。抚拍：亲昵，谄媚。这两句的意思是：现在的人们只知道巴结逢迎权贵豪门。

[10] 偃蹇：骄傲，高傲。反俗：反对流俗。咎殃：灾祸。

[11] 捷慑：急剧。逐物：追逐名利。日富月昌：一天天富裕昌盛起来。

[12] 浑然：糊涂。这两句的意思是：世人已经糊涂了，不分善恶是非。

[13] 这两句的意思是：邪恶的小人飞黄腾达，正直的人受到排挤而隐退。

[14] 原：推究，考察。瘼：疾病，弊病。攸兴：所兴起的原因。攸，所。执政：当权者，这里指皇帝。

[15] 女谒：宫中嬖宠的女子干求请托，干预政事。近习：亲信，此处指君主的宠臣。

[16] 钻皮出其毛羽：比喻使其生羽翼以高飞。洗垢求其瘢痕：比喻想尽办法寻找别人的缺点。语出张衡《西京赋》：“所好生毛羽，所恶生疮痏。”这两句的意思是：对喜欢的人竭力称颂提拔，对不喜欢的人吹毛求疵进行打压。

[17] 九重：此处指皇宫大门，不能进入皇宫，喻不能入朝为官。群吠：群犬叫。狺（yín）狺：狗叫声。这两句化用《楚辞·九辩》：“岂不郁陶而思君兮，君之门以九重；猛犬狺狺而迎吠兮，关梁闭而不通。”

[18] 奚异：何异。柂：同“舵”。这两句用渡海无舵，坐在要烧起来的柴草堆上的情景，比喻形势危急。

[19] 荣纳：受宠幸进而被重用。闪揄：邪佞的样子。蚩：同“媸”，相貌丑陋。妍：貌美。

[20] 法禁：法律禁令。屈挠：屈从。势族：有权势的豪门大族。逮：到达。单门：没有权势的贫寒人家。

[21] 乘理：顺应天理。违义：违背道义。匪：同“非”。这两句的意思是：顺应天理，虽死犹生；违背道义，虽然活着，不过是行尸走肉。

[22] 秦客：文中假托的人物。

[23] 河清：黄河水变清。《左传·襄公八年》：“周诗有之曰：‘俟河之清，人寿几何？’”黄河水清难得一见，故而用俟河之清，比喻期望之事难以实现。

[24] 激：激荡，劲吹。靡草：细草。这两句的意思是：世俗如同随风倒的细草，没有主见，趋炎附势。

[25] 文籍：文章典籍，喻学问。

[26] 伊优：卑躬屈膝谄媚的样子，此处用来代指奸佞小人。抗脏（zàng）：刚直不阿的人。这两句的意思是：奸佞小人得势，正直的人被冷落。

[27] 系而：继而。

[28] 被：同"披"。褐：粗布。金玉：美好的才德。兰蕙：香草，比喻有才德的人。刍：喂牲畜的草料。这四句的意思是：有权势的人干什么都是对的，他们的唾沫都被当成珍珠；有才能品德的人不被重用，如同香草被当作草料。

【评析】

中国的文学传统推崇含蓄典雅、平和中正的美学风格，讲究节制情感表达，如《论语》中赞美《关雎》所说的"乐而不淫，哀而不伤"，所以古代文学作品中少有直抒胸臆、痛快淋漓地发泄情感的作品。古人用文学作品抒发情感，表达观点多运用典故，使用比喻、暗示等手法，在发泄对政治和社会不满情绪的时候下笔更加谨慎，往往是一副欲说还休之态。赵壹的《刺世疾邪赋》内容尖锐，抒情直接而强烈，不仅在汉魏六朝赋中独树一帜，在古代文学史上也不多见，故而此赋在写成之后轰动一时，奠定了赵壹在辞赋史上的地位。

赵壹生活的汉桓帝、灵帝年间，宦官外戚交替掌权，政治腐败，社会混乱，奸诈无耻之徒窃取名利身居高位，正直之士被打压受排挤。面对黑白颠倒的混乱世道，文人大多含蓄地感慨世风日下，或者选择归隐田园，如张衡的《归田赋》，而赵壹却采取一种决绝的态度，直接大胆地抨击社会现实。《刺世疾邪赋》开篇即历数三皇五帝之后，从春秋开始直到汉代，世风日下，黑白颠倒。赵壹把暴秦和汉并称，没有丝毫避讳之意，指出统治者从来都只顾自己利益，不顾"生民之命"。

在总括春秋以来社会昏暗之后，赵壹具体描写当时的种种"疾邪"，文中使用大量的对比句，如"佞谄日炽，刚克消亡。舐痔结驷，正色徒行"等等，写出正邪颠倒的现状。赵壹不仅描绘黑暗现状，还把批判的矛头直接指向君主："原斯瘼之攸兴，实执政之匪贤"，导致士人"虽欲竭诚而尽忠，路绝险而靡缘"，这在当时称得上是石破天惊之笔。此赋不仅描写了当时黑暗社会正邪颠倒的荒唐，还点明了东汉政权已经危如累卵，然而当权者在"安危亡于旦夕"的时候，仍然"肆嗜欲于目前"，已经无可救药，故而发出"宁饥寒于尧舜之荒岁兮，不饱暖于当今之丰年"的呼声。"乘理虽死而非亡，违义虽生而匪存"，是耿介之士宁死也要坚持正道的誓言。此赋最后的秦客之诗和鲁生之歌，是赵壹胸中怨愤之情的总结，"文籍虽满腹，不如一囊钱"，"被褐怀金玉，兰蕙化为刍"，这是赵壹自身经历的写照，也是寒门士人的共同命运。

《刺世疾邪赋》的体式相对一般汉赋而言比较自由，除了第二段全部是四言之外，第一段和第三段为杂言，最后以两首文人五言诗作结，也不同于一般小赋的体例。刘勰《文心雕龙·才略》中说："赵壹之辞赋，意繁而体疏。"批评赵壹赋结构不紧凑，大约就是因赵壹赋语义多重复不合体例的缘故。然而文章体例应随文意而变，《刺世疾邪赋》的内容大胆讽刺现实，抒情强烈，突破了传统诗教美学限制，故而此赋即便有粗疏之嫌，然而能酣畅淋漓地抒发作者胸中愤懑，发古代文士不敢发的牢骚，依然是千古传颂的名篇。

【练习】

1. 《刺世疾邪赋》大量运用对比手法对文章抒情达意有何作用？
2. 列举古代其他批判现实的作品，并与《刺世疾邪赋》就抒情方式进行比较分析。

（张勇）

第二单元　魏晋南北朝文学

短　歌　行[1]

曹　操

曹操（155—220），字孟德，沛国谯（今安徽亳州）人，东汉末年著名的政治家、军事家和文学家。他不仅戎马一生，纵横沙场，完成了统一北方的大业，还精通音律，善作诗歌，尤工四言诗和五言诗。其诗真实地反映了汉末动乱的社会现实和人们流离失所的生活实况，抒写了一统天下的政治理想，展现了积极进取的人生态度，有慷慨悲凉之风。钟嵘在《诗品》中评曰："曹公古直，甚有悲凉之句。"曹操还招揽文人，形成了以"三曹"（曹操、曹丕、曹植）为代表的建安文学，在文学史上留下了光辉一笔。其代表作品有《蒿里行》、《观沧海》、《薤露》、《短歌行》、《龟虽寿》、《苦寒行》等。

对酒当歌，人生几何！譬如朝露，去日苦多。
慨当以慷，忧思难忘。何以解忧？唯有杜康。
青青子衿，悠悠我心[2]。但为君故，沉吟至今。
呦呦鹿鸣，食野之苹。我有嘉宾，鼓瑟吹笙[3]。
明明如月，何时可掇[4]？忧从中来，不可断绝。
越陌度阡，枉用相存[5]。契阔谈讌[6]，心念旧恩。
月明星稀，乌鹊南飞。绕树三匝[7]，何枝可依？
山不厌高，海不厌深[8]。周公吐哺，天下归心[9]。

（《文选》，萧统编，李善注，上海古籍出版社，1986）

【注释】

[1] 短歌行：乐曲名，汉乐府旧题，属《相和歌辞·平调曲》。
[2] 句出《诗经·郑风·子衿》。衿，衣领。
[3] 呦呦：鹿鸣声，以比兴法寓招待宾客的恳诚之意。《鹿鸣》为君王宴请臣子、诸侯宴会宾客之诗。瑟、笙，皆乐器。
[4] 掇（duō）：拾取。
[5] 阡陌：田间小道，东西走向的土埂为陌，南北走向的田埂为阡。枉：屈就，枉驾。存：问候。
[6] 契阔：以死生相约。讌：同"宴"。
[7] 匝（zā）：周，绕一圈。

[8] 厌：满足。
[9] 周公：姓姬，名旦，周文王姬昌第四子，西周初期杰出的政治家、军事家和思想家。自春秋以来，被历代统治者和学者视为圣人。《史记·鲁周公世家》："（周公）一沐三捉发，一饭三吐哺，起以待士，犹恐失天下之贤人。"诗人借用此典，表达对贤才的思慕之情。

【评析】

　　这首诗为乐府古题，不同于既往的宾宴之乐，不同于既往的及时行乐，诗人运新意于其中，表现出了强烈的生命意识、积极进取的人生意绪以及胸怀天下的宏远之志，流露了细腻丰富的情感，将真实的内心世界予以展现，立意深沉，格调高远，气韵生动，是"乐而不淫，哀而不伤"的最好践行。

　　诗歌有四小节，分为四个情感画面。

　　第一层着力描写人生感触，为"乌云盖月"图。"汉季失权柄，董卓乱天常"。诗人生逢乱世，战乱频仍，目睹百姓处于水火之中，渴望一统天下却不得，从而对人生产生了百般感触。酒和乐本为行乐工具，却成为思考的引子，诗人以反问句切入，别开生面，使情绪四散纷飞。朝露之比喻，形象地映照出人生的苦短，比衬着酒席上的慷慨高歌，所生发出的忧愁更加浓郁深厚。酒可消愁，亦可忘忧，满怀愁绪无可排遣，只能寄托于酒中，情绪渐渐低落下来。酒由行乐转为了消愁，诗人的情感也由乐生悲。

　　第二层重在描写贤才情结，为"月上柳梢"图。这部分较多化用《诗经》之典，"青青子衿，悠悠我心"出自《诗经·郑风·子衿》，原诗为恋情诗，表达了女子对意中人的思念之情，此处为招贤诗，比兴出诗人对贤才的渴慕。"呦呦鹿鸣，食野之苹"出自《诗经·小雅·鹿鸣》，本为宫廷大宴群臣、民间宴请贵宾助兴时演唱的乐曲，经诗人的化用，成为了广揽天下贤才的橄榄枝。"不学诗，无以言"，诗人以古辞出己意，旧典新释，使心中的期盼、等待活跃于笔端。

　　第三层重在描写贤才的难得，为"水中望月"图。明月即贤才，高高在上，可望而不可得，反问句一方面递伸出渴慕之情，另一方面流露出无奈的忧愁。诗人蓄势已久的情绪得到了宣泄，若滔滔江水般绵延不绝。既而回到宴会中，"越"、"度"表明了贤才所得之难，"枉"充分表达了对贤才的尊敬，久别重逢，话诉衷心，其乐融融。诗人情感吞吐自若，时而若瀑布飞临，时而若小溪蜿蜒。

　　第四层重在描写政治理想，为"众星拱月"图。"乌鹊南飞"的解释历来备受争议，有人认为"乌鹊"为流离失所的人民，有人认为"乌鹊"承意于《楚辞·涉江》中"燕雀乌鹊，巢堂坛兮"，为奸佞之臣。清人沈德潜《古诗源》中的说法较为合理，他指出："月明星稀四句，喻客子无所依托。"在动荡的社会背景下，人才无栖身之所，故而彷徨不定。仁者乐山，智者乐水，诗人借用山水比喻其唯才是举、多多益善的用人观；"周公"，点明了诗歌主旨，揭示其渴望天下归心、建功立业的雄伟抱负。

　　这首诗语言朴实无华，富于节奏感。情感一波三折，层层推进，由悲转喜，由喜转悲，将淡淡的人生怅惘、乐观开朗的精神、慷慨豪迈的态度融贯一体，给人以荡气回肠之感。

【练习】

1. "周公吐哺，天下归心"运用了何种修辞手法？表达了作者怎样的愿望？
2. 分析曹操《短歌行》情感内涵的复杂性。

（贾玉婷）

又与吴质书[1]

曹　丕

　　曹丕（187—226），字子桓，曹操次子。曹丕少通诸子百家之书，文学创作"洋洋清绮"。他所作的《典论•论文》为文学批评史上第一篇专论，其中"文以气为主"、"诗赋欲丽"等观念对后代文学批评有深远影响。《燕歌行》是现存文学作品中最早的七言诗。

　　二月三日丕白[2]：岁月易得[3]，别来行复四年[4]。三年不见，《东山》犹叹其远[5]，况乃过之，思何可支[6]？虽书疏往返，未足解其劳结[7]。昔年疾疫[8]，亲故多离其灾[9]，徐、陈、应、刘[10]，一时俱逝，痛可言邪！昔日游处，行则连舆[11]，止则接席[12]，何曾须臾相失！每至觞酌流行[13]，丝竹并奏，酒酣耳热，仰而赋诗。当此之时，忽然不自知乐也[14]。谓百年己分[15]，可长共相保[16]，何图数年之间，零落略尽[17]，言之伤心。顷撰其遗文[18]。都为一集[19]。观其姓名，以为鬼录[20]，追思昔游，犹在心目，而此诸子化为粪壤[21]，可复道哉！

　　观古今文人，类不护细行[22]，鲜能以名节自立。而伟长独怀文抱质[23]，恬淡寡欲，有箕山之志[24]，可谓彬彬君子者矣[25]。著《中论》二十余篇，成一家之言，辞义典雅，足传于后，此子为不朽矣。德琏常斐然有述作之意[26]，其才学足以著书。美志不遂，良可痛惜。间者历览诸子之文[27]，对之抆泪[28]。既痛逝者，行自念也[29]。孔璋章表殊健[30]，微为繁富[31]。公干有逸气[32]，但未遒耳[33]，其五言诗之善者，妙绝时人。元瑜书记翩翩[34]，致足乐也[35]。仲宣续自善于辞赋，惜其体弱[36]，不足起其文[37]，至于所善，古人无以远过。昔伯牙绝弦于钟期[38]，仲尼覆醢于子路[39]，痛知音之难遇，伤门人之莫逮[40]。诸子但为未及古人[41]，自一时之隽也。今之存者，已不逮矣。后生可畏[42]，来者难诬[43]，然恐吾与足下不及见也。年行已长大[44]，所怀万端。时有所虑，至通夜不瞑[45]。志意何时复类昔日？已成老翁，但未白头耳！光武言[46]："年三十余，在兵中十岁，所更非一[47]。"吾德不及之，年与之齐矣。以犬羊之质，服虎豹之文[48]；无众星之明，假日月之光[49]；动见瞻观[50]，何时易乎[51]？恐永不复得为昔日游也！少壮真当努力，年一过往，何可攀援[52]！古人思炳烛夜游，良有以也[53]。顷何以自娱？颇复有所述造不[54]？东望於邑[55]，裁书叙心[56]。丕白。

（《全上古三代秦汉三国六朝文》，严可均辑，中华书局，1958）

【注释】

[1] 吴质（177—230），字季重，济阴（今山东定陶）人，博学多智，曾为朝歌令、元城令，官至振威将军。与曹丕友善。

[2] 白：陈告。

[3] 易得：过得很快。

[4] 行复：将又。

[5] 《东山》：《诗经·豳风·东山》："自我不见，于今三年。"

[6] 思何可支：思念之情不堪承受。

[7] 劳结：因思念而生的郁结。

[8] 疾疫：指建安二十二年中原发生的大瘟疫。

[9] 离：通"罹"。遭受，遭遇。

[10] 指徐干、陈琳、应玚、刘桢四人。

[11] 连舆：车与车相连。

[12] 接席：座位互相连接。

[13] 觞：酒杯。酌：斟酒。流行：指行酒不停。

[14] 忽然：一会儿，形容时间过得很快。不自知乐：不觉得自己处在欢乐之中。

[15] 谓百年已分：以为长命百年是理所当然的事情。

[16] 长共相保：永远保有相互同处的欢乐。

[17] 零落略尽：大多已经死去。

[18] 顷：近来。撰：撰集。

[19] 都：汇集。

[20] 鬼录：死人的名录。

[21] 化为粪壤：人死归葬，久而朽为泥土。

[22] 类：大多。不护细行：不拘小节。

[23] 伟长：徐干的字。怀文抱质：兼有文采和德行。

［24］箕山之志：借喻徐干有鄙弃利禄的高尚情志。箕山，相传为许由隐居之地。

［25］彬彬君子：《论语·雍也》："文质彬彬，然后君子。"指徐干文质兼备。

［26］德琏：应场的字。斐然：文采焕发。述作：撰写专著。

［27］间者：近来。

［28］抆（wěn）：擦拭。

［29］行：又。自念：想到自己。

［30］孔璋：陈琳的字。殊健：特别刚健。

［31］微：稍微。繁富：指不够简洁。

［32］公干：刘桢的字。逸气：超迈流俗的气质。

［33］遒：刚劲有力。

［34］元瑜：阮瑀的字。书记：书檄。翩翩：词采飞扬。

［35］致足乐也：十分令人快乐。致，至，极。

［36］仲宣：王粲的字。体弱：体质文弱，一说王粲文章体气不强。

［37］起其文：提起文章的文气。

［38］伯牙绝弦于钟期：春秋时期的俞伯牙善弹琴，钟子期为知音。子期死，伯牙毁琴，终身不再弹琴。事见《吕氏春秋·本味》。

［39］覆：倒掉。醢（hǎi）：肉酱。本句意思是：孔子的学生子路在卫国被杀害并被剁成肉酱，孔子听到这个消息后便让家人把家中的肉酱倒掉。事见《礼记·檀弓上》。

［40］莫逮：没人能赶上。

［41］但为：只是。

［42］后生可畏：年轻人值得敬畏。

［43］难诬：不能妄加评判。

［44］年行：年龄。

［45］瞑：合眼入睡。

［46］光武：指东汉开国皇帝刘秀。

［47］所更非一：所经历的事情不只一件。

［48］服虎豹之文：喻指登上太子之位。服，穿。

［49］假：借。日月：喻指曹操。

［50］动见瞻观：一举一动都被世人注目。

［51］易：改变。

［52］攀援：挽留。

［53］良：确实。以：原因。

［54］颇：稍微。述造：创作的作品。不：同"否"。

［55］於邑（wū yè）：同"呜咽"，低声哭泣。

［56］裁书：写信。

【评析】

　　《又与吴质书》是曹丕写给好友吴质的信。古代书牍类的文章，言事、言理、言情皆可，但大多偏于叙说事理，言情者并不多见。这篇《又与吴质书》就是一封具有浓郁抒情风格的书信。

在信中，曹丕首先追叙了自己青年时期与徐干、陈琳等建安诸子共同宴饮、游乐、赋诗的愉快情景。建安年间，曹操雅爱辞章，广招天下人才，曹魏政权所在地邺城很快聚集了大批文学之士，形成邺下文人集团，其中影响较大的就有王粲、孔融、陈琳、阮瑀、徐干、刘桢、应玚七人，被誉为"建安七子"。曹丕作为曹操次子，虽然政治地位高于他人，但与集团中的文人有着同样的文艺爱好，大家常在一起酣饮游宴，在优美动听的丝竹声中，"酒酣耳热，仰而赋诗"，何等自由快乐！

然而好景不长，建安二十二年（217），中原发生了一场大瘟疫，七子中的"徐、陈、应、刘，一时俱逝"，王粲也在同年去世，建安文坛顿时冷清许多。曹丕与吴质幸运地躲过了这场灾难，往日的欢乐却再也不可能重现。曹丕自己爱好文学创作，同时也极为重视写作的价值。他曾在《典论·论文》中提出"文章者经国之大业，不朽之盛事"，因此，在和好友吴质追述往日生活的时候，非常自然地评述起这些已经逝去的友人在文学创作上的特点，伤感之中更流露出对这些文坛精英陨落的痛惜。

最后，曹丕论及自己位尊德薄，行为举止身不由己的现状，感慨"年一过往，何可攀援"。曹丕此信作于建安二十三年，当时他只有 32 岁，可结尾的字里行间却散发出阅尽沧桑的沉痛。

《又与吴质书》没有一般书信的客套与乏味，由始至终贯穿着对友人的追悼与思念，以及对时光流逝的无奈。同时让我们深刻感受到，朋友间因为共同经历而带来的快乐回忆和积淀的友谊，是不会因为地位的尊卑而改变的，反而会随着时光的流逝而更加珍贵。

【练习】

1. 结合曹丕的其他书信作品，谈谈他书信的写作特点。
2. 刘勰在《文心雕龙·才略》中认为曹丕的创作风格属于"清绮"，你认为这种风格与建安风骨矛盾吗？

（潘慧琼）

白 马 篇[1]

曹 植

曹植（192—232），字子建，曹丕同母弟，沛国谯（今安徽亳县）人。封陈王，谥思，世称陈思王。建安时期最负盛名的作家，钟嵘《诗品》称为

"建安之杰"。他从小就因为才华横溢，受到曹操的宠爱，几乎被立为太子。后来曹丕、曹叡父子为帝，他备受猜忌压迫，郁郁而死。前期的作品多为表现其在邺城的安逸生活以及追求建功立业的政治理想；后期的作品多通过比兴的手法，表现其抑郁不得志的愤激不平之情。诗歌语言精练，辞采华茂。有《曹子建集》。

　　白马饰金羁[2]，连翩西北驰[3]。借问谁家子，幽并游侠儿[4]。少小去乡邑[5]，扬声沙漠垂[6]。宿昔秉良弓[7]，楛矢何参差[8]。控弦破左的[9]，右发摧月支[10]。仰手接飞猱[11]，俯身散马蹄[12]。狡捷过猴猿，勇剽若豹螭[13]。边城多警急，虏骑数迁移[14]。羽檄从北来[15]，厉马登高堤[16]。长驱蹈匈奴[17]，左顾陵鲜卑[18]。弃身锋刃端，性命安可怀[19]？父母且不顾，何言子与妻！名在壮士籍，不得中顾私[20]。捐躯赴国难，视死忽如归。

（《古诗源》，沈德潜选，中华书局，2012）

【注释】

[1] 本篇属《乐府诗集·杂曲歌辞·齐瑟行》，又名《游侠篇》，是曹植自创的乐府新题。通篇通过描写边塞游侠儿捐躯赴难、奋不顾身的英勇行为，寄托了诗人对建功立业的渴望与憧憬。

[2] 金羁：金饰的马络头。

[3] 连翩：这里形容（马奔驰时）轻快飘忽的样子。

[4] 幽并：幽州和并州，即今河北、山西和陕西诸省的一部分地区，古代多出游侠之士。

[5] 去：离开。

[6] 扬声：扬名。垂：同"陲"，边远的地区。

[7] 宿昔：宿，同"夙"。整日的意思。秉：拿着，握着。

[8] 楛（hù）：木名，茎可以做箭杆，木质红色。何：多么。参差：纷纭繁杂，这里形容射出去的箭络绎不绝，纷纷疾驰。

[9] 控弦：拉弓。破左的：射中左方的目标。

[10] 摧：毁坏。月支：箭靶的名称。

[11] 接：迎射。猱（náo）：猿类，善攀缘，行动轻捷，上下如飞。

[12] 散：摧毁。马蹄：箭靶的名称。

[13] 剽（piào）：动作敏捷。螭（chī）：古代传说中没有角的龙。

[14] 虏：古时对敌方的蔑称。骑（jì）：骑马的人，骑兵。数（shuò）：屡次。

[15] 羽檄：檄是军事方面用于征召或声讨的文书，上插羽毛表示军情紧急。

[16] 厉马：策马。堤：御敌的工事。

[17] 长驱：以不可阻挡之势向远方奔去。蹈：踩，踏。匈奴：与后文的"鲜卑"均为古代北方的少数民族。

[18] 陵：压制。

[19] 怀：顾惜。

[20] 中：心中。顾：念。

【评析】

《白马篇》是曹植前期诗歌的代表作。清人方东树在《昭昧詹言》中，用"奇警"二字概括了本诗的艺术特点。起首二句"白马饰金羁，连翩西北驰"，既警且奇，以马之快喻心之急，以马的雄骏烘托人的英武。游侠儿奋马奔驰的特写镜头突兀地出现在读者面前，让人浮想联翩，营造出令人惊异的浓郁氛围。随后以设问的形式"借问谁家子，幽并游侠儿"，引出主人公，亲切自然，顺理成章。"少小去乡邑"以下至"左顾陵鲜卑"一大段铺陈，浓墨重彩地刻画了游侠儿骑射精湛、武艺高强，奉命出征、冲锋陷阵的英雄形象。"弃身锋刃端"以下至"视死忽如归"又以设问的形式将游侠儿的形象塑造进一步深化，一个渴望为国立功甚至不惜壮烈牺牲的爱国壮士跃然纸上。尤其是最后二句"捐躯赴国难，视死忽如归"，如铮铮誓言，慷慨激昂，气薄云天，将诗人的豪壮之气抒发得淋漓尽致。其如虹气概，在曹植集中仅见。

诗中"游侠儿"形象，一般论者以为是曹植自况，如朱乾《乐府正义》认为本诗"寓意于幽并游侠，实自况也。……篇中所谓捐躯赴难，视死如归，亦子建素志，非泛述也"。无论其为谁，总之是诗人心目中的理想人物形象：武艺高超、豪情满怀、勇赴国难、视死如归。通过对"游侠儿"形象的塑造，寄托了诗人对建功立业的渴望和强烈的爱国情怀。郭茂倩在《乐府诗集》中谓此诗"言人当立功立事，尽力为国，不可念私也"。

诗歌突出的艺术特点是运用了铺陈的笔法。如诗中写游侠儿的武艺高强："控弦破左的，右发摧月支。仰手接飞猱，俯身散马蹄。""左的"、"月支"、"马蹄"，都是练习射箭的靶子，诗人浓彩重墨地铺陈，从左、右、上、下不同的方位表现出游侠儿射箭本领的高强。

【练习】

1. 本诗表现了曹植怎样的思想感情？
2. 本诗哪些地方用了设问的修辞手法？作用如何？

（任靖宇）

赠秀才入军·息徒兰圃[1]

嵇　康

　　嵇康（224—263），字叔夜，谯郡绖（今安徽宿县）人。爱老、庄学说，攻击周礼名教，修习养性服食等事。他虽是魏宗室的女婿，但并不热心于政治。司马氏代魏后，嵇康更采取不合作的激烈态度。他是天下名士，对士风影响极大，司马氏为了维护统治，杀害了他。三千太学生为之请愿，也未能挽救他的性命。司马氏借嵇康给了天下士人一个警告，一定程度上稳定了统治。而嵇康刑场上的一曲《广陵散》成了绝唱，也成了后人心目中的一种境界。

　　嵇康是西晋初期玄学的代表人物，主张"越名教而任自然"，"任心""优游"。他将《庄子》心与道冥的哲学境界转化为一种可以实践的生活境界，将《庄子》生活化了，也将人生诗化了。他的玄学人格在文学创作中表现得也较为明显。钟嵘《诗品》这样评价嵇康："颇似魏文。过为峻切，讦直露才，伤渊雅之致。然托喻清远，良有鉴裁，亦未失高流矣。"刘勰《文心雕龙》称"嵇志清峻"，皆是对其人格与文风的恰切评价。

　　息徒兰圃[2]，秣马华山[3]。流磻平皋[4]，垂纶长川[5]。目送归鸿，手挥五弦[6]。俯仰自得，游心太玄[7]。嘉彼钓叟，得鱼忘筌[8]。郢人逝矣，谁与尽言[9]。

（《古诗源》，沈德潜选，中华书局，2012）

【注释】

[1]《赠秀才入军诗》共 19 首，是寄赠他哥哥嵇喜的。嵇喜，字公穆，曾举秀才。本篇原列第十四，想象的是嵇喜行军休息时的光景。

[2] 息：休息。徒：徒众。此指军队。兰圃：长满香草的野地。

[3] 华山：山有光华。

[4] 流磻（bō）：即射箭。磻，用生丝做绳系在箭上射鸟叫做弋，在系箭的丝上加系石块叫做磻。皋：水边的平地。这句是说在皋泽之地弋鸟。

[5] 纶：指钓丝。长川：长长的河流。

[6] 五弦：乐器名，似琵琶而略小。

[7] 俯仰：俯仰之间，形容时间短促。俯，低头，应"手挥"句。仰，抬头，应"目送"句。自得：指心境超脱尘俗，精神归于自然。游心太玄：是说心中对于道有所领会，也就是上句"自得"的意思。游心，心神往来、灌注于某一境地。太玄，即自然之道，大道。

[8] 嘉：赞许。钓叟：钓鱼的老翁，此指超凡脱俗的隐者。得鱼忘筌：比喻超脱，不拘形迹。筌，捕鱼竹器名。《庄子·外物》道："筌者所以在鱼，得鱼而忘筌。"又道："言者所以在意，得意而忘言。""得鱼而忘筌"是"得意而忘言"的比喻，说明言论是表达玄理的手段，目的达到了，手段就不需要了。

[9] 郢：古地名，春秋楚国的都城。在今湖北省江陵县。《庄子·徐无鬼》有一段寓言说，曾有郢人将白土在鼻子上涂了薄薄的一层，像苍蝇翅似的，叫石匠用斧子削去它。石匠挥斧成风，眼睛看都不看一下，把白土消除干净了。郢人的鼻子毫无损伤，他的面色也丝毫没有改变。郢人死后，匠石的这种绝技也不能再表演，因为再也找不到同样的对手了。这个寓言是庄子在惠施墓前对人说的，表示惠施死后再也没有可以谈论的对手了。逝：死去。谁与：与谁。两句意思是：正如郢人死后，石匠失去无与言的对象一样，嵇喜离去，诗人再也没有与之谈玄的对手了。

【评析】

　　嵇康的四言诗上承《诗经》，是曹操之后四言诗的又一高峰。他的四言诗古雅典重，代表了他创作的最高水平。《赠秀才入军》是嵇康写给嵇喜的一组赠答诗，本篇列于十四。这首诗描写的是作者想象中的兄长行军间隙休息的场景。诗中没有议论文字，只是刻画描绘了一幅清静玄远的冲虚之境，在这种意境中寄托了自己对兄长的依恋、思念之情：军旅休息于长满香草的地方，军人们渔猎休闲，真是忙里偷闲，自得其乐。兄长在军旅中享受着这样的美妙意境，而"我"却感到深深的失落，因为兄长离开了，再没有可以谈说玄理的人了！

　　在这首诗里，嵇康描绘的是一种超凡脱俗的境界，正体现了他对《庄子》境界的发展、改造。超脱之人，纵使从军，军中休息也能充分享受那份悠然之趣。憩息之地那么美好，渔猎之趣悠然自得，而诗人、兄长的境界则更在其上，他们更像是那位隐现于诗中的仙人般的世外高人。"目送归鸿，手挥五弦"就是他们的境界，这两句真正是《庄子》心与道冥的境界。隐然而立的主人公已经超脱了尘俗，与万物自然契合了。他"目送归鸿，手挥五弦"已无悲喜，只是自然、自在的一种行为，诗人的确是将生活诗化了。再者，把主人公放入环境中进行整体观照，亦是一种不可企及的玄远之境。可以想见，风流潇洒、玉树临风的诗人在长满香草的山坡，衣带随风翻飞飘舞，他弹着琴，目光随高飞的鸿雁远去。这种意境是何等的超脱！何等的清新玄远！清代学者王士祯称赞说："'手挥五弦，目送归鸿'，妙在象外。"陈祚明《采菽堂古诗选》也说："高致超超，顾盼自得，竟不作三百篇语，然弥佳。"诗中没有简单谈玄，而玄学的意境已经充分展现出来了。

　　"嵇志清峻"，嵇康的清峻、率真、洒脱在他的作品中表现得非常突出。他的诗歌语言多清新隽丽，"无一点尘俗气"（黄庭坚语），古雅而不晦涩。此篇也运用了较多典故，而不显滞涩，理解起来较为容易。总体来说，嵇康的四言诗是西晋时代四言诗的新高峰，是对《诗经》的继承和新发展。这篇作品即是其代表作。

【练习】

1. 诗中运用了哪些典故？说明了什么问题？
2. 全诗反映了诗人怎样的思想？

（王淑芬　刘坤）

悼亡诗·荏苒冬春谢[1]

潘　岳

　　潘岳（247—300），字安仁，后世人常称其为潘安。荥阳中牟（今河南中牟县）人。西晋文学家。少有奇童之名，后举秀才，一生热衷仕进，却并不得志。曾趋附权臣贾谧，为其"二十四友"之一，品格为人所讥。后为赵王司马伦及孙秀所害。潘岳工诗善文，与陆机合称"潘陆"，与其侄潘尼并称"两潘"，在当时文名颇盛。其诗文风格清绮，史称其"辞藻绝丽，尤善为哀诔之文"（《晋书·潘岳传》）。明人张溥辑有《潘黄门集》一卷。

　　荏苒冬春谢[2]，寒暑忽流易[3]。之子归穷泉[4]，重壤永幽隔[5]。私怀谁克从[6]，淹留亦何益[7]？僶俛恭朝命[8]，回心反初役[9]。望庐思其人[10]，入室想所历[11]。帏屏无髣髴[12]，翰墨有余迹[13]。流芳未及歇[14]，遗挂犹在壁[15]。怅恍如或存[16]，周遑忡惊惕[17]。如彼翰林鸟[18]，双栖一朝只。如彼游川鱼，比目中路析[19]。春风缘隟来[20]，晨霤承檐滴[21]。寝息何时忘，沉忧日盈积。庶几有时衰[22]，庄缶犹可击[23]。

（《先秦汉魏晋南北朝诗》，逯钦立辑校，中华书局，1983）

【注释】

[1]《悼亡诗》：此诗为哀悼亡妻而作，共三首，此为第一首。

[2] 荏苒（rěn rǎn）：渐渐，此处形容时间流逝。谢：去，消逝。一说为代谢，更换。

[3] 流易：消逝，变换。

[4] 之子：这个女子，这里是作者对亡妻的代称。穷泉：地下。

[5] 重壤：层层土壤。幽隔：幽闭隔绝。

[6] 克：能够。本句的意思是，因思念亡妻而不愿意出去做官的愿望，谁能够实现呢？

[7] 淹留：滞留，久留。

[8] 僶俛（mǐn miǎn）：也作"黾勉"或"黾俛"，意为勉励，尽力。恭：恭敬地顺从。

[9] 反：同"返"。初役：原先任职。

[10] 庐：指坟墓旁为守丧而建的房舍。一说指住宅。

[11] 历：经历。这里指与亡妻曾经共同经历过的生活。

[12] 髣髴：即"仿佛"，指相似而不真切的影像，若有若无。这里是用汉武帝欲见李夫人的典故。据《汉书》载，李夫人去世之后，有个名叫齐少翁的方士说，他能召唤李夫人的魂灵回来。于是在晚上点上灯烛，挂上帏帐，让汉武帝在其他地方远远地遥望，于是看见一个美丽的女子就好像是李夫人一样，但是不能近前看。这里是反用其典，指自己思见亡妻之影亦无法办到。

[13] 本句的意思是，屋里还留有亡妻生前的笔墨字迹。

[14] 本句的意思是，妻子的遗物还散发着芳泽之气，没有完全消失。

[15] 遗挂：指挂在墙上的亡妻生前之物。

[16] 此句是说，恍惚之间觉得亡妻还活着。怅怳（chàng huǎng）：神思恍惚。

[17] 周遑：惶恐不安。忡（chōng）：心神不宁。惕（tì）：惧。

[18] 翰：鸟的羽毛。这里用作动词，飞。

[19] 析：分开。

[20] 缘：沿着。隟：即"隙"字，墙壁的缝隙，一说指门缝。

[21] 霤（liù）：屋檐上流下的水。承：顺着。

[22] 庶几：但愿，只希望。

[23] 庄缶（fǒu）：这里是用庄子击缶的典故。庄子的妻子死了，他不仅不哭，反而敲着瓦盆唱歌，因为他认为人死是自然变化，不必悲伤，表现出一种达观的态度。缶，瓦盆。本句的意思是，自己能像庄子一样超然达观地击缶而歌就好了。

【评析】

　　潘岳的《悼亡诗》共三首，皆为妻亡一年后的哀悼之作。这是第一首，写为亡妻守丧期满，将要离家赴任时的心情。古时礼制，妻亡，丈夫为其守丧一年。

　　诗人从时光流逝写起，用"冬春谢"和"忽流易"点出时间，爱妻已经亡故一年了。一冬一春，一寒一暑，季节在变换，而时间之手却并没有抚平这丧妻的哀痛。一个"忽"字，将作者那种神思恍惚，猛然惊觉的凄惶心境表现得十分到位。时间留不住，人也留不住，只有自己对爱妻的留恋，被这如刀的时光寸寸撕割。那个美好的女子已经在层层黄土之下，永远地与世隔绝了。想要永远相依相守的愿望，谁能够实现？这么长久地滞留在家里又有什么用呢？这两句反问，其实是作者的内心在自我挣扎，想要抓住什么，想要摆脱什么，却那么无能为力。看到这里我们忍不住要问，真的是无能为力吗？沉溺在这丧妻的哀痛之中，心中充满了对亡妻的思念，只怕是作者自己不想走出来吧。接下来的"俛俛"二字，不仅回答了我们的疑问，也将作者挣扎的矛盾心理表现得淋漓尽致。努力克制自己，勉强自己去接受朝廷的任命，重新回到原来的任职上去，也许可以借着繁忙的公务将心中这哀痛之情稍稍减淡吧。"俛俛"二字实在是用得极妙，那种从犹豫和彷徨中透出的深情，令人动容。

虽然决定了要离开，然而徘徊在曾经充满欢乐的地方，睹物思人，心中再一次掀起滔天巨浪，是不忍离去，是不舍离去。从"望庐思其人"开始，到"周遑忡惊惕"，如同一页页的画面展开，我们的眼前仿佛出现了作者那孤寂哀伤的影子。他在外"望庐"，看到的却是爱妻的一颦一笑。他"入室"寻觅，想到的却是爱妻的一举一动。想当初汉武帝还能再见到李夫人的影子，他蓦然回头，却再也不见昔日爱妻的身影了。抬起头来，她生前所写的文字还挂在墙上，她所用过的物品还散发着她独有的芳香，恍惚间似乎一切都还没有改变，似乎一回头就能看见那个温婉的女子含笑而立。可是，物还在，人却真的不在了。一种惶惑不安的气氛忽然弥漫，仿佛电影里的慢镜头，将作者的哀伤思念慢慢放大，直直地将读者的心也拖入那无限的沉痛中去。在这描写物在人亡，触目伤怀的八句诗中，我们的心情不由自主地跟随着作者进行了几度急剧的转换，有"思其人"、"想所历"的甜蜜，有"无髣髴"的惆怅，有"有余迹"、"未及歇"、"犹在壁"的欣慰，有"如或存"的痴想，有"忡惊惕"的忧惧。忽惊忽喜，或苦或甜，在这几番转换回旋之中，作者对亡妻的深切思念层层深入，给人以强烈的震动。

当思绪在记忆与现实中盘旋，才惊觉曾经双双栖于林中的鸟儿如今形单影只，才惊觉曾经比目游川的鱼儿中路分离。现实太残忍，让一对恩爱情深的人儿生死相隔。当春风沿着墙上的缝隙悄悄吹进来，当屋檐上的滴水缓缓落下，这思念也越来越长，如影随形，不能断绝。我们可以认为这"春风缘隙来"和"晨霤承檐滴"是写眼前之景，我们可以由此想象春天来到，万物复苏，然而本该是欣欣向荣的景象却因了这份沉痛的思念变得有些阴郁。仔细想来，其实作者是借着这两句来表达：这忧思如同有隙就有风来，无处不在；这忧思如同檐水滴之不断，绵绵不绝。这哀哀的情怀"寝息"难忘，这有增无减的"沉忧"日日积累，那么沉重，那么伤痛。作者在结尾问自己：这份思念什么时候才能有所消减呢？真希望能够节哀，像庄周那样超然达观一些吧。是他想要忘记那么深情想念的妻子了吗？不！这是作者在强作排解，其实心中的思念何曾有半点减弱？试想倘若没有这般无法自拔的深情，哪里需要自己劝慰自己呢？

人世间最痛苦的事莫过于与心爱的人阴阳相隔，永不能再见。这种锥心刻骨的遗憾和疼痛，非亲历是无法理解的。读潘岳的《悼亡诗》，在千载之后，我们仍能感受到那份凄苦和低沉，让人忍不住为这份哀婉缠绵的真情深深地叹息。这首《悼亡诗》，描摹细致，比喻新奇，感情真挚，为潘岳的代表作之一。"悼亡"之为悼念亡妻之作，即自此始，在中国古代文学史上成为一个独特的题材类型。

【练习】

1. 潘岳的《悼亡诗》共三首，请阅读其余两首。
2. 找出其他作者相同题材的作品，试与潘岳的作品相比较。

（刘睿）

娇 女 诗[1]

左 思

　　左思，字太冲，齐国临淄（今属山东）人。生卒年不详。晋武帝泰始年间（265—274），因妹妹左棻被选入宫，移家洛阳，官秘书郎。左思曾依附贾谧，是"二十四友"的成员。贾谧被诛后，专意于典籍，齐王同命为记室督，以病辞不就。太安中，移家冀州，数年后去世。左思博学能文，但因出身寒微，不好交游，貌丑口讷，仕途很不得意。作品今仅存诗14首，赋两篇。诗歌中有庶族士人对现实的强烈不满，刚劲质朴。辞赋名作《三都赋》经过十年精心构思，一问世，洛阳为之纸贵。

　　吾家有娇女，皎皎颇白皙[2]。小字为纨素[3]，口齿自清历[4]。鬓发覆广额，双耳似连璧[5]。明朝弄梳台，黛眉类扫迹[6]。浓朱衍丹唇，黄吻澜漫赤[7]。娇语若连琐[8]，忿速乃明懂[9]。握笔利彤管[10]，篆刻未期益[11]。执书爱绨素，诵习矜所获[12]。其姊字惠芳，面目粲如画[13]。轻妆喜楼边，临镜忘纺绩[14]。举觯拟京兆，立的成复易[15]。玩弄眉颊间，剧兼机杼役[16]。从容好赵舞[17]，延袖像飞翮[18]。上下弦柱际，文史辄卷襞[19]。顾眄屏风画，如见已指摘[20]。丹青日尘暗[21]，明义为隐赜[22]。驰骛翔园林[23]，果下皆生摘。红葩掇紫蒂[24]，萍实骤抵掷[25]。贪华风雨中[26]，倏忽数百适[27]。务蹑霜雪戏，重綦常累积[28]。并心注肴馔[29]，端坐理盘槅[30]。翰墨戢闲案[31]，相与数离逖[32]。动为垆钲屈[33]，屣履任之适[34]。止为荼荈据，吹嘘对鼎𨰲[35]。脂腻漫白袖[36]，烟薰染阿锡[37]。衣被皆重地[38]，难与沉水碧[39]。任其孺子意[40]，羞受长者责。瞥闻当与杖[41]，掩泪俱向壁[42]。

　　　　（《玉台新咏笺注》，徐陵编，吴兆宜注，程琰删补，穆克宏点校，
　　　　　　　　　　　　　　　　　　　　　　　　中华书局，1985）

【注释】

[1] 本诗见于《玉台新咏》卷二，是我国文学史上最早集中描写儿童形象的作品。

[2] 皎皎：光洁明亮的样子。白皙：白净。

[3] 小字：小名、乳名。纨素：左思有二女，长女名惠芳，次女名纨素。

[4] 清历：清楚。

[5] 连璧：一对美玉。这里是形容双耳的白润。

[6] 明朝：早晨。黛：妇女画眉用的青黑色颜料。类扫迹：像扫帚扫过的样子。

[7] 浓朱：深红色。衍：涂抹。黄吻：黄口小儿的嘴唇。澜漫：形容色彩浓厚。赤：红。

[8] 连琐：指话语极多，说个不停。

[9] 忿（fèn）速：生气时语速极快。明懂（huò）：指语句干脆顽强。

[10] 利彤（tóng）管：贪爱好看的笔。利：贪爱。彤管：红漆管的笔，古代史官所用。

[11] 篆刻：指书写。期：希望。益：进步。

[12] 绨（tí）素：用于书写的缯和绢。矜：夸耀。

[13] 暐：同"㻮"，鲜艳、美好。

[14] 轻妆：淡妆。临：对着。

[15] 觯（zhì）：疑作"觚"（gū），可以用来书写的木简。京兆：指张敞，汉宣帝时为京兆尹，曾为妻子画眉。的：古代女子面部的装饰，用朱色点成。成复易：画成后又去掉重画。

[16] 剧：剧烈。兼：倍。机杼役：指织布活。二句意思是说，她的妆扮活动比织布的劳动还要紧张。

[17] 赵舞：古代赵国的舞蹈很有名。

[18] 延袖：长袖。飞翮（hé）：飞鸟。翮，鸟的羽茎。

[19] 柱：弦乐器上系弦的木头。襞（bì）：折叠。这二句说她又喜欢拨弄琴瑟，常把文史典籍卷叠起来，丢在一边。

[20] 顾眄（miǎn）：回头看。如见：谓并未看真切，只得其大概。指摘：肆意评论。

[21] 丹青：指屏风上的画。尘暗：因蒙上灰尘而晦暗。

[22] 隐赜（zé）：深隐难见。

[23] 驰骛（wù）：乱蹦乱跳。翔：奔跑。

[24] 红葩：红花。掇（duō）：采摘。蒂：花蒂。

[25] 萍实：泛指一般果子。骤：频繁。抵掷：投掷。这二句说采花时连花茎也折下来，摘了果子抛来抛去以相嬉戏。

[26] 华：同"花"。

[27] 倏忽：迅疾貌。一作"眒忽"、"倏眒"，义同。适：往。这二句说她们爱花，风雨中也多次跑到园林中去。

[28] 蹑（niè）：踏地。綦（qí）：鞋带。这二句说她们一定要在雪地里跑着玩，鞋弄湿了，很重，系上几双鞋带才穿得稳。

[29] 并心：专心。注：专注地看。肴馔（yáo zhuàn）：肉食。

[30] 盘楛（hé）：果盘。楛，即"核"。

[31] 翰墨：笔墨。戢（jí）：聚集。闲案：一作"函案"，指书桌。

[32] 相与：一起。数（shuò）：频繁。离逖（tì）：离开。逖，远。

[33] 垆钲（lú zhēng）句：余冠英《汉魏六朝诗选》："'垆'，缶也，古人用为乐器。'钲'，乐器名，铙、铎之类。'屈'，疑是'出'字之误（和'止为'句'据'字相对）。这句似说儿童听到门外有钲、缶的声音因而奔出。钲、缶当是卖小食者所敲。"

[34] 屣履（xǐ lǚ）：拖着鞋。任：任凭。适：往。这句意思是说，跑出去的时候，鞋都顾不得穿好，拖着它就出去了。

[35] 荼（tú）菽：泛指食物。荼，苦菜；菽，豆的总称。据：安坐。鬲（lì）：类似于鼎的烹饪器具。这二句意思是说，她们为正在煮着的食物而停下来坐着，还不住地对着炉子吹火。

[36] 脂腻：油腻。漫：污染。

[37] 阿锡（xì）：此代指衣服。阿，细的丝织品；锡，古通"緆"，细布。

[38] 重地：指衣服上底色因油污烟薰，弄成多种颜色了。

[39] 沉：浸入水中。水碧：即为碧水。这句说衣服难以浸入清水中洗涤干净。

[40] 孺子：孩子。

[41] 瞥闻：瞥，见。"瞥闻"指一看见或一听见。与杖：用棒责打。

[42] 向壁：对着墙壁。向，面对。

【评析】

《娇女诗》与《咏史》八首迥然不同，以一种轻松活泼的笔调，描写了一对天真可爱的小女孩娇顽的形象，字里行间也流露出一个父亲对小女儿的无限赏爱和无比自豪之情。

诗歌先分写两个小女儿的娇憨可爱，再合写二人的顽皮淘气。从开头到"诵习矜所获"，写小女儿的娇态。小女纨素面庞白净，口齿清楚，头发遮盖住了宽广的额头，耳朵如一对圆润的美玉。寥寥几笔，把一个美丽、健康、聪慧的小女孩形象勾勒了出来。接着，写她模仿成人的各种情状：画眉毛、涂口红、写字、读书。她对大人的世界有着极强的好奇心，也有着强烈的模仿欲望，可是由于年纪太小，模仿得并不像，处处都表现出她的天真和稚气。

从"其姊字惠芳"到"明义为隐赜"，写长女惠芳的娇态。惠芳比妹妹要大些，故而她妆扮起来更加专心，也更加专业。她已经开始了对美的主动追求，既注意外表的美，也注意通过音乐、舞蹈、读书、赏画来培养仪态美、气质美等。她神情专注，态度认真，已经有了几分成人气，但仍然显露出少女的单纯与可爱。

从"驰骛翔园林"到结尾，写两个女儿的顽劣。当她们不再模仿成人的时候，她们就成了地道的淘气鬼。她们顽皮，喜欢美丽的花朵，却不知道珍惜；她们好动，在风雨里窜来窜去；她们贪玩，在霜雪里嬉戏；她们贪吃，只有食物能让她们安静一会；她们好热闹，一听到动静就往外跑；她们淘气，弄得衣服脏兮兮的；她们也害怕大人的呵责。

《娇女诗》的出现，使中国文学史诞生了两个光辉灿烂的儿童形象。左思以富有表现力的笔触，细腻地写出了两个孩子日常生活的方方面面。她们天真、可爱、机灵、淘气的形象塑造得非常成功。诗人落笔即点出"娇"字，处处抓住"娇"字来写，充满了童真童趣。钟惺评论说："妙在不安详，不老成，不的确，不闲整，字字是娇女，不是成人。而女儿一段聪明，父母一段矜惜，笔端言外，可见可思。"（《古诗归》）描写细腻而富于变化。两个小女儿各有各的娇态，妹妹学大人终究还是孩子气。姐姐学大人，则俨然大人，多了几分成熟，几分老练。诗中大量运用俗语、口语，使诗歌既有生活气息，又富于表现力。

【练习】

1. 试分析《娇女诗》中的娇女形象。
2. 对比阅读左思的《咏史》和《娇女诗》，体味左思不同的思想情感。
3. 萧涤非在《风诗心赏》中认为此诗"具有反重男轻女的传统观念的普遍意义"，谈谈你的看法。

（周期政）

五柳先生传[1]

陶渊明

陶渊明（365—427），字元亮，一说名潜，字渊明，自号五柳先生，浔阳柴桑（今江西九江）人。早年曾任江州祭酒，不久即辞归。后又任镇军参军、建威参军、彭泽令等职，时间都不长。在彭泽令上，适督邮至县，陶渊明不愿"为五斗米折腰向乡里小人"，挂冠辞官，回到田园。从此绝意仕途，过着躬耕自资的生活。去世以后，其友颜延之私谥为靖节。陶渊明为人真率，追求任心自得的生活。他把田园当作自己安身立命之所，有大量描写田园风光、农村生活和安贫乐道的心态的诗作，也有不少诗作反映了其内心的忧愤和不平。诗歌形象鲜明，风格以平淡自然为主。

先生不知何许人也，亦不详其姓字[2]。宅边有五柳树，因以为号焉[3]。闲静少言，不慕荣利。好读书，不求甚解[4]；每有会意[5]，便欣然忘食。性嗜酒，家贫不能常得。亲旧知其如此，或置酒而招之。造饮辄尽，期在必醉[6]。既醉而退，曾不吝情去留[7]。环堵萧然[8]，不蔽风日，短褐穿结[9]，箪瓢屡空[10]。晏如也。[11] 常著文章自娱[12]，颇示己志。忘怀得失，以此自终。

赞曰[13]：黔娄之妻有言："不戚戚于贫贱，不汲汲于富贵[14]。"极其言，兹若人之俦乎[15]？酣觞赋诗[16]，以乐其志。无怀氏之民欤？葛天氏之民欤[17]？

（《陶渊明集》，陶渊明著，逯钦立校注，中华书局，1979）

【注释】

[1] 本文是陶渊明托名五柳先生而写的自传文章。逯钦立认为约作于宋永初元年（420年），陶渊明时

年56岁。

[2] 何许：何处。姓字：姓名和字。

[3] 因以为号：因而把（五柳）作为别号。

[4] 不求甚解：不过分地寻求字义的解释。

[5] 会意：心得体会。

[6] 造饮辄尽：指一喝酒就要喝到尽兴。造，到。辄，就。期：希望。

[7] 既：已经。曾（zēng）：乃、竟。曾不，即一点也不。吝情：拘泥、在意。

[8] 环堵萧然：四壁空空。指家里穷困。

[9] 短褐：粗布短衣。穿结：喻衣服破烂。穿，破洞。结，补缀连结。

[10] 箪（dān）瓢屡空：常常缺少饮食。箪，放食物的竹制器具。瓢，饮器。

[11] 晏如：安乐自在的样子。

[12] 自娱：自我娱乐。

[13] 赞：史传体文章后面作者对所记人物的评论。

[14] 黔娄：黔娄是春秋时鲁国人（一说齐人），清贫自守，不愿出仕。死后，曾子去吊丧，问其妻"何以为谥"。其妻说谥"康"。曾子认为黔娄在世时没有好日子过，死时又不荣耀，不能谥"康"。其妻说："彼先生者，甘天下之淡味，安天下之卑位，不戚戚于贫贱，不汲汲于富贵，求仁而得仁，求义而得义，其谥为'康'不亦宜乎？"（见刘向《列女传》）戚戚：忧愁的样子。汲汲：急于追求的样子。

[15] 极其二句：推究她（黔娄之妻）的话，黔娄和五柳先生则是同类人。极，尽，穷尽。兹，则。若人，近指，相当于"此人"。俦，同类。

[16] 酣觞：痛饮。

[17] 无怀氏、葛天氏：都是传说中上古时代的帝王。《管子·封禅》："昔无怀氏封泰山。"《吕氏春秋·古乐》："昔葛天氏之乐，三人操牛尾，投足以歌八阕。"

【评析】

《五柳先生传》是陶渊明为一个隐士作的传，记叙了五柳先生的兴趣爱好、人生追求。结合陶渊明的人生经历和人生态度，可以看出这是陶渊明托名五柳先生而写的一篇自传文章。早在南朝时的梁代，萧统就已经指明了这点："尝著《五柳先生传》以自况……时人谓之实录。"（《陶渊明传》）

"传"这种文体往往侧重人物生平事迹的记录，但《五柳先生传》并没有具体事迹的记录，只是记载了五柳先生对待读书、饮酒、贫困、著文等的态度，刻画了一个超然世外的隐士形象。他有着高洁的志趣，率真的人格，淡然的态度，充实的精神追求。

文章一落笔就有超尘之姿，传主叫什么，是哪里人，都不知道，只以门前的五棵柳树把他命名为五柳先生。他隐姓埋名，远离尘俗，完全不同于那些以隐求名，待价而沽，把隐居当作是终南捷径的假隐士。"闲静少言，不慕荣利"八个字，是他性格的总写照。他内心平静，安于隐居生活，不与尘俗之人交往，不追求荣华富贵和功名利禄。接着，具体写五柳先生的读书、饮酒、处贫、著文等生活。他读书不以雕章琢句为目的，而是以会意为高，注重的是阅读时的精神愉悦。他嗜酒如命，不拘泥于世俗的礼节，以尽兴为高，追求的是率性而为的自由境界。他家徒四壁，缺衣少食，却不以为意，淡然自适。他以文章寄托自己的志意，忘怀得失。在后面的赞中，陶渊明对五柳先生安贫乐道的品格，以及诗酒自娱的精神追求再次给予充分肯定。

　　文章在"否定"与"肯定"的对比中展开，运用了大量的"不"及与"不"同义、近义的一些词汇，以否定为主，但又隐约看到他的坚持。五柳先生与世俗世界格格不入，他否定现世的一切，否定外在形式，否定物质追求，否定功名利禄，否定繁文缛节。透过这些"不"，我们看到他执着地追求内心的安宁，人格的独立，志趣的高洁，精神的愉悦，心灵的自由。在物质条件允许时，他自得自适，享受生活；在穷困的时候，固穷守节，坚持独立的人格，快乐的心境。可以说，重神轻形，重精神自由，轻物质享受，是五柳先生的最高追求，也是陶渊明的最高追求。

　　陶渊明的诗歌与散文都具有平淡自然的语言风格。本文描写五柳先生的性格、爱好、情趣追求，以舒缓的语调平平道来，与五柳先生"闲静少言"、淡泊名利的性格特征相应。真所谓"潇洒澹逸，一片神行之文"（吴楚材、吴调侯《古文观止》）。

【练习】

1. 试分析五柳先生的形象。
2. 萧统认为五柳先生是陶渊明的自况。请谈谈你的理解。
3. 体味《五柳先生传》的语言风格。

（周期政）

登池上楼[1]

谢灵运

　　谢灵运（385—433），生于会稽始宁（今浙江省上虞县）。他是谢玄之孙，十八岁时袭封康乐公，故又称"谢康乐"。入宋后，降爵为侯，出任永嘉太守、临川内史等职。后以"叛逆"罪名被杀。谢灵运才华横溢，但政治上不得意，于是寄情山水，写作了大量山水诗。其山水诗形象捕捉准确，刻画细致逼真，语言富丽精工，对山水诗的发展作出了重大贡献。

潜虬媚幽姿[2]，飞鸿响远音[3]。薄霄愧云浮[4]，栖川怍渊沉[5]。进德智所拙[6]，退耕力不任[7]。徇禄反穷海[8]，卧疴对空林[9]。衾枕昧节候[10]，褰开暂窥临[11]。倾耳聆波澜[12]，举目眺岖嵚[13]。初景革绪风[14]，新阳改故阴[15]。池塘生春草，园柳变鸣禽[16]。祁祁伤豳歌[17]，萋萋感楚吟[18]。索居易永久[19]，离群难处心[20]。持操岂独古[21]，无闷征在今[22]。

（《先秦汉魏晋南北朝诗》，逯钦立辑校，中华书局，1983）

【注释】

[1] 谢灵运在永初三年（422）七八月至景平元年（423）七八月间为永嘉太守。这首诗是景平元年初春，谢灵运久病初愈后登池上楼时写的。
[2] 潜虬（qiú）：潜龙。虬：传说中有两角的小龙。媚：喜爱，此有自我怜惜之意。幽姿：潜隐的姿态。这里喻隐士。
[3] 飞鸿：能高飞的雁、鸿鹄等大鸟。远音：鸿飞得高，所以鸣声可以传得很远。此喻有所作为的人。
[4] 薄霄：迫近云霄。薄，迫近。云浮：指高飞的鸿。
[5] 栖川：栖息水中。怍（zuò）：惭愧。渊沉：指深潜水中的虬龙。
[6] 进德：增进德业。《周易·乾卦·文言》：“君子进德修业，欲及时也。”智所拙：智力不及。拙，指不善逢迎。
[7] 退耕：退隐躬耕。力不任：体力不能胜任。
[8] 徇（xún）禄：追求俸禄。徇，曲从。反：同“返”。穷海：边远荒僻的滨海地区，指永嘉。
[9] 卧疴（ē）：卧病。空林：因秋冬季节树叶落尽，故称空林。
[10] 衾（qīn）：被子。昧节候：不明季节变化。
[11] 褰（qiān）开：拉开，指拉开窗帘。窥临：临窗眺望。
[12] 倾耳：侧耳。聆：听。
[13] 岖嵚（qū qīn）：山岭高耸险峻的样子。
[14] 初景：初春的日光。景，同“影”。革：清除。绪风：冬日残余的寒风。
[15] 新阳：指春。故阴：指冬天。
[16] 本句意思是，园柳中叫唤的禽鸟种类因季节变化而不同。
[17] 祁祁句：《诗经·豳风·七月》：“春日迟迟，采蘩祁祁，女心伤悲，殆及公子同归。”
[18] 萋萋句：《楚辞·招隐士》：“王孙游兮不归，春草生兮萋萋。”萋萋，草茂盛的样子。二句写诗人由眼前春色而触发的离家伤春的情怀。
[19] 索居：离群独居。易永久：容易觉得时间长久。
[20] 难处心：难以安心做到。
[21] 本句意思是，坚持高尚节操的人难道只有古代才有吗？
[22] 本句意思是，自己现在做到了隐居遁世而没有烦闷。无闷，《周易·乾卦·文言》：“遁世无闷。”征，证明。

【评析】

谢灵运出身高贵，才华出众，自视很高，一生却是进退失据。这与他的人生追求密切相关。我们透过《登池上楼》可以略窥其人生态度。

宋永初三年（422）七月，谢灵运因对权臣徐羡之恣意批评、攻击，被逐出京城，出守永嘉。由于路途遥远，天气炎热，再加上心情不好，生了一场大病，卧床不起，直到第二年初春，病情才稍稍好转。他强撑起虚弱的身体，登上了池边的小楼。

诗一开始就以深潜的蛟龙和高飞的大雁来反衬自己，它们远离世俗利害，而自己则进退失据。政治上被排挤，又不甘心隐居避世，加上生活环境的偏远和长期的卧病，使他的心情极为糟糕，矛盾、苦闷、悲愤不觉一起涌了上来。接着诗人来到窗边，欣赏窗外的景物。池塘里小小的波澜，远处连绵起伏的山峦，初春的阳光，和煦的春风，嫩绿的春草，候鸟的鸣叫，初春的景物明丽而有生机，多么美好！他忘情地欣赏着这一切，先前的不快似乎也如冬天的阴霾一样不见了，心情也不知不觉地轻松、开朗起来了。最后，他吟诵起了前人关于春天的诗句，恍然有悟，这春草萋萋、景物优美的地方不正是隐居的好地方吗！他从那种颓丧的心情中彻底走了出来，决心归隐。

谢灵运的诗最出色的往往是中间写景部分，此诗也是如此。"衾枕昧节候，褰开暂窥临"写自己久病初愈，登楼窥景。后面六句就写登楼所见。有全景式总览，也有细微的描写；有近景，也有远景；调动了听觉、触觉和视觉等不同的感官来对景物进行全面把握。尤其是"池塘生春草，园柳变鸣禽"二句，观察细致，准确地写出了初春的景象，有声有色，具有鲜明的形象性，同时，传达出一个久病初愈的人对生机勃勃的春天的深深喜爱。是全诗情绪转化的关键，最为人称道。

谢灵运是诗歌由玄言诗向山水诗转化的关键人物，他的山水诗不免还有某些玄言诗的影子，如写景时情感透入不够，结尾有空谈玄理的毛病，但此诗在写景与抒情的结合方面做得很好。诗的开始写进退失据，情绪低落，矛盾苦闷。见到明丽的春景后，情绪慢慢好转，心情也变得开朗起来，景与情很好地交融在一起。结尾表明自己做到了隐居遁世而没有烦闷，也是由明媚景物及写春景的诗歌所触发。虽然还引用了玄学经典《易经》，但玄理成分已经很少了。

【练习】

1. 分析本诗景物描写与情感变化的关系。
2. "池塘生春草，园柳变鸣禽"二句前人评论颇多，有的论者认为"谓有神助，其妙意不可以言传"，有人则认为"未有过人处"。谈谈你的看法。
3. 对比阅读陶渊明与谢灵运的作品，体会二人不同的人生追求及诗歌意境。

（周期政）

别　赋[1]

江　淹

　　江淹（444—505），字文通，济阳考城（今河南兰考）人。南朝著名的文学家。在《自序传》中，江淹自云"六岁能诗"。少孤贫，早年仕途颇为坎坷，元徽二年（474）贬为建安吴兴（今福建浦城）令，被贬期间文学创作颇为丰富。中年以后官运亨通，梁时官至金紫光禄大夫，然才思减退，传为梦中还郭璞五色笔，故有"江郎才尽"之说。江淹诗歌多为拟古之作，辞赋创作成就突出，今存赋20多篇，遣词精工，以《恨赋》、《别赋》最为著名。有《江文通集》。

　　黯然销魂者[2]，唯别而已矣。况秦吴兮绝国，复燕宋兮千里[3]。或春苔兮始生，乍秋风兮暂起[4]。是以行子肠断，百感凄恻[5]。风萧萧而异响，云漫漫而奇色。舟凝滞于水滨，车逶迟于山侧[6]。棹容与而讵前，马寒鸣而不息[7]。掩金觞而谁御，横玉柱而沾轼[8]。居人愁卧，怳若有亡[9]。日下壁而沉彩，月上轩而飞光[10]。见红兰之受露，望青楸之离霜[11]。巡曾楹而空掩，抚锦幕而虚凉。知离梦之踯躅，意别魂之飞扬[12]。

　　故别虽一绪，事乃万族[13]。至若龙马银鞍，朱轩绣轴[14]，帐饮东都，送客金谷[15]。琴羽张兮箫鼓陈，燕赵歌兮伤美人[16]；珠与玉兮艳暮秋，罗与绮兮娇上春[17]。惊驷马之仰秣，耸渊鱼之赤鳞[18]。造分手而衔涕，感寂寞而伤神[19]。

　　乃有剑客惭恩，少年报士[20]，韩国赵厕，吴宫燕市[21]。割慈忍爱，离邦去里[22]，沥泣共诀，抆血相视[23]。驱征马而不顾，见行尘之时起。方衔感于一剑[24]，非买价于泉里[25]。金石震而色变，骨肉悲而心死[26]。

　　或乃边郡未和，负羽从军[27]。辽水无极，雁山参云[28]。闺中风暖，陌上草薰。日出天而耀景，露下地而腾文[29]。镜朱尘之照烂，袭青气之烟煴[30]。攀桃李兮不忍别，送爱子兮沾罗裙[31]。

　　至如一赴绝国，讵相见期[32]！视乔木兮故里，决北梁兮永辞[33]。左右兮魂动，亲宾兮泪滋[34]。可班荆兮赠恨[35]，唯樽酒兮叙悲。值秋雁兮飞日，当白露兮下时。怨复怨兮远山曲，去复去兮长河湄[36]。

　　又若君居淄右，妾家河阳[37]。同琼佩之晨照，共金炉之夕香[38]，君结绶兮千里[39]，惜瑶草之徒芳[40]。惭幽闺之琴瑟，晦高台之流黄[41]。春宫閟此青苔色[42]，秋帐含兹明月光，夏簟清兮昼不暮[43]，冬釭凝兮夜何长[44]！织锦曲兮泪已尽[45]，回文诗兮影独伤[46]。

俔有华阴上士，服食还山[47]。术既妙而犹学，道已寂而未传[48]。守丹灶而不顾，炼金鼎而方坚[49]。驾鹤上汉，骖鸾腾天[50]，暂游万里，少别千年[51]。惟世间兮重别，谢主人兮依然[52]。

下有芍药之诗[53]，佳人之歌[54]。桑中卫女，上宫陈娥[55]。春草碧色，春水渌波[56]，送君南浦，伤如之何[57]！至乃秋露如珠，秋月如珪[58]，明月白露，光阴往来，与子之别，思心徘徊。

是以别方不定，别理千名[59]，有别必怨，有怨必盈[60]，使人意夺神骇，心折骨惊[61]。虽渊、云之墨妙[62]，严、乐之笔精[63]，金闺之诸彦[64]，兰台之群英[65]，赋有凌云之称[66]，辩有雕龙之声[67]，谁能摹暂离之状，写永诀之情者乎！

（《全梁文》，严可均辑，商务印书馆，1999）

【注释】

[1]《别赋》是《恨赋》的姐妹篇，历代传诵不衰。别，离别。

[2] 黯然：心神沮丧。销魂：失魂落魄。

[3] 秦吴、燕宋：均为周代国名。秦在今陕西，吴在今江浙，燕在今河北，宋在今河南。绝国：相隔极远的邦国。绝，远。

[4] 春苔：春天的苔藓。乍：忽然。暂：仓促。

[5] 行子：离家外出的游子。肠断、凄恻：均形容悲痛之深。

[6] 逶迟：徘徊不定的样子。

[7] 棹：船桨。容与：缓慢。讵前：滞留不前。寒鸣：凄凉的叫声。息：停止。

[8] 掩：覆盖。觞：酒杯。御：享用。玉柱：指代琴瑟一类的乐器。沾轼：沾湿车前横木。

[9] 居人：住在家里的人。恍若有亡：精神恍惚，若有所失。

[10] 日下壁：日光从墙上隐退。沉彩：光彩隐没。月上轩：月光升上窗格。飞光：光彩飞扬。

[11] 红兰：秋天变红的兰花。楸：楸树，一种落叶乔木。

[12] 曾楹：曾，通"层"，高也。指代房屋。锦幕：绣花的帷帐。这四句指离家的行子梦中仍徘徊不肯离别，离别后同样心神不宁思念亲人。

[13] 一绪：一种情绪。事：离别的现象。万族：种类繁多。

[14] 龙马：高大的马。朱轩绣轴：指具有红色车篷和彩饰车轴的贵族马车。

[15] 东都：长安城东门。金谷：金谷涧，是西晋富豪石崇为友人设饯行之所。

[16] 琴羽：弹琴奏羽音。张：张开琴弦。燕赵歌兮伤美人：燕赵美女歌妓的歌声悲伤动人。

[17] 珠、玉、罗、绮：均指歌女们华贵的服饰。暮秋：深秋。上春：初春。

[18] 这两句的意思是：悲凉的歌唱感动了仰头吃草的四匹马和潜游在深水中的鱼。

[19] 造：等到。衔涕：含泪。

[20] 惭恩：此处为"感恩"之意。报士：替人报仇的人。

[21] 韩国：指战国时齐国侠士聂政为韩国严仲子报仇，刺杀韩相侠累一事。赵厕：指春秋时豫让因自

己的主人智氏为赵襄子所灭，乃改名化妆为仆人，潜入赵襄子宫中厕所内欲刺死赵襄子一事。吴宫：指春秋时刺客专诸为吴国公子光刺杀吴王一事。燕市：指荆轲为燕太子刺秦王一事。上述事例均见《史记·刺客列传》。

[22] 这两句的意思是：忍痛告别父母妻子，离开家乡。

[23] 沥泣：洒泪。诀：诀别。抆血：擦拭血泪。

[24] 方：正是。衔感：满怀感激。一剑：以剑术为恩人报仇。

[25] 买价：买取声价。泉里：黄泉下。

[26] 金石：钟、磬一类的乐器。骨肉：指亲人。

[27] 或乃：或者是。负羽：背着弓箭。

[28] 辽水：辽河，即今辽宁省。雁山：今山西北部雁门山。参云：高耸入云。

[29] 闺：闺房。风暖：暖风吹入。陌：野外的道路。草薰：散发青草香气。日出天：太阳升起。耀景：日光照耀。露：露水。腾文：闪耀光彩。

[30] 镜：映照。朱尘：尘土。照烂：明亮。袭：笼罩。青气：春天的雾气。烟煴（yūn）：弥漫的样子。

[31] 攀：折。沾罗裙：眼泪沾湿了罗裙。

[32] 讵相见期：哪有再见的日期。

[33] 乔木：古代常以乔木象征故乡。决：诀别。北梁：代指分别的场所。

[34] 左右：随从。

[35] 班荆：把荆草铺在地上而坐。赠恨：倾诉离别之憾。

[36] 怨复怨：怨上加怨。远山曲：遥远的山角。去复去：离开再离开。湄：水边。

[37] 淄右：淄水西面，在今山东境内。河阳：黄河北岸。

[38] 琼佩：美玉制成的佩饰。金炉：熏香用的铜炉。

[39] 绶：系官印的带子。结绶：指出仕做官。

[40] 瑶草：仙草。比喻妻子的青春年华。

[41] 这两句的意思是：独处深闺，无心弹奏，愧对琴瑟。高台上黄色丝绢所作的帷幕因无心整理而色彩黯淡。

[42] 春宫：女子的居室。阖：关门。

[43] 簟：竹席。昼不暮：白天总也不到晚上。

[44] 釭（gāng）凝：灯光暗淡。

[45] 织锦曲：前秦秦州刺史窦涛流放到沙漠，另娶新妇，其妻苏惠在锦上织回文诗诉说自己的深情。事见《晋书·列女传》。

[46] 回文诗：一种从纵、横、正、反、旁、斜读起来皆可成章的诗体。

[47] 傥：或者。华阴：华山，在今陕西省华阴县。上士：修炼得道的方士。服食还山：服食丹药成仙。

[48] 术：道术。道已寂：道行很深。未传：未获真传。

[49] 丹灶：炼丹炉。不顾：心无旁骛。金鼎：炼金丹的鼎。方坚：意志坚定。

[50] 上汉：天上。骖：骑。鸾：凤凰的一种。

[51] 暂游万里：短暂一游有万里之遥。少别千年：稍作分别乃千年之期。

[52] 谢：辞别。依然：留恋不舍的样子。

[53] 下：指人间。芍药之诗：《诗经·郑风·溱洧》诗句："维士与女，伊其相谑，赠之以勺药。"

[54] 佳人之歌：指汉代延年的诗："北方有佳人，绝世而独立。"

[55] 桑中：卫国地名。上宫：陈国地名。卫女：卫国女子。陈娥：陈国美人。

[56] 渌波：清澈的水波。

[57] 南浦：南边水岸，泛指送别之地。伤如之何：那是什么样的感伤？

[58] 珪：一种圆形美玉。

[59] 别方：别离的去向。别理：离别的原因。名：种类。

[60] 盈：满溢。

[61] 夺：丧失。骇：乱。折、惊：均言创痛之深。

[62] 渊：汉代辞赋家王褒，字子渊。云：汉代辞赋家扬雄，字子云。墨妙：文笔精妙。

[63] 严：汉代作家严安。乐：汉代作家徐乐。笔精：工于文笔。

[64] 金闺：指汉代长安的金马门，是文臣学士待诏的地方。彦：有才识的人。

[65] 兰台：汉代宫廷藏书和讨论学术的地方。

[66] 凌云之称：汉武帝读司马相如的《大人赋》，誉之"飘飘有凌云之气"。事见《史记·司马相如列传》。意指赋作写得像司马相如那样高绝。

[67] 辩：辩论才华。雕龙之声：雕龙奭的名声。战国邹奭善辩，有"雕龙奭"之称。

【评析】

　　江淹这篇《别赋》不仅是他自己辞赋作品中的佳作，也是赋这一文体发展至南朝时期的代表作品。

　　《别赋》有不少值得称道之处。首先，让人惊叹的是《别赋》对人世间离别之情的深刻体认。"故别虽一绪，事乃万族"，"别方不定，别理千名"，别离虽然只是一种情绪，但别离的去向不同，别离也有种种不同的原因，离别也因此有了复杂的面貌。和其他侧重抒发自己情感体验的辞赋不同，《别赋》更像一个旁观者，用一双慧眼俯视人世间的种种别离。公卿之间的饯别，是乐极生悲的寂寞；侠士之间的诀别，是慷慨赴义的悲壮；将士之间的离别，是背井离乡的煎熬；游宦之士的离别，是夫妻情深的考验；仙道之士的离别，是天上人间的留恋；情侣之间的离别，是难舍难分的缠绵。这种种离别，可视为齐梁时代社会动乱的侧影。然无论哪一种离别，无不寂寞神伤，意悲心死，正应了赋首的那一句"黯然销魂者，唯别而已矣"。

　　其次，此赋值得称道的，是其精工绚丽的文辞。赋是中国古代极为特殊的一种文体。班固云："不歌而诵谓之赋。"可以说，赋是介于诗歌和散文之间的一种特殊文体。在经历了汉大赋的辉煌之后，赋在南朝进入了抒情化、骈体化的兴盛时期。《文心雕龙·诠赋》云："赋者，铺也；铺采摛文，体物写志也。"在"铺采摛文"上，这篇《别赋》也充分展示了江淹在用典、声韵、辞藻上的精湛功力。赋中大量使用四、六句式，如"闺中风暖，陌上草薰"；"风萧萧而异响，云漫漫而奇色"；"见红兰之受露，望青楸之离霜"等，无论风景、颜色、季节、情态、掌故，皆有精雕细琢的精工对偶。由于恰当运用"或"、"况"、"复"、"兮"等虚词的关联，这些绚丽的词采和丰富的典故并不显堆砌，而是为辞赋注入了抑扬顿挫的节奏感。

　　总体而言，《别赋》作为一篇骈赋，有着明晰的结构线索，先以"黯然销魂者，唯别而已矣"奠定伤感基调；再以"故别虽一绪，事乃万族"引出对各种别离情状的铺陈，末以"别方不定，别理千名"归结呼应，将议论与抒情自然融合，充分显示出江淹在环境烘托、情绪渲染上的过人才华。

【练习】

1. 有评论认为江淹的文采只是一种摹拟，你如何看待文学创作中的摹拟？
2. 最好能够熟读背诵江淹的《别赋》和《恨赋》。

（潘慧琼）

北山移文[1]

孔稚珪

　　孔稚珪（447—501），字德璋，会稽山阴（今浙江绍兴）人。幼好学，有美誉，太守王僧虔见而重之，引为主簿，曾与江淹同在萧道成幕中，共执文笔。政治上主张实行法治，使大小案件有法可依，曾上书言与匈奴和战，帝不纳。稚珪风韵清疏，好文咏，善饮酒。《南齐书》称他"不乐世务，居宅盛营山水，凭机独酌，傍无杂事"。永元元年，迁太子詹事，加散骑常侍。永元三年，稚珪疾，后遂卒，时年55岁，追赠金紫光禄大夫。孔稚珪有集10卷，现仅存文10多篇。钟嵘《诗品》置其下品，明代张溥《汉魏六朝百三家集》中辑有《孔詹事集》1卷。

　　钟山之英，草堂之灵[2]，驰烟驿路，勒移山庭[3]。

　　"夫以耿介拔俗之标，萧洒出尘之想，度白雪以方洁，干青云而直上[4]。吾方知之矣。若其亭亭物表，皎皎霞外，芥千金而不盼，屣万乘其如脱[5]，闻凤吹于洛浦[6]，值薪歌于延濑[7]，固亦有焉。岂期终始参差，苍黄翻覆，泪翟子之悲[8]，恸朱公之哭[9]。乍回迹以心染，或先贞而后黩[10]。何其谬哉！呜呼！尚生不存[11]，仲氏既往[12]，山阿寂寥，千载谁赏？

　　"世有周子，隽俗之士，既文既博，亦玄亦史[13]。然而学遁东鲁，习隐南郭[14]。偶吹草堂，滥巾北岳[15]。诱我松桂，欺我云壑。虽假容于江皋，乃缨情于好爵[16]。

　　"其始至也，将欲排巢父，拉许由，傲百氏，蔑王侯[17]，风情张日，霜气横秋。或叹幽人长往，或怨王孙不游[18]。谈空空于释部，核玄玄于道流。务光何足比，涓子不能俦[19]！

"及其鸣驺入谷，鹤书赴陇[20]，形驰魄散，志变神动。尔乃眉轩席次，袂耸筵上[21]。焚芰制而裂荷衣，抗尘容而走俗状[22]。风云凄其带愤，石泉咽而下怆。望林峦而有失，顾草木而如丧。

"至其纽金章，绾墨绶[23]，跨属城之雄，冠百里之首[24]，张英风于海甸，驰妙誉于浙右[25]。道帙长殡，法筵久埋[26]。敲扑喧嚣犯其虑，牒诉倥偬装其怀[27]。琴歌既断，酒赋无续。常绸缪于结课，每纷纶于折狱[28]。笼张赵于往图，架卓鲁于前箓[29]。希踪三辅豪，驰声九州牧[30]。

"使我高霞孤映，明月独举，青松落阴，白云谁侣？涧户摧绝无与归，石径荒凉徒延伫[31]。至于还飙入幕，写雾出楹[32]。蕙帐空兮夜鹄怨，山人去兮晓猿惊[33]。昔闻投簪逸海岸，今见解兰缚尘缨[34]。于是南岳献嘲，北垄腾笑，列壑争讥，攒峰竦诮[35]。慨游子之我欺，悲无人以赴吊。故其林惭无尽，涧愧不歇。秋桂遣风，春萝罢月。骋西山之逸议，驰东皋之素谒[36]。

"今又促装下邑，浪拽上京。虽情投于魏阙，或假步于山扃[37]。岂可使芳杜厚颜，薜荔无耻。碧岭再辱，丹崖重滓。尘游躅于蕙路，污渌池以洗耳[38]？宜扃岫幌，掩云关；敛轻雾，藏鸣湍；截来辕于谷口，杜妄辔于郊端[39]。"

于是丛条瞋胆，叠颖怒魄。或飞柯以折轮，乍低枝而扫迹[40]。"请回俗士驾，为君谢逋客[41]！"

（《全上古三代秦汉三国六朝文》，严可均辑，中华书局，1958）

【注释】

[1] 北山：又名钟山，即南京的紫金山。移文：又称"移"，是古代类似檄文的一种文体。

[2] 草堂：即钟山之草堂，为周颙居所。梁简文帝《草堂传》，周颙曾在蜀地住，回到南京后，怀念蜀草堂寺，就在钟山顶上的雷次宗学馆边建寺，名曰草堂。

[3] 驿路：驿道，为古代官家文书传递时所走之道。勒：镌刻。山庭：山前。

[4] 耿介：正直光明。拔俗、出尘：皆为高出尘俗之意。度：衡量。干：直冲。

[5] 眄：斜视，蔑视之意。这两句话的意思是，视金钱如草芥，视权势如草屦。

[6] 凤吹：笙箫等发出的乐音。刘向《列仙传》载，王子乔"好吹笙作凤鸣，游伊、洛间"。

[7] 薪歌：采薪者所唱之歌。延濑：苏门先生游于延濑，见一人采薪，便问其难道要一辈子采薪么？采薪人答，圣人心里唯有道德，采一辈子薪又怎么了？此句运用典故表隐者之德行。

[8] 翟子：墨翟。据《淮南子》所载，墨翟看到白色的丝就哭。

[9] 朱子：杨朱。据《淮南子》所载，杨朱见到歧路就恸哭。

[10] 回迹：指隐居。心染：与隐居相对，指出仕。贞：节操。黩：玷污。

[11] 尚生：字子平，西汉末隐士。

[12] 仲氏：仲长卿，东汉末人，无意仕途，常托病不见召见他的人。

[13] 周子：即周颙，他先隐于钟山，后应诏步入仕途。这四句话的意思是，周颙才智过人，擅长文采，博学多识，既精通玄学又善长史学。

[14] 东鲁：东鲁贤士颜阖，他隐而不仕，庄子曰："若颜阖者，真恶富贵也。"南郭：南郭子綦，据《庄子·齐物论》说，南郭子綦乃德行高尚的隐者，其可进入"形同槁木"、"心如死灰"的忘我境界。这两句说，周颙效仿两位隐士贤者。

[15] 这两句说，周颙就像滥竽充数的南郭先生一样，是假隐士，他隐居在草堂寺，在真隐士中滥竽充数。

[16] 江皋：隐者居住处。这两句说，周颙虽然在北山如贤者隐居，心里想着的却是谋求好的爵位。

[17] 巢父（fǔ）、许由：尧时的隐者。

[18] 幽人：隐者。王孙：富贵子弟。这两句话表明周颙假隐士的面目。

[19] 务光、涓子：隐士。这里说，这些隐士根本不能与周颙相提并论。

[20] 鸣驺：指传达帝王旨意的使者。鹤书：也叫鹤头书，古时用于招贤纳士的诏书。

[21] 眉轩、袂耸：表得意忘形之态。席次、筵上：指宴会。

[22] 芰制、荷衣：指隐士所穿的衣服。抗、走：显露，表现出。这里说，周颙脱去隐士的衣服，显露出庸俗的面目。

[23] 纽、绋：系的意思。金章：铜印。金章墨绶：指做了县令。

[24] 属城：临近的各县。百里：县的代称，古时一县管辖的地盘约百里。这里指他管辖的县是临近几个县中地域最广的。

[25] 英风、妙誉：好的名望。海甸：这里指海边。

[26] 道帙：道家的典籍。法筵：佛家的讲席。这两句说，已经很长时间没有谈佛论道了。

[27] 敲扑：拷问。牒诉：诉状。

[28] 绸缪：缠缚之意。结课：政绩考核。纷纶：杂乱、众多。折狱：判决案件。

[29] 张、赵：西汉张敞、赵广汉。他们治吏有方，得到皇上的嘉奖。卓、鲁：东汉循吏，推崇德治，政绩卓绝。

[30] 三辅：京兆尹、左冯、右扶风共治长安城中，称三辅。九州牧：各处的地方长官。

[31] 涧户：溪旁的庐舍。摧绝：破坏。这里是指隐士以前居住的庐舍已经被摧毁了，无人归来，只有山石荒凉地伫立在那儿。

[32] 还飙：快速之意。楹：厅堂前的柱子。

[33] 蕙帐：隐士所居住的地方。山人：隐居在山中的人，指隐士。

[34] 投簪：弃官归隐。海岸：隐士所居之地。兰：兰草，喻高洁的品质，这里是指隐士佩戴的饰品。尘缨：入仕做官。

[35] 献嘲、腾笑、争讥、竦诮：这里都是嘲讽、讥笑之意。

[36] 西山、东皋：隐者居所。逸议、素谒：隐逸之士的高论。

[37] 促装：整理行装。浪栧：意思是乘舟而行。魏阙：指朝廷。山扃（jiōng）：山门，指北山。

[38] 辱、渗、尘、污：玷污、弄脏。

[39] 岫幌：山中窗户。来辕、妄辔：都是指周颙的车队。扃、掩、敛、藏、截、杜：此六字皆为动词，都表明阻止假隐士周颙的车队从北山中经过。

[40] 丛条：林木。叠颖：重重叠叠的草穗。瞋胆、怒魄：极度愤怒、生气之意。柯：树枝。折轮：阻止车轮通过。

［41］逋客：逃亡的人，指周颙。

【评析】

《北山移文》是孔稚珪的传世之作，为骈文名篇。文中大量运用典故，典故大多与隐者有关，体现了作者对于隐者的敬仰和对于伪隐者的厌恶。传统上认为隐者就应该一生与青山绿水为伴，应该绝意于仕途。文中作者也表达了这种思想。作者通过把山石草木等物神性化，使之代表神灵，一定程度上代表了这一时代的隐逸思想。

关于《北山移文》的主旨，有两种说法，一种认为是对伪隐者或先隐后仕者的一种嘲讽和厌恶，一种认为是朋友间的"调笑之言"。从后人有关解读来看，一般将其主旨定位于第一种。宋王安石曾有《松间》云："偶向松间觅旧题，野人休诵《北山移》；丈夫出处非无意，猿鹤从来自不知。"关于仕隐出处，王安石发表了自己的看法。

孔稚珪《北山移文》的最重要特点是假托山灵之口吻，斥责那些假隐士，斥责那些以出仕为目的的隐士。

值得提示的还有这篇文章的结构特点。全文从"夫以耿介拔俗之标"至"杜妄辔于郊端"，是"勒移山庭"中之"移"，即"移文"本身或全部。此"移"之"作者"或"发布者"，是"请回俗士驾，为君谢逋客"中之"君"，此"君"乃钟山之"君"，"钟山"即"北山"，所以，《北山移文》是孔稚珪的《北山移文》，而"勒移山庭"中之"移"，才是真正的"北山"之"移文"。此"君"乃孔稚珪之虚拟，作者假托山灵"北山君"之口吻，斥责了假隐士。"北山君"之"移文"，由"钟山之英"和"草堂之灵""驰"于"驿路"后，"勒"于"山庭"；"移文"发布后，"钟山"即"北山"众生，群情激愤，"丛条瞋胆，叠颖怒魄，或飞柯以折轮，乍低枝而扫迹"，全员响应"北山"之"君"，高呼："请回俗士驾，为君谢逋客！"

那么可见，以往各种选本或教材中关于孔稚珪《北山移文》的相同标点及分段分节，都犯了共同的错误。正确的点逗分段应该是：从"夫以耿介拔俗之标"至"杜妄辔于郊端"，加上引号；篇首"钟山之英，草堂之灵，驰烟驿路，勒移山庭"4句16字，以及篇末"于是丛条瞋胆，叠颖怒魄，或飞柯以折轮，乍低枝而扫迹，请回俗士驾，为君谢逋客"6句32字，分别独立成段；最后"请回俗士驾，为君谢逋客"2句10字前后加上引号。这是一篇奇文，是以骈体文写成的小说，志人复志怪，兼具童话色彩。以此而论，关于六朝小说史，关于中国小说史，我们应该重新审视，建立新的认识。

今人钱钟书在《管锥编·全齐文》中这样评价孔稚珪的《北山移文》："以风物刻划之工，佐人事讥嘲之切，山水之清音与滑稽之雅谑，相得而益彰。"

【练习】

1. 传统上认为隐者应该隐而不仕，修身养性，儒家思想则以"修身、齐家、治国、平天下"为核心，对于古代文人的"出仕"与"归隐"，你是怎么看待的？

2. 明孙矿云："六朝虽尚雕饰，然属对尚未尽工，下字尚未尽险，至此篇则无不入髓，句必净，字必巧，真可谓精绝之甚。此唐文所祖。铸辞最工，极精切，若精神呼应，全在虚字旋转上。"对于文中虚字的运用，你是怎么看的？

（马桓　姜剑云）

与陈伯之书[1]

丘　迟

　　丘迟（464—508），字希范。八岁能文，他的父亲骄傲地宣称"气骨似我"。丘迟初仕南齐，后投入萧衍幕府之中，很受器重。在萧衍的群臣之中，丘迟的文笔堪称翘楚，但其政事不佳。天监四年（505），随萧宏北伐，以《与陈伯之书》不战而屈人之兵，致使陈伯之率众来降。一纸书札，强于百万之师。后历任永嘉太守、司空从事郎中等官。卒年45岁。有《丘司空集》。

　　钟嵘在《诗品》中评价道："丘诗点缀映媚，似落花依草，故当浅于江淹，而秀于任昉。"但丘迟最富盛名的不是诗歌，而是这篇骈文《与陈伯之书》。

　　迟顿首陈将军足下[2]：无恙，幸甚幸甚！将军勇冠三军，才为世出，弃燕雀之小志，慕鸿鹄以高翔[3]。昔因机变化，遭遇明主[4]，立功立事，开国称孤[5]，朱轮华毂[6]，拥旄万里[7]，何其壮也！如何一旦为奔亡之虏，闻鸣镝而股战[8]，对穹庐以屈膝[9]，又何劣邪！寻君去就之际[10]，非有他故，直以不能内审诸己，外受流言[11]，沈迷猖獗[12]，以至于此。

　　圣朝赦罪责功[13]，弃瑕录用[14]，推赤心于天下，安反侧于万物[15]。将军之所知，不假仆一二谈也[16]。朱鲔涉血于友于[17]，张绣剚刃于爱子[18]，汉主不以为疑，魏君待之若旧。况将军无昔人之罪，而勋重于当世！夫迷涂知反[19]，往哲是与[20]；不远而复，先典攸高[21]。主上屈法申恩[22]，吞舟是漏[23]；将军松柏不翦[24]，亲戚安居。高台未倾[25]，爱妾尚在，悠悠尔心[26]，亦何可言！

今功臣名将，雁行有序[27]。佩紫怀黄[28]，赞帷幄之谋[29]；乘轺建节[30]，奉疆埸之任[31]。并刑马作誓[32]，传之子孙。将军独靦颜借命[33]，驱驰毡裘之长，宁不哀哉！

夫以慕容超之强，身送东市[34]；姚泓之盛，面缚西都[35]。故知霜露所均，不育异类[36]；姬汉旧邦，无取杂种[37]。北虏僭盗中原，多历年所[38]，恶积祸盈，理至燋烂[39]。况伪孽昏狡[40]，自相夷戮[41]；部落携离[42]，酋豪猜贰[43]。方当系颈蛮邸[44]，悬首藁街[45]，而将军鱼游于沸鼎之中，燕巢于飞幕之上[46]，不亦惑乎！

暮春三月，江南草长，杂花生树，群莺乱飞。见故国之旗鼓，感生平于畴日[47]，抚弦登陴[48]，岂不怆悢[48]！所以廉公之思赵将[49]，吴子之泣西河[50]，人之情也。将军独无情哉！想早励良规，自求多福[51]。

当今皇帝盛明，天下安乐。白环西献[52]，楛矢东来[53]。夜郎滇池，解辫请职[54]；朝鲜昌海，蹶角受化[55]。唯北狄野心，掘强沙塞之间，欲延岁月之命耳[56]！中军临川殿下[57]，明德茂亲[58]，揔兹戎重[59]，吊民洛汭[60]，伐罪秦中[61]。若遂不改[62]，方思仆言。聊布往怀[63]，君其详之[64]。丘迟顿首。

（《文选》，萧统编，李善注，上海古籍出版社，1986）

【注释】

[1] 陈伯之：南朝时期齐代末年为江州刺史，曾抗击过梁武帝萧衍，后降梁，仍为江州刺史。天监元年（502），投降北魏，为平南将军。天监四年，萧衍的弟弟萧宏北伐，当时陈伯之在寿阳与梁军相拒。丘迟当时为记室，奉命以书劝降陈伯之。陈伯之得书后，迅速做出选择，率兵八千来降。

[2] 顿首：以头叩地。古人常用在书信的开头和结尾，表示客气。

[3] 燕雀：喻胸无大志之人。鸿鹄：喻胸有大志之人。语出《史记·陈涉世家》："陈涉少时，尝与人佣耕，辍耕之垄上，怅恨久之，曰：'苟富贵，无相忘。'庸者笑而应曰：'若为庸耕，何富贵也？'陈涉太息曰：'嗟乎！燕雀安知鸿鹄之志哉！'"陈伯之昔率齐军抗拒梁武帝，后降梁。这里以弃小志，慕鸿鹄喻陈伯之背齐归梁。

[4] 变化：指陈伯之背齐归梁。明主：指梁武帝。

[5] 立功立事：陈伯之背齐投梁后，辅助梁武帝平齐，建立了功勋，被封为丰城县公。孤：古代诸侯自称。

[6] 朱轮华毂（gǔ）：指装饰华丽的车子。朱，红色。在古代往往象征富贵。毂，车轮。

[7] 旄（máo）：古代用牦牛尾装饰的旗子，此指旄节。古代高级武官持节统制一方，称为"拥旄"。百里：形容编制的区域广大。陈伯之归梁后仍为江州刺史，故称拥旄百里。

[8] 鸣镝（dí）：响箭。镝，箭头。股战：大腿发抖。

[9] 穹庐：毡帐，代指北魏君主。

[10] 寻：推求。去就：指背叛梁朝投向北魏。

[11] 流言：谣言。指陈伯之部下邓缮等人的挑拨。

[12] 猖獗：狂妄。

[13] 圣朝：指梁朝。责功：要求戴罪立功。

[14] 弃瑕：抛弃缺点。

[15] 反侧：疑惧不安的样子。万物：天下人。这句话的意思是让天下人安心。《后汉书·光武帝纪》记载光武帝刘秀曾经轻骑进入归降士兵的军营之中："降者更相语曰：'萧王推赤心置人腹中，安得不投死乎！'"又在攻破邯郸城后，把属下向敌人通风报信的文书当众烧掉，说："使反侧子自安。"

[16] 不假：不借助。仆：谦称。一二谈：一一详细叙述。

[17] 朱鲔（wěi）：朱鲔是王莽末年绿林军的将领。他曾劝更始帝刘玄杀了光武帝刘秀的哥哥刘伯升。后刘秀攻打洛阳，朱鲔坚守，刘秀派岑彭前去劝降，朱鲔不敢降。刘秀又派岑彭对他说："夫建大事不忌小怨，今降，官爵可保，况诛罚乎！"朱鲔于是献城而降。涉血：即喋（dié）血，杀人流血。友于：代指兄弟。

[18] 张绣：汉末魏初人，建安二年（197），曹操攻打宛城，张绣投降。过后，张绣又举兵攻击曹操，伤及曹操，杀死曹操的长子曹昂和侄子曹安民。两年后，张绣又率众投降曹操，被封为列侯。剚（zì）刃：用刀插进去。

[19] 涂：同"途"。反：同"返"。

[20] 往哲：先贤。与：赞许。

[21] 不远而复：复，返回。迷途不远而归来。语出《易经·复卦》："不远复，无祇悔，元吉。"先典：指《易经》。攸高：所推崇。攸，所。

[22] 主上：指梁武帝。屈法：轻法。申恩：重恩。

[23] 吞舟是漏：能够吞舟的大鱼也可以漏网。《史记·酷吏列传序》："网漏于吞舟之鱼。"文中比喻梁朝对罪大恶极的人也非常宽大。

[24] 松柏不翦：指陈伯之在梁的祖坟没有遭到破坏。松柏，指祖坟。

[25] 高台：指住宅。未倾：没有倒塌。

[26] 悠悠尔心：你心里好好想想。

[27] 雁行：雁飞的行列，喻尊卑有序。

[28] 佩紫怀黄：谓身居高位。紫，紫绶，系官印的带子。黄，指黄金印。

[29] 赞帷幄句：意谓在军帐中参与军政大事的谋划。赞，协助。帷幄，军帐。

[30] 轺（yáo）：两匹马拉的轻便小车。建节：将旄节插在车上。

[31] 疆场：边境。

[32] 刑马：古代诸侯会盟往往杀白马，饮血为誓，叫"刑马作誓"。

[33] 靦（tiǎn）颜：厚颜。借命：假借暂时的生命，指苟且偷生。

[34] 慕容超：鲜卑族所建南燕国政权的君主。晋将刘裕北伐将其俘获，斩首于建康。东市：原是汉代长安处决犯人的地方，后来泛指刑场。

[35] 姚泓：羌族所建后秦政权的君主，刘裕破慕容超之后，又伐后秦，攻克长安生擒姚泓。面缚：面部朝前，双手缚在后。西都：长安。

[36] 霜露所均：霜露所及的地方，指天地之间。均，分布。育：养育。异类：指异族。

[37] 姬汉：周汉，即汉族。周朝姬姓。旧邦：指北方中原地区原是周代和汉代的故国。取：收。杂种：当时对少数民族的蔑称。

[38] 北虏：指北魏。虏，是古代对北方少数民族的侮辱性称呼。僭（jiàn）盗：窃据。历：经过。年

　　　所：年数。当时北魏建国已逾百年。

[39] 理至燋烂：理当崩溃灭亡。燋，同"焦"。

[40] 伪嬖（bì）：指当时的北魏君主宣武帝元恪。

[41] 夷戮：残杀。指宣武帝的叔父元禧谋乱，赐死。两年后，北海王元祥谋乱，囚禁而死。

[42] 携离：分裂、背叛。

[43] 酋豪：酋长。猜贰：相互猜忌，怀有二心。

[44] 系颈：脖子上套着绳索。蛮邸：邻族、邻国的使者在京城所住的馆舍。

[45] 悬首：斩首示众。藁（gǎo）街：汉朝京城长安的街名，蛮邸所在地。

[46] 飞幕：飞动摇晃的帐幕。

[47] 畴日：昔日。

[48] 抚弦登陴（pí）：拿着弓箭，登上城墙。陴，城上女墙。怆悢（chuàng liàng）：悲伤。

[49] 廉公：廉颇。思赵将：想再为赵将。廉颇为赵国大将，后赵王以他人代替廉颇，廉颇一怒之下投
　　　奔魏国。但魏王不信任他，廉颇经常打算重新回到赵国。

[50] 吴子：吴起。吴起为魏国镇守西河，魏武侯听信谗言把吴起召回。吴起知道自己离开后，西河将
　　　被秦国攻占，遥望西河而泣。后来西河果然被秦国占领。

[51] 自求多福：自己去争取更多的幸福。语出《诗经·大雅·文王》。

[52] 白环西献：西边的少数民族政权贡献了白玉制的环。相传舜时西王母来朝，献白环（见《竹书纪
　　　年》）。

[53] 楛（hù）矢东来：东边的少数民族政权进贡了弓箭。楛矢，楛木做的箭。相传周武王克商，东
　　　北地区的肃慎氏进贡了楛矢、石砮。

[54] 夜郎：古国名，在今贵州北部地区。滇池：古国名，在今云南昆明。这是西南少数民族在汉代所
　　　建立的两个小国。解辫：解开辫子，改穿汉服。表示归顺。

[55] 朝鲜：朝鲜王卫满，汉惠帝时归属中国。昌海：今新疆罗布泊。蹶角：额角叩地。角，额头。受
　　　化：接受教化。

[56] 北狄：指北魏。掘强：同"倔强"。这里指顽抗。沙塞：沙漠边塞。

[57] 中军：中军将军，即统帅。临川殿下：指临川王萧宏。殿下，古代对王侯的尊称。

[58] 明德：好的德行。茂亲：皇室至亲。萧宏是梁武帝萧衍的弟弟。

[59] 摠（zǒng）兹戎重：总领这次北伐的军事重任。摠，同"总"，统领。

[60] 吊民句：慰问处于水深火热中的百姓。洛汭（ruì）：洛水流入黄河处，在今河南洛阳、巩义一
　　　带，指中原地区。汭，河流会合的地方。

[61] 伐罪：讨伐罪恶之人。秦中：指今陕西中部地区。

[62] 遂：因循；仍旧。

[63] 布：陈述。往怀：往日的情谊。

[64] 详：仔细考虑。

【评析】

　　古人认为："其最有声者，与陈将军伯之一书耳！"此言不虚。本文是丘
迟的代表作，充分展示了他的文学才华，富有极强的感召力。形式上是骈体
文，"四字密而不促，六字格而非缓"、"据事以类义，援古以证今"，但语言
明白晓畅，避免了晦涩冷僻，从而达到了极佳的艺术效果。文章通过陈伯之

今昔地位的对比以及北魏与梁朝国运形势的对比，以"何其壮也"、"又何劣邪"、"宁不哀哉"、"不亦惑乎"，生动地概括了对方的几次人生经历，使其不得不按作者指引的方向做出人生的抉择。

虽然是遵命文学，作者并没有"为文造情"之嫌。真挚而浓郁的感情流贯在字里行间，故国之思，乡关之情，令铁汉将军为之动容。作者既代表梁朝天威，又俯下身子为对方着想；既能大处着眼，又能小处落墨；既有叙事，也有写景，不愧为写文章的行家里手。

先秦文学中就有书信体散文，比如燕惠王《以书让乐毅且谢之》。汉代以来，它更成为我国文苑里的一枝奇葩，司马迁《报任安书》、李陵《答苏武书》、嵇康《与山巨源绝交书》等等皆为经典之作。而丘迟的《与陈伯之书》，即使放在这个系列里来品评，也是毫不逊色的。

"暮春三月，江南草长，杂花生树，群莺乱飞。"这是流传一千多年的名句，还将世世代代流传下去。

【练习】

1. 南北朝时代是中国历史上一个多民族政权并存的时代。你所在的家乡在当时属于哪个政权？
2. 你喜欢骈体文吗？说说理由。
3. 今天是数字时代，有人说传统的书信写作被淘汰了。你怎么看待这个问题？

（万德敬）

西 洲 曲

南朝乐府

《西洲曲》，作者不详。《乐府诗集》署名"古辞"，收录于"杂曲歌辞"类。《玉台新咏》卷五题作江淹，《古诗源》题作梁武帝，均无文献可证。一般认为，《西洲曲》是一首南朝民歌，然结构精巧，可能经过文人修饰润色，完成时代应当不晚于梁初。《西洲曲》是现存南朝乐府歌辞中艺术最为精美的作品，影响深远，与北朝民歌《木兰辞》堪称乐府双璧。

忆梅下西洲[1]，折梅寄江北[2]。单衫杏子红[3]，双鬓鸦雏色[4]。西洲在何处？两桨桥头渡。日暮伯劳飞[5]，风吹乌臼树。树下即门前，门中露翠钿[6]。开门郎不至，出门采红莲。采莲南塘秋，莲花过人头。低头弄莲子，莲子青如水。置莲怀袖中,莲心彻底红[7]。忆郎郎不至,仰首望飞鸿[8]。鸿飞满西洲,望郎上青楼[9]。楼高望不见,尽日栏杆头。栏杆十二曲,垂手明如玉。卷帘天自高,海水摇空绿[10]。海水梦悠悠,君愁我亦愁。南风知我意,吹梦到西洲。

(《乐府诗集》,郭茂倩编,中华书局,1979)

【注释】

[1] 下:落。西洲:地名,未详所在。
[2] 江北:代指思念的男子。
[3] 单衫:单层的衣裳。
[4] 鸦雏色:像小乌鸦一样黑亮的颜色。
[5] 伯劳:一种鸣禽,仲夏始鸣。
[6] 翠钿:翠玉装饰的发饰。
[7] 莲心:"怜心",即相爱之心。彻底红:红得通透。
[8] 飞鸿:大雁。
[9] 青楼:粉刷成青色的高楼。
[10] 海水:指江水。

【评析】

南朝民歌大多为情歌,以短小的篇幅抒发女子在爱情面前的种种情怀。这首《西洲曲》是南朝民歌中最长的一篇,也是抒情、叙事融为一体、极具美感的一篇。

《西洲曲》的美,美在诗歌刻画的这个女子形象及其内心世界。

她是美丽的,"单衫杏子红,双鬓鸦雏色"。她穿着杏红色的单衣,头发如雏鸦般黑亮。她也是主动的,因为她所爱的人在西洲,所以她主动"折梅寄江北"。想来,"梅落西洲"应是她和他之间最值得纪念的情景,所以才会折下一枝梅花寄给江北的心上人,希望藉此唤起彼此共同的记忆。

她是深情的,心上人住在西洲。"西洲在何处?两桨桥头渡。"那是一个需要乘船多时才能到达的地方。相见不易,因为距离遥远。"日暮伯劳飞,风吹乌臼树",这是她居住的地方。"树下即门前,门中露翠钿",从门中望去,那静坐在家中的,不正是这个陷入相思之中的美丽女子吗?为了排遣这扰人的相思,她干脆"出门采红莲"。然而,当她"低头弄莲子",看到"莲子青如水",却忍不住"置莲怀袖中"。"莲心"是多么让人容易想到"怜心"啊。"莲心彻底红",这艳红的莲心仿佛就是她那颗一往情深的真心。深情似水,却"忆郎郎不至",她必然是寂寞的。采莲惹来相思更甚。"仰首望飞鸿",都说鸿雁能传书,现在"鸿飞满西洲",却没能带来他的只言片语。她只能登上高楼，终日凝望，"栏杆十二曲，垂手明如玉"，扶遍栏杆的，是她无处安放的纤纤玉手。

她是浪漫的。"海水梦悠悠"，眼前的悠悠海水激起愁思绵绵。"君愁我亦愁"，想必远在江北的情郎也和自己一样愁绪满怀。想到对方也在思念着自己，她突发奇想："南风知我意，吹梦到西洲。"南风如果明白我的心意，就把自己的梦吹到西洲情郎的身旁吧，若能梦中相见，也是莫大的安慰。

当然，《西洲曲》的美绝不仅止于此，它清新的语言，含蓄、细腻、婉转的抒情方式，巧妙的双关，"西"、"南"、"北"等方位词带来空间感，都给人回味无穷的想象空间。无怪乎清代诗评家陈祚明在《采菽堂古诗选》中誉之为"言情之绝唱"。

【练习】

1. 有人认为，只有把《西洲曲》中的时间、地点、人物、情节完全解释清楚，才能评价它的价值。你同意吗？
2. 南朝民歌与北朝民歌在表现爱情上有什么不同？试例举相关作品来讨论。

（潘慧琼）

第三单元　隋唐五代文学

滕王阁序

王　勃

　　王勃（649—676），字子安，绛州龙门（今山西河津）人，初唐著名诗人。勃少善文辞，九岁读颜师古《汉书注》，作《汉书注指瑕》。年未及冠，授朝散郎，颇有兼济天下之志，曾多次撰文表志，然终未被重用。《旧唐书》称其"恃才傲物，为同僚所嫉"。王勃一生两次获罪，一是戏作《檄英王鸡》，帝怒以"交构"罪将其斥出沛王府；一是误杀官奴，王勃在这次灾祸中险些丧命，又使其父遭贬为交趾县令。自此以后，王勃就无意于仕途了。王勃在去往交趾看望父亲途中，渡海溺水而亡，时年28岁（一作27岁）。

　　王勃与杨炯、卢照邻、骆宾王并称为"初唐四杰"。《全唐诗》称"勃有集三十卷，今编诗二卷"。王勃创作的主要部分是骈文，其特点是辞藻华美、韵律谐和、典故巧用，文中多是才高自傲和位卑失意的情绪交织在一起。其诗多为五律，偏重描写个人经历，多为思乡怀人，酬赠送往之作，风格较为清丽。

　　豫章故郡，洪都新府[1]。星分翼轸，地接衡庐[2]。襟三江而带五湖，控蛮荆而引瓯越[3]。物华天宝，龙光射牛斗之墟；人杰地灵，徐孺下陈蕃之榻[4]。雄州雾列，俊采星驰。台隍枕夷夏之交[5]，宾主尽东南之美。都督阎公之雅望，棨戟遥临；宇文新州之懿范，襜帷暂驻[6]。十旬休假，胜友如云；千里逢迎，高朋满座。腾蛟起凤，孟学士之词宗[7]；紫电青霜，王将军之武库[8]。家君作宰，路出名区，童子何知，躬逢胜饯。

　　时维九月，序属三秋。潦水尽而寒潭清，烟光凝而暮山紫[9]。俨骖騑于上路，访风景于崇阿；临帝子之长洲，得天人之旧馆[10]。层台耸翠，上出重霄；飞阁翔丹，下临无地。鹤汀凫渚，穷岛屿之萦回；桂殿兰宫，即冈峦之体势[11]。披绣闼，俯雕甍，山原旷其盈视，川泽纡其骇瞩。闾阎扑地，钟鸣鼎食之家；舸舰迷津，青雀黄龙之轴[12]。云销雨霁，彩彻区明。落霞与孤鹜齐飞，秋水共长天一色。渔舟唱晚，响穷彭蠡之滨；雁阵惊寒，声断衡阳之浦[13]。

　　遥襟甫畅，逸兴遄飞。爽籁发而清风生，纤歌凝而白云遏[14]。睢园绿竹，气凌彭泽之樽[15]；邺水朱华，光照临川之笔[16]。四美具，二难并。穷睇眄于中天，极娱游于暇日[17]。天高地迥，觉宇宙之无穷；兴尽悲来，识盈虚之有数。望长安于日下，目吴会于云间。地势极而南溟深，天柱高而北辰远[18]。关山难越，谁悲失路之人；萍水相逢，尽是他乡之客[19]。怀帝阍而不见，奉宣室以何年[20]。嗟乎！时运不齐，命途多舛。冯唐易老，李广难封[21]。屈贾谊于长沙，非无圣主；窜梁鸿于海曲，岂乏明时[22]。所赖君子见机，达人知命。老当益壮，宁移白首之心；穷且益坚，不坠青云之志。酌贪泉而觉爽，处涸辙而相欢[23]。北海虽赊，扶摇可接；东隅已逝，桑榆非晚。孟尝高洁，空余报国之情；阮籍猖狂，岂效穷途之哭[24]！

　　勃，三尺微命，一介书生。无路请缨，等终军之弱冠[25]；有怀投笔，爱宗悫之长风[26]。舍簪笏于百龄，奉晨昏于万里。非谢家之宝树，接孟氏之芳邻。他日趋庭，叨陪鲤对[27]；今兹捧袂，喜托龙门。杨意不逢，抚凌云而自惜[28]；钟期相遇，奏流水以何惭。呜呼！胜地不常，盛筵难再；兰亭已矣，梓泽丘墟[29]。临别赠言，幸承恩于伟饯；登高作赋，是所望于群公。敢竭鄙怀，恭疏短引；一言均赋，四韵俱成。请洒潘江，各倾陆海云尔[30]。

　　　　　　　　　　（《古文观止》，吴楚材、吴调侯选评，中华书局，2011）

【注释】

[1] 豫章：一作南昌。豫章为汉时郡名，后高帝在此置南昌县。隋时一度改为洪州，不久又恢复豫章郡的旧称。唐时又改为洪州，并设大都督府。这两句意思是，这里以前称为豫章郡，现在称为洪都府。

[2] 这两句意思是，此地处于翼、轸两星宿的分野，为旧时楚地，连接着湖南衡山和江西庐山。

[3] 三江：指鄱阳湖，古时鄱阳湖一分为三。五湖：菱湖、游湖、莫湖、贡湖和胥湖，这五个湖都在太湖东岸，后相连为太湖。这两句意思是，以三江为衣襟，以五湖为衣带。蛮荆：古时楚地，今两湖地区。瓯越：今浙江温州一带。控、引二字极言此地位置之重要。

[4] 徐孺：徐孺子，南昌名士。豫章郡太守陈蕃，不轻易接待宾客，于家中特设一榻，专为接待徐孺子之用，徐孺子走后，再将榻挂起。

[5] 台隍：城池，这里特指豫章郡。意为豫章郡处于少数民族居住地与中原的交接处，言其所处的位置。

[6] 都督：官名。棨（qǐ）戟：古时官吏出行时的仪仗。襜（chān）帷：指车马。这句话的意思是，这里贤才名士积聚，既有享有盛名的阎公都督来此做官，又有新州刺史路过此地而停留。

[7] 腾蛟起凤：董仲舒梦到蛟龙入怀，后作《春秋繁露》，这里喻孟学士的文采。词宗：借班固"其文宏博丽雅，为辞赋宗"喻孟学士文辞之风格。

[8] 紫电：宝剑名。青霜：言高帝斩白蛇，磨剑十二年，剑刃如霜雪。这两句话的意思是，王将军武库藏有宝剑，极言王将军之武才。

[9] 潦水：雨后积水。寒潭：出自谢灵运"皎皎寒潭洁"语。"凝"、"紫"二字动态显现临近傍晚，夕阳即将下沉时的景色。此两句承上点明时间，九月初秋，微寒，临近暮色，夕阳下沉之景跃然纸上。

[10] 驷騑：古代官员出行待遇，两千石以上官员才能享受这个待遇，喻来宾之盛，点明来宾的身份。长洲：滕王阁建于长洲境内，故此说。旧馆：指滕王阁。这四句点明滕王阁的位置，处于风景秀丽的高山上。

[11] 层台以下数句，意谓滕王阁高耸入云，又似飞起翱翔之态，远处望去，野鸭、闲鹤悠闲栖息于萦回的水中或小岛之上。

[12] 绣、雕：意为装饰、雕刻华丽精美。闾阎：这里指住宅。扑：尽、满之意。钟鸣鼎食：喻富贵之人家。此数句之意是，打开雕刻装饰华美的门窗，俯身看到的尽是富贵人家，远处来往的大船只迷失于津口，喻滕王阁处繁华之地。

[13] 彭蠡：今江西潘阳湖。衡阳之浦：指洞庭湖湖边，这里泛指洞庭湖周围的地域。

[14] 籁：古代乐器，泛指声音，殷仲文《南州桓公九井作》中有"爽籁警幽律"句，这里指秋季自然之音。纤歌凝、白云遏都出自典故，喻指歌声之动听。纤歌凝：典出"余音绕梁，三日不绝"。白云遏：典出《列子·汤问》中言秦青的诗句："抚节悲歌，声振林木，响遏行云。"

[15] 睢园：梁孝武帝常与宾客在此饮酒作赋。彭泽之樽：指陶渊明流觞曲水为文作赋。

[16] 邺水朱华：指曹植，植有诗"朱华冒绿池"句为人称颂。临川之笔：指谢灵运，他博览群书，善文辞，曾作临川内史。此句是以曹植、谢灵运的才华喻指宴会宾客才华。

[17] 睇眄（dì miǎn）：斜视、顾盼之意，意为穷尽目力能达之限。

[18] 南冥：出自《庄子·逍遥游》："南冥者，天池也。"北辰：指北天极，一说借指皇帝。

[19] 沟水：一作萍水。

[20] 帝阍：出自《楚辞·离骚》"吾令帝阍开关兮"语，意为宫门敞开之意。宣室：指宫殿，汉文帝于未央殿召见贾谊。这两句的意思是，自己怀有报国之心，却不知何时才能得到皇帝的赏识和重用。

[21] 冯唐：西汉人，以孝闻，汉武帝时，求贤良，冯唐被举荐，已九十多岁，不能再做官了。李广：西汉人，抵御匈奴四十余年，却未得到封侯。

[22] 贾谊：西汉初著名政治家，少即善文辞，汉文帝想要重用他，却因朝中权贵反对而疏远他，最终只让他做了长沙王太傅。梁鸿：汉时人，生卒年不详，为隐士，曾作《五噫之歌》，章帝求之而不得，鸿易其姓名与妻子隐居于齐、鲁间。

[23] 贪泉：典出《晋书·吴隐之传》，广州二十里外处有一泉水，名贪泉，人喝了那里的泉水，会生出无限的贪念，吴隐之饮之，并赋诗曰："古人云此水，一饮怀千金。试使夷齐饮，终当不易心。"涸辙：典出《庄子》故事——"涸辙之鱼"。

[24] 孟尝：字伯周，会稽上虞人，品行高洁，但未被重用。阮籍：竹林七贤之一，有政才，但当时处于政局混乱时期，不满于司马氏政权，常驾车至无人之地，痛哭而归。

[25] 终军：西汉人，博闻强识，武帝时主动请缨擒南越王，没有成功，遇害于南越，时年仅20岁。

[26] 投笔：出自班固投笔从戎之典。宗悫：字元干，少时曾答叔父曰："愿乘长风破万里浪。"任气好武，后官至将军。

[27] 谢家之宝树：指谢玄，玄文武兼备，尤善治军，创建北府兵。玄少时，叔父谢安曾问众子侄："子弟亦何预人事，而正欲使其佳？"玄回答："譬如芝兰玉树，欲使其生于庭阶耳。"叨陪鲤对：典出《论语》。鲤趋而过庭，聆听孔子教其以《诗》、《礼》。这句话的意思是，自己没有谢玄的才能，却能像孟母一样，结交贤士，不久自己也要到父亲身边聆听教导了。

[28] 杨意：即杨得意，是汉武帝时掌管猎狗的官，司马相如由于他的推荐而得到汉武帝的赏识。凌云：指司马相如的辞赋，这里有借代自己才华之意。这两句话的意思是说，没有像司马相如那样能遇到举荐自己的人，只能拿着自己的辞赋哀伤。

[29] 梓泽：西晋首富石崇金谷园的别名。此五句意思是说，像兰亭那样盛大的聚会已经没有了，像石
　　　崇那样华丽的处所已经荒废了，今日的胜地、胜景来之不易。
[30] 潘江陆海：指西晋潘岳和陆机。钟嵘《诗品》："陆才如海，潘才如江。"

【评析】

　　《滕王阁序》全称《秋日登洪府滕王阁饯别序》，是王勃赋作中极为有名
的一篇，也是骈文名篇。文章对仗工整，声律谐和，以四字句和六字句为主，
读来气势磅礴，朗朗上口。文中佳处甚多，通篇用典却不落窠臼，意境优美，
令人遐想。尤其"落霞与孤鹜齐飞，秋水共长天一色"，给人以无限的向往，
并传为千古佳句。

　　关于这篇文章的写作时间，历来看法不一。一说，王勃去往交趾省父途
中所作，依此说则王勃已两次披祸，并险些丧命。此时，他已经绝意仕途，
并且这时的王勃已经年过二十，与文中所说的"童子"、"三尺微命"等不符；
二说，王勃十四岁时，随父亲前往六合任上，与友人出游，适逢滕王阁中大
宴宾客，参加宴会时所作。此时的王勃，正意气风发，对仕途有着美好的期
望，虽然抱怨自己命运不济，但心里依然对建功立业有着炽热的追求。傅璇
琮在《唐才子传校笺》中则认为，此文作于勃随父前往交趾任上时，途经南
昌，奉父命所作，今存疑。

　　这篇骈文可分为三部分。第一部分点题，以"豫章故郡，洪都新府"开
篇引出洪府滕王阁的位置，接着以"物华天宝"、"人杰地灵"赞叹此处的人、
物之胜。最后以"十旬休假，胜友如云"交代宴会宾客云集的由来；第二部
分以"时维九月、序属三秋"点明宴会的时间，并描述滕王阁的壮美、幽静，
以及周边环境的繁华。接着，以"气凌彭泽之樽"、"光照临川之笔"，极言宴
会的盛况。同时，诗人想到了宇宙的浩渺，人生的无常，进而触及内心仕途
不顺的郁愤；第三部分则言惜别之情意，最后交代作文原因。

　　巧用典故是这篇文章的主要特点，无论是开篇点题，叙述滕王阁的位置、
宴会的时间、地点，还是抒发自己不得志的感慨，都运用了大量的典故，这
就使得这篇文章典雅含蓄，辞采华茂，美不胜收。

【练习】

1. 杜甫《戏为六绝句》中有一首说："王杨卢骆当时体，轻薄为文哂未休。尔
　 曹身与名俱灭，不废江河万古流。"你怎样理解杜甫对"初唐四杰"的
　 评价？
2. 你怎么理解通篇用典，"无一字无来历"的为文特征？

　　　　　　　　　　　　　　　　　　　　　　　　　　　　（马桓）

春江花月夜[1]

张若虚

　　张若虚，初唐诗人，生卒年不详，扬州（今属江苏）人，曾任兖州兵曹。开元初，与贺知章、包融、张旭并称"吴中四士"。其诗多已散佚，《全唐诗》仅存二首：一为《代答闺梦还》，写闺情，诗风近齐梁，无甚特色；一为《春江花月夜》，素来享有盛名，近代王闿运曾评为"孤篇横绝，竟为大家"（《论唐诗诸家源流》）。

　　春江潮水连海平[2]，海上明月共潮生[3]。滟滟随波千万里[4]，何处春江无月明。江流宛转绕芳甸[5]，月照花林皆似霰[6]。空里流霜不觉飞，汀上白沙看不见。江天一色无纤尘，皎皎空中孤月轮。江畔何人初见月，江月何年初照人。人生代代无穷已，江月年年望相似。不知江月待何人，但见长江送流水。白云一片去悠悠，青枫浦上不胜愁[7]。谁家今夜扁舟子[8]，何处相思明月楼[9]。可怜楼上月徘徊[10]，应照离人妆镜台。玉户帘中卷不去，捣衣砧上拂还来。此时相望不相闻，愿逐月华流照君。鸿雁长飞光不度，鱼龙潜跃水成文[11]。昨夜闲潭梦落花，可怜春半不还家。江水流春去欲尽，江潭落月复西斜。斜月沉沉藏海雾，碣石潇湘无限路[12]。不知乘月几人归，落月摇情满江树。

　　　　　　　　　　　　（《乐府诗集》，郭茂倩编，中华书局，1979）

【注释】

[1]《春江花月夜》：乐府旧题，属《清商曲辞·吴声歌曲》。相传曲调始创于南朝陈后主。

[2] 本句意思是，春江潮水盛涨，浩瀚无垠，仿佛和大海连在一起。这里的"海"是虚指，泛指长江中下游宽阔的江面。

[3] 本句意思是，一轮明月随潮涌生，景象壮观。"共潮生"，不用"升"而用"生"，渗入了诗人主观想象，仿佛明月和潮水都具有生命。

[4] 滟滟：波光闪烁的样子。

[5] 芳甸：杂花飘香的原野。

[6] 霰（xiàn）：雪珠。本句意思是：月色泻在花树上，犹如撒上了一层洁白的雪。

[7] 浦：水口，江水分叉处，也就是江行分手的地方。

[8] 扁舟子：指飘荡江湖的客子。

[9] 明月楼：明月笼罩下的阁楼。这里借指楼中的思妇。

[10] 月徘徊：指月光缓缓移动。

[11] 这两句意思是，鸿雁善于远途飞翔，但一片月光下却不见它飞来；鱼儿深藏水中，除了水面上的
　　　层层涟漪，却不见它的踪影。传书递信的鱼雁，现在哪里？度，飞过。这里用"鸿雁"和"鱼"，
　　　是取鱼雁传信之意，"龙"则是因"鱼"连类而及。

[12] 碣石：山名，在今河北昌黎。潇湘：水名，在今湖南。以碣石、潇湘对举，泛指地北天南，人远
　　　路遥。

【评析】

　　《春江花月夜》为宫体诗旧题。张若虚这首诗虽沿用旧题，却能洗脱宫
体诗的脂粉气，表现了新的思想内容。诗中不但对月夜、春江、花林等美
好景色进行了细腻的描绘，而且还表达了游子思妇的别离之情，抒写了作
者对宇宙人生的沉思遐想。尽管诗中不无感伤和哀愁，但诗歌交织着对爱
情的讴歌、对青春的珍惜和对生命的留恋，这就为传统的闺情题材注入了
新的内容。

　　全诗画意、诗情、哲思水乳交融，创造了令人心醉神迷的意境。

　　诗以春、江、花、月、夜为背景展开描写，以月为主线贯穿全篇。一方
面，诗以月作为时间线索，随着月的升起、高悬、西斜、落下，依次展开画
面和思绪；另一方面，诗又以月光统摄各种景物，把从天上到地下的寥廓空
间，从明月、江流、花林、青枫、白云到水纹、落花、海雾等众多景物，以
及游子、思妇种种细腻的感情，通过环环相扣、连绵不断的结构方式组织起
来。月亮不仅是景物描绘的主要对象，也是抒写离愁别绪的依托，还是引发
作者思索、探究茫茫宇宙与漫漫人生两者关系的因由。所以，在此诗中，月
是轴心，月是神魂，春、江、花、夜都围绕着明月作陪衬。

　　在春江月夜的背景下，作者抒写了缠绵幽怨、又带着一点温馨的相思
离别之情。诗中的抒情，是沿着月轮升起，明月中天，直到月落江潭而向
前发展，逐步深化的。诗的开始，"海上明月共潮生"的境界反映了诗人开
阔的胸襟，悠远的情趣。接着，诗人的思绪随明月的缓缓上升而向前发展，
逐步深化。月明中天，江天一色，写景到了高潮，诗人的情绪也发展到了
高潮，于是生发出了对宇宙奥秘的思考。诗的下半篇，诗人进一步从江月
长明，江水长流，想到人生的短暂，而短暂的人生，又有离别的悲哀。诗
人的感情步步深化，越来越低沉、伤感。终于，无可寄托、十分伤感的思
归之情，随着落月的余辉，隐入摇曳不定的江边树丛中。诗中许多色彩鲜
明的景物形象，如花林、白沙、白云、青枫等，与月色共同组成了柔和静
谧的诗境，与所抒发的绵邈深挚的情感和谐统一。全诗景中见情，情景相
谐，情随景变。

　　诗歌把人生哲理的思考和离别相思的咏叹融合在一起进行抒写。诗人以

丰富的联想力，把明月、江流、人生联系在一起；又从哲理的高度，把客观事物的无限性和个体人生的有限性相关联，以精彩的设问，提出了这个千古之谜，深刻地唱出了"人生短暂"的苦闷心声。不过，诗人又把这种感受，安排在春江月夜的开阔天地之中，并且以"人生代代无穷已，江月年年望相似"来表明：个体生命在历史的长河中的确是短暂的一瞬，但若把整个人类的生命来作为观照点，则明月与人类共长存。这就在轻微的叹息之外，使人感受到些许欣慰。因此，本诗比起六朝乐府诗来，境界高得多，思想也深刻得多。

全诗三十六句，每四句一换韵，凡九换韵，平仄交替，依次递转，且多用顶针、回环等修辞手法，因而使全诗显得声韵协畅，一气流走。

闻一多《宫体诗的自赎》高度评价此诗说："这是诗中的诗，顶峰上的顶峰。……至于那一百年间梁、陈、隋、唐四代宫廷所遗下的那份最黑暗的罪孽，有了《春江花月夜》这样一首宫体诗，不也就洗净了吗？"的确，诗人张若虚利用旧的形式，表现了真实动人的感情，洗脱了宫体诗的浓脂艳粉，变宫体诗的秾丽庸俗为清丽空灵，其贡献不可低估。

【练习】

1. 闻一多《宫体诗的自赎》："这里一番神秘而又亲切的，如梦境的晤谈，有的是强烈的宇宙意识，被宇宙意识升华过的纯洁的爱情，又由爱情辐射出来的同情心，这是诗中的诗，顶峰上的顶峰。"谈谈你对上述说法是怎样理解的？
2. "江"字在诗中出现了 12 次，"月"字出现了 15 次。你觉得作者这样用词有什么用意？
3. 你还熟悉哪些有关"月"意象的古典诗歌？

（鲍远航）

山中与裴迪秀才书[1]

王　维

王维（约701—761），字摩诘，祖籍祁（今山西祁县），后徙家蒲州（今山西永济西）。王维早慧，9岁知属辞，19岁应京兆府试点了头名。工草隶，娴音律，博学多艺。开元九年（721）进士擢第，解褐为太乐丞，但不久即因伶人越规表演黄狮子舞被贬为济州（在今山东境内）司仓参军。而后改官淇上，不久弃官在淇上隐居，后又复返长安，从大荐福寺道光禅师学佛。开元二十三年，宰相张九龄执政时，王维被提拔为右拾遗。开元二十五年，王维赴凉州，任河西节度使幕僚。开元二十六年，王维回长安，任监察御史。安史之乱期间，王维被攻陷长安的安禄山叛军所俘，他服药取痢，佯称瘖疾。安禄山爱其才，命为伪官。平叛后，肃宗因他被俘期间作《凝碧池》，深有怀念朝廷、痛骂叛贼之意，再加上其胞弟王缙的营救，仅降其职为太子中允，后升迁至尚书右丞。世人称其为王右丞，但王维始终是在半官半隐中度过了自己的晚年。

　　王维得宋之问辋川别业，常与裴迪赋诗相酬为乐。他的诗歌创作可明显分为两个时期，前期诗歌创作的政治倾向鲜明，体现盛唐积极进取的精神，后期则多为描摹山水，歌咏田园的成分，主调消极。一生奉佛参禅，被称为"诗佛"。苏轼称其"诗中有画，画中有诗"。

　　近腊月下[2]，景气和畅[3]，故山殊可过[4]。足下方温经[5]，猥不敢相烦[6]，辄便往山中[7]，憩感配寺[8]，与山僧饭讫而去[9]。

　　北涉玄灞[10]，清月映郭。夜登华子冈，辋水沦涟[11]，与月上下。寒山远火，明灭林外。深巷寒犬，吠声如豹。村墟夜舂[12]，复与疏钟相间[13]。此时独坐，僮仆静默，多思曩昔，携手赋诗，步仄径[14]，临清流也[15]。

　　当待春中，草木蔓发[16]，春山可望，轻鲦出水[17]，白鸥矫翼[18]，露湿青皋[19]，麦陇朝雊[20]，斯之不远，倘能从我游乎？非子天机清妙者[21]，岂能以此不急之务相邀。然是中有深趣矣！无忽。因驮黄檗人往[22]，不一[23]。山中人王维白。

　　　　　　　　　　　　　　（《全唐诗》，彭定求等编，中华书局，2008）

【注释】

[1] 山中：蓝田（今属陕西）山中。王维有别墅在辋川，风景优美。王维常与裴迪等人在山中游玩，相互酬唱作诗。裴迪：盛唐著名诗人，曾与王维居住终南山，又在辋川与王维游乐唱和。书：书信。

[2] 腊月：十二月。

[3] 景气：景致，景色。和畅：温和，舒畅。

[4] 殊：副词，很，非常。

[5] 温经：温习功课。

[6] 猥（wěi）：自称的谦辞。

[7] 辄：立即，就。

[8] 憩：休息。

[9] 讫：终了，结束。

[10] 涉：渡过。玄灞（bà）：玄，天青色。灞，灞水，渭河支流，出于蓝田县。

[11] 沦涟：微微的波浪。

[12] 夜舂（chōng）：杵臼捣谷。

[13] 相间：相互交错。

[14] 仄径：小路。

[15] 临：到，临近。

[16] 蔓发：蔓延生长。

[17] 轻鲦：一种银白色小鱼。

[18] 矫翼：扬雄《解嘲》："矫翼万翩。"李周翰注：矫，举也。

[19] 皋：水边的地。麦陇：麦田。

[20] 朝雊（gòu）：雄雉晨鸣。

[21] 天机：天性，指有不平凡的禀赋。

[22] 驮：牲口运载。黄檗（bò）：俗称黄柏，药用植物，古代又用作黄色染料。

[23] 不一：不一一说，不细说了。古时书信结尾用语。

【评析】

这是王维在辋川别业时写给好友裴迪的一封书信，属于散文。裴迪是王维很要好的朋友。这篇散文可分为三部分。第一部分叙述了王维对正在准备考试的裴迪产生了思念之情，但是又怕打扰好友的学习，便独自去山中游玩；第二部分通过描写王维途经之地的景色，联想到和裴迪一起的美好日子，充满了温馨和回忆；第三部分是想象的堆积，也是作者情感的宣泄和对未来的憧憬，将自己对美好春色的向往寄托于新鲜的景物之中，也真切地希望能把这份真情与美好传达给裴迪，愿相约明年。

苏东坡说："味摩诘之诗，诗中有画。观摩诘之画，画中有诗。"细细品读，这篇散文是诗与画的完美结合，是运用绘画的技法来透视山水，布局合理，又充满了新意。辋川的景色充满了结构美，从全局着眼，在自然图景中点染犬吠、夜舂，同时又从全景上展现了整片的新绿的山色；同时也是虚实相生的一种结合，是实景和想象景色的结合，清朗的明月和山火是实景，而对春天景色的描写则是虚景的阐释。虚实相生再拌上色彩的点染，那种带有色彩落差的陪衬，绿色与白色交织在一起，呈现出一幅生动的画面，唤起了人们对生活的激情，并凸显出一种和谐的美。这种"诗画结合"的手法，让我们领悟了中国山水画的真谛。文中还透出"静中有动，动中有静"的妙趣。这源于王维的佛学思想，是一种禅趣的流露。那时张九龄罢相，李林甫独揽朝政，王维感到政治上的失意和生活上的孤寂，他一直过着半官半隐的生活。心灵上的孤寂让他落寞，因此加倍思念自己的好友，他是自己心目中永远的那位志气相投的、情投意合的贤士，他就是裴迪。静静的月夜，穿插着荡漾的微波，深深的小巷，时时传来狗吠声，王维能够真切地感受到这种细微的生活体会，能够用生动微妙的语言把藏在心底的落寞表达出来，真正做到了"动中有静，静中有动"，不愧为"诗佛"。最值得提出的是王维对裴迪的一种建议，他觉得官场并不像他想象的那样，而更多的是无奈和勾心斗角，劝解裴迪还是把握现在，尽情享受着美好的无以伦比的静雅和恬淡才是上策呀！

【练习】

1. 如何理解《山中与裴迪秀才书》中的"诗中有画，画中有诗"的意境美？
2. 结尾暗含着作者怎样的寓意？
3. 分析作品中意象的"动静结合"。

（许海岩）

宿五松山下荀媪家[1]

李　白

李白（701—762），字太白，号青莲居士，祖籍陇西成纪（今甘肃秦安）。少年时李白居住在绵州昌隆县（今四川江油），博览群书，游侠任气，学道求仙。青年时出川远游，在安陆（今属湖北）与故相许圉师孙女结婚。后移居任城（今山东济宁），与孔巢父、韩准、裴政、张叔明、陶沔等归隐徂徕山，世称"竹溪六逸"。天宝元年，奉召入京，供奉翰林，但不久遭受谗言诋毁，被"赐金放还"而离开长安。李白在洛阳与杜甫相识，同游梁、宋、齐、鲁等地。安史之乱爆发后，李白加入永王李璘幕府，后来李璘兵败，李白被流放夜郎（今贵州桐梓一带），途中遇赦，投奔族叔当涂县令李阳冰，不久去世。

李白诗歌重在抒发激昂情怀，想象奇特，豪放洒脱，语言清新明快。他是继屈原以后我国最伟大的浪漫主义诗人。他与杜甫并称，代表了我国古典诗歌的最高成就。有《李太白集》。

我宿五松下[2]，寂寥无所欢。田家秋作苦，邻女夜舂寒。跪进雕胡饭[3]，月光明素盘。令人惭漂母[4]，三谢不能餐。

（《李太白全集》，王琦注，中华书局，2012）

【注释】

[1] 五松山：在今安徽铜陵县南。媪：老年妇女。

［2］宿：住，过夜。

［3］雕胡：俗称茭白，生在水中，秋天结实，色白而滑，叫作菰米，可做饭。

［4］漂母：漂洗丝絮的老年妇女。《史记·淮阴侯列传》记载："（韩信）始为布衣时，贫无行，不得推择为吏，又不能治生商贾，尝从人寄食饮，人多厌之者。常数从其下乡南昌亭长寄食，数月，亭长妻患之，乃晨炊蓐食。食时信往，不为具食。信亦知其意，怒，竟绝去。信钓于城下，诸母漂。有一母见信饥，饭信，竟漂数十日。信喜，谓漂母曰：'吾必有以重报母。'母怒曰：'大丈夫不能自食，吾哀王孙而进食，岂望报乎？'"以后人们就用这个典故来表示馈赠食物。

【评析】

　　五松山下住着一位姓荀的老妈妈，一天夜里李白偶然借宿其家，受到她的热情款待。这首诗写出了作者的所见所感。

　　此为一首五言律诗。首联交代了作者寄宿在五松山下，因为寂寥冷清感到惆怅失落的心情。"寂寥"的含义是多层次的，自然环境萧瑟，农村偏僻幽静；农民生活清苦，单调冷清；诗人心中寂寞，惆怅失落。"寂寥无所欢"道出了诗人此时的孤寂心情。颔联是对农民生活的真实写照，既赞美劳动，又流露出诗人对农民艰辛生活的怜悯。"田家秋作苦，邻女夜舂寒"，"苦"是劳作之苦，也是心中之苦；"寒"是身体之寒，亦是心中之寒。这一苦一寒充分体现了在繁重的苛捐杂税压迫下，即使是秋季丰收，农民的日子也是苦不堪言的。颈联写出荀妈妈对作者的热情招待，"跪进雕胡饭"，一个"跪"字写出了荀妈妈的善良与纯朴。即使是自己十分艰辛，度日如年，但是她也会用雕胡饭这样的美食来款待客人的，这里体现了荀妈妈的慈爱，也表现了农民的质朴善良。"月光明素盘"看似在说月亮皎洁，盘子洁净，其实作者是借此来表达荀妈妈的心地善良、纯洁无瑕。尾联写作者受到感动，不忍心吃下这份雕胡饭的复杂心情。"令人惭漂母"是化用《史记·淮阴侯列传》中的一个典故，此典讲述了韩信饥饿时受到漂洗丝絮老妈妈的救济，成为楚王后知恩图报的故事。而诗人没有什么东西可以回报荀妈妈的这顿晚餐，心中愧疚苦恼。所谓"三谢不能餐"，不是"不能餐"，而是"不忍心餐"。面对荀妈妈自己都不舍得吃的雕胡饭，看到农家生活如此艰辛凄苦，作者怎么还能吃得下这样的美餐呢？全诗也从侧面写出了诗人的可贵品质和正直秉性。

　　从艺术角度来看，李白的诗风一向都是洒脱飘逸，豪放不羁的，而此诗一反诗人主导风格，写得朴实自然，平易近人。诗中几乎纯是白描，客观反映了农民生活的不易和作者心境的凄凉。通过秋作之苦，舂米之寒，我们也可以体会到诗人关切百姓的悲悯情怀。一次夜宿山村的经历，当作者用亲切可感、自然平淡的语言写出来时，更能够体现诗人不露雕琢痕迹的才华和气质。李白的确不愧为中国最伟大的诗人。

【练习】

1. 李白诗的主导风格是什么？《宿五松山下荀媪家》表现了李白诗歌怎样的艺术特色？
2. 试述《宿五松山下荀媪家》所体现的诗人情怀。

（刘世明）

将　进　酒^[1]

李　白

　　李白诗歌今存 900 首左右，题材广泛，体裁多样，其中又以乐府、歌行和绝句成就最高。在内容上，其诗既反映出乐观昂扬、积极向上的盛唐气象，表现出对唐王朝的礼赞歌颂，同时也深刻批判了封建皇权的荒淫腐朽，对丑恶的事物予以无情的鞭笞，表现出反抗束缚，蔑视权贵，崇尚自由的理想精神。

　　君不见黄河之水天上来，奔流到海不复回。君不见高堂明镜悲白发，朝如青丝暮成雪。人生得意须尽欢，莫使金樽空对月。天生我材必有用，千金散尽还复来。烹羊宰牛且为乐，会须一饮三百杯[2]。岑夫子[3]，丹丘生[4]。将进酒，君莫停[5]。与君歌一曲，请君为我侧耳听[6]。钟鼓馔玉不足贵[7]，但愿长醉不复醒[8]。古来圣贤皆寂寞，惟有饮者留其名。陈王昔时宴平乐[9]，斗酒十千恣欢谑[10]。主人何为言少钱[11]，径须沽取对君酌[12]。五花马[13]，千金裘，呼儿将出换美酒[14]，与尔同销万古愁[15]！

（《李太白全集》，王琦注，中华书局，2012）

【注释】

[1] 《将进酒》：属汉乐府《鼓吹曲·铙歌》，意为"劝酒歌"。将（qiāng），请。

[2] 会须：应该。会，须，皆有应当的意思。

[3] 岑夫子：指岑勋，南阳人，颜真卿所书《西京千福寺多宝佛塔感应碑》文的作者，是李白的好友。

[4] 元丹丘：李白在安陆结识的道友。

[5] 君莫停：一作"杯莫停"。

[6] 侧耳听：一作"倾耳听"。

[7] 钟鼓馔玉：泛指豪门贵族的奢华生活。钟鼓，指富贵人家宴会时用的乐器。馔（zhuàn）玉，精美的饭食。

[8] 不复醒：也有版本为"不用醒"或"不愿醒"。

[9] 陈王：指陈思王曹植。平乐：观名。在洛阳西门外，为汉代富豪显贵的娱乐场所。

[10] 恣（zì）：放纵，无拘无束。谑（xuè）：玩笑。

[11] 言少钱：一作"言钱少"。

[12] 径须：干脆，只管。沽（gū）：通"酤"，买或卖，这里指买。

[13] 五花马：指名贵的马。一说毛色作五花纹，一说颈上长毛修剪成五瓣。

[14] 儿：指侍儿或仆人。

[15] 尔：你。销：同"消"。

【评析】

　　《将进酒》原是汉乐府短箫铙歌的曲调。李白这首诗大约作于天宝十一年（752）。当时李白、岑勋在好友元丹丘的颍阳山居所作客，三人登高饮宴，借酒抒发了满腔不合时宜的情绪。诗篇用两组排比长句发端："君不见黄河之水天上来，奔流到海不复回"，写大河之来，势不可挡，大河之去，势不可回。紧接着，"君不见高堂明镜悲白发，朝如青丝暮成雪"，抒发了人生苦短，青春易逝的感伤。两组排比句，形象而夸张，既用河水的流逝比喻一去不返的时间年华，又反衬出个体生命在自然万物中的渺小。类似的开篇手法还有："弃我去者，昨日之日不可留；乱我心者，今日之日多烦忧。"（《宣城谢朓楼饯别校书叔云》）沈德潜说"此种格调，太白从心化出"，可见其颇具创造性。以下便由"悲"而转向"欢""乐"，借酒浇愁，借酒行乐，诗情渐趋狂放。"莫使金樽空对月"，以双重否定句式，更加肯定地表达了"人生得意须尽欢"的生活态度。"天生我材必有用，千金散尽还复来"，诗人用乐观自信的口吻肯定人生，表现自我。在诗人看来，应为这样的未来痛饮高歌，不惜千金，为买一乐，是为豪举。"烹羊宰牛且为乐，会须一饮三百杯。"如此豪迈的诗句，如此酣畅的宴饮，在诗人笔下焕发出生命的激情。从首句到此是诗歌的第一层次，抒发出作者壮怀激烈，慷慨畅饮的豪情；此后诗歌进入高潮，旋律节奏加快，激愤之情展现。"岑夫子，丹丘生，将进酒，杯莫停！"几个短句的使用衬托出诗人澎湃激荡的心绪，"与君歌一曲，请君为我倾耳听"以下八句则是诗中之歌了，可谓神来之笔。"钟鼓馔玉不足贵"，诗人并不美慕富贵人家鸣钟列鼎的豪华奢侈，"但愿长醉不复醒"，他追求的是一种醉与梦的虚幻，是生命律动的痛快淋漓。"古来圣贤皆寂寞，惟有饮者留其名"，诗人在此既为古代圣贤鸣不平，又有借古人酒杯浇自己胸中块垒的意思。以上是诗歌表述的第二个层次，诗人在起伏豪迈的语言中表现出理性深沉的思考；"陈王昔时宴平乐"是指曹植在哥哥曹丕、侄子曹睿两朝备受猜忌，有志难伸，激起诗人巨大的同情。此后诗情再入狂放，而且愈来愈狂。"主人何为言少钱"，快人快语，喧宾夺主。"五花马，千金裘，呼儿将出换美酒，与尔同销万古愁。"典裘当马，气使颐指，表现出诗人不拘形迹、狂放任诞的情态，这是诗歌的第三个层次，酣畅淋漓，一醉方休，狂放洒脱，令人嗟叹。绵延惆怅之情蕴含在无限的神思之中，竭力表现的"愁"字，更突显诗人奔涌跌宕的感情激流。

通观全篇诗歌，气势不凡，笔酣墨饱，大起大落，诗情翕张离合，由悲转乐，由乐而狂，由狂而愤，结穴于愁，回应篇首。情融悲愤狂放，语含豪迈哲思。全诗以七言为主，而杂以三、五、十言句，参差错落，跌宕起伏，疾徐变化，非常适合表现诗人的奔放和豪纵。整首诗充满强烈的个性色彩，为李白乐府诗的代表作。

【练习】

1. 这首诗开篇和结尾都是写忧愁，而中间却极力写狂歌痛饮，及时行乐，是否存在矛盾？这样的写法有什么作用？
2. 李白还有哪些咏酒的诗篇？表现了他怎样的个性？

（裴兴荣）

月　夜

杜　甫

杜甫（712—770），字子美。祖籍京兆杜陵（今陕西西安市东南）。二十岁漫游吴越齐赵，历时十载。开元二十三年（735）在洛阳进士试，落第；天宝五年（746）入长安，亦不第。天宝十年，玄宗朝临太清宫，杜甫奏赋三篇，得到玄宗赏识，后曾任右卫率府兵曹参军。安史之乱后自长安潜逃，就职左拾遗，后被贬，弃官携家入蜀，居于成都草堂。后被严武荐为节度参谋、检校工部员外郎。大历元年（766）杜甫到夔州，五年冬卒于潭岳间舟中。

杜甫诗雄浑苍劲，沉郁悲凉。他擅长律诗，又是新乐府诗体的开创者。

今夜鄜州月[1]，闺中只独看[2]。遥怜小儿女[3]，未解忆长安[4]。香雾云鬟湿[5]，清辉玉臂寒。何时倚虚幌[6]，双照泪痕干？

（《全唐诗》，彭定求等编，中华书局，2008）

【注释】

[1] 鄜（fū）州：杜甫家属寄居鄜州（今陕西富县）西北三十里之羌村，此以鄜州代称之。
[2] 看：观望。

［3］怜：思念，想念
［4］解：能。
［5］湿：浸湿。
［6］虚幌：细薄的窗纱。

【评析】

　　这首诗是五言律诗。安史之乱中，杜甫从鄜州奔往灵武，结果途中被安禄山叛军所俘，被困于长安。《月夜》正是那时所作，是一首抒情诗歌，表达了对亲人无限的思念之情。作者怀念远方的妻子儿女，寄情于明月，抒发无限愁苦的心情。

　　首联虚写了作者对妻子的思念，并没有直接写自己的思念之情，而是描写妻子对自己的回忆与眷恋。这是一种"对写"的手法，他不说自己如何望月怀人，而是换个角度，将千里外的妻子写成"思妇"，是一种反宾为主的写法。这样的手法更让人去细细体会他的细腻的柔情和良苦的用心。这种虚实结合，化实为虚的写法渲染了诗人怀念亲人的真切情感。"今夜鄜州月，闺中只独看"，实为妻子带着儿女在鄜州看，然孩子尚幼，不懂得思念父亲，故而说"只独看"，正好引起下两句。

　　次联说儿女幼小，他们不能体会母亲心底的那份爱，他们还不知道想念自己的父亲，不了解此时的情况，所以也根本无法揣摩母亲的心情，母亲只能独自默默地想念远在他乡的夫君。

　　三联可以从女性的独特视角来品读作者的寓意，"云鬟"和"玉臂"是女性最为娇弱的象征，如此联想，突出"湿"、"寒"，可见对妻子至深的怀念之情。上一联是运用"曲笔"的写法，曲折迂回地表露情感，而这一联则是想象和白描的综合运用。

　　末联对比手法的运用尤为突出。"独"和"双"构成对比。夫妻何时才能团聚啊，何时才能相依相伴在窗前月下，不再为离别与孤独而担忧和伤感流泪呢？虚写的"双照"，突出了"独看"，思念之情更加深挚和感人。

　　整首诗以曲笔写情，自己思念家乡、亲人，偏想家人正在思念自己，感情进了一层。自己思念儿女，儿女尚不解思念，感情更进一层。感情表达曲折缓慢，而愈显其悲。而诗人的悲情偏以华丽的词语来表达，"香雾"、"云鬟"、"清辉"、"玉臂"等语更加深了悲凉色彩。人生之情最悲莫过于有苦无处诉，妻子仅有两个未解世事的孩子陪伴，其深沉的思念之苦无处诉说。她在窗前望月思人，却只落得"云鬟湿"、"玉臂寒"。"湿"、"寒"又在不经意间透露了妻子望月时间之久，心地之冷。

　　题为《月夜》，字字都从月色中照出，而以"独看"、"双照"为一诗之眼。"独看"是现实，却从对面着想，只写妻子"独看"鄜州之月而"忆长安"，而自己的"独看"长安之月而忆鄜州，已包含其中。"双照"兼包回忆与希望：感伤"今夜"的"独看"，回忆往日的同看，而把并倚"虚幌"（薄帷）、对月舒愁的希望寄托于不知"何时"的未来。词旨婉切，章法紧密。如黄生所说："五律至此，无忝诗圣矣！"

　　整首诗层层深入，词意婉切，情悲笔丽。这正是杜甫"沉郁顿挫"的一种表现方式，本有千言万语积压在心头，但只曲折地透露一点，可谓含蓄蕴藉之至。

【练习】

1. "香雾云鬟湿，清辉玉臂寒"运用的是一种怎样的写法？这种写法有什么作用？
2. 《月夜》与杜甫以往描写现实的艺术作品在内容和写法上有什么显著的不同？试举例说明。

（许海岩）

又呈吴郎[1]

杜　甫

　　杜甫十三世祖杜预，晋代名将、著名学者，人号"杜武库"。祖父审言，是初唐著名诗人，"文章四友"之一。杜甫在青年时代曾数次漫游。19岁时，他出游郇瑕（今山西临猗）。20岁时，漫游吴越，历时数年。开元二十三年（735），杜甫回故乡参加"乡贡"。次年落第，遂赴兖州省亲，开始齐赵之游。开元二十九年前后返回洛阳，筑室首阳山下。天宝九载冬献"三大礼赋"，得到玄宗的赏识，命待制集贤院，等候分配，然仅得"参列选序"资格，未实授官。直到十四年（755），才得授一个河西尉的小官，不就，旋改右卫率府兵曹参军。是年十一月，"安史之乱"爆发。这时杜甫携家已避难到鄜州（今陕西富县）羌村，闻肃宗即位，即于八月只身北上，投奔灵武，不幸途中为叛军俘虏，押至长安。至德二年（757）四月，杜甫冒险由长安奔赴凤翔行在。五月十六日，被授为左拾遗。不料很快因疏救房琯，触怒肃宗，诏由三司推问，幸赖宰相张镐救免，但从此受到肃宗的疏远。闰八月，敕放鄜州省家。乾元元年（758）六月，被贬华州司功参军。七月，弃官去秦州（今甘肃天水），开始了"漂泊西南天地间"的人生苦旅。十月，赴同谷（今甘肃成县）。年底，由同谷抵成都。上元元年（760）春，杜甫卜居西郊草堂。二年岁末，严武任成都尹兼剑南节度使，给予不少照顾。代宗宝应元年（762）七月，武奉召入朝，杜甫送至绵州（今四川绵阳）。因剑南兵马使徐知道叛乱，被迫流寓梓州（今四川三台）、阆州（今四川阆中）。二年正月，严武再镇成都。六月，表荐杜甫为节度参谋、检校工部员外郎。永泰元年（765）四月底，严武病逝。杜甫失去依靠，于五月离开成都乘舟南下，经嘉州（今四川乐山）、戎州（今四川宜宾）、渝州（今重庆）、忠州（今重庆忠县）至云安（今重庆云阳），次年夏初迁居夔州（今重庆奉节）。居夔近两年，写诗400余首。大历三年（768）正月出三峡，经江陵、公安，暮冬抵岳阳。之后，诗人漂泊湖南，贫病交加，濒临绝境。大历五年（770）冬，杜甫病死在湘江舟中，时年59岁。

杜甫是中国古典诗歌的集大成者，是中国最伟大的诗人之一。因其作品所表现的伟大人格力量和伦理风范，被后人尊为"诗圣"，其诗歌被誉为"诗史"，在中国文学史上享有崇高的地位。有《杜工部集》。

堂前扑枣任西邻[2]，无食无儿一妇人。不为困穷宁有此？只缘恐惧转须亲[3]。即防远客虽多事，便插疏篱却甚真[4]！已诉征求贫到骨，正思戎马泪盈巾[5]。

（《杜诗详注》，仇兆鳌注，中华书局，1979）

【注释】

[1] 吴郎，官夔州司法参军，杜甫亲戚。杜诗在作此诗前已经写有一首《简吴郎司法》，故此题曰"又呈"。

[2] 堂：指瀼西草堂。扑枣：打枣。任：放任，听任。

[3] 宁有：怎有，哪会有。此：指扑枣。"不为"句，不是由于穷得没有办法，哪会有这种事。缘：因为。恐惧：指老妇害怕被人看见。转：改变态度。亲：待人和蔼。上句是代老妇设想，为其开脱；下句是杜甫一向对待老妇的态度，也希望吴郎这样做。

[4] 防：防备。远客：指吴郎。多事：多心，过虑。篱：篱笆。却甚真：却真像是拒绝老妇打枣一样。二句是说：老妇担心你不让她来打枣，虽说是未免太多心了；但你一来便插上竹篱，却真的像是不让她来打枣了。上句主语是老妇，下句主语是吴郎。这两句说得极其委婉，是希望吴郎能体谅老妇的苦处。

[5] 已诉句，是说老妇人诉说过自己不堪赋税压榨的穷苦遭遇。征求，诛求，横征暴敛。贫到骨，犹一贫如洗，一无所有。"正思"句，是说自己想到战事不停，不禁悲哀流泪。戎马，指战争。

【评析】

这是一首七言律诗，大历二年（767）秋作于夔州。这年杜甫的一位亲戚吴郎从忠州搬来夔州，他就把原住的瀼西草堂让给吴郎住，自己一家搬到东屯去住。杜甫住在瀼西草堂时，草堂前有几颗枣树，秋天枣熟，常有西邻一个穷苦的老妇人来打枣，杜甫可怜她的身世，从未加以阻止。看到她打枣时那种恐惧的样子，反倒对她表示亲近。后来吴郎搬来后，却插上了篱笆，防人扑枣。杜甫闻知此事后，即写诗委婉劝说吴郎不要这样做。在戎马征战的年代，这个老寡妇不但丧失了丈夫和儿子，还被官府征收租税，搞得一贫如洗。她为饥饿所驱使，只好提心吊胆地来偷杜甫堂前的枣。这悲惨的一幕被杜甫纪录下来，以小见大地反映了战乱年代的惨痛现实。末联"已诉征求贫到骨，正思戎马泪盈巾"是全诗主旨之所在，写造成西邻扑枣妇人贫困之原因，正面揭示出征敛和战乱是造成百姓贫苦的根源，同时也隐含着诗人对贫民的同情，对战争的痛恨。此诗写得情真语切，感人至深，体现了诗人对劳动人民的淳厚感情，这正是杜甫沉沦下层、洞察民生疾苦的结果。明末清初的卢世㴶说："《又呈吴郎》一首，极煦育邻妇，又出脱邻妇；欲开示吴郎，又回护吴郎。七言八句，百种千层，非诗也，是乃仁音也。恻隐之心，诗之元也。词客仁人，少陵独步。"（《杜诗胥钞·大凡》）确实，既为老妇说情，又要不让吴郎过于尴尬，诗人时时处处都在为他人着想，因而诗歌写得既婉转尽致又浑然一体，虽以浅显的白话出之，却语淡意厚，尽显诗人崇高的人格魅力。

【练习】
1. 结合此诗谈谈你对杜甫仁爱精神的理解。
2. 用现代汉语改写或用英语翻译这首诗。

（王新芳）

走马川行奉送出师西征

岑　参

岑参（约715—770），祖籍南阳，生于江陵（今属湖北），盛唐边塞诗人，与同时代的著名诗人高适齐名，并称"高岑"。天宝三年（744）岑参进士及第，授右内率府兵曹参军。此后于天宝八年（749）、十三年（754）两次出塞任职。回朝后，又任右补阙、起居舍人、虢州长史等职。永泰元年（765）官拜嘉州刺史，世称"岑嘉州"。大历三年（768）岑参被罢官，流寓成都，不久卒于成都客舍，享年56岁。岑参诗歌以七言歌行见长，题材涉及广泛，其中以边塞诗最为出色，气势雄伟，想象丰富，具有浓郁的浪漫色彩。严羽

《沧浪诗话》评价岑参诗说："高、岑之诗悲壮，读之使人感慨。"唐人杜确编有《岑嘉州诗集》八卷，《全唐诗》收录岑参诗歌 401 首。

　　君不见走马川行雪海边[1]，平沙莽莽黄入天。轮台九月风夜吼[2]，一川碎石大如斗，随风满地石乱走。匈奴草黄马正肥，金山西见烟尘飞[3]，汉家大将西出师。将军金甲夜不脱，半夜军行戈相拨[4]，风头如刀面如割。马毛带雪汗气蒸，五花连钱旋作冰，幕中草檄砚水凝[5]。虏骑闻之应胆慑[6]，料知短兵不敢接，车师西门伫献捷[7]。

（《全唐诗》，彭定求等编，中华书局，1960）

【注释】

[1] 走马川：河流名，即左末河，或认为是玛纳斯河。行：疑为衍文。"川"、"边"、"天"押韵，合于全篇句句押韵并三句一换韵的用韵模式。雪海：比喻西北苦寒之地。
[2] 轮台：地名，在今新疆境内。
[3] 金山：突厥语，即阿尔泰山。烟尘：风烟尘土，指军事情况。
[4] 戈相拨：兵器相互碰撞，暗示行军急速。
[5] 这三句意思是：雪花落在马身上，被汗气蒸化，继而转瞬结冰，军帐中起草檄书的砚墨被冻凝固。五花：指五花马。连钱：一种马的名字，毛色斑驳。旋：顷刻。
[6] 虏骑：指敌军。慑：恐惧。
[7] 车师：唐安西都护府所在地。伫：长时间站着，这里指等待。

【评析】

　　《走马川行奉送出师西征》是盛唐边塞诗的代表之作。天宝十三年（754）岑参作此诗，为封常清西征播仙而送行。这首诗以豪放的气格，描绘西北边塞艰苦的战争环境，反衬出唐军将士不畏艰苦、奋勇抗敌的英雄气概，同时洋溢着诗人昂扬豪迈的爱国情思。

　　此诗开篇写景，别开生面，运用比喻、夸张等修辞手法表现了西北边塞地区的壮丽之美。诗人通过描写边地的"风"来表现边塞奇景。"平沙莽莽黄入天"，这是西北边塞极具代表性的景象，狂风大作，黄沙弥漫，遮天蔽日，一片混沌，简直奇壮无比！接着，由白天转入黑夜，诗人对夜间边塞展开描写，"轮台九月风夜吼，一川碎石大如斗，随风满地石乱走"。视觉感受变换为听觉感受，"吼"字形象地显示了风的猛烈，风声巨大就像野兽咆哮。继之，又现奇景，狂风吹得斗大的石头满地"乱走"，真可谓惊心动魄，令人称奇。

　　接下来，诗人笔锋一转，开始写人事，叙述匈奴利用"草黄马肥"的时机出兵犯境。敌人来势汹汹，铁骑卷起滚滚尘土，我军又利用烽烟传达军情。

一时间烟尘飞扬，预示着战争即将开始。"汉家大将西出师"紧扣诗题，显示出我军之气势。将军夜不脱甲，身先士卒，战士半夜行军，军容整肃，唐军将士的高昂士气和忠勇气概得到了正面展现。同时，诗人还极力渲染边塞的严寒，从风、雪、气温等多方面对寒冷进行了描写，诗人巧妙地捕捉细节，通过细致描述马身上的汗水以及军帐中的砚水迅速结冰的现象，来表现西北边塞独特的严寒。这种环境描写侧面衬托出我军将士的英勇无畏，突显了我军的战斗豪情。因此，诗人对我军这次出征，信心十足，料定敌人会闻风丧胆，不敢与我军正面交锋，故而长仁车师西门，等待大军凯旋，表达出诗人高昂的爱国情怀。

　　唐殷璠《河岳英灵集》说："参诗语奇体峻，意亦造奇。"这首《走马川行奉送出师西征》就是典型，诗中充满雄浑奇异之美，奇景贯穿始终，全篇带有奇气，在盛唐诗歌中极具特色。此外，这首诗将歌行体和边塞题材完美结合，押韵方式独特，句句押韵，三句一换韵，节奏急促，语调奔放，音韵铿锵，激昂澎湃，犹如声声战鼓，催人奋进。而且，诗歌中表现出诗人对战争的乐观态度，慷慨雄放，呈现出一派盛唐气象。

【练习】

1. 岑参诗的特点是"意奇语奇"。诵读《走马川行奉送出师西征》，找出其中的"奇语"，并简要分析其表达效果。
2. 谈谈此诗环境描写的作用。

（梁成龙）

水　夫　谣[1]

王　建

　　王建（约767—约831），字仲初，颖川（今河南许昌）人。家贫，"从军走马十三年"，居乡则"终日忧衣食"，40 岁以后，"白发初为吏"，沉沦下僚，担任过县丞、司马之类小官闲官，世称王司马。其作品集为《王司马集》，今存诗 500 余首，尤以乐府诗和宫词著称。其乐府诗和张籍齐名，世称"张王乐府"，其诗题材广泛，思想深刻，富于浓厚的生活气息和强烈的爱憎之情。语言通俗明快，富有民歌风味，善于运用比兴、对比等表现手法。他的百首宫词，在传统的宫怨之外，广泛地描绘宫中风物，诸如宫阙楼台、早朝仪式、节日风光、君王游猎、乐伎歌舞等各种宫禁琐事，是研究唐代宫廷生活的重要材料。此外，他还写过一些小词，如《调笑令》，别有情趣，脍炙人口。

苦哉生长当驿边[2]，官家使我牵驿船。辛苦日多乐时少，水宿沙行如海鸟。逆风上水万斛重[3]，前驿迢迢后森森[4]。半夜缘堤雪和雨，受他驱遣还复去。夜寒衣湿披短蓑，臆穿足裂忍痛何[5]？到明辛苦无处说，齐声腾踏牵船歌[6]。一间茅屋何所直[7]，父母之乡去不得。我愿此水作平田，长使水夫不怨天。

（《全唐诗》，彭定求等编，中华书局，2008）

【注释】

[1] 水夫：纤夫。
[2] 驿：古代官设的交通驿站有水陆两种，这里指水上驿站。
[3] 万斛：极言容量之多。古代以十斗为一斛，南宋末年改为五斗。
[4] 森森：形容水势浩大。
[5] 臆：胸口。
[6] 腾踏：激愤的歌声破空而起。
[7] 直：通"值"。

【评析】

本篇以内心独白的表述方式，写出了水夫不堪忍受繁重劳役的种种痛苦和磨难，对当时惨无人道的赋役制度表达了强烈的不满和愤懑之情。"苦哉生长当驿边"，诗歌开篇即以"苦哉"一声长叹，表达水夫内心的悲苦深重，难以抑止，为全诗定下了愁苦哀怨的情感基调。"官家使我牵驿船"，点出了是因为官家强迫服役，才造成了水夫的苦难生活。接下来十句是水夫自述牵船生活的种种痛苦。纤夫的生活就像海鸟一样，居无定所，颠沛流离，只得夜宿水边，日行沙上，顶风逆水，踏雪淋雨，身心疲惫，饱受煎熬。诗人以细腻的笔法层层深入，极力刻画行船条件的艰难和水夫遭受的痛苦。然而，前路漫漫，驿站遥远，日复一日，不得终期。纤夫的苦难遭遇就像那流水一样，似乎永远也走不到尽头。夜深寒气侵来时只有湿衣短蓑，被迫忍受着寒冷潮湿，胸口被纤绳磨得生疼，双脚被河水泡得皲裂，他们都得无可奈何地默默忍受，继续挣扎着向前。唯有等到天明时分，齐声唱起牵船歌，借劳动的号子把积郁在心里的满腔怨愤激怒发泄出来。"一间茅屋何所直，父母之乡去不得。"然而辛苦一生，家里却仍然贫穷困顿，仅有茅屋一间，家徒四壁。茅屋并不可留恋，但是如果远走他乡，却又眷恋着生于斯长于斯的家乡，桑梓情深，故乡意浓。这矛盾的生活现状与复杂的感情相互纠结，就更将水夫们生活的苦难处境进一步深化，表现出对他们的深切同情和关怀。最后，诗人甚至表达出这样不切实际的幻想愿望："我愿此水作平田，长使水夫不怨天。"这种愿望的发出就更衬托出水夫处境的艰难，对现实的无可奈何，对生活的失望哀求，语壮却含其悲，情深亦含其怨，读来更令人唏嘘心恻。

全诗以一个"苦"字作为线索贯穿，通过对水夫心理的细腻刻画，表现出水夫生活的种种苦难，"述情叙怨，委曲周详"（魏泰《临汉隐居诗话》）。诗中的水夫形象也具有一定的典型性，诗人所写的虽然是一个水夫的自述，反映的却是整个水乡人民痛苦贫困的现实生活。诗歌的语言质朴流畅又凝炼精警，不用惊人之笔，不用华美之词，从看似平淡的描绘中表现真情，捕捉诗情。正如王安石所说："看似寻常最奇崛，成如容易却艰辛！"

【练习】

1. "一间茅屋何所直，父母之乡去不得。"试讨论这两句诗的意蕴。

2. 结合具体作品，比较王建与白居易的乐府诗在内容和艺术方面之异同。

（裴兴荣）

祭十二郎文[1]

韩　愈

韩愈（768—825），字退之，南阳（今河南孟县）人。自称郡望昌黎，世称韩昌黎。韩愈自幼孤，由兄嫂抚养长大。韩愈贞元八年（792）进士及第，后为节度使幕府推官，调四门学士，迁监察御史。因上疏得罪权要，贬为阳山令，改江陵府法曹。宪宗元和中两度为国子博士，后改比部郎中。元和十四年，因上表谏迎佛骨，触怒皇帝，被贬为潮州刺史，后为国子祭酒。穆宗长庆四年十二月卒官吏部侍郎，享年57岁。

韩愈一生与孟郊、张籍等交往密切。他与柳宗元倡导古文运动，反对六朝以来讲究声律的骈体文，提倡散文。他强调"词必己出"，"唯陈言之务去"，这对散文的发展起了一定的积极作用。韩愈散文成就突出，是唐宋八大家之一。

年月日[2]，季父愈闻汝丧之七日[3]，乃能衔哀致诚[4]，使建中远具时羞之奠[5]，告汝十二郎之灵[6]。

呜呼！吾少孤[7]，及长不省所怙[8]，惟兄嫂是依[9]。中年兄殁南方，吾

与汝俱幼[10]，从嫂归葬河阳[11]，既又与汝就食江南，零丁孤苦，未尝一日相
离也[12]。吾上有三兄[13]，皆不幸早世，承先人后者[14]，在孙惟汝，在子惟
吾；两世一身[15]，形单影只。嫂尝抚汝指吾而言曰："韩氏两世，惟此而已！"
汝时尤小，当不复记忆；吾时虽能记忆，亦未知其言之悲也！

吾年十九始来京城；其后四年，而归视汝。又四年，吾往河阳省坟墓[16]，
遇汝从嫂丧来葬[17]。又二年，吾佐董丞相于汴州[18]，汝来省吾，止一岁[18]，请
归取其孥[19]；明年丞相薨[20]，吾去汴州[21]，汝不果来[22]。是年，吾佐戎徐
州[23]，使取汝者始行，吾又罢去，汝又不果来[24]。吾念汝从于东[25]，东亦客
也[26]，不可以久；图久远者，莫如西归，将成家而致汝。呜呼！孰谓汝遽去
吾而殁乎[27]！吾与汝俱少年，以为虽暂相别，终当久相与处；故舍汝而旅食
京师[28]，以求斗斛之禄[29]；诚知其如此[30]，虽万乘之公相[31]，吾不以一日
辍汝而就也[32]。

去年孟东野往[33]，吾书与汝曰："吾年未四十，而视茫茫[34]，而发苍苍，
而齿牙动摇。念诸父与诸兄[35]，皆康强而早世，如吾之衰者，其能久存乎！
吾不可去，汝不肯来，恐旦暮死，而汝抱无涯之戚也[36]！"孰谓少者殁而长者
存[37]，强者夭而病者全乎！

呜呼，其信然邪[38]？其梦邪[39]？其传之非其真邪[40]？信也，吾兄之盛德
而夭其嗣乎[41]？汝之纯明而不克蒙其泽乎[42]？少者强者而夭殁，长者衰者而
存全乎？未可以为信也；梦也，传之非其真也，东野之书，耿兰之报，何为
而在吾侧也？呜呼！其信然矣，吾兄之盛德而夭其嗣矣！汝之纯明宜业其家
者不克蒙其泽矣！所谓天者诚难测[43]，而神者诚难明矣！所谓理者不可
推[44]，而寿者不可知矣！

虽然[45]，吾自今年来，苍苍者或化而为白矣，动摇者或脱而落矣，毛血
日益衰[46]，志气日益微，几何不从汝而死也[47]！死而有知，其几何离[48]；其
无知，悲不几时，而不悲者无穷期矣！汝之子始十岁[49]，吾之子始五岁，少
而强者不可保，如此孩提者又可冀其成立邪[50]？呜呼哀哉！呜呼哀哉！

汝去年书云：比得软脚病[51]，往往而剧[52]。吾曰：是疾也，江南之人常
常有之。未始以为忧也[53]。呜呼！其竟以此而殒其生乎[54]？抑别有疾而至斯
乎[55]？汝之书六月十七日也；东野云汝殁以六月二日，耿兰之报无月日，盖
东野之使者不知问家人以月日，如耿兰之报不知当言月日[56]，东野与吾书，
乃问使者，使者妄称以应之耳[57]。其然乎？其不然乎[58]？

今吾使建中祭汝，吊汝之孤与汝之乳母[59]。彼有食可守以待终丧，则待
终丧而取以来[60]；如不能守以终丧，则遂取以来。其余奴婢，并令守汝丧。
吾力能改葬，终葬汝于先人之兆[61]，然后惟其所愿[62]。呜呼！汝病吾不知

时，汝殁吾不知日，生不能相养以共居，殁不能抚汝以尽哀，敛不得凭其棺[63]，窆不得临其穴[64]。吾行负神明而使汝夭[65]，不孝不慈，而不得与汝相养以生，相守以死。一在天之涯，一在地之角，生而影不与吾形相依，死而魂不与吾梦相接。吾实为之，其又何尤[66]？彼苍者天，曷其有极[67]！

　　自今已往，吾其无意于人世矣！当求数顷之田于伊颍之上[68]，以待余年。教吾子与汝子，幸其成[69]，长吾女与汝女，待其嫁[70]。如此而已。呜呼！言有穷而情不可终，汝其知也邪？其不知也邪？呜呼哀哉，尚飨[71]！

　　　　　　　　　　　　（《韩愈全集校注》，屈守元等编，中华书局，1996）

【注释】

[1] 十二郎：即老成，韩愈兄韩介之子。韩介为率府参军，有二子：百川、老成。韩愈兄韩会早卒无嗣，以老成继。

[2] 年月日：《文苑》作贞元十九年五月二十六日。

[3] 季父：叔父。

[4] 衔哀：饱含着悲痛。

[5] 建中：建中和下文的耿兰，可能都是韩愈家中的仆人。时羞：时鲜。羞，同"馐"。奠：祭品。

[6] 灵：死者的魂灵。

[7] 孤：指幼年丧父。韩愈三岁时，其父亲韩仲卿去世。

[8] 不省所怙：不记得父亲的音容。怙，依靠。

[9] 惟兄嫂是依：只能依靠兄嫂抚养。

[10] 中年兄殁南方：意为兄韩会中年死于韶州（今广东韶关）刺史任上。殁，死。

[11] 河阳：今河南省孟县西，韩愈家祖坟所在地。

[12] 既又与汝就食江南：后来又同你们到江南谋生活。既，既而，后来。就食，谋生活。

[13] 三兄：韩愈有一兄韩会、一兄韩介。另一不详。

[14] 先人：指韩愈父韩仲卿。

[15] 两世一身：两代都只有一个人。身，在这里指能继承家业的男子。

[16] 省：探视，看望。

[17] 遇汝从嫂丧来葬：当嫂子的灵柩来到河南安阳安葬的时候，你我相遇。

[18] 一岁：一年。

[19] 孥（nú）：家属，指妻与子。

[20] 薨（hōng）：古代对诸侯或高级官员死亡的特别说法。

[21] 去：离开。

[22] 不果：没能够。

[23] 戎：军事。

[24] 使取汝者：派去接你的人。罢去：辞官离开。

[25] 从于东：跟我到东边（指徐州）来。

[26] 客：指暂时客居他乡。

[27] 孰谓汝遽去吾而殁乎：谁想到你会突然离开我而死呢？

[28] 旅食：在外地谋生。

[29] 斛（hú）：中国旧量器名，亦是容量单位，一斛本为十斗，后来改为五斗。

[30] 诚：如果。

[31] 万乘：指拥有一万辆兵车的大国。乘，一车四马。公相：公卿宰相。

[32] 辍（chuò）：中断，放下。

[33] 孟东野：孟郊，中唐诗人，是韩愈的挚友。

[34] 茫茫：指视觉模糊不清。

[35] 诸父：泛称伯父、叔父。

[36] 无涯之戚：无尽的忧伤。戚，忧伤。

[37] 少者：指十二郎。长者：韩愈自称。

[38] 其信然邪：难道果真是这样吗？

[39] 其：此"其"及下句的"其"都表示选择。

[40] 传之者非其真：所传之消息不确实。

[41] 本句话的意思是：如果是真的，像我哥哥这样有高尚品德的人难道就要绝其后代吗？

[42] 本句话的意思是：你这样的纯正聪明竟不能承受他的恩泽吗？克，能够。

[43] 诚：确实。

[44] 理：事理。推：推加。

[45] 虽然：虽说这样。

[46] 毛血：毛发气血，体质。

[47] 几何：为什么，怎么。

[48] 其几何离：眼下的分离又能有多久呢？意思是说，自己因衰病，也将不久于人世。

[49] 汝之子：指韩老成次子韩昶（chǎng）。老成死时他才一岁。

[50] 冀：希望。成立：成长到能够自立。

[51] 比（bì）：近来。软脚病：脚萎缩不能行走的病症。

[52] 剧：加剧，严重。

[53] 未始：未曾。

[54] 殒：死亡，丧失。

[55] 抑别有疾而至斯乎：还是有别的病而到了这种死亡的地步？抑，选择连词。

[56] 如：而，连词。

[57] 使者妄称以应之耳：使者瞎报个日期来应付一下而已。

[58] 其然乎？其不然乎？：是这样呢，还是不是这样呢？

[59] 吊：慰问。孤：指韩老成的儿子。乳母：奶妈。

[60] 终丧：丧期终了。古礼，子为父服三年。取以来：把他们搬取到我这里来。

[61] 兆：坟地。

[62] 然后惟其所愿：这样才算是了却我的心愿。其，指代"我"。

[63] 敛：把尸体装入棺材。

[64] 窆（biǎn）：古代用来牵引棺椁下墓穴的石头。这里是说入葬。

[65] 行负神明：行为对不起神明。

[66] 吾实为之，其又何尤：这实在是我造成的，又能怨谁！尤，怨恨，归咎。

[67] 彼苍者天，曷其有极：那苍天哪，我的痛苦什么时候才有尽头啊？曷，何。

[68] 伊颍之上：指韩愈的故乡。伊河、颍河，都在河南省。

[69] 幸其成：希望他们成材。

[70] 长：使长大，养育。

[71] 尚飨（xiǎng）：希望死者来享用祭品。

【评析】

韩愈是我国中唐时期著名的文学家、政治家。他在诗歌和散文上都有卓越的成就。中唐贞元、元和、长庆时期，文坛上兴起了韩愈、孟郊、元稹、白居易为首的韩孟诗派和元白诗派。韩孟诗派"怪怪奇奇"，"以丑为美"，而元白诗派"重写实、尚通俗"，韩愈的审丑诗以及以他为首的怪奇诗派，曾在中唐诗坛产生了很大的影响。而在散文创作上，韩愈、柳宗元领导了"古文运动"，他强调"唯陈言之务去，为文需自树立"，并从思想上树立起了"兴儒反佛"的旗帜。因此，韩愈的散文有着更为独特的魅力。

首先，从文体上进行解读，祭文是祭奠亲友的文辞，也有祭神祭物的，但不多见。《祭十二郎文》通篇全用散体，全篇都叙写了他与十二郎的情谊和对十二郎之死的悲痛，在祭文中是首创。为什么这么说呢？古代哀祭文通常用于祭祀天地、山川、宗庙等神祇，形式上是四言韵体、骈俪体等典雅庄重的形式，注重精雕细琢。而韩愈却能够把它推广到同时用散体自由抒写，能够根据内容，不拘常格，选择与之相应的表现形式。他打破了常规，在继承传统的基础上又有所发展，贡献不可谓不大。

其次，从文章的内容上来看，果真是应了宋人在《宾退录》中说的"读诸葛孔明《出师表》而不堕泪者，其人必不忠；读李令伯《陈情表》而不堕泪者，其人必不孝；读韩退之《祭十二郎文》而不堕泪者，其人必不友"。可见本文的"至情"乃是感人肺腑呀！文章以琐碎的家庭往事和平凡的生老病死为内容，从自己幼年丧父，再到和侄儿一起相依为命的令人怜悯同情的身世，再到仕途的不顺，乃至自己齿牙脱落、发已秃的窘境，一路写来，隐藏着宦海沉浮、人生如梦的哀伤。文章从开篇叙述了亲人早亡，零丁孤苦，极力表现二人的不幸，其如"少者殁而长者存，强者夭而病者全"，既是一种悲痛，又是一种无奈。韩门不幸，叔侄情深，读罢祭文，感觉"字字是血，句句是泪"。

最后，作者展开了对天理的质问和对自己的拷问，希望有知觉者能够体会自己悲哀至极的心思。质问天理、拷问自己，使这篇哀祭文读来尤其感人肺腑，使这篇哀祭文成为千古流传的一篇抒情至文。

从文章写作手法看，《祭十二郎文》也极具特色。全文用散体抒发情感，已经突破了传统祭文的章法，而更突出的是，这篇文章采用对话的方式结构全篇。文章反复使用第一人称、第二人称来叙述，就像是久别之后的两个人在回忆往事。事实上，对话的两人已经永远不能再促膝长谈了。这种特殊的对话又增加了情感的深度，也使文章血肉丰满，蕴涵更深厚。韩愈对十二郎的真情使他无意间创造了一种新的写作章法，而这也是文章感人至深的一个重要原因。

【练习】

1. 感叹词"呜呼"在文章中出现多次，试问有什么作用？
2. 《祭十二郎文》被称为祭文中的"千古绝调"，是古代抒情散文中的不朽名篇，试分析其原因。

(许海岩)

长　恨　歌[1]

白居易

白易居（772—846），字乐天，晚年自号香山居士，祖籍太原，后迁居下邽（现陕西渭南）。贞元十五年（798）进士，曾任翰林学士、左拾遗、左赞善大夫。元和十年（815），宰相武元衡遇刺，白居易激于义愤，越职奏事，请求搜捕刺客，遭到当权者的忌恨，被贬为江州司马。此后，他被迫避祸保身，历任忠州、杭州、苏州刺史。后来为太子少傅，故世称"白少傅"，官终刑部尚书。白居易是杰出的现实主义诗人，是中唐新乐府运动的倡导者。他主张"文章合为时而著，歌诗合为事而作"。其诗今存近 3000 首，数量之多在唐代诗人中首屈一指。诗风平易通俗，富于变化，用常得奇。他的诗歌分讽喻诗、闲适诗、感伤诗、杂律诗四类。其中以《新乐府》和《秦中吟》为代表的讽喻诗，"惟歌生民病"，关心民瘼，揭露统治者的荒淫残暴，最为人称道。以《长恨歌》、《琵琶行》为代表的感伤诗，成就也非常突出。唐宣宗说"童子解吟长恨曲，胡儿能唱琵琶篇"，可见白诗在当时流传之广。白居易著有《白氏长庆集》，《全唐诗》存诗 39 卷。

汉皇重色思倾国[2]，御宇多年求不得[3]。杨家有女初长成，养在深闺人未识[4]。天生丽质难自弃，一朝选在君王侧。回眸一笑百媚生[5]，六宫粉黛无颜色[6]。春寒赐浴华清池，温泉水滑洗凝脂[7]。侍儿扶起娇无力[8]，始是新承恩泽时[9]。云鬓花颜金步摇[10]，芙蓉帐暖度春宵[11]。春宵苦短日高起，从此君王不早朝。承欢侍宴无闲暇[12]，春从春游夜专夜。后宫佳丽三千人，三千宠爱在一身。金屋妆成娇侍夜[13]，玉楼宴罢醉和春[14]。姊妹弟兄皆列土[15]，可怜光彩生门户[16]。遂令天下父母心，不重生男重生女。骊宫高处入青云[17]，仙乐风飘处处闻。缓歌慢舞凝丝竹[18]，尽日君王看不足。渔阳鼙鼓动地来[19]，惊破霓裳羽衣曲[20]。九重城阙烟尘生[21]，千乘万骑西南行[22]。翠华摇摇行复止[23]，西出都门百余里。六军不发无奈何[24]，宛转蛾眉马前死[25]。花钿委地无人收[26]，翠翘金雀玉搔头。君王掩面救不得，回看血泪相和流。黄埃散漫风萧索，云栈萦纡登剑阁[27]。峨嵋山下少人行[28]，旌旗无光日色薄。蜀江水碧蜀山青，圣主朝朝暮暮情。行宫见月伤心色[29]，夜雨闻铃肠断声[30]。天旋日转回龙驭[31]，到此踌躇不能去。马嵬坡下泥土中，不见玉颜空死处[32]。君臣相顾尽沾衣，东望都门信马归[33]。归来池苑皆依旧，太液芙蓉未央柳[34]。芙蓉如面柳如眉，对此如何不泪垂。春风桃李花开日，秋雨梧桐叶落时。西宫南内多秋草[35]，落叶满阶红不扫。梨园弟子白发新[36]，椒房阿监青娥老[37]。夕殿萤飞思悄然，孤灯挑尽未成眠。迟迟钟鼓初长夜[38]，耿耿星河欲曙天[39]。鸳鸯瓦冷霜华重[40]，翡翠衾寒谁与共[41]。悠悠生死别经年[42]，魂魄不曾来入梦。临邛道士鸿都客[43]，能以精诚致魂魄[44]。为感君王辗转思，遂教方士殷勤觅[45]。排空驭气奔如电[46]，升天入地求之遍。上穷碧落下黄泉[47]，两处茫茫皆不见。忽闻海上有仙山，山在虚无缥缈间。楼阁玲珑五云起[48]，其中绰约多仙子[49]。中有一人字太真，雪肤花貌参差是[50]。金阙西厢叩玉扃[51]，转教小玉报双成[52]。闻道汉家天子使，九华帐里梦魂惊[53]。揽衣推枕起徘徊[54]，珠箔银屏迤逦开[55]。云鬓半偏新睡觉，花冠不整下堂来。风吹仙袂飘飘举，犹似霓裳羽衣舞。玉容寂寞泪阑干[56]，梨花一枝春带雨。含情凝睇谢君王[57]，一别音容两渺茫。昭阳殿里恩爱绝[58]，蓬莱宫中日月长[59]。回头下望人寰处，不见长安见尘雾。惟将旧物表深情，钿合金钗寄将去[60]。钗留一股合一扇，钗擘黄金合分钿[61]。但教心似金钿坚，天上人间会相见。临别殷勤重寄词，词中有誓两心知。七月七日长生殿[62]，夜半无人私语时。在天愿作比翼鸟[63]，在地愿为连理枝[64]。天长地久有时尽，此恨绵绵无绝期。

（《白居易集笺校》，朱金城笺校，上海古籍出版社，1988）

【注释】

[1] 唐宪宗元和元年（806年）十二月，白居易任盩厔（今陕西周至）县尉时，与友人陈鸿、王质夫同游仙游寺，谈起50多年前的"天宝遗事"（唐玄宗和杨贵妃的故事）。根据王质夫的提议，白居易写了这篇《长恨歌》，陈鸿写了传奇小说《长恨歌传》。

[2] 汉皇：汉家天子，这里指唐玄宗李隆基。倾国，据《汉书·外戚传》记载：乐工李延年在汉武帝面前唱了一首歌，"北方有佳人，绝世而独立，一顾倾人城，再顾倾人国。"后来武帝就把他的妹妹纳入宫中，此即宠妃李夫人。后人以"倾城倾国"代指美色。

[3] 御宇：统治天下。

[4] 杨家有女：指杨玉环幼时寄养在叔父家。开元二十三年（735），杨玉环17岁，册封为寿王（唐玄宗的儿子李瑁）妃。五年后唐玄宗把她送进太真宫当道士，道号太真。天宝四年（745）又册封为贵妃。"养在深闺人未识"之说是掩盖了这一不体面的历史。

[5] 回眸（móu）：回转眼睛；回过头看。

[6] 六宫：古代帝王后妃住的地方。粉黛：妇女的代称。黛，妇女画眉的颜料。无颜色：即六宫嫔妃都不及杨贵妃美。

[7] 凝脂：形容皮肤白嫩。

[8] 侍儿：婢女。

[9] 承恩泽：得到皇帝的宠爱。

[10] 金步摇：一种金首饰，一走即摇晃。

[11] 芙蓉帐：有荷花图案的帐子。

[12] 承欢：得到皇帝的喜爱。

[13] 金屋：华丽的房屋。《汉武故事》记载：汉武帝年幼时，姑母问她要不要她女儿阿娇做他的妻子。武帝说："若得阿娇，当以金屋贮之。"后以"金屋"指男人宠爱的妻妾的住处。

[14] 玉楼：楼的美称，与上句"金屋"相对。醉和春，美好欢乐的时候。

[15] 姊妹弟兄皆列土：杨贵妃得宠，她的妹妹弟兄都当上了大官，分封了土地。杨贵妃大姐嫁崔家，封韩国夫人；三姐嫁裴家，封虢国夫人；八姐嫁柳家，封秦国夫人；叔伯兄弟杨铦任鸿胪卿；杨锜任侍御史；杨钊赐名国忠，任右丞相，封魏国公。

[16] 可怜：可爱，可羡。

[17] 骊（lí）宫：骊山的华清宫。

[18] 凝丝竹：管弦发出徐缓的声音。丝，指弦乐器。竹，指笛、箫一类的管乐器。

[19] 渔阳鼙（pí）鼓动地来：指天宝十四年（755）冬，安禄山从范阳起兵反叛。渔阳，郡名，在今蓟县一带，当时属于安禄山的辖区。鼙鼓，古代骑兵用的小鼓，此借指战争。

[20] 霓裳羽衣曲：舞曲名，据说为唐开元年间西凉节度使杨敬述所献，经唐玄宗润色并制作歌辞，改用此名。乐曲着意表现虚无缥缈的仙境和仙女形象。天宝后曲调失传。

[21] 九重：指皇帝住的地方。古人以为天有九重，京城为天子居住的地方，所以用九重代指帝居。烟尘生：发生了狼烟警报。

[22] 西南行：天宝十五年（756）六月，安禄山攻破潼关，玄宗命将军陈玄礼率领六军护卫，向西南奔逃。

[23] 翠华：指皇帝仪仗中用翠鸟羽毛妆饰的旗子。

[24] 六军不发无奈何：指陈玄礼带的军队不肯前进，要求杀死杨国忠和杨玉环。六军为皇帝的警卫部队。

[25] 宛转蛾眉马前死：唐玄宗无奈只好杀死杨国忠和杨玉环。宛转，缠绵悱恻的样子。蛾眉，美女的代称，指杨玉环。

[26] 花钿（diàn）委地无人收：珍贵的首饰丢在地上无人管。花钿，古代贵族妇女戴的镶嵌珠宝的首饰。

[27] 云栈：高入云霄的栈道。萦纡：蜿蜒曲折。

[28] 峨嵋山：在四川省峨眉县。唐玄宗入蜀只到了成都，没有经过峨眉山，这里泛指蜀山。

[29] 行宫：皇帝的临时住处。

[30] 夜雨闻铃：传说唐玄宗去四川时，经过斜谷，遇到十多天的阴雨天，在栈道上听到雨中铃声隔山

相应，十分凄凉，更加想念杨贵妃，因而谱成《雨霖铃曲》以寄恨。

[31] 天旋日转：指形势有所好转，不久收复了长安。回龙驭：指皇帝的车驾从蜀中返回长安。

[32] 不见玉颜空死处：不见杨贵妃，只见她死的地方。

[33] 信马归：听任马前行。意为完全沉浸在悲伤之中。

[34] 太液：池名，在汉代的建章宫北。未央：未央宫。

[35] 西宫南内：指太极宫和兴庆宫。李隆基从四川回长安时已让位给肃宗李亨。李亨不让李隆基再问国事，把他从兴庆宫迁至西边的太极宫。皇宫称大内。兴庆宫在南，称南内。太极宫在西，称西内。

[36] 梨园弟子：皇宫里的乐伎。据说开元初年唐玄宗从教坊挑选乐师三百人、宫女数百人，亲自在梨园教练，称"皇帝梨园弟子"。

[37] 椒房：后妃住的宫殿，用椒泥涂壁，故称椒房。阿监：宫中女官。青娥：青春的美好容貌。

[38] 初长夜：指秋夜。秋天夜开始变长。

[39] 耿耿：明亮的样子。星河：银河。欲曙天：天快要亮了。

[40] 鸳鸯瓦：一上一下扣合在一起的瓦。霜华重：指积在瓦上的霜花很重。

[41] 翡翠衾（qīn）：用翡翠羽毛装饰的被子。

[42] 别经年：分别已经一年了。

[43] 临邛（qióng）：今四川邛崃县。鸿都：东汉洛阳鸿都门。

[44] 致魂魄：把死人的魂魄招来。

[45] 方士：指有"法术"的人，巫师一类的人。

[46] 排空驭气奔如电：腾上高空，驾着云气，像闪电一样奔驰。

[47] 碧落：道家对天的称呼。道教经典说，东方第一天有碧霞遍布，叫碧落。

[48] 五云：五色彩云。

[49] 绰（chuò）约：姿态柔美。

[50] 参差：大约、差不多。

[51] 金阙：金作的门楼。玉扃（jiōng）：玉作的门。

[52] 小玉：传说是吴王夫差的女儿。双成：传说中西王母的侍女，姓董。这里借指杨玉环所在仙府的侍婢。

[53] 九华帐：图案花纹极华丽的彩帐。

[54] 揽衣：披衣。

[55] 珠箔（pò）：即珠帘。银屏：银制的屏风。迤逦（yǐ lǐ）：接连不断。

[56] 阑干：纵横散乱。

[57] 凝睇（dì）：凝视、注视。

[58] 昭阳殿：汉代未央宫里的一殿，赵飞燕在这里住过。此指杨贵妃住的仙境。

[59] 蓬莱：传说中的海上仙山。这里指贵妃在仙山的居所。

[60] 钿合金钗：镶嵌金花的盒子和两股合成的金首饰。寄将去：托请捎去。

[61] 钗留二句：钗留下一股，盒留下一半，钗和盒都分开。擘（bò），分开。

[62] 长生殿：唐朝宫殿名，天宝元年建，在郦山华清宫内。

[63] 比翼鸟：《尔雅·释地》载：南方有比翼鸟，一定要雌雄并排在一起才飞。

[64] 连理枝：两树的枝干连结在一起，叫连理。古人常用比翼鸟、连理枝比喻情侣相爱、永不分离。

【评析】

　　《长恨歌》就是歌"长恨"，"长恨"是诗歌的主题，故事的焦点。而

"恨"什么，为什么要"长恨"，诗人不是直接铺叙、抒写出来，而是通过他
笔下诗化的故事，一层一层地展示给读者的。诗歌内容可分为四个部分。第
一部分由"汉皇重色"起笔，以李杨爱情为主线，写一代君王思色（思倾
国）、求色（御宇多年求不得）、得色（一朝选在君王侧），专色（春从春游夜
专夜），并恩及姊妹兄弟。以此揭示悲剧的起因；第二部分，由"安史之乱"
为起因，写失家（千乘万骑西南行），失色（宛转蛾眉马前死），失权（君王
掩面救不得）。这是悲剧的开始；第三部分，以萧索为人物感情的基调，写唐
玄宗痛失爱情、失去恋人的失魂之状：蜀江蜀山蜀月，无心欣赏。回宫路上，
痴迷落魄，信马而归。回宫后，睹物思人（芙蓉如面柳如眉），百无聊赖，心
寒被冷、彻夜难眠，把相见的希望无奈地都寄托在梦中。杨贵妃成为了他生
活的全部。这是悲剧的继续；第四部分，仍以感情为线索，写上天入地的寻
色。道士升天入地，殷勤寻觅。贵妃感恩谢爱，以物表情，心坚如钿。再表
心愿：在天愿作比翼鸟，在地愿为连理枝，天长地久有时尽，此恨绵绵无绝
期！点出主题：长恨！

　　诗人在本诗中揭示的一个很重要的内容，就是女性的悲剧意识。作者对
杨贵妃寄予了极大的同情，把她作为悲剧主人公来写。诗人写唐玄宗重色、
求色，是导致大唐帝国衰败的主要原因。"贵妃之死"一段，作者写贵妃死的
无辜、死的悲惨、死的凄凉，笔蘸深情。此点，阅读时要留心体会。

　　此诗基本上采用了历史事实的描写和浪漫的想象相结合的创作手法，前
半部重在写实，描写了玄宗重色轻国导致安史之乱，随后玄宗出逃、杨妃死
于军中、玄宗在蜀以及归京的过程。基本上是对历史事实的叙述，当然也有
想象性的描写和抒情。后半部重在虚构，先写回京后触景伤情、睹物思人，
貌似写实，其实也是作者的虚构生发。然后转入方士的致幻，引出幻境中杨
妃的百般情态的细腻描写和思念之情。

　　诗歌最突出的艺术特点是将叙事、写景和抒情和谐地融合在一起。它以
叙事作为故事情节展开的基本手段，以景物环境的描写来烘托气氛，浓烈的
抒情贯穿于叙事的全过程。其叙事描写有细腻处，有简略处。如前半部开始
对杨妃的丽质娇态和赐浴侍宴，以及幻境中杨妃的百般情态等，都有极为细
致的叙写。而对玄宗逃难、马嵬事变、杨妃之死的叙写则比较简略。总的说
来，诗歌的叙事比较完整，描写比较细腻，情节也比较曲折。其写景随着叙事
而间出，或点染，或渲染，但都与情相谐，或以情入景，或以景衬情。其抒情
的艺术相当高超，善于叙事传情，善于以景物和环境的描写衬托情感，也有直
接的抒情，使全诗带有浓厚的抒情色彩，而且感情缠绵悱恻，凄婉动人。

　　此外，诗歌充分发挥了乐府七言歌行体的语言形式特点，语言明丽晓畅，

精确生动；音节和谐流畅，婉转自然，造成了优美的艺术境界。高超的艺术表现使全诗显得回环往复，流利婉转，声情并茂，摇曳多姿，极富艺术感染力。

【练习】

1. 对《长恨歌》的主旨，历来有不同认识。有人以为是讽刺荒淫，有人认为是歌颂爱情，有人认为是双重主题。你的意见如何？理由是什么？
2. 分析《长恨歌》反映出的女性悲剧意识。
3. "闻道汉家天子使"一段，诗人是怎样写贵妃的内心活动的？

（鲍远航）

酬乐天扬州初逢席上见赠[1]

刘禹锡

　　刘禹锡（772—842），字梦得，洛阳人。贞元七年（791）进士，又登博学宏词科，为监察御史。唐顺宗永贞元年（805），刘禹锡参加了立志革新政治的王叔文集团，王叔文对他非常器重，常常称扬他有宰相器识。后来革新失败，被贬为朗州司马，历任连州、夔州、和州刺史。文宗初，入为主客礼部郎中。开成元年（836）以太子宾客分司东都，世称刘宾客。诗与白居易齐名，时称"刘白"，白居易称之为"诗豪"。其诗凝炼委婉，韵味深醇，善使事运典，托物寓意，以针砭时弊，抒写情怀。七绝《竹枝词》、《浪淘沙》等，清新俊爽，富民歌情韵，为唐诗别开生面之作。有《刘梦得文集》，《全唐诗》存诗 12 卷。

　　巴山楚水凄凉地[2]，二十三年弃置身[3]。怀旧空吟闻笛赋[4]，到乡翻似烂柯人[5]。沉舟侧畔千帆过，病树前头万木春[6]。今日听君歌一曲，暂凭杯酒长精神[7]。

（《刘禹锡集》，刘禹锡著，中华书局，2004）

【注释】

[1] 唐敬宗宝历二年（826）冬，刘禹锡罢和州刺史后，回归京城，途经扬州时，与同回京城的白居易相逢。白居易在筵席上作《醉赠刘二十八使君》："为我引杯添酒饮，与君把箸击盘歌。诗称国手徒为尔，命压人头不奈何。举眼风光长寂寞，满朝官职独蹉跎。亦知合被才名折，二十三年折太多。"白诗意在为刘禹锡的长期被贬鸣不平。刘禹锡回忆往事，感慨万千，于是，接过白诗的话

头，写了这首《酬乐天扬州初逢席上见赠》来作为酬答。

[2] 巴山楚水：这里概指作者贬谪过的地方。刘禹锡曾先后被贬谪到朗州（今湖南常德）、连州（今广东连县）、夔州（今四川奉节）、和州（今安徽和县）等地方。朗州在战国时属楚地，夔州在秦汉时属巴郡，故称"巴山"、"楚水"。

[3] 二十三年：刘禹锡从唐宪宗永贞元年（805）贬连州刺史出京后，至宝历二年（826）冬应召回京，共二十二年。因贬地离京遥远，实际要到第二年才能到达京城，故称二十三年。

[4] 闻笛赋：指向秀《思旧赋》。西晋名士向秀，在友人嵇康、吕安被害后，一次途经他们的旧居，听到邻人笛声悲凄，就写了《思旧赋》。这里借以抒发对死去的旧友的怀念。

[5] 烂柯人：指王质。《水经注》引南朝宋郑缉之《东阳记》：晋人王质入山砍柴，见二童子下棋，他在旁观棋至终，发觉手中斧柄已烂。回到家才知道已经过去了百年之久，同辈人都已死尽。此处作者以王质自比，意谓被贬离京虽只有二十余年，却饱经沧桑，有隔世之感。

[6] 白居易诗有"举眼风光长寂寞，满朝官职独蹉跎"之语。作者用这两句答他，虽自比为"沉舟"、"病树"，但指出个人的沉滞算不了什么，历史还是要向前发展，新陈代谢总是要继续下去的。

[7] 这两句答白诗首联"为我引杯添酒饮，与君把箸击盘歌"。

【评析】

　　刘禹锡生性爽朗乐观，在"八司马"中，骨头最硬。永贞元年（805）十月，王叔文集团革新失败后，刘禹锡被贬为朗州（今湖南常德）司马。他在朗州呆了十年，到元和十年（815），才被召回长安。目睹新贵权倾京师，抚今追昔，刘禹锡无比愤慨，便以游玄都观看花为题，借题发挥，写下了政治讽刺诗《游玄都观》："紫陌红尘拂面来，无人不道看花回。玄都观里桃千树，尽是刘郎去后栽。"在中国传统文化看来，桃花并不是很受尊重的，一贯被称为"轻薄桃花"。所以，很容易看出，这首诗是影射那些趋时附势的朝中新贵们的。这首诗被传诵，他的政敌们恼怒了，继续对他进行迫害，把他贬到更荒远的播州（今贵州遵义）去做刺史。刘禹锡家里有个老母亲，已经八十多岁了，需要人伺候，如果随行，肯定无法承受长途跋涉的劳顿之苦。柳宗元得知情况后，连夜写了一道奏章，请求与刘禹锡对调官职，因为柳宗元被贬的柳州毕竟近一点。柳宗元对待朋友的真诚之举，使许多人受到感动。大臣裴度在唐宪宗面前替刘禹锡说情，宪宗才答应把刘禹锡改派为连州（今广东连县）刺史。后来刘禹锡又历任夔州、和州刺史。颠沛辗转，饱经沧桑。所以本诗开篇一句直抒胸臆："巴山楚水凄凉地，二十三年弃置身。"个中几多凄凉和辛酸，可以想见。"凄凉地"和"弃置身"两句富有感情色彩的字句的渲染，把诗人抑制已久的愤激之情表现了出来。

　　颔联用了两个典故。先用《闻笛赋》典故表达对受害的政治同道王叔文等的悼念，再用"烂柯人"典故抒发诗人对岁月流逝，人事变迁的感叹。用典贴切，感情深沉。

　　颈联承颔联而来。刘禹锡以"沉舟"喻"永贞革新"之故人,以"病树"自喻,以"千帆"、"万木"喻无数新贵。二句言死者已长逝矣,他们当年从事过政治革新的朝廷,如今是无数新贵春风得意。言外之意则是,自己宁可废弃,也忠于"永贞革新"故人和当年的理想。这一联诗句,包孕着深刻的哲理。后来的欣赏者和引用者,常常把它理解为:没落的事物就让它没落吧,新生事物必然要发展起来,社会在前进,时代在进步,新陈代谢是不可抗拒的客观规律。如果抛开诗歌的背景,这样理解并不算错,但须知这并非刘禹锡在此诗中的本义。

　　尾联看似平淡,其实是点睛之笔。"长精神"三字,含义深刻,表现了诗人意志不衰,坚忍不拔的气慨,体现了刘禹锡不屈的战斗精神,而且他也确实把"长精神"落到了实处。此后又过了两年,他再一次被召回长安,重游玄都观,又作一诗:"百亩庭中半是苔,桃花净尽菜花开。种桃道士归何处?前度刘郎今又来!"斗志昂扬,笔锋犀利,不曾稍减。刘禹锡这种追求美好的理想和不屈的挑战精神,足可当"诗豪"之美誉。

　　在艺术结构上,本诗运用了层层递进的手法。首联自叙被贬的遭遇,为全诗定下基调;颔联悼念战友,唏嘘沧桑,使愤激之情更进一步深化;颈联把自己的沉沦和新贵们的得势进行对比,使自己的愤激之情达到了顶点;尾联急转直下,以自勉、自励来结束全诗。全诗言简意深,愤激而不浅露,感慨而不低沉,惆怅而不颓废,堪称刘禹锡的代表作品。

【练习】

1. 试解析"沉舟侧畔千帆过,病树前头万木春"的丰富内涵。
2. "到乡翻似烂柯人"中的"翻"字,你是怎样理解的?
3. 从刘禹锡的诗文中,你感觉到他是一个怎样的人?

(鲍远航)

李凭箜篌引

李　贺

　　李贺(790—816),字长吉,祖籍陇西,生于福昌昌谷(今河南宜阳),世称"李昌谷",是唐宗室郑王李亮的后裔,唐代没落贵族。父亲李晋肃,曾为县令,因"晋肃"与"进士"音相似,故而李贺避父讳未能参加进士考试。元和六年(811)李贺荫举为奉礼郎,但不久便以病辞官,回到昌谷。元和十一年（816）卒于故里，年仅 27 岁。李贺是中唐到晚唐诗风转变期的重要诗人，诗歌多为乐府和古诗，呈现出独特的病态美和冷艳风格，被后人称作"长吉体"。同时，李贺以其诡异的想象力，被后人称为"诗鬼"。杜牧《李贺集叙》评价李贺诗说："时花美女，不足为其色也；荒国陊殿，梗莽丘垅，不足为其恨怨悲愁也；鲸呿鳌掷，牛鬼蛇神，不足为其虚荒诞幻也。"李贺现存诗歌 240 首左右，有诗集《李长吉歌诗》。

　　吴丝蜀桐张高秋[1]，空山凝云颓不流。江娥啼竹素女愁[2]，李凭中国弹箜篌[3]。昆山玉碎凤凰叫，芙蓉泣露香兰笑[4]。十二门前融冷光，二十三丝动紫皇[5]。女娲炼石补天处，石破天惊逗秋雨[6]。梦入神山教神姬[7]，老鱼跳波瘦蛟舞[8]。吴质不眠倚桂树[9]，露脚斜飞湿寒兔[10]。

（《全唐诗》，彭定求等编，中华书局，2008）

【注释】

[1] 吴丝蜀桐：制作箜篌的材料，即吴地的丝、蜀地的桐木，此处用来代指箜篌。张：弹奏。高秋：深秋。

[2] 江娥：一作"湘娥"，《博物志》记载："舜之二妃曰湘夫人。舜崩，二妃啼，以涕挥竹，竹尽斑。"素女：传说中的神女，《史记》记载："太帝使素女鼓五十弦瑟，悲，帝禁不止，故破其瑟为二十五弦。"这句话是指乐声让江娥、素女都感动了。

[3] 李凭：梨园艺人，善弹箜篌。中国：指京城。

[4] 昆山两句：用来形容箜篌的声音。昆山玉碎，形容声音清脆。凤凰叫，形容声音和缓。芙蓉泣露，形容声音惨淡。香兰笑，形容声音冶丽。

[5] 十二两句：用来形容箜篌声音绝妙，能够变易气候，感动天神。融，消融。紫皇，《秘要经》记载："太清九宫，皆有僚属，其最高者，称太皇、紫皇、玉皇。"紫皇是道教中地位最高的神仙，这里兼指天帝和皇帝。

[6] 这两句意思是：女娲炼石补天的地方，突然石破，引得下起了秋雨。这里形容箜篌之声忽然高昂起来。

[7] 神姬：《搜神记》记载："永嘉中，有神见兖州，自称樊道基，有姬号成夫人。夫人好音乐，能弹箜篌，闻人弦歌，辄便起舞。"所谓"神姬"，疑用此事。

[8] 老鱼跳波：湖中老鱼听到箜篌声，奋起在波中跳跃。《列子·汤问》曰："瓠巴鼓琴而鸟舞鱼跃。"此句即暗用此事。

[9] 吴质：即吴刚。此句意为吴刚被乐声深深吸引，彻夜倚树而不眠。

[10] 露脚：露滴。寒兔：指秋月。

【评析】

　　《李凭箜篌引》是唐代诗人李贺描写音乐的杰出诗篇，诗中表现了弹奏者李凭的高超技巧，箜篌乐声的美妙绝伦，进而表达了诗人的生存感受。这首诗想象奇特，形象鲜明，构思新颖，独创一格。诗人通过对乐声效果的摹绘来侧面烘托美妙的音乐，将抽象的音乐美感转化为具体的物象，通过通感、夸张等手法将音乐神奇地表现出来。同时，诗人的想象力在诗的世界中自由驰骋，"笔补造化"，构建起一个瑰丽绚烂的神话世界，极富浪漫色彩，想落天外，匪夷所思。

大胆奇特的想象在这首诗中贯穿始末。从地上到天上，从人间到仙境，意象组合之间跨度极大，千姿百态的形象使人浮想联翩。神女、灵禽，奇花异草，老鱼、瘦蛟，吴质、寒兔，或挥泪愁怨，或喜笑颜开，或狂欢乱舞，或专心致志。诗人的这些奇思妙想，把乐声具体形象地表现出来，令人耳目一新。同时，诗人譬喻独特，诗中物象无一不携带奇异之气。"昆玉"、"凤凰"、"芙蓉"、"香兰"，其背后都带有神话传奇色彩。羸弱的老鱼、瘦蛟在乐声中扬波起舞，这种异于常态的物象，表现出诗人选景状物的独特个性。

此外，这首诗构思新颖，超拔创新。诗人匠心独运，突破了一般的铺叙模式，而采取先声夺人的办法，先写琴，再写声，后写人，产生一种非同凡响的艺术效果。诗人描摹箜篌的乐声，不仅以声写声，用"昆山玉碎凤凰叫"比喻乐声清脆、和缓，而且以形写声，通过"芙蓉泣露香兰笑"的画面，表现乐声的惨淡、冶丽。同时，诗人采取虚实结合的方法，通过描写虚拟的景象来表达现实的感受。"女娲炼石补天处，石破天惊逗秋雨"，诗人借助女娲补天的故事，来表现李凭弹箜篌的高超技艺，虽然荒诞离奇，但给人以真切感受。用笔方面，诗人亦不落窠臼，忽然而来，戛然而去，韵味悠长。

清人方扶南说："白香山'江上琵琶'，韩退之'颖师琴'，李长吉'李凭箜篌'，皆摹写声音之至文。韩足以惊天，李足以泣鬼，白足以移人。"的确，《李凭箜篌引》是描写音乐题材诗歌的珍品佳篇，风格幽奇怪异，"足以泣鬼"，当之无愧。

【练习】

1. 清人方扶南《李长吉诗集批注》说："白香山'江上琵琶'，韩退之'颖师琴'，李长吉'李凭箜篌'，皆摹写声音之至文。韩足以惊天，李足以泣鬼，白足以移人。"试比较以上三首诗，说说它们各自的艺术风格。
2. 结合古典文学知识，指出这首诗中所用的典故，并说明典故的出处。

（梁成龙）

阿房宫赋

杜　牧

杜牧（803—852），晚唐诗人，字牧之，号樊川居士，唐京兆万年（今陕西西安）人。26 岁举进士，在江西、宣歙、淮南诸使幕作幕僚；36 岁内迁为京官，不久出为黄州、池州、睦州等刺史；后入为司勋员外郎、史馆修撰，转吏部员外郎；官终中书舍人，50 岁卒于长安。著有《樊川文集》。现存诗 200 多首，或爱国忧民，或借古讽今，或抒情写景，气俊思活，情致豪迈，神韵疏朗，多用比兴，善用白描，常用对照，与李商隐并称"小李杜"。

六王毕[1]，四海一[2]。蜀山兀[3]，阿房出[4]。覆压三百余里[5]，隔离天日[6]。骊山北构而西折，直走咸阳[7]。二川溶溶[8]，流入宫墙。五步一楼，十步一阁；廊腰缦回[9]，檐牙高啄[10]；各抱地势[11]，钩心斗角[12]。盘盘焉，囷囷焉[13]，蜂房水涡[14]，矗不知其几千万落[15]。长桥卧波，未云何龙[16]？复道行空[17]，不霁何虹[18]？高低冥迷[19]，不知西东。歌台暖响，春光融融[20]；舞殿冷袖，风雨凄凄[21]。一日之内，一宫之间，而气候不齐[22]。

妃嫔媵嫱[23]，王子皇孙[24]，辞楼下殿，辇来于秦[25]。朝歌夜弦，为秦宫人。明星荧荧，开妆镜也[26]；绿云扰扰，梳晓鬟也；渭流涨腻[27]，弃脂水也[28]；烟斜雾横，焚椒兰也[29]。雷霆乍惊，宫车过也；辘辘远听[30]，杳不知其所之也[31]。一肌一容，尽态极妍[32]，缦立远视[33]，而望幸焉[34]，有不得见者三十六年[35]！燕、赵之收藏[36]，韩、魏之经营，齐、楚之精英，几世几年，剽掠其人[37]，倚叠如山[38]；一旦不能有[39]，输来其间[40]；鼎铛玉石，金块珠砾[41]，弃掷逦迤[42]，秦人视之，亦不甚惜[43]。

嗟乎！一人之心，千万人之心也。秦爱纷奢[44]，人亦念其家。奈何取之尽锱铢[45]，用之如泥沙？使负栋之柱[46]，多于南亩之农夫[47]；架梁之椽[48]，多于机上之工女；钉头磷磷[49]，多于在庾之粟粒[50]；瓦缝参差，多于周身之帛缕；直栏横槛，多于九土之城郭[51]；管弦呕哑[52]，多于市人之言语。使天下之人，不敢言而敢怒。独夫之心[53]，日益骄固[54]。戍卒叫[55]，函谷举[56]，楚人一炬，可怜焦土[57]。

呜呼！灭六国者，六国也，非秦也。族秦者[58]，秦也，非天下也。嗟乎！使六国各爱其人，则足以拒秦；使秦复爱六国之人，则递三世可至万世而为君[59]，谁得而族灭也？秦人不暇自哀，而后人哀之；后人哀之而不鉴之[60]，亦使后人而复哀后人也^[61]。

（《樊川文集》，杜牧著，陈允吉校点，上海古籍出版社，2007）

【注释】

[1] 六王：齐、楚、燕、赵、韩、魏六国的国王，即指六国。毕：完结。

[2] 四海：四海之内，指全国。一：统一。

[3] 蜀：今四川一带。兀：孤高，形容山的光秃。

[4] 出：出现。

[5] 覆压：覆盖。

[6] 隔离天日：把天日遮蔽了。

[7] 骊山：在今陕西临潼东南。走：趋。咸阳：秦都，在今陕西省咸阳市东北。

[8] 二川：渭水和樊水。溶溶：河水盛大的样子。

[9] 廊腰：高大建筑物之间连以回廊，犹如人之腰部。缦：宽缓。回：曲折。

[10] 檐牙：屋檐突起，犹如牙齿。

[11] 各抱地势：意思是这些楼阁各就其地势的高下向背而建筑。抱，形容配合紧密。

[12] 钩心斗角：廊腰互相连接，迂曲如钩；檐牙彼此相向，像螭龙斗角。

[13] 盘盘焉：盘结的样子。囷囷焉：屈曲的样子。

[14] 蜂房水涡：（楼阁）像蜂房，像漩涡。

[15] 矗：耸然矗立。落：座、所。

[16] 长桥卧波，未云何龙：长桥横卧在水上，犹如天上没有云，却出现了龙。

[17] 复道：在空中架木筑成的道，上下都有通道。

[18] 霁：雨过天晴。

[19] 冥迷：分辨不清。

[20] 歌台暖响，春光融融：台上歌声响成一片，好像充满暖意，如同春天那样融和。

[21] 舞殿冷袖，风雨凄凄：殿中舞袖飘拂，好像带来寒气，如同风雨交加那样凄冷。

[22] 齐：一致。

[23] 妃嫔媵嫱：封建帝王的配偶，她们各有等级。这里指六国的妃子。

[24] 王子皇孙：这里是说六国王侯的女儿、孙女。

[25] 辇：帝王或皇后乘坐的车。

[26] 明星荧荧，开妆镜也：各宫妆镜齐开，光明如同荧荧的明星。

[27] 涨腻：添了一层脂膏。

[28] 脂水：含胭脂的洗脸水。

[29] 椒兰：香草名。

[30] 辘辘：车声。远听：愈听愈远。

[31] 杳：无声无响。所之：所往。

[32] 妍：娇媚。

[33] 缦立：宽宽地排列。

[34] 幸：皇帝的宠爱。

[35] 三十六年：秦始皇在位三十六年，实为三十七年。

[36] 收藏：指珍宝。

[37] 剽：掠夺。

[38] 倚叠：积累。

[39] 不能有：没有能力保有。

[40] 其间：指阿房宫。

[41] 铛：锅一类的炊具。

[42] 逦迤：即"迤逦"，连接。

[43] 惜：爱惜。

[44] 纷：多。奢：侈。

[45] 锱铢：古重量名。六铢为一锱，一铢略等于一两的二十四分之一。这里比喻细微。

[46] 负栋之柱：承担栋梁的柱子。

[47] 南亩：田亩。

[48] 架梁之椽：架在梁上的椽子。

[49] 磷磷：本来形容水中有好些石头突出，这里形容木结构建筑上突出的钉头。

[50] 庾：仓。

[51] 九土：九州。

[52] 管弦：泛指音乐，也说"丝竹"。管，管乐器，箫笛之类。弦，弦乐器，琴瑟之类。呕哑：管弦
的声音。

[53] 独夫：指秦始皇。

[54] 骄固：骄傲顽固。

[55] 戍卒叫：指陈涉吴广起义。戍卒，戍守边疆的士兵。

[56] 函谷举：函谷关被攻下。公元前 206 年，刘邦从武关攻入咸阳，又派兵把守函谷关。举，拔，
攻下。

[57] 楚人一炬，可怜焦土：楚人点起一把火，可怜华丽的阿房宫化为一片焦土。公元前 206 年，项羽
入咸阳，焚烧秦国宫殿，大火三月不灭。项羽是楚将项燕的后代，所以称他为楚人。

[58] 族：灭族，杀死合族的人。这里是"灭"的意思。

[59] 递：递传，顺次地传下去。

[60] 鉴：鉴戒，后世以他为镜子避免再犯错误。

[61] 后人而复哀后人也：此语中的两个"后人"意思不一样，前一个"后人"是"更后的人"，后一
个"后人"是上文所说的"后人"。

【评析】

　　《阿房宫赋》是杜牧为了讽谏唐敬宗在宝历元年大兴奢侈之风而写的一篇
赋。作者继承了汉代乃至六朝时流行赋的风格，用铺陈夸张的手法，写阿房
宫工程浩大、宏伟壮丽，宫廷生活的奢靡腐朽；又用带有抒情色彩的议论，
写秦始皇的横征暴敛引发了农民起义，最终导致秦朝灭亡，并总结了秦亡的
历史教训。

　　全文因宫而起、缘宫而发，描写酣畅淋漓，议论恣肆汪洋，文色缤纷，
笔势高蹈，诸般景物，络绎奔会，引人入胜。

　　赋以交代时代背景和地理环境切入对宫貌的描写。首先，作者以突兀的

气势和非凡的文采宏观描绘阿房宫的外貌。第一句就点出秦并六国后，砍伐蜀山树木，修建阿房宫，一"兀"、一"出"，相应成趣，因果自明，接着作者以经天纬地视野来关照阿房宫的面积和高度，骊山绵延起伏，渭水和樊水汹涌奔腾；其次，详细描绘阿房宫的各个景观：楼阁相距很近，又有廊腰相连，屋檐突起，像蟠龙斗角；"盘盘焉，囷囷焉"，概括描写各式各样楼阁的形状；"蜂不知其几千万落"是慨叹阿房宫的各种建筑数不胜数；再其次，作者用形象的比喻对阿房宫的"长桥"、"复道"、"歌台"、"舞殿"进行描绘。长桥横卧在水上，虽然天上没有云，却好像出现了龙，架在空中的用木筑成的通道，尽管天上没有下雨，却好像出现了彩虹，台上歌声响成一片，好像充满暖意，如同春天那样融和，殿中舞袖飘拂，好像带来寒气，如同风雨交加那样凄冷。

阿房宫如此宏大、美丽，那么，生活在宫中的人又和常人有什么不同呢？于是作者把笔力放在对宫人的描写上。先写宫人是由那些被秦国打败的六国的"妃嫔媵嫱，王子皇孙"组成，他们无奈地告别自己的宫殿，被迫来到阿房宫，过着寄人篱下的生活；接着重点写宫女们晨起梳妆的景象，宫女们打扮自己就是为了得到皇帝的宠幸，然而她们只是偶尔听到皇帝的车驾隆隆而过，尽管近在咫尺，有的宫女 36 年都没有见过皇帝的面。诗人在宫人生活真实的基础上，经过夸饰而达到了艺术上更典型的真实。作者写"妆镜、晓鬟、脂水、椒兰、宫车"时，分别用了"明星、绿云、渭流、烟雾、雷霆"来作比喻，又分别以"荧荧、扰扰、涨腻、斜横、乍惊"加以修饰，经过这种多层次艺术处理，形成了完整和谐的艺术画面。

由叙写宫人自然过渡到描绘珍藏。本来六国的珍奇异宝就是他们几代人掠夺别人而聚集起来的，但是六国破灭了，这些金银珠宝又被秦国运到阿房宫，然而秦人却视之如粪土。"亦不甚惜"一句，是作者的斥责和怒骂。在此，诗人采用了特殊的艺术手法。在写"负栋之柱、架梁之椽、磷磷钉头、参差瓦缝、直栏横槛、呕哑管弦"时，先分别用"南亩农夫、机上女工、在庾粟粒、周身帛缕、九土城郭、市人言语"来形象的比喻，然后六个句子连缀，形成了气势恢宏、一气呵成的排比，铺采摛文、辗转生发，字字夸饰、句句蝉联、蝉联中有夸饰、夸饰中带蝉联。

由"景"及"人"，由"人"及"藏"自然就过渡到作者的议论。如此富丽堂皇的宫殿，自然需要庞大的开资，这耗费只能是转嫁到劳动人民头上的灾难和不幸，这灾难和不幸自然会激起人民的愤恨和反抗，"戍卒叫，函谷举，楚人一炬，可怜焦土"，阿房宫这样一座人间胜景，片刻间灰飞烟灭。回顾历史，有着现实的用心，作者引古用以鉴今，述昔借以讽世，希望唐朝统治者以秦朝的历史为鉴，改弦易辙，停止大兴土木。

　　杜牧在文中既采比兴，又用铺陈、熔赋、比、兴于一炉，兼得赋家之长。这篇文章，气势纵横，风采潇洒，铺张扬历之中别有丰满形象，直起直落之间又回旋着铿锵自然节奏；全赋一气呵成，而又笔转意绕，略无斧迹；善于铺陈，句与句，环环相扣，形象凸起；精于构思，段与段，互相倚依，相因相承；妙于用语，珠圆玉润，音韵优美。

【练习】

1. 《阿房宫赋》的主题是什么？
2. 文中作者使用了哪些修辞手法来描绘阿房宫？
3. 《阿房宫赋》的构思特点是什么？

（张润平）

无题·昨夜星辰昨夜风[1]

李商隐

　　李商隐（813—858），字义山，号玉溪生，一号樊南，怀州河内（今河南沁阳）人。早年因文才受到牛党令狐楚的赏识，后又娶了李党王茂元女儿为妻，被牛党视为背恩，遭到排挤。在党争的夹缝中，被迫离开京城，辗转于各藩镇作幕僚，郁郁不得志，晚年客死他乡。李商隐是晚唐著名诗人，和杜牧并称"小李杜"。他长于七律、七绝，情感细腻婉约，构思精致巧妙，文采富丽华美，尤其是他的"无题"诗，包藏细密，意境朦胧，含蓄多情，但部分诗歌过于隐晦迷离，难于索解，或有其不得已的苦衷。有《樊南文集》、《李义山诗集》。

　　昨夜星辰昨夜风，画楼西畔桂堂东[2]。身无彩凤双飞翼[3]，心有灵犀一点通[4]。隔座送钩春酒暖[5]，分曹射覆蜡灯红[6]。嗟余听鼓应官去[7]，走马兰台类转蓬[8]。

（《李商隐诗歌集解》，刘学锴著，中华书局，2013）

【注释】

[1] 这是一首描写对昨夜一度春风、旋成间隔的意中人深切怀想的爱情诗。因为涉及情爱，不便明写，所以李商隐诗集中有关此类诗，大部分标作"无题"，有时也取首句二字为题。

[2] 画楼：有彩饰的楼。桂堂：用香木筑成的堂。"画楼"、"桂堂"在此喻富贵人家的屋舍。

[3] 彩凤双飞翼：常比喻美满的爱情，在此是常语翻新。

[4] 灵犀：旧说犀牛有神异，角中有白纹如线，直通两头。这里借喻两心相印。

[5] 送钩：也称藏钩。古代酒宴上的一种游戏，分二组以较胜负。把钩互相传送后，藏于一人手中，令人猜，不中者罚酒。

[6] 分曹：分组。射覆：古代酒宴上的一种游戏。覆物于器皿之下令人猜，猜不中者罚酒。

[7] 嗟（jiē）：叹息。鼓：更鼓。应官：应差。

[8] 走马：骑着马跑，喻时间短暂。兰台：即秘书省，掌管图书秘籍。武宗会昌二年（842），李商隐曾任秘书省正字。转蓬：随风飘转的蓬草，隐含自伤飘零意。

【评析】

　　《无题·昨夜星辰昨夜风》是李商隐爱情诗的代表作。全诗以心理活动为线索，事件与场景的描述打破了一定的时空次序，诗歌意象随着心理活动的流程交错变幻。首联回忆昨夜欢聚的情景。"昨夜星辰昨夜风"点出了时间：那是一个夜幕低垂的晚上，星光闪烁，春风和煦，弥漫着温馨浪漫的气息。句中两个"昨夜"自对，既产生音乐的美感，回环往复，荡气回肠，又起到强调作用，那是一个让诗人永远铭记、回味无穷的时刻。"画楼西畔桂堂东"点出了地点：相聚的地方周围是香木筑成的屋舍，屋内绘有华美的彩饰。"画楼西畔"和"桂堂东"在此只是虚指，并不是具体的地点，只为了烘托当时相聚的地方是多么的精致旖旎，为下面美好爱情的上演打好伏笔。颔联刻画现实中的相思。诗人和意中人分手后，身在异处，"身无彩凤双飞翼"描写了思念之深，怀想之切。恨自身未生有和五彩凤凰一样的双翅，不能立刻飞到意中人的身边。"心有灵犀一点通"描写了诗人和意中人之间像灵异的犀牛角一样，心灵相应，息息相通。"身"与"心"一外一内，"无"与"有"一悲一喜，就组成了一个蕴含丰富的矛盾统一体。有相思的苦恼，又有相知的欣慰，有承受寂寞的痛苦，又有期待相聚的甜蜜，许多复杂微妙的感情交织缠绕在一起，可谓将恋人间那种彼此相爱而又不能长相厮守的缠绵悱恻之情刻画得惟妙惟肖、入木三分。颈联描写昨夜宴会上的热闹场面。宴席上，包括诗人与意中人在内的人们玩着游戏，或隔座送钩，或分组射覆，酒暖灯红，觥筹交错，笑语喧嚣。诗人完全沉浸在对昨夜良辰美景、赏心乐事的回味中。尾联描写对身世飘蓬的慨叹。不知不觉，阵阵更鼓报晓之声传来，把诗人从对意中人的怀想中惊醒，又要去秘书省当差，来也匆匆，去也匆匆，好像蓬草般随风飘舞，漂泊不定，寂寞之味，又无可奈何，可悲可叹！

　　全诗感情深挚缠绵，炼句设色，流丽圆美。诗人通过回忆、现实交错叙述的方式，将一段只可意会不可言传的恋情描绘得细腻真切，而又扑朔迷离。同时将身世之感和爱情的惆怅有机融合，以华艳词章反衬困顿失意情怀，营造出情采并茂、婉曲幽约的艺术境界。诗中意象的错综跳跃，又使其主旨带有多义性和歧义性，给读者留下了广阔的想象空间。

【练习】

1. 全诗在抒写上有什么特点？请结合诗的抒写层次作具体分析。
2. 此诗第二句运用了什么表现手法？表达了怎样的感情？

（任靖宇）

山中寡妇[1]

杜荀鹤

　　杜荀鹤（846—904），晚唐诗人，字彦之，池州石埭（今安徽石台）人。因早年读书于九华山，号九华山人。出身寒微，相传为杜牧出妾之子。7岁时已开始显示文学才华。曾数次应考，不第还山，其间也曾游历浙、闽、赣、湘等地。黄巢起义爆发，杜荀鹤从首都长安回家乡隐居，"一入烟萝十五年"（《乱后出山逢高员外》）。后游大梁（今河南开封），向朱温献《时世行》10首，希望他省徭役，薄赋敛，未被朱温采纳。后来又向其呈现歌功颂德的诗作，赖朱温推荐，得中进士。他的诗歌语言通俗、风格清新，后人称"杜荀鹤体"（严羽《沧浪诗话·诗体》）。部分诗歌反映了唐朝末年的兵乱以及人民的悲惨遭遇。其宫词也很有名。著有《唐风集》（十卷）。事迹见孙光宪《北梦琐言》、何光远《鉴诫录》、《旧五代史·梁书》本传、《唐诗纪事》以及《唐才子传》。

　　夫因兵死守蓬茅[2]，麻苎衣衫鬓发焦。桑柘废来犹纳税[3]，田园荒后尚征苗。时挑野菜和根煮，旋斫生柴带叶烧[4]。任是深山更深处，也应无计避征徭。

（《全唐诗》，彭定求等编，中华书局，2008）

【注释】

[1] 题一作《时世行》。
[2] 蓬茅：茅草屋。
[3] 柘（zhè）：落叶灌木或乔木，树皮灰褐色，有长刺，叶子卵形或椭圆形。叶子可以喂蚕。后：一作"尽"。
[4] 旋：同时进行。

【评析】

　　杜荀鹤曾经向朱温献诗《时世行》10首，原诗现存2首，这是其中的一首。

　　首联"夫因兵死守蓬茅，麻苎衣衫鬓发焦"，起句开门见山，点出诗题"山中寡妇"，指出了寡妇在深山之中居住的原因，次句抓住寡妇的生活细节"衣衫"、"鬓发"来写，以貌传神，暗示了她的憔悴容颜，而其内心的痛苦自不待言。颔联对仗工整，紧承首联而来。"征苗"指征收青苗税。"犹"、"尚"二字，虽为虚词，却颇具讽刺意味，淋漓尽致地揭示了封建官府不顾人民的死活，照样"纳税"、"征苗"的残忍本质。首联写寡妇穿着，颈联写其寡妇生活。"时"、"旋"二字都是表示时间的词语，而诗人以此强调妇人不仅没有存储的粮食，连野菜和柴火都没有积蓄，都是随时"挑"、"斫"的。这样的笔墨凸显了山中寡妇的贫困生活，同时为诗歌结尾奠定了抒情的基础。尾联"任是深山更深处，也应无计避征徭"，情感凝聚在叙述之中，既有对寡妇的深切同情，也有对统治阶级的强烈控诉。

　　全诗笼罩着一层浓郁的悲怆氛围。寡妇的悲惨命运是当时的社会现实造成的。唐朝末年，军阀连年混战，"四海十年人杀尽"（杜荀鹤《哭贝韬》）。为了揭示这个主题，作者着力刻画寡妇的形象，描写所处深山生活，从而揭露了统治阶级残暴的本质。在艺术手法上，诗人把社会背景的展示与人物生活细节的描写结合在一起，大大深化了主题。中唐时期柳宗元在《捕蛇者说》中引用孔子的话"苛政猛于虎"来指斥时政，晚唐时期更是变本加厉，民何以堪！

【练习】

1. 对比并讨论"山中寡妇"与鲁迅小说中祥林嫂这两个人物的形象特点。
2. 谈谈诗中的细节描写艺术。

（万德敬　王岩峻）

忆秦娥·箫声咽[1]

无名氏

　　词作者不知何人。北宋文人传为李白作，但在唐人载籍中却没有收录。此词最早见于两宋之交邵博的《邵氏闻见后录》卷十九，后南宋黄升将它编入《唐宋诸贤绝妙词选》，录于李白名下，并评价它为"百代词曲之祖"。但后人对作者存在很多怀疑。明胡应麟《少室山房笔丛》卷四十一怀疑它是"晚唐人词，嫁名太白"。现一般认为是晚唐五代词人所作，后被误归于李白名下。

　　箫声咽^[2]，秦娥梦断秦楼月^[3]。秦楼月，年年柳色，霸陵伤别^[4]。乐游原上清秋节^[5]，咸阳古道音尘绝^[6]。音尘绝，西风残照^[7]，汉家陵阙^[8]。

　　　　　　　　　　　（《唐宋诸贤绝妙词选》，黄昇编，国家图书馆出版社，2011）

【注释】

[1]《忆秦娥》词调名。本词以比拟的手法，托秦娥抒情怀，上片写怀念远人，下片过渡为怀古伤今。

[2] 箫：一种竹制的管乐器。咽：呜咽，形容箫声悲凉而凄切。用萧史和弄玉的故事。《列仙传》卷上："箫史者，秦穆公时人也，善吹箫，能致孔雀白鹤于庭。穆公有女字弄玉，好之。公遂以女妻焉。日教弄玉作凤鸣。居数年，吹似凤声，凤凰来止其屋。公为作凤台。夫妇止其上，不下数年，一旦皆随凤凰飞去。"

[3] 秦娥：泛指长安（京城）美貌的女子。梦断：梦被打断，即梦醒。

[4] 霸陵：在今陕西省西安市东，汉文帝的陵墓所在地，故名。附近有灞桥，是唐人折柳送别的地方。

[5] 乐游原：地名，唐时是游览胜地。在长安南郊，位于地势最高处。清秋节：指农历九月九日的重阳节，古人在此日有登高的习俗。

[6] 咸阳：秦都，在长安西北数百里，是汉唐时期由京城长安往西北经商或从军的必经之路。音尘绝：音信断绝。

[7] 西风：秋风。残照：落日的余光。

[8] 陵阙：皇帝的陵墓。汉朝皇帝的陵墓均在长安周围。阙，古代帝王陵墓前的一种建筑物，形式类似皇宫前面两边的门楼。

【评析】

　　这首词不知作者是谁。两宋之交邵博《邵氏闻见后录》始称为李白之作。南宋黄昇《唐宋诸贤绝妙词选》亦录于李白名下。明代以来屡有质疑者。如从词的发展角度看，这首词的语言、韵调和意境，都表现得相当成熟，当为晚唐以后所作。

　　此词双片46字，伤今怀古，托兴深远。词的上片怀念远人。首句写人物内心的情态：凄咽的箫声把主人公从梦中惊醒。梦虽断了，她却还沉浸在与恋人欢会的梦境中，不愿醒来。此时，只有一钩残月与她相伴，散发着清冷幽怨的光，叫人暗然消魂、顾影自怜。二句写对"霸陵伤别"的回忆。灞桥边，折柳送走了恋人，恋恋不舍，而又无可奈何。如今，柳色绿了，一年又一年，而恋人依然远隔一方，只有那冰冷的残月不离不弃，见证着永恒的爱情，给远方的恋人捎去那抹浓浓的相思。

　　词的下片怀古伤今。转句画面宕开，从秦楼跳到了重阳节时的乐游原。主人公茕茕孑立在西风残照之中，登高望远，咸阳古道、汉家陵阙尽收眼底。

此时，一己情愁完全被抛开，或者说融入了历史的忧愁之中，陷入对历史、现实的反思。古道悠悠，音尘杳然，大汉王朝鼎盛一时，繁华、奢侈、纵欲，一切都成为过去，只剩下陵墓相伴着萧瑟的西风，如血的残阳。大唐呢？它的未来在哪里？王朝的盛世辉煌、人们的穷奢极欲、狂欢极乐也如汉朝般只是一时罢了，永恒的只有这悠悠的古道、孤独的陵墓，面对着西风残照。过去、现在、未来自然浑融在一起，境界博大开阔，风格宏妙浑厚。

此词古人评价极高，称之为"百代词曲之祖"。王国维在《人间词话》中评论说："'西风残照，汉家陵阙'，寥寥八字，遂关千古登临之口。后世唯范文正之《渔家傲》、夏英公之《喜迁莺》，差足继武，然气象已不逮矣。"

【练习】

1. 这首词的主旨是什么？
2. "西风残照，汉家陵阙"表达了词人怎样的感情？

（任靖宇）

浪淘沙·帘外雨潺潺[1]

李 煜

李煜（937—978），彭城（今江苏徐州）人，初名李从嘉，字重光，自号钟隐、钟峰隐者、莲峰居士等，表明自己志在山水，无意于政治权位，即位时以"日以煜之昼，月以煜之夜"之意改名李煜。李煜是南唐中主李璟的第六个儿子，宋太祖建隆二年（961）继位，开宝八年（975）宋军攻破金陵，他被迫出降，俘至汴京，被封为违命侯，实为囚徒，不久被宋太祖赐毒而死，世称李后主、南唐后主。李煜多才多艺，精通诗、词、文、书法、绘画、音律，尤以词的成就最高，今存30余首，奠定了他在中国文学史中的不朽地位。王国维说："词至后主而眼界始大，感慨遂深，遂变伶工之词而为士大夫之词。"

帘外雨潺潺[2]，春意将阑[3]。罗衾不暖五更寒[4]。梦里不知身是客[5]，一晌贪欢[6]。　　独自莫凭栏，无限关山[7]。别时容易见时难。流水落花归去也[8]，天上人间。

（《全唐五代词》，曾昭岷等编，中华书局，1999）

【注释】

[1] 浪淘沙：原为唐代教坊曲，后用作词牌，它有几种变格，刘禹锡、白居易所作《浪淘沙》为七言绝句，李煜所作《浪淘沙》为双调小令。

[2] 潺潺：象声词，形容淅淅沥沥的雨声。

[3] 将阑：将尽，衰落。一作"阑珊"。

[4] 罗衾：绸缎被子。不暖：一作"不耐"，经不住。

[5] 身是客：婉曲说法，实为国破家亡的阶下囚。

[6] 一晌：一会儿，片刻。在这里指"梦里"。

[7] 关山：一作"江山"，指故国山河国土。

[8] 流水落花归去也：指南唐盛景不再。

【评析】

　　李煜的词作以南唐灭亡为界，分为前后两期，前期词多写宫廷之中声色犬马、柔靡香艳的生活，后期词多反映故国之思与亡国之痛，这一首便是被软禁在汴京住所之时所作。这是一首寄梦词，虽没有对梦境作细致的描写，但却完整地写出了梦境前后、梦里梦外的动态变化。帘外潺潺细雨，五更时候词人从梦中醒来，但他却说"一晌贪欢"，那么是雨声吵醒了词人？是不能忍受的寒意逼醒了词人？还是他习惯了五更惊醒？这发人深思。但我们可以确定的是，他烦、他冷，他只有在梦中才能感到温暖与舒适。梦醒后，他走近栏杆，家国之思萦绕心头，他想眺望一下故国山河，但怎么也看不见，往日的一切都已经不在了，现在和过去、现实与梦境如天上人间一样遥远而迥异。

　　词的上片首句借景写情，奠定了全篇的感情基调——帘外细雨淅淅沥沥下个不停——烦躁、无聊、苦闷之情像潺潺细雨一样绵绵不绝。接着作者由述说心情转向描写心境，春天即将离去，而罗衾却抵挡不住五更梦醒时分的寒意——写出了心境之"冷"，这与下一句"梦里不知身是客，一晌贪欢"形成对比，梦里梦外的处境、梦里梦外的心情对词人本身来说又是莫大的折磨，他又一次经历了"流水落花归去"的痛苦。梦醒之后，他凭栏远眺，却不见故国大好河山，关山之情满溢胸怀，遂发出"天上人间"的无限感慨。李煜是一位具有真性情的词人，同时他对自己的真性情毫不节制压抑，和盘呈现在他的作品中，本词正体现了他的亡国之恨和家国之思，至情至深，字字血泪。上片"梦里不知身是客，一晌贪欢"，至纯至真，感人肺腑，写出了亡国之君的无限的痛苦、无奈，以及对昔日故国的无比思念之情；下片"别时容易见时难。流水落花归去也，天上人间"，由故国之思、亡国之恨延伸到对宇宙人生的思考，扩大了词的境界，升华了词人的情感。

【练习】

1. "词至后主而眼界始大，感慨遂深，遂变伶工之词而为士大夫之词。"如何理解王国维的这一评价？

2. "别时容易见时难。流水落花归去也，天上人间。"试解读其内涵。

（杜文婕）

泷冈阡表[1]

欧阳修

欧阳修（1007—1072），字永叔，号醉翁，吉安永丰（今属江西）人，仕历北宋仁宗、英宗和神宗三朝，"唐宋八大家"之一。他是范仲淹"庆历新政"的支持者，也是北宋诗文革新运动的领导者。北宋初，欧阳修主盟文坛，苏轼父子、曾巩、王安石皆出其门下。

欧阳修文学上众体兼善，诗、词、文均为一时之冠。史学方面，独立完成《新五代史》，又与宋祁合修《新唐书》。他在中国金石学上也有突出贡献，编有《集古录》。有《欧阳文忠公文集》传世。

呜呼！惟我皇考崇公卜吉于泷冈之六十年[2]，其子修始克表于其阡。非敢缓也，盖有待也。

修不幸，生四岁而孤。太夫人守节自誓[3]；居穷[4]，自力于衣食，以长以教，俾至于成人[5]。太夫人告之曰[6]："汝父为吏廉，而好施与，喜宾客；其俸禄虽薄，常不使有余。曰：'毋以是为我累。'故其亡也，无一瓦之覆，一垄之植[7]，以庇而为生；吾何恃而能自守邪？吾于汝父，知其一二，以有待于汝也。自吾为汝家妇，不及事吾姑[8]；然知汝父之能养也。汝孤而幼，吾不能知汝之必有立；然知汝父之必将有后也。吾之始归也[9]，汝父免于母丧方逾年[10]，岁时祭祀，则必涕泣，曰：'祭而丰，不如养之薄也。'间御酒食，则又涕泣，曰：'昔常不足[11]，而今有余，其何及也！'吾始一二见之，以为新免于丧适然耳[12]。既而其后常然，至其终身，未尝不然[13]。吾虽不及事姑，而以此知汝父之能养也。汝父为吏，尝夜烛治官书[14]，屡废而叹。吾问之，则曰：'此死狱也，我求其生不得尔。'吾曰：'生可求乎？'曰：'求其生而不得，则死者与我皆无恨也；矧求而有得邪[15]，以其有得[16]，则知不求而死者有恨也。夫常求其生，犹失之死，而世常求其死也[17]。'回顾乳者抱汝而立于旁[18]，因指而叹，曰：'术者谓我岁行在戌将死[19]，使其言然，吾不及见儿之立也，后当以我语告之。'其平居教他子弟，常用此语，吾耳熟焉，故能详也。其施于外事，吾不能知；其居于家，无所矜饰，而所为如此，是真发于中者邪！呜呼！其心厚于仁者邪！此吾知汝父之必将有后也。汝其勉之！夫养不必丰，要于孝；利虽不得博于物[20]，要其心之厚于仁。吾不能教汝，此汝父之志也。"修泣而志之，不敢忘。

先公少孤力学，咸平三年进士及第[21]，为道州判官[22]，泗、绵二州推官[23]；又为泰州判官[24]。享年五十有九，葬沙溪之泷冈。太夫人姓郑氏，考讳德仪，世为江南名族。太夫人恭俭仁爱而有礼；初封福昌县太君[25]，进封乐安、安康、彭城三郡太君[26]。自其家少微时，治其家以俭约，其后常不使过之，曰："吾儿不能苟合于世，俭薄所以居患难也。"其后修贬夷陵[27]，太夫人言笑自若，曰："汝家故贫贱也，吾处之有素矣。汝能安之，吾亦安矣。"

自先公之亡二十年，修始得禄而养[28]。又十有二年，列官于朝[29]，始得赠封其亲。又十年[30]，修为龙图阁直学士[31]，尚书吏部郎中，留守南京[32]，太夫人以疾终于官舍[33]，享年七十有二。又八年[34]，修以非才入副枢密[35]，遂参政事[36]，又七年而罢[37]。自登二府[38]，天子推恩，褒其三世，盖自嘉祐以来[39]，逢国大庆，必加宠锡[40]。皇曾祖府君[41]，累赠金紫光禄大夫、太师、中书令[42]。曾祖妣累封楚国太夫人。皇祖府君累赠金紫光禄大夫、太师、中书令兼尚书令[43]，祖妣累封吴国太夫人。皇考崇公累赠金紫光禄大夫、太师、中书令兼尚书令。皇妣累封越国太夫人。今上初郊[44]，皇考赐爵为崇国公，太夫人进号魏国[45]。

于是小子修泣而言曰："呜呼！为善无不报，而迟速有时，此理之常也。惟我祖考，积善成德，宜享其隆，虽不克有于其躬，而赐爵受封，显荣褒大，实有三朝之锡命[46]，是足以表见于后世，而庇赖其子孙矣。"乃列其世谱，具刻于碑，既又载我皇考崇公之遗训，太夫人之所以教而有待于修者，并揭于阡。俾知夫小子修之德薄能鲜，遭时窃位，而幸全大节，不辱其先者，其来有自。

熙宁三年岁次庚戌四月辛酉朔十有五日乙亥[47]，男推诚保德崇仁翊戴功臣、观文殿学士、特进、行兵部尚书、知青州军州事、兼管内劝农使、充京东东路安抚使、上柱国、乐安郡开国公，食邑四千三百户食实封一千二百户[48]，修表。

（《欧阳修全集》，李逸安点校，中华书局，2001）

【注释】

[1] 泷（shuāng）冈：在江西省永丰县凤凰山上。阡表：即墓表、墓碑。阡，墓道。

[2] 皇考：据《礼记·曲礼下》，"（祭）父曰皇考"，"生曰父"，"死曰考"。崇公：欧阳修的父亲名观，字仲宾，追封崇国公。卜吉：占问风水好的葬地。

[3] 太夫人：指欧阳修的母亲郑氏。守节：这里指母亲郑氏不再嫁人。

［4］穷：一作"贫"。

［5］俾：使。

［6］之：我。

［7］植：一作"殖"。

［8］姑：婆母。

［9］归：出嫁。

［10］免于母丧：母亲死后守丧三年期满。

［11］常：一作"吾"。

［12］适然：偶然。

［13］未尝不然：与前面"适然"、"常然"相呼应。

［14］官书：此指刑事案件。

［15］矧（shěn）：况且。以上两句显示了欧阳修之父的仁慈心肠。

［16］有：一作"求而"。

［17］世：一作"况"。

［18］抱：一作"剑"。

［19］术者：通过搞巫术推算吉凶祸福的人。岁行在戌：岁星经行到戌年的时候。欧阳修的父亲死于宋
　　　真宗大中祥符三年（1010），岁在庚戌。

［20］博：一作"溥"。

［21］咸平三年：宋真宗咸平三年（1000）。及第：科举考试通过。

［22］道州：治所在今湖南省道县，位于湘南南部，与两广毗邻。判官：州郡长官的僚属。

［23］泗：北宋淮南东路泗州，州治在今安徽泗县。绵：隋代开始设绵州，宋代沿袭。州治在今四川省
　　　绵阳县。推官：州郡长官僚属，地位次于判官，掌管刑事案件的审判复核工作。

［24］泰州：治所在今江苏省泰州市。

［25］福昌：今河南省宜阳县。太君：古代官员母亲的封号。母以子贵，如果儿子的官大，母亲的封号
　　　就高。有国太夫人、郡太君、县太君等几个等级。

［26］乐安：古代郡名，治所在今山东省博兴县。安康：在今陕西省安康市。彭城：古代郡名，治所在
　　　今江苏省徐州市。

［27］其后修贬夷陵：《宋史·欧阳修传》记载："范仲淹以言事贬，在廷多论救，司谏高若讷独以为当
　　　黜。修贻书责之，谓其'不复知人间有羞耻事'。若讷上其书，坐贬夷陵令。"事在宋仁宗景祐三
　　　年（1036）。

［28］宋仁宗天圣八年（1030），欧阳修及第授官，充西京留守推官。

［29］宋仁宗康定元年（1040），欧阳修回京修《崇文书目》，后转任太子中允之职。庆历元年（1041），
　　　改集贤校理。

［30］又十年：即宋仁宗皇祐二年（1050）。

［31］龙图阁直学士：《宋史·职官志二》："（龙图）阁上以奉太宗御书、御制文集及典籍、图画、宝瑞
　　　之物，及宗正寺所进属籍、世谱。有学士、直学士、待制、直阁等官。"

［32］南京：宋代南京为应天府，治所在今河南省商丘市。

［33］欧阳修母亲皇祐四年（1052）去世。

［34］又八年：即宋仁宗嘉祐五年（1060）。

［35］副枢密：为枢密副使。枢密使，为宋代全国最高军事长官。

［36］参政事：为参知政事，即副宰相。

[37] 欧阳修罢免参知政事在宋英宗治平四年（1067）。

[38] 二府：枢密院主管军事，中书省主管政事，并称二府。

[39] 故：一作"盖"。嘉祐：宋仁宗年号（1056—1063）。

[40] 宠赐：指官爵。

[41] 府君：子孙对自己先世的尊称。

[42] 金紫光禄大夫：汉朝的时候设置光禄大夫，为顾问之职。宋朝为散官。加金章紫绶的光禄大夫为金紫光禄大夫。太师：周朝设置的宰辅官职。宋代为赠官。中书令：隋唐时代为宰相之职，宋朝也是赠官。

[43] 尚书令：在唐代初期为宰相之职，宋朝改为加官、赠官。

[44] 今上：指宋神宗赵顼。郊：祭天。

[45] 魏国：一作"韩国"。

[46] 三朝：宋仁宗、英宗和神宗三朝。

[47] 四月辛酉朔：四月初一的干支属辛酉。在月下系以朔日的干支是汉朝以后墓碑的通例。

[48] 食邑：食其封地之租税。宋代食邑之封只是一个名义而无实际的利益。

【评析】

《泷冈阡表》是欧阳修精心结撰的一篇追悼文章，它与唐韩愈的《祭十二郎文》、清袁枚的《祭妹文》鼎足而三，被称为"千古至文"。

"有待"是贯穿全文的一根红线。诚如近代林纾所言"通篇主意，注重即在一'待'字"（《林纾评点古文辞类纂》卷八）。"有待"是当下对未来的希冀，是先辈对后裔的期许。这一点是超越时代和阶级的，故而能激起不同时代、不同阶级的共鸣。

用 60 年的时间写成一篇血泪之作，可以想见其感情的停蓄与澎湃。因为父亲亡故的时候，欧阳修尚为孩提，所以，父亲的形象不可能清晰地烙印在作者的脑海里。一代文宗欧阳修便采用了避实就虚、以虚求实的方法化解了这一难题——用自己母亲的口述来勾勒父亲的形象。变换了一个视角，材料更显得真实可信，人物形象也更亲切感人。在塑造父亲仁心惠政这一良吏形象的时候，母亲相夫教子这一贤惠形象也跃然于碑石之上。南北朝时期的文学理论批评家刘勰在《文心雕龙·诔碑》中说"观风似面，听辞如泣"，欧阳修的《泷冈阡表》就达到了这个艺术境界。

文章最后补叙自己的仕履非常详细，这并非炫耀，而是告慰父亲，同时也与篇首"六十年"句首尾圆合。中国古代的士大夫有一个观念，自己的荣华富贵要归功于天恩祖德。我们不能简单地指责这些是受佛教影响的迷信思想，因为儒家经典《易经》里也讲"积善之家必有余庆"。没有一个人会独立于自己民族文化之外而存在的。

除了写作的技巧之外，舒徐有致、简易平实的文风，也是本文为后人称道的一大亮点。它显示了作为文坛领袖的欧阳修在改革科场积弊，罢黜"四六"骈文方面做出了经典示范。

【练习】

1. 中国古代有几位伟大的母亲，其中"孟母三迁"、"欧母画荻"和"岳母刺字"最为人称道。你能说说他们的故事吗？
2. 将本文与《祭十二郎文》、《祭妹文》比较阅读，并试析各自的艺术特点。

（万德敬）

前赤壁赋[1]

苏　轼

苏轼（1037—1101），字子瞻，号东坡居士，眉州眉山（今属四川）人。宋仁宗嘉祐二年（1057），21 岁的苏轼中了进士，主考官是欧阳修。弟弟苏辙也同时中了进士，加上父亲苏洵的名声，一时间，"三苏"的盛名震动了京城。神宗熙宁间，苏轼通判杭州，历知密州、徐州、湖州。元丰二年（1079），因御史劾以作诗讪谤朝廷，苏轼被贬为黄州团练副使。哲宗元祐间，累迁翰林学士，出知杭州、颍州。绍圣初，又以为文讥斥先朝的罪名，远贬惠州，接着又被贬到儋州。徽宗即位，苏轼遇赦召还，在归途中病死于常州，终年 66 岁，卒谥文忠。苏轼是北宋第一大作家，也是中国文学史上一个难得的全能作家，诗、词、散文都取得了很高的成就。苏轼的诗，题材丰富，风格清雅，与黄庭坚并称"苏黄"，开有宋一代新风气；其词的创作与辛弃疾并称为"苏辛"，为豪放词派的创始人。后人说，词之有"苏辛"，犹诗之有"李杜"；他的散文风格明快，行文游荡奔腾，如行云流水，议论、叙事、写景都灌注着一股豪气和真情，文学史上有"韩柳欧苏"之称。有《苏东坡集》、《东坡乐府》。

壬戌之秋[2]，七月既望[3]，苏子与客泛舟游于赤壁之下[4]。清风徐来，水波不兴。举酒属客，诵明月之诗[5]，歌窈窕之章[6]。少焉，月出于东山之上，徘徊于斗牛之间[7]。白露横江，水光接天。纵一苇之所如[8]，凌万顷之茫然[9]。浩浩乎如冯虚御风[10]，而不知其所止；飘飘乎如遗世独立[11]，羽化而登仙[12]。

于是饮酒乐甚，扣舷而歌之。歌曰："桂棹兮兰桨[13]，击空明兮泝流光[14]。渺渺兮予怀[15]，望美人兮天一方[16]。"客有吹洞箫者[17]，倚歌而和之，其声呜呜然，如怨如慕，如泣如诉。余音嫋嫋[18]，不绝如缕[19]。舞幽壑之潜蛟[20]，泣孤舟之嫠妇[21]。

苏子愀然[22]，正襟危坐[23]，而问客曰："何为其然也?"客曰："月明星稀，乌鹊南飞，此非曹孟德之诗乎[24]? 西望夏口[25]，东望武昌[26]，山川相缪[27]，郁乎苍苍[28]，此非孟德之困于周郎者乎[29]? 方其破荆州[30]，下江陵[31]，顺流而东也，舳舻千里[32]，旌旗蔽空，酾酒临江[33]，横槊赋诗[34]，固一世之雄也，而今安在哉? 况吾与子渔樵于江渚之上[35]，侣鱼虾而友麋鹿[36]。驾一叶之扁舟[37]，举匏尊以相属[38]。寄蜉蝣于天地[39]，渺沧海之一粟[40]。哀吾生之须臾，羡长江之无穷。挟飞仙以遨游，抱明月而长终[41]。知不可乎骤得[42]，托遗响于悲风[43]。

苏子曰："客亦知夫水与月乎? 逝者如斯[44]，而未尝往也[45]；盈虚者如彼[46]，而卒莫消长也[47]。盖将自其变者而观之，则天地曾不能以一瞬[48]；自其不变者而观之，则物与我皆无尽也，而又何羡乎? 且夫天地之间，物各有主。苟非吾之所有，虽一毫而莫取。惟江上之清风，与山间之明月，耳得之而为声，目遇之而成色。取之无禁，用之不竭。是造物者之无尽藏也[49]，而吾与子之所共食[50]。"客喜而笑，洗盏更酌，肴核既尽[51]，杯盘狼藉[52]。相与枕藉乎舟中[53]，不知东方之既白。

（《苏轼文集》，孔凡礼点校，中华书局，1986）

【注释】

[1] 这是苏轼被贬到黄州时写的一篇散文作品。元丰二年（1079），苏轼因为"乌台诗案"被贬为黄州团练副使。元丰五年（1082）七月和十月，苏轼两次游览赤壁，写了两篇赋，按时间的顺序，分为《前赤壁赋》和《后赤壁赋》。本篇即是《前赤壁赋》。文中的赤壁实为黄州赤鼻矶，非赤壁之战的旧址。
[2] 壬戌：宋神宗元丰五年（1082）的干支纪年。
[3] 既望：古代把每月十五日称为"望"。既望是已经过了望日，即指十六日。
[4] 苏子：作者自称。泛舟：荡舟，划船。
[5] 明月之诗：指曹操的《短歌行》，诗中有"明明如月，何时可掇"和"月明星稀，乌鹊南飞"之句。
[6] 窈窕之章：指《诗经·周南·关雎》，诗中有"窈窕淑女，君子好逑"之句。一说指《诗经·陈风·月出》，诗中有"月出皎兮，舒窈纠兮"之句。窈纠，同"窈窕"。
[7] 斗牛：星辰名，即斗宿（南斗）和牛宿。
[8] 纵：听凭。一苇：像一片苇叶的小船。《诗经·魏风·河广》："谁谓河广? 一苇杭之。"所如：所往。此句是说听凭小船在茫无边际的江上飘荡。
[9] 凌：凌驾，越过。万顷：指宽阔的江面。
[10] 冯虚御风：在天空中乘风而行。冯，同"凭"，乘。御风：乘风。《庄子·逍遥游》："夫列子御风而行，泠（líng）然善也。"
[11] 遗世：超脱尘世。

[12] 羽化而登仙：即飞升成仙。道教认为成仙者身生羽翼，可变化飞行。

[13] 桂棹（zhào）：桂树做的棹。棹，划船的用具。兰桨：也是划船用具的美称。

[14] 空明：形容月光映照下江水的澄澈。泝：同"溯"，逆流而上。流光：指江面上随波闪动的月光。

[15] 渺渺：悠远貌。予：我。

[16] 美人：心中思慕的人。《楚辞·九章》有《思美人》篇。

[17] 客有吹洞箫者：指绵竹道士杨世昌。清代赵翼《陔余丛考》卷二十四："东坡《赤壁赋》'客有吹洞箫者'，不著姓字。吴匏庵有诗云：'西飞一鹤去何祥？有客吹箫杨世昌。当日赋成谁与注？数行石刻旧曾藏。'据此，则'客'乃杨世昌也。按东坡《次孔毅父韵》：'不如西州杨道士，万里随身只两膝。'又云：'杨生自言识音律，洞箫入手清且哀。'则世昌之善吹箫可知。匏庵藏帖，信不妄也。按：世昌，绵竹道士，字子京。见王注苏诗。"

[18] 嫋嫋：通"袅袅"，形容声音婉转悠长。

[19] 不绝如缕：形容音乐像细丝一样绵长不绝。缕，细丝。

[20] 舞幽壑之潜蛟：使深渊中潜藏的蛟龙闻之起舞。

[21] 嫠（lí）妇：独居的怨妇。

[22] 愀（qiǎo）然：忧愁貌。

[23] 正襟危坐：整理衣襟，严肃地坐着。

[24] 孟德：曹操的字。

[25] 夏口：故城在今湖北武汉市黄鹄山上。

[26] 武昌：今湖北鄂城。

[27] 缪（liáo）：通"缭"，缭绕。

[28] 郁乎苍苍：形容山树茂密苍翠。

[29] 此非句：指汉献帝建安十三年（208）七月，吴将周瑜在赤壁之战中击败曹操一事。周郎，指周瑜。

[30] 方其破荆州：建安十三年，曹操大军攻打荆州，刺史刘表病死。八月，刘表次子刘琮率众以荆州投降曹操。荆州，今湖北襄阳。

[31] 下江陵：曹操攻取荆州后不久，又在当阳长坂坡击败刘备，进占江陵。江陵，今属湖北。

[32] 舳舻（zhú lú）：此指前后首尾相接的船。此句言其船多，前后相接，千里不绝。舳，船尾持舵处。舻，船头刺棹处。

[33] 酾（shī，又读 shāi）酒：斟酒。

[34] 横槊（shuò）：横持长矛。槊，长矛。

[35] 渔樵：名词作动词，捕鱼打柴。

[36] 侣鱼虾而友麋鹿：与鱼虾为伴，与麋鹿为友。形容被贬官后，放逐于江湖的闲散生活。

[37] 扁（piān）舟：小船。

[38] 匏（páo）尊：葫芦做的酒器。匏，葫芦。相属（zhǔ）：相互敬酒。

[39] 寄蜉蝣于天地：比喻人类生存于世间的短暂。蜉蝣：一种朝生暮死的小虫。

[40] 渺沧海之一粟：比喻人类极其渺小。

[41] 长终：永远存在，长存始终。

[42] 骤得：忽然得到。

[43] 遗响：余音，指箫声。悲风：秋风。

[44] 逝者如斯：《论语·子罕》："子在川上曰：'逝者如斯夫，不舍昼夜。'"逝，往。斯，此，指

　　江水。

[45] 未尝往：没有消失，谓始终还是那样的江水。

[46] 盈虚者如彼：像月亮那样有圆有缺。盈虚，圆缺。彼，指月。

[47] 卒莫消长：最终也没有什么消失或增长。

[48] 一瞬：一眨眼，极言其变化之速。

[49] 造物者：泛指天地、大自然。无尽藏：佛家语，意即无尽的宝藏。

[50] 食：享用，一作"适"。

[51] 肴核：菜肴果品。肴，菜肴。核，果品。

[52] 狼藉：杂乱貌。

[53] 相与枕藉：相互枕靠着睡。

【评析】

　　本文以作者感情的变化为贯穿全文的内在线索，先写因泛舟江上而生遗世独立之乐，于是"饮酒乐甚"，再写听到箫声呜咽而兴人生无常之悲，于是"托遗响于悲风"。最后从变与不变的角度认识世界，终于使"客喜而笑"，精神得到了解脱。全文就是以由乐而悲、由悲而喜的感情线索相贯穿。本篇的结构形式与艺术特点主要表现在以下几个方面：

　　一、主客对话、抑客伸主的结构。

　　本文采用了赋的传统结构：主客对话，抑客伸主。客人无常之悲与主人物我皆无尽的思想，事实上都是苏轼思想情感的写照，作者正是通过主客问答的方式，表现他思想中矛盾的两个方面，完整地表现他全部的内心世界。苏轼此时处于被打击的境地，心情是复杂和矛盾的，有苦闷，也有旷达。在表现手法上，他不是平铺直叙，不是完全以第一人称的口吻讲述自己的全部思想，而是假设了一个客，由客来代表自己思想中苦闷的一面，再由自己代表思想中旷达的一面，最后以主胜客，也就是以思想中的旷达一面战胜了苦闷的一面，结束了全篇，反映出作者心灵的苦闷和积极寻求精神解脱的旷达胸怀。这种方式所产生的艺术效果是在回荡的气势中，曲折而完整地表现主题思想。

　　二、写景、抒情、议论自然紧密的结合。

　　文章把写景、抒情和议论紧紧框定在赤壁月夜的特定环境中，即紧紧围绕着赤壁之游所见的水、月、风来写。作者描写的景物如："清风徐来，水波不兴。""月出于东山之上，徘徊于斗牛之间，白露横江，水光接天。"语言优美，表现力强。清风、明月、江水加上一叶扁舟，构成一幅充满诗意的月夜泛舟图。正是因景美而触发了诗人的雅兴，于是"诵明月之诗，歌窈窕之章"（月），"纵一苇之所如，凌万顷之茫然"（水），进而抒发了"浩浩乎如冯虚御风"、"飘飘乎如遗世独立"之情。作者议论也是扣住江水、明月、清风这样

的景物展开的。先是客人借江水、明月发表人生无常的议论："哀吾生之须
臾，美长江之无穷"，"抱明月而长终"。接着苏子反驳时又借用水和月来阐明
"变"与"不变"的道理："逝者如斯，而未尝往也；盈虚者如彼，而卒莫消
长也。"在写要摆脱物欲时，又用了清风、明月的例子："惟江上之清风，与
山间之明月，耳得之而为声，目遇之而成色，取之无禁，用之不竭。"总之，
作者触景生情，借物喻理，将写景、抒情、议论都框定在赤壁月夜的特定环
境中，三者浑然融为一体，具有鲜明而深邃的意境。

三、韵散结合的语言形式。

这是一篇赋，又是一篇散文。是对汉赋的一种发展。汉赋主要是大赋，
到六朝时期演变为抒情小赋，到了苏轼手里，又写出了像散文诗一样的文赋，
这对赋体是一个解放。句式上它不像汉赋那样整齐，其中有散文的句子，也
有整齐的句子。押韵上，也比较自由，不像汉赋押得那么刻板。并不是处处
都在押韵。有时实词与实词相押，如："西望夏口，东望武昌，山川相缪，郁
乎苍苍。"有时虚字和实字相押，如："白露横江，水光接天。纵一苇之所如，
凌万顷之茫然。"有时又把虚字抛开，押在虚字前之实字上，如："逝者如斯，
而未尝往也；盈虚者如彼，而卒莫消长也。"押韵错落变化，文赋摇曳多姿，
风流潇洒，如行云流水一般，自然天成。

【练习】

1. 体会本篇中的写景、抒情、议论是如何结合在一起的。
2. 这篇赋中对箫声的描写使用了什么艺术手法？
3. 传统赋中主客答问的结构形式对本篇内容的表现起到了什么作用？

（王新芳）

踏莎行·雾失楼台[1]

秦　观

秦观（1049—1100），字少游，一字太虚，号淮海居士，扬州高邮（今
属江苏）人。宋神宗元丰八年（1085）进士，初为定海主簿、蔡州教授。哲
宗元祐间历任太学博士、秘书省正字，兼国史院编修官。后坐党籍，历贬杭
州、处州、郴州、横州、雷州，至藤州而卒。秦观以文学受知于苏轼，与黄
庭坚、张耒、晁补之，合称"苏门四学士"。能诗文，其诗长于抒情，敖陶孙
《诗评》谓之"如时女游春，终伤婉弱"；其文长于议论，《宋史》称之"文丽

而思深"。尤工于填词，其词得《花间》、《尊前》遗韵，兼柳永、苏轼之胜，自出清新一格，内容多写柔情，且往往将身世之感打并入艳情之中。词境幽怨凄迷，极富感伤情调，文字工巧精细，音律谐美，情韵兼胜，为北宋后期婉约词大家。有《淮海词》。

　　雾失楼台，月迷津渡[2]，桃源望断无寻处[3]。可堪孤馆闭春寒[4]，杜鹃声里斜阳暮[5]。

　　驿寄梅花[6]，鱼传尺素[7]，砌成此恨无重数。郴江幸自绕郴山，为谁流下潇湘去[8]？

（《全宋词》，唐圭璋编，中华书局，1965）

【注释】

[1] 踏莎行：词牌名，又名《柳长春》、《喜朝天》等，双调58字，仄韵。始见于北宋晏殊、寇准词。

[2] 雾失二句：浓重的雾霭遮蔽了楼台，朦胧的月色迷失了渡口。津渡，渡口。

[3] 桃源句：极目远望，美好的避世之所桃花源无处找寻。桃源典出陶渊明《桃花源记》。桃源，其地原属武陵郡，宋乾德年间置桃源县，位于郴州之北。

[4] 可堪：怎堪，不堪。孤馆：孤寂的旅舍。

[5] 杜鹃句：在杜鹃鸟的声声啼鸣中，夕阳渐沉，暮色来临。

[6] 驿寄梅花：驿使带来友人寄送的梅花。《太平御览》引《荆州记》曰："陆凯与范晔为友，在江南寄梅花一枝，诣长安与晔，并赠诗云：'折梅逢驿使，寄与陇头人。江南无所有，聊赠一枝春。'"

[7] 鱼传尺素：远方友人寄来的书信。古乐府《饮马长城窟行》："客从远方来，遗我双鲤鱼。呼儿烹鲤鱼，中有尺素书。"尺素，指书信。古人以素绢书写，通常为一尺，故称尺素。

[8] 郴江二句：郴江本来环绕郴山流转，可为什么要流到湘江中去呢？郴江，在郴州东一里，北流入湘江。幸自，本来，原本。为谁，为什么。潇、湘，湖南二水名，合流后称湘江，诗词中多称潇湘。

【评析】

　　此首《踏莎行》一题"郴州旅舍"，当作于哲宗绍圣四年（1097）郴州贬所。绍圣初年，秦观因坐党籍，初贬杭州，再改贬处州，绍圣三年（1096）岁暮又徙郴州，次年又编管横州。此词即写其谪居郴州时的凄苦牢落之感。

　　词的上片重在写景。"雾失楼台，月迷津渡，桃源望断无寻处"，起首三句，描绘出一幅凄清迷离的场景：极目遥望，但见迷雾茫茫，月色朦胧，楼台固然消失了，道路也更难寻觅，至于词人心中"桃源"那就越加无影无踪了。少游被贬郴州，想起桃源故事，故着炼成语，下此三句。"楼台"，喻指美好之过往；"津渡"，喻指当下之出路；"桃源"，喻指未来之"乐土"。而"雾失"、"月迷"、"无寻处"则道出了整个美好理想的破灭，而以"望断"出之，可谓绝望至极。从结构而言，"迷"承"雾"而来，因有雾，故月光亦迷蒙，无法分辨何处是渡口，以至于望尽天际，也无法寻觅桃源之处，可见词句逻辑之严密，天衣无缝。"可堪孤馆闭春寒，杜鹃声里斜阳暮"，两句转写实境，点明词人此时所处之场景。"馆"字，已暗示羁旅之愁；着一"孤"字，则愈发显出馆舍的冷寂与客子的孤独；而"闭春寒"之"闭"字，字虽简而意却丰，不仅闭锁馆门以拒春寒，更要以此来阻断杜鹃的声声悲鸣，阻断残阳的冉冉西下。然而，虽言"闭"而又岂能"闭"？"孤馆"、"春寒"、"杜鹃"、"斜阳"，诸物触绪纷来，无不动人心扉、惹人愁肠。此情此境，又何以堪？

词的下片重在抒情。"驿寄梅花，鱼传尺素，砌成此恨无重数。"过片连用两个典故，极写故旧思忆之情。梅花、尺素本可宽慰离情，可对屡遭贬谪、北归无望的词人而言，非但不能破解心中衰愁，反而再次触碰了敏感的心弦，唤起对自身遭遇的感伤。一束束梅花，一封封书信，仿佛一块块砖石，层层垒起，层层砌就，达到了无重数的极限。一个"砌"字，下得好，化无形为有形，形象地透视出词人心中积恨之深重坚实、不可破除。词人正是在如此积恨中，迸发出最后的诘问："郴江幸自绕郴山，为谁流下潇湘去。"郴江绕山，北入湘水，原是客观的自然现象，但词人冠之以"幸自"、"为谁"，便使之成为无理而妙的怨绝语、痴绝语。江水滔滔而去，其中多少离恨！而"为谁流下潇湘去"的痴痴一问，不仅将其不胜贬谪之苦的情状委婉传出，更是少游对于无情天地的深悲极怨的究诘。

就全词而论，这首《踏莎行》最见功力之处乃在于虚实结合，词的上片因情造景，以虚带实；下片以情入景，化实为虚。

【练习】

1. 分析《踏莎行》表达的思想感情。
2. 简析"雾失楼台，月迷津渡，桃源望断无寻处"三句的艺术特点。
3. "郴江幸自绕郴山，为谁流下潇湘去"是传颂千古的名句，试结合全词内容来解读。

（高慧敏　高献红）

一剪梅·红藕香残玉簟秋[1]

李清照

李清照（1084—约1155），号易安居士，宋朝著名女词人，词作多述闺中情怀，立意精巧别致，结构轻盈，语言清新自然，情感细腻温柔。明杨慎在《词品》中指出"易安亦称冠绝"、"不独争雄于闺阁也"，足见易安词在宋词坛上地位之高。易安词不拘一格，随着朝代的变迁，词人生活环境发生了巨变，前半生的安逸闲散和后半生的颠沛流离，共同促成了两种迥然不同的词风。以宋室南迁为界，前期词作真实反映了词人待字闺中及新婚初期的淡淡闲愁，思维跳跃，不乏情趣之笔。后期词作着重表现了词人感慨生活艰辛和国破家亡的浓浓哀愁，沉郁顿挫，乃为哀吟泣血之句。此外，在词学理论上，词人也独树一帜，提出"别是一家"的词论，使词翻越了诗的樊篱，确立了特殊的地位。作品原有《易安居士文集》和《易安词》，已佚，后人有《漱玉词》辑本。

　　红藕香残玉簟秋[2]，轻解罗裳，独上兰舟[3]。云中谁寄锦书来[4]？雁字回时，月满西楼。　　花自飘零水自流，一种相思，两处闲愁。此情无计可消除，才下眉头，却上心头。

　　　　　　（《李清照集校注》，李清照著，王仲闻校注，人民文学出版社，1997）

【注释】

[1] 一剪梅：词牌名，别称"腊梅香"，因周邦彦词"一剪梅花万样娇"而得名。
[2] 簟（diàn）：竹席。
[3] 兰舟：木兰木制成的船，舟的美称。《述异记》："木兰川在浔阳江中，多木兰树。昔吴王阖闾植木兰于此，用构宫殿也。七里洲中有鲁班刻木兰为舟，舟至今在洲中，诗家云木兰舟出于此。"
[4] 锦书：据《晋书·列女传》："窦滔妻苏氏……织锦为回文旋图诗以赠滔。"夫妻间表达思念之情的书信，称为锦书。

【评析】

　　这是一首抒写相思离愁的词作。伊世珍的《琅嬛记》指出了词的创作时间："易安结褵未久，明诚即负笈远游，易安殊不忍别，觅锦帕书《一剪梅》词以送之。"词应作于新婚伊始。赵明诚新婚后远游，独居家中的李清照孤单寂寞，日夜惦念在外的丈夫，盼望他早些归来。词中以女性特有的笔触来捕捉飘忽不定的情绪，将不舍之情、憾恨之感、苦恼思绪化于笔端。

　　上阕以景生情，以情托景，达到情景交融、浑然圆融的境界。首句为妙，通过凋零的荷花、清凉的竹席交代了时间，即深秋，转眼间又到秋天，盛开的花朵渐趋凋残，人生苦短，青春易逝，这衰颓之景不正是凄凉心事的投影？既渲染出了萧索的客观自然环境，也烘托了凄凉的主观内心世界，所谓一语双关。清陈廷焯赞赏说："易安佳句，如《一剪梅》起七字云：'红藕香残玉篁秋'，精秀特绝，真不食人间烟火者。"（《白雨斋词话》）"轻解罗裳，独上兰舟"之句为词人活动，轻轻解开罗裳，一个人登上小船，泛舟水上。"轻解"为点睛之笔，动作轻盈优美，一举手一投足散发着大家闺秀的端庄和柔婉。"独上"为转承之笔，昔日双双泛舟，恩爱情浓，今时只身一人，无比落寞，相思的阀门就此打开。"云中谁寄锦书来"，表达了对丈夫的思念之深，翘首企盼着书信的到来。"雁字回时，月满西楼"，等到书信传来，已是更深露重，皎洁的月光洒满了西楼，表现出等待的迫切。愁绪层层铺展，愈加浓厚。

　　下阕巧设譬喻，生动形象，富有感染力。首句"花自飘零水自流"内涵丰富，花儿的凋落就像这红颜的老去，无情的流水像一去不复返的岁月，词人定有着纤细敏锐的感知能力，才能由景象及至流年晚影。"一种相思，两处闲愁"，是对相思的阐释，相思因距离而产生，山水迢迢，相爱之人难以相见，却阻碍不了思念的脚步，试想着远方的丈夫此刻也正饱尝相思煎熬吧，足见两人心有灵犀、感情之笃。尾句点明主旨，相思长存心头，无可排遣，词人巧妙地化抽象为具体，进行了生动的传达。王士禛在《花草蒙拾》中说："俞仲茅小词云：'轮到相思没处辞，眉间露一丝。'视易安'才下眉头，却上心头'，可见此儿善盗。然易安亦从范希文'都来此事，眉间心上，无计相回避'语胎出，李特工耳。"易安此句蹈袭于别人，却脱胎换骨，使人无以为继，实乃旷古绝今。

　　这首词为易安婉约词风的典型代表，词抒清愁，若千山远黛的一抹微翠，含蓄婉约，韵致翩然，丝丝潜入心头，具有极强的艺术感染力。

【练习】

1. 李清照词的艺术成就很高，在当时广为流传，被称为"易安体"，说说易安词的特色。
2. 范仲淹（字希文）的《御街行》是写乡愁的名篇，闲来不妨一读。

（贾玉婷）

钗头凤·红酥手[1]

陆　游

　　陆游（1125—1210），字务观，号放翁，越州山阴（今浙江绍兴）人。陆游29岁时参加进士考试，但因名列秦桧的孙子之前而被黜落，直到秦桧死后才入仕。陆游一生力主抗金，两次因主张抗金而被罢职，但这并没有磨灭他杀敌报国、收复中原的志向。他在临终前留下绝笔《示儿》，告诫子孙勿忘国耻，为历代文人所传颂。陆游是南宋伟大的爱国诗人，今存作品 9400 多首，内容丰富，抒发爱国之志与吟咏日常生活是两个重要的主题。清末梁启超说："诗界千年靡靡风，兵魂销尽国魂空。集中十九从军乐，亘古男儿一放翁。"（《读放翁集》之二）陆游性格豪放、雄心壮志，促成了他境界开阔、热情奔放的诗风。他以屈原、杜甫、岑参为异代知音，又学习李白的浪漫风格和想落天外的艺术表现方式，以全新的面貌屹立于南宋诗坛，与杨万里、范成大、尤袤并称为"中兴四大诗人"。著有《剑南诗稿》、《渭南文集》、《老学庵笔记》等。

　　红酥手[2]，黄滕酒[3]，满城春色宫墙柳[4]。东风恶[5]，欢情薄，一怀愁绪，几年离索[6]，错、错、错。　　春如旧，人空瘦，泪痕红浥鲛绡透[7]。桃花落，闲池阁，山盟虽在，锦书难托，莫、莫、莫[8]。

（《陆放翁全集》，陆游著，中国书店，1986）

【注释】

[1] 钗头凤：又名《折红英》，根据五代无名氏《撷芳词》改易而成，《撷芳词》中有"都如梦，何曾共，可怜孤似钗头凤"之句，故名。陆游 20 岁时与青梅竹马的表妹唐婉结婚，但陆游的母亲却对这亲上加亲的婚姻十分不满，一种传说是因为唐婉不能生育，另一种传说是陆母认为二人关系过于亲密，每日耳鬓厮磨，耽误了陆游积极进取的志向。不管原因如何，陆母最终将二人拆散。后来唐婉改嫁同郡的读书人赵士程。一天唐婉与赵士程到沈园踏青，刚巧遇上了陆游。唐婉告诉了赵士程，赵士程是一个心胸开阔的人，让唐婉为陆游送去了酒菜。二人相见，往事旧情涌上心头，陆游在墙上题了一首深痛哀绝的《钗头凤》。

[2] 红酥手：红润细腻的手。一说指一种面食。

[3] 黄滕酒：官酿的一种酒，用黄纸封口，又称黄封酒。

[4] 宫墙柳：绍兴是古代越国的都城，也是宋高宗的行宫，故称这里的柳树为宫墙柳。

[5] 东风恶：指陆游母亲对陆游与唐婉婚姻的破坏。

[6] 几年离索：几年的分别。离索，离群索居。沈园相会之日与二人分别之时已相距十年，故有此说。

[7] 泪痕红浥鲛绡透：泪水浸透了手帕。红，指泪水中和着胭脂。浥（yì），湿润。鲛绡，神话传说鲛人所织的绡，极薄，后泛指薄纱。这里指丝织的手帕。

[8] 莫、莫、莫：罢了罢了，不要再说了。表示伤心无奈。

【评析】

　　陆游不但工于诗，而且为后人留下了 130 首词作品，大多写得委婉细腻，清丽缠绵，此首《钗头凤》就是其中的代表作。陆游年轻时经历了一次凄美而难忘的婚姻，这首《钗头凤》描写的就是他与唐婉离婚后的一次游园相遇的情景，之后唐婉也以同题和词一首："世情薄，人情恶，雨送黄昏花易落。晓风干，泪痕残，欲笺心事，独语斜阑。难、难、难。　　人成各，今非昨，病魂常似秋千索。角声寒，夜阑珊，怕人寻问，咽泪装欢。瞒、瞒、瞒。"不久，唐婉抑郁成疾，香消玉殒。三十七年后，陆游再游沈园，看到了自己当年所题之词，惆怅不已，写下了一首七律《沈氏小园》。九年后又到沈园，写下了《沈园》二首。又过了六年，老诗人 81 岁时梦游沈园，写下了《十二月二日夜梦游沈氏园亭》二首。84 岁之时，也就是在陆游去世的前一年，他写了几首七绝《春游》，其中一首描写对当年与唐婉沈园之遇的怀念。陆游的爱情诗虽数量不多，但却闪烁着独特的光辉，它们都是对《钗头凤》中沈园之遇的留恋，是对爱人唐婉深深的思念，是陆唐二人爱情的最好见证。

　　词的上片开头便写"红酥手，黄縢酒，满城春色宫墙柳"，一派生机盎然的春天的景象：一位美丽的女子，在满城春色，翠柳如荫之中，举纤纤玉指，为词人捧起一杯美酒，这是一幅多么秀美幸福的画卷。下一句却发生急转"东风恶"、"欢情薄"，美酒顿时化为"愁绪"，离别之苦涌上心头，悔恨与思念交织在一起，遂发出"错、错、错"的深切慨叹。在这里，词人以乐景写哀，用春天美景烘托再见之时的惆怅，主人公之间的爱情显得更加凄美动人。下片用"春如旧"，用桃花、用闲池写出了物是人非之感，昔日爱人消瘦的脸上泪水涟涟，唯有两个人的爱情、两个人的誓言还如春风、桃花、流水一样年年如此、代代不已，但这又有什么用呢？两个人的感情已经没有了任何可以倾诉的凭借，只能和着泪水往肚子里咽，只能叹息着"算了吧！无奈啊！"这首词的上下两篇分别以"错、错、错"与"莫、莫、莫"结尾，既是叠韵又是叠句，增强了感情的表达效果；语如天成、浑然一体、毫不见雕琢之痕迹。

【练习】

1. "亘古男儿一放翁"，这个评价的内涵是什么？
2. 试分析《钗头凤》的写景特点。

（杜文婕）

催　租　行[1]

范成大

　　范成大（1126—1193），字致能，晚号石湖居士。南宋文学家，平江吴郡

（治今江苏吴县）人，官至参知政事，谥号文穆。范成大存诗 1900 多首，词作百篇左右，赋文数十篇，其余多为疏论、札子，文风古朴，论理精辟。此外范成大还开拓了日记体游记，现有《吴船录》、《骖鸾录》、《揽辔录》以及残存的《桂海虞衡志》，具有颇高的史料价值。

　　输租得钞官更催[2]，踉跄里正敲门来[3]。手持文书杂嗔喜，我亦来营醉归耳[4]。床头悭囊大如拳[5]，扑破正有三百钱[6]。不堪与君成一醉[7]，聊复偿君草鞋费。

　　　　　　（《范石湖集》，范成大著，富寿荪标校，上海古籍出版社，2006）

【注释】

[1] 催租行：作于绍兴二十年（1150），与《乐神曲》、《缲丝行》、《田家留客行》为一组诗，是范成大早期的作品。

[2] 输租：缴纳租金。钞：宋代农民交完田赋后，官府给的收据。

[3] 里正：古时乡官，里长，地保。

[4] 营：谋取、求得。

[5] 悭（qiān）囊：存钱罐。

[6] 扑破：摔坏；摔破。

[7] 不堪：不足。

【评析】

　　范成大是一个勤于政务、同情百姓疾苦的士大夫。他的基本政治理想是儒家的"仁政"和"民本"思想。由于家庭原因，诗人很早便步入社会，对百姓生活的艰辛有较为深刻的了解。他一生都在致力于为百姓和士兵减轻疾苦，所以创作了众多事关民生、民事的诗篇，如《缲丝行》、《采菱户》、《劳畬耕》等。我们这里选取的这首《催租行》，是范成大早年创作的一首反映地方官压榨勒索农民的民生诗。

　　整首诗情节生动，一波三折，从交待农民已交完了租，到刻画里正进门敲诈，再到描写租户讨好着给里正自己的辛苦钱，全篇仅 56 个字，却把一个敲诈的场景表现得淋漓尽致。同时把一个贪婪无耻上门追租，欺压百姓的乡官形象刻画得惟妙惟肖，也衬托出了一个老实巴交、畏权胆小的农户形象，可见诗人的叙述功底多么了得。

　　语言上，诗人推崇白居易新乐府浅近通俗的语言风格，所以范成大的民事、民生诗语言大多通俗易懂，充满乡土气息。虽然读他的诗歌我们往往会觉得明白如话，但丝毫不觉得缺少文采。因为诗人不仅仅在语言的锤炼上下足工夫，更重要的是他融入了自己最真实的情感。他肯站在百姓的立场，设身处地地为百姓倾吐心声。这就是为什么全诗没有一句诗人的主观议论，却能让我们清晰地把握诗人之情感的原因。也就是说，诗人对里正的憎恶和对百姓的怜悯，是在对催租情景的客观描写中自然而然地流露出来的，这也是范成大民生诗与唐代白居易新乐府诗"卒章显志"模式的最大不同之处。

【练习】

1. 比较范成大《催租行》和白居易《卖炭翁》的异同？
2. 分析范成大《催租行》的语言特色。

（闫潇宏）

插　秧　歌

杨万里

　　杨万里（1127—1206），字廷秀，号诚斋，江西吉水人（今属江西）。宋高宗绍兴二十四年（1154）进士，历任太常博士、广东提点刑狱、尚书左司郎中兼太子侍读、秘书监，官至宝谟阁学士。他一生正直敢言，晚年因韩侂胄专权，辞官回乡隐居。开禧二年得知韩侂胄贸然北伐，幽愤而死，死前写下"吾头颅如许，报国无路，惟有孤愤"的遗言。杨万里有《诚斋集》133 卷传世。他的诗清新活泼，晓畅自然，自成一家，一反江西诗派艰涩生硬之风，在南宋诗坛上独树一帜，严羽《沧浪诗话》称其诗为"诚斋体"。

　　田夫抛秧田妇接，小儿拔秧大儿插。笠是兜鍪蓑是甲[1]，雨从头上湿到胛[2]。唤渠朝餐歇半霎[3]，低头折腰只不答[4]。秧根未牢莳未匝[5]，照管鹅儿与雏鸭。

（《杨万里集笺校》，辛更儒笺校，中华书局，2007）

【注释】

[1] 兜鍪：古代士兵戴的头盔，一般用金属制成，防护头部。

[2] 胛：肩胛。

[3] 朝餐：早饭，这里指吃早饭。霎：瞬间，很短的片刻。

[4] 折腰：弯着腰。只不答：不是不回答丈夫的话，而是说不肯停下来去吃饭，其实诗的最后两句就是农妇的回答。

[5] 莳（shi）：移栽，种植。插秧时，把秧苗分成许多小束，均匀地栽到水田里叫做莳；所分的每一

小束秧苗也叫做蔀。匝：完满，完毕。

【评析】

　　人们一想到宋诗，最先想到的往往是江西诗派和江西诗风。江西诗派讲究"无一字无来历"，喜欢在诗中大量用典。这本无可厚非，但江西派的末流则故作艰深，雕琢求奇，寻章摘句，炫耀学问，他们的诗多的是酸腐生涩，少的是生活的新鲜自然。杨万里早年写诗也是从学江西派入手，但最终跳出了江西派的窠臼，自成一体，其"诚斋体"具有清新、自然、活泼的特色。杨万里在诗中并不避忌用俗语口语，很多诗都写得明白晓畅，仿佛自然天成，这种诗风可以看作是对南宋流行的江西诗风的一种反拨。《插秧歌》就是这样一首明白如话，有着源于生活的自然谐趣的佳作。

　　此诗作于淳熙六年（1179）。此年春末正月，杨万里从广东常平提举任上返归家乡，这首诗是在途经衢州（今浙江省西部）时所作。诗人从生活中截取了生动自然的画面，展示了春日农忙时节，农家老少一齐劳作的场面。这首诗以近乎口语般明白晓畅的语言写成，却不流于粗陋，而是蕴涵着诚斋体特有的诙谐的趣味和清新的诗味。

　　这首诗直接截取了农民插秧的劳动画面，并配合近乎口语的语言。诗的开头两句描写农忙时节，一家老小一同在水田中劳作的场景，农夫和他的妻子以及两个儿子各司其职：拔秧、抛秧、接秧、插秧，一家人协同劳动，紧张而有序。三四句中的比喻运用就非常精彩，把斗笠蓑衣这些雨具比喻成头盔铠甲，不仅仅是形似，更有一种暗示：这就是一场紧张的战斗，战斗的对象就是不等人的农时，尤其插秧的黄金时段是雨而不是晴。这场"战斗"又是在艰苦的条件下进行的——虽然没有沙场的腥风血雨，但春雨也让他们"从头上湿到胛"，这样的比喻既贴切又新奇有趣。诗的后四句写插秧时忙得连早饭也顾不上吃，最后两句是插秧人回答送饭人的话，把口语直接写进诗中，更显得生动自然。这首小诗给读者的感觉是新鲜活泼，却毫无浅俗之感，其原因在于这种画面和语言其实也是经过诗人选择提炼的。杨万里主张写诗要"生擒活捉"，即从生活中、自然中抓取最富有诗意的镜头画面，将这最有诗意的一幕写入诗中。而恰恰正是选取这最富诗意的一幕，将其中最闪光的地方，用自然的诗笔表现出来，这最能体现出诗人的眼光和才华，也是杨万里诗自然活泼却不流于鄙俗浅陋的原因所在。

【练习】

1. 试讨论"笠是兜鍪蓑是甲"一句的丰富意蕴。

2. 结合杨万里的诗，谈谈文学创作中通俗与浅俗的辩证关系。

（张勇）

清平乐·村居[1]

辛弃疾

　　辛弃疾（1140—1207），字幼安，别号稼轩，历城（今山东济南）人，南宋爱国词人。生活于山河破碎、战乱不断的年代，他很早就立下了"上马击胡虏，下马草军书"的志向。23 岁受命奉表南归，然而冷酷的现实、黑暗的社会以及"归正人"的尴尬身份阻拦了其仕途发展，使他一腔爱国热情付诸东流。42 岁时，辛弃疾因受到弹劾而被免职，归居上饶，开始了长达 20 年之久的闲适的乡居生活。辛弃疾词作题材趋于多元化，既慷慨豪迈地引吭高歌，亦温吞柔婉地浅吟低唱，且清新疏朗地信手述谈，情感真挚，立意深远，又引经据典，有化腐朽为神奇之妙笔，故而得沉雄豪迈之风。存词 600 多首，作品集有《稼轩长短句》。

　　茅檐低小，溪上青青草。醉里吴音相媚好[2]，白发谁家翁媪[3]。　　大儿锄豆溪东，中儿正织鸡笼。最喜小儿亡赖[4]，溪头卧剥莲蓬。

（《稼轩词编年笺注》，邓广铭笺注，上海古籍出版社，1978）

【注释】

[1] 清平乐：词牌名，又有《清平乐令》、《醉东风》、《忆萝月》等名，宋词常用词牌，词人常用词调。
[2] 吴音：吴地口音。
[3] 媪（ǎo）：古代对妇女的通称，一般指年老妇女。
[4] 亡赖：即无赖，贬义褒用，意指淘气。亡，通"无"。

【赏析】

　　南宋词人辛弃疾是一位金戈铁马的英雄，他的一生弥漫着浓浓的传奇色彩，多年的军旅生涯成就了他气吞万里如虎的豪气，长期的闲居生活赋予其参透世事的淡然。这首诗便是其村居生活的剪影，生动地反映出了词人旷达淡泊的人生态度和悠然自适的内心世界。

　　词作着力表现了村居生活的惬意。上片中，词人采取移步换景的手法，迎入眼帘的是一座低矮的茅草屋，矗立在青草繁茂的小溪边上，充满了诗情画意。带着微微醉意的吴语口音听起来温柔又美好，一对白发恩爱的老公公、老婆婆，生活安详，心情快乐。由景及人，美丽的自然风光与生命的年轮，交织出光与影的和谐，其乐融融。下片中，词人的脚步更加跳跃，大儿和中儿辛勤地劳作着，小儿可爱又淘气，与上片中陶陶然的翁媪相辉映，一个生机勃勃大家庭焕然呈现。这首词采用白描的手法，语言简洁明了，三言两语间人物的神态已出，栩栩如生。

《村居》一词，看似对农村景象的客观描述，实际是对词人心灵图谱的绘制。词的写作年代尚无定论，邓广铭在《稼轩词编年笺注》中将其归入"带湖之什"，以为当作于寓居带湖最初数年内。看惯了官场的权力角逐，认清了朝廷的软弱和不思进取，词人产生了前所未有的厌倦之情。如此安宁愉悦的生活不正是其潜心追求的乌托邦吗？没有战乱纷争，没有尔虞我诈，一片屏蔽尘嚣的乐土，一片清新自然的世外桃源。

诚如陈延焯在《白雨斋词话》中作出的评价，"稼轩词有以朴处见长，愈觉情味不尽者"，这首词亦颇得淳朴之质，读之口舌生香，回味无穷。

【练习】

1. 辛弃疾的抱负与遭遇同他的词风有什么关系？
2. 王国维在《人间词话》中分别用晏殊、柳永、辛弃疾词中所创造的三种境界，来说明古今之成大事业、大学问者必经的三种境界。请说明是哪三种境界，并请结合词作说出你的理解。
3. 陈延焯在《白雨斋词话》中指出："东坡、稼轩，同而不同者也。"试以实例比较分析苏轼和辛弃疾的词风。

（贾玉婷）

扬州慢·淮左名都[1]

姜　夔

姜夔，字尧章，饶州鄱阳（今江西波阳）人，因曾卜居湖州苕溪白石洞天附近而被友人潘柽称为"白石道人"。他精通音律、书法，工于诗词，他一生的成就中对后世影响最为深刻的当数其词，他把晚唐词风与江西诗风相结合，用健笔写柔情，形成了幽韵冷香的语言风格。他的词清刚醇雅，格调高旷，讲求声律，字斟句酌，影响了吴文英及清代浙派词人，被誉为"诗家之杜少陵"、"文中之昌黎"、"词中之圣"。姜夔著述今存者主要有《白石道人诗集》、《白石道人歌曲》和《白石道人诗说》等。姜夔诗风是从江西诗派出来而走向晚唐的，他的诗"饶有缥缈的风神而缺少现实内容"（夏承焘《论姜白石的词风》）。他的诗论《白石道人诗说》虽篇幅较短，但却是在中国古代文论史上占有一席地位的重要作品。

　　淳熙丙申至日[2]，予过维扬[3]。夜雪初霁[4]，荠麦弥望[5]。入其城则四顾萧条，寒水自碧，暮色渐起，戍角悲吟。予怀怆然，感慨今昔，因自度此曲。千岩老人以为有《黍离》之悲也[6]。

　　淮左名都[7]，竹西佳处[8]，解鞍少驻初程[9]。过春风十里[10]，尽荠麦青青。自胡马窥江去后[11]，废池乔木[12]，犹厌言兵。渐黄昏[13]、清角吹寒，都在空城。　　杜郎俊赏[14]，算而今重到须惊[15]。纵豆蔻词工[16]，青楼梦好[17]，难赋深情。二十四桥仍在[18]，波心荡、冷月无声。念桥边红药[19]，年年知为谁生。

　　　　　　（《白石诗词集》，姜夔著，夏承焘校辑，人民文学出版社，1998）

【注释】

[1] 扬州慢：姜夔自度曲。
[2] 淳熙丙申至日：南宋孝宗淳熙三年（1176）冬至。至日，指冬至日、夏至日。
[3] 维扬：即扬州。
[4] 霁：雨雪停止，天气放晴。
[5] 荠麦弥望：到处都是野生的麦子。荠麦，野生的麦子。弥望，满眼。
[6] 千岩老人：萧德藻，南宋诗人，字东夫，自号千岩老人。《黍离》之悲，国家破败之痛。《黍离》，《诗经·王风》篇名，首句云"彼黍离离"。《黍离》写作者看到西周宗庙宫室的遗址上密密麻麻长满黍，不胜感伤。"千岩老人以为有《黍离》之悲也"，指作者感念的国家残破、往日繁华远逝之痛。此句表明，这一句或者是这个小序可能是作者后来添加的，夏承焘说："白石淳熙十三年丙午始从德藻游，在作此词之后十年；此词小序末句，盖后来所增。"
[7] 淮左：宋朝设淮南路，后分东西两路，古人以东为左，故淮南东路又称淮左，扬州是其名都。
[8] 竹西：指竹西亭，扬州名胜之一，景色清幽秀美。
[9] 少驻：暂时停留。少，通"稍"。初程：初次的旅程。
[10] 春风十里：指往日繁华的扬州长街。杜牧《赠别二首》中写道："娉娉袅袅十三余，豆蔻梢头二月初。春风十里扬州路，卷上珠帘总不如。"
[11] 胡马窥江：指高宗建炎三年（1129）及绍兴三十一年（1161）金兵两次南侵。
[12] 废池：荒废的水池。乔木：高大的树木。
[13] 渐：这里表示某段时间的终点，相当于"到"。
[14] 杜郎：指唐代诗人杜牧。他曾官居扬州，并以风流轻狂著称。俊赏：卓越的鉴赏。
[15] 算：料想。
[16] 豆蔻词：即杜牧的《赠别二首》。
[17] 青楼梦：杜牧《遣怀》有"十年一觉扬州梦，赢得青楼薄幸名"之诗句。

[18] 二十四桥：杜牧《寄扬州韩绰判官》："二十四桥明月夜，玉人何处教吹箫。"

[19] 红药：红芍药。扬州芍药名满天下。

【评析】

　　《扬州慢》是姜夔的第一首自度曲，创作于南宋淳熙三年（1176），时夔约 22 岁。宋高宗绍兴三十一年（1161），金兵第二次大规模南侵，江淮军败，扬州遭到极大破坏。15 年后，姜夔路过此处，依然是废池乔木，景物萧条，乃生今昔之怅惘，于是写下此慢词。《扬州慢》一词是姜夔的感时伤世之作，表现了对国家政治的关怀，具有一定的现实揭露意义。全词采用对比手法，繁华景与残破景作比——如竹西佳处、春风十里与荠麦青青、废池乔木比；豆蔻青楼之情与犹厌言兵作比，突出了今非昔比、往日繁华远逝；同时用客观景物烘托人、烘托人的主观情感——如黄昏、清角吹寒、空城，以及以景反衬人——如"念桥边红药，年年知为谁生"的方法，表达了词人伤时悲逝、感念祖国惨遭蹂躏的意蕴。

　　姜夔词受江西诗派诗风的影响，经常使用"夺胎换骨"的方法。词中的"竹西佳处"、"春风十里"、"豆蔻词"、"青楼梦"、"二十四桥"都是化用的杜牧诗句，在此词中引入杜牧及化用杜牧的诗句是一个很巧妙的方法，因为杜牧与扬州关系太密切了，提及杜牧便不能不说到扬州，说到扬州便自然会联想到杜牧，因此，再加上姜夔完美的艺术技巧，化用的诗句虽多，却似风来疏竹，不留痕迹。其中"二十四桥仍在，波心荡、冷月无声"最为历代文人所称道——二十四桥依旧在，但不知当年吹箫的美丽女子们今在何处，只剩下清冷无声的月光照亮那荡漾的微波。先著、程洪编选的《词洁》云："'二十四桥仍在，波心荡、冷月无声'是'荡'字着力。所谓一字得力，通首光采，非炼字不能，然炼亦未易到。"其中"冷"字不仅使整首词境界全出，更体现了姜夔"幽韵冷香"的艺术境界。

【练习】

1. 指出姜夔《扬州慢》中所化用的杜牧的诗句。
2. 萧德藻对姜夔的《扬州慢》有怎样的评价？

（杜文婕）

过零丁洋[1]

文天祥

　　文天祥（1236—1283），字履善，一字宋瑞，号文山，宋吉州庐陵（今江西吉安）人。他是著名的爱国将领，南宋爱国诗人，以忠烈名传后世。文天祥于南宋末年全力抗敌，兵败被俘，坚强不屈，最后从容就义。他的诗作分前后两个阶段，以德祐元年文天祥奉诏起兵勤王为分界线，前期作品主要表现自己胸怀的志向和复兴大宋的决心，后期诗作主要记述抗击元兵的艰难历程，慷慨悲壮，感人至深。

　　辛苦遭逢起一经[2]，干戈落落四周星[3]。山河破碎风抛絮，身世飘摇雨打萍。皇恐滩头说皇恐[4]，零丁洋里叹零丁。人生自古谁无死，留取丹心照汗青[5]。

（《文天祥诗选》，黄兰波选注，人民文学出版社，1979）

【注释】

[1] 零丁洋：位于广东省珠江口。

[2] 遭逢：遇到。在这里解释为际遇皇帝，受到皇帝赏识。

[3] 干戈：本意指兵器，后常代指战争。四周星：周星，即岁星。四周星这里指四年，即1275年起兵勤王到1279年兵败被俘这四年。

[4] 皇恐滩：原名黄公滩，在江西省万安县境内。

[5] 汗青：史书，历史传记。

【评析】

　　这是一首流传千古的述志诗。祥兴元年十二月，文天祥突遭元军攻击被俘，身陷囹圄，第二年诗人被押解路过零丁洋时创作了这首七言律诗。诗人回顾一生，抒发了自己的家国之恨、丧国之忧，更表现了诗人宁死不屈、胸怀正气的崇高爱国主义精神。

　　这首七律的首联是诗人对自己一生的总结。上半句写诗人少年时得到皇帝的赏识，一举成名；下半句概括自己起兵抗元的艰难经历。诗人巧妙地选取了一生中两个重要的节点，借以概括一生，以点带面，既展现了诗人高超的技艺，又包含了深沉的情感。

　　颔联两句，诗人用比喻的方式具体描绘了当时国事和诗人自身的现状。

起兵四年来，辗转征战，南宋的大好河山已经支离破碎，宛如被狂风吹散的柳絮一般，令人看着心生悲切，痛心疾首。目睹国难时艰，诗人转而念及自身，短短一年内自己的母亲、孩子相继离世，家人的失散令诗人悲痛异常。家国二事的诉说为整首诗渲染了浓浓的悲情。接着颈联两句更进一步地渲染了诗歌悲愤的氛围。皇恐滩、零丁洋两个地名，对仗工整，绝妙，既诉说了曾经战场上的惶恐，又展现了诗人如今内心的零丁、孤苦。

　　如此这般的铺垫、渲染，尾联却发出了激昂慷慨的绝唱，至此我们才知道，前面的六句都只是铺垫，这结尾的两句才是整首诗的主旨。由悲愤转向慷慨激昂，如此布篇才能起到震撼人心的效果。

　　总的说来，这首诗层次分明，节奏紧凑。感情上，由低沉到高昂；时间上，由远及近，二者相得益彰、浑然天成。我们说文天祥首先是个民族英雄，其次才是一位诗人，他的这首诗之所以能够流传千古，除了他高超的艺术功底外，主要还因为这首诗中凝结着文天祥真切、深刻的体会，是诗人感情的自然流露，是面对国家危难、百姓艰辛的深情诉说，充分地体现了他崇高的民族气节。尤其是最后两句，影响了后世无数仁人志士，今天读来，依然令人心潮澎湃。

【练习】

1. 分析《过零丁洋》的艺术特色。
2. "人生自古谁无死，留取丹心照汗青"，震撼人心。试写述志诗一首。

（闫潇宏）

论诗三十首·万古文章有坦途

元好问

　　元好问（1190—1257），字裕之，号遗山，世称遗山先生，山西秀容（今山西忻州）人。生于金章宗明昌元年，卒于元宪宗蒙哥七年，经历了金元易代的乱离之苦。他是金末元初北方地区重要的思想家与文学家，被后学尊为"一代文宗"。其创作兼善众体，著有《遗山集》，文风刚健、弘肆，以诗学成就最高。他的"丧乱诗"吸收杜诗创作格调，沉郁顿挫，堪称一代"诗史"。其追求雅正与自然的文学思想倾向，在对金代诗弊进行反思的前提下，开启了元初北方诗风的新格局。他的弟子郝经、刘因、王恽等人于元初仕进中，进一步完善了他的思想，并开始将其与南方文风对接。元好问的词集《遗山乐府》在词学领域的成就亦非常突出。他所编辑的《中州集》，保留了金元之际北方地区大量的珍贵史料与文学作品，为金史与金代文学研究提供了不可或缺的资源。

万古文章有坦途，纵横谁似玉川卢[1]。真书不入今人眼[2]，儿辈从教鬼画符[3]。

（《元好问诗编年校注》，狄宝心校注，中华书局，2011）

【注释】

[1] 玉川卢：指唐代诗人卢仝，"初唐四杰"卢照邻的后代。自号玉川子，性格狷介，与孟郊同调，工诗文，尚怪奇，是韩孟诗派的重要人物。
[2] 真书：书法体貌的一种，又可以称"今隶"、"楷书"、"正书"。"今隶"书的创作法则，或楷书之法，完成于魏晋时代，以王羲之为集大成者。
[3] 从教：听任，随意。当时的口语。鬼画符：在古代传统习俗中，人们常常在桃木板上涂写一些潦草的符号，挂在门口，用以辟邪，祈祷福禄。此种方式又称"鬼画桃符"。

【评析】

此诗是一首论诗诗，即以诗体的形式进行文学评论。这种批评形式最早源自杜甫的《戏为六绝句》，突出表现出中国文学批评的诗性空间。论诗诗固然可以表达一般诗歌所能传达的诗人情感，但它的主要意图却在于表达思想，阐述理论主张。这种形式的创作在中国文学史上不乏例证，它更与宋代诗歌的议论倾向有很大关联。以诗体的富有韵味的语言，进行文学批评，是中国文学理论批评的创造，也进一步增强了文学批评的趣味性与情感性。所以，我们读古人的诗歌作品，并不一定要以形式——内容——艺术风格的模式进行解读，很多时候，我们亦可以从中读出作者的文学思想与创作倾向。论诗诗就是非常明显的一例。

这首《万古文章有坦途》，是元好问《论诗三十首》之十三首。此组诗作于金宣宗兴定元年，那时作者才28岁。无疑，年轻气盛的元好问以组诗形式对中国历代文学进行批评与疏凿，反映出他非凡的才气与远大的抱负。实际上，元好问的这组论诗诗在开篇时就已经表明了论诗宗旨，即以疏凿"正体"为己任，来批评历代的文学创作。何为"正体"？这主要有两点：一是以内心之诚为论诗的根本；一是以雅正为诗歌的品评标准，即主张雅正与自然的结合。在《万古文章有坦途》这首论诗诗里，作者所要阐述的论诗主张为"尚雅之旨"。所谓"雅"，即"正"，不通俗、无险怪，它以内心的真诚与语言表达的自然流畅为表征。在这里，元好问强调了对险怪的批评。作为韩孟诗派的重要人物卢仝，其诗歌创作追摹韩愈，主张自创新格，另辟蹊径，追求奇崛险怪、雄奇怪异之美。这在元好问的文学观念中是难以归入"正体"的，也是其必须疏凿的地方。

　　诗的后两句是对前两句的形象譬喻。作者以真书为标准，声明书法创作中楷法对于初学者的重要意义，即"童子雕琢，必先雅制"。然而，这种规训很难再得到今人的青睐，他们没有先学会走步就开始跑步的学书法则，与其说是在进行狂草创作，不如说是在涂写鬼符。这种批评语调与前两句对文章的规训如出一辙。作为诗性语言，元好问不仅表达了他的文学主张，也让我们体会到金代文艺风气的一种变化。这是一般的文学批评方式很难传达的意蕴。

【练习】
1. 谈谈论诗诗与一般诗歌的区别？
2. 元好问文学观念的"正体"论体现在何处？

（陈博涵）

西厢记·长亭送别

王实甫

　　王实甫，名德信，大都（今北京）人，生平事迹不详。钟嗣成《录鬼簿》将他列入"前辈已死名公才人"而位于关汉卿之后，可以推知他与关汉卿同时而略晚。王实甫所作杂剧 14 种，今存《西厢记》、《破窑记》、《丽春堂》三种及《芙蓉亭》、《贩茶船》两个残本。还有少量散曲流传，散见于《中原音韵》等书中。王实甫在创作中注重文采，曲词华美，开创了杂剧中的文采派，与以关汉卿为代表的本色派并称。贾仲明为王实甫作《凌波仙》吊曲云："作词章，风韵美。"朱权《太和正音谱》说："王实甫之词，如花间美人……若玉环之出浴华清，绿珠之采莲洛浦。"

　　（夫人、长老上云[1]）今日送张生赴京，十里长亭[2]，安排下筵席；我和长老先行，不见张生、小姐来到。（旦、末、红同上）（旦云）今日送张生上朝取应，早是离人伤感，况值那暮秋天气，好烦恼人也呵！"悲欢聚散一杯酒，南北东西万里程。"
【正宫】【端正好】碧云天，黄花地[3]，西风紧，北雁南飞。晓来谁染霜林醉？总是离人泪。

【滚绣球】恨相见得迟，怨归去得疾。柳丝长玉骢难系[4]，恨不倩疏林挂住斜晖[5]。马儿迍迍的行[6]，车儿快快的随，却告了相思回避，破题儿又早别离[7]。听得道一声去也，松了金钏；遥望见十里长亭，减了玉肌：此恨谁知？

（红云）姐姐今日怎么不打扮？（旦云）你那知我的心里呵？

【叨叨令】见安排着车儿、马儿，不由人熬熬煎煎的气；有甚么心情花儿、靥儿[8]，打扮得娇娇滴滴的媚；准备着被儿、枕儿，只索昏昏沉沉的睡；从今后衫儿、袖儿，都揾做重重叠叠的泪[9]。兀的不闷杀人也么哥？兀的不闷杀人也么哥？久已后书儿、信儿，索与我凄凄惶惶的寄[10]。

（做到）（见夫人科）（夫人云）张生和长老坐，小姐这壁坐，红娘将酒来。张生，你向前来，是自家亲眷，不要回避。俺今日将莺莺与你，到京师休辱末了俺孩儿[11]，挣揣一个状元回来者[12]。（末云）小生托夫人余荫，凭着胸中之才，视官如拾芥耳[13]。（洁云[14]）夫人主见不差，张生不是落后的人。（把酒了，坐）（旦长吁科）

【脱布衫】下西风黄叶纷飞，染寒烟衰草萋迷[15]。酒席上斜签着坐的[16]，蹙愁眉死临侵地[17]。

【小梁州】我见他阁泪汪汪不敢垂[18]，恐怕人知；猛然见了把头低，长吁气，推整素罗衣。

【幺篇】虽然久后成佳配，奈时间怎不悲啼[19]。意似痴，心如醉，昨宵今日，清减了小腰围。

（夫人云）小姐把盏者！（红递酒，旦把盏长吁科云）请吃酒！

【上小楼】合欢未已，离愁相继。想着俺前暮私情，昨夜成亲，今日别离。我谂知这几日相思滋味[20]，却原来比别离情更增十倍。

【幺篇】年少呵轻远别，情薄呵易弃掷。全不想腿儿相挨，脸儿相偎，手儿相携。你与俺崔相国做女婿，妻荣夫贵，但得一个并头莲[21]，煞强如状元及第。

（夫人云）红娘把盏者！（红把酒科）（旦唱）

【满庭芳】供食太急，须臾对面，顷刻别离。若不是酒席间子母们当回避，有心待与他举案齐眉。虽然是厮守得一时半刻，也合着俺夫妻们共桌而食。眼底空留意，寻思起就里，险化做望夫石。

（红云）姐姐不曾吃早饭，饮一口儿汤水。（旦云）红娘，甚么汤水咽得下！

【快活三】将来的酒共食，尝着似土和泥。假若便是土和泥，也有些土气息，泥滋味。

【朝天子】暖溶溶玉醅，白泠泠似水，多半是相思泪[22]。眼面前茶饭怕不待要吃^[23]，恨塞满愁肠胃。"蜗角虚名，蝇头微利"^[24]，拆鸳鸯在两下里。一个这壁，一个那壁，一递一声长吁气^[25]。

（夫人云）辆起车儿^[26]，俺先回去，小姐随后和红娘来。（下）（末辞洁科）（洁云）此一行别无话儿，贫僧准备买登科录看^[27]，做亲的茶饭少不得贫僧的。先生在意，鞍马上保重者！"从今经忏无心礼，专听春雷第一声^[28]。"（下）（旦唱）

【四边静】霎时间杯盘狼籍，车儿投东，马儿向西。两意徘徊，落日山横翠。知他今宵宿在那里？有梦也难寻觅。

（旦云）张生，此一行得官不得官，疾便回来。（末云）小生这一去白夺一个状元，正是"青霄有路终须到，金榜无名誓不归。"（旦云）君行别无所赠，口占一绝，为君送行。"弃掷今何在，当时且自亲。还将旧来意，怜取眼前人^[29]。"（末云）小姐之意差矣，张珙更敢怜谁？谨赓一绝^[30]，以剖寸心："人生长远别，孰与最关亲？不遇知音者，谁怜长叹人？"（旦唱）

【耍孩儿】淋漓襟袖啼红泪^[31]，比司马青衫更湿^[32]。伯劳东去燕西飞^[33]，未登程先问归期。虽然眼底人千里，且尽生前酒一杯。未饮心先醉，眼中流泪，心内成灰。

【五煞】到京师服水土，趁程途节饮食，顺时自保揣身体^[34]。荒村雨露宜眠早，野店风霜要起迟！鞍马秋风里，最难调护，最要扶持。

【四煞】这忧愁诉与谁？相思只自知，老天不管人憔悴。泪添九曲黄河溢，恨压三峰华岳低^[35]。到晚来闷把西楼倚，见了些夕阳古道，衰柳长堤。

【三煞】笑吟吟一处来，哭啼啼独自归。归家若到罗帏里，昨宵个绣衾香暖留春住，今夜个翠被生寒有梦知。留恋你别无意，见据鞍上马，阁不住泪眼愁眉。

（末云）有甚言语嘱咐小生咱？（旦唱）

【二煞】你休忧"文齐福不齐"^[36]，我只怕你"停妻再娶妻"。休要"一春鱼雁无消息"^[37]！我这里青鸾有信频须寄^[38]，你却休"金榜无名誓不归"。此一节君须记：若见了那异乡花草^[39]，再休似此处栖迟^[40]。

（末云）再谁似小姐？小生又生此念。（旦唱）

【一煞】青山隔送行，疏林不做美，淡烟暮霭相遮蔽。夕阳古道无人语，禾黍秋风听马嘶。我为甚么懒上车儿内，来时甚急，去后何迟？

（红云）夫人去好一会，姐姐，咱家去！（旦唱）

【收尾】四围山色中，一鞭残照里。遍人间烦恼填胸臆，量这些大小车儿如何载得起^[41]？

（旦、红下）（末云）仆童赶早行一程儿，早寻个宿处。泪随流水急，愁

逐野云飞。（下）

（《西厢记》，王实甫著，王季思校注，上海古籍出版社，1978）

【注释】

[1] 长老：对佛寺中住持僧的尊称。这里指普救寺的法本长老。

[2] 十里长亭：古代建在路旁供人休息的亭子。

[3] 碧云天，黄花地：据范仲淹《苏幕遮》词"碧云天，黄叶地"改编。

[4] 玉骢（cōng）：马的美称，原指青白毛色的马。

[5] 倩（qìng）：使。

[6] 迍迍（zhūn）：行动迟缓的样子。

[7] 却告二句：刚结束了相思，又开始了离别。破题儿，唐宋人称诗赋的开头为破题，引申为事情的开始。

[8] 靥（yè）儿：原指面颊上的酒窝。这里是妇女的一种面饰。

[9] 揾（wèn）：揩拭。

[10] 索：须。

[11] 辱末：即辱没。

[12] 挣揣：也写作"阄阄"，博取，夺取。

[13] 如拾芥：像拾取小草那样容易，喻事情轻而易举，功名富贵唾手可得。

[14] 洁云：指法本和尚说。元代俗称和尚为"洁郎"，"洁"为"洁郎"的省称。

[15] 衰草萋迷：枯草遍地，景象凄迷。

[16] 斜签着坐的：侧身而坐的，指张生。因面对着长辈老妇人，是晚辈侍坐的一种姿势。

[17] 死临侵地：死气沉沉，憔悴无力。

[18] 阁泪汪汪不敢垂：强忍住泪水不让它掉落下来。

[19] 奈时间：无奈此时此刻。

[20] 谂（shěn）知：深知，熟知。

[21] 并头莲：即并蒂莲，喻夫妻恩爱。

[22] 煖溶溶三句：煖溶溶的美酒，像水一样澄澈清莹，大多是相思泪化成的。

[23] 怕不待要吃：难道不要吃。

[24] 蜗角虚名，蝇头微利：虚妄可笑的名誉，微不足道的利益。语出《庄子·则阳》："有国于蜗之左角者，曰触氏，有国于蜗之右角者，曰蛮氏，时相与争地而战，伏尸数万。"

[25] 一递一声：莺莺与张生不断唉声叹气，一声接着一声。

[26] 辆起车儿：套上车子。辆，用作动词。

[27] 登科录：科举考试后中了进士的姓名录。

[28] 从今二句：意为从今以后念经礼佛也不能安心了，就等着你高中的好消息。

[29] 弃掷四句：此处引用元稹《莺莺传》中莺莺谢绝张生的原诗。

[30] 赓（gēng）：续作。

[31] 红泪：悲泪，血泪。据《拾遗记》载，魏文帝时，常山薛灵芸被选入宫，"别父母，以玉唾壶承泪，壶则红色。既发常山，及至京师，壶中泪凝如血。"

[32] 比司马青衫更湿：化用白居易《琵琶行》"座中泣下谁最多，江州司马青衫湿"句意，形容离别时凄苦到极点。

[33] 伯劳东去燕西飞：喻别离。乐府诗《东飞伯劳歌》："东飞伯劳西飞燕，黄姑织女时相见。"后用"劳燕分飞"比喻人的别离。伯劳，鸟名。

[34] 顺时句：根据气候变化，自己保重身体。揣身体，文弱的身体。揣，囊揣、软弱的意思。

[35] 泪添二句：形容泪水之多，离恨之重。黄河自积石山到龙门的一段弯曲很多，有九曲黄河之称。华山以落雁峰、朝阳峰、莲花峰最为高峻，被誉为"天外三峰"。

[36] 文齐福不齐：古成语，意谓文才好而命运不佳，此处指落第。

[37] 一春鱼雁无消息：意为长久没有音信。一春，泛指时间长久。鱼雁，古有鱼雁传书之说，这里代指书信。

[38] 青鸾：神话传说中能为人送信的鸟，为西王母的使者。

[39] 异乡花草：喻他乡美女。

[40] 栖迟：滞留眷恋。

[41] 大小车儿：意为小车儿。

【评析】

《西厢记》全名《崔莺莺待月西厢记》，誉称北曲之首，是元代爱情剧的典范。"西厢"故事，最早起源于唐代元稹的传奇《莺莺传》。《莺莺传》写张生对莺莺的始乱终弃，反映了封建门第观念对妇女的摧残。金代董解元的《西厢记诸宫调》对崔张故事作了根本改造，为王实甫《西厢记》的诞生铺平了道路。

《西厢记》写崔相国之女崔莺莺与书生张君瑞在普救寺一见钟情，但受到来自莺莺母亲老夫人的层层阻挠。"孙飞虎事件"之后，老夫人反悔先前的许婚，以小姐已许配郑恒为借口而赖婚。在丫鬟红娘的极力帮助与撮合下，莺莺大胆冲破封建礼教的樊笼，与张生自由结合了。

《西厢记》打破了元人杂剧一本四折、由一个角色演唱到底的体例，共 5 本 21 折。《长亭送别》选自《西厢记》第四本第三折，是《西厢记》中的名篇，为历代评论家所赞许。在这之前，是著名的"拷红"片断。在莺莺大胆与张生自由结合私定终身后，老夫人非常恼怒，便把红娘叫来拷问。红娘以"四两拨千斤"之势压倒了老夫人的气势。老夫人无奈，只得默认莺莺与张生的夫妻关系，但又强调相国门中从不招白衣女婿。所以，在三个年轻人对老夫人的斗争取得胜利后，张生便听从老夫人的安排赴京赶考。《长亭送别》一折所表现的，就是张生即将上京离开时的场面。莺莺等人到十里长亭为张生饯行，可分为以下几个层次：一、去往长亭路上的场面，由【端正好】、【滚绣球】、【叨叨令】三支曲子组成，突显莺莺充满哀怨悲愁的心情；二、宴别场面，由【脱布衫】、【小梁州】、【幺篇】等共八支曲子组成，刻画崔张二人依依不舍、不忍分离的心理情态。莺莺不舍张生离去，但出于老夫人的压力，又无力挽留张生；三、别前叮嘱的场面，由【四边静】、【耍孩儿】、【五煞】

等共六支曲子组成，写出莺莺对张生的悉心关怀及对张生"金榜无名誓不归"、状元及第后"停妻再娶妻"的深深忧虑；四、分离场面。由【一煞】、【收尾】两支曲子组成，通过四边秋景的烘托，写出莺莺目送张生眷恋不舍的情景。王实甫用自己华美而个性化的语言，深入细致展现了长亭送别时莺莺复杂矛盾的心理变化，使之成为《西厢记》中莺莺形象的重头戏之一。

【练习】

1. 在对待自由爱情与婚姻的问题上，崔莺莺和张生的主要性格差异是什么？为什么会有这种差异？
2. 试述《西厢记》中崔莺莺的恋爱心理及其意义。
3. 为什么说"王实甫之词，如花间美人，铺叙委婉，深得骚人之趣"？

（李雪荣）

天净沙·秋思[1]

马致远

　　马致远（约 1250—1321），号东篱，大都（今北京）人。元代前期著名杂剧家和散曲家。晚于关汉卿、白朴等人。周德清《中原音韵》把他和关汉卿、郑光祖、白朴合称为"元曲四大家"。按照钟嗣成《录鬼薄》的记载，马致远所作杂剧共 13 种，今存 7 种，以历史剧《汉宫秋》最著名，明代臧懋循把它置于《元曲选》之首。其他几种多为神仙道化剧，如《岳阳楼》、《任风子》、《陈抟高卧》等。在元代前期作家中，马致远散曲保存最多，有《东篱乐府》一卷，共有小令 104 首，套数 16 篇，有"曲状元"之称。马致远青年时期仕途坎坷，中年中进士，曾任江浙行省务官。晚年不满时政，隐居田园。

　　枯藤老树昏鸦[2]，小桥流水人家，古道西风瘦马[3]。夕阳西下，断肠人在天涯[4]。

（《全元散曲》，隋树森编，中华书局，1964）

【注释】

[1] 天净沙：曲牌名。
[2] 昏鸦：黄昏归巢的乌鸦。
[3] 古道：古老的驿道。《忆秦娥》："乐游原上清秋节，咸阳古道音尘绝。"

[4] 断肠人：这里指漂泊天涯、内心极其伤感的游子。

【评析】

《天净沙·秋思》这首小令很短，共 5 句 28 字，寥寥数语，简笔绘出一幅逼真的秋景图，并强烈渲染出在天涯漂泊的断肠人的真实心境。周德清《中原音韵·小令定格》誉之为"秋思之祖"。

此曲前 3 句 18 个字写了九种景物，这些景物构成了一幅苍凉萧瑟的画面，中间无一虚字，只用名词组接，可说全是景语。但这九种景物又是经过有意识选择的，它很好地衬托出天涯旅人寂寞悲愁的心境，虽是景语，却又情在其中。"夕阳西下"点出时间，展示出落日黄昏的特有氛围，同时，也给前面所写的景物打上了一层凄凉的色调。末尾一句，点出在这幅图中踽踽独行、孤苦无依、极度伤感而肝肠欲断的天涯孤客形象。天涯孤客的悲苦又与前面的萧瑟之景互相映衬，形成了画面的通体和谐，很好地表达了全曲的主旨——秋思。

全曲语言凝练，意境深远，寓情于景，情景交融。王国维称赞其"寥寥数语，深得唐人绝句妙境"（《人间词话》），可见其艺术成就之高。

【练习】

1. 试析马致远《秋思》的意境美。
2. 此曲五句尽景语，其与唐诗《商山早行》皆属蒙太奇艺术，可多比较类似作品并体会。

（李雪荣）

海乡竹枝歌·潮来潮退白洋沙[1]

杨维桢

杨维桢（1296—1370），号铁崖，因擅吹铁笛，又自号铁笛道人。诸暨（今属浙江）人。泰定四年（1327）进士，任天台县尹，因依法惩治作恶县吏，遭奸吏报复被黜。后调任江西儒学提举，值兵乱，浪迹浙西。张士诚居浙西，屡召不赴。

杨维桢个性狂狷，强烈主张艺术创作个性化。他的诗气势雄放，意象奇崛，追求新异，风格诡奇，人称"铁崖体"。这与元代中期诗风背道而驰，所以特别引人关注。然而杨维桢有时一味求新求奇，不免有诡异晦涩的缺点。他以古乐府和竹枝词最为著名，其中有许多揭露社会黑暗的诗篇。有《东维子集》、《铁崖古乐府》。

　　潮来潮退白洋沙[2]，白洋女儿把锄耙[3]。苦海熬干是何日，免得侬来爬雪沙[4]。

　　　　　　　　（《杨维桢诗集》，杨维桢著，邹志方点校，浙江古籍出版社，2010）

【注释】

[1]《海乡竹枝歌》一组诗共四首，此为第一首。该诗描写沿海地区劳动妇女艰苦的生活，真实感人，富有民歌风味。

[2] 白洋沙：泛着白光的沙滩。

[3] 把锄耙：指晒盐劳动。

[4] 侬：我。雪沙：代指盐。

【评析】

　　这首诗所写的是作者在浙江沿海地区的亲身经历，诗中饱含着作者的无尽泪水和无限期待。诗篇融入了作者的真情实感，生动感人，发人深省。

　　起首一句用环境来烘托气氛，"潮来潮退白洋沙"，本是客观存在的景象，却被作者赋予了新的内涵。沙滩本是无辜的，没有任何因由却被潮水一次又一次的打击、侵蚀，潮来又潮退，反反复复，终于使得沙滩泛起白色，失去本真。这里影射的是世道的冷酷无情，在贪官和盐商的双重剥削下，盐民的日子简直连牛马也不如。而潮来潮退的反复，也表达了作者对于现实的厌烦和无奈的心情；第二句接着陈述沙滩上劳动人民的艰辛劳作。"白洋女儿把锄耙"，是实写劳动妇女的晒盐劳动。"白洋女儿"，是女儿，而不是男子！在古代，家中的劳动力是男人才对，女子都应该是相夫教子，这里却是大量的劳动妇女在辛苦劳作，不禁使人疑惑，这里的男人都哪儿去了呢？这是作者想要表达的更深层次的内容，或是被迫服徭役，或是被抓了壮丁，总之是去干更心酸、更艰苦的活计去了。当然这里除了作者对劳动人民的赞美和同情之外，更加从侧面批判了现实的黑暗和贪官的无耻；第三句"苦海熬干是何日"是在向天发问，也是对那个荒唐的世道进行控诉。什么时候这个苦海才能熬干呢？"苦海"是双关语，既指大海，又指艰苦的生活。大海何时可以熬干？这样牛马不如的生活何时是个尽头？然而，大海又怎么可以熬干呢？难道我们就真无出头之日了吗？是无奈，是企盼，更是满腔的愤懑和无言的控诉；最后一句"免得侬来爬雪沙"是作者心中的美好愿望和现实理想。作者多么希望这种痛苦的日子早些结束，那时就不用再继续这种凄苦的生活了。但是大海终究难以熬干，这种被迫无助的生活仍然得继续下去，此处道出了作者对生活的无奈，对劳动人民的怜悯，当然更是对贪官和盐商的怨恨，对社会不公的反抗。整首诗不仅描写了盐民的悲惨遭遇，更流露出作者的愤慨之气，从侧面揭示了元代社会的压抑与黑暗。

　　杨维桢主张"诗本性情"，认为写诗就是反映现实生活，写自己的真情实感。他认为，诗人内在的"资"、"性情"是主要的，师"法"是次要的，显然这首诗便是他诗学主张的体现。此诗，短短四句，楷模民歌，充分运用白描、借代、双关等手法，质朴自然，一反杨氏奇崛诡怪之风，可谓自成一格。

【练习】

1. 就《海乡竹枝歌》讨论杨维桢"诗本性情"的主张。
2. 简述这首诗的深刻主题。

（刘世明）

石　灰　吟[1]

于　谦

　　于谦（1398—1457）字廷益，钱塘（今浙江杭州）人。明永乐间进士，历任河南、山西、江西巡抚，官至兵部尚书。为官廉洁正直。正统十四年（1449）蒙古一部瓦剌南侵，明英宗于土木堡被俘。于谦力排南迁之议，拥立景帝，运筹帷幄，亲自督战，最终使局势转危为安。然而英宗复辟之后，他却因谋逆之罪被处死，后终得以昭雪，谥忠肃。于谦平生不专事吟咏，然所遗之作多励志之篇，直抒胸臆，风格刚健质朴。有《于忠肃公集》。

　　千锤万凿出深山[2]，烈火焚烧若等闲[3]。粉骨碎身浑不怕，要留清白在人间[4]。

（《于谦集》，于谦著，魏得良点校，浙江古籍出版社，2013）

【注释】

[1] 石灰吟：赞颂石灰。吟，吟颂。这首诗作于于谦少年求学于吴山三茅观之时。
[2] 千锤万凿：无数次的锤击开凿，形容开采的艰难。
[3] 若等闲：好像很平常的事情。等闲，平常，轻松。
[4] 清白：指石灰洁白的本色，又比喻高尚的节操。这里是双关。

【评析】

　　《石灰吟》是一首千古传诵的托物言志小诗。于谦借吟颂石灰，表达了自己纵使历经种种磨难也不改高洁坚贞之志的坚定信念与执着追求。也可以这样说，这首《石灰吟》不仅是于谦的言志之作，更是他生平和人格的真实写照。

　　诗的首句极言开采石灰石之难。坚硬的山石要"千锤万凿"本已极为不易，还需"出深山"，何其艰难！次句"烈火焚烧"，当然是指烧炼石灰石。这种磨难本身已经远非寻常之辈所能忍受，"若等闲"三字，却用拟人手法使我们感到，无论面临着怎样严峻的考验，有识之士都能从容淡定，视若等闲。第三句用"粉骨碎身"极形象生动地写出又一次考验——坚硬的石灰石通过高温最终被烧制成石灰粉，而"浑不怕"三字则运用口语，直抒胸臆，表达那种将生死置之度外的坚韧和顽强。最后一句一语双关，不仅写出岩石历经磨难，终成白色熟石灰，更是作者在言志，自己要做纯洁清白的人，无论人生将会面临怎样的苦难与磨砺。

　　这首七言绝句，综合运用比喻、拟人、双关等多种修辞手法，借物喻人，托物言志，抒发了少年于谦对崇高人格理想执着而又热烈的追求。事实上，这首诗正是他一生为官为人的真实写照。

【练习】

1. 这首诗综合运用各种修辞手法，寄寓了于谦对崇高人格的执著追求，请具体谈一谈你对本诗主题和艺术特色的理解。
2. 诗的最后一句，说石灰，又自喻，这样写有什么作用？

（孙欣欣）

朝天子·咏喇叭[1]

王　磐

　　王磐（约1470—1530），字鸿渐，高邮（今属江苏）人。明代散曲家。自幼出身于富贵之家，喜好读书，有隽才，曾为诸生，但对其间的拘束十分痛恶，于是转而纵情山水诗酒间，终身不仕。王磐能诗善画，尤工音律，性格洒落不凡，一时名重海内。据《万历扬州府志》中记载："王磐，性好楼居，构楼于城西僻地，坐卧其中，常与名士谈咏其间，因自号'西楼'。"王磐散曲存小令65首，套曲9首，全属北曲。虽然现存的散曲作品数量不多，但风格多样，意境超脱，在明代散曲中占有重要地位。明人王骥德盛赞说："小令北调，王西楼最佳。"（《曲律·论咏物》）

　　喇叭，唢呐[2]，曲儿小，腔儿大[3]。官船来往乱如麻，全仗你抬身价[4]。军听了军愁，民听了民怕。哪里去辨甚么真共假[5]？眼见的吹翻了这家，吹伤了那家，只吹的水尽鹅飞罢[6]！

（《王西楼乐府》，王磐撰，李庆点校，上海古籍出版社，1989）

【注释】

[1] 朝天子·咏喇叭：朝天子为曲牌名，又名谒金门、朝天曲。从题目来看，此为一首咏物的元曲。
[2] 唢呐：制式与喇叭相似的一种乐器，发音高亢、嘹亮，在明清时期广泛流传于民间。此处的喇叭和唢呐都暗指宦官。

[3] 本句意思是吹的曲子很短，但是发出来的声音非常响亮。

[4] 仗：倚仗，倚靠。身价：本意是指一个人的价值，后多引申为指称一个人的身份或在社会中的地位。

[5] 共：和，与。

[6] 此二句借用暗喻手法，指的是那些鱼肉百姓的宦官把百姓们欺压得倾家荡产。

【评析】

《朝天子·咏喇叭》是一首讽刺宦官得势后丑恶嘴脸的著名散曲。据明人蒋一揆云："明正德间，阉寺当权，往来河下者无虚日。每到，辄吹号头，齐丁夫，民不堪命。西楼乃作《咏喇叭》以嘲之。"（《尧山堂外纪》）考证作者所处的历史年代，会发现明武宗正德年间是中国历史上阉患最盛的时期之一，当是时，朝廷中以刘瑾为首的宦官肆意妄为，欺压百姓，经常假借皇帝之口颁布政令，弄得朝堂上乌烟瘴气，社会上民不聊生，怨声载道。作者身处此乱世中，借用喇叭的形象讽刺了宦官们狐假虎威的丑态，也从另一个方面折射出那个历史时期社会现实的黑暗。此作反映了人民痛苦不堪的生活场景，是一篇揭露时势的优秀散曲作品。

该作品可以分为三层，首五句为第一层，为状物描写，紧扣"喇叭"和"唢呐"虽然吹出来的曲子短小但是声音响亮的特点，揭露了宦官们横行乡里的丑恶嘴脸。宦官们本来是宫中被人使唤的奴才，地位低下，但是却倚仗着君王的宠信耀武扬威，他们乘坐着官船每日穿行在运河上胡作非为，一路上还得吹吹打打以充门面，气焰不可一世。作品表面上是揭露宦官们装腔作势的丑态，同时也对统治者进行了有力的批判。

中间三句借用军和民的共同感受揭示了宦官们带给社会的巨大危害。此散曲中用"愁"和"怕"两字衬托出宦官们的罪恶行径，他们所到之处使得人人自危。纵观历史，历朝历代中对阉患的批判从来就没有停止过。中唐时期诗人韩翃在诗中写道："日暮汉宫传蜡烛，轻烟散入五侯家。"（《寒食》）诗句中的五侯指的是在东汉桓帝时同时被封侯的五个宦官，作者用典贴切，讽刺了宦官得宠专权的腐败现象。再如同时期的卢仝也曾写道："传闻古老说，蚀月虾蟆精。"（《月蚀诗》）此处诗人用虾蟆精（蛤蟆精）吞食了月亮来讽刺当时宦官势力的强大。

末尾三句用三个"吹"字结束全篇，揭示了宦官的危害性，最后的结果只会是"水尽鹅飞"。此处又是一句比喻，形象地展现了百姓们被搜刮得倾家荡产的场景。

该首小令共十一句，词句精悍，笔调辛辣，意义交替突进，且多用象征、拟人、比喻手法，虽然通俗易懂，但其中包含的政治意义和批判意味发人深

思，所以时人江盈科盛赞此曲曰："笔气爽快！"（《雪涛诗话》）

【练习】

1. 作品中"喇叭"的寓意是什么？
2. 此曲所使用的修辞手法都有哪些？

（赵娟）

项脊轩志[1]

归有光

归有光（1506—1571），字熙甫，又字开甫，号震川，又号项脊生。昆山（今属江苏）人。出身于耕读之家。嘉靖十九年（1540）中举。后屡试不第。这期间，他徙居嘉定安亭江上，读书谈道，教授生徒，直到嘉靖四十四年（1565）第九次参加会试，才中进士。他先后任过长兴县令、顺德通判等职，后官至南京太仆寺丞，卒于官。归有光是明代著名的散文家，他与王慎中、唐顺之、茅坤被称为"唐宋派"，并且是其中成就最高者。他的散文被誉为"明文第一"（黄宗羲《明文综序》）。他反对前后七子"文必秦汉"的主张，自称"好古文辞，然不与世之为古文者合"，认为写文章要抒发自己的真情实感，因此他的作品没有功利性很强的重大题材，而是善于通过记叙一些日常生活中的琐事，如家人之谊，朋友之情等，抒发真挚的情感。语言朴素、清新、自然，具有很强的艺术感染力。著有《震川先生集》、《三吴水利录》等。

项脊轩，旧南阁子也[2]。室仅方丈[3]，可容一人居。百年老屋，尘泥渗漉[4]，雨泽下注[5]；每移案[6]，顾视无可置者[7]。又北向[8]，不能得日[9]，日过午已昏[10]。余稍为修葺[11]，使不上漏。前辟四窗[12]，垣墙周庭[13]，以当南日，日影反照，室始洞然[14]。又杂植兰桂竹木于庭，旧时栏楯[15]，亦遂增胜[16]。借书满架，偃仰啸歌[17]，冥然兀坐[18]，万籁有声[19]；而庭阶寂寂，小鸟时来啄食，人至不去。三五之夜[20]，明月半墙，桂影斑驳[21]，风移影动，珊珊可爱[22]。

然余居于此，多可喜，亦多可悲。先是庭中通南北为一[23]。迨诸父异爨[24]，内外多置小门，墙往往而是[25]。东犬西吠[26]，客逾庖而宴[27]，鸡栖于厅。庭中始为篱，已为墙[28]，凡再变矣[29]。家有老妪，尝居于此。妪，先大母婢也^[30]，乳二世^[31]，先妣抚之甚厚^[32]。室西连于中闺^[33]，先妣尝一至。妪每谓余曰："某所，而母立于兹^[34]。"妪又曰："汝姊在吾怀，呱呱而泣^[35]；娘以指叩门扉曰：'儿寒乎？欲食乎？'吾从板外相为应答。"语未毕，余泣，妪亦泣。

余自束发读书轩中^[36]，一日，大母过余曰^[37]："吾儿，久不见若影^[38]，何竟日默默在此^[39]，大类女郎也^[40]？"比去^[41]，以手阖门^[42]，自语曰："吾家读书久不效^[43]，儿之成，则可待乎！"顷之^[44]，持一象笏至^[45]，曰："此吾祖太常公宣德间执此以朝^[46]，他日汝当用之！"瞻顾遗迹^[47]，如在昨日，令人长号不自禁^[48]。

轩东故尝为厨，人往，从轩前过。余扃牖而居^[49]，久之，能以足音辨人。轩凡四遭火，得不焚，殆有神护者^[50]。

项脊生曰："蜀清守丹穴^[51]，利甲天下^[52]，其后秦皇帝筑女怀清台^[53]。刘玄德与曹操争天下，诸葛孔明起陇中。方二人之昧昧于一隅也^[54]，世何足以知之？余区区处败屋中，方扬眉瞬目^[55]，谓有奇景，人知之者，其谓与坎井之蛙何异^[56]？"

余既为此志，后五年，吾妻来归^[57]，时至轩中，从余问古事，或凭几学书^[58]。吾妻归宁^[59]，述诸小妹语曰^[60]："闻姊家有阁子，且何谓阁子也？"其后六年，吾妻死，室坏不修。其后二年，余久卧病无聊，乃使人复葺南阁子，其制稍异于前^[61]。然自后余多在外，不常居。

庭有枇杷树，吾妻死之年所手植也^[62]，今已亭亭如盖矣^[63]。

　　　　（《震川先生集》，归有光著，周本淳校点，上海古籍出版社，2007）

【注释】

[1] 项脊轩：归有光的书斋名。关于名称由来，一说其远祖归道隆曾居住在太仓（今属江苏）的项脊泾，作者以地名来命名自己的书斋，有追念祖先的意思；一说言其窄小，如颈背之间，故名。轩，窗，引申为有窗的小室。这里指书斋。志，就是"记"的意思。本文分正文和补记两部分，分别是作者18岁和30岁前后所写。

[2] 旧：旧日的，原来的。阁：住宅内正屋之外的小屋。

[3] 方丈：一丈见方。

[4] 渗漉（shèn lù）：从小孔慢慢漏下。

[5] 雨泽：雨水。下：往下。

[6] 案：几案，桌子。

[7] 顾视：环看四周。

[8] 北向：向北。

[9] 得日：得到阳光。

[10] 昏：光线不明。

[11] 修葺：修缮、修理。

[12] 辟：开。

[13] 垣墙周庭：庭院四周砌上围墙。

[14] 洞然：透明敞亮。

[15] 栏楯（shǔn）：栏杆。

[16] 增胜：增添光彩。

[17] 偃仰啸歌：这里指安居，休息，形容生活悠然自得。啸歌，长吟或吟唱。这里指吟咏诗文，显示豪放自若。啸，口里发出长而清越的声音。

[18] 冥然兀坐：静静地独自端坐着。

[19] 万籁有声：一切声音都能听到。

[20] 三五之夜：农历每月十五的夜晚。

[21] 斑驳：色彩错杂的样子。

[22] 珊珊：美好的样子。

[23] 先是：这以前。

[24] 迨（dài）诸父异爨（cuàn）：等到伯、叔们分了家。异爨，分灶做饭，指分家。

[25] 往往而是：到处都是。

[26] 东犬西吠：东家的狗对着西家的狗叫。

[27] 逾庖而宴：越过厨房而去吃饭。

[28] 已：已而，然后。

[29] 凡再变矣：总共变了两次。

[30] 先大母：去世的祖母。

[31] 乳二世：以乳喂养了两代人。

[32] 先妣：去世的母亲。抚：对待。

[33] 中闺：妇女住的内室。

[34] 而母立于兹：你的母亲（曾）站在这。而，通"尔"。

[35] 呱呱（gū gū）：小孩的哭声。

[36] 束发：古代男孩成童时束发为髻。束发指儿童时代。

[37] 过余：到我这里。

[38] 若：你。

[39] 竟日：一天到晚。

[40] 大类：很像。

[41] 比去：等到离开时。

[42] 阖（hé）：关闭。

[43] 久不效：长久没有得到效果。指科举上无所成就。

[44] 顷之：过了一会。

[45] 象笏：象牙做的朝笏。笏，是官员上朝用的手板，有事可记在上面备忘。

[46] 太常公：归有光祖母夏氏的祖父夏昶（chǎng）在宣德间曾任太常寺卿。

[47] 瞻顾遗迹：回忆旧日事物。瞻顾，泛指看。

[48] 长号（háo）：大哭。

[49] 扃牖（jiōng yǒu）而居：关着门窗住在里面。

[50] 殆：大概。

[51] 蜀清：四川一个寡妇名清。丹穴：产朱砂的矿。

［52］利甲天下：所获利益居天下第一。

［53］其后秦皇帝筑女怀清台：后来秦始皇筑"女怀清台"纪念她。女怀清台，在今四川省长寿县。

［54］昧昧：昏暗不明，这里指不为人所知。

［55］扬眉瞬目：形容得意的神态。瞬目，眨眼。

［56］其谓：也许有人认为。

［57］来归：嫁到我家来。归，旧时指女子出嫁。

［58］凭几学书：伏在几上学写字。几，小或矮的桌子。

［59］归宁：出嫁的女儿回娘家省亲。

［60］述诸小妹语：转述小妹们的话。

［61］制：形式、格局。

［62］手植：亲手种植。

［63］亭亭如盖：高高挺立，枝叶繁茂如同伞一样。盖，伞。

【评析】

《项脊轩志》以日常生活的琐事来叙事、写人、写景，把一些看来毫无关联的生活片段通过项脊轩连缀成篇，以作者居于此轩前后的变化来寄托对亲人的怀念，表达了作者居于此"多可喜，亦多可悲"的思想感情。

项脊轩本是间只能容一人居住的昏暗的百年老屋，归有光年轻时在此读书，对其修葺一番之后，室内外景色大为改观，环境为之一变，又"借书满架"，使其成为一个幽雅的书斋。环境与景物的描写映衬了作者读书时的喜悦之情，是作者当时心境的自然流露。作者在其中"偃仰啸歌"，自得其乐，这自然是"多可喜"之处。

接下来父辈的分家出现了"东犬西吠"、"鸡栖于厅"的情景，回忆母亲与祖母的遗事又令作者悲从中来。后又写"轩凡遭四火"，虽"得不焚"，但也使项脊轩的环境遭到了破坏。文章最后是写完此志后，补叙与妻子共同生活的情景，妻子的过世，加上"室坏不修"，使作者的情感世界再次被"多可悲"所占据。

这篇文章在叙事写人中运用了抒情的笔调。主要写对三位已故亲人的怀念。写母亲与祖母，侧重于对她们语言和行动细节的描写。写母亲则是通过家中老妪的回忆来拼接情景：听到自己的孩子"呱呱而泣"，母亲以指叩门的动作，以及问"儿寒呼，欲食呼"的话语，使人如闻其声、如见其人。想到自己幼年丧母，作者再也抑制不住自己的情感，泪水夺眶而出，"余泣，妪亦泣"；写祖母以手阖门和持象笏的动作以及"吾家读书久不效"等语言，祖母的音容笑貌如在目前，令作者睹物思人，"长号不自禁"；写妻子至轩中"从余问古事，或凭几学书"，她归宁后转述其小妹的语言"闻姊家有阁子，且何谓阁子也？"这些都是生活中最平常不过的事，但却充满了生活情趣，体现了夫妻情深。文章最后写"庭有枇杷树，吾妻死之年所手植也，今已亭亭如盖矣"，"亭亭如盖"的枇杷树，寄托了作者的哀思，表达了作者对亡妻越来越深的思念之情。

　　文章中，作者用日常生活中的琐事，以朴素简洁的语言，勾勒出每个人物的形象，写出了人间的真情至爱，使人印象深刻。

【练习】

1. "项脊轩"在文中有什么作用？
2. 这篇文章的语言有什么特点？
3. 作者文中说"然居于此，多可喜，亦多可悲"，这种情感在文中是如何体现的？

（叶宁）

报刘一丈书[1]

宗 臣

　　宗臣（1525—1560），字子相，号方城山人。扬州兴化（今属江苏）人。嘉靖二十九年进士。初授刑部主事，后改吏部员外郎等。为人耿介，不依附权贵。嘉靖三十六年因作文祭奠杨继盛而得罪严嵩，被贬为福州布政使司左参议。率众击退倭寇有功，迁福建提学副使，卒于任上。与李攀龙、王世贞、谢榛、梁有誉、徐中行、吴国伦并称为"后七子"。其诗文创作主张复古，却未被复古主义的形式所局限，诗文风格明爽通达，较少沾染堆砌模拟之习。著有《宗子相集》。

　　数千里外，得长者时赐一书，以慰长想[2]，即亦甚幸矣。何至更辱馈遗[3]，则不才益将何以报焉[4]，书中情意甚殷[5]，即长者之不忘老父，知老父之念长者深也[6]。

　　至以"上下相孚，才德称位"语不才[7]，则不才有深感焉。夫才德不称，固自知之矣。至于不孚之病，则尤不才为甚。

　　且今世之所谓孚者何哉？日夕策马候权者之门[8]，门者故不入[9]，则甘言媚词作妇人状[10]，袖金以私之[11]。即门者持刺入[12]，而主者又不即出见。立厩中仆马之间[13]，恶气袭衣袖[14]，即饥寒毒热不可忍，不去也[15]。抵暮[16]，则前所受赠金者出，报客曰："相公倦，谢客矣[17]。客请明日来。"即明日又不敢不来。夜披衣坐，闻鸡鸣即起盥栉[18]，走马抵门。门者怒曰："为谁?"则曰："昨日之客来。"则又怒曰："何客之勤也[19]? 岂有相公此时出见客乎?"客心耻之[20]，强忍而与言曰："亡奈何矣[21]，姑容我入!"门者又得所赠金，则起而入之，又立向所立厩中[22]。幸主者出，南面召见[23]，则惊走匍匐阶下[24]。主者曰："进"，则再拜，故迟不起。起则上所上寿金[25]。主者故不受，则固请；主者故固不受，则又固请。然后命吏纳之。则又再拜，又故迟不起，起则五六揖始出[26]。出揖门者曰："官人幸顾我[27]，他日来，幸亡阻我也!"门者答揖，大喜，奔出。马上遇所交识[28]，即扬鞭语曰[29]："适自相公家来，相公厚我厚我[30]!"且虚言状[31]。即所交识，亦心畏相公厚之矣。相公又稍稍语人曰[32]："某也贤，某也贤!"闻者亦心计交赞之。此世所谓上下相孚也。长者谓仆能之乎？

　　前所谓权门者，自岁时伏腊一刺之外[33]，即经年不往也[34]。间道经其门，则亦掩耳闭目，跃马疾走过之，若有所追逐者。斯则仆之褊哉[35]，以此常不见悦于长吏，仆则愈益不顾也。每大言曰[36]："人生有命，吾惟守分尔矣[37]。"长者闻之，得无厌其为迂乎[38]？

　　乡园多故[39]，不能不动客子之愁。至于长者之抱才而困[40]，则又令我怆然有感[41]。天之与先生者甚厚，亡论长者不欲轻弃之，即天意亦不欲长者之轻弃之也[42]，幸宁心哉[43]!

（《宗子相集》，四库全书本，上海古籍出版社，1987）

【注释】

[1] 刘一：作者父亲的朋友。姓刘，字墀石，名未详，排行第一。丈：对长者的尊称，也称老丈。

[2] 长想：长久的思念。

[3] 辱：谦词。意指自己地位低下，屈辱了对方。馈遗：赠送礼物。

[4] 不才：不成才的人，自谦之辞。

[5] 殷：盛、厚。

[6] 即长二句：就您对家父念念不忘看，也可知家父思念您的深切了。老父，宗臣父号履庵，与刘一丈交谊甚笃，刘来信必言及之，故云。

[7] 上下二句：上下之间相互信任、投合，才能和品德都适合其职位。孚，信。称，符合。

[8] 策：马鞭，这里用作动词，指鞭打。权者：权势显要的人，此处指当时权臣严嵩、严世蕃父子。

[9] 门者：守门的仆人。故不入：故意不进去通报。

[10] 甘言媚词：奉承谄媚的话。

[11] 袖金：把钱放在袖子里。私之：私下送给他，贿赂。

[12] 刺：名帖，谒见的名片。

[13] 厩：马圈。

[14] 恶气袭衣袖：难闻的气味袭人。衣袖，指代人。

[15] 去：离开。

[16] 抵：至，到达。

[17] 谢：辞谢，婉言拒绝见客。

[18] 盥：洗手。栉：梳发。

[19] 勤：多次，经常。语含讥讽。

[20] 心耻之：心里感到耻辱。

[21] 亡奈何：没有办法。亡，同"无"。

[22] 向：以前，上次。

[23] 南面：面朝南，古代以面向南为尊位。

[24] 匍匐：伏地而行。

[25] 上：献上。寿金：谓献给主者的礼金。

[26] 揖：作揖，古时礼节。

[27] 官人：尊称门者。幸：希望。顾：照顾，看得起。

[28] 所交识：交游与熟识的人。

[29] 扬鞭：高举鞭子，形容趾高气昂的得意神态。

[30] 厚我：厚待我，看重我。

[31] 且虚言状：又添油加醋、夸大相公待他的情况。

[32] 稍稍：偶尔。

[33] 伏腊：夏伏冬腊，古代两祭名。一刺：拜谒一次。

[34] 经年：整年。

[35] 褊：狭隘。

[36] 大言：说大话。这里实际表明自己不愿意趋炎附势的坚决态度。

[37] 守分：谨守本分。

[38] 迂：拘执而不通人情。

[39] 故：事故。

[40] 抱才而困：怀抱才能而不能施展，身处困境。

[41] 怆然：悲痛貌。

[42] 亡论二句：意思是说，刘的才德禀赋很好，不用说是你自己不轻易抛弃它，就是老天也不希望你轻易抛弃它。

[43] 宁心：安心。

【评析】

宗臣的《报刘一丈书》是一篇具有很强讽刺性的书信体散文。作者在信中揭露了封建统治官僚的腐朽，用满腔的愤懑之情批判了官场中寡廉鲜耻、阿谀奉承、卑躬屈膝、钻营拍马的种种丑态，同时也表现出作者洁身自好、刚正不阿、耿直清白的高尚品质，具有鲜明的现实性和启发性。

书信的开头部分是作为晚辈的作者对刘一丈的赐书表示感谢，同时也交待出两家之间密切深厚的关系，也正是因为如此，作者才能够对刘一丈毫无保留的表现自己对社会现象的激愤之情。

作者在文中紧紧围绕"上下相孚，才德称位"来发表意见，以社会现实为依据，形象地刻画出权贵者、拜谒者和门人这三类不同人物的丑行，以典型化的艺术手法展现了一场生动的"官场现形记"。

事件的过程是以时间为顺序进行叙述的。在拜谒者拜见权贵之前，主要描写过程的艰难。作为下级小吏的拜谒者，从早到晚策马奔走，恭候在权贵的门口，不仅要忍受门人的刁难侮辱，还不得不强装笑颜，奉承谄媚，并把藏在袖子中的银子偷偷送给门人，以便能够通融。好不容易门人拿着名片去通报，权贵却又不肯相见，拜谒者只好站立在马厩边，忍受着熏天臭气，无论是饥饿或是寒冷都要忍耐，即便是这样也没有见到权贵，只好第二天再来。第二天拜谒者又早早起来恭候门口，忍受着门人的斥责和索贿。在这里我们看到的是一个下级官吏为了巴结权贵，忍受着门人的羞辱、敲诈和刁难。作者把门人仗势欺人、卑鄙无耻、奴颜婢膝的丑态和拜谒者委曲求全、忍气吞声的性格刻画得入木三分，惟妙惟肖。

在得到权贵的召见时，拜谒者为了得到功名利禄，趋炎附势，极尽所能地巴结讨好，曲意奉承。权贵者也是道貌岸然、贪婪虚伪，表面佯装清廉，实则收受贿赂。宗臣把拜谒者逢迎拍马的形态与权贵虚情假意的心理描绘得恰到好处。当拜谒者得到权贵的召见之后，立刻又换了另一种情态，出门时门人也会向他行礼作揖，在路上遇到相识的人就说权贵者很厚待他，很赏识他，而听到的人也会对他有敬畏之情，附和着一起赞赏他。这种前后鲜明的对比，衬托出上下级官吏之间的狼狈为奸、卑劣猥琐，揭示了所谓的"上下相孚"的本质。作者在最后也表达了自己对上级的态度，只是过年时会去看望，平时也不注意交往，因此得不到上级的欢心。

这篇散文结构巧妙，笔锋犀利，极具鞭笞和揭露效果，可谓含义深邃。

【练习】

1. 本文主要刻画了三类人物，他们的性格特点各是怎样的？
2. 作者是通过哪些表现手法来刻画人物的？
3. 这篇散文表现了作者怎样的思想感情？应该如何评价？

（宿月）

牡丹亭·惊梦

汤显祖

汤显祖（1550—1616），字义仍，号若士，江西临川人。明代伟大的戏剧家、文学家。从小天资聪颖，刻苦攻读。34 岁中进士，历任南京太常寺博士、礼部主事。万历十九年上《论辅臣科臣疏》，得罪当朝，被谪迁广东徐闻典史。次年调任浙江遂昌知县。因不满朝政腐败，于万历二十六年（1598）弃官归里，致力戏剧和文学创作活动，终其一生。有《玉茗堂全集》。著名传奇有《玉茗堂四梦》，即《紫钗记》、《南柯记》、《邯郸记》、《还魂记》，又称"临川四梦"。

【绕池游】（旦上）梦回莺啭，乱煞年光遍[1]。人立小庭深院。（贴）炷尽沉烟[2]，抛残绣线，恁今春关情似去年[3]？

【乌夜啼】"（旦）晓来望断梅关[4]，宿妆残。（贴）你侧着宜春髻子[5]，恰凭阑。（旦）翦不断，理还乱[6]，闷无端。（贴）已分付催花莺燕借春看。"（旦）春香，可曾叫人扫除花径？（贴）分付了。（旦）取镜台衣服来。（贴取镜台衣服上）"云髻罢梳还对镜，罗衣欲换更添香[7]。"镜台衣服在此。

【步步娇】（旦）袅晴丝吹来闲庭院[8]，摇漾春如线。停半晌、整花钿。没揣菱花[9]，偷人半面，迤逗的彩云偏[10]。（行介）步香闺怎便把全身现！
　　　　（贴）今日穿插的好。

【醉扶归】（旦）你道翠生生出落的裙衫儿茜[11]，艳晶晶花簪八宝填[12]，可知我常一生儿爱好是天然[13]。恰三春好处无人见[14]。不堤防沉鱼落雁鸟惊喧[15]，则怕的羞花闭月花愁颤[16]。（贴）早茶时了，请行。（行介）你看："画廊金粉半零星，池馆苍苔一片青。踏草怕泥新绣袜[17]，惜花疼煞小金铃[18]。"（旦）不到园林，怎知春色如许！

【皂罗袍】原来姹紫嫣红开遍[19]，似这般都付与断井颓垣。良辰美景奈何天，赏心乐事谁家院[20]！恁般景致，我老爷和奶奶，再不提起。（合）朝飞暮卷[21]，云霞翠轩；雨丝风片，烟波画船——锦屏人忒看的这韶光贱[22]！（贴）是花都放了，那牡丹还早。

【好姐姐】（旦）遍青山啼红了杜鹃[23]，荼蘼外烟丝醉软[24]。春香呵，牡丹虽好，他春归怎占的先[25]！（贴）成对儿莺燕呵。（合）闲凝眄，生生燕语明如翦[26]，呖呖莺歌溜的圆。（旦）去罢。（贴）这园子委是观之不足也。（旦）提他怎的！（行介）

【隔尾】观之不足由他缱[27]，便赏遍了十二亭台是枉然。到不如兴尽回家闲过遣。（作到介）（贴）"开我西阁门，展我东阁床。瓶插映山紫[28]，炉添沉水香。"小姐，你歇息片时，俺瞧老夫人去也。（下）（旦叹介）"默地游春转，小试宜春面[29]。"春呵，得和你两留连，春去如何遣？咳，恁般天气，好困人也。春香那里？（作左右瞧介）（又低首沉吟介）天呵，春色恼人，信有之乎！

常观诗词乐府，古之女子，因春感情，遇秋成恨，诚不谬矣。吾今年已二八，未逢折桂之夫[30]；忽慕春情，怎得蟾宫之客[31]？昔日韩夫人得遇于郎[32]，张生偶逢崔氏[33]，曾有《题红记》、《崔徽传》二书。此佳人才子，前以密约偷期[34]，后皆得成秦晋[35]。（长叹介）吾生于宦族，长在名门。年已及笄[36]，不得早成佳配，诚为虚度青春，光阴如过隙耳。（泪介）可惜妾身颜色如花，岂料命如一叶乎[37]！

【山坡羊】没乱里春情难遣，蓦地里怀人幽怨[38]。则为俺生小婵娟[39]，拣名门一例、一例里神仙眷[40]。甚良缘，把青春抛的远！俺的睡情谁见？则索因循腼腆[41]。想幽梦谁边，和春光暗流传？迁延，这衷怀那处言！淹煎[42]，泼残生，除问天！身子困乏了，且自隐几而眠[43]。（睡介）（梦生介）（生持柳枝上）"莺逢日暖歌声滑，人遇风情笑口开。一径落花随水入，今朝阮肇到天台[44]。"小生顺路儿跟着杜小姐回来，怎生不见？（回看介）呀，小姐，小姐！（旦作惊起介）（相见介）（生）小生那一处不寻访小姐来，却在这里！（旦作斜视不语介）（生）恰好花园内，折取垂柳半枝。姐姐，你既淹通书史，可作诗以赏此柳枝乎？（旦作惊喜，欲言又止介）（背想）这生素昧平生，何因到此？（生笑介）小姐，咱爱杀你哩！

【山桃红】则为你如花美眷，似水流年，是答儿闲寻遍[45]。在幽闺自怜。小姐，和你那答儿讲话去。（旦作含笑不行）（生作牵衣介）（旦低问）那边去？（生）转过这芍药栏前，紧靠着湖山石边。（旦低问）秀才，去怎的？（生低答）和你把领扣松，衣带宽，袖梢儿搵着牙儿苫也，则待你忍耐温存一晌眠[46]。（旦作羞）（生前抱）（旦推介）（合）是那处曾相见，相看俨然，早难道这好处相逢无一言[47]？（生强抱旦下）

　　（末扮花神束发冠，红衣插花上）"催花御史惜花天[48]，检点春工又一年。蘸客伤心红雨下[49]，勾人悬梦采云边。"吾乃掌管南安府后花园花神是也。因杜知府小姐丽娘，与柳梦梅秀才，后日有姻缘之分。杜小姐游春感伤，致使柳秀才入梦。咱花神专掌惜玉怜香，竟来保护他，要他云雨十分欢幸也。

【鲍老催】（末）单则是混阳蒸变，看他似虫儿般蠢动把风情扇。一般儿娇凝翠绽魂儿颤[50]。这是景上缘，想内成，因中见[51]。呀，淫邪展污了花台殿[52]。咱待拈片落花儿惊醒他。（向鬼门丢花介[53]）他梦酣春透了怎留连？拈花闪碎的红如片。秀才才到的半梦儿；梦毕之时，好送杜小姐仍归香阁。吾神去也。（下）

【山桃红】（生、旦携手上）（生）这一霎天留人便，草借花眠。小姐可好？（旦低头介）（生）则把云鬟点，红松翠偏。小姐休忘了啊，见了你紧相偎，慢厮连，恨不得肉儿般团成片也，逗的个日下胭脂雨上鲜。（旦）秀才，你可去呵？（合）是那处曾相见，相看俨然，早难道这好处相逢无一言？（生）姐姐，你身子乏了，将息，将息。（送旦依前作睡介）（轻扣旦介）姐姐，俺去了。（作回顾介）姐姐，你可十分将息，我再来瞧你那。"行来春色三分雨，睡去巫山一片云。"（下）（旦作惊醒，低叫介）秀才，秀才，你去了也？（又作痴睡介）（老旦上）"夫婿坐黄堂[54]，娇娃立绣窗。怪他裙衩上，花鸟绣双双。"孩儿，孩儿，你为甚瞌睡在此？（旦作醒，叫秀才介）咳也。（老旦）孩儿怎的来？（旦作惊起介）奶奶到此！（老旦）我儿，何不做些针指，或观玩书史，舒展情怀？因何昼寝于此？（旦）孩儿适花园中闲玩，忽值春暄恼人，故此回房。无可消遣，不觉困倦少息。有失迎接，望母亲恕儿之罪。（老旦）孩儿，这后花园中冷静，少去闲行。（旦）领母亲严命。（老旦）孩儿，学堂看书去。（旦）先生不在，且自消停[55]。（老旦叹介）女孩儿长成，自有许多情态，且自由他。正是："宛转随儿女，辛勤做老娘。"（下）（旦长叹介）（看老旦下介）哎也，天那，今日杜丽娘有些侥幸也。偶到后花园中，百花开遍，睹景伤情。没兴而回，昼眠香阁。忽见一生，年可弱冠[56]，丰姿俊妍。于园中折得柳丝一枝，笑对奴家说："姐姐既淹通书史，何不将柳枝题赏一篇？"那时待要应他一声，心中自忖，素昧平生，不知名姓，何得轻与交言。正如此想间，只见那生向前说了几句伤心话儿，将奴搂抱去牡丹亭畔，芍药阑边，共成云雨之欢。两情和合，真个是千般爱惜，万种温存。欢毕之时，又送我睡眠，几声"将息"。正待自送那生出门，忽值母亲来到，唤醒将来。我一身冷汗，乃是南柯一梦[57]。忙身参礼母亲，又被母亲絮了许多闲话。奴家口虽无言答应，心内思想梦中之事，何曾放怀。行坐不宁，自觉如有所失。娘呵，你教我学堂看书去，知他看那一种书消闷也。（作掩泪介）

【绵搭絮】雨香云片[58]，才到梦儿边。无奈高堂，唤醒纱窗睡不便。泼新鲜冷汗粘煎[59]，闪的俺心悠步嚲[60]，意软鬟偏。不争多费尽神情[61]，坐起谁忺[62]？则待去眠。（贴上）"晚妆销粉印，春润费香篝[63]。"小姐，薰了被窝睡罢。

【尾声】（旦）困春心游赏倦，也不索香薰绣被眠。天呵，有心情那梦儿还去不远。

　　　春望逍遥出画堂，张说　　间梅遮柳不胜芳。罗隐
　　　可知刘阮逢人处？许浑　　回首东风一断肠。韦庄

　　　　（《牡丹亭》，汤显祖著，徐朔方、杨笑梅校注，人民文学出版社，1963）

【注释】

[1] 乱煞年光遍：眼花缭乱的春光到处都是。
[2] 炷：焚烧。沉烟：沉香燃烧的烟，这里借指沉香。沉香是一种名贵的香料，又叫沉水香。
[3] 恁（nèn）：为什么。关情：牵动人的情怀。

[4] 梅关：即江西与广东交界的大庾岭，宋代曾在此设梅关，位置在本剧故事发生地点南安。

[5] 侧着：歪戴在一边。宜春髻子：旧时立春那天，妇女剪纸作燕子形，上贴"宜春"二字，戴在头上。这里借指一种发型。

[6] 翦不断，理还乱：翦，同"剪"。李煜词《乌夜啼》中的句子，比喻杜丽娘无法摆脱因长期禁锢而产生的苦闷。

[7] 云髻二句：借用唐薛逢诗《宫词》的句子，说明杜丽娘着意打扮。

[8] 袅：飘忽不定。晴丝：春日晴朗天飘荡在空中的游丝。

[9] 没揣：不料。菱花：镜子。古时铜镜背面多雕菱花图案，故有此称。

[10] 迤（tuó）逗：引惹。彩云：对妇女头发的美称。

[11] 翠生生：形容色彩鲜艳。出落的：显得，衬托出。茜（qiàn）：鲜红色。

[12] 艳晶晶：光彩绚烂夺目。花簪八宝填：镶嵌着各种宝石的簪子。

[13] 爱好：爱美。天然：自然本性。

[14] 三春好处：比喻自己的美貌。

[15] 沉鱼落雁：形容女子异常美丽，可使鱼儿惊得避入水中，大雁吃惊地落到地上。

[16] 羞花闭月：形容女子美丽异常，使花儿感到羞惭，使月亮躲藏起来，不敢同她比美。

[17] 泥：玷污。

[18] 惜花疼煞小金铃：《开元天宝遗事》记载，唐代天宝初年，宁王因惜花，便用红绳缀上许多小铃，拴在花梢上，有鸟雀飞落，就让园吏拉绳响铃驱赶。此处借用此典并加以夸张，说因为惜花而拉铃次数太多，使小金铃也疼得不得了。

[19] 姹紫嫣红：形容百花盛开，鲜艳美丽。

[20] 谁家：哪一家。以上两句出自谢灵运《拟魏太子邺中集诗序》："天下良辰美景，赏心乐事，四者并难。"

[21] 朝飞暮卷：语出王勃《滕王阁诗》："画栋朝飞南浦云，珠帘暮卷西山雨。"

[22] 锦屏人：指隔绝在锦绣屏风里的人，即深闺中人。忒：太。韶光：春光。

[23] 啼红了杜鹃：以杜鹃鸟啼血来比喻开遍了红艳艳的杜鹃花。

[24] 荼蘼（tú mí）：即酴醾，一种落叶灌木，晚春初夏开白花。烟丝：即游丝。

[25] 牡丹二句：牡丹虽美，但花开太迟，怎能占春花之先呢？皮日休咏牡丹诗有"独占人间第一春"句。牡丹在春末时才开花，故有此反问。这是表现杜丽娘对青春被耽误的幽怨。

[26] 凝眄（miǎn）：注视。生生句：乳燕柔美的叫声明快如剪。

[27] 缱（qiǎn）：留恋。

[28] 映山紫：杜鹃花的一种。

[29] 宜春面：饰有宜春发髻的新妆。

[30] 折桂之夫：称心的丈夫。折桂，原指科举及第。

[31] 蟾宫之客：意同"折桂之夫"。蟾宫，即月宫，传说月宫中有桂树。

[32] 韩夫人得遇于郎：唐僖宗时，宫女韩氏题诗红叶，从御沟中流出，被于祐拾到。于祐也以红叶题诗投入御沟上流，传给韩氏。后来二人结为夫妇。见《青琐高议·流红记》。汤显祖的友人王骥德曾以这个故事写成《题红记》，见王骥德《曲律·杂论》。

[33] 张生偶逢崔氏：指张君瑞相逢崔莺莺的故事。下面的《崔徽传》是另外一个故事，见《丽情集》。妓女崔徽和裴敬中相爱，别后不复见。崔请画工画一像捎给裴，并说："崔徽一旦不及卷中人，徽且为郎死矣！"这里《崔徽传》疑是《莺莺传》或《西厢记》之误。

[34] 偷期：幽会。

[35] 秦晋：春秋时秦晋两国世代联姻，后泛指联姻或结为夫妇。

[36] 及笄：古代女子十五岁始以笄束发，叫及笄。意指已成年，到了婚配的年龄。

[37] 岂料命如一叶：源于元好问词《鹧鸪天·薄命妾》：“颜色如花画不成，命如叶薄可怜生。”

[38] 没乱里：心绪缭乱、着急。幽怨：深深的怅怨。

[39] 小婵娟：姿容美丽的少女。

[40] 一例里：一律，一定。神仙眷：名门姻缘。

[41] 则索因循腼腆：只得照旧羞涩地（想着）。

[42] 淹煎：受煎熬，遭磨折。

[43] 隐（yìn）几而眠：靠着几案睡着。

[44] 阮肇到天台：刘义庆《幽明录》写东汉刘晨和阮肇到天台山桃源洞遇见仙女的故事。此借指遇见爱人。

[45] 是答儿：这里。

[46] 袖梢句：用牙咬着袖边以作遮盖。揾，用手揩拭。苫，用草编的覆盖物。一晌：一会儿。

[47] 早难道：难道之意，但语气较强。

[48] 催花御史：《说郛》卷27《云仙散录》引《玉尘集》：“（唐）穆宗，每宫中花开，则以重顶帐蒙蔽栏槛，置惜花御史掌之。”

[49] 蘸：指红雨（落花）沾在人的身上。

[50] 单则三句：形容幽会。

[51] 景上缘，想内成：喻姻缘短暂，是不真实的幻梦。因中见（现）：佛家认为一切事物都由因缘和合而成。景，影，与“想”、“因”都是佛家的说法。

[52] 展污：玷污、弄脏。

[53] 鬼门：一作“古门”，戏台上演员的上、下场门。

[54] 黄堂：古时太守衙中的正堂。

[55] 消停：休息。

[56] 弱冠：二十岁。冠，男子到二十岁行加冠礼，表示已经成人。

[57] 南柯一梦：唐人传奇故事载，淳于梦梦见自己被大槐安国国王招为驸马，做南柯太守。历经荣华富贵，人世浮沉，醒后发现槐安国不过是大槐树下的一个蚁穴，南柯郡是另外一个蚁穴。后来“南柯”被用作梦的代称。

[58] 雨香云片：喻梦中的幽会。

[59] 粘煎：即粘贴、胶贴。

[60] 闪的俺：弄得我，害得我。心悠步躯（duǒ）：心绪缠绵，脚步挪不动。躯，偏斜。

[61] 不争多：差不多，几乎。

[62] 忺（xiān）：高兴，惬意。

[63] 香篝（gōu）：熏衣用的熏笼。

【评析】

　　《牡丹亭》又名《还魂记》，是“临川四梦”之一，是一个死而复生的故事。

　　《牡丹亭》全剧共55出，写南安太守杜宝之女杜丽娘与青年书生柳梦梅离奇的爱情故事，由此表达了作者“至情”的理念。通过杜丽娘典型形象的塑造，传达出作者对青年男女反抗封建礼教、要求个性解放、追求自由婚姻的歌颂，以及对封建礼教与封建家长制的虚伪与残酷的揭露。

汤显祖在《牡丹亭记题词》中说："情不知所起，一往而深。生者可以死，死者可以生。生而不可以死，死而不可以复生者，皆非情之至也。"作者对"情"的感悟，不知令多少人共鸣。据蒋瑞藻《小说考证》记载，有位才女冯小青在阅读《牡丹亭》后，写下绝命诗"人间亦有痴如我，岂独伤心是小青"后而亡；杭州名伶商小玲在上演《牡丹亭》时被深深打动，过度心衰而亡。总之，《牡丹亭》诞生后的地位与影响，正如明人沈德符所言"家传户诵，几令西厢减价"（《顾曲杂言》），而汤显祖也说："一生四梦，得意处惟在牡丹。"

《惊梦》选自《牡丹亭》第十出，包括游园和惊梦两段，演出时通称为《游园惊梦》。《游园》部分分别由【绕池游】、【乌夜啼】、【步步娇】、【醉扶归】、【皂罗袍】与【好姐姐】六支曲子组成。前三支曲子写杜丽娘游园前，晨起、梳妆、穿戴整个过程中的心理活动，她渴望大自然，感叹青春年华的短暂，同时又有刚刚步出闺阁之门的贵族小姐的娇羞之情。后三支曲子写杜丽娘游园过程中所见到的动人的春景。目有所见，心有所感，满园春色，勾起了杜丽娘伤春的愁闷，引发了杜丽娘对青春的思索，唤起了她的觉醒。这就为下面的《惊梦》做好了铺垫。《惊梦》部分也由六支曲子组成，分别是：【山坡羊】、【山桃红】、【鲍老催】、【山桃红】、【绵搭絮】与【尾声】。主要写杜丽娘由对青春的思索引发的对梦境中所见的感悟，和柳梦梅的梦中相遇，又引发了后来杜丽娘由梦生情、因情生病、因病而死、死而复生的离奇故事。

游园惊梦这出戏写得既大胆又含蓄，情景交融，情文并茂，词曲典丽，富于浪漫色彩。

【练习】

1. 杜丽娘情感变化的主因是什么？
2. 结合《牡丹亭》，谈谈汤显祖的"至情观"。

（李雪荣）

晚游六桥待月记[1]

袁宏道

袁宏道（1568—1610），字中郎，号石公，湖广公安（今属湖北）人。明万历二十年进士，曾任吴县（今江苏苏州）知县，官至吏部郎中。在晚明文学领域中，与其兄袁宗道、弟袁中道开创了一个很有影响的反对复古主义的文学派别"公安派"，时称"三袁"。他们反对前、后七子所倡导的"文必秦汉，诗必盛唐"的拟古主义，主张文学作品要"独抒性灵，不拘格套"。而其中以袁宏道的影响尤为突出，其作品在创作上打破传统古文模式，注重情感的自然流露，有感而发，直抒胸臆，语言清新明快，不事雕琢，追求洒脱自如、轻巧流利的创作效果。有《袁中郎全集》。

　　西湖最盛[2]，为春为月[3]。一日之盛，为朝烟，为夕岚[4]。今岁春雪甚盛，梅花为寒所勒[5]，与杏桃相次开发，尤为奇观。石篑数为余言[6]：傅金吾园中梅[7]，张功甫家故物也[8]，急往观之。余时为桃花所恋，竟不忍去。湖上由断桥至苏堤一带，绿烟红雾，弥漫二十余里。歌吹为风[9]，粉汗为雨[10]，罗纨之盛[11]，多于堤畔之草，艳冶极矣[12]。

　　然杭人游湖，止午未申三时[13]；其实湖光染翠之工，山岚设色之妙，皆在朝日始出，夕春未下[14]，始极其浓媚[15]。月景尤不可言，花态柳情，山容水意，别是一种趣味。此乐留与山僧游客受用[16]，安可为俗士道哉！

　　　　（《袁宏道集笺校》，袁宏道著，钱伯城笺校，上海古籍出版社，1981）

【注释】

[1] 六桥：西湖苏堤上的六座桥，由南向北依次名为映波、锁澜、望山、压堤、东浦、跨虹。
[2] 盛：美好。
[3] 为春为月：春天的月夜。
[4] 朝：早晨。烟：像烟一样的云气等物。夕岚：傍晚山里的雾气。岚，山林中的雾气。
[5] 勒：制约、控束。
[6] 石篑：即陶望龄，字周望，号石篑。明万历年进士，袁宏道的朋友，公安派作家。数（shuò）：多次。
[7] 傅金吾：姓傅的宫廷宿卫，明代禁军中有金吾卫。金吾，官名。
[8] 张功甫：南宋将领张峻的孙子。
[9] 歌吹为风：美妙动听的音乐随风飘扬。
[10] 粉汗为雨：带粉香的汗水如春雨洒在身上一般流淌。
[11] 罗纨：这里是指穿着绫罗绸缎衣服的人。纨，很细的丝织品。
[12] 艳冶：艳丽妖媚。冶，形容女子装饰的艳丽。
[13] 午未申：指午时、未时、申时三个时辰，相当于现在从上午十一时至下午五时的这一段时间。
[14] 夕春：夕阳。
[15] 媚：美好。
[16] 受用：享用。

【评析】

　　袁宏道的这篇山水游记，围绕着西湖的"春"与"月"进行描绘，虽然题为"晚游六桥待月",却始终没有正面描写待月的情景,而是将春色之盛美作为主要的描写对象,营造出一种春意盎然、情景契合的景象。

作者开篇概述要旨,指出西湖最美的时节应是在春风轻拂的宁谧月色中,而一天中最美的时候则是在云气缭绕的清晨和雾气沉沉的傍晚时分,显示出作者与众不同的审美倾向和情趣。作者详写春日风景时没有着力去刻画渲染,而是先从春雪覆盖下的西湖景色写起。正是因为春雪的影响,使得往年应该最早盛开的梅花延续到现在才与桃花、杏花等次第开放,争奇斗艳,形成难得一见的奇观。小品描写了西湖的春色之美。

而从断桥至苏堤这一带,绿树掩映、薄雾环绕,美丽香艳的鲜花竞相开放,美妙悠扬的音乐轻轻拂过,娇柔妩媚的女子身上的粉汗如细雨般纷纷飘落,身着绫罗绸缎的士大夫来来往往,人与景交相辉映,情与意和谐相融。小品描写了西湖春游热闹的场面。

最后作者又一次提出了自己独特的感受和见解,认为西湖最美的景色可以是在太阳刚刚升起和夕阳尚未落下之时。日出时霞光万丈映衬着碧波流淌,日落时云蒸雾霭笼罩着清苍山色。而最美的时候就是有月的夜色了,月光在氤氲中酝酿,静谧深远,湖水在烟波中荡漾,柔和空濛,空气中清新淡雅的花香,河岸旁摇曳多姿的翠柳,远眺处连绵起伏的山群,展现着暮春时节江南的胜景,别有一番情趣。但是这种乐趣也不是人人都会感受到的,只能留予有识之士和山僧享用,并不是一般凡夫俗子可以理解的。

全文以作者自身的审美感受为线索,贯穿情景的转换,用平淡自然的语言记述了对西湖月夜春色的感受。虽然没有大肆渲染,却通过几笔简单平实的勾勒突出了春季西湖之美,使山水间充盈着人的情怀与灵性。通过对一景胜似一景的描写,烘托出对夜色中月的期待心理,也表现出作者独特的人生情怀和审美感受。

【练习】

1. 作品是如何描写西湖美景的?
2. 这篇散文表现了作者怎样的人生态度和审美情趣?

(宿月)

湖心亭看雪

张 岱

张岱(1597—?),一名维城,字宗子,号陶庵,晚号六休居士,山阴

（今浙江绍兴）人。是明末清初著名的文学家、史学家。张岱出生官宦世家，一生以明清易代分为前后两段。青年时自称"少为纨绔子弟，极爱繁华"，明朝灭亡后，披发入山，隐居剡溪，守节明志。陶庵虽无缘功名，却笔耕不辍，尤擅散文，著有《琅嬛文集》、《陶庵梦忆》、《西湖梦寻》，辑有《三不朽图赞》、《夜航船》。

张岱的著作生前身后很长一段时间都无人刊刻，仅以稿本、抄本流传。直至民国初年，在五四白话散文的浪潮中，张岱的价值才被逐渐发现。

崇祯五年十二月[1]，余住西湖。大雪三日，湖中人鸟声俱绝。是日更定矣[2]，余拏一小舟[3]，拥毳衣炉火[4]，独往湖心亭看雪。雾凇沆砀[5]，天与云、与山、与水，上下一白。湖上影子，惟长堤一痕[6]，湖心亭一点，与余舟一芥，舟中人两三粒而已。

到亭上，有两人铺毡对坐，一童子烧酒炉正沸。见余大喜，曰："湖中焉得更有此人！"拉余同饮。余强饮三大白而别[7]。问其姓氏，是金陵人，客此。及下船，舟子喃喃曰："莫说相公痴，更有痴似相公者！"

（《陶庵忆梦·西湖梦寻》，张岱著，夏咸淳等校注，上海古籍出版社，2001）

【注释】

[1] 崇祯五年：公元 1632 年。
[2] 更定：更，古代夜间的计量单位，一更约两小时。定，停止，结束。一夜为五更，更定时分应为五更之后，大约在凌晨五点左右。
[3] 拏（ná）：牵引。这里解释为驾船。
[4] 毳（cuì）衣：毛皮制的大衣。
[5] 雾凇（sōng）：雾气凝结在树枝上的白色冰晶，通称树挂。沆砀（hàng dàng）：指空中白气弥漫。这句是说雪后雾气弥漫，树挂漫天。
[6] 长堤一痕：形容西湖长堤在雪中只隐隐地露出一道痕迹。
[7] 大白：大酒杯。

【评析】

山水游记是晚明小品的重要体裁，不仅作家众多，作品数量也非常巨大，且佳作如林。作为晚明小品的领军人物，张岱自然创作了相当数量的小品文，其中最脍炙人口的当属这篇《湖心亭看雪》。

作者以清新淡雅的笔触，描绘了雪后西湖清绝、静谧的景象，同时用平实、洗练的语言再现了与亭中过客的酣畅对酌的情景。洗练的语言是本文最大的特点。全文虽不足二百字，却融叙事、写景、抒情于一体。尤其令人惊叹的是作者的锤炼功夫，"湖上影子，惟长堤一痕，湖心亭一点，与余舟一芥，舟中人两三粒而已"几句，仅用"一痕、一点、一芥、两三粒"这几个简单的数量词，就完美地展现了天长地广的博大境界，甚至将此时万籁寂静的淡远气氛都全部传达出来，真令人拍案叫绝。

造就如此境界的法宝，则是作者如画家横披长卷似的远眺视角。张岱非常喜欢登高远眺，如此便可将山川景物尽收眼底，才可能看到天地的广博，看到"雾凇沆砀，天与云、与山、与水，上下一白"和事物的渺小，连西湖的长堤在此时都化为细微的一痕。将西湖雪景通过舟中远眺的独特视角展现，不能不说是张岱的独特之处。

有景必有情，《陶庵梦忆》、《西湖梦寻》均写于明朝灭亡后作者避世山中时期，由此可见这是一篇追忆之作。作为明遗民作家，追忆前尘往事，以怀故国之思，是他们的共同特点，但张岱的独特之处在于作品还流露出了自己的气质和"以淡为宗"的审美意趣。雪后的西湖失去了往日的热闹、繁华，到处都是一片宁静，这令不随流俗、高雅孤立的作者心中欣喜异常。他在大雪初停的瞬间，驾舟前往西湖，想要体会别样的西湖美景。没想到却意外发现亭上已有两人铺毡对坐，由想独赏雪景到意外发现，写出了作者心中的惊喜，可是特立独行的作者却反写二位"见余大喜"，实则表达自己心中的喜悦，其笔法的灵活善变可见一斑。三人把酒对酌颇似他乡遇知音，可是一句"客此"令作者和读者皆心生寒意。本以为作者会由此结交两个志同道合的好友，没曾想只是路过此地，今日一别，不知再聚是何时了，刚才心中腾起的暖意如今又不知消散到何处了，怅惘之情油然而生。知音难觅，世事无常的感慨由此幽幽传出，意味深长。本以为文章会就此打住，可是非常之人有非常之法，最后作者用舟子的喃喃低语呈现出了三人的痴狂，突出了作者孤寂淡泊、倾心山水的独特品质。全篇情感曲折悠长，似一杯香茶萦绕心头，可谓文情荡漾，余味无穷。

【练习】

1. 文中作者引用舟子的话有何用意？
2. 作者写景使用了什么手法？

（闫潇宏）

潍县署中画竹呈年伯包大中丞括[1]

郑　燮

郑燮（1693—1765），字克柔，又号郑板桥，人称板桥先生，为清代"扬州八怪"之一，江苏兴化人。乾隆元年进士，曾任山东范县知县，后调潍县，以岁饥为民请赈，开仓赈贷，活万余人，忤逆大吏，遂以疾病乞归。去官之日，百姓痛哭挽留，家家画像以祀。郑板桥自幼颖悟，绰有文名，性格落拓不羁，疏宕洒脱，常与禅门尊宿、羽林子弟往来交游，放言高论，臧否人物，无所忌讳。其诗词书画皆旷世独立，自成一家，藐视古人，独青睐于明人徐渭的笔墨真趣。所画兰草竹石，奇纵清俊，高雅别致；书法挺秀，间以画法为之，有出于尘表之意；诗歌取道性情，言情叙事，恻恻动人，常常是兴致所至，有感而发，体格风貌近于白居易、陆游。也因此，人多以"郑虔三绝"称之。郑燮堪称清代具有代表性的文人画家。

衙斋卧听萧萧竹[2]，疑是民间疾苦声。些小吾曹州县吏[3]，一枝一叶总关情。

（《郑板桥集》，郑燮著，上海古籍出版社，1979）

【注释】

[1] 潍县：今山东省潍坊市。年伯：古人称同一年考取进士的人为"同年"，"年伯"是晚辈对与父辈同一年考取进士的人的尊称，或称伯叔，亦泛指父辈。包大中丞括：指长辈包括。包括为康熙四十五年进士，浙江钱塘人，乾隆初，官任山东登莱青道，七年迁山东布政使，署理巡抚。大中丞，是对巡抚的尊称，将官职列于姓氏之后，是古人称谓的一种习惯。

[2] 衙斋：官邸中的书房。萧萧：风吹竹子发出的声响。

[3] 些小：指官职的卑贱低微。吾曹：犹我辈，我们。

【评析】

　　郑燮的这首诗是一首题画诗，严格说来，是一首题写在画面上的诗歌作品。其与竹画，以及题写的书法一并显示了郑燮非凡的才气与才情。题画诗，尤其是画上题诗，其解读应与一般诗歌作品相区别。因为题画诗关联着书法与绘画的格调，尤其与画风相互动，相表里。一般来说，题画诗的开端源自唐代，而大量的画上题诗则出现于元代。这显示了中国文艺发展的一种新的形式，也加深了诗书画之间内在因素的融合。宋代出现的文人画，为这一形式的发展提供了依据。文人画，又称文人"墨戏"，它是文人士大夫以性情为画，以书法入画的艺术创造，而不同于传统的职业画家的作品。自宋以后，文人画占据了中国绘画的主流，并在元明清时代出现了繁荣局面。郑板桥的竹画以及画上题诗，在精神处得文人画滋养最为深厚。

　　由于郑板桥的竹画所赠予的对象是他的长辈，又是他的上级领导，所以绘画的雅致与题诗的格调必须合乎上下级的交往礼仪。尽管他的绘画审美对明人徐渭的洒落笔墨极为钦佩，但在这个时候，表达礼义要比直抒性灵更为重要。因此，竹子的形象在此寄托的并非是文人萧散隐逸的风致，而是与政治有关的士大夫情结。题诗在增容意境的同时，将绘画审美引向了浓厚的现实关怀。诗的前两句点明主题，谓在书舍所观风中之竹，所闻萧萧之声，乃是民间疾苦的写照。郑燮的这层联想并非偶然，从其在潍县的政绩来看，他在百姓饥荒之际，开仓赈灾，已能深深体会到民间疾苦与民生治理的问题。而其署名"潍县署中画竹"，也说明郑燮绘画题诗的时间正是在潍县任上。他于此时以诗书画的形式，赠予上级领导包括，其意义恐怕不仅仅出于一般的交往礼仪。后两句现身说法，虽自身官职卑微，仍时刻不忘民生疾苦，来暗示希望能够得到大中丞的理解与支持。这种含蓄的话语，亦带有委婉讽谏的意味。他在高雅的诗文书画中非常体面、恰当地表达了自我的意愿，显示出中国诗学"主文谲谏"的艺术精神。

郑燮将文人画艺术赋予了强烈的现实感，这与诗歌精神的渗透是有关系的。文人画以性情自适为中心，翰墨淋漓，不计工拙，其所展现的是文人洒落个性的张扬；以传统诗学的讽喻精神而言，诗歌讲究温柔敦厚，止乎礼义，主文谲谏。中国艺术的诗画合璧，在相互融通的过程中，于形式、于精神都展现出新的面貌。郑燮的这首题画诗便是一个很好的例子。

【练习】

1. 什么是题画诗，其形式、发展如何？
2. 郑燮题画诗在表达现实关怀方面是如何暗合中国诗学精神的？
3. 郑燮题画诗有哪些新的创造？

　　　　　　　　　　　　　　　　　　　　　　　　　　（陈博涵）

登泰山记

姚　鼐

姚鼐（1731—1815），字姬传，号惜抱，人称惜抱轩先生，桐城（今属安徽）人。乾隆二十八年进士，官至刑部郎中，曾任四库馆纂修官。辞官后先后主讲于江南紫阳、钟山等书院40余年。姚鼐是"桐城派"古文的重要代表作家之一，他继承并发展了方苞及刘大櫆的论文主张，壮大了古文的声势，主张合义理、考据、文章为一，调和汉学与宋学之间的矛盾，以写出至善至美的文章为目的。注重形式技巧在古文创作中的运用，认为作文应从模拟古文的格律声色入手，把文章的艺术要素提炼为"神、理、气、味"和"格、律、声、色"八字，以纠正古文创作中空疏不实的流弊。在文学创作中，姚鼐的古文以韵味胜，寓考据于辞章，内容平实，结构严谨，阐明基本的中心思想和观点，不作材料文字的堆砌罗列，文风简洁平淡，凝练生动，对清中叶以后的散文创作影响很大。著有《九经说》、《惜抱轩全集》等。

　　泰山之阳[1]，汶水西流[2]；其阴，济水东流[3]。阳谷皆入汶[4]，阴谷皆入济。当其南北分者，古长城也[5]。最高日观峰，在长城南十五里。余以乾隆三十九年十二月[6]，自京师乘风雪[7]，历齐河、长清[8]，穿泰山西北谷，越长城之限[9]，至于泰安[10]。是月丁未[11]，与知府朱孝纯子颖由南麓登[12]。四十五里，道皆砌石为磴[13]，其级七千有余。泰山正南面有三谷[14]。中谷绕泰安城下，郦道元所谓环水也[15]。余始循以入，道少半[16]，越中岭，复循西谷，遂至其巅。古时登山，循东谷入，道有天门[17]。东谷者，古谓之天门溪水，余所不至也。今所经中岭及山巅崖限当道者[18]，世皆谓之天门云。道中迷雾冰滑，磴几不可登。及既上，苍山负雪，明烛天南[19]，望晚日照城郭、汶水、徂徕如画[20]，而半山居雾若带然[21]。戊申晦[22]，五鼓[23]，与子颖坐日观亭[24]，待日出，大风扬积雪击面，亭东自足下皆云漫[25]，稍见云中白若樗蒲数十立者[26]，山也。极天云一线异色[27]，须臾成五采。日上正赤如丹，下有红光动摇承之。或曰，此东海也[28]。回视日观以西峰，或得日、或否，绛皓驳色[29]，而皆若偻[30]。亭西有岱祠[31]，又有碧霞元君祠[32]。皇帝行宫在碧霞元君祠东。是日，观道中石刻，自唐显庆以来[33]，其远古刻尽漫失[34]；僻不当道者皆不及往。山多石，少土。石苍黑色，多平方，少圜。少杂树，多松；生石罅[35]，皆平顶。冰雪[36]，无瀑水[37]，无鸟兽音迹。至日观数里内，无树，而雪与人膝齐。桐城姚鼐记。

　　　　　　　　（《惜抱轩诗文集》，姚鼐著，刘季高标校，上海古籍出版社，1992）

【注释】

[1] 泰山：我国五岳之一，称为"东岳"，在今山东省泰安市城北。阳：山的南面。下文"阴"，山的
　　北面。

[2] 汶水：此处指大汶河。发源于山东莱芜东北的原山，向西南流经泰安东。

[3] 济水：也称沇水。发源于河南济源的王屋山，东流入山东。清中期，济水在山东的河道为黄河所
　　夺，但发源处尚存。

[4] 阳谷：泰山南面山谷中的水流。

[5] 古长城：指战国时齐国所筑的长城。

[6] 乾隆三十九年：即公元 1774 年。

[7] 京师：指清都北京。

[8] 历：经过。齐河、长清，均山东省县名。

[9] 限：户限（门下横木）。长城横过泰山，像一条门槛。

[10] 泰安：在泰山南面，清代为泰安府治所。

[11] 是：这。是月丁未，指这年阴历十二月二十八日。

[12] 朱孝纯：字子颍，山东历城人，乾隆年间进士，他与姚鼐都是刘大櫆的弟子。

[13] 磴：山路的石级。

[14] 三谷：指泰山东西南三天门及东、西、中三溪，是泰山风景胜地。

[15] 郦道元：字善长，北魏范阳（今河北省涿州市）人。著有《水经注》40卷。环水：指泰安的护城河。

[16] 少半：小半。

[17] 天门：泰山天门有三处：一天门、中天门、南天门，过南天门再登五、六里山路，即至峰顶。

[18] 崖限：像户限一样的山崖。

[19] 烛：此处作动词解，照：明烛天南，承上句而言，意谓高山上的雪光映照着南面的天空。

[20] 徂徕：山名，在泰安城东南四十里。

[21] 半山居雾若带然：半山腰上停留着的云雾像一条带子似的。

[22] 戊申晦：戊申这一天正是月底。晦，阴历每月的最后一天。

[23] 五鼓：五更天，指黎明之前。

[24] 日观亭：日观峰上的亭子，泰山顶上观日出处。

[25] 漫：弥漫。

[26] 樗蒲：古代赌博游戏的用具，共有五子，以木制成，故又称"五木"。犹后来的骰子。

[27] 极天：天边。

[28] 东海：泛指东方的海。

[29] 绛：红色。皓：白色。驳：杂。此句承上句而言，意谓日观峰以西诸峰，有的被日光照着，有的没有被照着，故或红或白，颜色错杂。

[30] 皆若偻：都像弯腰曲背的样子。

[31] 岱祠：东岳大帝的庙，即东岳祠，也称玉帝观。东岳泰山也称岱宗，所以东岳庙又称岱祠。

[32] 碧霞元君：女神，传说系东岳大帝之女。

[33] 显庆：唐高宗年号（656—660）。

[34] 漫失：弥漫消失。

[35] 罅：裂缝、缝隙。

[36] 冰雪：到处都是冰雪的意思。

[37] 瀑水：瀑布。

【评析】

　　《登泰山记》是姚鼐脍炙人口的传世名篇，通过对东岳泰山自然环境的细致描绘，寄托了作者美好的生活情趣和人生追求。全文以日观峰为主要描写对象，既写出总体的地理特征和风物景观，又仔细描写了登山的经过，尽管杂以考证，但一气呵成，章法井然。

　　文章随行状景，首先介绍泰山的地理位置。姚鼐辞官回乡，路过泰安，兴致勃勃地邀请好友一同登泰山，冒着风雪严寒，阶滑雾迷，登上了日观主峰。登高临远，纵目四顾，山上晶莹的白雪映照着南面的天空，雪压群山，一片银装素裹。在半山腰处围绕着带状的烟雾，仿佛山峦在雾霭的怀抱中，空濛迷离。雄伟的泰山山水交错，地势高峻，气势恢宏，夕阳下的城郭，如诗如画，即是一幅写意的雪中泰山全景图。临近黎明时分，作者与友人在日观亭等待日出，大风扬起的雪花迎面而来，朵朵白云慢慢铺开犹若檞蒲，极目远眺，壮美的景色尽收眼底。日出的神奇变化，以茫茫白雪作为映衬，营造出壮阔的气氛。日光所及之处，在天边呈现一线异色，继而化成五彩霞光，太阳跃出，瞬间红彤赤炎，霞光灿烂，使日出的场景显得光芒四射，壮伟辽阔。

　　作者运用自然景色中动态美与静态美的结合，以白雪、日光、云霞、烟雾等作为衬托，描绘出泰山雄伟巍峨、险拔奇崛的态势。全文结构严整、兴象宏阔，意境深远，景与情之间契合相融，是一篇脍炙人口的山水游记。

【练习】

1. 作者是怎样写泰山日出的？
2. 读万卷书，行万里路。你写过游记么？

（宿月）

哀盐船文

汪　中

　　汪中（1744—1794），字容甫，江都（今江苏扬州）人。七岁丧父，家境贫困无力就学，由母亲邹氏教读。稍长，因为帮助书商贩书，能够博览经史百家典籍。乾隆年间为拔贡生后不再应举。成年之后外出依附幕府。汪中禀性亢直，嫉恶如仇，不流于时俗，又恃才傲物，敢于面批人过，被视为"狂人"。汪中为清代杰出的学者，同时在诗文创作方面也有极高成就。他的诗作语言流畅，哀丽之外又透露一股愤激不平之情，时人称"清韵出尘，迥非时流所及"。他的骈文创作吸收了六朝小赋注重抒情的优点，不堆砌词藻典故，重在以情驭文，气运文转，情致高远，因此他被目为乾嘉时期最重要的骈文家之一。著述颇多，有《述学》、《容甫遗诗》各6卷，《广陵通典》10卷等。

　　乾隆三十五年十二月乙卯[1]，仪征盐船火[2]，坏船百有三十，焚及溺死者千有四百。是时盐纲皆直达[3]，东自泰州[4]，西极于汉阳[5]，转运半天下焉。惟仪征缩其口[6]。列樯蔽空[7]，束江而立，望之隐若城郭。一夕并命[8]，郁为枯腊[9]，烈烈厄运[10]，可不悲邪！

于时玄冥告成[11]，万物休息，穷阴涸凝[12]，寒威凛栗[13]，黑昚拔来[14]，阳光西匿。群饱方嬉[15]，歌咢宴食[16]。死气交缠[17]，视面惟墨[18]。夜漏始下[19]，惊飙勃发[20]，万窍怒号[21]，地脉荡决[22]，大声发于空廓，而水波山立。

于斯时也，有火作焉[23]。摩木自生[24]，星星如血[25]。炎光一灼[26]，百舫尽赤。青烟睽睽[27]，熛若沃雪[28]。蒸云气以为霞，炙阴崖而焦熱[29]。始连楫以下硋[30]，乃焚如以俱没[31]。跳踯火中，明见毛发。痛暮田田[32]，狂呼气竭。转侧张皇[33]，生涂未绝[34]。倏阳焰之腾高[35]，鼓腥风而一映[36]。洎埃雾之重开[37]，遂声销而形灭[38]。齐千命于一瞬，指人世以长诀。发冤气之焄蒿[39]，合游氛而障日[40]。行当午而迷方[41]，扬沙砾之嫖疾[42]。衣缯败絮[43]，墨查炭屑[44]，浮江而下，至于海不绝。

亦有没者善游，操舟若神，死丧之威，从井有仁[45]；旋入雷渊，并为波臣[46]。又或择音无门[47]，投身急濑[48]，知蹈水之必濡[49]，犹入险而思济[50]。挟惊浪以雷奔，势若陆而终坠[51]，逃灼烂之须臾，乃同归乎死地。积哀怨于灵台[52]，乘精爽而为厉[53]。出寒流以浃辰[54]，目眳眳而犹视[55]。知天属之来抚[56]，愁流血以盈眦[57]，诉强死之悲心[58]，口不言而以意[59]。

若其焚剥支离[60]，漫漶莫别[61]，圜者如圈[62]，破者如玦[63]。积埃填窍[64]，擢指失节[65]，嗟狸首之残形[66]，聚谁何而同穴[67]。收然灰之一抔[68]，辨焚余之白骨。呜呼，哀哉！

且夫众生乘化[69]，是云天常[70]，妻孥环之[71]，绝气寝床。以死卫上[72]，用登明堂[73]，离而不惩[74]，祀为国殇[75]。兹也无名，又非其命，天乎何辜，罹此冤横[76]？游魂不归，居人心绝[76]。麦饭壶浆[77]，临江呜咽。日堕天昏，凄凄鬼语。守哭迡遭[78]，心期冥遇[79]。惟血嗣之相依[80]，尚腾哀而属路[81]。或举族之沉波，终狐祥而无主[82]。悲夫！丛冢有坎[83]，泰厉有祀[84]。强饮强食，冯其气类[85]。尚群游之乐[86]，而无为妖祟[87]！人逢其凶也邪？天降其酷也邪？夫何为而至于此极哉！

（《汪中集》，汪中著，王清信、叶纯芳点校，中央研究院
中国文哲研究所筹备处，2000）

【注释】

[1] 乾隆三十五年：即公元 1770 年。十二月乙卯：十二月十九日。按《嘉庆扬州府志》作乾隆三十六年十二月，《重修仪征县志》作乾隆三十六年十二月十九日，都与本文记年不同。

[2] 仪征：今江苏省仪征市，清属扬州府，长江下游重要河运转运码头。

[3] 盐纲：旧时凡转运大批货物，需分批起行，每批计其车辆船只，编立字号，称为一纲。如茶纲、盐纲、花石纲等。这里指往来于长江和运河中的盐纲运盐船队。

[4] 泰州：盐产地，清属扬州府。今江苏泰州，位于仪征东面。

[5] 汉阳：今武汉汉阳区。

[6] 绾（wǎn）其口：控扼盐运的水路要口。比喻处于水运的中枢地位。

[7] 列樯蔽空：船上的桅杆排列，遮蔽天空。

[8] 并命：同时丧命。文中是指人、船同时灭亡。

[9] 郁为枯腊（xī）：此指人被烈焰烤炙，变成了焦枯的干肉。郁，积聚的样子。腊，干肉。

[10] 烈烈：火焰炽盛的样子。

[11] 玄冥：主管冬令的神。告成：完成使命。此句是说冬季即将结束。

[12] 穷阴：极阴，指岁末寒冬极其阴沉的天气。涸凝：指阴气极盛，几至凝结。

[13] 凛栗：寒冷得使人战栗。

[14] 黑眚（shěng）：黑色雾气。拔来：突然袭来。

[15] 群饱方嬉：大伙吃饱了，正在嬉戏游乐。

[16] 咢（è）：击鼓而歌。此指无伴奏而歌唱。

[17] 死气交缠：迷信的说法，认为人将遇凶祸，会有死气出现。

[18] 墨：晦色。

[19] 夜漏始下：计时的漏壶刚下滴。指天刚晚。漏，古代计时器。

[20] 惊飙（biāo）：暴风。勃发：突然发生。

[21] 万窍怒号：形容暴风大作，地上千穴万孔都发出吼叫声。

[22] 地脉：地的脉络，指江水。水行地中，就像人的脉络一样。荡决：震荡涌溢。

[23] 作：兴起。

[24] 摩木自生：此处是说木与木相摩擦而生火。

[25] 星星如血：形容星星之火显明刺目。星星，犹点点。

[26] 炎炎：炽烈的大火。

[27] 睒（shǎn）睒：光焰闪烁的样子。

[28] 熛（biāo）若沃雪：此句是说火焰迸飞入水，如同沸水浇雪一样。熛，迸飞的火焰。沃雪，用沸水浇雪。

[29] 阴崖：阴暗潮湿的堤岸。焦爇（ruò）：烧焦。爇，燃烧。

[30] 连樯：船连在一起。樯，船桨，代指船。下碇：抛锚。碇，船停泊时沉入水中用来系船的石头。

[31] 焚如以俱没：一起焚烧而沉没。如，语助词。

[32] 痛謈（bó）：痛楚的呼叫声。田田：象声词，捶胸的声音。

[33] 张皇：慌张，惊慌。

[34] 生涂：生路。

[35] 倏：迅疾。阳焰：明亮的火焰。

[36] 鼓腥风而一哕（xuè）：腥风吹过，发出一种轻微的声音。哕，轻微的气流声。

[37] 洎（jì）：及，到。

[38] 声销而形灭：火灭后，人不但没有喊声，形体也消失了。

[39] 焄（xūn）蒿：焄，指气；蒿，指气的蒸发。此指死人的冤气散发。

[40] 游氛：游荡于空中的凶气。氛，凶气。

[41] 当午：正午。迷方：迷失方向。

［42］嫖（piào）疾：迅猛。

［43］衣缯（zēng）败絮：好衣服和破棉絮。此指衣服的碎片。缯，丝织品的总称。

［44］墨查：浮在水面的被烧焦的木头。查，同"楂"。

［45］从井有仁：下井救人。此指涉险救人。

［46］雷渊：水底。波臣：水族。这两句是说坠入水中，一同溺水而死。

［47］择音无门：找不到避火的地方，指逃生无路。音，通"荫"。遮蔽，可以躲避的地方。

［48］急濑（lài）：湍急的水流。

［49］蹈水：投入水中。濡（rú）：沾湿，这里指淹没。

［50］思济：希望得到援救。

［51］陟（jī）：同"跻"，上升。

［52］灵台：指内心。

［53］乘：依恃。精爽：魂魄。厉：恶鬼。

［54］出寒流以浃（jiā）辰：遇难者的尸体从冰冷的江水中漂浮出来，已有十二天了。浃辰，古代以干
　　　支纪日，自子至亥一周为十二天，称之为浃辰。浃，周匝。

［55］睊（juàn）睊：侧目相视的样子。这里说死者死不瞑目。

［56］天属：即天性之亲，指父子、兄弟、姐妹等有血缘关系的亲属。抚：抚慰，悼念。

［57］慭（yìn）流血以盈眦（zì）：说死者眼眶流血。慭，伤痛。眦，眼眶。

［58］强死：横死，暴死。

［59］意：胸臆，心意。

［60］焚剥支离：肢体被烧得残缺不全。支离，分散，不全。

［61］漫漶（huàn）：模糊不清。

［62］圜（yuán）：同"圆"。

［63］玦（jué）：环形而有缺口的玉器。

［64］积埃填窍：尸体七窍充满泥土灰尘。埃，尘土。窍，七窍，指口、鼻、眼、耳七孔。

［65］攦（lì）指：手指折断。节：骨节。

［66］狸首：指形体残缺。

［67］聚谁何而同穴：不知姓名的人被同葬在一个坑穴里。谁何，何人，不知其人为谁。

［68］然：同"燃"。一抔（póu）：一掬，一捧。

［69］乘化：顺应自然规律而死。

［70］天常：自然的规律。

［71］妻孥：妻子和儿女。

［72］以死卫上：因保卫国君而死。

［73］用：因而。登明堂：指受尊敬，享祭祀。明堂，古代帝王宣政教、行祭典、策功叙德的地方。这
　　　句意为用生命保卫君王的人，在明堂上受到君王的隆重祭祀。

［74］离：此指身首分离。不慁：不悔。此句意为身首异处而不屈服。

［75］国殇：为国事而死的人。

［76］居人：留存者。指活着的亲人。

［77］麦饭壶浆：带着酒饭来祭祀。麦饭，麦子做的饭，引申为粗粝的饭食。

［78］迍邅（zhūn zhān）：行进艰难、徘徊无所的样子。

［79］冥遇：死后在地下相见。冥，死者所居之处。

［80］血嗣：嫡亲的儿孙。

[81] 腾哀：放声大哭。属路：路上接连不断。属，连续。

[82] 狐祥：即孤伤，无子无孙，死后无人供嗣。无主：无人主管祭祀。

[83] 丛冢：许多人埋葬在一处的乱坟场。坎，坑，墓穴。

[84] 泰厉：祭祀死而无后者的祠宇。

[85] 强饮强食：勉强吃点喝点。冯：通"凭"，凭借，依靠。类：一致，投合。这两句是说尽量吃些喝些，凭借着鬼友之间的气味相投而度日。这里是祭祀语，安慰鬼魂的话。

[86] 尚：崇尚。表示劝勉之词。祭中常用"尚飨"一词，此为仿用。

[87] 无为妖祟：不要作怪。

【评析】

　　《哀盐船文》是汪中在乾隆三十五年（1770）腊月他 27 岁时，由安徽回乡省亲途中目睹了盐船失火的悲剧后写的。文中对仪征沙漫州某次盐船失火时，人声哀号、衣絮乱飞的惨状和大火前后的环境、气氛作了具体、形象的描述，对船民的不幸遭难表示深切的同情，对于驱使他们奔命与死亡的社会势力表示了强烈的抗议，具有很强的现实性。风格凄厉哀婉，描写生动感人。当时正值杭世骏主持扬州安定书院，读后倍加赞赏，深以礼敬，专为此文作序，评价本文"采遗志于《大招》，激哀音于变徵"，"惊心动魄，一字千金"。

　　本文名为"哀盐船"，实际上是痛悼遇难的船民，也是我国文学史上少见的集中描写火灾景象和惨状的文章。它之所以写得如此成功，关键在于紧紧围绕一个"哀"字，集中表现作者那种极度悲愤的真情实感，引起读者的强烈共鸣。

　　文章第一段交代惨案发生的时间、地点、环境和结果。作者特别提到"坏船百有三十，焚及溺死者千有四百"，"一夕并命，郁为枯腊"。以数字表明火灾惨重，使闻之者无不扼腕叹息；第二段叙写起火之夜的情景。作者先以一大段文字渲染火灾发生前的天气情况，"玄冥告成，万物休息，穷阴涸凝，寒威懔栗，黑眚拔来，阳光西匿"，"夜漏始下，惊飙勃发，万窍怒号，地脉荡决，大声发于空廓，而水波山立"。季节、气候、时间，正是容易发生火灾的环境，这就为下文惨案的发生奠定了悲凄的基调；第三段，正面描写整个大火场面。大火突发，"百舫尽赤"，船民"跳踯火中，明见毛发，痛謈田田，狂呼气竭"，情状惨烈。大火过后，"衣缯败絮，墨查炭屑，浮江而下，至于海不绝"，其景象惨不忍睹；第四段集中笔力写船民在火中奔走呼号或死或伤的惨状。作者写他们奋力逃生，写他们互相救助，写他们"同归乎死地"；第五段对尸体的"焚剥支离"、残形各殊的描写顿时让人触目惊心，嗟叹罹难者之可哀；第六段写死者的无辜离去和生者的沉痛悼念并结以议论，对于"罹此冤横"的悲剧表示深切同情。"人逢其凶也邪？天降其酷也邪？夫何为而至于此极哉！”将情感推向了极至，悲哀之情到此达到顶点，整篇文章产生感天地、泣鬼神的巨大力量，呈现一种凄壮的震撼。

　　本文笔法灵动，气脉贯通，虽以骈体行文，却能骈散兼行。既做到了和其他骈文一样讲求句式整齐和辞藻雅丽，又能毫不雕琢，摆脱“饰其词而遗其意”的形式主义倾向，冲破僵化的“四六”文体，一洗传统骈体文板重、粘滞之弊，举重若轻，挥洒自如，信笔而就。作者总能注意把典故、辞藻化解在对场面、人物的具体描写中，且不用僻典，语言典雅而不失自然，工整而不失生动，一直用形象性、抒情性来动人之心、启人之思，“状难写之情，含不尽之意”（李详《汪容甫先生赞序》），感情强烈充沛，绝无矫揉造作之态。刘台拱在《遗诗题辞》中评价作者“钩贯经史，熔铸汉唐，宏丽渊雅，卓然自成一家”，从本文来看是中肯的。本文自问世就产生了很大的影响，实为清代骈文复兴的代表作，亦是唐代以降文学史上不多见的骈文名篇。

【练习】

1. 文中都有哪些细节描写？分别表现了怎样的情景和感情？
2. 前人评价《哀盐船文》“惊心动魄，一字千金”，你认为呢？

　　　　　　　　　　　　　　　　　　　　　　　　　　　　（王晓曦）

病梅馆记[1]

龚自珍

　　龚自珍（1792—1841），又名巩祚，字璱人，号定盦，仁和（今浙江杭州）人。道光九年（1829）进士。曾任国史馆校对、内阁中书等官职，道光十九年（1839）辞官回家，先后在杭州紫阳书院和江苏丹阳县云阳书院讲学。道光二十一年（1841）卒于丹阳。龚自珍自幼聪颖好学，并且受到了极好的文化教养与熏陶，在经学、小学与史地之学诸方面很有造诣，为今文学派代表人物，是清代著名的诗人和散文家，杰出的思想家。他一生留下了300余篇散文和800余首诗。很多作品宣传变革，干预时政，在当时乃至后世都曾产生过振聋发聩的影响。在艺术上，其诗文想象丰富，能借助新颖的比喻和蕴含丰富的意象抒写现实，在近代文学史上可谓独树一帜。龚自珍著述丰富，有《龚定庵全集》。

　　江宁之龙蟠，苏州之邓尉，杭州之西溪，皆产梅。或曰[2]：“梅以曲为美，直则无姿；以欹为美[3]，正则无景；以疏为美，密则无态。"固也[4]。此文人画士，心知其意，未可明诏大号以绳天下之梅也[5]；又不可以使天下之民斫直[6]，删密，锄正，以夭梅病梅为业以求钱也[7]。梅之欹之疏之曲，又非蠢蠢求钱之民能以其智力为也。有以文人画士孤癖之隐明告鬻梅者[8]，斫其正，养其旁条，删其密，夭其稚枝，锄其直，遏其生气[9]，以求重价，而江浙之梅皆病。文人画士之祸之烈至此哉！

予购三百盆，皆病者，无一完者。既泣之三日，乃誓疗之：纵之顺之，毁其盆，悉埋于地[10]，解其棕缚；以五年为期，必复之全[11]。予本非文人画士，甘受诟厉[12]，辟病梅之馆以贮之。

呜呼！安得使予多暇日，又多闲田，以广贮江宁、杭州、苏州之病梅，穷予生之光阴以疗梅也哉！

　　　　　（《龚自珍全集》，龚自珍著，王佩诤校，上海古籍出版社，1975）

【注释】

[1] 本文作于 1839 年作者被迫辞官南归以后，文章有感于当时统治者与病态社会对人的思想的禁锢、迫害以及对人才的压制，借梅喻人，迫切表达了对自由的向往和改良现实的愿望与决心。

[2] 或：有人。

[3] 欹（qī）：倾斜。

[4] 固也：本来如此。

[5] 明：公开。诏：告诉，一般用于上告下。绳：这里用作动词，约束。

[6] 斫（zhuó）：用刀斧砍。

[7] 夭（yāo）：这里是使动用法，使……弯曲。

[8] 隐：隐衷，隐藏心中的特别的嗜好。鬻（yù）：卖。

[9] 遏（è）其生气：阻碍它的生机。

[10] 悉：全。

[11] 复：使……恢复。全：使……得以保全。

[12] 诟（gòu）厉：辱骂。

【评析】

作为改良主义的先驱者之一，应当说龚自珍在文学界亦是首开近代风气的人物，他的作品无论在当时还是后世，都有深远而重大的影响。1839 年，他被迫辞职返回杭州，为自己辟梅园"病梅馆"，并作此文以记之。《病梅馆记》揭露和批判了鸦片战争前夕清王朝严酷的思想统治及其对人才的压制、摧残，以及由此所造成的社会的诸多病态现象，表达了作者要求思想自由、改革社会弊端、摆脱精神束缚的强烈愿望。应该说，类似有清醒的思想认识与感情态度的文学作品，在当时不止他一人之作，但本文却以其独特的魅力震撼了我们的心灵。

本文为托物言志之作。如何"言"，如何将作者之"志"自然恰切地表达出来最重要，也最能显示出作者的功夫。全文借梅喻人，通过写"病梅"揭示那个病态的社会，本体与喻体之间关系贴切，极为含蓄、深刻地表达了作者的心声。

全文结构严谨，层层深入，有叙有议。从表面看通篇都是在写梅：从梅之产地，写到由于变态审美心理而形成的病态的"夭梅病梅"之风，再到作者对这种变态心理的深度思考和感叹，以及自己治疗病梅的坚定志向、疗梅的方法、辟疗病梅馆良苦用心等，层层写来，娓娓而谈。而实际上，作者却是在借写病梅，揭示那个病态的社会。"夭梅病梅"之风，不正是那个病态社会的折射么？而作者"乃誓疗之"，"必复之全之"的，也不仅是病梅，更是思想被统治与束缚之下的病态的社会现实。细细品读，真可谓真知灼见。文章设喻精当，别开生面，引人深思。

本文短句占绝大多数，又多以排比或对句的形式呈现。语句整齐中有变化，感情强烈，琅琅上口，很富于节奏感和抒情性。

【练习】

1. 本文运用了借梅喻人的手法，请指出文中"梅"、"文人画士"、"鬻梅者"各比喻什么？
2. "九州生气恃风雷，万马齐喑究可哀。我劝天公重抖擞，不拘一格降人才。"龚自珍的这首《己亥杂诗》被认为与本文有异曲同工之妙，试从思想内容与表现手法方面进行比较。

（孙欣欣）

欧洲十一国游记自序

康有为

康有为（1858—1927），字广厦，号长素，又名祖诒。广东南海人，人称"康南海"。清光绪年间进士，授工部主事之职。他出身士宦家庭，广东望族，世代以儒学为业，以理学传家，为戊戌变法运动思想上的领袖，近代著名政治家、思想家、教育家、社会改革家、书法家和杰出学者。他毕生信奉孔子的儒家学说，并倾其一生致力于将其改造为可以适应现代社会的国教，曾担任孔教会会长，戊戌政变后流亡海外进行政治活动。主要著作有《康子篇》、《新学伪经考》、《春秋董氏学》、《孔子改制考》、《日本变政考》、《大同书》、

《欧洲十一国游记》、《广艺舟双楫》等。1927 年 3 月 31 日，康有为在青岛病逝。

　　将尽大地万国之山川、国土、政教、艺俗、文物，而尽揽掫之、采别之、掇吸之[1]，岂非凡人之所同愿哉？于大地之中，其尤文明之国土十数，凡其政教、艺俗、文物之都丽郁美[2]，尽揽掫而采别掇吸之，又淘其粗恶而荐其英华焉，岂非人之尤所愿耶？然史弼之征爪哇也[3]，误以为二十五万里。元卓术太子之入钦察也[4]，马行三年乃至。博望凿空[5]，玄奘西游，当道路未通、汽机未出之世，山海阻深，岁月澶漫[6]。以大地之无涯，而人力之短薄也，虽哥仑布、墨志领、岌顿曲之远志毅力[7]，而足迹所探游者，亦有限矣。然则欲揽掫大地也，孰从而揽之？故夫人之生也，视其遇也。芸芸众生，阅亿万年[8]，遇野蛮种族部落交争之世，居僻乡穷山之地，足迹不出百数十里者，盖皆是矣。

　　进而生万里文明之大国，而舟车不通，亦无由睹大九州而游瀛海。吾华诸先哲，盖皆遗恨于是。则虽聪明卓绝，亦为区域所限。英帝印度之岁[9]，南海康有为以生，在意王统一之前三年，德法战之前十二年也[10]。所遇何时哉？汽船也，汽车也，电线也。之三者，缩大地促交通之神具也。汽船成于我生之前五十年，汽车成于我生之前三十年，电线成于我生之前十年。而万物变化之祖为瓦特之机器[11]，亦不过先我生八十年。凡欧美之新文明具，皆发于我生百年内外耳。萃大地百年之英灵，竭哲巧万亿之心精[12]，奔走荟萃，发扬飞鸣，磅礴浩瀚，积极光晶，汇百千万亿之泉流而成江河湖海，以注于康有为之生世，大陈设以供养之，俾康有为肆其雄心，纵其足迹，穷其目力，供其广长之舌，大饕餮而吸饮焉[13]。

　　自四十年前，既揽掫华夏数千年之所有。七年以来，汗漫四海[14]，东自日本、美洲，南自安南、暹罗、柔佛、吉德、霹雳、吉冷、爪哇、缅甸、哲孟雄[15]、印度、锡兰，西自阿剌伯、埃及、意大利、瑞士、澳地利、匈牙利、丹墨[16]、瑞典、荷兰、比利时、德意志、法兰西、英吉利，环周而复至美。嗟乎！康有为虽爱博好奇，探赜研精[17]，而何能穷极大地之奇珍绝胜，置之眼底足下，揽之怀抱若此哉！缩地之神具，文明之新制，不自我先，不自我后，特制竭作，以效劳贡媚于我。我幸不贵不贱，无所不入，无所不睹。俾我之耳目闻见，有以远轶于古之圣哲人[18]，天之厚我乎，何其至也！

　　夫中国之圆首方足，以四五万万计。才哲如林，而闭处内地，不能穷天地之大观。若我之游踪者，殆未有焉。而独生康有为于不先不后之时，不贵不贱之地，巧纵其足迹、目力、心思，使遍大地，岂有所私而得天幸哉！天其或哀中国之病，而思有以药而寿之耶？其将令其揽万国之华实，考其性质色味，别其良楉[19]，察其宜否，制以为方，采以为药，使中国服食之而不误于医耶？则必择一耐苦不死之神农[20]，使之遍尝百草，而后神方大药可成，而沉疴乃可起耶？则是天纵之远游者，乃天责之大任；则又既惶既恐，以忧以惧，虑其弱而不胜也。

虽然，天既强使之为先觉以任斯民矣，虽不能胜，亦既二十年来昼夜负而戴之矣。万木森森，百果具繁，左捋右撷，大嚼横吞，其安能不别良楉、察宜否、审方制药，以馈于我四万万同胞哉！方病之殷，当群医杂沓之时，我国民分甘而同味焉，其可以起死回生、补精益气，以延年增寿乎？吾之谓然，人其不然耶？其果然耶？

吾于欧也，尚有俄罗斯、突厥、波斯、西班牙、葡萄牙未至也；于美也，则中南美洲未窥，而非洲未入焉；其大岛，若澳洲、古巴、檀香山、小吕宋、苏禄、文莱未过[21]。则吾于大地之药草尚未尽尝，而制方岂能谓其不谬耶？抑或恶劣之医书可以不读，或不龟手之药可以治宋国[22]，而犹有待于遍游耶？康有为曰：吾犹待于后，遍游以毕吾医业。今欧洲十一国游既毕，不敢自私，先疏记其略，以请同胞分尝一脔焉[23]。吾为厨人而同胞坐食之，吾为画工而同胞游览焉，其亦不弃诸？

孔子生二千四百五十六年即光绪三十年冬至[24]，康有为记于美洲北太平洋域多利之文岛故居寮天室[25]。

（《欧洲十一国游记二种》，康有为著，钟叔河等校点，岳麓书社，1985）

【注释】

[1] 掇（duō）：拾取。

[2] 都丽：优美壮丽。

[3] 史弼之征爪哇：指元朝至元二十九年（1292）史弼等奉元世祖忽必烈之命，率兵舰自泉州起航，远征爪哇（今印度尼西亚爪哇岛）。史弼，一名塔剌浑，字君佐，官至平章政事，封鄂国公。

[4] 元卓术太子之入钦察：卓术，应作术赤（1177—1225，或译拙赤、约直），成吉思汗长子。钦察，即钦察汗国（又称金帐汗国），由术赤第二子拔都在1236—1240年间依靠军事征服所建立。版图西到多瑙河下游，东到今额尔齐斯河，南达高加索，北至北极圈附近地区，当时的俄罗斯诸公国几乎都是钦察汗国的附庸。自十四世纪起，国势衰微。

[5] 博望凿空：汉代以后常用"凿空"一词形容张骞最先开通汉代与西域国家的往来通道。文中比喻开拓与国外交流的途径。

[6] 澶（dàn）漫：原意为恣意、放荡不羁。这里比喻时光的飞速流逝。

[7] 哥仑布：今译哥伦布（约1451—1506），意大利航海家，美洲新大陆的发现者。墨志领：今译麦哲伦（1480—1521），葡萄牙航海家，首次做出环绕地球航行的壮举。岌顿曲：疑为达·伽马（1469—1524），葡萄牙航海家，他的航行开辟了从欧洲绕道南非好望角去印度的航线。

[8] 阅：经历。

[9] 英帝印度之岁：指英国在平息了1857年印度民族大起义后，于次年（1858）撤消东印度公司对印

的统治，直接由英国政府接管印度政府，英国女王成为印度君主。帝，统治。

[10] 南海三句：此处年代有误。康有为生于 1858 年，意大利王国成立于 1861 年，普法战争爆发于 1870 年。所以"前三年"无误，后"前十二年"应改为"后十二年"。

[11] 瓦特（James Watt，1736—1819）：苏格兰工程师，1765 年对蒸汽机做出重大改良，导致新式蒸汽机在八十年代诞生和英国工业革命广泛深入发展。

[12] 哲巧：聪明灵巧。

[13] 饕餮（tāo tiè）：传说中一种贪食的恶兽. 这里用来比喻狂食。

[14] 汗漫四海：比喻足迹遍布世界各国。

[15] 安南：今越南。暹罗：今泰国。柔佛：马来西亚的一州，在马来半岛最南端。吉德：今吉打，马来西亚的一州，北及东邻泰国。霹雳：马来西亚的一州，得名于纵贯全境的霹雳河。吉冷：今吉兰丹，马来西亚的一州，北邻泰国。哲孟雄：锡金，原为南亚小国，1975 年被并入印度。

[16] 丹墨：今丹麦。

[17] 赜（zé）：幽深隐秘的道理。

[18] 轶：超越。

[19] 楛（kǔ）：粗劣。

[20] 神农：即传说中的炎帝，曾口尝百草，来治疗疾病。

[21] 小吕宋：今菲律宾。苏禄：古国名，也译须屡，位于菲律宾西南的群岛。文莱：国名，中国古籍中称渤泥国，位于东南亚加里曼丹岛北部。

[22] 不龟（jūn）手之药：出自《庄子·逍遥游》，用来阐述"无用之用"的观点，即主张从不同的角度看待事物，认为事物没有同一的客观标准。龟，龟裂，今多作皲裂，皮肤因寒冷、干燥而破裂。

[23] 脔（luán）：切成小块的肉。

[24] 光绪三十年冬至：即 1904 年 12 月 22 日。

[25] 域多利：今译维多利亚，加拿大城市。文岛：今译温哥华，加拿大西部太平洋沿岸岛屿和太平洋沿岸最大港口城市。

【评析】

毛泽东曾经说过，自 1840 年鸦片战争失败那时起，先进的中国人经过千辛万苦，向西方国家寻找真理，其代表人物之一就是康有为。

康有为是我国近代史上著名的思想家、政治家、资产阶级改良主义的代表人物，戊戌政变失败后他逃亡日本。六年后的 1904 年 2 月 6 日他自香港起行开始欧洲十一国之游，并于这年冬天在加拿大撰写出版了《欧洲十一国游记》。康有为的出游并不是像我们一般人旅游一样考察地理、文物、民俗，欣赏异域风情，他是为了"将尽大地万国之山川、国土、政教、艺俗、文物，而尽揽掬之、采别之、掇吸之"，"而思有以药"以疗"中国之病"并"寿之"，也就是说他是以游览游记之名，去考察西洋社会，探讨中国的问题，阐发自己的政治改革思想。他还自比"神农"，欲遍尝西方政治、经济、文化之"百草"，"考其性质色味，别其良楛，察其宜否，制以为方，采以为药，使中国服食之"，而起中华民族于"沉疴"，以期按照西方资本主义国家的模式，改变中国的国家制度和社会制度，挽救民族危亡。他自称，"考政治，乃吾之专业"。他的游记，实际上就是政治考察记，是不能作为一般的游记来欣赏的，而他对西方的考察，也"总是和中国实际政治改革的需要密切结合在一起"。他在《意大利游记》中生发的议论，"吾国人今日之不自立，乃忘己而媚外也！故吾国人不可不读中国书，不可不游外国地，以互证而两较之，当不致为人所恐吓，而自遇于野蛮也"的观点，是有其积极意义的。看了他的思想和主张，至今仍然能够使我们感受到他那种以"保国、保种、保教"为宗旨的救国救民的忧患心境和宽阔胸怀，感受到像他那样苦苦探求救国救民道路的无数知识分子和仁人志士们，是何等可亲可敬可佩！

　　康有为这篇自序写得精彩详细，涉及诸多领域，并与当时中国的现状进行比较，这对帮助我们思考当时的社会问题具有重要价值。即便对于我们今天的社会建设和政治改革，也同样很有借鉴意义。

【练习】

1. 阅读《意大利游记》和《法兰西游记》，并比较其内容。
2. 寻找近现代中国文学史上的任意一部游记的自序，将其与本文从写作手法上进行比较。

（王晓曦）

获虎之夜

田　汉

田汉（1898—1968），原名田寿昌，湖南长沙人。我国著名话剧作家、戏剧活动家，在戏剧创作、戏剧理论、戏剧运动等方面皆有巨大贡献，是中国现代戏剧的倡导者和奠基人。田汉从1920年开始话剧创作，完成处女作《梵峨璘与蔷薇》，之后创作日丰。一生勤奋多产，全部作品后来结集为《田汉全集》出版。话剧代表作有《获虎之夜》（独幕剧）、《名优之死》（三幕剧）、《回春之曲》（三幕剧）、《丽人行》（21场剧）等。《获虎之夜》是田汉早年重要的戏剧代表作，也是中国现代戏剧史上的一部优秀独幕剧，具有"唯美"、"感伤"色彩，体现了中国话剧的现代性审美特质。

人　物：魏福生——富裕的猎户

　　　　魏黄氏——魏福生妻

　　　　莲姑——魏福生独生女

　　　　祖母——莲姑的祖母

　　　　李东阳——邻人，甲长

　　　　何维贵——李的亲戚，农夫

　　　　黄大傻——莲姑表兄

　　　　屠大、周三、李二——魏家所雇的长工

时　间：辛亥革命后某年的一个冬夜

地　点：长沙东乡仙姑岭边一山村

布　景：魏福生家的"火房"（即乡下人饭后的休息室，客人来时的应接室，冬夜一家人围炉向火处）

　　　　【开幕时魏福生坐炉旁吸水烟。其母老态龙钟坐在草围椅上吸旱烟。福生之妻正泡茶。莲姑，十八九岁，山家装束而不掩其美，将泡好的茶用盘子托着先奉其祖母，次奉其父，然后走出"火房"送给她家的佣工们。魏福生目送其女出去，对其妻低语。

魏福生　莲儿嫁到陈家里去不取第一也要取第二，他家那样多的媳妇，我都看见过，就人物子讲，很少及得我们孩子的。

魏黄氏　（感着一种母亲的夸耀）前几天罗大先生也这样说呢。费去了好多心血总算替她挣了这点点陪奁。要不然，单只模样儿好，陪奁太少也还是要遭妯娌们看不起的。

魏福生　也当感谢仙姑娘娘，难得这几年运道还好，新近又一连打了两只虎。不然，事情哪有这样顺手？

魏黄氏　（因而想起）铳装好了没有？

魏福生　装好了，还没有上线。等再晚一点，把线上好，今晚准不会落空的。

魏黄氏　只要再打到一只，莲儿又可以多添一样嫁妆了。我还想替她到城里去买一幅锦缎被面和一个绣花帐檐子。没有多少日子就要过门了，不赶快办，怕来不及。

魏福生　若是再打到了一只大点儿的，也不必抬到城里去请赏了，就把皮剥下来替莲儿做一床褥子，倒也显得我们猎户人家的本色。我打第一只虎的时候，就有这个意思。莲儿，你……莲儿怎么不进来？

魏黄氏　（微笑）八成是听得说她的事，不好意思，回到自己房里去了吧。

魏福生　她这一向还好，从前她真是不听话，几乎把我气死了。

魏黄氏　我也何尝不气，只是听得她晚上那样哭，我又是恨，又是可怜她……到底是我身上的肉啊。（想了想）那颠子还在庙里吗？

魏福生　唔。还在庙里，还住在戏台下面。本想把他驱逐出境，可是地方上见他年纪轻，少爹没娘的，也并不为非作歹，都不肯赶他，我也不好把我的意思说出来。

魏黄氏　真是这些时候也没有见他打我们门口走过了。

魏福生　大约是挨了我那一次打，就不敢再来了。那种颠子单骂他一两句，他是不怕的。

祖　母　那孩子也真可怜啊。你骂他一两句，要他以后别来了不就够了，打他做什么呢？

魏福生　你老人家哪里晓得，那孩子看去好像颠颠傻傻的，对莲儿可一点也不傻。起初我让他跟莲儿一块儿玩，不大管他，后来长大了，还天天来找莲儿，莲儿仿佛也离不开他，我才晓得坏了。那时颠子的娘刚死不久，我荐他到田家墩王家看牛。他说他不愿到那么远的地方去，又说他虽是无家可归了，但不愿离开仙姑岭。打那时候起，他就在庙里的戏台底下过日子。可怜也实

	在可怜，可一想到他害得莲儿不肯出嫁，怎么叫我不恼火！
魏黄氏	好了。现在也不必恨他了，反而叫我们给莲儿选了家好人家。
魏福生	（忽然想起）喂，前天莲儿到哪里去来？
魏黄氏	同下屋张二姑娘到拗背李大机匠家里去来。我要她送几斤虎肉给他，顺便问他那匹布织完了没有。
魏福生	以后要屠大爷送去好哪，姑娘家不要到外面跑。我仿佛看见她打那一边岭上下来的呢。
魏黄氏	你为什么问起这事？
魏福生	莲儿有好久没有出门，我怕她又跑到庙里去。
祖　母	到庙里去敬敬菩萨也不要紧啊。
魏福生	敬敬菩萨自然没有什么，就怕她又去会那颠子。
魏黄氏	有张二姑娘跟着她呢。再说，莲儿自从定了人家，早已把那颠子忘了。
魏福生	但愿那样就好。

【此时外面有人声对语。李东阳带何维贵来访魏福生，屠大迎接他们。

屠　大	（在内）哦！李大公来了。请进。
李东阳	（在内）哦，大司务，福生在家吗？
屠　大	（在内）在火房里坐。请进。

【屠大登场。

|屠　大|客来了。（退场）|

【李东阳、何维贵登场，魏福生等起迎。

李东阳	魏老板！
魏福生	哦，甲长先生来了。请坐，请坐。这位是谁？
李东阳	这是舍亲，姓何，住在墩里。
魏福生	哦，何大哥。几时进坤来的？
何维贵	下午来的。
李东阳	他是今天下午进坤的。他们家几代住在墩里，难得到坤里来。他是我侄郎的哥哥。前回我到墩里去"散事"，在他家住了一晚。谈起坤里柴火怎么多，坡土怎么好，怎样晚上可以听得老虎豹子叫，又谈起你们家新近打了两只老虎，于今一只抬到城里请赏去了，还有一只关在笼子里，他们家里人没有见过老虎，都想来看看。这位老哥，尤其动了意马心猿，非同我来不可。我只好带他来。

何维贵　（忽听得什么叫，忙着扯住李东阳手）嗳呀，这、这是不是
　　　　虎叫？
　　　　【魏福生同家人皆笑。
魏福生　这不是虎叫，这是后面猪圈里猪叫。
李东阳　……第二次打的老虎也抬到城里去了吗？
魏福生　抬去四五天了。
李东阳　怎么你没有去？
魏福生　我没去，要老二去了，顺便办一些货回来。我在家里还有些
　　　　事情。
李东阳　那么，维贵，你来得不凑巧。你那样要看老虎，好容易到坤里
　　　　来，老虎又抬走了。
魏黄氏　（一面献茶与客）真是，何大哥，你早五六天来就好了。嗳哟，
　　　　没有抬走的时候看的人真多啊！抬走之后两三天还有好些人赶
　　　　来看，都扑个空回去。周家新屋的三太太从城里回，也来看
　　　　虎，她靠近宠子站着，听得虎一吼，身子往后一仰，两手这样
　　　　往前一拍，手上一对玉钏子，啪！全砸碎了。
何维贵　嗳呀，好凶！
李东阳　（笑了）你家捉了老虎的事，真传得远，连春华市那一边都知道
　　　　了。那地方的都总太太都想来看一看呢，可惜你们急着把老虎
　　　　送到城里去了。
魏福生　不要紧。今晚若是运气好，还可以打一只，就怕捉不到活的。
李东阳　为什么？又装了陷笼啦？
魏福生　不是陷笼，是抬枪，只等人静一点，就要上线呢。
李东阳　装在什么地方？
魏福生　装在后面岭上。
李东阳　那里没有人走吗？
魏福生　这么晚谁还跑那边岭上去，再说，谁都知道昨天已经发了山。
李东阳　那么恭喜你今晚上又打一只大老虎，该请我喝一杯喜酒吧。
魏福生　那自然哪。莲儿就是这几天要过门了。今晚上再打一只老虎，
　　　　我一定把喜酒办得热热闹闹的，请甲长先生多喝几杯。
李东阳　哦，不错，听说莲姑娘就是这几天要出门子了。我还没有预备
　　　　一点添箱的礼物哩。
魏黄氏　嗳呀，大公不要费心了。前天承大娭毑送来了一个布，两个被
　　　　面，我们已经不敢当得很哩。

李东阳　　哪里的话，正应，正应。陈家几时过礼？

魏黄氏　　初一过礼。

李东阳　　你们这头亲事真是门当户对，不要说在我们这门前上下，就是在全乡里也是少有的。

　　　　　【屠大登场。

屠　大　　大老板，我们可以上线去了吧。

　　　　　【此时房里久已点灯。炉中柴火熊熊。

魏福生　　（起视窗外）可以去了。你们得小心点啊。

屠　大　　晓得。

李东阳　　你们家这位屠司务真是个好人。

魏福生　　哼。他做事靠得住。

魏黄氏　　有一句讲一句，屠司务真是个老实人。他在我们家做了五六年长工，从来没有和我们闹过半句嘴。哦……我记起来了，你们二姑娘不也要出阁了吗？

李东阳　　嗯。明年三月安排把她嫁到金鸡坡侯家去。

魏黄氏　　侯家！那真是好人家呀。三十几人吃茶饭，长工都请了七八个。二姑娘嫁到那样的人家真是享福啊。

李东阳　　嗨，分得她有什么福享？不过可以不挨饿就是了。他家的儿媳妇是有名的不好当的：要起得早，睡得晚，纺纱绩麻。烹茶煮饭，浆衣洗裳不在讲，还得到坡里栽红薯，田里收稻子，一年到头忙得个要死，若是生了个一男半女就更麻烦了。

魏黄氏　　不过这样的人家才是真正的好人家啊。越是一家人勤快，省俭，越是兴旺。

李东阳　　是。我也正是取他们家这一点，才把二姑娘看到他家去的。她的娘疼爱女儿，听说侯家里是那样的人家，起初还不肯回红庚呢。

祖　母　　福生，你叫胡二爷到柴屋里去弄些硬柴来。今晚若是打了老虎还有好一会耽搁呢。

魏福生　　我自己去吧。（起身出门）

李东阳　　娭毑，你老人家真健旺得很。

祖　母　　咳，讲给大公听，到底上年纪了，不像从前那样结实了啊。

何维贵　　你老人家今年高寿是？

李东阳　　你猜猜看。

何维贵　　我看……跟我的娭毑上下年纪吧？

魏黄氏	你的娭毑有多大年纪了？
何维贵	今年七十五岁。
魏黄氏	那么比她老人家还小一岁。
李东阳	他的娭毑也健旺得很。我早几天在他家里，还见她老人家替孙子绣兜肚呢。
魏黄氏	我的娭毑眼睛不如从前了，可就是脚力好。仙姑殿那样陡的山坡，她老人家还爬得上去。
李东阳	我们后班子真不及老班子啊。
魏黄氏	是啊。
祖　母	我们算什么，没有见你的公公呢。他老人家八十岁那年，还跟后班子赌狠，推起两石谷子上山呢。
何维贵	嗳呀，好健旺！我怕都做不到。
祖　母	你们十八九岁的人，"出山虎子"，正是出劲的时候，有什么做不到。

【魏福生抱柴来，放在火炉弯里。

魏福生	你们讲什么？
李东阳	我们正谈起现在这班年轻人还不及老班子有气力。
魏福生	这是实在的话。就拿我们猎户讲，现在的人哪里及得老一辈，不过器械方法比从前精巧些罢了。
何维贵	魏老板，你府上从前那两只老虎是怎样打的呢？
魏福生	说起来，也有趣得很。我们去年也打过几只，可没有今年这两只来得容易。第一只尤其是意外之财，那时我家刚做好一只陷笼，还没有抬到山上去，就把它放在猪圈后面，把门子打开，只望万一关只把小野物。不料睡到半晚，忽然听得猪圈里乱动起来，接着是几声扯锯子似的吼叫。我们赶忙爬起来，拿了猎枪、虎叉，掌起灯，望猪圈后面一看时：原来笼子里关了一只大老虎。这老虎打我们屋边经过，听得猪叫，想来吃猪，没有别的路，就打笼子里钻进来，使劲爬猪圈，机关一动，啪嗒！后面的门就关下来了。有了这次的好处，后来我们又做了一个笼子，比前一个还要巧，装在那边岭上的树乱里，四周都用树枝子盖好，只留一条进路。笼子后面放些猪羊鸡鸭之类，都捆了腿子，让它们在里面乱踢乱叫。冬天里的饿老虎，打岭上经过，听得树乱里有生物叫，还有个不钻进去的？果然第三天晚上，我们又装了一只，这就是五天前抬到城里请赏的那一只。

何维贵　打虎这样容易吗？

魏福生　哪里会都这样容易！这不过是我走运罢了。你们走过的仙姑岭
　　　　左边不是有一个长坡吗？那里原先不是像现在这样的光坡，是
　　　　一带深山老林。近处的人知道那里边有老虎窝，谁也不敢去砍
　　　　柴，因为长远没有人砍伐，那一带林子就越长越密，深得不见
　　　　天日。后来里面虎多了，常常出来侵害附近人家的牲口，到了
　　　　晚上常听得有老虎吼叫，近边人家都不敢安心睡觉。后来把长
　　　　坡易四聋子的儿子也咬去了。易四聋子是我们乡里有名的猎户，
　　　　他们夫妇就单生这个儿子，宠得跟性命一样，一旦给虎咬去了，
　　　　那还受得了？他发誓要杀尽这一坡的老虎。他有个朋友姓袁，
　　　　也是个有名的猎户，人家叫他袁打铳，也愿意帮他给地方除害。
　　　　易四聋子每天背着猎枪，提着刀，到坡里找。有一天果然被他
　　　　找出了一条路，照那条路走进去，就到了老虎窝。一看，母虎
　　　　不在，只剩了四个小虎在窝里跳。虎窝旁边还有一堆小孩子的
　　　　头腿，肉都啃没了。易四聋子不看犹可，一看见这堆骨头他又
　　　　是伤心，又是冒火，一阵乱刀就将那几只小老虎都砍死在窝里。
　　　　易四聋子知道母老虎一定要报复的。第二天就邀袁打铳跟许多
　　　　猎户来围山。那天那母虎回来见小老虎都死了，整整吼了一夜。
　　　　第二天他们围山的时候，它坐在窝里等着。……
　　　　【忽闻许多猎犬声，屠大和二三伙友从山上回来。
　　　　【屠大、周三登场。

魏福生　装好了吗，屠大？

屠　大　全都装好了。

魏福生　山上有人走吗？

屠　大　这个时候什么人会走到那样的岭上去？

魏黄氏　屠大爷，周三爷，快来烘一烘，今晚冷得很哩。

周　三　也不怎么冷。

　　　　【魏黄氏折些带叶的干柴，烧起熊熊的火来。屠大、周三二人
　　　　烘着。

李东阳　屠大爷你的衣袖子烂得不成样子了。

魏黄氏　昨天我要他交给莲儿缝补缝补，他又不肯。

屠　大　我的衣哪里敢烦莲姑娘补呢？反正在山里干活的人别想穿一件
　　　　好衣，就有件把好衣，到深山里跑个三两趟，也完了。

李东阳　我老早劝屠大爷讨一个老婆，他总不听，不然，不早有人替你

缝补了？

屠　大　　甲长老爷，你也得体恤民情呀。像我们这样连自己也养不活的人还能养得活老婆吗？

李东阳　　话虽是这样说，老婆总是要讨的。也没有见单身汉子个个有了钱，也没有见讨了老婆的个个都饿死了。我还是替你做个媒吧。

周　三　　我也替你做个媒吧。

屠　大　　（笑向周三）你替我做个什么媒呀？你有什么姑子要嫁给我呢？

周　三　　这姑娘你也见过的，就是后屋朱太太的大小姐。

屠　大　　后屋有什么朱太太？

【魏福生和魏黄氏早笑了。

屠　大　　哦，（打周三）你这坏蛋。

魏福生　　喂，屠大爷，你快去把器械安排好。等一会就要用呢。

屠　大　　好。周三爷你赶快替我磨刀去。

【屠大、周三下场。

李东阳　　今晚上一定又该你发财呢。

魏福生　　哈哈，这些事也要靠运气。法子总得想，能不能到手可说不定。这回叫"谋事在人，成事在天"哩。

何维贵　　第二天又怎么样呢，魏老板？

魏福生　　（突如其来，摸不着头脑）第二天？

何维贵　　第二天他们去围山，捉到那只老虎没有呢？

魏福生　　啊，你是说易四聋子打虎啊。对，第二天易四聋子就邀了袁打铳跟本地好几位有名的猎户去围山。易四聋子跟袁打铳奋勇当先，照着他昨天找到的那条路，一步步逼近老虎窝，等到相隔不远的时候，见那只母老虎正按着爪子等他，这真叫"仇人见面"，他举起枪，瞄准老虎头上就是一枪。老虎听得枪一响，照着枪烟，一个蹿步扑过来。易四聋子本想趁势刺它的肚子，但是来不及了，老虎扑到他的头上来了。他丢了手里的东西一把抱住母老虎的腰，把头紧紧地顶住它的咽喉，把两只脚紧紧地撑住它的后腿，任凭它怎样的摆布，他只是死命地抱着它不放。易四聋子的好朋友袁打铳，跟其他猎户们，救也不好，不救也不好。袁打铳隔得近，爬到树上，对准那老虎打了两枪，老虎打急了。等到第三枪，它就地一滚，那枪子打在易四聋子的腿上，虽然没有打中要害，但痛得他把腿一缩，头上也不由得松下来。那老虎趁这工夫大吼了一声，把易四聋子的脑袋咬了半边，几跳几蹿地就跑出去了。因为势子太凶了，猎户们谁也不敢挡它的路。袁打铳一面收拾他朋友的遗体，一面发誓除掉那只老虎，替他朋友报仇。从此以后，他就时常一个人背着枪，去找那只老虎。后来也打了好几只虎，可始终不是咬他朋友的那一只。他有一个儿子，叫友和，十四五岁了。袁打铳怕他死了之后他朋友的仇不能报，常常把母老虎的样子对友和说，要他长大了也做一个猎户，务必找到这只老虎，把它打死、祭他朋友的灵，才算孝子，因此友和心目中也常常有这么一只虎。

何维贵　他的儿子后来打到这只虎没有呢？

魏福生　你听哪。第二年春二月间，友和跟几个小朋友到枫树坡去寻惊蛰菌，这个坡里也因为林子深，没有人敢去砍柴，地下树叶子落得厚，每年结的菌子也最多。这些小孩越取越多，越多越高兴，就不顾危险往林子深处钻。正拣得高兴的时候，忽然一个小孩吓得叫也不敢叫出来，拼命地扯起他们跑。他们问："看见什么啦？"他说："有虎！"听得有虎，大家都往外跑，把取下来的菌子撒满了一地。可是跑了好一阵，却没见什么东西追出来，瞧有虎的那边林子，一点响动也没有。他们都奇怪。内中有大胆的就再跑到林子里去偷看，袁友和也是一个。一看林子里有一块小小空地，空地上坐着一只刚才吓得他们乱跑的大老虎，嘴里还咬着一块什么东西，两只眼珠鼓得有茶杯那样大，可是它不动，连哼也不哼一声，听听，好像连气息也没有。袁友和胆子最大，拣起一块小石头照那老虎头上一扔，打个正着，可它还是不动。袁友和知道世界上没有这样好脾气的老虎，一看它的头上还有一两处伤哩，心里早想起他爹爹时常对他说起的那只母老虎。他告诉那些小朋友，可是谁也不敢走近那老虎，还是友和跑过去把它一推，哗啦一声就倒了。原来那只母老虎自从咬了易四聋子，带了重伤逃出来，就藏在这林子里死了，如今只剩得皮包骨头，嘴里还衔着易四聋子的半边脑壳哩。

何维贵　那么为什么它还坐着呢？

魏福生　这就叫"虎死不倒威"嘛。后来友和回去把他老子喊来一看，果然是那只老虎。袁打铳把易四聋子那半边脑壳交给他家里跟遗体一起葬了；把老虎的皮骨祭了他的灵，才算完了他一桩心事。……

【正说到这里忽听得山上抬枪一响。

魏福生　吓！

屠　大　（在内）枪响了。大老板！我们快去吧。

李东阳　福生，你的财运真好。这次包你又打了一只大虎了。

祖　母　若真是只老虎，那么莲儿又多添一样陪奁了。

魏福生　但愿又是只老虎，不要打了一只什么小的野物，那就不值得了。
　　　　　【屠大携猎枪、虎叉之类登场。

屠　大　不会，一定是只大虎。小野物不走那条路的。

魏福生　我也这样想。

何维贵　我们也去看看吧。

魏福生　何大哥要去看看也好。

李东阳　我也同去看看。

魏福生　（对魏黄氏）你赶快去烧好一锅水，等一下有好一阵子忙呢。

魏黄氏　我早已预备好了。

周　三　（在内）喂！去呀。

魏福生　（同声）去呀。（各携器械退场）

屠　大　娭毑，你老人家睡去吧。

祖　母　还坐一会也好。等他们把虎抬回来再睡。又有好一阵子忙，我
　　　　在这里烧烧火也是好的。

魏黄氏　啊呀，炊壶里没有水了。莲儿！

莲　姑　（在内）来了。
　　　　　【莲姑登场。

莲　姑　妈妈，什么事？

魏黄氏　你去添一壶水来。等一会儿他们回来了，要茶喝呢。

莲　姑　是。
　　　　　【莲姑携壶下场，旋即携一满壶水登场，依然把壶挂在火炉里的
　　　　通火钩上。

莲　姑　妈，又打了一只老虎吗？

魏黄氏　屠大爷说一定是只老虎。别的野物，不走那条路的。再说，昨
　　　　天不是发了山了吗？

祖　母　若是只虎，你爹爹不知该多喜欢。他说这次就不抬到城里去请
　　　　赏了，要把皮剥了给你做一铺褥子。

魏黄氏　日子近了，你那双鞋还不赶快做好！

莲　姑　我不做。

魏黄氏　蠢孩子。你为什么不做？

莲　姑　我不要穿鞋了。

魏黄氏　蠢话！为什么不要穿鞋了？

莲　姑　我不要活了。（哭）

魏黄氏　胡说！为什么不要活了？

莲　姑　爹妈若是一定要我出嫁，……

魏黄氏　你还嫌陈家里不好吗？

莲　姑　不是。

魏黄氏　嫌三少爷配不上你？

　　　　【莲姑摇头不语。

魏黄氏　那么为什么又不愿意去了呢？

莲　姑　……不愿意去就是不愿意去嘛。

魏黄氏　好孩子，你先前说得好好的，怎么这会子又变卦了呢？这样的
　　　　终身大事岂是儿戏得的！人家已经下了定了，你又不愿意去了。
　　　　就是我肯，你爹爹肯吗？就是你爹爹肯，陈家里能答应吗？你
　　　　总得懂事一点，你现在也不是七八岁的小姑娘了。放着陈家这
　　　　样的人家不去，你还想到什么人家去。

祖　母　是呀。像陈家那样的人家在我们乡里是选一选二的。他家里肯
　　　　要你，真是你的八字好呢。你不到他家去，还想到什么更好的
　　　　人家去？就是有更好的人家，他不要你也是枉然哪。

莲　姑　我什么人家也不愿意去。我在家里伺候嬷馺、妈妈不好吗？

魏黄氏　你这话更蠢了。哪里有在娘边做一辈子女儿不出门子的呢？我
　　　　劝你不要三心二意的了。你只赶快把鞋子做好，别的陪奁我也
　　　　替你预备得有个八成了。只候你爹爹打了这只虎，替你做床虎
　　　　皮褥子，还托二叔到城里买一幅绣花帐檐、锦缎被面子，就要
　　　　过礼了。你刚才这些话我原晓得你是故意跟我淘气的，你要出
　　　　嫁了，你妈还能把你怎样吗？只回头不要对你爹爹这样说，你
　　　　爹爹若听见了这些话，你是晓得他的脾气的。

祖　母　是呀。你爹爹他若听说你不愿意，你看他会怎么样气吧。

莲　姑　我不管爹爹气不气，我只是不去就是了。

魏黄氏　好，你有本事等一下对你爹说去。我懒得跟你麻烦。我要到灶
　　　　屋里去了。（下）

莲　姑　（走到祖母前）嬷馺，我……

祖　母　（抚之）傻孩子，你哭什么，你的命不是比你妈、你嬷馺都
　　　　好吗？

莲　　姑　　不。娭毑，我是一条苦命。

　　　　　　　【隐约闻外面人声嘈杂，猎犬吠声。

祖　　母　　你听，你爹爹跟屠大爷他们抬虎来了。你出阁的时候又要添一
　　　　　　样好陪奁了。你也可以早些到陈家里去享福去了。你还不到大
　　　　　　门口去看看去。

莲　　姑　　不，我不要去看。我怕这个老虎。

祖　　母　　你又不是才看见过老虎的。怕它做什么？以前捉了活的还不怕，
　　　　　　此刻是打死了抬回来的，更不必怕了。

莲　　姑　　我怎么不怕它？它是催我的命的。

祖　　母　　瞧你，你又跟黄大傻一样发起颠来了。

莲　　姑　　娭毑，是的，我是跟他一样颠的，我怕我会变成他那一样的颠
　　　　　　子呢。

祖　　母　　你越说越傻了。好好的人怎么会颠？

　　　　　　　【人声、狗声愈近。

祖　　母　　好。（站起来）

　　　　　　　【众声嘈杂中闻甲长之声："抬进去，抬进去。"

祖　　母　　你听，虎已经抬到门口来了。快去看看去。

莲　　姑　　不，我不要看。老虎进来，我就要出门子了。

　　　　　　　【人声，脚步声，猎犬吠声，已闹成一片了。

屠　　大　　（在内）顾三爷，你把大门推开些，推开些。

魏福生　　（在内）堂屋里快安排一扇门板。

李东阳　　（在内）你把脚好生抱着，抬进去。

祖　　母　　莲儿，虎抬进来了。快去看看。

莲　　姑　　不。我不要看。

　　　　　　　【人声、足步声愈近。

魏福生　　（在内）抬到堂屋里去。

李东阳　　（在内）不，抬到火房里去。

祖　　母　　你快去开门，虎要抬到火房里来了。

魏福生　　（在内）何必抬到火房里去？

李东阳　　（在内）天气冷，抬到火房里去吧。快去安置一下。

　　　　　　　【火房门开了，李二进来把左壁大竹床上的东西挪开，铺上一床
　　　　　　棉褥，把衣服卷成一个枕头，放好。李东阳进来，把椅凳移开。
　　　　　　在莲姑和她祖母的错愕中间，魏福生和屠大早半抬半抱地抬进
　　　　　　一只"大虎"——一个十七八岁的褴褛少年。腿上打得鲜血淋

　　　　　漓，此时昏过去了。让他们把他尸骸般的抬起放在那大竹床上。

祖　　母　怎么哪，打了人？

魏福生　有什么说的，倒楣嘛！

李东阳　你老人家快把火烧大一点。福生，你得赶快去请一个医生来。

魏福生　这时候到哪里去请医生呢？槐树屋梁六先生又上城去了。

李东阳　不，得立刻去请一个来，他伤得很重，弄出人命来不是玩的。

魏福生　屠大爷，那么你到文家坤文九先生那里去一趟，请他老人家务
　　　　　必今晚来一趟。李二爷，你也同去，好抬他的轿子。

　　　　　【屠大、李二匆匆退场。

　　　　　【魏黄氏急登场。

魏黄氏　打了人？打了谁呀？

魏福生　还有谁！还不是那个晦气。

　　　　　【魏黄氏与莲姑的眼光都转到那褴褛少年脸上。

魏福生　他晕过去了。快烧碗开水灌他一下。（忽注意到莲姑）莲儿快进
　　　　　去，不要呆在这里。

莲　　姑　（目不转睛地望着那面色灰败的少年，似没有听得她父亲的话，
　　　　　旋疑其视觉有误，拭目，挨近一看）嗳呀，这不是黄大哥？黄
　　　　　大哥呀！（哭）

魏黄氏　当真是那孩子，怎么瘦到这样了。咳，真是想不到。（起身，烧
　　　　　水去。）

魏福生　不识羞的东西，他是你什么黄大哥？还不给我滚进去！

祖　　母　（起视）当真是那孩子吗？

魏福生　不是那个颠子，这个时候谁还跑到岭上去送死？背时人就碰上
　　　　　这样的背时东西。

祖　　母　伤在哪里？

魏福生　伤了大腿。只要再打上一点，这家伙就没有命了。

李东阳　现在还是危险得很，血出的太多。我们走近他的时候还以为是
　　　　　只虎，仔细一看才知道是他在那里乱滚。

魏福生　他伤的那样重，见了我还跟我道恭喜呢。这个混账东西！

祖　　母　快替他收血。把他喊转来。可怜这孩子已经是个颠子了，不要
　　　　　又弄成个残疾。

魏福生　（伏在少年腿边作法收血）功程太大了，不容易收。我去叫下屋
　　　　　李待诏来。甲长先生，请你替我招呼一下，我去一下就来。

李东阳　可以。你去。这里我招呼。

魏福生　谢谢你，甲长先生。（下去了）

莲　姑　（等他父亲走后，挨近少年身边，寻着伤处）哦呀，伤的这么
　　　　　重！（摸一手的血）出这样多的血！嗳呀，怎么得了！（哭。忽
　　　　　悟哭也无益，急起身进房）

　　　　　【闻撕布声。

李东阳　（对何维贵）今晚领你来看老虎，想不到看了这样一只虎。你先
　　　　　回去吧。我要等一下才能走。（送何维贵到门口）你出大门一直
　　　　　走，走到那株大樟树那里拐弯，进那个长坡，就看见我的家了。
　　　　　你看得见吗？拿个火把去吧。

何维贵　不消得，我看得见。

周　三　我带何大哥去好哪。我还要顺便到一下李家新屋，问他们家要
　　　　　些药来。他们有云南白药。

李东阳　那更好了。你对大婶驰说，我等一下就回来。

　　　　　【何维贵、李东阳退场。

　　　　　【莲姑携白布和棉花一卷登场，就黄大傻侧坐。替他洗去血迹绷
　　　　　裹伤处，少年略转侧，微带呻吟之声。

莲　姑　（细声呼少年）黄大哥，黄大哥！

黄大傻　（呻吟声中隐约吐出一种痛苦的答声）唔。

李东阳　壶里的水开了。快灌点开水。

　　　　　【魏黄氏冲一碗开水，俟略冷，端到黄大傻身边。祖母拿支筷子
　　　　　挑开他的口，徐徐灌下。

李东阳　好了，肚子里有点转动了。

祖　母　咳，这也是一种星数。

莲　姑　（微呼之）黄大哥，黄大哥。

黄大傻　（声音略大）唔。嗳哟。

祖　母　可怜的孩子，这一阵子他痛晕了呢。

黄大傻　（呻吟中杂着梦呓）嗳哟，莲姑娘，痛啊。

魏黄氏　这孩子这样痛，还没有忘记莲儿呢！

莲　姑　（抚之）黄大哥。

黄大傻　（睁开眼四望）哦呀。我怎么在这里？我怎么睡在这里？

李东阳　你刚才在山上被抬枪打了，我们把你抬到这来的。这会子清醒
　　　　　了一点没有？

黄大傻　好了一点。哦呀，李大公。哦呀，姑母，姑婶驰，莲姑娘。莲
　　　　　姑娘，我怎么刚才在山上看见你？我当我还倒在山上呢，嗳哟。

　　　　　　（拭目）莲姑娘，我们不是在做梦吗？
莲　姑　黄大哥，不是做梦啊，是真的。你睡在我们家火房里的竹床上。
黄大傻　是真的？……我没想到今晚能再见你啊，莲姐！听说你要出嫁
　　　　了。听说就是这几天要过门了。我想来跟你道喜，又没有胆子
　　　　进这张门。我只想，只想到你出阁那天，陈家一定要招些叫化
　　　　子来打旗子。那时候我就去讨一面旗子打了，算是我跟你道
　　　　喜。是，是哪一天？日子已经定了没有？
莲　姑　黄大哥……（哭不可抑）
　　　　【魏福生急上。
魏福生　李待诏不在家，找了一个空，血止了一点没有？
李东阳　止了一点。莲姑娘替他裹好了。
魏福生　（见莲姑）莲儿还不进去。进去！
　　　　【莲姑踌躇。
魏福生　还不进去，你这不识羞的东西！
莲　姑　爹爹，我今晚要看护他一晚。女儿这一辈子只求爹爹这一件事。
魏福生　他是你什么人？为什么要你看护他？他受了伤，我自然要想法
　　　　子替他诊好的，不要你过问。你还不替我滚进去！
李东阳　福生，让她招呼一下何妨呢？病人总得姑娘们招呼好些。
魏福生　甲长先生，你不大晓得这个情形。……我是决不让我女儿看护
　　　　他的。第一，我就不知道他这样晚为什么要跑到那样的岭上去
　　　　送死？
李东阳　心里不大明白的人，总是这样的。
魏福生　不。你说他傻吗，他有时候说出话来一点也不傻。我真不懂他
　　　　为什么老寻着我们家吵。
黄大傻　姑爹，以后我再也不要你老人家操心了，再也不到你老人家府
　　　　上来了。今晚上是最末一次。真没想到今晚上又能到你老人家
　　　　府上来的，更没有想到会真像受了重伤的野兽一样，倒在我小
　　　　时睡过的这张竹床上。我只想能在后山上隐隐约约地看得见这
　　　　屋子里的灯光就够了。
魏福生　你为什么今晚要来看我们家的灯光？
黄大傻　不止今晚啊，姑爹，除了上两晚之外，我差不多每晚都来的。
　　　　自从在庙里戏台下面安身以来，我每晚都是这样的。哪怕是刮
　　　　风下雨的晚上都没有间断过。我只要一望见这家里的灯光，我
　　　　就像见了亲人一样，把苦楚都忘记了。

祖　母	咳！没有爹娘的孩子真是可怜啊。
魏福生	你既然这样想到我家来，何不好好对我说呢？
黄大傻	姑爹，我晓得我就是好好地求你老人家，你老人家也不会要我到你家里来的。我是挨过你老人家的打骂的呀！
魏福生	我打你骂你，都是愿你学好。谁叫你那样不听话呢？我要你学木匠，你不去；要你学裁缝，你也不去；你偏要在这近边讨饭，我怎么不恨呢？
黄大傻	是的。我宁愿在这近边讨饭，我宁愿一个人睡在戏台底下，我不愿离开这个地方。哪怕你老人家通知团上要把我这个无家可归的孩子驱逐出境，我也不愿离开这个地方。
魏福生	我是怕你不务正业，才要驱逐你的呀。假如你是学好的，我何至如此？
黄大傻	嗨！穷孩子总是要被人家驱逐的。我讲好了替上屋张家看牛，你老人家硬叫张大公辞退了我。哪里是怕我不务正业，无非害怕我接近莲姑娘罢了。
魏福生	你们听！我早知道他是装疯卖傻的。
黄大傻	姑爹，我实在是个傻子，我明晓得没有爱莲姑娘的份儿，我偏舍不得她，我怎么不是个傻子呢？我跟莲姑娘从小就在一块儿。那时我家里还好，你老人家还带玩带笑地说过，将来这两个孩子倒是好一对。那时我们小孩子心里也早已模模糊糊地有这个意思了。后来我爹不幸去世，家里亏空不少，你老人家已经冷了一大半。及至我妈妈也死了，家里又遭了火烛，几亩地卖光，还不够还债的，我读书的机会自然没有了。学手艺吗，也全由别人作主；今天要我学裁缝，我不愿意，逃出来，挨了一顿打骂，又拉我去学木匠。……我那时候早已晓得莲姑娘不是我的了。我去学木匠那天早晨，想找莲姑娘说几句话，都被你老人家禁止了。我只怨自己的命苦，几次想打断这个念头，可是怎么样也打不断。上屋里陈八先生可怜我，叫我同他到城里去学生意。我想这或者可以帮助我忘记莲姑娘，可是我同他走到离城不远的湖迹渡，我还是一个人折回来了。我不能忘记莲姑娘，我不能离开莲姑娘所住的地方。多亏仙姑庙的王道人可怜我，许我在庙里的戏台下面安身，我时常帮他做些杂事，碰上我讨不到饭的时候，他也把些吃剩的斋饭给我吃，我就是这样过了一年多的日子。

莲　姑　（哭）啊，大哥！

黄大傻　一个没有爹娘、没有兄弟、没有亲戚朋友的孩子，白天里还不怎样，到了晚上独自一个人睡在庙前的戏台底下，真是凄凉得可怕呀！烧起火来，只照着自己一个人的影子；唱歌，哭，只听得自己一个人的声音。我才晓得世界上顶可怕的不是豺狼虎豹，也不是鬼，是寂寞！

莲　姑　（泣更哀）大哥！

黄大傻　我寂寞得没有法子。到了太阳落山，鸟儿都回到窠里去了的时候，就独自一个人挨到这后山上，望这个屋子里的灯光，尤其是莲姑娘窗上的灯光，看见了她的窗子上的灯光，就好像我还是五六年前在爹妈身边做幸福的孩子，每天到这边山上喊莲妹出来同玩的时候一样。尤其是下细雨的晚上，那窗子上的灯光打远处望起来是那样朦朦胧胧的，就像秋天里我捉了许多萤火虫，莲妹把它装在蛋壳里。我一面呆看，一面痴想，身上给雨点打的透湿也不觉得，直等灯光熄了，莲妹睡了，我才回到戏台底下。

莲　姑　（啜泣）啊，大哥！

祖　母　可怜的孩子，那不会着凉吗？

黄大傻　没爹少娘的孩子谁管他着不着凉呢！寂寞比病还要可怕，我只要减少我心里的寂寞，什么也顾不得了。一年多的风霜饥饿，身体早已不成了；这几天又得上了一点寒热，所以有两个晚上没有看这边窗上的灯光了。我怕到我爹妈膝下去的时候不远了，又听说莲姑娘就是这几天要出嫁，所以我今晚又走到这边山上来，想再望望我两晚没有望见的，或许以后永远望不见的灯光，不想刚到山上便绊着药绳，挨了这一枪。……我只望那一枪把我打死了倒好，免得再受苦了，没想到还能活着见莲姑娘一面，我挨这一枪也值得，死也死得过了。

莲　姑　啊，大哥！

祖　母　可怜的孩子，不想他这样爱着莲儿。

魏黄氏　可怜病得这样子又受了这样重的伤。他的娘若在世，不知怎样的伤心呢！

莲　姑　（抚着黄大傻的手）大哥，你好好睡。我今晚招呼你。

黄大傻　（欣慰极了）啊，谢谢。

魏福生　（暴怒地）不能！莲儿，快进去，这里有我招呼，不要你管。你已经是陈家里的人，你怎么好看护他？陈家听见了成什么话！

莲　姑　　我怎么是陈家里的人了？

魏福生　　我把你许给陈家了，你就是陈家的人了。

莲　姑　　我把自己许给了黄大哥，我就是黄家的人了！

魏福生　　什么话！你敢顶嘴？你这不懂事的东西！（见莲姑还握着黄大傻的手）你还不放手，替我滚起进去！你想要招打？

莲　姑　　你老人家打死我，我也不放手。

魏福生　　（改用慈父的口吻）莲儿，仔细想想吧，爹不是因为爱你才把你许给陈家的吗？爹辛苦半辈子，只有你这一个女儿，不想把你随便给人家。好容易千挑万选地才攀上了陈家这门亲。陈家起先嫌我们猎户出身，后来看得你人物还不错，才应允了。只望你心满意足地到陈家去，生下一男半女，回门来喊我一声外公，也算我没有儿子的人的福分。不想你这不懂事的东西存心跟我为难，可是后来你妈再三劝你，你不是已经回心转意，亲口答应了吗？……

魏黄氏　　是呀，莲儿你自己答应了的呀。

莲　姑　　爹逼得我没有法子，只好权时答应了。原想找个机会跟黄大哥商量，在过门以前逃跑的。

魏福生　　唔，你居然想逃跑！

莲　姑　　想逃跑。我老早就想逃跑，只是没有机会。第一次打了老虎，到我家看的人很多，我就想趁那时候逃。刚走到半山碰了屠大爷，我只好回来。后来过门的日子越近，你老人家越不肯叫我出去。前几天借着送虎肉才同张二姑娘到仙姑殿去了一回。因为有二姑娘跟着我，不好问人，没有找着黄大哥。

魏福生　　找着他呢？

莲　姑　　找着他，我就约个日子同他跑。

魏黄氏　　你们安排跑到哪里去？

莲　姑　　跑到城里去。

魏福生　　找谁？

莲　姑　　找张大姐介绍我到纱厂做工去。

魏福生　　唔。

莲　姑　　没有想到我没有找着他，他倒先到我家来了。像受了重伤的老虎似的抬到我们家来了。身体瘦成这个样子，腿上还打一个大洞。……流了这许多血。黄大哥，可怜的黄大哥，我是再也不离开你的了。死，活，我都不离开你！

魏福生　我偏要你离开他。偏不许你们在一块……你这不孝的东西！（猛力想扯开他们的手，但他们抓死不放。）

莲　姑　爹！

祖　母　（同时）福生！

李东阳　（同时）福生！你——

魏黄氏　（同时）嗳呀，莲儿，你放手吧。

莲　姑　不。我死也不放。世界上没有人能拆开我们的手！

魏福生　我能够！（暴怒如雷，猛力扯开他们的手，拖着莲姑往房里走）你这畜生，不要脸的畜生，不打你如何晓得厉害！（拖进房里）
【台上闻扑打声，抗争声。"哼！你还强嘴不？你还发疯不？你还喊黄大哥不？你还要气死我不？"每问一句，打一下。

大　家　（同时）福生，福生，嗳呀，不要打！（皆拥到后房去）
【台上只剩黄大傻一人，尸骸似的倒在竹床上，闻里面打莲姑声，旧病新创一齐爆发。

黄大傻　嗳呀，我再不能受了。（忍痛回顾，强起，取床边猎刀）莲姑娘，我先你一步吧。（自刺其胸而死）
【里面魏福生"你还不听说不？你还要喊黄大哥不？你做陈家里的人不？"之声与竹鞭响声，哀呼"黄大哥"之声益烈，劝解者、号哭者的声音伴奏之。

　　　　　　　　　　　　　　　　　　　　——幕徐闭
　　　　　　　　　　　　　　　　　　　　写于 1921 年

（《田汉全集》，田汉全集编委会编，花山文艺出版社，2000）

【评析】

　　《获虎之夜》是田汉早期代表作，以辛亥革命后某年的一个冬夜为时间背景，描述了猎户人家女儿莲姑和流浪儿黄大傻之间的爱情悲剧故事，颂扬了一对年轻人对爱情忠贞不渝的精神，深刻地批判了封建家长专制的不合理性。

　　剧作采用西洋戏剧史上经典的"锁闭式"结构，故事紧凑，冲突集中，情节展开张弛有致，具有强烈的戏剧性。该剧在一个场景（魏福生家"火房"），很短的时间之内，集中展开所有的矛盾，情节紧张，冲突集中，戏剧效果强烈。戏剧在尖锐的冲突中塑造独特的人物性格，凸显出人物个性解放精神的动人与可贵。

　　剧作人物对话安排主次得当，人物的出场也错落有致：戏剧开场，是魏家一群人的闲谈，通过魏家与客人的谈话交代故事的来龙去脉，为后面展开莲姑与表兄黄大傻的恋情做好充分铺垫，中间又插叙老猎户易四聋子的打虎故事，既使戏剧富有浓郁的浪漫传奇色彩和乡土气息，又使戏剧在情节节奏上富于变化。众人听到抬枪响起，去看捕到的老虎时，看到的却是误中抬枪的黄大傻。戏剧悬念激增。男女主人公同时上场，在黄大傻生命垂危之际莲姑坚守不离，魏福生强行拆散二人，并毒打女儿莲姑，戏剧冲突达到高潮。心上人遭受毒打令黄大傻感到绝望和痛苦不堪，最终愤而自戕，戏剧也在高潮处落幕，让人回味无穷。作者把中国农村的猎虎传奇同一对恋人的爱情悲剧巧妙地融为一体，把看似意外实则必然的悲剧结局，写得凄婉动人、颇富诗意，对爱情忠贞不渝的男女主人公形象跃然纸上。

充满个性、富于诗意的人物语言，也是构成戏剧魅力的重要因素。剧中人物黄大傻的语言，发自肺腑，因而显得真挚而充满诗意，振聋发聩：“我才晓得世界上顶可怕的不是豺狼虎豹，也不是鬼，是寂寞”，“我……没想到还能活着见莲姑娘一面，我挨这一枪也值得，死也死得过了”，真挚而富于诗意的语言，极大地强化了戏剧的悲剧震撼力和感染力。

该剧还成功地运用了象征手法。田汉早期戏剧中善于运用象征性意象，强化戏剧主题、增强戏剧效果。“夜”，就是田汉早期剧作常用的意象。《获虎之夜》中，一方面，“夜”构成重要的戏剧情境，“夜”的降临使情节的展开和人物的命运显得真实自然，同时又将一对年轻人的命运笼罩在黑暗和压抑中，增加剧作悬念和情节爆发的张力。另一方面，“夜”的意象又成为人物所在时代特征的象征，“夜”已经很漫长，在辛亥革命失败后封建势力还很强大的中国农村，当爱情自由和家长专制发生冲突时，悲剧就成为不可避免的结局。“夜”的戏剧情境，加上黄大傻失恋后的悲哀和寂寞，使全剧弥漫着浓重的感伤抒情色彩。

田汉作为中国现代戏剧的第一人，将西方现代戏剧与中国古典戏曲的艺术手法融合到中国现代话剧的创作中来，并用诗化的语言为戏剧营造出唯美的意境，而且象征手法的成功运用，又使戏剧具备了审美意蕴的多重可能。

【练习】

1. 《获虎之夜》的戏剧结构有何特点？
2. 田汉的戏剧语言具有怎样的戏剧效果？

（李致　梁晓霞）

湖畔儿语

王统照

　　王统照（1897—1957），字剑三，山东诸城人。在"五四"革命思潮的影响下，投身新文学运动。1921 年与郑振铎、沈雁冰等人发起"文学研究会"。王统照早期小说创作具有较强的主观抒情色彩，充满着对于"爱"和"美"的表达和探索。后期则注重对现实中受尽屈辱磨难的生活在社会底层人们的描写刻画，艺术风格也由前期的朦胧抒情转向后期的忧愤激昂。王统照一生著作颇丰，在诗歌、小说、散文等方面的创作都取得了成绩。主要代表作品有诗集《心意》（1925）、短篇小说集《春雨之夜》（1924）、《号声》（1928）、中长篇小说集《一叶》（1922）、《山雨》（1933）等。

　　因为我家城里那个向来很著名的湖上，满生了芦苇和满浮了无数的大船，分外显得逼仄，湫隘，喧嚷，所以我也不很高兴去游逛。有时几个友人强约着去荡桨湖中，每每到了晚上，便各种杂乱的声音，一齐并做。锣鼓声，尖利的胡琴声，不很好听的唱声，粉面光头的妓女的调笑声，更夹杂上小舟卖物的喊声，便几乎把静静的湖水，全起了"大波"。因此我有时即不得已在湖中的时候，只有收视反听地去寻思我自己的事。不过也有时在夕阳明灭，反映着湖水的时候，我却常常一个人，跑到湖边的僻静处去乘凉。而且一边散步，一边听着青蛙儿在草中奏的雨后之歌，看看小鸟啁啾的争向柳枝上飞奔，自然还有些兴致。而每在此时，一方引动我对于自然中的景物的鉴赏；一方却同时激发我无限的悠渺之思。

　　一抹绀色，兼以青紫色的霞光，返映着湖堤上的雨后的碧柳。某某祠庙的东边，有个小小的荷荡。这处的荷叶最大不过，高得几乎比人还高。叶下的白洁如玉雕成的荷花，到过午之后，又是将花萼闭起。偶然一两只蜜蜂飞来飞去，还似留恋着花香的气味，不肯即行归去。红霞照在湛绿的水上，散为金光，而红霞中的欲下沉的日光，也幻成异样的色彩。一层层的光与色，相荡相薄，闪闪烁烁的都映现在我眼底。这时我因昨天一连落了有六七个小时的急雨，今日天还晴朗些，便独自顺步走到湖的西岸来，看一看雨后的湖边景色。斜铺的石道上，满生了莓苔，我穿的皮鞋印在上面，显出分明的印痕来。

　　这时湖中正人声乱嚷着，且是争吵得利害。我便慢慢地踱着，向石道的那边走去。疏疏的柳枝与颤颤的芦苇旁的初开的蓼花，随着微吹的西风，在水滨摇舞。这里可谓全湖上最冷静而幽僻的地方了。除了偶尔遇到一二个行人之外，只有噪晚的小鸟，在树上鸣着。而乱草中时有阁阁的蛙声，与它们作伴。

我在这片时之中，觉得心上比较平时恬静了一些。但对于这转眼即去的光景，却也不觉得有甚么深重的留恋。因为一时的清幽光景的感受，而又时时记起"夕阳黄昏"的话，也不禁凄凄地生出心底的叹息来。所以对于留恋的思想，也有点怕去思索了。

低头凝思着，很疲重的脚步也懒得时时举起。天上绀色，与青紫色的霞光，也越散越淡了。而太阳的光，也随了片散的霞光，沉落在返映的水里。我虽知时候渐渐晚了，却又不愿即行回家，遂即拣了一块湖边的白石，坐在上面，听着新秋犹噪晚的残蝉，便觉得在黄昏迷蒙的湖上，渐有秋意了。我一个人坐在几株柳树之下，看见渐远渐淡的黄昏之光，从远处返映过来的微茫的灯火。天气并不十分烦热，而且到了晚上，微觉得有些嫩凉的感触。同时也似乎因此凉意，给予我一些苍苍茫茫的寥廓，而不知着落的兴感。

我正自无意地感思着，忽然听得柳树的后面，有擦擦的声音。在静默中，我听了仿佛有点疑惧！过了一会又听得有个轻动的脚步声，在后面的苇塘里乱走。于是使得我要搜寻的思想，不能再按捺得住，便跳了起来，绕过柳树，到后面的苇塘边下。那时模模糊糊地已不能看得清楚。但在短的苇芽旁边的泥堆上，却有个小小的人影，我便喊了一声道："你是谁？"

不料那个黑影却不答我。

本来这个地方，是很僻静的，每当晚上，更是没人在这里停留。况且黑暗的空间，只有皎明的星光，在天上照着。而柳叶与苇叶，还时摇擦着作出微响来。于是我陡然觉得有点恐怖了！便接着又将"你是谁"三个字喊了一遍。正在我还没有回过身来的时候，泥堆上的小小的黑影，却用细咽而无力的声音，给我一个答语是：

"我是小顺，……在这里钓……鱼。"

他后一个字，已经咽了下去，且是有点颤抖。我听这个声音，便断定是个十一二岁的男孩子的声音，但我分外疑惑了！便问他道："天已经黑了下来，水里的鱼还能在这时钓吗？还能看得见吗？"那小小的黑影，又不答我。

"你在甚么地方住呵？"

"在顺门街马头巷里。……"由他这一句话，使我听到这个弱小口音，仿佛在那里听过的。便赶近一步道："你从前就在马头巷住吗？"

"不。"那个小男孩子迅速地答："我以前住在晏平街的。……"

我于是突然将陈事记忆起来道："哦！你不是陈家的小孩子，……你爸爸不是铁匠陈举吗？"

小孩子这时已将竹竿由水中拖起，赤了脚，跑下泥堆来道："是。……爸爸是做铁匠的，你是谁？"

我靠近看那个小孩子的面貌，尚可约略分清。哪里是像五六岁时候的可爱的小顺呀！满脸上乌黑，不知是泥还是煤烟。穿了一件蓝布小衫，下边露了多半部的腿。而且身上时时发出一阵泥土与汗湿的味来。连小孩子竟会有这样快而且大的变化吗？他见我叫出他的名，便呆呆地看着我。他的确不知道我是谁；的确他是不能记得了。我在这片刻中，回想到小顺在四五岁的时候。那时我还非常地好戏弄小孩子，每从家门首走过，看见他同他母亲坐在那棵古干浓荫的大槐树的底下，他每每在母亲的怀中唱出小公鸡的小儿歌来与我听。现在已经相隔有六年多了，我也时常是不在家中。但是后来听见家中人说，前街上的小顺家迁居走了。这也不过是听自传说，实在也不知道是迁到甚么地方住去。但是我每经过前街的时候，看看小顺的门首，另换了人名的贴纸。我便觉得怅然！仿佛失掉了一件常作我的伴侣的东西一般。在这日的黄昏的冷清清的湖畔，忽然遇到他，那能不使我惊疑！而尤其使人奇诧的，怎么先时那个红颊白手的小顺，如今竟然同街头的小叫化子差不多了。他父亲是个安分的铁匠，也还可以照顾得起小孩子。哦！如今竟至于这样，使我蓦然地在心头上满布了疑云。

我即刻将他领到我坐的白石上面，与他作详细的问答。

我就先告诉他，他几岁时我怎样常常见他，并且常引逗他喊笑。但他却憬然了。过后我便同他一问一答地作这个初秋之夜的谈话。

"你的爸爸现在在那里？"

"在家里，……"小顺迟疑地答我。而且在暗中，我从他呆呆目光中，还见出他对于我这个老朋友有点奇怪。

"你爸爸还给人家作活吗？"

"甚么？……他每天只是不在家，却也没有一次，……带回钱来，……作活，……吗？……不知道。"

"你妈呢？"

"死了！"小顺简单而急迅地说。

我骤然为之一惊！然而这也是必然的，因为小顺的母亲，是个瘦弱矮小的妇人，而且据以前我曾听见人家说过，她嫁了十三年，生过七个小孩子，到末后只剩了小顺一个。然而想不到时间送人却这样的快呵！

"现在呢，家中还有谁？"

"还有妈，后来的。……"

"哦！你家现在比从前穷了吗？看你的……"

小顺果然是个自小时即很聪明的孩子，他见我不客气地问起他家"穷"的这个字，便呆呆地看着远处在迷漫中的烟水。一会儿低下头去，半晌才低声说道：

"常是没有饭吃呢！我爸爸也常常不在家里。……"

"他到那里去？……"

"我不知道，……可是每天到早饭以后，才来家一次。……听说在烟馆中给人家伺候，……不知道在那里？"

说这几句简单的话时，他是低声而迟缓地对我说。我便对于他家现在的情形，异常的明了了。我一时的好奇心，便逼我更进一步地向他继续问道：

"你……现在的妈多少年纪？还好呵？"

"听人家说，我妈不满三十呢。他娘家是东门里的牛家……"他说到这里，在面上仿佛有点疑惑与不安的神气。我又问道：

"你妈还打你吗？"

"她吗，没有工夫。……"他决绝地答。

我以为如他家现在的状况，一个年轻的妇女来支持他们的全家的生计，自然没得有好多的工夫。所以我又说：

"那末她作甚么活计呢？……"

"活计？……没有的，不过每天下午便忙了起来。所以也不准我在家里。……每天在晚上，这个苇塘边，我只在这里……在这里……"

"甚么？……"

小顺也会模仿成人的态度，由他小小的鼻孔中，哼了一声道："我家里常常是有客人去的！有时每晚上总有两三个人；有时冷清清地一个也不来上门。……"

我听了这个话，便有点惊颤了！……他却不断地向我道：

"因此，我妈还可以有个钱做饭吃。……但他们来的时候，妈便把我喊出来，不到半夜，是不叫我回去的。我爸爸他是知道的；而且他夜里是再不回来的。……"

哦！我听到这里，居然已经明白了小顺现在是在一个甚么环境里了。仿佛有一篇小说中的事实告诉我：一个黄而瘦弱，目眶下陷，蓬着头发的小孩子，每天他只是赤着脚，在苇塘边游逛。忍着饥饿，去听鸟朋友与水边的蛙朋友的言语。时而去听出苇中的风声，所响出的自然的音乐。但是父亲是个伺候偷吸鸦片的小伙役。母亲呢，且是后母；是为了生活，去作最苦不过的卖出肉体的事。待到夜静人稀的时候，惟有星光送他回到家中去。明日呵，又是同样的一天。这仿佛是由小说中告诉我的一般。但我真不相信，我幼时常常见面的玉雪可爱的小顺，竟会到这般田地！末后，我就又问他一句是："天天晚上，在他家出入的是些甚么样的人？"

小顺道："我也不能常看见他们，然而有时也可以看得见。他们有的是穿了灰色短衣服，歪带了军帽的；有些身上尽是些煤油气，每人身上都带有粗的银的链子的；还有几个是穿长衫的呢。每天晚上常有三个和四个，……可是有的时候一个也不上门来。"

"那为甚么呢？"我觉得这种逼迫的问法，太对不起这个小孩子了。但我的心思为新奇的悲怜所充满，又不能不问他。

小顺笑着向我道："你怎么不知道呢？在马头巷那几条街道上，每家人家，每天晚上都有人去的！……"他接着又笑了！仿佛笑我一个读书的人，却这样的少见少闻一般。

我觉得没有甚么再问他了，而且也不忍再教这个天真烂漫的孩子，告诉我这种命运的悲惨的历史。他这时也如同正在那里寻思甚么一般，望着在黄昏淡雾下的星光出神。我真实感到人间的万有不齐，与变化无端的生活的命运，是极难抗违的。本来果使小顺的亲妈在日，恐怕还不至如此，然而以一个妇女遇这样的生活，他的现在的妈，自然也是天天在地狱中度生活的！

家庭呵！家庭的组织与所遇到的运命。堕落呀！社会的生计的压迫。我本来在这个雨后的湖畔，为消闲来的，如今许多的烦扰而复杂的问题，又在胸中打起圈子来。

你们试想一个忍着饥苦的小孩子，在黄昏以后，独自跑到苇塘边来，消磨一个半夜。又试想到他的母亲，在家中因为支持全家的生活，而受的最大且长久的侮辱，是个非人的生活。现代社会组织下的贫民的无可如何的死路到底是怎样呵！我想到这里，一重重的疑闷与烦恼，激起于心中，而方才湖上的晚景，所予给我的鲜明而清幽的印象，早随同了黑暗沉落在湖水的深处了。

我知道小顺不敢在这个时候回到家去，但我又不忍遗弃这个孤无伴侣的小孩子，在夜中的湖岸上独看星光。因此使我既感觉到悲哀，更加上踌躇了！我只索同他坐在柳树下面。待要再问他，实在觉得有点不忍了。同时我静静地想到一个环境中造就的儿童，不由得使我对于眼前的小顺以及其他在小顺的地位上的儿童，全为之颤栗了！

正在这个无可如何的时候，突有一个尖呼而急遽的声音，由对面传过来。原来是喊的"小顺……在哪……里呵？"的几个字，即时将沉静的空中冲破。

我不觉得愕然地立了起来，小顺也吓得将手中所没有放下的竹竿投在水里，由一边的小径上跑了过去。我在迷惘中不晓得怎么的事突然发生。这时对面由丛树下飞跑过来的一个中年人的黑影，拉了小顺就走。一边走着，一边说道："你爸爸今天晚上在烟馆子，被……巡警抓了，……进去，你家里，……伍大爷正在那里，谁敢去得？……小孩子！……西邻家李伯伯，……叫我把你喊……去……"

他们的黑影，随了夜中的氛雾，渐走渐远。而那位中年男子说话的声音，也听不分明了。

我也就一步一步地踱回家来。在浓密的夜雾中，行人也少了。我只觉得胸头沉沉地，仿佛这天晚上的气压度数，分外低了好多！而一路上引导我的星光，也模糊黯淡，看不明亮！

十一，八月
（《东方杂志》第 19 卷第 18 号，1922. 9. 25.）

【评析】

王统照的文章充满了对现实生活中"美"的探索和"爱"的追求，积极表现社会现实和人生问题，富于丰富的象征意味和人性情怀。笔调清新自然，主观色彩强烈，善于将写实与象征结合创作。

《湖畔儿语》写于 1922 年，作者通过"我"与儿童小顺的对话，从侧面描写出旧中国处于社会底层的一个典型家庭的贫穷，生活的苦难，甚至迫不得已去出卖肉体，勉强维持生活的社会残酷事实。

小说开篇即对自然环境进行描写，烘托出苦闷消沉的氛围。生满了芦苇的湖水并浮满了大船，压抑紧迫的景象由此呈现，连同各种杂乱的声音，就更显得环境的纷扰。"我"为了寻找宁静，只有在"夕阳明灭"时才能一个人到湖边去乘凉。雨后清新的空气，声声的蛙鸣，白洁的荷花，摇曳的柳树，熠熠的霞光，别是一番情致。但是随着时间光景的转换，却又生出些许淡淡的悲伤没落之感。文中前一部分大量自然环境的描写与个人情感的抒发，交代了背景，渲染了气氛，也为全文奠定了一个伤感哀怨的基调。

小顺的出现打破了"我"的沉静思索，通过我的询问，得知小顺一家现在所遭受的悲惨家境和生活状况。小顺亲母去世后，原来那个"红颊白手"的小顺俨然成了街头小叫花子，父亲也由安分守己的铁匠变成了伺候人偷吸鸦片的小伙计，而小顺的后母，为了生活甚至不得不去做出卖肉体的事情。小顺一家的遭遇，只是那个时候底层社会家庭的典型代表，在这里作者所描绘的是一幅真实的旧中国生活的现实情境图。

　　值得注意的是，这个故事的叙述出自一个十来岁的儿童之口，而且他的口吻是那样的冷静淡漠，而这就越发揭示出现实的残酷，生活在下层社会人们的悲哀。小顺一家为生活所迫已经变得麻木，甚至是儿童也失去了天真快乐，承受着生活重担的苦涩，挣扎在困苦、贫病甚至死亡之中。

　　作者通过对湖畔宁静之夜的渲染，与社会黑暗现实形成强烈的对比反差，用浓烈激愤的语言表达着内心的不平与对社会的控诉，用真挚忧怀的情感表现对人们不幸遭遇的同情感慨，突出表现社会现实的腐朽没落。全文通过作者浪漫主义与现实主义相结合的表现手法，以哲理的沉思，内心的反省，表现对人民生活疾苦的关心，提出深刻的现实问题，特别是对于人生意义的探索与人性的呼唤，引发人们的思考与关注，使得小说的思想更为凝重深邃。

【练习】

1. 王统照小说构思新颖，笔法细腻而又朴实无华。试讨论这篇小说在叙事、写景、抒情方面的艺术特点。
2. 阅读王统照的早期小说《沉思》，谈一谈在内容与艺术手法等方面与本篇小说有哪些不同。

（闫玮）

墓畔哀歌

石评梅

　　石评梅（1902—1928），原名石心珠，因爱慕梅花之坚贞高洁而取笔名"评梅"。山西阳泉平定人，现代女作家，革命活动家。自幼受家父影响，文学功底深厚，且擅长书画音乐，才艺兼备，是民国四大才女之一。1919年，在北京女子师范学校结识庐隐、陆晶清，她们志同道合成为至交。在校期间，她们一起饮酒高歌，激扬文字，共享精神自由之快意，同度快乐浪漫之时光。随后她们闯入文学世界，发表诗歌、散文、剧本等作品。评梅与陆晶清等还创编了《妇女周刊》、《蔷薇周刊》，其作品多以追求真爱，向往自由为主题。作为进步知识分子，石评梅敢于抨击黑暗势力与封建制度，积极激励民众解放思想。作品感情炽热且语言凄婉，具有较高的美学价值。才情并茂的评梅因病早逝，其友人将其作品编成《涛语》、《偶然草》两个集子。评梅一生短暂，但文学成就斐然，体裁有诗歌、散文、游记、小说、戏剧等。2003年美国哥伦比亚大学出版的《女作家在现代中国》（*Writing Women in Modern*

China）之中，石评梅与庐隐、萧红和苏雪林等人并列为 18 个重要的现代中国女作家之一。今其祖籍地平定留存评梅故居，又建有评梅广场，以纪念这位才女。

一

我由冬的残梦里惊醒，春正吻着我的睡靥低吟！晨曦照上了窗纱，望见往日令我醺醉的朝霞，我想让丹彩的云流，再认认我当年的颜色。

披上那件绣着蛱蝶的衣裳，姗姗地走到尘网封锁的妆台旁。呵！明镜里照见我憔悴的枯颜，像一朵颤动在风雨中苍白凋零的梨花。

我爱，我原想追回那美丽的皎容，祭献在你碧草如茵的墓旁，谁知道青春的残蕾已和你一同殉葬。

二

假如我的眼泪真凝成一粒一粒珍珠，到如今我已替你缀织成绕你玉颈的围巾。

假如我的相思真化作一颗一颗的红豆，到如今我已替你堆集永久勿忘的爱心。

哀愁深埋在我心头。

我愿燃烧我的肉身化成灰烬，我愿放浪我的热情怒涛汹涌，天呵！这蛇似的蜿蜒，蚕似的缠绵，就这样悄悄地偷去了我生命的青焰。

我爱，我吻遍了你墓头青草在日落黄昏；我祷告，就是空幻的梦吧，也让我再见见你的英魂。

三

明知道人生的尽头便是死的故乡，我将来也是一座孤冢，衰草斜阳。有一天呵！我离开繁华的人寰，悄悄入葬，这悲艳的爱情一样是烟消云散，昙花一现，梦醒后飞落在心头的都是些残泪点点。

然而我不能把记忆毁灭，把埋我心墟上的残骸抛却，只求我能永久徘徊在这垒垒荒冢之间，为了看守你的墓茔，祭献那茉莉花环。

我爱，你知否我无言的忧衷，怀想着往日轻盈之梦。梦中我低低唤着你小名，醒来只是深夜长空有孤雁哀鸣！

四

黯淡的天幕下，没有明月也无星光这宇宙像数千年的古墓；皑皑白骨上，飞动闪映着惨绿的磷花。我匍匐哀泣于此残锈的铁栏之旁，愿烘我愤怒的心火，烧毁这黑暗丑恶的地狱之网。

命运的魔鬼有意捉弄我弱小的灵魂，罚我在冰雪寒天中，寻觅那雕零了的碎梦。求上帝饶恕我，不要再惨害我这仅有的生命，剩得此残躯在，容我杀死那狞恶的敌人！

我爱，纵然宇宙变成烬余的战场，野烟都腥：在你给我的甜梦里，我心长系驻于虹桥之中，赞美永生！

五

我镇天踟蹰于垒垒荒冢，看遍了春花秋月不同的风景，抛弃了一切名利虚荣，来到此无人烟的旷野，哀吟缓行。我登了高岭，向云天苍茫的西方招魂，在绚烂的彩霞里，望见了我沉落的希望之陨星。

远处是烟雾冲天的古城，火星似金箭向四方飞游！隐约的听见刀枪搏击之声，那狂热的欢呼令人震惊！在碧草萋萋的墓头，我举起了胜利的金觥，饮吧我爱，我奠祭你静寂无言的孤冢！

星月满天时，我把你遗我的宝剑纤手轻擎，宣誓向长空：愿此生永埋了英雄儿女的热情。

六

假如人生只是虚幻的梦影，那我这些可爱的映影，便是你赠与我的全生命。我常觉你在我身后的树林里，骑着马轻轻地走过去。常觉你停息在我的窗前，徘徊着等我的影消灯熄。常觉你随着我唤你的声音悄悄走近了我，又含泪退到了墙角。常觉你站在我低垂的雪帐外，哀哀地对月光而叹息！

在人海尘途中，偶然逢见个像你的人，我停步凝视后，这颗心呵！便如秋风横扫落叶般冷森凄零！我默思我已经得到爱的之心，如今只是荒草夕阳下，一座静寂无语的孤冢。

我的心是深夜梦里，寒光闪灼的残月，我的情是青碧冷静，永不再流的湖水。残月照着你的墓碑，湖水环绕着你的坟，我爱，这是我的梦，也是你的梦，安息吧，敬爱的灵魂！

七

我自从混迹到尘世间，便忘却了我自己；在你的灵魂我才知是谁？

记得也是这样夜里。我们在河堤的柳丝中走过来，走过去。我们无语，心海的波浪也只有月儿能领会。你倚在树上望明月沉思，我枕在你胸前听你的呼吸。抬头看见黑翼飞来掩遮住月儿的清光，你抖颤着问我：假如这苍黑的翼是我们的命运时，应该怎样？

我认识了欢乐，也随来了悲哀，接受了你的热情，同时也随来了冷酷的秋风。往日，我怕恶魔的眼睛凶，白牙如利刃；我总是藏伏在你的腋下趑趄不敢进，你一手执宝剑，一手扶着我践踏着荆棘的途径，投奔那如花的前程！

如今，这道上还留着你斑斑血痕，恶魔的眼睛和牙齿再是那样凶狠。但是我爱，你不要怕我孤零，我愿用这一纤细的弱玉腕，建设那如意的梦境。

八

春来了，催开桃蕾又飘到柳梢，这般温柔慵懒的天气真使人恼！她似乎躲在我眼底有意缭绕，一阵阵风翼，吹起了我灵海深处的波涛。

这世界已换上了装束，如少女般那样娇娆，她披拖着浅绿的轻纱，蹁跹在她那（姹）紫嫣红中舞蹈。伫立于白杨下，我心如捣，强睁开模糊的泪眼，细认你墓头，萋萋芳草。

满腔辛酸与谁道？愿此恨吐向青空将天地包。它纠结围绕着我的心，像一堆枯黄的蔓草，我爱，我待你用宝剑来挥扫，我待你用火花来焚烧。

九

垒垒荒冢上，火光熊熊，纸灰缭绕，清明到了。这是碧草绿水的春郊。墓畔有白发老翁，有红颜年少，向这一抔黄土致不尽的怀忆和哀悼，云天苍茫处我将魂招；白杨萧条，暮鸦声声，怕孤魂归路迢迢。

逝去了，欢乐的好梦，不能随墓草而复生，明朝此日，谁知天涯何处寄此身？叹漂泊我已如落花浮萍，且高歌，且痛饮，拼一醉烧熄此心头余情。

我爱，这一杯苦酒细细斟，邀残月与孤星和泪共饮，不管黄昏，不论夜深，醉卧在你墓碑傍，任霜露侵凌罢！我再不醒。

十六年清明陶然亭畔

（《石评梅作品集·散文卷》，杨扬编，书目文献出版社，1983）

【评析】

《墓畔哀歌》是石评梅的代表作，是她用青春与生命，为北大才子、优秀革命党人高君宇写下的千古绝唱。高君宇是山西静乐县峰岭底村（今属娄烦）人，是中国共产党和共青团的早期领导人之一。1920年3月31日，在李大钊指导下，高君宇与邓中夏、罗章龙等北大19名学生秘密组织"马克思学说研究会"，第二年加入中国共产党，1922 年当选为中国社会主义青年团一届中央执行委员。他是中国共产党第二、第三届中央委员，也是周恩来与邓颖超的红娘。高君宇为革命投身枪林弹雨，辗转莫斯科、北平、上海、广州，北上南下，30 岁时积劳成疾，赍志而殁，3 年后石评梅也心碎泪绝，伴高君宇于北平陶然亭畔，双坟相依，心魂相守。这篇散文诗是评梅对爱人的哭诉祭文，声声呼唤，字字血泪，感天地，泣鬼神。

二三十年代的早期革命时期，政治形势严峻动荡，"恶魔的眼睛凶，白牙如利刃"。评梅作为"新女性"代表，异常苦闷，彷徨趑趄，她在君宇的引领下，追求光明的前景："我总是藏伏在你的腋下趑趄不敢进，你一手执宝剑，一手扶着我践踏着荆棘的途径，投奔那如花的前程！"然而，高君宇在血雨腥风的革命中英年早逝！二人感情真挚纯洁，灵凤失凰，此伤何极！评梅由于深受失败的初恋经历的打击，曾经拒绝君宇的求爱。君宇逝去后，评梅悔痛交加，才意识到君宇是伟大的英雄，是她灵魂的主宰。她决心要将自己的青春，以及真爱，都献给君宇："我的心是深夜梦里，寒光闪灼的残月，我的情是青碧冷静，永不再流的湖水。残月照着你的墓碑，湖水环绕着你的坟，我爱，这是我的梦，也是你的梦，安息吧，敬爱的灵魂！"于是独自在孤寂凄苦中常常到高君宇的墓畔抚碑泪流，悲悼缅怀。散文通篇贯穿以"残蕾"、"衰草"、"碎梦"、"孤冢"、"哀泣"等悲艳语词，满纸心酸泪，艳绝凄美，使人不忍卒读，备受煎熬折磨的苦痛的形象跃然纸上。二人的生死恋情虽如昙花一般迅速逝去，但却千载一逢，凄美动人。他们用坚贞不渝共谱震撼人心的爱情悲乐，歌颂了风雨如晦的革命年代真爱的珍贵纯洁。

散文就作者自身"革命 + 恋情"的感情苦旅为线索，基调悲恸哀愁。文章表述了她与高君宇如流星般迅逝的生死恋情，虽不能天荒地老，但坚如磐石，忠贞不渝："我爱，这一杯苦酒细细斟，邀残月与孤星和泪共饮，不管黄昏，不论夜深，醉卧在你墓碑傍，任霜露侵凌罢！我再不醒。"其心，其志，其情，其精神，在这样的中外亘古未有的生死之恋中，受到洗礼，得以升华。评梅的爱不仅深沉，更有高度，虽然与至爱阴阳幽明，但她如是呐喊："你不要怕我孤零，我愿用这一纤细的玉腕，建设那如意的梦境。"虽然她憔悴得"像一朵颤动在风雨中苍白凋零的梨花"，但她没有拘泥于儿女情长，她在黑暗的恶境中，激昂斗志，奋力反抗，她要用娇小的身躯承继着君宇的革命路线，在哀痛中浴火重生，在恶境中崛起反抗。评梅怀着崇高的信仰，诠释了真爱，讴歌了献身革命，追求自由光明的伟大革命精神，表达了对光明自由的美好前景的希冀。

此作非为创作而创作，非为艺术而艺术，此作是哭祭，呼天抢地，哀绝

伤恸。此篇吾手写吾口,"我爱"满篇,字里行间,似乎能感应评梅的心语:
"我的心上人啊","我吻遍了你墓头青草在日落黄昏";似乎能听到评梅的祷
告:"我的至爱啊","就是空幻的梦吧,也让我再见见你的英魂";似乎能耳
闻评梅的呐喊:"我的亲爱的啊","云天苍茫处我将魂招"。"哀愁深埋在我心
头",声声呼唤皆发自九曲回肠。评梅文学见地极高,知识涉猎颇广,才情并
茂,语言哀婉清丽,感情真挚动人。其文散行单句,复与古典诗词意韵相谐,
似曾相识:如李贺鬼诗,如波特莱尔《恶之花》,如马致远秋思篇,似李清照
悼亡,似崔莺莺怨别,似林黛玉葬花。然而,信手拈来,羚羊挂角,真乃自
铸伟辞,天然而工。"凄美"是这篇散文诗的内容特质,也是其艺术魅力之所
在。这是用泪与血挥洒的诗篇,也是祭献生死恋人的伤感忧郁之花,极凄美,
极震撼。实可谓天地间第一情诗,人世间第一美文!

【练习】

1.《墓畔哀歌》是什么体裁,其主旨是什么?
2.《墓畔哀歌》是如何体现凄美的悲剧特质的?

(梁鸿斐)

我是一条小河

冯　至

　　冯至(1905—1993),现代诗人、翻译家、教授。原名冯承植,字君培。
河北涿州人。1921年不满16岁的冯至就开始写诗,陆续发表了许多诗歌与散
文,1927年、1929年先后出版了诗集《昨日之歌》、《北游及其他》,被鲁迅
先生誉为"中国最为杰出的抒情诗人"。1930年赴德国留学,1935年获哲学
博士学位,后在西南联合大学、北京大学任教。曾任中国社会科学院外国文
学研究所所长、中国作家协会副主席等职。代表作有诗《十四行集》、小说
《蝉与晚秋》、《仲尼之将丧》,散文《山水》。

我是一条小河

我无心从你身边流过,

你无心把你彩霞般的影儿

投入了河水的柔波。

我流过一座森林，
柔波便荡荡地
把那些碧绿的叶影儿
裁剪成你的衣裳。

我流过一片花丛，
柔波便粼粼地
把那些彩色的花影儿
编织成你的花冠。

最后我终于
流入无情的大海，
海上的风又厉，浪又狂，
吹折了花冠，击碎了衣裳！

我也随着海潮漂漾，
漂漾到无边的地方；
你那彩霞般的影儿
也和幻散了的彩霞一样！

　　　　（《冯至全集》，冯至著，韩耀成等编，河北教育出版社，1999）

【评析】

　　对于冯至的这首名诗，大多数人都把它当作一首凄美的爱情诗来读，认为此诗表达了对爱情的执著追求，以及对爱情最终幻灭时的无奈之感。其实，这首诗的意蕴十分丰富，远不局限于此。

　　诗中"我"的无心流过与"你"的无心投入，两个"无心"描写出一个自由自在、委运任化的境界，大有陶渊明"云无心以出岫，鸟倦飞而知还"之神韵。而彩霞般影儿的你，是昔日不曾忘记的梦幻，也是今日百般追寻的理想，是那么明艳灿烂、瑰丽迷人；又与"我"近在咫尺、唾手可得。当"我"流过森林，柔波中碧绿的叶影儿就是"你"的衣裳；当"我"流过花丛，柔波中彩色的花影儿就是"你"的花冠。但是这梦幻也好、理想也罢，最终却在现实中被击得粉碎。"无情"和"风厉浪狂"分明写出现实的险恶与残酷，花冠吹折、衣裳击碎，象征着理想和梦幻的最终破灭。

　　最终，"我"只能到处漂漾、随波逐流。"无边"意味着没有边际、漫无目的，而那曾经美好的理想与梦幻，如同天边的彩霞，可望而不可即，美丽而易逝，早已幻散在时间的河流中，消失得无影无踪。

　　整首诗委婉含蓄、隐约朦胧，如同李商隐的无题诗，具有模糊性和不确定性。因而对于此诗的理解，不应仅仅停留在表面，还应挖掘其深厚的底蕴，剖析其蕴含着的丰富哲理意味和人生内涵。唯有如此，才能真正理解诗人的言外之意、境外之情。

【练习】

1. 说说你对这首诗的理解。
2. 这首诗的艺术特点是什么？
3. 阅读冯至的其他诗作。

（闫玮）

离　婚

鲁　迅

　　鲁迅（1881—1936），浙江绍兴人。原名周樟寿，中国现代伟大的文学家、思想家。1918—1926 年，陆续创作出版了小说集《呐喊》、《彷徨》、散文诗集《野草》、散文集《朝花夕拾》、杂文集《坟》、《热风》、《华盖集》、《华盖集续编》等专集。1927—1936 年，创作了历史小说集《故事新编》中的大部分作品和大量的杂文。

　　鲁迅的小说集《呐喊》、《彷徨》是中国现代小说的奠基之作。《呐喊》收入了 1918—1922 年的小说共 14 篇，1923 年出版。《彷徨》收入 1924—1925 年间所作的小说 11 篇，1926 年出版。小说作品数量不多，意义却十分重大。其小说主要关注点在于国民性的批判，鲁迅说："我的取材，多采自病态社会的不幸人们中，意思是在揭出病苦，引起疗救的注意。"（《南腔北调集·我怎么做起小说来》）鲁迅对国民性问题的深入探讨，是他对中国现代文学最独特的贡献。

　　"阿阿，木叔！新年恭喜，发财发财！"
　　"你好，八三！恭喜恭喜！……"
　　"唉唉，恭喜！爱姑也在这里……"
　　"阿阿，木公公！……"

　　庄木三和他的女儿——爱姑——刚从木莲桥头跨下航船去，船里面就有许多声音一齐嗡的叫了起来，其中还有几个人捏着拳头打拱；同时，船旁的坐板也空出四人的坐位来了。庄木三一面招呼，一面就坐，将长烟管倚在船边；爱姑便坐在他左边，将两只钩刀样的脚正对着八三摆成一个"八"字。

　　"木公公上城去？"一个蟹壳脸的问。

　　"不上城，"木公公有些颓唐似的，但因为紫糖色脸上原有许多皱纹，所以倒也看不出什么大变化，"就是到庞庄去走一遭。"

　　合船都沉默了，只是看他们。

　　"也还是为了爱姑的事么？"好一会，八三质问了。

　　"还是为她。……这真是烦死我了，已经闹了整三年，打过多少回架，说过多少回和，总是不落局……。"

　　"这回还是到慰老爷家里去？……"

　　"还是到他家。他给他们说和也不止一两回了，我都不依。这倒没有什么。这回是他家新年会亲，连城里的七大人也在……。"

　　"七大人？"八三的眼睛睁大了。"他老人家也出来说话了么？……那是……。其实呢，去年我们将他们的灶都拆掉了，总算已经出了一口恶气。况且爱姑回到那边去，其实呢，也没有什么味儿……。"他于是顺下眼睛去。

　　"我倒并不贪图回到那边去，八三哥！"爱姑愤愤地昂起头，说，"我是赌气。你想，'小畜生'拼上了寡妇，就不要我，事情有这么容易的？'老畜生'只知道帮儿子，也不要我，好容易呀！七大人怎样？难道和知县大老爷换帖，就不说人话了么？他不能像慰老爷似的不通，只说是'走散好走散好'。我倒要对他说说我这几年的艰难，且看七大人说谁不错！"

　　八三被说服了，再开不得口。

　　只有潺潺的船头激水声；船里很静寂。庄木三伸手去摸烟管，装上烟。

　　斜对面，挨八三坐着的一个胖子便从肚兜里掏出一柄打火刀，打着火线，给他按在烟斗上。

　　"对对。"木三点头说。

　　"我们虽然是初会，木叔的名字却是早已知道的。"胖子恭敬地说。"是的，这里沿海三六十八村，谁不知道？施家的儿子拼上了寡妇，我们也早知道。去年木叔带了六位儿子去拆平了他家的灶，谁不说应该？……你老人家是高门大户都走得进的，脚步开阔，怕他们甚的！……"

　　"你这位阿叔真通气，"爱姑高兴地说，"我虽然不认识这位阿叔是谁。"

　　"我叫汪得贵。"胖子连忙说。

　　"要撇掉我，是不行的。七大人也好，八大人也好。我总要闹得他们家败人亡！慰老爷不是劝过我四回么？连爹也看得赔贴的钱有点头昏眼热了……"

"你这妈的！"木三低声说。

"可是我听说去年年底施家送给慰老爷一桌酒席哩，八公公。"蟹壳脸道。

"那不碍事。"汪得贵说，"酒席能塞得人发昏么？酒席如果能塞得人发昏，送大菜又怎样？他们知书识理的人是专替人家讲公道话的，譬如，一个人受众人欺侮，他们就出来讲公道话，倒不在乎有没有酒喝。去年年底我们敝村的文大爷从北京回来，他见过大场面的，不像我们乡下人一样。他就说，那边的第一个人物要算光太太，又硬……"

"汪家汇头的客人上岸哩！"船家大声叫着，船已经要停下来。

"有我有我！"胖子立刻一把取了烟管，从中舱一跳，随着前进的船走在岸上了。

"对对！"他还向船里面的人点头，说。

船便在新的静寂中继续前进；水声又很听出了，潺潺的。八三开始打磕睡了，渐渐地向对面的钩刀式的脚张开了嘴。前舱中的两个老女人也低声哼起佛号来，她们撷着念珠，又都看爱姑，而且互视，努嘴，点头。

爱姑瞪着眼看定篷顶，大半正在悬想将来怎样闹得他们家败人亡；"老畜生"，"小畜生"，全都走投无路。慰老爷她是不放在眼里的，见过两回，不过一个团头团脑的矮子：这种人本村里就很多，无非脸色比他紫黑些。

庄木三的烟早已吸到底，火逼得斗底里的烟油吱吱地叫了，还吸着。他知道一过汪家汇头，就到庞庄；而且那村口的魁星阁也确乎已经望得见。庞庄，他到过许多回，不足道的，以及慰老爷。他还记得女儿的哭回来，他的亲家和女婿的可恶，后来给他们怎样地吃亏。想到这里，过去的情景便在眼前展开，一到惩治他亲家这一局，他向来是要冷冷地微笑的，但这回却不，不知怎的忽而横梗着一个胖胖的七大人，将他脑里的局面挤得摆不整齐了。

船在继续的寂静中继续前进；独有念佛声却宏大起来；此外一切，都似乎陪着木叔和爱姑一同浸在沉思里。

"木叔，你老上岸罢，庞庄到了。"

木三他们被船家的声音警觉时，面前已是魁星阁。

他跳上岸，爱姑跟着，经过魁星阁下，向着慰老爷家走。朝南走过三十家门面，再转一个弯，就到了，早望见门口一列地泊着四只乌篷船。

他们跨进黑油大门时，便被邀进门房去；大门后已经坐满着两桌船夫和长年。爱姑不敢看他们，只是溜了一眼，倒也并不见有"老畜生"和"小畜生"的踪迹。

当工人搬出年糕汤来时，爱姑不由得越加局促不安起来了，连自己也不明白为什么。"难道和知县大老爷换帖，就不说人话么？"她想。"知书识理的人是讲公道话的。我要细细地对七大人说一说，从十五岁嫁过去做媳妇的时候起……"

她喝完年糕汤；知道时机将到。果然，不一会，她已经跟着一个长年，和她父亲经过大厅，又一弯，跨进客厅的门槛去了。

客厅里有许多东西，她不及细看；还有许多客，只见红青缎子马挂发闪。在这些中间第一眼就看见一个人，这一定是七大人了。虽然也是团头团脑，却比慰老爷们魁梧得多；大的圆脸上长着两条细眼和漆黑的细胡须；头顶是秃的，可是那脑壳和脸都很红润，油光光地发亮。爱姑很看得稀奇，但也立刻自己解释明白了：那一定是擦着猪油的。

"这就是'屁塞'，就是古人大殓的时候塞在屁股眼里的。"七大人正拿着一条烂石似的东西，说着，又在自己的鼻子旁擦了两擦，接着道，"可惜是'新坑'。倒也可以买得，至迟是汉。你看，这一点是'水银浸'……"

"水银浸"周围即刻聚集了几个头，一个自然是慰老爷；还有几位少爷们，因为被威光压得像瘪臭虫了，爱姑先前竟没有见。

她不懂后一段话；无意而且也不敢去研究什么"水银浸"，便偷空向四处一看望，只见她后面，紧挨着门旁的墙壁，正站着"老畜生"和"小畜生"。虽然只一瞥，但较之半年前偶然看见的时候，分明都见得苍老了。

接着大家就都从"水银浸"周围散开；慰老爷接过"屁塞"，坐下，用指头摩挲着，转脸向庄木三说话。

"就是你们两个么？"

"是的。"

"你的儿子一个也没有来？"

"他们没有工夫。"

"本来新年正月又何必来劳动你们。但是，还是只为那件事，……我想，你们也闹得够了。不是已经有两年多了么？我想，冤仇是宜解不宜结的。爱姑既然丈夫不对，公婆不喜欢……也还是照先前说过那样：走散的好。我没有这么大面子，说不通。七大人是最爱讲公道话的，你们也知道。现在七大人的意思也这样：和我一样。可是七大人说，两面都认点晦气罢，叫施家再添十块钱：九十元！"

"…………"

"九十元！你就是打官司打到皇帝伯伯跟前，也没有这么便宜。这话只有我们的七大人肯说。"

七大人睁起细眼，看着庄木三，点点头。

　　爱姑觉得事情有些危急了，她很怪平时沿海的居民对他都有几分惧怕的自己的父亲，为什么在这里竟说不出话。她以为这是大可不必的；她自从听到七大人的一段议论之后，虽不很懂，但不知怎的总觉得他其实是和蔼近人，并不如先前自己所揣想那样的可怕。

　　"七大人是知书识理，顶明白的；"她勇敢起来了。"不像我们乡下人。我是有冤无处诉；倒正要找七大人讲讲。自从我嫁过去，真是低头进，低头出，一礼不缺。他们就是专和我作对，一个个都像个'气杀钟馗'。那年的黄鼠狼咬死了那匹大公鸡，那里是我没有关好吗？那是那只杀头癞皮狗偷吃糠拌饭，拱开了鸡橱门。那'小畜生'不分青红皂白，就夹脸一嘴巴……"

　　七大人对她看了一眼。

　　"我知道那是有缘故的。这也逃不出七大人的明鉴；知书识理的人什么都知道。他就是着了那滥婊子的迷，要赶我出去。我是三茶六礼定来的，花轿抬来的呵！那么容易吗？……我一定要给他们一个颜色看，就是打官司也不要紧。县里不行，还有府里呢……"

　　"那些事是七大人都知道的。"慰老爷仰起脸来说。"爱姑，你要是不转头，没有什么便宜的。你就总是这模样。你看你的爹多明白；你和你的弟兄都不像他。打官司打到府里，难道官府就不会问问七大人么？那时候是，'公事公办'，那是，……你简直……"

　　"那我就拼出一条命，大家家败人亡。"

　　"那倒并不是拼命的事，"七大人这才慢慢地说了。"年纪青青。一个人总要和气些：'和气生财'。对不对？我一添就是十块，那简直已经是'天外道理'了。要不然，公婆说'走！'就得走。莫说府里，就是上海北京，就是外洋，都这样。你要不信，他就是刚从北京洋学堂里回来的，自己问他去。"于是转脸向着一个尖下巴的少爷道，"对不对？"

　　"的的确确。"尖下巴少爷赶忙挺直了身子，必恭必敬地低声说。

　　爱姑觉得自己是完全孤立了；爹不说话，弟兄不敢来，慰老爷是原本帮他们的，七大人又不可靠，连尖下巴少爷也低声下气地像一个瘪臭虫，还打"顺风锣"。但她在胡里胡涂的脑中，还仿佛决定要作一回最后的奋斗。

　　"怎么连七大人……"她满眼发了惊疑和失望的光。"是的……我知道，我们粗人，什么也不知道。就怨我爹连人情世故都不知道，老发昏了。就专凭他们'老畜生''小畜生'摆布；他们会报丧似的急急忙忙钻狗洞，巴结人……"

　　"七大人看看，"默默地站在她后面的"小畜生"忽然说话了。"她在大人面前还是这样。那在家里是，简直闹得六畜不安。叫我爹是'老畜生'，叫我是口口声声'小畜生'，'逃生子'。"

第六单元　现代文学 · 227 ·

"那个'娘滥十十万人生'的叫你'逃生子'？"爱姑回转脸去大声说，便又向着七大人道，"我还有话要当大众面前说说哩。他那里有好声好气呵，开口'贱胎'，闭口'娘杀'。自从结识了那婊子，连我的祖宗都入起来了。七大人，你给我批评，这……"

她打了一个寒噤，连忙住口，因为她看见七大人忽然两眼向上一翻，圆脸一仰，细长胡子围着的嘴里同时发出一种高大摇曳的声音来了。

"来～～～～兮！"七大人说。

她觉得心脏一停，接着便突突地乱跳，似乎大势已去，局面都变了；仿佛失足掉在水里一般，但又知道实在是自己错。

立刻进来一个蓝袍子黑背心的男人，对七大人站定，垂手挺腰，像一根木棍。

全客厅里是"鸦雀无声"。七大人将嘴一动，但谁也听不清说什么。然而那男人，却已经听到了，而且这命令的力量仿佛又已钻进了他的骨髓里，将身子牵了两牵，"毛骨耸然"似的；一面答应道：

"是。"他倒退了几步，才翻身走出去。

爱姑知道意外的事情就要到来，那事情是万料不到，也防不了的。她这时才又知道七大人实在威严，先前都是自己的误解，所以太放肆，太粗卤了。她非常后悔，不由地自己说：

"我本来是专听七大人吩咐……"

全客厅里是"鸦雀无声"。她的话虽然微细得如丝，慰老爷却像听到霹雳似的了；他跳了起来。

"对呀！七大人也真公平；爱姑也真明白！"他夸赞着，便向庄木三，"老木，那你自然是没有什么说的了，她自己已经答应。我想你红绿帖是一定已经带来了的，我通知过你。那么，大家都拿出来……"

爱姑见她爹便伸手到肚兜里去掏东西；木棍似的那男人也进来了，将小乌龟模样的一个漆黑的扁的小东西递给七大人。爱姑怕事情有变故，连忙去看庄木三，见他已经在茶几上打开一个蓝布包裹，取出洋钱来。

七大人也将小乌龟头拔下，从那身子里面倒一点东西在掌心上；木棍似的男人便接了那扁东西去。七大人随即用那一只手的一个指头蘸着掌心，向自己的鼻孔里塞了两塞，鼻孔和人中立刻黄焦焦了。他皱着鼻子，似乎要打喷嚏。

庄木三正在数洋钱。慰老爷从那没有数过的一叠里取出一点来，交还了"老畜生"；又将两份红绿帖子互换了地方，推给两面，嘴里说道：

"你们都收好。老木，你要点清数目呀。这不是好当玩意儿的，银钱事情……"

"呃啾"的一声响，爱姑明知道是七大人打喷嚏了，但不由得转过眼去看。只见七大人张着嘴，仍旧在那里皱鼻子，一只手的两个指头却撮着一件东西，就是那"古人大殓的时候塞在屁股眼里的"，在鼻子旁边摩擦着。

好容易，庄木三点清了洋钱；两方面各将红绿帖子收起，大家的腰骨都似乎直得多，原先收紧着的脸相也宽懈下来，全客厅顿然见得一团和气了。

"好！事情是圆功了。"慰老爷看见他们两面都显出告别的神气，便吐一口气，说。"那么，嗡，再没有什么别的。恭喜大吉，总算解了一个结。你们要走了么？不要走，在我们家里喝了新年喜酒去：这是难得的。"

"我们不喝了。存着，明年再来喝罢。"爱姑说。

"谢谢慰老爷。我们不喝了。我们还有事情……"庄木三，"老畜生"和"小畜生"，都说着，恭恭敬敬地退出去。

"唔？怎么？不喝一点去么？"慰老爷还注视着走在最后的爱姑，说。

"是的，不喝了。谢谢慰老爷。"

一九二五年十一月六日

（《语丝》周刊，第 54 期，1925. 11.23.）

【评析】

《离婚》创作于 1925 年，收入《彷徨》，是鲁迅以现实为题材的最后一篇小说。本文写的是封建妇女爱姑和夫家关于婚姻的斗争，最后离婚的故事。

鲁迅的小说十分关注中国妇女问题，他的笔下也诞生过不少被封建礼教迫害的女性形象，如祥林嫂和单四嫂子，但爱姑的形象有其独特之处，其个性中多出了一块"反骨"，对自己遭受的婚姻迫害具有强烈的反抗意识。她敢于和丈夫闹，"要闹得他们家败人亡"。但爱姑的反抗并不意味着她对封建传统思想的自觉反抗，事实上，她的头脑里充满了封建教条和传统的伦理道德。据爱姑称："自我嫁过去，真是低头进，低头出，一礼不缺。"她是想拼着命继续做正牌妻子的，在七大人面前她据理力争道："他就是着了那滥婊子的迷，要赶我出去。我是三茶六礼定来的，花轿抬来的呵！那么容易吗？"爱姑试图以封建伦理道德为依据来维护自己在夫家的权益：她是明媒正娶的太太，到了婆家的一切所作所为都合乎封建社会的礼节。所以，慰老爷"走散好走散好"的决议是不能接受的，至少是不能简单接受的。她认为，在这件事上，是丈夫的错，她应得到更多权益。然而，她又将争取权益的希望寄托在封建思想伦理的代表慰老爷、七大人之流身上。从这两个方面看，爱姑是封建伦理道德的忠实信徒，她的斗争不过是求得做稳奴隶，尽管激烈，但绝不是所谓对封建社会的反抗，她也不是妇女斗争的先进代表。事实上，她终沦为"求作奴隶而不得的人"。

慰老爷、七大人是中国封建社会中乡绅的典型人物。他们是绅权的代表，俨然以道德仲裁者的面目出现。这种人掌握着中国封建社会中的民间话语权，并能左右乡民的命运。爱姑寄希望于他们正是基于此。然而他们对爱姑婚姻问题的兴趣显然不及古董"屁塞"，这种冷漠也决定了事件的发展走向。另一面，爱姑的兄弟并不能冒险为了她的利益出力，他的父亲似乎更关心钱的问题。

在这篇小说中，鲁迅不仅对作为封建思想代言人的七大人之流进行了批判，更重要的是，对爱姑这样在封建教条的残害下却麻木不仁的国民进行了讽刺。鲁迅正是基于对于封建制度罪恶的全面认识，才对封建主义流毒的深而且广的社会现实作出如此深入的剖析的。

《离婚》在艺术手法上，是相当精巧圆熟的。鲁迅自己也认为"技巧稍加圆熟，刻画也稍加深刻"。它的线索单纯明晰，作品由爱姑上场开始，沿着她活动的线索形成两个场面：一个是在她与父亲乘船赶路的船上，第二个则是在慰家会见七大人。整个作品在浓缩的结构中容纳时间跨度很长的社会生活，并通过环境与气氛的描绘展示人物心理的变化，在情节进展中交代各种复杂人物关系和事件，以极少的文字表现了极其丰富的内容。

【练习】

1. 鲁迅塑造的爱姑形象有怎样的现实意义？
2. 爱姑的形象与鲁迅前期描绘的女性形象如祥林嫂、单四嫂子等有哪些不同？

（闫玮　刘坤）

鸭绿江上

蒋光慈

蒋光慈（1901—1931），原名蒋如恒，自号侠生，后改为侠僧，笔名光赤，安徽六安人。1921年5月至莫斯科共产主义劳动大学学习，并开始文学创作。次年转为中国共产党党员。回国后从事文学活动，曾任上海大学教授，先后组织参加春雷文学社、创造社、太阳社，编辑《太阳月刊》、《时代文艺》、《新流》、《拓荒者》等文学杂志。1925年1月，出版第一部诗集《新梦》。1930年3月，被选为"左联"常务委员会候补委员。其长篇小说《咆哮了的土地》是作者最成熟的一部作品，反映了 1927 年大革命前后农村中尖锐的阶级斗争。著有诗集《新梦》、《哀中国》，小说《少年漂泊者》、《短裤党》、《野祭》、《冲出重围的月亮》等。

　　那一年下学期，我们的寄宿舍被学校派到一个尼姑庵里。莫斯科的教堂很多，其数目我虽然没有调查过，但我听人家说，有一千余个。革命前，这些上帝的住所——教堂——是神圣不可侵犯的，也就同中国共和未成立以前的庙宇一样，可是到了革命后，因为无神论者当权，这些教堂也就大减其尊严了。本来异教徒是禁止进教堂的，而我们现在这些无神论者把尼姑庵一部分的房子占住了做寄宿舍，并且时常见着了庵内的尼姑或圣像时，还要你我说笑几句，一点儿也不表示恭敬的态度，这真教所谓"上帝"者难以忍受了。

　　我们的尼姑庵临着特威尔斯加牙大街，房屋很多，院内也很宽绰，并有许多树木，简直可以当作一个小花园。每天清早起来，或无事的时候，我总要在院内来回绕几个圈子，散散步。尼姑约有四十余人，一律穿一身黑的衣服，头上围披着黑巾，只露一个脸出来，其中大半都是面孔黄瘦，形容憔悴的；见着她们时，我常起一种悲哀的感觉。可是也有几个年纪轻些，好看一点的，因之我们同学中欲吊她们膀子的，大约也不乏其人。有一次晚上，我从外边走进院内，恰遇一个同学与一个二十几岁的尼姑，立在一株大树底下，对立着说笑着，他们一见着我，即时就避开了。我当时很懊悔自己不应扰乱他人的兴趣，又想道，"你们也太小气了，这又何必……"从此我格外谨慎，纵不能成全他人的好事，但也不应妨害他人的好事！况且尼姑她们是何等的不自由，枯寂，悲哀……

　　恰好这一天晚上八点钟的时候，下了大雪；天气非常之冷，与我同寝室的是三个人——一个波斯人，一个高丽人，还有一位中国人 C 君。我们寝室内没有当差的，如扫地和烧炉子等等的事情，都是我们自己做，实是实行劳动主义呢。这一天晚上既然很冷，我们就大家一齐动手，把炉子烧起；燃料是俄国特有的一种白杨树，白杨树块非常容易燃烧，火力也非常之大。炉子烧着了之后，我们大家就围坐起来，闲谈起来。我们也就如其他少年人一样，只要几个人坐在一块，没有不谈起女人的："比得，你看安娜好不好？""我今天在街上遇着了一位姑娘真是美貌！啊！她那一双明珠似的眼睛。""你娶过亲没有？""我知道你爱上那一位了。""唉！娶老婆也好也不好！""……"我们东一句，西一句，大半谈的都是关于女人的事情。那一位波斯同学说得最起劲，口里说着，手脚动着，就同得着了什么宝物似的。可是这一位高丽同学总是默默地不肯多说话，并且他每逢听到人家谈到恋爱的事情，脸上常现出一种悲戚的表情，有时眼珠竟会湿了起来。我常常问他："你有什么伤心的事么？"他或强笑着不答，或说一句"没有什么伤心的事情"。他虽然不愿意真确地对我说，但我总感觉他有伤心的事情，他的心灵有很大的伤痕。

这位高丽同学名字叫李孟汉，是一个将过二十岁的美少年。他实在带有几分女性，同人说话时，脸是常常要红起来的；我时常同他说笑，在同学面前，我时常说他是我的老婆。当我说他是我的老婆时，他总是笑一笑，脸发一发红，但不生气，也不咒骂。我或者有点侮慢他，但我总喜欢他，爱与他亲近——就仿佛他的几分女性能给我一些愉快似的。同时，我又十分地敬重他，因为他很用功，很大量，很沈默，有许多为我所不及的地方。他不讨厌我，有时他对我的态度，竟能使我隐隐发生安慰的感觉。

我们围炉谈话，波斯同学——他的名字叫苏丹撒得——首先提议，以为我们大家今晚应将自己的恋爱史叙述出来，每人都应当赤裸裸地，不应有丝毫的瞒藏。这时 C 君出去找朋友去了！大家要求我先说，这实在把我为难住了。我说我没有恋爱过，无从说起。可是苏丹撒得说："不行！不行！维嘉，你莫要撒谎。你这样漂亮的少年，难道说你在中国没有爱过女人，或被女人爱过？况且你又是诗人，诗人最爱的是女人，而女人也好爱诗人。李孟汉，你说是不是呢？"他向着李孟汉说，李孟汉但笑而不答，于是又转脸向着我说，"你说！你说！撒谎是不行的！"我弄得没有办法，不说罢，他们是不依我的；说罢，我本没有有趣味的恋爱史，又怎么说起呢？不得已，我只得撒谎了，只得随嘴乱诌了。我说，我当做学生会会长的时候，有许多女学生写信给我，说我如何如何地有作为，文章做的是如何如何地好；其中有一个女学生长得非常之美丽，曾屡次要求我爱她，但我当时是一个白痴，竟辜负了她对于我的爱情。我说，我有一次在轮船上遇着一个安琪儿一般的姑娘，她的美貌简直是难以用言语形容出来；我想尽方法，结果与她亲近了，谈话了；她是一个极美丽而有知识的姑娘；在谈话中，我感觉得她对我表示很温柔的同情。我说至此，苏丹撒得兴奋起来了，便笑着说：

"这位美丽的姑娘是爱上你的了。你真是幸福的人啊！但是后来呢？"

"后来？后来，唉！结果不……不大好……"

"为什么呢？"苏丹撒得很惊异地说，"难道她不爱你……"

"不，不是！我是一个蠢人。"

"维嘉！你说你是一个蠢人，这使我不能相信。"

"苏丹撒得！你听我说了之后，你就晓得我蠢不蠢了。我俩在轮船上倚着栏杆，谈得真是合意。我敢说一句，她对于我实在发生了爱苗，而我呢，自不待言。谁知后来船到岸的时候，她被她的哥哥匆匆忙忙地催着上岸，我竟忘记了问她的住址和通信处——我俩就这样地分别了。你们看，我到底蠢不蠢呢？我害了一些时相思病，但是，没有办法。……"

"啊！可惜！可惜！真正地可惜！"苏丹撒得说着，同时也唏嘘着，似觉向我表示很沉痛的同情的样子。但李孟汉这时似觉别有所思，沈默着，不注意我俩的谈话。

"你现在一言不发的，又想到什么事情了？"我面对着李孟汉说，"我现在将我的恋爱史已经说完了，该临到你头上了罢。我总感觉你的心灵深处有什么大悲哀的样子，但你从未说出过；现在请你说给我们听听罢。我的爱，我的李孟汉（我时常这样地称呼他）！否则，我不饶恕你。"他两眼只是望着我，一声也不响，我又重复一遍说："我已经说完了，现在该你说了，我的爱，你晓得么？"

李孟汉叹了一口气，把头低了，发出很低的，而且令人觉得是一种极悲哀的声音：

"你们真要我说，我就说。我想，我在恋爱的国度里，算是一个最悲哀的人了！"

"那么，就请你今晚将自己的悲哀说与我们听听，"苏丹撒得插着说。

"今年三月间，我得着确信，是一个自汉城逃跑来俄的高丽人告诉我的：我的爱，我的可怜的她，在悲哀的高丽的都城中，被日本人囚死在监狱里了。"李孟汉说着，几几乎要哭出来的样子。

"哎哟！这是何等的悲哀啊！"苏丹撒得很惊叹地说。但我这时一声不响，找不出话来说。"但是因为什么罪过呢，李孟汉？"

"什么罪过？苏丹撒得，你怕不知我们高丽的情形罢。我们高丽自从被日本侵吞之后，高丽的人民，唉！可怜啊！终日在水深火热之中，终日在日本人几千斤重的压迫之下过生活。什么罪过不罪过，只要你不甘屈服，只要你不恭顺日本人，就是大罪过，就是要被杀头收监的。日本人视一条高丽人的性命好像是一只鸡的性命，要杀便杀，有罪过或无罪过是不问的。可怜我的她，我的云姑，不料也被万恶的日本人虐待死了！……"

李孟汉说着，悲不可抑；此时我心中顿觉有无限的难过。大家沈默了几分钟；李孟汉又开始说：

"我现在是一个亡命客，祖国我是不能回去的——倘若我回去被日本人捉住了，我的命是保不稳的。哎哟！我的好朋友！高丽若不独立，若不从日本帝国主义者的压迫下解放出来，我是永远无回高丽的希望的。我真想回去看一看我爱人的墓草，伏着她的墓哭一哭我心中的悲哀，并探望探望我祖国的可怜的、受苦的同胞；瞻览瞻览我那美丽的家园；但是我呀，我可不能够，我不能够！……"

李孟汉落了泪；苏丹撒得本来是爱说话的人，但现在也变成沈默的白痴了。我看看李孟汉他那种悲哀的神情，又想想那地狱中的高丽的人民，我就同要战栗的样子。李孟汉用手帕拭一拭眼，又望着我说：

"维嘉！你真猜着了。你时常说我有什么悲哀的心事，是的，祖国的沦亡，同胞的受苦，爱人的屈死，这岂不是世界上最悲哀的事情么？维嘉！我若不是还抱着解放祖国的希望，还想无论何时能够见见我云姑的墓草，我怕久已要自杀了。我相信我自己的意志可以算得是很坚强的。我虽然有无涯际的悲哀，但我还抱着热烈的希望。我知道我的云姑是为着高丽而死的，我要解放高丽，也就是安慰我云姑的灵魂，也就是为她报仇。维嘉！你明白我的话么？"

"我明白你的话，李孟汉，不过我想，希望是应当的，但悲哀似乎宜于减少些，好，现在就请你述一述你与云姑恋爱的经过罢。明日上半天没有课，拉季也夫教授病了，我们睡迟些不要紧。苏丹撒得，你在想什么了？为什么不做声了？"

"我听他的话，听得呆了。好，李孟汉，现在就请你说恋爱的历史罢。"

李孟汉开始叙述他与云姑的历史：

"唉！朋友！我真不愿意说出我同云姑中间的恋爱的历史——不，我不是不愿意说，而是不忍说，说起来要使我伤心，要使我流泪。我想，世界上再没有比我的云姑那样更美丽的，更可爱的，更忠实的，更令人敬佩的女子！也许实际上是有的，但对于我李孟汉，只有云姑，啊，只有云姑！你们时常说这个女子好，那个女子漂亮……我总没有听的兴趣，因为除了云姑而外，再也没有女子可以占领着我的爱情，引诱我的想象。我的爱情久已变为青草，在我的云姑的墓土上丛生着；变为啼血的杜鹃，在我的云姑的墓旁白杨枝上哀鸣着；变为金石，埋在我的云姑的白骨的旁边，当做永远不消灭的葬礼，任你一千年也不会腐化；变为缥缈的青烟，旋绕着，缠绵着，与我的云姑的香魂化在一起。朋友，我哪有心肠再谈女子的事情，再做恋爱的美梦呢？……

"高丽是滨着海的岛国，你们只要是读过地理，大约都是晓得的。说起来，我们的高丽实在是一个气候温和，天然美丽的地方。高丽三面滨着海，而同时又位于温带，既不枯燥，又不寒冷，无论山川也罢，树木也罢，蒙受着海风的恩润，都是极美丽而清秀的。高丽国民处在这种地理环境之中，性情当然生来就是和平而温顺的，所谓文雅的国民。可惜高丽自从被日本帝国主义者侵吞之后，文雅的高丽的国民沈陷于无涯际的痛苦里，不能再享受这美丽的河山，呼吸温暖的海风所荡漾着的空气。日本人将高丽闹得充满着悲哀，痛苦，残忍，黑暗，虐待，哭泣……日月无光，山川也因之失色。数千年的主人翁，一旦沦于浩劫，山川有灵，能不为之愤恨么？哎哟！我的悲哀的高丽！

"维嘉！你大约知道鸭绿江是高丽与中国的天然的国界罢。鸭绿江口——江水与海水衔接的地方，有一虽小然而极美丽的 C 城。C 城为鸭绿江出口的地方，因交通便利的关系，也很繁华；又一面靠江，一面凭海，树木青葱，山丘起伏，的确是风景的佳处。唉！算起来，我已经六年离开美丽的 C 城的怀抱了！我爱高丽，我尤爱高丽的 C 城，因为它是我的生长地；因为它是我与云姑的家园，是我与云姑一块儿从小时长大的乡土。朋友，我真想回到 C 城，看看我与云姑当年儿时玩耍的地方，现在是什么样子了；但是，现在对于我李孟汉，这真是幻想啊！

"C 城外，有一柳树和松树杂生的树林，离城不过一里多地。这树林恰好位于海岸之上，倘若我们坐船经过 C 城时，我们可以很清楚地看出这一个黑乌乌的树林，并可以看见它反射在海水中的影子。树林中尽是平坦的草地，间或散漫地偃卧着有几块大石头——它们从什么地方搬来的呢？我可说不清楚。这块树林到冬天时，柳树虽然雕残了，然因有松树繁茂着自己的青青的枝叶，并不十分呈零落的现象。可是到了春夏的时候，柳丝漫舞起来的绿波，同时百鸟歌着不同样的天然的妙曲，鸣蝉大放起自己的喉咙，从海面吹来令人感觉着温柔的和风，一阵阵地沁得人神清气爽——这树林真是一个欣赏自然妙趣的所在啊！

"这已经是十几年前的事了。只要是天不下雨，有一对小孩——一个男的和一个女的——差不多整日地在这树林中玩耍。两个孩子年纪相仿佛，都是六七岁的样子；照着他俩的神情，简直是一对人间的小天使！那个男孩子我们暂且不讲，且讲一讲那个天使似的女孩子：她那如玫瑰一般的小脸，秋水一般的有神的眼睛，朱砂一般的嫩唇，玉笋一般的小手，黑云一般的蓬松的发辫，更加上她那令人感觉着温柔美善的两个小笑涡，唉！我简直形容不出来，简直是一个从天上坠落下来的小天使啊！朋友，你们或者说我形容过火了，其实我哪能形容她于万一呢？我只能想象着她，然而我绝对形容不好她。

"这一对小孩子总是天天在树林中玩耍：有时他俩在树林中顺着草地赛跑；有时他俩捡树棍子盖房子，笑说着这间厢房我住，那间厢房你住，还有一间给妈妈住；有时他俩捡小石头跑到海边抛到水里，比赛谁抛得远些，而且落得响些；有时他俩并排仰卧在草地上，脸向着天空，看一朵一朵的白云飞跑；有时他俩拿些果品烧锅办酒席请客；有时他俩并排坐着，靠着大石头，叙诉些妈妈爸爸的事情，听人家说来的故事，或明天怎样玩法；有时他俩手携着手并立在海岸上，看船舶的往来，或海水的波荡……他俩虽然有争吵的时候，但总是很少，并且争吵后几秒钟又好将起来，从未记过仇。他俩是分不开的伴侣，差不多没有不在一块儿的时候。一对小孩子无忧无虑，整日培育在自然界里，是何等的幸福啊！

　　"朋友，这一对小孩子就是十几年前的我与云姑。唉！这已经是十几年前的事了！过去的已经过去，怎样才能恢复转来呢？怎样想方法可以使我与云姑重行过当日一般的幸福生活呢？想起来，我好生幸福，但又好生心痛！

　　"我与云姑都是贵族的后裔：我姓李，云姑姓金，金李二族在高丽是有名的贵族，维嘉，你或者是晓得的。自从日本将高丽吞并后，我的父亲和云姑的父亲都把官辞去了，退隐于林下。她的父亲和我的父亲是非常好的朋友，而且照着亲戚讲，又是极亲近的表兄弟。我俩家都住在树林的旁边，相距不过十几步路。他俩老人家深愤亡国的羞辱，同胞的受祸；但一木难支大厦，无能为力，因此退隐林泉，消闲山水。他俩有时围炉煮酒，谈到悲哀的深处，相与高歌痛哭。那时我与云姑年幼无知，虽时常见两位老人家这般模样，但不解其中的原由，不过稚弱的心灵起一番刺激的波动罢了。后来我与云姑年纪渐渐大了。因之他俩老人家所谈的话，也渐渐听得有几分明白，并且他俩老人家有时谈话，倘若我俩在旁时，常常半中腰把话停止了，向我俩簌簌地流泪——这真教我两个稚弱的心灵上刻了不可消灭的印象。

　　"现在且不说他俩老人家的事情。我与云姑真是生来的天然伴侣，从小时就相亲相爱，影不离形地在一块儿生活。我俩家是不分彼此的，有时她在我家吃饭，有时我在她家吃饭，吃饭总要在一张桌子上，否则，我两个都吃不下饭去。她的母亲和我的母亲，也就如她的父亲和我的父亲一样，也是和睦得非常，对于我俩的态度，也从未分过畛域的。我与云姑处在这种家庭环境之下，真是幸福极了！后来我俩年纪大了些，便开始读书，云姑的父亲当教师。我俩所念的书是一样的，先生给我俩上书讲得一样多，可是云姑的慧质总比我聪明些，有时她竟帮助我许多呢。每日读书不过三四小时，一放学时，我俩就手牵着手儿走到林中或海边上来玩。

　　"啊！我还记得有一次，说起来倒是很有趣的：离我俩家不远有一位亲戚家，算起来是我的表兄，他结婚的时候，我与云姑被两位母亲带着去看了一回；第二天我俩到林中玩耍时，就照样地仿效起来——她当做新娘子，我当做新郎。这时正是风和草碧，花鸟宜人的春天。我俩玩得没趣，忽然想起装新娘和新郎的事情来，于是我采了许多花插在她的发辫上，她也就低着头装做新娘的样子，我牵着她的手一步一步地走。我俩本是少小无猜，虽然装做新娘和新郎的模样，实还不知新娘和新郎有什么关系，一对小新人正走着走着；忽然从林右边出现了两个人，原来是她的父亲和我的父亲。他俩走到我俩的面前来，疑惑地问道：'你俩为什么这种模样儿？'我俩虽然是这般地游戏，但见他俩老人家走来时，也不觉表示出一种羞答答的神情。'我俩装新娘和新郎，她是新娘，我是新郎——我俩这般玩。'我含羞地答应了一句，两位老人家听着笑起来了。我的父亲向她的父亲问道：'老哥！你看这一对小新人有不有趣呢？'云姑的父亲用手抚弄着自己细而长的胡须，向着我俩很慎重地看了几眼，似觉起了什么思索也似的，后来自己微笑着点一点头，又向我的父亲说道：'的确有趣！不料这两个小东西玩出这个花样儿。也好，老弟，我俩祝他俩前途幸福罢。……'当时我不明白云姑的父亲说话的深意——他已把云姑暗暗地许给我了。

　　"光阴如箭也似地飞跑，真是过得快极了。我与云姑的生活这样慢慢地过去，不觉已经到十一二岁的时期。我俩的年纪虽然一天一天地大了，但我俩的感情并不因之生疏，我俩的父母也不限制我们。每天还是在一块儿读书，一块儿在林中玩；云姑的父亲是一个很和善的人，他并不以冬烘先生的态度对待我俩，有时他还教授一些歌儿与我俩唱。在春天的时候，林中的鸟声是极好的音乐，我与云姑玩到高兴时，也就唱起歌儿，与鸟声相应和。啊！说起鸟来，我又想起来一桩事情了：有一天晚上，我的一位堂兄由家里到我家来，他带来一只绿翠鸟给我玩，这绿翠鸟是关在竹笼子里头的。我当时高兴得了不得，因为这只绿翠鸟是极美丽，极好看的：红嘴，绿羽，黄爪，真是好玩极了！我不知道在你们的国度里，有没有这样美丽的鸟儿，但在我们高丽，这绿翠鸟算是很美丽的了。因为天太晚了，云姑怕已睡着了，我没有来得及喊她来看我新得的宝贝。我这一夜简直没有入梦，一会儿担心鸟笼挂在屋檐下，莫要被猫儿扑着了；一会儿想到明天云姑见到绿翠鸟时，是何等地高兴；一会儿想到可惜堂兄只带了一只绿翠鸟给我，若带来两只时，我分一只给云姑，岂不更好么？……因为一只绿翠鸟，我消耗了一夜的思维。

　　"第二天刚一黎明的时候，我就从床上起来，母亲问我为什么起得这样早，我含糊答应了几句，连脸也不洗，就慌里慌张地跑到云姑家里来了。这时云姑还正在酣睡，我跑到她的床沿，用手将她摇醒，'快起来！快起来！云姑！我得到了一只极好看的绿翠鸟，唉！真好看呀！你快快起来看……'云姑弄得莫名其妙，用小手揉一揉两只小眼，看看我，也只得连忙将衣穿起，下了床，随着我，来到我的家里。我把鸟笼从屋檐取将下来，放在一张矮凳上，教云姑仔仔细细地看。云姑果然高兴的不得了，并连说，'我们要将它保护好，莫要将它弄死了，或让它飞了。'谁知云姑抚摩着鸟笼，不忍释手，不注意地把鸟笼的口子弄开了——精灵的绿翠鸟乘此机会便嘟的一声飞去了，飞到天空去，霎时间无影无踪。我见着我的宝贝飞去了，又气又恼，便哭将起来，向着云姑责骂：'我叫你来看它，你为什么将它放了？……你一定要赔我的绿翠鸟，否则我绝不依你……我去找你的妈妈说理去……哼……哼……'云姑见鸟飞去了，急得脸发红，又见我哭了，并要求她赔偿，她于是也放声哭了。她说，她不是有意地把绿翠鸟放飞了；她说，她得不到绿翠鸟来赔我……但我当时越哭越伤心，硬要云姑赔偿我的绿翠鸟。我两个哭成一团，惊动了我的母亲和父亲，他俩由屋内跑出来问，为什么大清早起这样地哭吵起来，有什么大不了的事情；我哭着说：'云姑把我的绿翠鸟放飞了，她一定要赔我的。……'云姑急着说：'不，不是！我不是有意地把绿翠鸟放飞了。汉哥要我赔他的，我从什么地方弄来赔他呢？……''原来是这么一回事情！一只鸟儿飞了，也值得这样地闹得天翻地覆？云姑！好孩子，你莫要哭了，绝不要你赔，你回去罢！'云姑哭着回去了；我的母亲抚着我的头，安慰了我一番，我才止了哭。

　　"这一天我没有上学，整天闷闷地坐在家里，总觉着有什么失去了的样子，心灵上时起一种似悲哀又非悲哀的波浪，没有平素那般的愉快平静了。这并不是因为失去了绿翠鸟，而是因为云姑不在面前，我初尝受孤寂的苦味。由感觉孤寂而想起云姑，由想起云姑而深悔不应得罪了云姑，使云姑难过。'唉！总是我的不是！一只绿翠鸟要什么紧呢？况且云姑又不是有意地这样做……她也爱绿翠鸟呀！……我为什么要强迫了她？……总都是我的不是，我应当向她赔罪。但是，云姑见我这样地对她不好，怕一定要不理我了罢？倘若我去赔罪，她不理我，究竟怎么好？……'我想来想去，不知如何办才好，最后，我又哭了，哭得更为悲哀；不过这种哭不是为着绿翠鸟，而是为着云姑，为着我自己不应以一只绿翠鸟得罪了云姑。……

　　"朋友，这是我有生第一次感受着人间的悲哀！我已决定向云姑赔罪，但怕云姑真正生了气，不愿再理我了。恰好到刚吃晚餐的时候，云姑家用的一个老妈送一封信给我，照着信封面的字迹，我知道这是云姑写给我的，我惭愧地向老妈问一声，'云姑今天好么？''云姑？云姑今天几几乎哭了一天，大约是同你吵嘴了罢。唉！好好地玩才对，为什么你又与她斗气呢？你看，这一封信是云姑教我送给你的。'老妈不高兴地将话说完就走了。我听了云姑几几乎哭了一天，我的一颗小心落到痛苦的深窟里，深深地诅咒自己为什么要做出这样大的罪过来。我将信拿在手里，但我不敢拆开，因为我不知道里面写的是与我讲和的话，还是与我绝交的话。我终于战兢兢地把信扯开了。……"

　　苏丹撒得不等李孟汉说完，赶紧地插着问："信里到底写些什么呢？是好消息还是坏消息？李孟汉，我替你担心呢。"李孟汉微微地笑了一笑，用手把炉内的白杨树块稞一稞，便又接着说自己的故事：

"自然是好消息啊！我的云姑对于我，没有不可谅解的。这一封信里说：'亲爱的汉哥！我承认我自己做错了事，损失了你所心爱的东西，但是，汉哥啊！请你原谅我，我不是有意地在你面前做错事啊！你肯原谅我吗？我想你一定可以原谅我！我今天没有和你在一起，我心里是如何难过啊！汉哥！我的两眼都哭红了，你可怜我一些儿罢！倘若你可怜我，请你明早在我们平素所靠的大石前等我，我来向你谢罪。……'我读了这一封信，朋友，你们想想我是如何高兴呢。但同时我又惭愧的不得了，我本应当向她谢罪，而她反说向我谢罪，反要我可怜她，唉！这是如何使我惭愧的事啊！

"第二天日出的时候，我起来践云姑的约，向着海边一块大石走去，谁知云姑先我而至，她已站在那儿倚着大石等我呢。我喊一声'云姑！'她喊一声'汉哥！'——我俩互相看着，说不出别的话来；她两眼一红，扑到我的怀里，我俩又拥抱着痛哭了一场。为什么哭呢？喜欢过度么？还是悲哀呢？……当时哭的时候，没有感觉着这些，现在我也答应不出来。这时青草上闪着鲜明的露珠，林中的鸟儿清婉地奏着晨歌，平静的海时起温柔的波纹……一轮新鲜而红润的朝阳慢慢地升起，将自己的柔光射在一对拥抱着痛哭的小孩身上。"

李孟汉说到此处停住了。他这时的脸上很显然地慢慢增加起来悲哀的表情，一点儿愉快的笑痕渐渐从他脸上消灭下去了。他将两手合拢着，两眼不转睛地向着炉中的火焰望。我虽然没有研究过心理学，但我感觉到他这时的心弦又起悲哀的颤动了。沉默了几分钟，苏丹撒得是一个急性人，无论什么事都要追根问到底，不愿再继续着忍受这种沈默了，便向李孟汉说道："你的故事还未说完啦，为什么你不继续说了？我听得正高兴，你忽然不说了，那可是不行啊！李孟汉，请你将你的故事说完罢，不然的话，我今夜一定是不能入梦的。维嘉已经说过，明天上半天没有课，我们睡迟些不要紧，你怕什么呢？快说，快说，李孟汉。"我当然是与苏丹撒得表同情的，便也怂恿着李孟汉将故事说完。我平素是睡得很早的，这天晚上却是一个例外，睡神不来催促我，我也不感觉到一点儿疲倦。

李孟汉还是沈默着。我也急起来了；苏丹撒得如生了气的样子，将李孟汉的左手握住在自己的两手里，硬逼迫他将故事说完。李孟汉很可怜的样子，向我俩看了几眼，似觉是要求我俩怜悯他，他不得已又重行开口了：

"唉！我以为说到此地倒是适可而止，没有再说的必要了；再说下去，不但我自己要难过不了，就是你们听者怕也不会高兴的。也罢，苏丹撒得，你把我的手放开，我说就是了。唉！说，说……我哪有心肠说下去呢？……你们真是恶作剧啊！……

"自从我与云姑闹了这一次之后，我俩间的情爱更加浓厚起来了。不过我俩的情爱随着我俩的年纪——我与云姑同年生的，不过我比她大几个月——渐渐地变化起来了。从前的情爱完全是属于天真的，是小孩子的，是不自觉的，可是到了后来，这种情爱渐脱离了小孩子的范围，而转到觉悟的时期：隐隐地我俩相互地觉着，我俩不得不相爱，因为我是她的，她是我的，在将来的生活中是永远不可分离的伴侣。朋友，我真描写不出来这时期的心境，而且我的俄国话说得不十分好，更没有文学的天才，我真是形容不好啊！

"光阴快得很，不已地把人们的年纪催促大了——我与云姑不觉已到了十四岁。唉！在十四岁这一年中，朋友，我的悲哀的不幸的生活算开始了。俗话说，'天有不测的风云，人有暂时的祸福。'在我们高丽，朋友，暂时的福是没有的，可是暂时的祸，说不定你即刻就可以领受着。你或者坐在家里没有做一点儿事情，但是你的性命并不因此就可以保险的。日本人的警察，帝国主义者的鹰犬，可以随时将某一个高丽人逮捕，或随便加上一个谋叛的罪名，即刻就杀头或枪毙。唉！日本人在高丽的行凶做恶，你们能够梦见么？任你们的想象力是如何富足，怕也不会想象高丽人受日本帝国主义者的虐待到什么程度啊！

"我的父亲是一个热心恢复高丽独立的人，这是为我所知道的。在这一年，有一位高丽人暗杀了某日本警官，日本当局竟说我父亲是主使的嫌疑犯——这个底细我实在不晓得了。结果，我的父亲被捉去枪……毙……了……"

苏丹撒得骇得站将起来，连喊道："这真是岂有此理！这真是岂有此理！唉！我不料日本人在你们高丽这般地做恶！……"我听了李孟汉的话吃了一大惊，苏丹撒得这种态度又把我骇了一跳。李孟汉又落了泪。接着他又含着哭声断断续续地说道："我的父亲被日本人枪毙了之后……我的母亲……她……她……唉！可怜她……她也投海死了……"苏丹撒得瞪着两眼不作声，简直变成了木偶一般；我似觉我的两眼也潮湿起来，泪珠几几乎从眼眶内迸涌出来了。大家重行沈默下来。窗外的风此时更呜呜地狂叫得厉害，俄而如万马奔腾，俄而如波涛怒吼，俄而如千军哭喊，俄而如地覆天翻。……这是悲悼高丽的命运呢，还是为李孟汉的不平而鸣的呢？

李孟汉止了哭，用手帕拭一拭眼泪，又悲哀地继续着说道：

"倘若没有云姑，倘若没有云姑的婉劝，朋友，我久已追随我的父母而去了，现在这个地方哪里有我李孟汉，你们又哪里能在这莫斯科见着我的面，今晚又哪里能听我说话呢？……啊！云姑是我的恩人！啊！云姑是我的生命的鼓励者！

"我的父母双双惨死之后，剩下了一个孤苦伶仃的我；云姑的父亲（他也差一点被警察捉去了，但经过许多人证明，幸得保安全）将我收留在他家里，待我如自己的儿子一样。可是我总整日不住地哭泣，总是想方法自杀，因为我觉着父母既然惨死，一个孤零零的我没有再活的兴趣了。云姑为着我，当然也是悲哀极了；她几于连饭都吃不下去。她是一个很聪明的女子，她感觉我的态度异常，生怕我要做出一些自寻短见的事情，于是她特别留意我的行动。我曾向她表示过要自杀的心思，她听着就哭起来了。她百般地哀劝我，她指示我将来一些应走的道路。唉！我的云姑，她真是一个可敬佩的姑娘！她的见识比我的高超几倍：她说，我应当留此身为将来用，将来总有报仇的一天；她说，死了没有用处，大丈夫不应当自寻短见；她又说，倘若我死了，她一定要哭死，试问我的心能忍么？……我觉着云姑的话合乎情理，她的颖慧的心眼实为我所不及，于是我将自杀的念头就抛却了。并且我当时虽然想自杀，但心头上总还有一件挂念而不能丢的东西——这东西是什么呢？这就是云姑，寄托我的生命的云姑！朋友，你们想想，倘若没有云姑鼓励着我，现在你们有与我李孟汉相处的机会么？

"从这时起，云姑简直变成了我的温柔慈善的母亲了。她安慰我，保护我，体贴我，可以说是无微不至。我虽然有向她生气的时候，但她都能容忍下去，毫不见怪于我。唉！我的云姑，我的可爱的云姑，可惜我不能再受她的柔情的润泽了！……

"这样平静地又过了两年，云姑越长越好看，越长越比从前标致了！她的美丽，唉！我简直形容不出来——是啊，我也不应当拿一些俗字眼来形容她那仙人般的美丽！也许世界上还有比我云姑更为美丽的女子，但在我的眼中，朋友，你们所说的美丽的女子，简直不能引起我一丝一毫的注意啊！你们平素或笑我是老学究，不爱谈论女子的事情，唉！你们哪里知道我的爱情如一块墓穴一样，已经被云姑整个地睡去了，不能再容别人的占领呢？我并不是为云姑守节，乃是以为世界上没有比云姑更可爱的女子了；我领受了云姑的爱，这已经是我此生的大幸，不愿再希望别的了。朋友，你们明白我么？你们或者很不容易明白我！……

"我已经是到了十六岁了。日本人，唉！凶恶的日本人能任我这样平安地生活下去么？杀了我的父亲，逼死了我的母亲，这还不能令他们满意，他们还要，唉！还要我这一条命！我不知高丽人有什么对不起日本人的地方，致使他们一定要灭高丽人的种，一定要把高丽人杀得一个不留。……我年纪渐渐大了，日本的警察对于我的注意和监视，也就渐渐紧张起来了。布满了警察要逮捕我的风声。云姑的父亲见着这种情形，深恐日本人又下毒手，说不定什么时候把我捉去杀了。他老人家日夜战兢兢地，饮食不安；我呢，我自己倒反不以为意的样子。一日，他老人家把我喊到面前，四顾无人，他对我簌簌地流下了泪，我这时真是莫知所以。他含着哭声向我说道：'汉儿，自从你父母死后，我视你如自己的亲生的儿子一般，你大约也感觉得到，我本想将你放在自己的面前扶养成人，一则使你的父母在九泉下也能瞑目，二则也尽尽我对死友的义务，况且我已把云姑许给你了呢？但是现在，我的汉儿，这高丽你不能再居住下去了……日本的警察对于你，唉！谁知道他们怀着什么恶意呢！倘若你一有不幸，再遭了他们的毒手，那我怎么能对得起你？又怎么能对得起你的亡故的父母呢？唉！我的汉儿！事到如今，你不得不早为脱逃之计，我已经替你预备好了，就是今晚，你……你……你一定要离开这悲哀的高丽……他年……啊！他年或有见面的机会！……'云姑的父亲情不自已地放声哭了。我这时简直如晴天遇着霹雳一般，无所措手足，不知说什么话才好。朋友，你们试想想我这时的心境是什么样子！唉！一个稚弱的我忽然遇着这个大难题，朋友，你们想想怎么样子解决呢？我这时没有话讲，我只是哭，我只好唯他老人家的命是从。……

"但是我的云姑呢？她曾否已经晓得了她父亲这时对我所说出来的意思？啊！贤慧的云姑！明大义的云姑！她已经晓得了；并且我怎么样逃难的方法……都是她与她的父亲商量好的。她岂是愿意如此做吗？她岂是愿意我离开她，忍心让我一个人去向异邦飘泊吗？不愿，绝对地不愿啊！但是为着我的安全，为着我的将来，她不得不忍心将我送出悲哀的高丽！唉！她是如何地难过啊！她的父亲向我说话的时候，即是她一个人在自己的房内哭得死去活来的时候，即是她肝肠寸断的时候。……

"这一天晚上十点钟的时候，有一个老人驾一只渔船，静悄悄地泊于鸭绿江上一处无人烟的地方，伏在芦苇深处的岸边。在黑暗的阴影中，一对小人儿脚步踉跄地，轻轻地走到这泊渔船的岸边来。这是要即刻生离的一对鸳鸯，任你是谁，唉！任你是谁也形容不出他俩心境是如何地悲哀啊！他俩到了岸边之后，忽然将手里拿的小包袱掷在地下，搂在一起，只是细微地呜呜地哭泣，不敢将哭声稍微放高些。'我的汉哥！你这一去……我希望你好好地珍重……我永远是……你的……只要世界上正义存在……我们终……终有团聚的一日！……''我的云姑！唉！我的心……碎……了……我将努力完成你的希望……除了你……世界上没有第二人……唉！你是我心灵的光……光……'他们哭着说着，唉！这是如何悲哀的一幕！渔船上的老人下了船走到岸上来，将他俩用手使劲地一分，庄重地说道：'还哭什么！是好汉，总有恢复高丽自由的一日，总有夫妻团聚的一日！现在光哭是没用的！云姑！你回去，回去，切莫在这儿多站了，谨防被人看见。'老人将话说完，便一把将这一个少年拉到渔船上，毫不回顾地摇桨而去。大约云姑还立在岸上望，一直望到渔船望不见了的时候为止。

"唉！朋友，我的亲爱的朋友啊！又谁知这鸭绿江畔一别，便成为永别了……高丽或有自由的时期，但我的云姑，我的云姑啊，我永远再见不着她的面了！说什么总有团聚的一日！……鸭绿江畔是我永远的纪念地！年年江水呜咽，是悲鸣着高丽的命运，是替我那可怜的云姑吐恨！……

"我曾在这一天夜里逃到中国地界过了两年，又由中国跑到这解放后的俄国来，当了两年红军中的兵士，不知不觉地到现在，离开高丽已经有六七年了；但是我的这一颗心没有一分钟不恋在高丽和我云姑的身上！我出奔后从未接过云姑的一封信，实际上我俩也没有通信的可能。我实指望有与她团聚的一日，又谁知她在今年正月初又被日本人害死了！唉！江河有尽头，此恨绵绵无尽期！"

"到底你的云姑是因为什么罪名死的呢？"我插着问，李孟汉把眉一皱，发出很低微的声音，"因为什么罪名死的？听说她是高丽社会主义青年同盟妇女部的书记，她有一次参加工人集会，被日本警察捉住了，定她一个煽动罢工的罪名，于是将她收了监，于是她屈死在监狱里。听说在审判的法堂上，她大骂日本人的蛮暴，并说倘若高丽的劳动群众没有死完的时候，则自由的高丽终有实现的一日。啊，这是何等的壮烈啊！这种壮烈的女子，我以为比什么都神圣。朋友们，除了这个神圣的她而外，你们能替我再找一个更可爱的女子么？……"李孟汉将话说到此地，忽然出去找朋友的 C 君回来了。C 君淋了一身的雪，好像一只白鹭鸶一样，我们忽然将注意点挪到他的身上了——我们的谈话也就中止了。

时候已经是十二点过了，我们将炉火扑灭，各自就寝。但我听见李孟汉上床后，还好久没有睡着，尽在那里翻身叹气。

1926 年 1 月 14 日完稿

（《蒋光慈文集》，蒋光慈著，上海文艺出版社，1982 年）

【评析】

蒋光慈是我国最早提倡并亲身实践革命文学的作家，在当时特定的历史文化阶段，他的作品深深地影响了一代人。他一生只写了 9 篇短篇小说，《鸭绿江上》是其代表作。

小说叙述了高丽青年李孟汉和云姑的爱情悲剧，小说前半部分记叙了二人甜蜜幸福的童年生活，后半部分则表现了凄凉哀婉的爱情悲剧。前后两部分形成了鲜明的对比，愈发显出在帝国主义的侵略统治下，幸福生活就像童年一样一去不复返。在树林里玩耍，做游戏，无忧无虑的童年生活，愈发显出成年后李孟汉亡命天涯的悲哀。而云姑为了反抗帝国主义的侵略，为革命献出了年轻的生命。李孟汉和云姑的爱情悲剧不是封建势力所造成的，而是由于帝国主义的侵略造成的。作者与李孟汉的爱情故事也形成了一种对比，一边是无关痛痒的风月故事，一边却充满了国仇家恨，生动地告诉人们，亡国奴不可能有幸福的生活。整个故事贯穿着反抗精神，是蒋光慈唯一一篇反映国际民族矛盾和斗争的作品。

小说有明显的散文化倾向，没有采取常见的结构模式，而是以主人公叙述的方式娓娓道来，语言朴素，虽然没有激烈的言辞，但不时穿插主人公内心的独白，充满了凄婉与感伤，全文萦绕着一种淡淡的韵味。将爱情悲剧与反帝意识有机地结合起来，是本篇小说在题材和主题方面的新颖独到之处。这种"革命＋爱情"的小说形式，虽然引起了不少争议，但在二三十年代的文坛影响颇大。钱杏邨曾指出：《少年飘泊者》、《鸭绿江上》和《短裤党》这三部作品"所表现的完全是一部革命青年的三部曲"，"我觉得它（指《鸭绿江上》）是现代青年急需而仅有的创作，是指导他们向光明去的导引，它的作风很朴素。所表现的与作者个性与人格很明显。"确实如此，《鸭绿江上》无论从思想上还是艺术形式上都集中代表了蒋光慈小说创作的风格。正如蒋光慈自己所说："倘若别的诗人矜持自己是超时代的艺术家，是美的创造者，那我就矜持我自己是时代的忠实儿子，是暴风雨的歌者。"鲜明的时代特征，强烈的爱国热情正是蒋光慈小说影响那个时代的主要原因。

【练习】

1. 在当时的社会背景下，这篇小说有什么现实意义？
2. 蒋光慈的小说具有散文化的特点，以《鸭绿江上》为例，说说你的理解。

（张弘韬）

给我的孩子们

丰子恺

丰子恺（1898—1975），原名丰润，又名丰仁，浙江崇德（现属桐乡）人。中国现代漫画家、散文家、翻译家、美术教育家和音乐教育家，是一位多方面卓有成就的文艺大师。1914年考入浙江省立第一师范学校，师从李叔同学习音乐、绘画。1921年东渡日本，学西洋画。1925年开始文学创作并发表漫画。1928年任开明书店编辑。新中国成立后，曾任上海中国画院院长、中国美协上海分会主席、上海对外文化协会副会长、上海市文联副主席等职。

丰子恺以漫画享名艺坛，漫画有《子恺漫画全集》；文学创作以散文为主，有《缘缘堂随笔》、《缘缘堂再笔》、《缘缘堂续笔》等；译著有日本厨川白村的《苦闷的象征》、俄国屠格涅夫的《初恋》和日本古典名著《源氏物语》等。出版有《丰子恺文集》（7卷）。

我的孩子们！我憧憬于你们的生活，每天不止一次！我想委曲地说出来，使你们自己晓得。可惜到你们懂得我的话的意思的时候，你们将不复是可以使我憧憬的人了。这是何等可悲哀的事啊！

瞻瞻！你尤其可佩服。你是身心全部公开的真人。你甚么事体都像拼命地用全副精力去对付。小小的失意，像花生米翻落地了，自己嚼了舌头了，小猫不肯吃糕了，你都要哭得嘴唇翻白，昏去一两分钟。外婆普陀去烧香买回来给你的泥人，你何等鞠躬尽瘁地抱他，喂他；有一天你自己失手把他打破了，你的号哭的悲哀，比大人们的破产、失恋、brokenheart、丧考妣、全军覆没的悲哀都要真切。两把芭蕉扇做的脚踏车，麻雀牌堆成的火车、汽车，你何等认真地看待，挺直了嗓子叫"汪——"，"咕咕咕……"，来代替汽油。宝姊姊讲故事给你听，说到"月亮姊姊挂下一只篮来，宝姊姊坐在篮里吊了上去，瞻瞻在下面看"的时候，你何等激昂地同她争，说"瞻瞻要上去，宝姊姊在下面看！"甚至哭到漫姑面前去求审判。我每次剃了头，你真心地疑我变了和尚，好几时不要我抱。最是今年夏天，你坐在我膝上发现了我腋下的长毛，当作黄鼠狼的时候，你何等伤心，你立刻从我身上爬下去，起初眼睁睁地对我端相，继而大失所望地号哭，看看，哭哭，如同对被判定了死罪的亲友一样。你要我抱你到车站里去，多多益善地要买香蕉，满满地擒了两手回来，回到门口时你已经熟睡在我的肩上，手里的香蕉不知落在哪里去了。这是何等可佩服的真率、自然与热情！大人间的所谓"沉默"、"含蓄"、"深刻"的美德，比起你来，全是不自然的、病的、伪的！

你们每天做火车、做汽车、办酒、请菩萨、堆六面画、唱歌，全是自动的，创造创作的生活。大人们的呼号"归自然！""生活的艺术化！""劳动的艺术化！"在你们面前真是出丑得很了！依样画几笔画，写几篇文的人称为艺术家、创作家，对你们更要愧死！

你们的创作力，比大人真是强盛得多哩：瞻瞻！你的身体不及椅子的一半，却常常要搬动它，与它一同翻倒在地上；你又要把一杯茶横转来藏在抽斗里，要皮球停在壁上，要拉住火车的尾巴，要月亮出来，要天停止下雨。在这等小小的事件中，明明表示着你们的弱小的体力与智力不足以应付强盛的创作欲、表现欲的驱使，因而遭逢失败。然而你们是不受大自然的支配，不受人类社会的束缚的创造者，所以你的遭逢失败，例如火车尾巴拉不住，月亮呼不出来的时候，你们决不承认是事实的不可能，总以为是爹爹妈妈不肯帮你们办到，同不许你们弄自鸣钟同例，所以愤愤地哭了，你们的世界何等广大！

你们一定想：终天无聊地伏在案上弄笔的爸爸，终天闷闷地坐在窗下弄引线的妈妈，是何等无气性的奇怪的动物！你们所视为奇怪动物的我与你们的母亲，有时确实难为了你们，摧残了你们，回想起来，真是不安心得很！

阿宝！有一晚你拿软软的新鞋子，和自己脚上脱下来的鞋子，给凳子的脚穿了，划袜立在地上，得意地叫"阿宝两只脚，凳子四只脚"的时候，你母亲喊着"龌龊了袜子！"立刻擒你到藤榻上，动手毁坏你的创作。当你蹲在榻上注视你母亲动手毁坏的时候，你的小心里一定感到"母亲这种人，何等煞风景而野蛮"罢！

瞻瞻！有一天开明书店送了几册新出版的毛边的《音乐入门》来。我用小刀把书页一张一张地裁开来，你侧着头，站在桌边默默地看。后来我从学校回来，你已经在我的书架上拿了一本连史纸印的中国装的《楚辞》，把它裁破了十几页，得意地对我说："爸爸！瞻瞻也会裁了！"瞻瞻！这在你原是何等成功的欢喜，何等得意的作品！却被我一个惊骇的"哼！"字喊得你哭了。那时候你也一定抱怨"爸爸何等不明"罢！

软软！你常常要弄我的长锋羊毫，我看见了总是无情地夺脱你。现在你一定轻视我，想道："你终于要我画你的画集的封面！"

最不安心的，是有时我还要拉一个你们所最怕的陆露沙医生来，教他用他的大手来摸你们的肚子，甚至用刀来在你们臂上割几下，还要教妈妈和漫姑擒住了你们的手脚，捏住了你们的鼻子，把很苦的水灌到你们的嘴里去。这在你们一定认为是太无人道的野蛮举动罢！

孩子们！你们果真抱怨我，我倒欢喜；到你们的抱怨变为感激的时候，我的悲哀来了！

我在世间，永没有逢到像你们这样出肺肝相示的人。世间的人群结合，永没有像你们样的彻底地真实而纯洁。最是我到上海去干了无聊的所谓"事"回来，或者去同不相干的人们做了叫做"上课"的一种把戏回来，你们在门口或车站旁等我的时候，我心中何等惭愧又欢喜！惭愧我为甚么去做这等无聊的事，欢喜我又得暂时放怀一切地加入你们的真生活的团体。

但是，你们的黄金时代有限，现实终于要暴露的。这是我经验过来的情形，也是大人们谁也经验过的情形。我眼看见儿时的伴侣中的英雄、好汉，一个个退缩、顺从、妥协、屈服起来，到像绵羊的地步。我自己也是如此。"后之视今，亦犹今之视昔"，你们不久也要走这条路呢？

我的孩子们！憧憬于你们的生活的我，痴心要为你们永远挽留这黄金时代在这册子里。然这真不过像"蜘蛛网落花"，略微保留一点春的痕迹而已。且到你们懂得我这片心情的时候，你们早已不是这样的人，我的画在世间已无可印证了！这是何等可悲哀的事啊！

《子恺画集》代序，1926年耶诞节

（《子恺画集》，丰子恺著，开明书店，1927）

【评析】

丰子恺先生的《给我的孩子们》写于1926年的圣诞夜，是《子恺画集》的代序。这篇散文如同一幅素描，通过对他的三个孩子——瞻瞻、阿宝、软软小时候的种种细小的回忆，勾勒出了一个充满童真、童趣的世界。作者感动于孩子们身上的那份"真、善、美"，也抒发了"童真终会不再"的无奈与惋惜。可以说是一首童真世界的赞歌与挽歌。

丰子恺的散文如同他的绘画，追求的是一种深沉朴素，简洁明快的风格。他不追求辞藻的华丽，而是"寄至味于淡泊"，通过素淡隽永的文字表达种种深婉的情致。这篇散文正是沿袭了他一贯的风格，娓娓道来，语言质朴无华。

作品开篇就用一段深情而真挚的语言点明了主题。不难看出，他憧憬向往孩子们的世界。孩子们是"身心全部公开的真人"，是不受礼教约束的，没有世俗伪饰的，保持其天性的人。他歌颂了童真世界的美好，赞扬了孩子们的直率、自然与热情。

作者以一位父亲充满温情的笔触向我们描绘出一幅幅天真无邪的图画。例如瞻瞻，他"什么事情都像拼命地用全副精力去对付"。小小的失意，都要哭得嘴唇翻白，昏去一两分钟，其悲哀是那么真切；芭蕉扇做的脚踏车，麻雀牌堆成的火车、汽车，都玩得很认真；父亲剃了头，以为做了和尚，再不让父亲抱；发现父亲腋下的长毛，以为是黄鼠狼，哭得何等伤心……作者赞美孩子们的创造力和想象力，说他们是"不受大自然的支配，不受人类社会的束缚的创造者"，他们"要皮球停在壁上，要拉住火车的尾巴，要月亮出来，要天停止下雨"。

作者通篇采用了对比的手法。在赞美儿童的纯真自然时，以大人们的虚伪和丑陋作对比，认为"大人间的所谓'沉默'、'含蓄'、'深刻'的美德，比起你来，全是不自然的、病的、伪的"；大人们所谓的艺术创作比起孩子们的创造力，"真是出丑得很了"；以孩子们的生机勃勃作对照，爸爸和妈妈"是何等无气性的奇怪的动物"；当孩子们颇具创意的学习和创作只赢得了大人们的呵斥和粗暴的毁坏时，大人们是"何等煞风景而野蛮"！

　　这是一首童真世界的赞歌，但这首赞歌带着苦涩味。他美慕孩子们的天真快乐，可是又以一个过来人的身份点明，这些单纯的快乐仍然还是会归于零的，即使儿时的伴侣中的英雄、好汉，最终也一个个退缩、顺从、妥协、屈服于世俗，为生计而奔波。这是多么可悲的事情啊！他对童真世界的赞扬，实际上也是对世俗社会的厌恶。所以说这篇散文既是一首对童真的赞歌，也是对童真终要逝去的无奈的挽歌。这是一位父亲写给孩子的文字，更是写给自己的文字，对童真世界的向往实际上是他对美好的理想社会的追求。作者寄希望于这文字与图画，像"蜘蛛网落花"，略微保留一点童真的痕迹。

【练习】

1. 说说文中对比描写的作用。
2. "何等"在文中多次用到，起到了什么作用？

（罗艳霞　王岩峻）

雨　巷

戴望舒

　　戴望舒（1905—1950），浙江杭县人，现代派诗人的代表，翻译家。1926年与施蛰存创办《璎珞》旬刊，开始正式发表诗歌。1938年在香港主编《星岛日报》副刊，1941年香港沦陷时被日军以抗日罪名下狱，在狱中表现了坚贞不屈的气节和品质，次年被营救。1949年北上解放区，1950年因病去世。戴望舒的诗歌总体上运用象征主义的表现手法，呈现朦胧含蓄的美，以新奇的视角和繁复的意象来表现诗歌内涵，并把法国象征派的诗歌创作方法融入到中国传统的诗歌中，构成了诗歌创作的深厚底蕴。代表诗集有《我底记忆》（1929）、《望舒草》（1933）、《灾难的岁月》（1948）等。

撑着油纸伞，独自
彷徨在悠长、悠长
又寂寥的雨巷，
我希望逢着
一个丁香一样地
结着愁怨的姑娘。

她是有
丁香一样的颜色，
丁香一样的芬芳，
丁香一样的忧愁，
在雨中哀怨，
哀怨又彷徨；

她彷徨在这寂寥的雨巷，
撑着油纸伞
像我一样，
像我一样地
默默彳亍着
冷漠、凄清，又惆怅。

她默默地走近，
走近，又投出
太息一般的眼光，
她飘过
像梦一般地，
像梦一般地凄婉迷茫。

像梦中飘过
一枝丁香地，
我身旁飘过这个女郎；
她默默地远了，远了，
到了颓圮的篱墙，
走尽这雨巷。

在雨的哀曲里，
消了她的颜色，
散了她的芬芳，
消散了，甚至她的
太息般的眼光，
丁香般的惆怅。

撑着油纸伞，独自
彷徨在悠长、悠长
又寂寥的雨巷，
我希望飘过
一个丁香一样地
结着愁怨的姑娘。

（《小说月报》第 19 卷第 8 号，1928 年 8 月）

【评析】

《雨巷》是戴望舒成就最高、最具有影响的代表作品之一，诗人也因此被冠以"雨巷诗人"的称号。《雨巷》创作在大革命失败之后，在动荡的年代中，在革命的最低潮，在恐怖的笼罩下，人们普遍存在着彷徨和迷茫，对现实感到失望、忧虑，看不到出路。而《雨巷》正是诗人用象征主义的笔法，表现对理想的执着追求和渴望，唤醒人们革命成功、对新生活的希望。

全诗渲染了一种孤苦凄迷的感情基调，以"雨巷"和"丁香"作为象征，隐秘地表现诗人内心情感。诗人把"雨巷"比拟为黑暗混乱的社会现实，在这里"悠长"、"寂寥"、"冷漠"、"凄清"，没有欢乐，没有希望，漫漫长路，茫茫黑夜，沉闷而不知所措。"丁香"则是纯洁、高尚等一切美好事物品质的象征，然而这"丁香"却也充满了愁苦和迷茫，如梦幻般漂浮不定，倏忽消逝。而"我"则是一个坚定执着的探路者、追寻者。虽然在过程中充满了荆棘坎坷，虽然在路途中寂寞凄惶，但是理想的信念不会放弃，对美好的渴望不会背离。"我"依然执着地彷徨在黑暗中，依然默默地彳亍在寂寥中，但是无法割舍对美好未来的追求，对不甘沉沦希望的探索。在这首诗中充满着抒情的象征意蕴，既真实，又隐晦，既内心苦闷，又怀抱梦想，展现的是诗人内心不断完善追寻探索的心路历程。

诗歌以忧愁悲伤的风格为主，朦胧含蓄，富有中国传统诗歌的意境美。真实的事物与虚拟的情感相互交融，生动的形象与优美的语词相互结合，注重境外之象、言外之意的意境的表达，虚实相生，情景互现，构成中国传统古典诗词的韵味。这首诗还富于音乐美，长短诗句相称有致，音节声调参差错落，韵脚音阶舒缓悠扬，诗行字句相互勾连，复沓回环流畅自然，与诗人内心情感的激荡起伏、忧愁哀伤和谐一致，也增强了诗歌的表现力和感染力。

【练习】

1. 解析诗中的几个抒情形象的象征意蕴："我"、"雨巷"、"丁香一样地/结着愁怨的姑娘"。
2. 为什么说《雨巷》"替新诗的音节开了一个新的纪元"？

（闫玮）

雨　前

何其芳

何其芳（1912—1977），原名何永芳，重庆万州人，著名诗人、散文家、文学评论家。1936 年他与卞之琳、李广田出版诗歌合集《汉园集》，其中收入何其芳的《燕泥集》，三人被称为"汉园三诗人"。其散文集《画梦录》获得《大公报》文艺金奖。曾任中国科学院文学研究所（现中国社会科学院文学研究所）所长，哲学社会科学部委员，《文学评论》主编。著有诗《我们最伟大的节日》，诗集《预言》、《夜歌和白天的歌》，散文集《画梦录》等。文艺论文集《关于现实主义》、《论〈红楼梦〉》、《关于写诗和读诗》、《文学艺术的春天》等。

最后的鸽群带着低弱的笛声在微风里划一个圈子后，也消失了。许是误认这灰暗的凄冷的天空为夜色的来袭，或是也预感到风雨的将至，遂过早地飞回它们温暖的木舍。

几天阳光在柳梢上撒下的一抹嫩绿，被尘土埋掩得有憔悴色了，是需要着一次洗涤。还有干裂的大地与树根也早已期待着雨。雨却迟疑着。

我怀想着故乡的雷声，和雨声。那隆隆的有力的搏击，从山谷返响到山谷，仿佛春之芽就从冻土里震动，惊醒，而怒苗出来。细草样柔的雨声又以温存之手抚摩它，使它簇生油绿的枝叶而开出红色的花。这些怀想如乡愁一样萦绕得使我忧郁了。我心里的气候也和这北方大陆一样缺少雨量，一滴温柔的泪在我枯涩的眼里，如迟疑在这阴沉的天空里的雨点，久不落下。

白色的鸭也似有一点躁烦了，有不洁色的颜色的都市的河沟里传出它们焦急的叫声。有的还未厌倦那船一样的徐徐的划行。有的却倒插它们的长颈在水里，红色的蹼趾伸在尾后，不停地扑击着水以支持身体的平衡。不知是在寻找沟底的细微的食物，抑是贪那深深的水里的寒冷。

有几个已上岸了。在柳树下来回地作它们绅士的散步，舒息划行的疲劳。然后参差地站着，各用嘴细细的抚理它们遍体白色的羽毛，间或又摇动身子或扑展着阔翅，使那缀在羽毛间的水珠堕落。一个已修饰完毕的，弯曲它的颈到背上，长长的红嘴藏没在翅膀里，静静合上它白色的茸毛间的小黑睛，仿佛准备睡眠。可怜的小动物，你就是这样做着你的梦吗？

我想起故乡牧雏鸭的人了。一大群鹅黄色的雏鸭游牧在溪流间。清浅的水，两岸青青的草，一根长长的竿在牧人的手里。他的小队伍是多么欢欣的发出啁啾声，又多么驯伏地随着他的竿头越过一个田野又一个山坡。夜来了，帐幕似的竹篷撑在地上，就是他的家。但这是怎样辽远的想象啊。在这多尘土的国度里，我仅只希望听一点树叶上的雨声，一点雨声的幽凉滴到我憔悴的梦，也许会长成一树圆的绿阴来覆荫我自己。

我仰起头。天空低垂如灰色的雾幕，落下一些寒冷的碎屑到我脸上。一只远来的鹰隼仿佛带着怒愤，对这沉重的天色的怒愤，平张的双翅不动的从天空斜插下，几乎触到河沟对岸的土阜，而又鼓扑着双翅作出猛烈的声响腾上了。那样巨大的翅使我惊异，我看见了它两肋间斑白的羽毛。

接着听见了它有力的鸣声，如一个巨大的心的呼号，或是在黑暗里寻找伴侣的叫唤。

然而雨还是没有来。

（《画梦录》，何其芳著，文化生活出版社，1936）

【评析】

《雨前》是《画梦录》中的代表性作品。此文写于 20 世纪 30 年代，当时日本帝国主义侵占我国东北以后，正在加紧蚕食华北，民族危机日益加重。

文章在描写现实景物的同时，穿插记叙了自己内心的想象。如憔悴的柳梢、干裂的大地与树根，对雨的渴望。这生动的描述，渲染了那种久旱盼甘霖的强烈愿望，含蓄地表现了作者的内心世界。正表现了当时知识分子找不到出路的焦虑。

文章还运用了鲜明的对比。如写现实中雨的迟疑与故乡雷雨的畅快、眼前烦躁的白鸭与故乡欢欣的雏鸭，这些都形成了强烈的对比，隐约地表现了作者渴盼变革、追求理想的内心世界。

　　特别是成功运用了"移情"手法，无论是周围环境还是自然景物，无不打上作者浓重的主观色彩。憔悴的嫩柳、干裂的大地、烦躁的白鸭、愤怒的鹰隼正是作者内心烦躁与愤怒的象征。内心与现实、北国与故乡的巨大差异，表现了现实与理想的矛盾。这正是30年代政治气候低沉的形象比拟，委婉地表现出当时青年知识分子既不满现实，又无法改变现状的忧郁与感伤。

　　这篇散文笔法空灵，以诗的语言描绘了雨前灰暗沉闷的自然景物，极富绘画美，雨前那种压抑与躁动跃然纸上。

【练习】

1. 文中先后两次出现"憔悴"一词，分别描述了哪些事物？有什么区别？
2. 从何处可以看出本文表现了作者的内心世界？
3. 试比较本文与茅盾《雷雨前》主题与风格的异同。

（张弘韬）

荷 花 淀

孙 犁

　　孙犁（1913—2002），原名孙树勋，河北安平人，当代著名作家。被誉为"荷花淀派"的创始人。他的小说，大多取材于抗日战争和解放战争前后冀中平原和冀西山区人民在中国共产党领导下进行战争以及生产生活的情景，具有浓郁的地方色彩和浓厚的生活气息，并以其鲜明的人物形象，生动的情节，清新质朴的语言和充满诗情画意的描写，被称为"诗体小说"，具有独特的艺术风格；他的散文，尤其是晚年的作品深富哲思，冲淡平和而意蕴深厚。主要作品有从20世纪40年代起出版的短篇小说《荷花淀》、《芦花荡》，中篇小说《铁木前传》，长篇小说《风云初记》，论文集《文学短论》以及散文集《津门小集》等。小说与散文合集《白洋淀记事》是其代表作。

　　月亮升起来，院子里凉爽得很，干净得很，白天破好的苇眉子潮润润的，正好编席。女人坐在小院当中，手指上缠绞着柔滑修长的苇眉子。苇眉子又薄又细，在她怀里跳跃着。

　　要问白洋淀有多少苇地？不知道。每年出多少苇子？不知道。只晓得，每年芦花飘飞苇叶黄的时候，全淀的芦苇收割，垛起垛来，在白洋淀周围的广场上，就成了一条苇子的长城。女人们，在场里院里编着席。编成了多少席？六月里，淀水涨满，有无数的船只，运输银白雪亮的席子出口，不久，各地的城市村庄，就全有了花纹又密、又精致的席子用了。大家争着买：

"好席子，白洋淀席！"

这女人编着席。不久在她的身子下面，就编成了一大片。她像坐在一片洁白的雪地上，也像坐在一片洁白的云彩上。她有时望望淀里，淀里也是一片银白世界。水面笼起一层薄薄透明的雾，风吹过来，带着新鲜的荷叶荷花香。

但是大门还没关，丈夫还没回来。

很晚丈夫才回来了。这年青人不过二十五六岁，头戴一顶大草帽，上身穿一件洁白的小褂，黑单裤卷过了膝盖，光着脚。他叫水生，小苇庄的游击组长，党的负责人。今天领着游击组到区上开会去来。女人抬头笑着问：

"今天怎么回来的这么晚？"站起来要去端饭。水生坐在台阶上说：

"吃过饭了，你不要去拿。"

女人就又坐在席子上。她望着丈夫的脸，她看出他的脸有些红胀，说话也有些气喘。她问：

"他们几个哩？"

水生说：

"还在区上。爹哩？"

女人说：

"睡了。"

"小华哩？"

"和他爷爷去收了半天虾篓，早就睡了。他们几个为什么还不回来？"

水生笑了一下。女人看出他笑的不像平常。

"怎么了，你？"

水生小声说：

"明天我就到大部队上去了。"

女人的手指震动了一下，想是叫苇眉子划破了手，她把一个手指放在嘴里吮了一下。水生说：

"今天县委召集我们开会。假若敌人再在同口安上据点，那和端村就成了一条线，淀里的斗争形势就变了。会上决定成立一个地区队。我第一个举手报了名的。"

女人低着头说：

"你总是很积极的。"

水生说：

"我是村里的游击组长，是干部，自然要站在头里，他们几个也报了名。他们不敢回来，怕家里的人拖尾巴。公推我代表，回来和家里人们说一说。他们全觉得你还开明一些。"

女人没有说话。过了一会，她才说：

"你走，我不拦你，家里怎么办？"

水生指着父亲的小房叫她小声一些。说：

"家里，自然有别人照顾。可是咱的庄子小，这一次参军的就有七个。庄上青年人少了，也不能全靠别人，家里的事，你就多做些，爹老了，小华还不顶事。"

女人鼻子里有些酸，但她并没有哭。只说：

"你明白家里的难处就好了。"

水生想安慰她。因为要考虑准备的事情还太多，他只说了两句：

"千斤的担子你先担吧，打走了鬼子，我回来谢你。"

说罢，他就到别人家里去了，他说回来再和父亲谈。

鸡叫的时候，水生才回来。女人还是呆呆地坐在院子里等他，她说：

"你有什么话嘱咐我吧！"

"没有什么话了，我走了，你要不断进步，识字，生产。"

"嗯。"

"什么事也不要落在别人后面！"

"嗯，还有什么？"

"不要叫敌人汉奸捉活的。捉住了要和他拼命。"这才是那最重要的一句，女人流着眼泪答应了他。

第二天，女人给他打点好一个小小的包裹，里面包了一身新单衣，一条新毛巾，一双新鞋子。那几家也是这些东西，交水生带去。一家人送他出了门。父亲一手拉着小华，对他说：

"水生，你干的是光荣事情，我不拦你，你放心走吧。大人孩子我给你照顾，什么也不要惦记。"

全庄的男女老少也送他出来，水生对大家笑一笑，上船走了。

女人们到底有些藕断丝连。过了两天，四个青年妇女集在水生家里来，大家商量：

"听说他们还在这里没走。我不拖尾巴，可是忘下了一件衣裳。"

"我有句要紧的话得和他说说。"

水生的女人说：

"听他说鬼子要在同口安据点……"

"哪里就碰得那么巧，我们快去快回来。"

"我本来不想去，可是俺婆婆非叫我再去看看他，有什么看头啊！"

于是这几个女人偷偷坐在一只小船上，划到对面马庄去了。

到了马庄，她们不敢到街上去找，来到村头一个亲戚家里。亲戚说：你们来的不巧，昨天晚上他们还在这里，半夜里走了，谁也不知开到哪里去。你们不用惦记他们，听说水生一来就当了副排长，大家都是欢天喜地的……

几个女人羞红着脸告辞出来，摇开靠在岸边上的小船。现在已经快到晌午了，万里无云，可是因为在水上，还有些凉风。这风从南面吹过来，从稻秧上苇尖吹过来。水面没有一只船，水像无边的跳荡的水银。

几个女人有点失望，也有些伤心，各人在心里骂着自己的狠心贼。可是青年人，永远朝着愉快的事情想，女人们尤其容易忘记那些不痛快。不久，她们就又说笑起来了。

"你看说走就走了。"

"可慌（高兴的意思）哩，比什么也慌，比过新年，娶新——也没见他这么慌过！"

"拴马桩也不顶事了。"

"不行了，脱了缰了！"

"一到军队里，他一准得忘了家里的人。"

"那是真的，我们家里住过一些年轻的队伍，一天到晚仰着脖子出来唱，进去唱，我们一辈子也没那么乐过。等他们闲下来没有事了，我就傻想：该低下头了吧。你猜人家干什么？用白粉子在我家映壁上画上许多圆圈圈，一个一个蹲在院子里，托着枪瞄那个，又唱起来了！"

她们轻轻划着船，船两边的水哗，哗，哗。顺手从水里捞上一棵菱角来，菱角还很嫩很小，乳白色。顺手又丢到水里去。那棵菱角就又安安稳稳浮在水面上生长去了。

"现在你知道他们到了哪里？"

"管他哩，也许跑到天边上去了！"

她们都抬起头往远处看了看。

"唉呀！那边过来一只船。"

"唉呀！日本鬼子，你看那衣裳！"

"快摇！"

小船拼命往前摇。她们心里也许有些后悔，不该这么冒冒失失走来；也许有些怨恨那些走远了的人。但是立刻就想，什么也别想了，快摇，大船紧紧追过来了。

大船追的很紧。

幸亏是这些青年妇女，白洋淀长大的，她们摇的小船飞快。小船活像离开了水皮的一条打跳的梭鱼。她们从小跟这小船打交道，驶起来，就像织布穿梭，缝衣透针一般快。假如敌人追上了，就跳到水里去死吧！

后面大船来的飞快。那明明白白是鬼子！这几个青年妇女咬紧牙制止住心跳，摇橹的手并没有慌，水在两旁大声哗哗，哗哗，哗哗哗！

"往荷花淀里摇！那里水浅，大船过不去。"

她们奔着那不知道有几亩大小的荷花淀去，那一望无边际的密密层层的大荷叶，迎着阳光舒展开，就像铜墙铁壁一样。粉色荷花箭高高的挺出来，是监视白洋淀的哨兵吧！

她们向荷花淀里摇，最后，努力的一摇，小船窜进了荷花淀。几只野鸭扑楞楞飞起，尖声惊叫，掠着水面飞走了。就在她们的耳边响起一排枪！

整个荷花淀全震荡起来。她们想，陷在敌人的埋伏里了，一准要死了，一齐翻身跳到水里去。渐渐听清楚枪声只是向着外面，她们才又扒着船帮露出头来。她们看见不远的地方，那宽厚肥大的荷叶下面，有一个人的脸，下半截身子长在水里。荷花变成人了？那不是我们的水生吗？又往左右看去，不久各人就找到了各人丈夫的脸，啊！原来是他们！

但是那些隐蔽在大荷叶下面的战士们，正在聚精会神瞄着敌人射击，半眼也没有看她们。枪声清脆，三五排枪过后，他们投出了手榴弹，冲出了荷花淀。

手榴弹把敌人那只大船击沉，一切都沉下去了。水面上只剩下一团烟硝火药气味。战士们就在那里大声欢笑着，打捞战利品。他们又开始了沉到水底捞出大鱼来的拿手戏。他们争着捞出敌人的枪支、子弹带，然后是一袋子一袋子叫水浸透了的面粉和大米。水生拍打着水去追赶一个在水波上滚动的东西，是一包用精致纸盒装着的饼干。

妇女们带着浑身水，又坐到她们的小船上去了。

水生追回那个纸盒，一只手高高举起，一只手用力拍打着水，好使自己不沉下去。对着荷花淀吆喝：

"出来吧，你们！"

好像带着很大的气。

她们只好摇着船出来。忽然从她们的船底下冒出一个人来，只有水生的女人认的那是区小队的队长。这个人抹一把脸上的水问她们：

"你们干什么去来呀？"

水生的女人说：

"又给他们送了一些衣裳来！"

小队长回头对水生说：

"都是你村的？"

"不是她们是谁，一群落后分子！"说完把纸盒顺手丢在女人们船上，一泅，又沉到水底下去了，到很远的地方才钻出来。

小队长开了个玩笑，他说：

"你们也没有白来，不是你们，我们的伏击不会这么彻底。可是，任务已经完成，该回去晒晒衣裳了。情况还紧的很！"

战士们已经把打捞出来的战利品，全装在他们的小船上，准备转移。一人摘了一片大荷叶顶在头上，抵挡正午的太阳。几个青年妇女把掉在水里又捞出来的小包裹，丢给了他们，战士们的三只小船就奔着东南方向，箭一样飞去了。不久就消失在中午水面上的烟波里。

几个青年妇女划着她们的小船赶紧回家，一个个像落水鸡似的。一路走着，因过于激动和兴奋，她们又说笑起来，坐在船头脸朝后的一个撇着嘴说：

"你看他们那个横样子，见了我们爱搭理不搭理的！"

"啊，好像我们给他们丢了什么人似的。"

她们自己也笑了，今天的事情不算光彩，可是：

"我们没枪，有枪就不往荷花淀里跑，在大淀里就和鬼子干起来！"

"我今天也算看见打仗了。打仗有什么出奇，只要你不着慌，谁还不会趴在那里放枪呀！"

"打沉了，我也会浮水捞东西，我管保比他们水式好，再深点我也不怕！"

"水生嫂，回去我们也成立队伍，不然以后还能出门吗！"

"刚当上兵就小看我们，过二年，更把我们看得一钱不值了，谁比谁落后多少呢！"

这一年秋季，她们学会了射击。冬天，打冰夹鱼的时候，她们一个个登在流星一样的冰船上，来回警戒。敌人围剿那百顷大苇塘的时候，她们配合子弟兵作战，出入在那芦苇的海里。

（《白洋淀纪事》，孙犁著，中国青年出版社，1962）

【评析】

《荷花淀》塑造了一群以水生嫂为代表的白洋淀农村劳动妇女形象，表现了她们在抗日战争中经受锻炼和迅速成长的过程，以及她们温柔多情、坚贞勇敢的性格和精神。这篇小说的景物描写、人物对话和细节描写对刻画人物性格、表现人物内心世界及思想感情、推动情节发展具有非常重要的作用。小说中如散文和诗一般的语言，尤为人们称道。

　　小说对人物的刻画，侧重于表现人物的内心世界和思想感情。如文中写水生没和妻子商量就报名参军，怕妻子责怪，心里有些不安，所以"小声"与妻子说话。而水生嫂听到丈夫的话后，反应是"手指震动了一下，想是叫苇眉子划破了手。她把一个手指放在嘴里吮了一下"。这一细节描写非常生动传神，手指的震动反映了听到丈夫报名参军后内心的震动与不安，而把手指放到嘴里吮一下的动作则又体现了水生嫂对自己真实情感的掩饰与克制，表现了她善良纯朴的性格以及她的深明大义和对丈夫的理解。再如妇女们商量准备去探望丈夫，她们内心都渴望见到自己的丈夫，但每个人都编了一些理由作为掩饰：有的说要送衣裳，有的说有很"要紧的话"得当面嘱咐，有的干脆搬出"婆婆"做理由。到了马庄探夫未遇，这些女人有些失望，回家时谈论的话题却仍是自己的丈夫，表现了女人们对丈夫的牵挂和思念。

　　小说的景物描写，充满了诗情画意，处处体现出了白洋淀水乡的地域特色。文章开头水生嫂在月下飘满荷香的小院编苇席等候丈夫归来的情景及白洋淀夜景的描写，诗化了劳动场面，起到了情景相生的作用。在水生嫂眼中的家乡是那样美好，她对家乡的爱，促使她日后参加了保卫家园的战斗。午后白洋淀开阔的水面，万里无云的天气，赶走了女人们没有见到丈夫的失望，顺手捞上又丢到水里的菱角，仿佛是在抛出烦恼。当女人们遇到敌船，"她们奔着那不知道有几亩大小的荷花淀去，那一望无边际的密密层层的大荷叶，迎着阳光舒展开，就像铜墙铁壁一样。粉色荷花箭高高的挺出来，是监视白洋淀的哨兵吧!"把荷叶比喻成铜墙铁壁，把荷花箭比喻成监视白洋淀的哨兵，暗示着这里将发生一场激烈的战争。

　　文中对战争的描写突出了水乡游击战的特点，作者并没有直接描写硝烟弥漫、充满血腥的战争场面，而是将一场激烈的战斗安排在清香四溢的荷花淀展开，对于战争的过程则寥寥几笔，一带而过，体现了作者独特的写作视角和写作风格。

【练习】

1. 学习和体会通过人物对话、景物烘托、细节描写来表现人物性格和感情的写法。

2. 了解白洋淀地区人民抗日斗争中的生活，有条件者可到此一游。

　　　　　　　　　　　　　　　　　　　　　　　　　　　　（高慧敏）

第七单元　当代文学

有 的 人

——纪念鲁迅有感

臧克家

　　臧克家（1905—2004），曾用名臧承志，中国现代著名诗人。1905 年出生于山东省诸城县臧家庄。自幼喜爱古典诗词，18 岁之前一直生活在胶东半岛的农村，1923 年入济南山东省立第一师范学校，接受了"五四"新文学的洗礼。1926 年参加北伐战争，1930 年考入国立青岛大学中文系，从闻一多学诗。1937 年以后投身抗日宣传工作，曾在对敌前线采访。1946 年到上海，1948 年流亡香港，1949 年回国。历任华北大学第三部研究员、人民出版社编审、全国文学艺术界联合会委员、中国作家协会书记处书记、《诗刊》主编等职，曾当选为第二、三届全国人民代表大会代表。臧克家从 1925 年发表散文、1929 年发表新诗开始，一直笔耕不辍，直到 2001 年。2000 年 1 月 20 日，臧克家获得了由《中国诗歌文学》主办的首届"中国诗人奖——终生成就奖"。评委会在授奖辞中称他是"为我国新诗发展做出宝贵贡献的 20 世纪杰出的大诗人"。

　　　　有的人活着
　　　　他已经死了；
　　　　有的人死了
　　　　他还活着。

　　　　有的人
　　　　骑在人民头上："呵，我多伟大！"
　　　　有的人
　　　　俯下身子给人民当牛马。

　　　　有的人
　　　　把名字刻入石头想"不朽"；
　　　　有的人

情愿作野草，等着地下的火烧。

有的人
他活着别人就不能活；
有的人
他活着为了多数人更好地活。

骑在人民头上的，
人民把他摔垮；
给人民作牛马的，
人民永远记住他！

把名字刻入石头的，
名字比尸首烂得更早；
只要春风吹到的地方，
到处是青青的野草。

他活着别人就不能活的人，
他的下场可以看到；
他活着为了多数人更好地活着的人，
群众把他抬举得很高，很高。

1949 年 10 月于北京

（《臧克家诗选》，臧克家著，人民文学出版社，1978）

【评析】

　　《有的人》是新中国成立后臧克家写的第一首诗，是诗人为纪念鲁迅先生逝世十三周年而作的一首政治抒情诗，至今传诵不衰。

　　虽然诗的副题标明是"纪念鲁迅有感"，但是诗人自己说，它"歌颂了伟大战士鲁迅，也同时揭露批判了鲁迅的对立面，官僚地主阶级和一切骑在人民头上的反动派"。诗中通篇未提鲁迅的名字，而是称作"他"；也未提鲁迅的对立面，而是将他们概括为"有的人"。"他"和"有的人"经过诗人进一步的抽象化和特征化，都已经不再是实指单一的具体的人，"他"成为虚化的借代，"有的人"则成为一类人的集合体。全篇就是在这一组对比鲜明强烈的形象上论述具有深刻哲理意义的主题的。联系今天的现实，仍然可以看到诗人在诗中提出的命题，概括的历史、社会、人生的内容，都是重大、深刻、丰富和带有普遍性的。闻一多曾经在《烙印》的序文里盛赞诗人的诗"没有一首不具有一种顶真的生活的意义。没有克家的经验，便不知道生活的严重"。由此可见，这一名篇至今仍然具有深刻的现实意义。

诗分三部分。第一节是第一部分；第二、三、四节是第二部分；第五、六、七节是第三部分。第一部分是全诗的"纲"，也是诗人提出的总命题——要对诗歌开篇就突出的两种完全对立的人的生与死进行评价；第二部分从两种人对人民不同的动作、心理和态度，对理想不同的追求，对人生不同的目的和对社会不同的作用，表现"他"高尚的品德与伟大的抱负；第三部分从人民对待两种人的不同态度，正确归纳出"他"和"有的人"各自不同的结局。

全诗语言凝重、含蓄，比喻贴切、形象，能够将诗情与哲理高度有机地融合在一起。诗中又借用"赋"这一传统文体中"铺陈"的基本表现手法，运用对比以铺陈善恶，使诗篇容量大增，概括力极强，耐人寻味，令人猛醒！

【练习】

1. 谈谈诗中是如何炼字的。
2. 阅读泰戈尔的《某人》和惠特曼的《啊，船长，我的船长》，并将他们与本诗从内容和艺术手法上进行比较。

（王晓曦）

托尔斯泰的故乡

周立波

周立波（1908—1979），原名周绍仪，湖南益阳人。曾翻译《被开垦的处女地》等四部中长篇小说。抗日战争开始后，陪同美国作家史沫特莱和军官卡尔逊，两次访问晋察冀前线，出版了《晋察冀边区印象记》，展示了八路军和华北人民英勇抗日的形象，是我国报告文学的开拓者。其长篇小说《暴风骤雨》和担任文学顾问的中苏合拍影片《解放了的中国》，先后获得斯大林文学奖和斯大林文艺奖。从1958年起，任湖南省文联主席，培养了一批青年作家，形成了茶子花流派。1978年发表了优秀的短篇小说《湘江一夜》，被评为1978年全国短篇小说一等奖。周立波共写过《暴风骤雨》、《铁水奔流》、《山乡巨变》3部长篇小说，35篇短篇小说。

　　七月二十六日早晨六点钟，两部"齐斯"牌汽车，载着我们七个人，在莫斯科通向图拉省的柏油公路上迅速地奔驰，我们是到托尔斯泰的故乡雅斯那雅·波利雅那去。

　　上午十时，我们到了目的地。一片青翠的树林里，露出一些白色的屋宇的屋角，这就是驰名世界的雅斯那雅·波利雅那村，这就是"给了俄国生活一幅无比的图画"的天才艺术家的故居和坟墓所在的地方。

　　车子开进这个古老庄园的进口，在大树林里的一条小路上缓缓地前进，最后停在一幢雪白的楼房前面。我们下车来，环顾这座大庄园。它是幽美的。它的面积是二百八十公顷，这里除了微风，鸟语，没有任何其他烦杂的声音。空气里飘散着花的香气、草的香气、潮湿的泥土和败叶的气味。托尔斯泰就在这里住了六十年，在这里，他为人类文化添加了丰富的财产。

　　树林里有三幢洁白的屋宇。在一棵巨大的诨名叫做"贫树"的阔叶树旁边，过去还有一幢大房子。一百二十年前，托尔斯泰生在这所房子里的一张黑皮沙发上。托尔斯泰从克里米亚回来后，想要出版一个兵士杂志，没有经费，就把这幢房子卖给另一家地主，买主把这房子搬到二十五公里以外的地方去了，现在只剩下这三幢房子。十月革命后，苏维埃政府把这里的屋宇园林都收归国有，在这里成立了规模宏大的托尔斯泰博物馆。为我们解说的同志一面陪着我们走，一面告诉我们说：博物馆分三部分，一部是文学展览室，一部是托尔斯泰和他的家人原来的住宅，一部是他的除了自然风景之外没有任何装饰的简单的坟墓。解说的人引着我们先去参观文学展览室。

　　走进大门，我们迎面看见一尊木雕的和一尊石刻的托尔斯泰的肖像。在这里稍停，我们就走上黄漆的木梯。二层楼的墙壁上，挂满了照片和画像，有些是托尔斯泰自己，有些是他的亲友的照片。他的祖父、祖母、父亲、母亲、夫人和子女的肖像都挂在这里。他的夫人端正的、美丽的、迷人的相貌，就是《安娜·卡列尼娜》里的吉提的模型。他的祖父拉甫·托尔斯泰公爵，就是《战争与和平》里的罗斯托夫，父亲是同一书里的尼古拉，母亲就是马利亚。把自己所深深熟悉的亲人作为小说人物的模特儿，描写起来，自然是格外的生动、细致和深刻。这是托尔斯泰艺术至今富有魅力的原因之一。

　　楼梯右首的墙上，挂着从列宁论托尔斯泰的有名的论文里摘引下来的文句。列宁在两篇有名的文章里，精辟地分析了托尔斯泰学说里的"叫喊着的矛盾"，指出他的学说里的空想的、内容反动的性质，同时也说明他的著作里的"批判的成分"，依然"可以作为教育先进阶级的宝贵材料"。他在艺术上的"最清醒的现实主义"，至今还是值得我们学习的文学技巧的规范。

　　列宁对于托尔斯泰的态度，是马列主义对于整个世界文学遗产的态度。

苏联政府遵照了列宁的遗教，一方面对托尔斯泰学说抱着科学的批判的态度，一方面十分尊重他的艺术的创造，爱惜一切与他有关的纪念品。

我们站在托尔斯泰的戎装相片和青年时代的肖像之前，听着解说的人述说他的青年时代的故事。托尔斯泰在卡山斯基大学读书的时候，细心地研究了别林斯基、果戈理和屠格涅夫诸家的著作。这些书籍，深刻地影响了他的思想。十九岁的时候，父母死了，他离开大学，回到故乡，目击了农民的困苦，总是想帮助他们。他每天到各个农家去调查，农民不知道他是来干什么的，都不相信他。不久他到高加索去了。英国、法国和土耳其侵略克里米亚的时候，他参加了军队，参与了塞瓦斯托波尔的保卫战。丰富的人生经历，使他后来能够创造很多艺术品，使他为《战争与和平》积蓄了生动的材料。《战争与和平》里的一八一二年俄罗斯人民抵抗拿破仑侵略的出色的图画，正是他运用了自己的塞瓦斯托波尔保卫战的经历构成的。他把战争景况写得非常的逼真，有力地表现了俄罗斯的爱国主义。凭着锐利的眼光，他写出了群众是历史上的真正的英雄。这是一个借用自己的经历来描写伟大的历史事件的成功的范例。

我们走进了另外的一室，这里的墙壁上挂着许多优秀的俄罗斯作家和批评家们的肖像，屠格涅夫、涅克拉索夫、车尔尼雪夫斯基和杜布罗留波夫，都有遗像在这里。他们有的是托尔斯泰的好友，有的是在思想上深刻地影响了他的人物。涅克拉索夫所编的刊物，最初发表了托尔斯泰的长篇《塞瓦斯托波尔》。

墙壁上挂着他站在彼得堡的作家之间的照片，他和彼得堡的当代文人相交游，是从塞瓦斯托波尔回来以后的事情。

从彼得堡回到故乡，他采用自己在高加索蓄积的材料，写了充满年轻的热情和希望的长篇小说《哥萨克》。

我们走进中间的一间大楼房，解说的人说，这一间房子是托尔斯泰当年教育农民子弟的地方。这位艺术家虽说出身于贵族，却和贵族断绝了关联。他是这样厌恶旧俄贵族的腐化堕落的生活，同情贫穷困苦的工人和农民。在《复活》里，他描写聂黑流道夫公爵在赴西伯利亚的途中，因为讨厌头等车厢里的贵族们，宁愿跑到三等车厢去。当他与那些拥挤的下层劳苦人民坐在一起时，他在心里说："这才是真正的上流社会。"由于这种思想，他在他的领地里，总是想为农民直接作一点事情。他不单是写小说，也为农民写故事、编课本。他编的教科书是很多的。他编了农民用的算术和字母的教科书。他办了二十一个学校，都亲自教课，他的周围的农民大半是他的学生。

这里有一幅图画，画着托尔斯泰在农民中工作，这是一八六一年的事情：

农奴制度废除了，地主富农和农民为了争地而吵闹，托尔斯泰担任调解人。他向着农民，袒护农民，地主富农对他极度的不满，告到彼得堡，沙皇因此解除了他的调解人的职务。

一八六二年，就是农奴解放后的第二年，托尔斯泰结婚了。家庭生活非常地美满。结婚以后，整整十五年没有出过门。他的重要作品都完成于这些幸福的年份。他的著名杰作《战争与和平》和《安娜·卡列尼娜》艺术地概括了他当时的俄罗斯整个一代的特征。

列宁在分析托尔斯泰的时代时说道："托尔斯泰所属的时代，他的天才的艺术作品和他的学说所非常凸出地反映着的时代，是一八六一年以后和一九〇五年以前的时代……这个时期底过渡性质产生了托尔斯泰底作品和'托尔斯泰主义'底一切特点。"

依照列宁的分析，这个时期是怎样的一个过渡时期呢？在《安娜·卡列尼娜》里，托尔斯泰借着书中人物列文的口吻说明了这点："我们（俄国）现在，一切这些都翻了个身，而刚刚在安排下来。"那就是说，旧的农奴制度解体了，新的资本主义制度刚刚在安排，托尔斯泰反映了这样一个过渡时期的整个社会生活的特征。

他的反映了整个时代的特征的博大精深的小说，都完成于这个恬静的庄园里。《战争与和平》的五百五十九个人物的模特儿，大半是这个庄园和它的周围的人物，或是和这庄园有关的亲友。

我们看到了普希金的漂亮的女儿的照片，这是安娜·卡列尼娜的外貌的模型。我们也看到了斯呵基娜的肖像。这位贵族妇人的悲剧性的生活，托尔斯泰取来作了安娜·卡列尼娜的生活的故事。从这里，人们可以看出托尔斯泰是怎样地创造他的人物的，安娜·卡列尼娜就是一个女人的外貌和另一个女人的生活故事混合起来的典型。

在创作的道路上长长地走过六十年，晚年还能创造《复活》那样巨大的作品，这在全世界的作家中是很少见到的。在《复活》里，他提出了地主占有土地的不合理的问题，描写了沙皇官吏的腐败和残暴，他也无情地揭露了宗教的虚伪。他表现在《复活》里的这些思想，引起了沙皇和教会的愤怒。他原是教徒，后来教堂把他开除了。这事情更增加了他的声望。展览室的墙壁上挂着一幅法国画家所画的漫画。这位画家画了沙皇尼古拉，也画了托尔斯泰，并且发问道："我们有两个皇帝，到底是谁厉害一些呢？"历史回答了这个问题。今天，人们都可以看出，和这位属于人民、忠于人民的天才艺术家相比，残害人民的沙皇是怎样地渺小。

从文学展览室出来，我们到了托尔斯泰的住宅一端的一间明亮的屋子里。

　　这间房子的所有的玻璃窗户上，都爬满了青藤。这是托尔斯泰在夏天里和他家人喝茶的地方。房子的中央摆着一张长方形的茶桌和许多藤椅。墙壁都刷成白色，栏杆和天花板涂着银灰色，吊在天花板上的有着白色灯罩的汽灯，是托尔斯泰用过的原物。汽灯、藤椅和茶桌，都有七十年的历史了，还经历了两次战争。这次对德战争时，这些东西和其他的纪念物，一起运到了安全的后方。德寇才退却，又运了回来。它们摆放的位置，据说都和托尔斯泰在世时一样。我们走进这房间，休息了一会，又起身去参观托尔斯泰的住屋。托尔斯泰在这里一直住到一九一○年。为了不让人们把室外的尘土带进屋里去，博物馆在楼下准备了许多布底的鞋套，我们每人都套上两个，才开始巡礼。我们首先看书橱。托尔斯泰珍藏的各国文字的书籍非常的多。到了晚年，他对中国文化感到浓厚的兴趣。他的书橱里藏着老子的《道德经》和孔子的《论语》，这是他晚年爱读的书籍。

　　我们走到楼上最大的房间里，这是他的餐室和客厅，也是音乐室。细木镶成的地板擦得非常光滑和干净。桌上的餐具都照主人在世时的摆法陈列着。托尔斯泰在晚年吃素。餐桌的一端，摆着他一个人吃素的餐具，为了不使这些碗盏沾染一点点尘埃，餐具上面罩个玻璃罩。房子的一角，几张沙发围着一张小圆桌，朋友们来了，就坐在这里闲谈、议论，有时还朗诵各人的新作。房子的一端，摆着一架巨大的、旧式的钢琴，托尔斯泰自己会操琴，也常常有音乐家到这里来演奏。大画家列宾，在他所画的许多托尔斯泰肖像之中，有一幅是托尔斯泰坐在钢琴旁边一张沙发上听人演奏钢琴的凝神细听的姿态，现在，这张沙发还是照着列宾画里的方位摆在钢琴的旁边。

　　大厅旁边的一个小房间，是托尔斯泰的夫人替他抄写稿子的地方，屠格涅夫曾在这里朗诵自己的作品。再走过去，就是托尔斯泰的楼上的书房。桌上的书籍、文具和原稿，以及壁上的照片，统统按照托尔斯泰生时原来的样子摆列着。书桌上还有两枝点得只剩半截的洋烛，自从托翁在世时最后吹熄后，再没有人燃点它们了。书桌之前的座位的背后，有一张黑皮长沙发，托尔斯泰和他的姐妹和儿女都降生在这张沙发上。这个纪念物原是摆在卖去的大房子里的，房子归别人以后，沙发搬进了他的这间书斋里。

　　我们又巡游了托尔斯泰的夫人和他秘书的住室，夫人一九一九年革命后才死。她的房间里的墙壁上挂满了各种各样的相片。秘书室里，有一架旧式打字机。这架打字机，曾经打出了托尔斯泰许多不能出版的违禁的原稿。托尔斯泰家族的一架旧式大时钟，摆在楼梯的附近。这架大钟有了两百年历史，还是完好无损地为人间服务，走得很准确。

　　我们又到了楼下，走进托尔斯泰在里边工作了二十年的另一间书斋。许多年代里，这间天花板很低的房间，原来是堆放东西的杂屋，后来曾做育儿室，到了列夫·托尔斯泰的手里，才把它当做一个僻静的书斋。在这里，他写了《战争与和平》；在这里，他构思了其他许许多多的杰作。列宾有一幅以这书斋为背景的托尔斯泰工作像。苏联同志说：因为有了列宾这幅画，全世界的人们都知道这间房子了。

我们又到了托翁死时停放遗体的地方。当他死耗传出时，成千上万的男女从远远近近的城乡来到这房间，一个挨一个地站在一张小凳上，最后亲吻这位创造了"俄国生活一幅无比的图画"的巨人的手。

托尔斯泰临终以前写了一个遗嘱，要家里人把他埋葬在树林里的一块小小的空地上，这是他生时常常散步的地方。他要家人用一具普通的棺材，不要任何装饰，也不要墓庐。

我们来到他的坟墓之前。苏维埃政府尊重他的遗嘱，至今没有添加任何碑文或其他的装饰。因此，这位文学巨人的坟墓，只是比人身长不了多少的一个长方形土堆。人们在它的周围，用蜷曲的柔软的树枝，编了一道低矮的别致的栏杆。坟上漫生着青草，覆盖着瞻仰的人所送的鲜花。

一九一〇年十一月，托尔斯泰死在一个小火车站上。遗体运回安葬的时候，四围都挤满了群众，人民来悼念伟大的作家，大概是想起了他的好心和他留给人间的魅人的艺术吧。人们瞧着他的遗体，都跪在地上，沙皇派来干涉群众的宪兵警察们也不自觉地都跪下来了。

我们没有带鲜花，在他墓前站了几分钟，就离开了。过了中午，我们在树荫满地、漫生野草和青苔的林中小径上走着，看着这座幽静的山林，我们好像走进了托尔斯泰小说中的自然背景里一样。为我们解说的一位苏联教授说：《安娜·卡列尼娜》里的列文割草和安娜遇见暴风雨的描写，都是借这庄园和树林作为背景的。

托尔斯泰是生活在矛盾里的。他的死，和他的思想的苦恼有很大关系。他一方面过着地主的富裕的生活，一方面目击了农民的困苦，并且深切地同情他们，这就造成了他的思想里的不可解决的矛盾。在托尔斯泰的漂亮的、高大的白壁住宅之前，有一棵巨大的倾斜的树，人都叫它做"贫树"。贫苦的农民到托尔斯泰家里来要求帮助时，都是坐在这棵树下的木凳上，托尔斯泰自己走出来，问明他们的需要，就想法子去满足他们。

围绕着他的巨大庄园的一切小屋里，住着过去是他家的农奴，后来又是租他地种的农民。他熟悉每一家农民，知道他们无法摆脱的穷困。他的良心驱使他思考他们的贫困的原因。他也常常邀请农民到他家里来谈话。他的夫人看着农民的沾着泥土的脚走过漂亮的厅堂，心里总是不高兴。为此，托尔斯泰在后门另外作了一个楼梯，让农民从后面悄悄来到他的楼上书斋里。

随着他的思想的日益进步和明确，他知道了地主侵占土地的罪恶。《复活》里的主人翁聂黑流道夫"认为领有土地，在我们这时候，正和领有农奴在五十年前是同样的罪恶"。"现在，他觉得，人们自己所意识到，所一向指示出的贫穷的主要原因是和白昼一样的明显，这就是人们被地主夺去了他们唯一赖以生活的土地。土地不能够当做私产，土地不能够作为买卖的对象，一如水、空气、阳光。"

聂黑流道夫的思想，就是托尔斯泰自己晚年的思想。这就是托尔斯泰苦闷的真正的原因。他主张废除地主占有土地的制度，而自己却是一个大地主。他的巨大的庄园的周围的农民遭受着极端的穷困，而他又不能说服相当顽固的夫人放弃自己的财富。他不能够单独废除地主领有土地的制度，这矛盾使他无法安心，无法找到出路。因此，在八十二岁的高龄，在一个初冬的寒夜里，他从后门出去，唤起一个平常替他赶车的农民，驾着车子从家里出走，他给夫人留下一张条子说，永远不再回来了。他真的没有再活着回来。天寒衣薄，年高体弱，使他病倒了。出走后十天，人家发现他倒毙在一个小火车站上。

他的死，是不合理的旧社会里一个怀着空想的社会主义思想的知识分子的悲剧。

他死后七年，十月革命成功了。列宁领导的伟大的布尔什维克党解决了使得托尔斯泰苦恼半生的同题。地主领有土地的制度终于推翻了，托尔斯泰的空想变成了苏维埃的现实。

苏联政府，依照列宁的遗教，一方面，防止了把托尔斯泰的学说理想化、夸大他的思想的作用的倾向，一方面，又非常珍视这位天才作家的艺术的成果。他的这座有着重大的纪念价值的庄园，至今还保管得非常地完好。苏联政府派了一百二十个工作人员，还有十三个教授，常驻在这里，看管和整理这个博物馆，研究托尔斯泰的思想和艺术。他们每年平均要招待十万参观者，为他们解说这里的一切。去年，他们作了二八八○次讲演。今年十一月，正是托尔斯泰逝世的四十周年，博物馆将要再辟两个展览室，将要印行托尔斯泰最后在这里写作的四卷作品；为了纪念他的逝世四十周年，今年十月里，全苏联都有关于他的生平、思想和艺术的报告。莫斯科的画家准备了七十幅新画来表现他的作品的内容。

苏联政府不仅在和平时期这样地重视这位艺术家，就是在卫国战争中的那些艰危的日子里，他们也细心地、周密地竭力保存托尔斯泰故居的一切纪念物。德寇逼近这里时，博物馆的一切早已按照国家的计划，搬到了安全的地方。德寇占领这里时，把这庄园当作了兵营。退却时，他们点起三堆火，准备烧掉它。有一间房子已经烧毁了一半，另一间房间的地板也烧毁了一块，幸亏红军来的快，火被扑灭了。托尔斯泰的故居还是保存了下来。一九四二年春天，战争才离开这里，莫斯科就下命令恢复博物馆工作。这个博物馆是沦陷区里恢复最早的机关。一切书籍、照片、家具和纪念品都搬运了回来，摆在原地方。博物馆迅速地恢复了战前的旧观。为我们解说的苏联同志笑着说道："这也是俄罗斯文化的一个胜利。"

参观完了，我们在教授们的宿舍旁边的凉棚里休息，博物馆的负责同志拿出题字本子来，要我们写下我们的感想。我们看见了郭沫若同志的题字，他在一九四五年到过这里。白羽和我，代表所有同游的中国同志们，在题字册上，写下了我们对于托尔斯泰的艺术的景仰，以及对于苏联保存文化遗产的英明的政策的敬佩。

博物馆的负责同志招待我们吃中饭，我们喝了托尔斯泰农场的新鲜的牛奶，还吃了托尔斯泰手植的苹果树上的硕大而甘美的果实。

回到莫斯科不久，我们看了《安娜·卡列尼娜》的舞台演出，又享受了托尔斯泰留给人间的硕大而甘美的精神的果实。

1950 年 11 月，北京

（《周立波文集》，周立波著，上海文艺出版社，1984）

【评析】

1950 年，周立波和刘白羽应邀访问苏联。本文首发于 1951 年北京《人民文学》第 3 卷第 3 期，1953 年 4 月收入《苏联札记》。这篇游记是周立波红色游记中的一篇，记述了作者访问前苏联期间参观托尔斯泰故乡的情况。文章以时间为序，按照参观的顺序娓娓道来，引导着读者随作者一起参观。除描述托尔斯泰故居的景物、陈设外，还穿插讲述了托尔斯泰生前的事迹，让读者对托翁的生平有了一定的了解。读这篇游记，不仅能了解托尔斯泰故乡的情况，更重要的是对托翁的成就与贡献有了一个清晰明确的认识，揭示了托翁故居这一景观深刻的文化内涵。

阅读这篇游记，会发现作者具有独到的观察能力，文章突出了托尔斯泰故乡的典型景观和典型细节，如托尔斯泰的文学展览室、住室、草地等。从早晨从莫斯科出发到参观完毕用餐喝托尔斯泰农场的牛奶，在按照参观顺序记述参观过程的同时，穿插记录了列宁对托尔斯泰的评价、托尔斯泰主要作品的创作过程及托尔斯泰与农民的关系等等。在对典型环境的描述中，作者特别注意细节的描写，如托尔斯泰的餐厅、餐具、钢琴等，还根据讲解员的讲述记录了托尔斯泰生前在这里接待农民的情景，栩栩如生，让人对托尔斯泰的一生有了更清晰的了解。托尔斯泰的墓地非常朴素，作者的介绍也同样简单，但对托尔斯泰去世的情景及群众的悼念活动写得很生动。

　　这篇游记并非单纯的一篇游记，作者在写作的过程中非常注意挖掘景观的文化内涵。比如记录了托尔斯泰在此处进行创作的情况，托翁是如何创造他的人物的，他的模特儿都是和这庄园有关的亲友等。作者对托尔斯泰这位文学巨匠怀着非同寻常的崇敬之情，文中记叙的法国画家两幅画的故事更是突显出托尔斯泰的伟大。作者还分析了托尔斯泰思想的矛盾，富裕的地主生活与农民的困苦形成鲜明的对比，"贫树"、一张楼梯都体现了这种矛盾。这篇游记不仅带领我们浏览了托尔斯泰的庄园，也为我们介绍了托尔斯泰的一生，语言通俗流畅，既口语化又十分精练。

【练习】

1. 找出文中环境、景物的细节描写，体会细节描写的作用。
2. 从文中记述可以看出，社会生活对于文学创作有着重要作用，文学来源于生活。除了托尔斯泰，你还知道哪些例子？

（张弘韬）

党　费

王愿坚

　　王愿坚（1929—1991），当代电影编剧，小说家。山东诸城人。1944年参加革命工作，1952年任《解放军文艺》编辑。1954年发表了第一篇短篇小说《党费》，引起广泛关注和高度赞扬，这是王愿坚的成名作和代表作。后来又陆续创作了《粮食的故事》、《七根火柴》、《三人行》、《支队政委》等短篇小说。他"文革"中遭到批判，被下放到安徽。1972年改写《万水千山》电影剧本。后又与陆柱国合作，将小说《闪闪的红星》改编成电影文学剧本，获全国少年儿童文艺创作二等奖。粉碎"四人帮"后，创作《足迹》、《标准》、《路标》等短篇小说，其中《足迹》获《人民文学》杂志举办的1978年全国优秀短篇小说奖。有短篇集《党费》、《珍贵的纪念品》、《后代》、《亲人》、《普通劳动者》等。

　　每逢我领到了津贴费，拿出钱来缴党费的时候，每逢我看着党的小组长接过钱，在我的名字下面填上钱数的时候，我就不由得心里一热，想起了一九三四年的秋天。

一九三四年是我们闽粤赣边区斗争最艰苦的开始。我们那儿的主力红军一部分参加了"抗日先遣队"北上了，一部分和中央红军合编，准备长征，四月天就走了。我们留下来坚持敌后斗争的一支小部队，在主力红军撤走以后，就遭到白匪疯狂的"围剿"。为了保存力量，坚持斗争，我们被逼迫得上了山。

队伍虽然上了山，可还是当地地下斗争的领导中心，我们支队的政治委员魏杰同志就是这个中心县委的书记。当时，我们一面瞅空子打击敌人，一面通过一条条看不见的交通线，和各地地下党组织保持着联系，领导着斗争。这种活动进行了没多久，敌人看看"整"不了我们，竟使出了一个叫做"移民并村"的绝"着"：把山脚下，偏僻的小村子的群众统统强迫迁到靠平原的大村子去了。敌人这一"着"来的可真绝，切断了我们和群众的联系，各地的组织也被搞乱了，要坚持斗争就得重新组织力量。

上山以前，我是干侦察员的。那时候整天在敌人窝里逛荡，走到哪里吃、住都有群众照顾着，瞅准了机会，一下子给敌人个"连锅端"，歼灭个把小队的保安团，真干得痛快。可是自打敌人来了这一手，日子不那么惬意了：生活艰苦倒不在话下，只是过去一切斗争都和群众在一起，现在蓦地离开了群众，可真受不了；浑身有劲没处使，觉得真憋得慌。

正憋得难受呢，魏杰同志把我叫去了，要我当"交通"，下山和地方党组织取得联系。

接受了这个任务，我可是打心眼里高兴。当然，这次任务跟过去当侦察员有些不一样，任务是秘密地把"并村"以后的地下党组织联络起来，沟通各村党支部和中心县委——游击队的联系，以便进行有组织的斗争。去的落脚站八角坳，是个离山较近的大村子，有三四个村的群众新近被迫移到那里去。要接头的人名叫黄新，是个二十五六岁的媳妇，一九三一年入党的。一九三二年"扩红"的时候，她带头把自由结婚的丈夫送去参加了红军。以后，她丈夫跟着毛主席长征了。眼下就剩下她跟一个才五岁的小妞儿。敌人实行"并村"的时候，把她们那村子一把火烧光了，她就随着大伙儿来到了八角坳。听说她在"并村"以后还积极地组织党的活动，是个忠实、靠得住的同志，所以这次就去找她接头，传达县委的指示，慢慢开展活动。

这些，都是魏政委交代的情况。其实我只知道八角坳的大概地势，至于接头的这位黄新同志，我并不认识。为了克服这个困难，魏政委在交待任务时还特别嘱咐："你记着，她耳朵边上有个黑痣！"

就这样，我收拾了一下，换了身便衣，就趁天黑下山了。

八角坳离山有三十多里路，再加上要拐弯抹角地走小路，下半夜才赶到。这庄子以前我来过，那时候在根据地里像这样大的庄子，每到夜间，田里的活干完了，老百姓开会啦，上夜校啦，锣鼓喧天，山歌不断，闹得可热火。可是现在呢，鸦雀无声，连个火亮儿也没有，黑沉沉的，活像个乱葬岗子。只有个把白鬼有气没力地喊两声，大概他们以为根据地的老百姓都被他们的"并村"制服了吧。可是我知道这看来阴森森的村庄里还埋着星星点点的火种，等这些火种越着越旺，连串起来，就会烧起漫天大火的。

我悄悄地摸进了庄子，按着政委告诉的记号，从东头数到第十七座窝棚，蹑手蹑脚地走到窝棚门口。也奇怪，天这么晚了，里面还点着灯，看样子是使什么遮着亮儿，不近前是看不出来的。屋里有人在轻轻地哼着小调儿，听声音是个女人，声音压得很低很低的。哼的那个调儿那么熟，一听就听出是过去"扩红"时候最流行的《送郎当红军》：

> ……
> 五送我郎当红军，
> 冲锋陷阵要争先，
> 若为革命牺牲了，
> 伟大事业侬担承。
> ……
> 十送我郎当红军，
> 临别的话儿记在心，
> 郎当红军我心乐，
> 我做工作在农村。
> ……

好久没有听这样的歌子了，在这样的时候，听到这样的歌子，心里真觉得熨帖。我想的一点也不错，群众的心还红着哩，就在这么艰难的日月，群众还想念着红军，想念着扯起红旗闹革命的红火日子。兴许这哼歌的就是我要找的黄新同志？要不，怎么她把歌子哼得七零八落的呢？看样子她的心不在唱歌，她在想她那在长征路上的爱人哩。我在外面听着，真不愿打断这位红军妻子对丈夫的思念，可是不行——天快亮了。我连忙贴在门边上，轻轻地敲了敲门。

屋里的歌声停了。我又敲了一遍，才听见脚步声走近来，一个老妈妈开了门。

我一进门，不由得一怔：小窝棚里挤挤巴巴坐着三个人，有两个女的，一个老头，围着一大篮青菜，头也不抬地在摘菜叶子。他们的态度都那么从容，像没有什么人进来一样。这一来我可犯难了：到底哪一个是黄新？这样的情况，万一认错了人，我的性命事小，就会带累了整个组织。怔了一霎，也算是急中生智，我说："咦，该不是走错了门了吧？"

这一"着"很有效，几个人一齐抬起头来望我了。我眼珠一转，一眼就看见在地铺上坐着的那位大嫂耳朵上那颗黑痣子。我一步抢上去说："黄家阿嫂，不认得我了吧？卢大哥托我带信来了！"末了这句话也是约好的，原来这块儿"白"了以后，她一直说她丈夫卢进勇在外面给一家香店里给人家干活。

别看人家是妇道人家，可也着实机灵，她满脸堆笑，像招呼老熟人似的，一把扔给我个木凳子让我坐，一面对另外几个人说："这么着吧：这些菜先分分拿回去；盐，等以后搞到了再分！"

那几个人眉开眼笑地望望我，每人抱起一大抱青菜，悄悄地走了。

她也跟出去了，大概是去看动静去了吧。这功夫，按我们干侦察员的习惯，我仔细地打量了这个红军战士的妻子、地下党员的家：这是一间用竹篱子糊了泥搭成的窝棚，靠北墙一堆烂稻草搭了个地铺，地铺上一堆烂棉套子底下一个小孩子，睡得正香。这大概就是她的小妞儿。墙角里三块石头支着一个黑乎乎的砂罐子，这就是她煮饭的锅。再往上看，靠房顶用几根木棒搭了个小搁楼，上面堆着一些破烂家具和几捆甘蔗梢子……

正打量着，她回来了，关上了门，把小油灯遮严了，在我对面坐了下来，说："刚才那几个也是自己人，最近才联系上的。"她大概又想到了我刚进门时的那副情景，就又指着墙角上的一个破洞说："以后再来，从那里先瞅瞅，别出了什么岔子。"——看，她还很老练哪。

她看上去已经不止政委说的那年纪，倒像个三十开外的中年妇女了。头发往上拢着，挽了个髻子，只是头发嫌短点；当年"剪了头发当红军"的痕迹还多少可以看得出来。脸不怎么丰满，可是两只眼睛却忽悠忽悠有神，看去是那么和善、安详又机警。眼里潮润润的，也许是因为太激动了，不多一会儿就撩起衣角擦擦眼睛。

半天，她说话了："同志，你不知道，跟党断了联系，就跟断了线的风筝似的，真不是味啊！眼看着咱们老百姓遭了难处，咱们红军遭了难处，也知道该斗争，只是不知道该怎么干，现在总算好了，和县委联系上了，有我们在，有你们在，咱们想法把红旗再打起来！"

　　本来，下山时政委交代要我安慰安慰她的，我也想好了一些话要给她说，可是一看刚才这情况，听了她的话，她是那么硬实，口口声声谈的是怎么坚持斗争，根本没把困难放在心上，我还有啥好说的？干脆就直截了当地谈任务了。

　　我刚要开始传达县委的指示，她蓦地像想起什么似的，说："你看，见了你我喜欢得什么都忘了，该弄点东西你吃吃。"她揭开砂罐，拿出两个红薯丝子拌和菜叶做的窝窝，又拉出一个破坛子，在里面掏了半天，摸出一块咸萝卜，递到我脸前说："自从并了村，离山远了，白鬼看得又严，什么东西也送不上去，你们可受了苦了；好的没有，凑合着吃点吧！"

　　走了一夜，也实在有些饿了，再加上好久没见盐味儿了，看到了咸菜，也真想吃；我没怎么推辞就吃起来。咸菜虽说因为缺盐，腌得带点酸味，吃起来可真香。一吃到咸味，我不由得想起山上同志们那些黄瘦的脸色——山上缺盐缺得凶哪。

　　一面吃着，我就把魏政委对地下党活动的指示，传达了一番。县委指示的问题很多，像了解敌人活动情况，组织反收租夺田等等，还有一些可能遇到的困难和办法。她一边听一边点头，还断不了问几个问题，末了，她说："魏政委说的一点也不假，是有困难哪，可咱是什么人！？十八年上刚开头干的时候、几次反'围剿'的时候咱都坚持了，现在的任务也能完成！"她说得那么坚决又有信心，她把困难的任务都"包"下来了。

　　我们交换了一些情况，鸡就叫了。因为这次是初次接头，我一时还落不住脚，要趁着早晨雾大赶回去。在出门的时候，她又叫住了我，揭起衣裳，把衣裳里子撕开，掏出了一个纸包。纸包里面是一张党证，已经磨损得很旧了，可那上面印的镰刀斧头和县委的印章都还鲜红鲜红的。打开党证，里面夹着两块银洋。她把银洋拿在手里掂了掂，递给我说："程同志，这是妞她爹出征以前给我留下的。我自从'并村'以后好几个月也没缴党费了，你带给政委，积少成多，对党还有点用处。"

　　这怎么行呢？一来上级对这问题没有指示，二来眼看着一个女人拖着个孩子，少家没业的，她还要在这样的环境里坚持工作，也得准备着点用场。我就说："关于党费的事，上级没有指示，我不能带，你先留着吧！"

　　她见我不带，想了想又说："也对，目下这个情况，还是实用的东西好些！"

　　缴党费，不缴钱缴实用的东西，看她想得多周到！可是谁知道事情就出在这句话上头呢！

　　过了半个多月，听说白匪对"并村"以后的群众斗争开始注意了，并且利用个别动摇分子破坏我们，有一两个村里党的组织受了些损失。于是我又带着新的指示来到了八角坳。

一到黄新同志的门口，我按她说的，顺着墙缝朝里瞅了瞅。灯影里，她正忙着呢。屋里地上摆着好几堆腌好的咸菜，也摆着上次拿咸菜给我吃的那个破坛子，有腌白菜、腌萝卜、腌蚕豆……有黄的，有绿的。她把这各种各样颜色的菜理好了，放进一个大筐里。一边整着，一边哄孩子：

"乖妞子，咱不要，这是妈要拿去卖的，等妈卖了菜，赚了钱，给你买个大烧饼……什么都买！咱不要，咱不要！"

妞儿不如大人经折磨，比她妈瘦得还厉害，细长的脖子挑着个瘦脑袋，有气没力地倚在她妈的身上。大概也是轻易不大见油盐，两个大眼轱辘轱辘地瞪着那一堆堆的咸菜，馋得不住地咂嘴巴。她不肯听妈妈的哄劝，还是一个劲地扭着她妈的衣服要吃，又爬到那个空空的破坛子口上，把干瘦的小手伸进坛子里去，用指头沾点盐水，填到口里吮着，最后忍不住竟伸手抓了一个腌豆角，就往嘴里填。她妈一扭头看见了，瞅了瞅孩子，又瞅了瞅篮子里的菜，忙伸手把那根菜拿过来。孩子哇的一声哭了。

看了这情景，我直觉得鼻子尖一酸一酸的，我再也憋不住了，就敲了门进去。一进门，我就说："阿嫂，你这就不对了，要卖嘛，自己的孩子吃根菜也算不了啥，别屈了孩子！"

她看我来了，又提到刚才孩子弄菜的事，长抽了一口气说："老程啊，你寻思我当真是要卖？这年头盐比金子还贵，哪里有咸菜卖呀！这是我们几个党员凑合着腌了这点咸菜，想交给党算作党费，兴许能给山上的同志们解决点困难。这刚刚凑齐，等着你来哪！"

我想起来了，第一次接头碰到她们在择的青菜，就是这咸菜呵！

她望望我，望望孩子，像是对我说，又像自言自语似地说："只要有咱的党，有咱的红军，说不定能保住多少孩子哩！"

我看看孩子，孩子不哭了，可是还围着个空坛子转。我随手抓起一把豆角递到孩子手里，说："千难万难也不差这一点点，我宁愿十天不吃啥也不能让孩子受苦！……"

我的话还没有说完，忽然门外一阵慌乱的脚步声，一个人跑到门口，轻轻地敲着门，急乎乎地说："阿嫂，快，快开门！"

拉开门一看，原来就是第一次来时见到的择菜的一个妇女。她气喘吁吁地说："有人走漏了消息，说山上来了人，现在，白鬼来搜人了，快想办法吧！我再通知别人去。"说罢，悄悄地走了。

我一听有情况，忙说："我走！"

黄新一把拉住我说："人家来搜人，还不围个风雨不透？你往哪走？快想法隐蔽起来！"

这情况我也估计到了，可是为了怕连累了她，我还想甩开她往外走。她一霎间变得严肃起来，板着脸，说话也完全不像刚才那么柔声和气了，变得又刚强，又果断。她斩钉截铁地说："按地下工作的纪律，在这里你得听我管！为了党，你得活着！"她指了指阁楼说："快上去躲起来，不管出了什么事也不要动，一切有我应付！"

这时，街上乱成了一团，吆喝声、脚步声越来越近了。我上了阁楼，从楼板缝里往下看，看见她把菜筐子用草盖了盖，很快地抱起孩子亲了亲，把孩子放在地铺上，又霍地转过身来，朝着我说："程同志，既然敌人已经发觉了，看样子是逃不脱这一关了，万一我有个什么好歹，八角坳的党组织还在，反'夺田'已经布置好了，我们能搞起来！以后再联络，你找胡敏英同志，就是刚才送通知来的那个女同志，你记着，她住西头从北数第四个窝棚，门前有一棵小榕树……"她指了指那篮菜，又说："你可要想法把这篮菜带上山去，这是大家缴的党费！"

停了一会，她侧耳听了听外面的动静，又说话了，只是声音又变得那么和善了："孩子，要是你能带，也托你带上山去，或者带到外地去养着，将来咱们的红军打回来，把她交给卢进勇同志。"话又停了，大概她的心绪激动得很厉害，"还有，上次托你缴的钱，和我的党证，也一起带去，钱有一块买盐用了。我把它放在砂罐里，你千万记着带走！"

话刚完，白鬼子已经赶到门口了。她连忙转过身来，搂着孩子坐下，慢条斯理地理着孩子的头发。我从板缝里看她，她还像第一次见面时那么和善，那么安详。

白匪敲门了。她慢慢地走过去，开了门。四五个白鬼闯进来，劈胸揪住了她问："山上来的人在哪？"

她摇摇头："不知道！"

白鬼们在屋里到处翻了一阵，眼看着泄气了，忽然一个家伙发现了那篮子咸菜，一脚把篮子踢翻，咸菜全撒了。白鬼用刺刀拨着咸菜，似乎看出了什么，问："这咸菜是哪来的？"

"自己的！"

"自己的！干吗有这么多颜色？这不是凑了来往山上送的？"那家伙打量了一下屋子，命令其他白鬼说："给我翻！"

就这么间房子，要翻还不翻到阁楼上来？这时，只听得她大声地说："知道了还问什么！"她猛地一挣，跑到了门口，直着嗓子喊："程同志，往西跑啊!"

两个白匪跑出去,一阵脚步声往西去了。剩下的两个白匪扭住她,就往外走。

我原来想事情可以平安过去的,现在眼看她被抓走了,我能眼看着让别人替我去牺牲?我得去!凭我这身板,赤手空拳也干个够本!我刚打算往下跳,只见她扭回头来,两眼直盯着被惊呆了的孩子,拉长了声音说:"孩子,好好地听妈妈的话啊!"

这是我听到她最后的一句话。

这句话使我想到刚才发生情况时她说的话,我用力抑住了冲动。但是这句话也只有我明白,"听妈妈的话",妈妈就是组织啊!

当天晚上,村里平静了以后,我把孩子哄得不哭了。我收拾了咸菜,从砂罐里菜窝窝底下找到了黄新同志的党证和那一块银洋,把孩子也放到一个篮子里,一头是菜,一头是孩子,挑着上山了。

见了魏政委,他把孩子揽到怀里,听我汇报。他详细地研究了八角坳的情况以后,按照往常做的那样,在登记党费的本子上端端正正地写上:

　　黄新同志一九三四年十月二十一日缴到党费……

他写不下去了。他停住了笔。在他脸上我看到了一种不常见的严肃的神情。他久久地抚摸着孩子的头,看着面前的党证和咸菜。然后掏出手巾,蘸着草叶上的露水,轻轻地轻轻地把孩子脸上的泪痕擦去。

在黄新的名字下面,他再也没有写出党费的数目。

是的,一篮咸菜是可以用数字来计算的,一个共产党员爱党的心怎么能够计算呢?一个党员献身的精神怎么能够计算呢?

1954 年 6 月 15 日初稿

1954 年 11 月 8 日三次修改

(《党费》,王愿坚著,工人出版社,1956)

【评析】

小说以"党费"为线索统摄全篇,贯穿始终。开篇即强调每次缴党费对"我"都触动极深,既点题,又造成悬念,自然而然引起下文,故事紧紧围绕"党费"而展开。"我"和黄新见面伊始就见屋里三人头也不抬地择菜,这个细节看似与党费无关,实则不然,是重要伏笔。写到"我"吃咸菜时感觉真香,并想起山上缺盐缺得凶的现状,又似随笔而写,其实还是与党费息息相关，唯其如此，一篮咸菜的党费才弥足珍贵，这是一条暗线。小说转而写明线，在"我"和黄新分手时，黄新叫住"我"，要把孩子爹出征前留下的两块银洋缴党费，党费正式提出，继而点出要缴实用的东西。至此，明线和暗线出现交叉，但读者对何为实用的东西仍浑然不觉。小说强调："可是谁知道事情就出在这句话上头呢"，悬念再起，预示着巨大波澜将因党费而起。

当咸菜终于腌制好时，它并没有直接作为党费出现，而是又写到一个细节：虽然黄新百般哄劝，但瘦得厉害的妞儿还是忍不住拿起腌豆角往嘴里填，黄新却伸手拿过来。这个细节既逼真感人，又烘托出咸菜的来之不易、珍贵无比。直到这时，才交待出这篮咸菜就是同志们要缴的党费，也在这时，方与前文择青菜相照应，令人不得不赞叹作者细致精巧的构思技巧和圆融完满的照应艺术。

疑团渐开，党费终有着落，似可松口气，谁曾想表面波澜不惊，其实暗藏曲折。小说急转直下，慌乱的脚步声、轻轻的敲门声直至渐近的吆喝声，陡然间气氛异常紧张。千钧一发之际，亦是塑造人物形象的绝佳时机，主人公的刚强、果断、临危不乱表现得淋漓尽致。白鬼搜人把情节推向高潮，那篮咸菜最终引起敌人的怀疑，缴党费付出了血的代价。而在与敌人面对面的斗争中，主人公机智、勇敢、舍死忘生的大无畏精神得到充分表现，主人公形象也更加饱满。

林纾在《春觉斋论文》中说："伏笔苟使人知，亦不称妙"，必须"无意阅过，当是闲笔，后经点明，方知是用意"。这里的"闲笔"，当是为读者顿悟提供的密码，亦为伏笔；"点明"，则是伏笔发展的结果，即为照应。全文出现多处伏笔、照应，可谓玲珑剔透，浑然一体。小说围绕"党费"展开情节，步步推向高潮。情节跌宕曲折，引人入胜。

此外，小说还善于在矛盾斗争的尖端塑造人物形象，随着情节步入高潮，人物形象也越来越鲜明生动，饱满逼真。

【练习】

1. 小说为什么要以"党费"为题目？这样写有什么好处？
2. 小说中黄新是一个怎样的人物形象？小说又是如何塑造这一人物形象的？
3. 阅读王愿坚其他短篇小说，了解其作品的主要内容和创作风格。

（杨晓彩）

受　戒

汪曾祺

汪曾祺（1920—1997），江苏高邮人。当代著名小说家、散文家、戏剧家。早年毕业于西南联大中国文学系，师从沈从文等名家。毕业后曾历任中学教师、北京市文联干部、《北京文艺》编辑、北京京剧院编剧等职。1940年开始小说创作，著有《邂逅集》、《晚饭花集》、《茱萸集》、《汪曾祺短篇小说选》等小说集，另有《蒲桥集》、《矮纸集》、《汪曾祺小品》等散文集。其小说多落笔于童年、故乡，写记忆中的人和事，笔调纯朴自然，设色清丽明净，具有浓郁的乡土气息。短篇小说《受戒》、《大淖记事》是其代表作，《大淖记事》曾获1981年全国优秀短篇小说奖。汪曾祺的短篇小说享誉文坛，他在吸收传统文化的基础上，用清新淡雅的笔墨，为读者精心营构了一个脱离外界喧哗和干扰的艺术世界。因此，汪曾祺被誉为"抒情的人道主义者，中国的最后一个纯粹的文人，中国的最后一个士大夫"。

明海出家已经四年了。

他是十三岁来的。

这个地方的地名有点怪，叫庵赵庄。赵，是因为庄上大都姓赵。叫做庄，可是人家住得很分散，这里两三家，那里两三家。一出门，远远可以看到，走起来得走一会，因为没有大路，都是弯弯曲曲的田埂。庵，是因为有一个庵。庵叫菩提庵，可是大家叫讹了，叫成荸荠庵。连庵里的和尚也这样叫。"宝刹何处？"——"荸荠庵。"庵本来是住尼姑的。"和尚庙"、"尼姑庵"嘛。可是荸荠庵住的是和尚。也许因为荸荠庵不大，大者为庙，小者为庵。

明海在家叫小明子。他是从小就确定要出家的。他的家乡不叫"出家"，叫"当和尚"。他的家乡出和尚。就像有的地方出劁猪的，有的地方出织席子的，有的地方出箍桶的，有的地方出弹棉花的，有的地方出画匠，有的地方出婊子，他的家乡出和尚。人家弟兄多，就派一个出去当和尚。当和尚也要通过关系，也有帮。这地方的和尚有的走得很远。有到杭州灵隐寺的、上海静安寺的、镇江金山寺的、扬州天宁寺的。一般的就在本县的寺庙。明海家田少，老大、老二、老三，就足够种的了。他是老四。他七岁那年，他当和尚的舅舅回家，他爹、他娘就和舅舅商议，决定叫他当和尚。他当时在旁边，觉得这实在是在情在理，没有理由反对。当和尚有很多好处。一是可以吃现成饭。哪个庙里都是管饭的。二是可以攒钱。只要学会了放瑜伽焰口，拜梁皇忏，可以按例分到辛苦钱。积攒起来，将来还俗娶亲也可以；不想还俗，买几亩田也可以。当和尚也不容易，一要面如朗月，二要声如钟磬，三要聪明记性好。他舅舅给他相了相面，叫他前走几步，后走几步，又叫他喊了一声赶牛打场的号子："格当——"，说是"明子准能当个好和尚，我包了！"要当和尚，得下点本，——念几年书。哪有不认字的和尚呢！于是明子就开蒙入学，读了《三字经》、《百家姓》、《四言杂字》、《幼学琼林》、《上论、下论》、《上孟、下孟》，每天还仿写一张。村里都夸他字写得好，很黑。

舅舅按照约定的日期又回了家，带了一件他自己穿的和尚领的短衫，叫明子娘改小一点，给明子穿上。明子穿了这件和尚短衫，下身还是在家穿的紫花裤子，赤脚穿了一双新布鞋，跟他爹、他娘磕了一个头，就随舅舅走了。

他上学时起了个学名，叫明海。舅舅说，不用改了。于是"明海"就从学名变成了法名。

过了一个湖。好大一个湖！穿过一个县城。县城真热闹：官盐店，税务局，肉铺里挂着成边的猪，一个驴子在磨芝麻，满街都是小磨香油的香味，布店，卖茉莉粉、梳头油的什么斋，卖绒花的，卖丝线的，打把式卖膏药的，吹糖人的，耍蛇的，……他什么都想看看。舅舅一劲地推他："快走！快走！"

到了一个河边，有一只船在等着他们。船上有一个五十来岁的瘦长瘦长的大伯，船头蹲着一个跟明子差不多大的女孩子，在剥一个莲蓬吃。明子和舅舅坐到舱里，船就开了。明子听见有人跟他说话，是那个女孩子。

"是你要到荸荠庵当和尚吗？"

明子点点头。

"当和尚要烧戒疤呕！你不怕？"

明子不知道怎么回答，就含含糊糊地摇了摇头。

"你叫什么？"

"明海。"

"在家的时候？"

"叫明子。"

"明子！我叫小英子！我们是邻居。我家挨着荸荠庵。——给你！"

小英子把吃剩的半个莲蓬扔给明海，小明子就剥开莲蓬壳，一颗一颗吃起来。

大伯一桨一桨地划着，只听见船桨拨水的声音："哗——许！哗——许！"

……

荸荠庵的地势很好，在一片高地上。这一带就数这片地势高，当初建庵的人很会选地方。门前是一条河。门外是一片很大的打谷场。三面都是高大的柳树。山门里是一个穿堂。迎门供着弥勒佛。不知是哪一位名士撰写了一副对联：大肚能容容天下难容之事，开颜一笑笑世间可笑之人。弥勒佛背后，是韦驮。过穿堂，是一个不小的天井，种着两棵白果树。天井两边各有三间厢房。走过天井，便是大殿，供着三世佛。佛像连龛才四尺来高。大殿东边是方丈，西边是库房。大殿东侧，有一个小小的六角门，白门绿字，刻着一副对联：

　　　一花一世界
　　　三藐三菩提

　　进门有一个狭长的天井，几块假山石，几盆花，有三间小房。
　　小和尚的日子清闲得很。一早起来，开山门，扫地。庵里的地铺的都是箩底方砖，好扫得很，给弥勒佛、韦驮烧一炷香，正殿的三世佛面前也烧一炷香、磕三个头、念三声"南无阿弥陀佛"，敲三声磬。这庵里的和尚不兴做什么早课、晚课，明子这三声磬就全都代替了。然后，挑水，喂猪。然后，等当家和尚，即明子的舅舅起来，教他念经。
　　教念经也跟教书一样，师父面前一本经，徒弟面前一本经，师父唱一句，徒弟跟着唱一句。是唱哎。舅舅一边唱，一边还用手在桌上拍板。一板一眼，拍得很响，就跟教唱戏一样。是跟教唱戏一样，完全一样哎。连用的名词都一样。舅舅说，念经：一要板眼准，二要合工尺。说：当一个好和尚，得有条好嗓子。说：民国二十年闹大水，运河倒了堤，最后在清水潭合龙，因为大水淹死的人很多，放了一台大焰口，十三大师——十三个正座和尚，各大庙的方丈都来了，下面的和尚上百。谁当这个首座？推来推去，还是石桥——善因寺的方丈！他往上一坐，就跟地藏王菩萨一样，这就不用说了；那一声"开香赞"，围看的上千人立时鸦雀无声。说：嗓子要练，夏练三伏，冬练三九，要练丹田气！说：要吃得苦中苦，方为人上人！说：和尚里也有状元、榜眼、探花！要用心，不要贪玩！舅舅这一番大法要说得明海和尚实在是五体投地，于是就一板一眼地跟着舅舅唱起来：

　　　"炉香乍爇——"
　　　"炉香乍爇——"
　　　"法界蒙熏——"
　　　"法界蒙熏——"
　　　"诸佛现金身……"

　　"诸佛现金身⋯⋯"

　　　⋯⋯

　　等明海学完了早经，——他晚上临睡前还要学一段，叫做晚经，——荸荠庵的师父们就都陆续起床了。

　　这庵里人口简单，一共六个人。连明海在内，五个和尚。有一个老和尚，六十几了，是舅舅的师叔，法名普照，但是知道的人很少，因为很少人叫他法名，都称之为老和尚或老师父，明海叫他师爷爷。这是个很枯寂的人，一天关在房里，就是那"一花一世界"里。也看不见他念佛，只是那么一声不响地坐着。他是吃斋的，过年时除外。

　　下面就是师兄弟三个，仁字排行：仁山、仁海、仁渡。庵里庵外，有的称他们为大师父、二师父；有的称之为山师父、海师父。只有仁渡，没有叫他"渡师父"的，因为听起来不像话，大都直呼之为仁渡。他也只配如此，因为他还年轻，才二十多岁。仁山，即明子的舅舅，是当家的。不叫"方丈"，也不叫"住持"，却叫"当家的"，是很有道理的，因为他确确实实干的是当家的职务。他屋里摆的是一张账桌，桌子上放的是账簿和算盘。账簿共有三本。一本是经账，一本是租账，一本是债账。和尚要做法事，做法事要收钱，——要不，当和尚干什么？常做的法事是放焰口。正规的焰口是十个人。一个正座，一个敲鼓的，两边一边四个。人少了，八个，一边三个，也凑合了。荸荠庵只有四个和尚，要放整焰口就得和别的庙里合伙。这样的时候也有过，通常只是放半台焰口。一个正座，一个敲鼓，另外一边一个。一来找别的庙里合伙费事；二来这一带放得起整焰口的人家也不多。有的时候，谁家死了人，就只请两个，甚至一个和尚咕噜咕噜念一通经，敲打几声法器就算完事。很多人家的经钱不是当时就给，往往要等秋后才还。这就得记账。另外，和尚放焰口的辛苦钱不是一样的。就像唱戏一样，有份子。正座第一份。因为他要领唱，而且还要独唱。当中有一大段"叹骷髅"，别的和尚都放下法器休息，只有首座一个人有板有眼地曼声吟唱。第二份是敲鼓的。你以为这容易呀？哼，单是一开头的"发擂"，手上没功夫就敲不出迟疾顿挫！其余的，就一样了。这也得记上：某月某日、谁家焰口半台，谁正座，谁敲鼓⋯⋯省得到年底结账时赌咒骂娘。⋯⋯这庵里有几十亩庙产，租给人种，到时候要收租。庵里还放债。租、债一向倒很少亏欠，因为租佃借钱的人怕菩萨不高兴。这三本账就够仁山忙的了。另外香烛、灯火、油盐"福食"，这也得随时记记账呀。除了账簿之外，山师父的方丈的墙上还挂着一块水牌，上漆四个红字："勤笔免思"。

　　仁山所说当一个好和尚的三个条件，他自己其实一条也不具备。他的相貌只要用两个字就说清楚了：黄，胖。声音也不像钟磬，倒像母猪。聪明么？难说，打牌老输。他在庵里从不穿袈裟，连海青直裰也免了。经常是披着件短僧衣，袒露着一个黄色的肚子。下面是光脚趿拉着一对僧鞋，——新鞋他也是趿拉着。他一天就是这样不衫不履地这里走走，那里走走，发出母猪一样的声音："哼——哼——"。

　　二师父仁海。他是有老婆的。他老婆每年夏秋之间来住几个月，因为庵里凉快。庵里有六个人，其中之一，就是这位和尚的家眷。仁山、仁渡叫她嫂子，明海叫她师娘。这两口子都很爱干净，整天的洗涮。傍晚的时候，坐在天井里乘凉。白天，闷在屋里不出来。

　　三师父是个很聪明精干的人。有时一笔账大师兄扒了半天算盘也算不清，他眼珠子转两转，早算得一清二楚。他打牌赢的时候多，二三十张牌落地，上下家手里有些什么牌，他就差不多都知道了。他打牌时，总有人爱在他后面看歪头胡。谁家约他打牌，就说"想送两个钱给你。"他不但经忏俱通（小庙的和尚能够拜忏的不多），而且身怀绝技，会"飞铙"。七月间有些地方做盂兰会，在旷地上放大焰口，几十个和尚，穿绣花袈裟，飞铙。飞铙就是把十多斤重的大铙钹飞起来。到了一定的时候，全部法器皆停，只几十副大铙紧张急促地敲起来。忽然起手，大铙向半空中飞去，一面飞，一面旋转。然后，又落下来，接住。接住不是平平常常地接住，有各种架势，"犀牛望月"、"苏秦背剑"……这哪是念经，这是要杂技。也许是地藏王菩萨爱看这个，但真正因此快乐起来的是人，尤其是妇女和孩子。这是年轻漂亮的和尚出风头的机会。一场大焰口过后，也像一个好戏班子过后一样，会有一个两个大姑娘、小媳妇失踪，——跟和尚跑了。他还会放"花焰口"。有的人家，亲戚中多风流子弟，在不是很哀伤的佛事——如做冥寿时，就会提出放花焰口。所谓"花焰口"就是在正焰口之后，叫和尚唱小调，拉丝弦，吹管笛，敲鼓板，而且可以点唱。仁渡一个人可以唱一夜不重头。仁渡前几年一直在外面，近两年才常住在庵里。据说他有相好的，而且不止一个。他平常可是很规矩，看到姑娘媳妇总是老老实实的，连一句玩笑话都不说，一句小调山歌都不唱。有一回，在打谷场上乘凉的时候，一伙人把他围起来，非叫他唱两个不可。他却情不过，说："好，唱一个。不唱家乡的。家乡的你们都熟，唱个安徽的。"

　　　　姐和小郎打大麦，
　　　　一转子讲得听不得。

听不得就听不得，
打完了大麦打小麦。

唱完了，大家还嫌不够，他就又唱了一个：

姐儿生得漂漂的，
两个奶子翘翘的。
有心上去摸一把，
心里有点跳跳的。
……

这个庵里无所谓清规，连这两个字也没人提起。

仁山吃水烟，连出门做法事也带着他的水烟袋。

他们经常打牌。这是个打牌的好地方。把大殿上吃饭的方桌往门口一搭，斜放着，就是牌桌。桌子一放好，仁山就从他的方丈里把筹码拿出来，哗啦一声倒在桌上。斗纸牌的时候多，搓麻将的时候少。牌客除了师兄弟三人，常来的是一个收鸭毛的，一个打兔子兼偷鸡的，都是正经人。收鸭毛的担一副竹筐，串乡串镇，拉长了沙哑的声音喊叫："鸭毛卖钱——！"

偷鸡的有一件家什——铜蜻蜓。看准了一只老母鸡，把铜蜻蜓一丢，鸡婆子上去就是一口。这一啄，铜蜻蜓的硬簧绷开，鸡嘴撑住了，叫不出来了。正在这鸡十分纳闷的时候，上去一把薅住。

明子曾经跟这位正经人要过铜蜻蜓看看。他拿到小英子家门前试了一试，果然！小英的娘知道了，骂明子："要死了！儿子！你怎么到我家来玩铜蜻蜓了！"小英子跑过来：

"给我！给我！"

她也试了试，真灵，一个黑母鸡一下子就把嘴撑住，傻了眼了！

下雨阴天，这二位就光临荸荠庵，消磨一天。

有时没有外客，就把老师叔也拉出来。打牌的结局，大都是当家和尚气得鼓鼓的："×妈妈的！又输了！下回不来了！"

他们吃肉不瞒人。年下也杀猪。杀猪就在大殿上。一切都和在家人一样，开水、木桶、尖刀。捆猪的时候，猪也是没命地叫。跟在家人不同的，是多一道仪式，要给即将升天的猪念一道"往生咒"，并且总是老师叔念，神情很庄重："……一切胎生、卵生、息生，来从虚空来，还归虚空去。往生再世，皆当欢喜。南无阿弥陀佛！"

　　三师父仁渡一刀子下去，鲜红的猪血就带着很多沫子喷出来。

……

　　明子老往小英子家里跑。

　　小英子的家像一个小岛，三面都是河，西面有一条小路通到荸荠庵。独门独户，岛上只有这一家。岛上有六棵大桑树，夏天都结大桑椹，三棵结白的，三棵结紫的；一个菜园子，瓜豆蔬菜，四时不缺。院墙下半截是砖砌的，上半截是泥夯的。大门是桐油油过的，贴着一副万年红的春联：

　　　　向阳门第春常在
　　　　积善人家庆有余

　　门里是一个很宽的院子。院子里一边是牛屋、碓棚；一边是猪圈、鸡窠，还有个关鸭子的栅栏。露天地放着一具石磨。正北面是住房，也是砖基土筑，上面盖的一半是瓦，一半是草。房子翻修了才三年，木料还露着白茬。正中是堂屋，家神菩萨的画像上贴的金还没有发黑。两边是卧房。每扇窗上各嵌了一块一尺见方的玻璃，明亮亮的，——这在乡下是不多见的。房檐下一边种着一棵石榴树，一边种着一棵栀子花，都齐房檐高了。夏天开了花，一红一白，好看得很。栀子花香得冲鼻子。顺风的时候，在荸荠庵都闻得见。

　　这家人口不多，他家当然是姓赵。一共四口人：赵大伯、赵大妈，两个女儿，大英子、小英子。老两口没得儿子。因为这些年人不得病，牛不生灾，也没有大旱大水闹蝗虫，日子过得很兴旺。他们家自己有田，本来够吃的了，又租种了庵上的十亩田。自己的田里，一亩种了荸荠，——这一半是小英子的主意，她爱吃荸荠，一亩种了茨菇。家里喂了一大群鸡鸭，单是鸡蛋鸭毛就够一年的油盐了。赵大伯是个能干人。他是一个"全把式"，不但田里场上样样精通，还会罩鱼、洗磨、凿磨、修水车、修船、砌墙、烧砖、箍桶、劈篾、绞麻绳。他不咳嗽，不腰疼，结结实实，像一棵榆树。人很和气，一天不声不响。赵大伯是一棵摇钱树，赵大娘就是个聚宝盆。大娘精神得出奇。五十岁了，两个眼睛还是清亮亮的。不论什么时候，头都是梳得滑溜溜的，身上衣服都是格挣挣的。像老头子一样，她一天不闲着。煮猪食，喂猪，腌咸菜，——她腌的咸萝卜干非常好吃，舂粉子，磨小豆腐，编蓑衣，织芦篚。她还会剪花样子。这里嫁闺女，陪嫁妆，磁坛子、锡罐子，都要用梅红纸剪出吉祥花样，贴在上面，讨个吉利，也才好看："丹凤朝阳"呀、"白头到老"呀、"子孙万代"呀、"福寿绵长"呀。二三十里的人家都来请她："大娘，好日子是十六，你哪天去呀？"——"十五，我一大清早就来！"　　"一定呀！"——"一定！一定！"

　　两个女儿，长得跟她娘像一个模子里托出来的。眼睛长得尤其像，白眼珠鸭蛋青，黑眼珠棋子黑，定神时如清水，闪动时像星星。浑身上下，头是头，脚是脚。头发滑溜溜的，衣服格挣挣的。——这里的风俗，十五六岁的姑娘就都梳上头了。这两个丫头，这一头的好头发！通红的发根，雪白的簪子！娘女三个去赶集，一集的人都朝她们望。

　　姐妹俩长得很像，性格不同。大姑娘很文静，话很少，像父亲。小英子比她娘还会说，一天咭咭呱呱地不停。大姐说："你一天到晚咭咭呱呱——"

　　"像个喜鹊！"

　　"你自己说的！——吵得人心乱！"

　　"心乱？"

　　"心乱！"

　　"你心乱怪我呀！"

　　二姑娘话里有话。大英子已经有了人家。小人她偷偷地看过，人很敦厚，也不难看，家道也殷实，她满意。已经下过小定，日子还没有定下来。她这二年，很少出房门，整天赶她的嫁妆。大裁大剪，她都会。挑花绣花，不如娘。她可又嫌娘出的样子太老了。她到城里看过新娘子，说人家现在绣的都是活花活草。这可把娘难住了。最后是"喜鹊"忽然一拍屁股："我给你保举一个人！"

　　这人是谁？是明子。明子念"上孟下孟"的时候，不知怎么得了半套《芥子园》，他喜欢得很。到了荸荠庵，他还常翻出来看，有时还把旧账簿子翻过来，照着描。小英子说："他会画！画得跟活的一样！"

　　小英子把明海请到家里来，给他磨墨铺纸，小和尚画了几张，大英子喜欢得了不得："就是这样！就是这样！这就可以乱孱！"——所谓"乱孱"是绣花的一种针法：绣了第一层，第二层的针脚插进第一层的针缝，这样颜色就可由深到淡，不露痕迹，不像娘那一代绣的花是平针，深浅之间，界限分明，一道一道的。小英子就像个书童，又像个参谋："画一朵石榴花！"

　　"画一朵栀子花！"

　　她把花掐来，明海就照着画。

　　到后来，凤仙花、石竹子、水蓼、淡竹叶，天竺果子、腊梅花，他都能画。

　　大娘看着也喜欢，搂住明海的和尚头："你真聪明！你给我当一个干儿子吧！"

　　小英子捺住他的肩膀，说："快叫！快叫！"

小明子跪在地下磕了一个头，从此就叫小英子的娘做干娘。

大英子绣的三双鞋，三十里方圆都传遍了。很多姑娘都走路坐船来看。看完了，就说："啧啧啧，真好看！这哪是绣的，这是一朵鲜花！"她们就拿了纸来央大娘求了小和尚来画。有求画帐檐的，有求画门帘飘带的，有求画鞋头花的。每回明子来画花，小英子就给他做点好吃的，煮两个鸡蛋，蒸一碗芋头，煎几个藕团子。

因为照顾姐姐赶嫁妆，田里的零碎生活小英子就全包了。她的帮手，是明子。

这地方的忙活是栽秧、车高田水，薅头遍草，再就是割稻子、打场子。这几荐重活，自己一家是忙不过来的。这地方兴换工。排好了日期，几家顾一家，轮流转。不收工钱，但是吃好的。一天吃六顿，两头见肉，顿顿有酒。干活时，敲着锣鼓，唱着歌，热闹得很。其余的时候，各顾各，不显得紧张。

薅三遍草的时候，秧已经很高了，低下头看不见人。一听见非常脆亮的嗓子在一片浓绿里唱：

栀子哎开花哎六瓣头哎……
姐家哎门前哎一道桥哎……

明海就知道小英子在哪里，三步两步就赶到，赶到就低头薅起草来，傍晚牵牛"打汪"，是明子的事。——水牛怕蚊子。这里的习惯，牛卸了轭，饮了水，就牵到一口和好泥水的"汪"里，由它自己打滚扑腾，弄得全身都是泥浆，这样蚊子就咬不通了。低田上水，只要一挂十四轧的水车，两个人车半天就够了。明子和小英子就伏在车杠上，不紧不慢地踩着车轴上的拐子，轻轻地唱着明海向三师父学来的各处山歌。打场的时候，明子能替赵大伯一会，让他回家吃饭。——赵家自己没有场，每年都在荸荠庵外面的场上打谷子。他一扬鞭子，喊起了打场号子：

"格当——"

这打场号子有音无字，可是九转十三弯，比什么山歌号子都好听。赵大娘在家，听见明子的号子，就侧起耳朵："这孩子这条嗓子！"

连大英子也停下针线："真好听！"

小英子非常骄傲地说："一十三省数第一！"

晚上，他们一起看场。——荸荠庵收来的租稻也晒在场上。他们并肩坐在一个石碌子上，听青蛙打鼓，听寒蛇唱歌，——这个地方以为蝼蛄叫是蚯蚓叫，而且叫蚯蚓叫"寒蛇"。听纺纱婆子不停地纺纱，看萤火虫飞来飞去，看天上的流星。

"呀！我忘了在裤带上打一个结！"小英子说。

这里的人相信，在流星掉下来的时候在裤带上打一个结，心里想什么好事，就能如愿。

……

荸荠，这是小英最爱干的生活。秋天过去了，地净场光，荸荠的叶子枯了，——荸荠的笔直的小葱一样的圆叶子里是一格一格的，用手一捋，哔哔地响，小英子最爱捋着玩，——荸荠藏在烂泥里。赤了脚，在凉浸浸滑滑溜的泥里踩着，——哎，一个硬疙瘩！伸手下去，一个红紫红紫的荸荠。她自己爱干这生活，还拉了明子一起去。她老是故意用自己的光脚去踩明子的脚。

她挎着一篮子荸荠回去了，在柔软的田埂上留了一串脚印。明海看着她的脚印，傻了。五个小小的趾头，脚掌平平的，脚跟细细的，脚弓部分缺了一块。明海身上有一种从来没有过的感觉，他觉得心里痒痒的。这一串美丽的脚印把小和尚的心搞乱了。

……

明子常搭赵家的船进城，给庵里买香烛，买油盐。闲时是赵大伯划船；忙时是小英子去，划船的是明子。

从庵赵庄到县城，当中要经过一片很大的芦花荡子。芦苇长得密密的，当中一条水路，四边不见人。划到这里，明子总是无端端地觉得心里很紧张，他就使劲地划桨。

小英子喊起来：

"明子！明子！你怎么啦？你发疯啦？为什么划得这么快？"……

明海到善因寺去受戒。

"你真的要去烧戒疤呀？"

"真的。"

"好好的头皮上烧十二个洞，那不疼死啦？"

"咬咬牙。舅舅说这是当和尚的一大关，总要过的。"

"不受戒不行吗？"

"不受戒的是野和尚。"

"受了戒有啥好处？"

"受了戒就可以到处云游，逢寺挂褡。"

"什么叫'挂褡'？"

"就是在庙里住。有斋就吃。"

“不把钱？”

“不把钱。有法事，还得先尽外来的师父。”

“怪不得都说‘远来的和尚会念经’。就凭头上这几个戒疤？”

“还要有一份戒牒。”

“闹半天，受戒就是领一张和尚的合格文凭呀！”“就是！”

“我划船送你去。”

“好。”

小英子早早就把船划到荸荠庵门前。不知是什么道理，她兴奋得很。她充满了好奇心，想去看看善因寺这座大庙，看看受戒是个啥样子。

善因寺是全县第一大庙，在东门外，面临一条水很深的护城河，三面都是大树，寺在树林子里，远处只能隐隐约约看到一点金碧辉煌的屋顶，不知道有多大。树上到处挂着“谨防恶犬”的牌子。这寺里的狗出名的厉害。平常不大有人进去。放戒期间，任人游看，恶狗都锁起来了。

好大一座庙！庙门的门坎比小英子的肐膝都高。迎门矗着两块大牌，一边一块，一块写着斗大两个大字：“放戒”，一块是：“禁止喧哗”。这庙里果然是气象庄严，到了这里谁也不敢大声咳嗽。明海自去报名办事，小英子就到处看看。好家伙，这哼哈二将、四大天王，有三丈多高，都是簇新的，才装修了不久。天井有二亩地大，铺着青石，种着苍松翠柏。“大雄宝殿”，这才真是个“大殿”！一进去，凉嗖嗖的。到处都是金光耀眼。释迦牟尼佛坐在一个莲花座上，单是莲座，就比小英子还高。抬起头来也看不全他的脸，只看到一个微微闭着的嘴唇和胖敦敦的下巴。两边的两根大红蜡烛，一搂多粗。佛像前的大供桌上供着鲜花、绒花、绢花，还有珊瑚树，玉如意、整根的大象牙。香炉里烧着檀香。小英子出了庙，闻着自己的衣服都是香的。挂了好些幡。这些幡不知是什么缎子的，那么厚重，绣的花真细。这么大一口磬，里头能装五担水！这么大一个木鱼，有一头牛大，漆得通红的。她又去转了转罗汉堂，爬到千佛楼上看了看。真有一千个小佛！她还跟着一些人去看了看藏经楼。藏经楼没有什么看头，都是经书！妈哎！逛了这么一圈，腿都酸了。小英子想起还要给家里打油，替姐姐配丝线，给娘买鞋面布，给自己买两个坠围裙飘带的银胡蝶，给爹买烟，就出庙了。

等把事情办齐，晌午了。她又到庙里看了看，和尚正在吃粥。好大一个“膳堂”，坐得下八百个和尚。吃粥也有这样多讲究：正面法座上摆着两个锡胆瓶，里面插着红绒花，后面盘膝坐着一个穿了大红满金绣袈裟的和尚，手里拿了戒尺。这戒尺是要打人的。哪个和尚吃粥吃出了声音，他下来就是一戒尺。不过他并不真的打人，只是做个样子。真稀奇，那么多的和尚吃粥，竟然不出一点声音！他看见明子也坐在里面，想跟他打个招呼又不好打。想了想，管他禁止不禁止喧哗，就大声喊了一句："我走啦！"她看见明子目不斜视地微微点了点头，就不管很多人都朝自己看，大摇大摆地走了。

　　第四天一大清早小英子就去看明子。她知道明子受戒是第三天半夜，——烧戒疤是不许人看的。她知道要请老剃头师傅剃头，要剃得横摸顺摸都摸不出头发茬子，要不然一烧，就会"走"了戒，烧成了一片。她知道是用枣泥子先点在头皮上，然后用香头子点着。她知道烧了戒疤就喝一碗蘑菇汤，让它"发"，还不能躺下，要不停地走动，叫做"散戒"。这些都是明子告诉她的。明子是听舅舅说的。

　　她一看，和尚真在那里"散戒"，在城墙根底下的荒地里。

　　一个一个，穿了新海青，光光的头皮上都有十二个黑点子。——这黑疤掉了，才会露出白白的、圆圆的"戒疤"。和尚都笑嘻嘻的，好像很高兴。她一眼就看见了明子。隔着一条护城河，就喊他：

　　"明子！"

　　"小英子！"

　　"你受了戒啦？"

　　"受了。"

　　"疼吗？"

　　"疼。"

　　"现在还疼吗？"

　　"现在疼过去了。"

　　"你哪天回去？"

　　"后天。"

　　"上午？下午？"

　　"下午。"

　　"我来接你！"

　　"好！"

　　……

　　小英子把明海接上船。

　　小英子这天穿了一件细白夏布上衣，下边是黑洋纱的裤子，赤脚穿了一双龙须草的细草鞋，头上一边插着一朵栀子花，一边插着一朵石榴花。她看见明子穿了新海青，里面露出短褂子的白领子，就说："把你那外面的一件脱了，你不热呀！"

他们一人一把桨。小英子在中舱，明子扳艄，在船尾。

她一路问了明子很多话，好像一年没有看见了。

她问，烧戒疤的时候，有人哭吗？喊吗？

明子说，没有人哭，只是不住地念佛。有个山东和尚骂人："俺日你奶奶！俺不烧了！"

她问善因寺的方丈石桥是相貌和声音都很出众吗？"是的。"

"说他的方丈比小姐的绣房还讲究？"

"讲究。什么东西都是绣花的。"

"他屋里很香？"

"很香。他烧的是伽楠香，贵得很。"

"听说他会做诗，会画画，会写字？"

"会。庙里走廊两头的砖额上，都刻着他写的大字。""他是有个小老婆吗？"

"有一个。"

"才十九岁？"

"听说。"

"好看吗？"

"都说好看。"

"你没看见？"

"我怎么会看见？我关在庙里。"

明子告诉她，善因寺一个老和尚告诉他，寺里有意选他当沙弥尾，不过还没有定，要等主事的和尚商议。

"什么叫'沙弥尾'？"

"放一堂戒，要选出一个沙弥头，一个沙弥尾。沙弥头要老成，要会念很多经。沙弥尾要年轻，聪明，相貌好。""当了沙弥尾跟别的和尚有什么不同？"

"沙弥头，沙弥尾，将来都能当方丈。现在的方丈退居了，就当。石桥原来就是沙弥尾。"

"你当沙弥尾吗？"

"还不一定哪。"

"你当方丈，管善因寺？管这么大一个庙?！"

"还早呐！"

划了一气，小英子说："你不要当方丈！"

"好，不当。"

"你也不要当沙弥尾!"

"好,不当。"

又划了一气,看见那一片芦花荡子了。

小英子忽然把桨放下,走到船尾,趴在明子的耳朵旁边,小声地说:

"我给你当老婆,你要不要?"

明子眼睛鼓得大大的。

"你说话呀!"

明子说:"嗯。"

"什么叫'嗯'呀! 要不要,要不要?"

明子大声地说:"要!"

"你喊什么!"

明子小小声说:"要——!"

"快点划!"

英子跳到中舱,两只桨飞快地划起来,划进了芦花荡。芦花才吐新穗。紫灰色的芦穗,发着银光,软软的,滑溜溜的,像一串丝线。有的地方结了蒲棒,通红的,像一枝一枝小蜡烛。青浮萍,紫浮萍。长脚蚊子,水蜘蛛。野菱角开着四瓣的小白花。惊起一只青桩(一种水鸟),擦着芦穗,扑鲁鲁鲁飞远了。

……

一九八〇年八月十二日,写四十三年前的一个梦

(《汪曾祺全集》,汪曾祺著,北京师范大学出版社,1998)

【评析】

其实,每个人心里都住着一个纯美的梦,一个两小无猜青梅竹马的梦。当读到汪曾祺的《受戒》时,你会发现,这个梦似乎就在眼前,那么真实,那么撩人心扉。不知哪一句话就一下子牵动了心底深处最柔软的那根弦,让人沉浸其中久久不愿醒来。

从头到尾,作者一直在给这个明净纯洁的梦建造一个诗意的生长环境。这种诗意,不是文人的纸上谈兵,而是鲜活的世俗人生。从菩提庵被讹为荸荠庵,从明子的家乡以和尚为职业,从明子当和尚的原因,从明子跟着舅舅离家去,这开始的种种,直接打破了和尚这一名词所带来的宗教神圣感。明子的离家当和尚,不过是去做一个普通的职业,不过是寻求到了一种谋生的手段,他依然是红尘俗世中的一员。果然,作者后面对荸荠庵以及和尚们的

种种描述无不处处显示着这一点。虽然有"大肚能容容天下难容之事，开颜一笑笑世间可笑之人"以及"一花一世界，三藐三菩提"这样带有浓重佛家意味的对联，虽然有烧香、磕头、敲磬、撞钟、唱经、念咒、吃斋等僧侣生活，虽然有受戒、放焰口等佛教法事仪式，但一句"这个庵里无所谓清规，连这两个字也没人提起"就足以说明，上面的种种其实不过都只是一个宗教的虚壳。和尚们过的完全是世俗的生活：扫地、挑水、喂猪；赌钱、杀猪、吃肉喝酒；娶妻、找情人、谈恋爱。而本该庄严的法事放焰口，则完全成了全民欢乐的节日，杂耍唱曲，如同戏班子，没有什么两样！就这样，宗教神圣的外衣被作者不动声色地用世俗生活剥除了。

在这样的背景下，明子和小英子的纯真爱情实在是再自然不过了，明子作为和尚的身份并不是什么障碍。两人初见面时明子羞涩小英子大方，但因为年纪差不多又是邻居，后来就变成"明子老往小英子家跑"了。在小说的一开始，作者就说："明海出家已经四年了。他是十三岁来的。"十三岁到十七岁，正是情窦初开的青春年少。明子去小英子家画画，小英子给他做好吃的；明子认赵大娘作干娘，小英子高兴地捺着他肩膀；明子帮小英子做农活，唱山歌、车水、看场、看流星，时光在指缝间翩然而过，纯真的爱情就这样渐渐萌芽。很显然，小说主要是写明子与小英子之间纯美的初恋，但我们却发现文中并没有什么语言来直接描写，只是写小英子故意去踩明子；写明子看到小子的脚印时心痒痒的，心乱了；写明子在划过芦苇荡的时候无端的紧张。简单的几句话，却让我们体验到了如同自己当年初恋时的甜蜜忐忑慌乱紧张。

前面的铺垫够多的了，当终于进入到"受戒"这一主题的时候，我们并不觉得突兀，一切都是那么自然。作者并没有具体写明子是如何受戒的，只是通过明子与小英子的对话来解释什么叫受戒；通过小英子的眼睛来写善因寺的种种；也是通过小英子"她知道"来写受戒的过程。好了，当和尚的"戒"已经"受"完了，小说也已经进入了高潮部分。但是，我们发现，作者仍然是一副淡然的笔墨，不紧不慢地述说着这对小儿女之间的私房话，一切都是宁静平和的自然温馨的晶莹剔透的。就连小英子大胆地说要给明子做老婆，明子回答"要"，也那么的理所当然，顺理成章。那是一种经过了时间的沉淀，过滤掉了浮躁凡嚣的温情与唯美。相信每个看到这里的人都会忍不住嘴角上翘，会心地微笑。

那么明净美好的，那么如梦似幻。作者最后的一句话正应了这种感觉："写四十三年前的一个梦。"是的，这是作者的一个梦，这也是所有人的梦！

很多人疑惑于作者的跑题，一会儿讲荸荠庵的布置，一会儿讲放焰口的规模，一会儿讲荸荠庵里和尚们的生活，一会儿讲十乡八里的风俗，而与题目相关的受戒，只在文章的最后才出现。然而，什么是"受戒"？小英子的话说得很明白："闹半天，受戒就是领一张和尚的合格文凭呀！"所以，我们可以这样理解，所谓受戒，其实是一种获得某种资格的仪式。明子为了成为一名真正的和尚必须要经过这种仪式，然后进入正式的和尚生涯。那么，我们何尝不可以把一场爱情看作是一种"受戒"？人生是我们毕生的职业，而爱情则可以算作是获得资格进入其中的一种仪式。就像和尚受戒一样，对世人来说是一种仪式，一种获得美好生活资格的仪式。明子所经历的这场唯美的爱情，正是他得以正式进入人生的一场仪式。虽然这种类比有点不伦不类，但是我们不难看出其中的相似性。作者为我们隐埋下这样一条伏线，理解了这一点，再回过头来看全文，才知道《受戒》这个题目是那么的意味深长。

【练习】

1. 试述作者在文中表现出的对宗教和世俗人生的态度。
2. 参看作者其他作品，体会作者小说"散文化"的特色。

（刘睿）

神 女 峰

舒 婷

　　舒婷（1952—），原名龚佩瑜，当代诗人，朦胧诗派代表，福建龙海人，中国作家协会理事、中国作家协会福建分会副主席。1969年下乡插队，1972年返城当工人，1979年正式发表作品，1980年开始从事专业创作至今。主要著作有：诗集《双桅船》、《会唱歌的鸢尾花》等；散文集《心烟》、《露珠里的"诗想"》、《舒婷文集》三卷等，代表诗作《致橡树》。诗歌《祖国啊，我亲爱的祖国》获1980年全国中青年优秀诗歌作品奖，诗集《双桅船》获全国首届新诗优秀诗集奖、1993年庄重文文学奖；诗集《真水无香》获第六届华语文学传媒盛典"年度散文家授奖"。舒婷的诗，意象鲜活明丽，语言缜密流畅，结构洒脱自然，诗人内在情感律动和诗歌外在音韵节奏达到了和谐统一。

在向你挥舞的各色花帕中
是谁的手突然收回
紧紧捂住了自己的眼睛
当人们四散而去，谁
还站在船尾
衣裙漫飞，如翻涌不息的云
江涛
高一声
低一声

美丽的梦留下美丽的忧伤
人间天上，代代相传
但是，心
真能变成石头吗
为眺望远天的杳鹤
而错过无数次春江月明

沿着江岸
金光菊和女贞子的洪流
正煽动新的背叛
与其在悬崖上展览千年
不如在爱人肩头痛哭一晚。

1981 年 6 月于长江
（《舒婷的诗》，舒婷著，人民文学出版社，1994）

【评析】

　　相传夏禹时，瑶池十二位仙女下凡在巫山治水，爱上三峡，忘回瑶池，化成了奇秀绝美的"巫山十二峰"；战国时期，楚国宋玉《高唐》、《神女》诸赋，写到楚王与神女的爱情；民间则流传着神女为爱情坚贞守节，居然化身为石的故事；以后历代文人墨客也借巫山神女抒怀。而当代诗人舒婷却延续其《致橡树》"我必须是你近旁的一株木棉，作为树的形象和你站在一起"的主题，借助巫峡神女，呼唤男女平等和现实的幸福爱情。
　　诗歌分为三章，第一章写诗人第一次见到神女峰时的情感体验。面对巫山神女，当人们挥舞各色手帕尽情表达自己见到代表坚贞守节爱情的神女时的欣喜时，诗人却突然收回手，紧紧捂住自己的眼睛；而当人们离开之后，诗人独自站在船尾，陷入深深的思考之中，任凭高一声低一声的江涛敲击着自己的耳鼓，任凭风吹动着自己的衣裙，任凭云在自己的头顶翻涌不息。诗中"收回"、"捂住"两个动词，用"突然"和"紧紧"副词修饰，表明诗人对"巫山神女"不忍目睹，因为在"神女"的背后隐藏着"凄楚忧伤的爱情故事"。而诗人此时复杂心理体验则外化为声声江涛、飘动白云和阵阵江风；第二章写诗人对神女爱情的不同解释。尽管天上人间几千年来一直流传着有关神女的美丽的传说，但是，人的心是不能变成石头的，幸福的爱情不应该是遥不可及的等待和惨无人道的所谓"忠贞"；第三章写诗人的爱情观。诗人以巫峡中常见的植物"金光菊"和"女贞子"繁茂旺盛地生长为比喻，启发人们，生命属于自己，要抛弃封建礼教的"贞节观"，拥抱和追求世俗的幸福。诗人巧妙地把植物"女贞子"比作"贞女"，并把野花无拘无束烂漫开放比作对封建贞节观的恣意背叛，增强了诗歌的表达效果。

《神女峰》采用不断变化人称的手法，第一章把第一人称"我"变成了第三人称"谁"，第二、三章还原回第一人称；随着这一变化，描写对象"神女"也由第一章的"神"，到第二章"心真能变成石头吗"，到最后变成了有性灵和情感的人，这就是舒婷追求的充满人性关怀的爱情观。

【练习】

1. 《神女峰》的思想主题是什么？
2. "女贞子"的象征意义是什么？
3. 结合本诗的写作时间谈谈你对"新的背叛"的理解。

（张润平）

哦，香雪

铁　凝

铁凝（1957—），当代著名作家，中国作家协会主席，河北省作家协会主席。原姓屈，北京市人，籍贯河北省赵县。父亲屈铁扬为油画及水彩画家，母亲是声乐教授。1975年开始发表文学作品，主要著作有：《玫瑰门》、《无雨之城》、《大浴女》、《麦秸垛》、《哦，香雪》、《孕妇和牛》以及散文、电影文学剧本等百余篇、部，300余万字。部分作品译成英、法、德、日、俄、丹麦、西班牙等文字。根据小说改编的电影《哦，香雪》获第41届柏林国际电影节青春片最高奖；电影《红衣少女》获 1985 年中国电影"金鸡奖"、"百花奖"优秀故事片奖。

　　如果不是有人发明了火车，如果不是有人把铁轨铺进深山，你怎么也不会发现台儿沟这个小村。它和它的十几户乡亲，一心一意掩藏在大山那深深的褶皱里，从春到夏，从秋到冬，默默地接受着大山任意给予的温存和粗暴。

　　然而，两根纤细、闪亮的铁轨延伸过来了。它勇敢地盘旋在山腰，又悄悄地试探着前进，弯弯曲曲，曲曲弯弯，终于绕到台儿沟脚下，然后钻进幽暗的隧道，冲向又一道山梁，朝着神秘的远方奔去。

　　不久，这条线正式营运，人们挤在村口，看见那绿色的长龙一路呼啸，挟带着来自山外的陌生、新鲜的清风，擦着台儿沟贫弱的脊背匆匆而过。它走得那样急忙，连车轮辗轧钢轨时发出的声音好像都在说：不停不停，不停不停！是啊，它有什么理由在台儿沟站脚呢，台儿沟有人要出远门吗？山外有人来台儿沟探亲访友吗？还是这里有石油储存，有金矿埋藏？台儿沟，无论从哪方面讲，都不具备挽住火车在它身边留步的力量。

　　可是，记不清从什么时候起，列车时刻表上，还是多了"台儿沟"这一站。也许乘车的旅客提出过要求，他们中有哪位说话算数的人和台儿沟沾亲；也许是哪个快乐的男乘务员发现台儿沟有一群十七八岁的漂亮姑娘，每逢列车疾驶而过，她们就成帮搭伙地站在村口，翘起下巴，贪婪、专注地仰望着火车。有人朝车厢指点，不时能听见她们由于互相捶打而发出的一两声娇嗔的尖叫。也许什么都不为，就因为台儿沟太小了，小得叫人心疼，就是钢筋铁骨的巨龙在它面前也不能昂首阔步，也不能不停下来。总之，台儿沟上了列车时刻表，每晚七点钟，由首都方向开往山西的这列火车在这里停留一分钟。

　　这短暂的一分钟，搅乱了台儿沟以往的宁静。从前，台儿沟人历来是吃过晚饭就钻被窝，他们仿佛是在同一时刻听到了大山无声的命令。于是，台儿沟那一小片石头房子在同一时刻忽然完全静止了，静得那样深沉、真切，好像在默默地向大山诉说着自己的虔诚。如今，台儿沟的姑娘们刚把晚饭端上桌就慌了神，她们心不在焉地胡乱吃几口，扔下碗就开始梳妆打扮。她们洗净蒙受了一天的黄土、风尘，露出粗糙、红润的面色，把头发梳得乌亮，然后就比赛着穿出最好的衣裳。有人换上过年时才穿的新鞋，有人还悄悄往脸上涂点胭脂。尽管火车到站时已经天黑，她们还是按照自己的心思，刻意斟酌着服饰和容貌。然后，她们就朝村口，朝火车经过的地方跑去。香雪总是第一个出门，隔壁的凤娇第二个就跟了出来。

　　七点钟，火车喘息着向台儿沟滑过来，接着一阵空咣乱响，车身震颤一下，才停住不动了。姑娘们心跳着拥上前去，像看电影一样，挨着窗口观望。只有香雪躲在后边，双手紧紧捂着耳朵。看火车，她跑在最前边；火车来了，她却缩到最后去了。她有点害怕它那巨大的车头，车头那么雄壮地喷吐着白雾，仿佛一口气就能把台儿沟吸进肚里。它那撼天动地的轰鸣也叫她感到恐惧。在它跟前，她简直像一叶没根的小草。

　　"香雪，过来呀，看！"凤娇拉过香雪向一个妇女头上指，她指的是那个妇女头上别着的那一排金圈圈。

　　"怎么我看不见？"香雪微微眯着眼睛说。

　　"就是靠里边那个，那个大圆脸。看，还有手表哪，比指甲盖还小哩！"凤娇又有了新发现。

　　香雪不言不语地点着头，她终于看见了妇女头上的金圈圈和她腕上比指甲盖还要小的手表。但她也很快就发现了别的。"皮书包！"她指着行李架上一只普通的棕色人造革学生书包。就是那种连小城市都随处可见的学生书包。

　　尽管姑娘们对香雪的发现总是不感兴趣，但她们还是围了上来。

　　"哟，我的妈呀，你踩着我脚啦！"凤娇一声尖叫，埋怨着挤上来的一位姑娘。她老是爱一惊一咋的。

　　"你咋呼什么呀，是想叫那个小白脸和你搭话了吧？"被埋怨的姑娘也不示弱。

　　"我撕了你的嘴！"凤娇骂着，眼睛却不由自主地朝第三节车厢的车门望去。

　　那个白白净净的年轻乘务员真下车来了。他身材高大，头发乌黑，说一口漂亮的北京话。也许因为这点，姑娘们私下里都叫他"北京话"。"北京话"双手抱住胳膊肘，和她们站得不远不近地说："喂，我说小姑娘们，别扒窗户，危险！"

　　"哟，我们小，你就老了吗？"大胆的凤娇回敬了一句。

　　姑娘们一阵大笑，不知谁还把凤娇往前一搡，弄得她差点撞在他身上。这一来反倒更壮了凤娇的胆："喂，你们老呆在车上不头晕？"她又问。

　　"房顶子上那个大刀片似的，那是干什么用的？"又一个姑娘问。她指的是车厢里的电扇。

　　"烧水在哪儿？"

　　"开到没路的地方怎么办？"

　　"你们城市里一天吃几顿饭？"香雪也紧跟在姑娘们后边小声问了一句。

　　"真没治！""北京话"陷在姑娘们的包围圈里，不知所措地嘟囔着。

　　快开车了，她们才让出一条路，放他走。他一边看表，一边朝车门跑去，跑到门口，又扭头对她们说："下次吧，下次告诉你们！"他的两条长腿灵巧地向上一跨就上了车，接着一阵叽哩咣啷，绿色的车门就在姑娘们面前沉重地合上了。列车一头扎进黑暗，把她们撇在冰冷的铁轨旁边。很久，他们还能感觉到它那越来越轻的震颤。

　　一切又恢复了寂静，静得叫人惆怅。姑娘们走回家去，路上总要为一点小事争论不休：

　　"谁知道别在头上的金圈圈是几个？"

　　"八个。"

　　"九个。"

　　"不是！"

　　"就是！"

　　"凤娇你说哪？"

　　"她呀，还在想'北京话'哪！"有人开起了凤娇的玩笑。

　　"去你的，谁说谁就想。"凤娇说着捏了一下香雪的手，意思是叫香雪帮腔。

　　香雪没说话，慌得脸都红了。她才十七岁，还没学会怎样在这种事上给人家帮腔。

　　"他的脸多白呀！"那个姑娘还在逗凤娇。

　　"白？还不是在那大绿屋里捂的。叫他到咱台儿沟住几天试试。"有人在黑影里说。

　　"可不，城里人就靠捂。要论白，叫他们和咱香雪比比。咱们香雪，天生一副好皮子，再照火车上那些闺女的样儿，把头发烫成弯弯绕，啧啧！'真没治'！凤娇姐，你说是不是？"

　　凤娇不接茬儿，松开了香雪的手。好像姑娘们真在贬低她的什么人一样，她心里真有点替他抱不平呢。不知怎么的，她认定他的脸绝不是捂白的，那是天生。

　　香雪又悄悄把手送到凤娇手心里，她示意凤娇握住她的手，仿佛请求凤娇的宽恕，仿佛是她使凤娇受了委屈。

　　"凤娇，你哑巴啦？"还是那个姑娘。

　　"谁哑巴啦！谁像你们，专看人家脸黑脸白。你们喜欢，你们可跟上人家走啊！"凤娇的嘴很硬。

　　"我们不配！"

　　"你担保人家没有相好的？"

……

不管在路上吵得怎样厉害，分手时大家还是十分友好的，因为一个叫人兴奋的念头又在她们心中升起：明天，火车还要经过，她们还会有一个美妙的一分钟。和它相比，闹点小别扭还算回事吗？

哦，五彩缤纷的一分钟，你饱含着台儿沟的姑娘们多少喜怒哀乐！

日久天长，这五彩缤纷的一分钟，竟变得更加五彩缤纷起来，就在这个一分钟里，她们开始挎上装满核桃、鸡蛋、大枣的长方形柳条篮子，站在车窗下，抓紧时间跟旅客和和气气地做买卖。她们踮着脚尖，双臂伸得直直的，把整筐的鸡蛋、红枣举上窗口，换回台儿沟少见的挂面、火柴，以及属于姑娘们自己的发卡、香皂。有时，有人还会冒着回家挨骂的风险，换回花色繁多的纱巾和能松能紧的尼龙袜。

凤娇好像是大家有意分配给那个"北京话"的，每次都是她提着篮子去找他。她和他做买卖故意磨磨蹭蹭，车快开时才把整篮的鸡蛋塞给他。要是他先把鸡蛋拿走，下次见面时再付钱，那就更够意思了。如果他给她捎回一捆挂面、两条纱巾，凤娇就一定抽出一斤挂面还给他。她觉得，只有这样才对得起和他的交往，她愿意这种交往和一般的做买卖有所区别。有时她也想起姑娘们的话："你担保人家没有相好的？"其实，有没有相好的不关凤娇的事，她又没想过跟他走。可她愿意对他好，难道非得是相好的才能这么做吗？

香雪平时话不多，胆子又小，但做起买卖却是姑娘中最顺利的一个。旅客们爱买她的货，因为她是那么信任地瞅着你，那洁如水晶的眼睛告诉你，站在车窗下的这个女孩子还不知道什么叫受骗。她还不知道怎么讲价钱，只说："你看着给吧。"你望着她那洁净得仿佛一分钟前才诞生的面孔，望着她那柔软得宛若红缎子似的嘴唇，心中会升起一种美好的感情。你不忍心跟这样的小姑娘要滑头，在她面前，再爱计较的人也会变得慷慨大度。

有时她也抓空儿向他们打听外面的事，打听北京的大学要不要台儿沟人，打听什么叫"配乐诗朗诵"（那是她偶然在同桌的一本书上看到的）。有一回她向一位戴眼镜的中年妇女打听能自动开关的铅笔盒，还问到它的价钱。谁知没等人家回话，车已经开动了。她追着它跑了好远，当秋风和车轮的呼啸一同在她耳边鸣响时，她才停下脚步意识到，自己的行为是多么可笑啊。

火车眨眼间就无影无踪了。姑娘们围住香雪，当她们知道她追火车的原因后，便觉得好笑起来。

"傻丫头！"

"值不当的！"

她们像长者那样拍着她的肩膀。

"就怪我磨蹭，问慢了。"香雪可不认为这是一件值不当的事，她只是埋怨自己没抓紧时间。

"咳，你问什么不行呀！"凤娇替香雪挎起篮子说。

"谁叫咱们香雪是学生呢。"也有人替香雪分辩。

也许就因为香雪是学生吧，是台儿沟唯一考上初中的人。

台儿沟没有学校，香雪每天上学要到十五里以外的公社。尽管不爱说话是她的天性，但和台儿沟的姐妹们总是有话可说的。公社中学可就没那么多姐妹了，虽然女同学不少，但她们的言谈举止，一个眼神，一声轻轻的笑，好像都是为了叫香雪意识到，她是小地方来的，穷地方来的。她们故意一遍又一遍地问她："你们那儿一天吃几顿饭？"她不明白她们的用意，每次都认真地回答："两顿。"然后又友好地瞧着她们反问道："你们呢？"

"三顿！"她们每次都理直气壮地回答。之后，又对香雪在这方面的迟钝感到说不出的怜悯和气恼。

"你上学怎么不带铅笔盒呀？"她们又问。

"那不是吗。"香雪指指桌角。

其实，她们早知道桌角那只小木盒就是香雪的铅笔盒，但她们还是做出吃惊的样子。每到这时，香雪的同桌就把自己那只宽大的泡沫塑料铅笔盒摆弄得哒哒乱响。这是一只可以自动合上的铅笔盒，很久以后，香雪才知道它所以能自动合上，是因为铅笔盒里包藏着一块不大不小的吸铁石。香雪的小木盒，尽管那是当木匠的父亲为她考上中学特意制作的，它在台儿沟还是独一无二的呢。可在这儿，和同桌的铅笔盒一比，为什么显得那样笨拙、陈旧？它在一阵哒哒声中有几分羞涩地畏缩在桌角上。

香雪的心再也不能平静了，她好像忽然明白了同学们对于她的再三盘问，明白了台儿沟是多么贫穷。她第一次意识到这是不光彩的，因为贫穷，同学们才敢一遍又一遍地盘问她。她盯住同桌那只铅笔盒，猜测它来自遥远的大城市，猜测它的价钱肯定非同寻常。三十个鸡蛋换得来吗？还是四十个、五十个？这时她的心又忽地一沉：怎么想起这些了？娘攒下鸡蛋，不是为了叫她乱打主意啊！可是，为什么那诱人的哒哒声老是在耳边响个没完？

深秋，山风渐渐凛冽了，天也黑得越来越早。但香雪和她的姐妹们对于七点钟的火车，是照等不误的。她们可以穿起花棉袄了，凤娇头上别起了淡粉色的有机玻璃发卡，有些姑娘的辫梢还缠上了夹丝橡皮筋。那是她们用鸡蛋、核桃从火车上换来的。她们仿照火车上那些城里姑娘的样子把自己武装起来，整齐地排列在铁路旁，像是等待欢迎远方的贵宾，又像是准备着接受检阅。

　　火车停了，发出一阵沉重的叹息，像是在抱怨台儿沟的寒冷。今天，它对台儿沟表现了少有的冷漠：车窗全部紧闭着，旅客在昏黄的灯光下喝茶、看报，没有人向窗外瞥一眼。那些眼熟的、常跑这条线的人们，似乎也忘记了台儿沟的姑娘。

　　凤娇照例跑到第三节车厢去找她的"北京话"，香雪系紧头上的紫红色线围巾，把臂弯里的篮子换了换手，也顺着车身不停地跑着。她尽量高高地踮起脚，希望车厢里的人能看见她的脸。车上一直没有人发现她，她却在一张堆满食品的小桌上，发现了渴望已久的东西。它的出现，使她再也不想往前走了，她放下篮子，心跳着，双手紧紧扒住窗框，认清了那真是一只铅笔盒，一只装有吸铁石的自动铅笔盒。它和她离得那样近，如果不是隔着玻璃，她一伸手就可以摸到。

　　一位中年女乘务员走过来拉开了香雪。香雪挎起篮子站在远处继续观察。当她断定它属于靠窗那位女学生模样的姑娘时，就果断地跑过去敲起了玻璃。女学生转过脸来，看见香雪臂弯里的篮子，抱歉地冲她摆了摆手，并没有打开车窗的意思。不知怎么的她朝车门跑去，当她在门口站定时，还一把扒住了扶手。如果说跑的时候她还有点犹豫，那么从车厢里送出来的一阵阵温馨的、火车特有的气息却坚定了她的信心，她学着"北京话"的样子，轻巧地跃上了踏板。她打算以最快的速度跑进车厢，以最快的速度用鸡蛋换回铅笔盒。也许，她所以能够在几秒钟内就决定上车，正是因为她拥有那么多鸡蛋吧，那是四十个。

　　香雪终于站在火车上了。她挽紧篮子，小心地朝车厢迈出了第一步。这时，车身忽然悸动了一下，接着，车门被人关上了。当她意识到眼前发生了什么事时，列车已经缓缓地向台儿沟告别了。香雪扑在车门上，看见凤娇的脸在车下一晃。看来这不是梦，一切都是真的，她确实离开姐妹们，站在这既熟悉又陌生的火车上了。她拍打着玻璃，冲凤娇叫喊："凤娇！我怎么办呀，我可怎么办呀！"

　　列车无情地载着香雪一路飞奔，台儿沟刹那间就被抛在后面了。下一站叫西山口，西山口离台儿沟三十里。

　　三十里，对于火车、汽车真的不算什么，西山口在旅客们闲聊之中就到了。这里上车的人不少，下车的只有一位旅客，那就是香雪。她胳膊上少了那只篮子，她把它塞到那个女学生座位下面了。

　　在车上，当她红着脸告诉女学生，想用鸡蛋和她换铅笔盒时，女学生不知怎么的也红了脸。她一定要把铅笔盒送给香雪，还说她住在学校吃食堂，鸡蛋带回去也没法吃。她怕香雪不信，又指了指胸前的校徽，上面果真有"矿冶学院"几个字。香雪却觉着她在哄她，难道除了学校她就没家吗？香雪一面摆弄着铅笔盒，一面想着主意。台儿沟再穷，她也从没白拿过别人的东西。就在火车停顿前发出的几秒钟的震颤里，香雪还是猛然把篮子塞到女学生的座位下面，迅速离开了。

车上，旅客们曾劝她在西山口住一夜再回台儿沟。热情的"北京话"还告诉她，他爱人有个亲戚住在站上。香雪并没有住，更不打算去找"北京话"的什么亲戚。他的话倒使她感到了委屈，她替凤娇委屈，替台儿沟委屈。她只是一心一意地想：赶快走回去，明天理直气壮地去上学，理直气壮地打开书包，把"它"摆在桌上。车上的人既不了解火车的呼啸曾经怎样叫她像只受惊的小鹿那样不知所措，更不了解山里的女孩子在大山和黑夜面前到底有多大本事。

列车很快就从西山口车站消失了，留给她的又是一片空旷。一阵寒风扑来，吸吮着她单薄的身体。她把滑到肩上的围巾紧裹在头上，缩起身子在铁轨上坐了下来。香雪感受过各种各样的害怕，小时候她怕头发，身上沾着一根头发择不下来，她会急得哭起来；长大了她怕晚上一个人到院子里去，怕毛毛虫，怕被人胳肢（凤娇最爱和她来这一手）。现在她害怕这陌生的西山口，害怕四周黑幽幽的大山，害怕叫人心跳的寂静，当风吹响近处的小树林时，她又害怕小树林发出的窸窸窣窣的声音。三十里，一路走回去，该路过多少大大小小的林子啊！

一轮满月升起来了，照亮了寂静的山谷，灰白的小路，照亮了秋日的败草、粗糙的树干，还有一丛丛荆棘、怪石，还有漫山遍野那树的队伍，还有香雪手中那只闪闪发光的小盒子。

她这才想到把它举起来仔细端详。她想，为什么坐了一路火车，竟没有拿出来好好看看？现在，在皎洁的月光下，她才看清了它是淡绿色的，盒盖上有两朵洁白的马蹄莲。她小心地把它打开，又学着同桌的样子轻轻一拍盒盖，"哒"的一声，它便合得严严实实。她又打开盒盖，觉得应该立刻装点东西进去。她从兜里摸出一只盛擦脸油的小盒放进去，又合上了盖子。只有这时，她才觉得这铅笔盒真属于她了，真的。她又想到了明天，明天上学时，她多么盼望她们会再三盘问她啊！

她站了起来，忽然感到心里很满意，风也柔和了许多。她发现月亮是这样明净，群山被月光笼罩着，像母亲庄严、神圣的胸脯；那秋风吹干的一树树核桃叶，卷起来像一树树金铃铛，她第一次听清它们在夜晚，在风的怂恿下"豁啷啷"地唱歌。她不再害怕了，在枕木上跨着大步，一直朝前走去。大山原来是这样的！月亮原来是这样的！桃树原来是这样的！香雪走着，就像第一次认出养育她成人的山谷。台儿沟呢？不知怎么的，她加快了脚步。她急着见到它，就像从来没见过它那样觉得新奇。台儿沟一定会是"这样的"：那时台儿沟的姑娘不再央求别人，也用不着回答人家的再三盘问。火车上的漂亮小伙子都会求上门来，火车也会停得久一些，也许三分、四分，也许十分、八分。它会向台儿沟打开所有的门窗，要是再碰上今晚这种情况，谁都能从从容容地下车。

今晚台儿沟发生了什么事？对了，火车拉走了香雪。为什么现在她像闹着玩儿似的去回忆呢？四十个鸡蛋也没有了，娘会怎么说呢？爹不是盼望每天都有人家娶媳妇、聘闺女吗？那时他才有干不完的活儿，他才能光着红铜似的脊梁，不分昼夜地打出那些躺柜、碗橱、板箱，挣回香雪的学费。想到这儿，香雪站住了，月光好像也黯淡下来，脚下的枕木变成一片模糊。回去怎么说？她环视群山，群山沉默着；她又朝着近处的杨树林张望，杨树林窸窸窣窣地响着，并不真心告诉她应该怎么做。是哪儿来的流水声？她寻找着，发现离铁轨几米远的地方，有一道浅浅的小溪。她走下铁轨，在小溪旁边蹲了下来。她想起小时候有一回和凤娇在河边洗衣裳，碰见一个换芝麻糖的老头。凤娇劝香雪拿一件旧汗褂换几块糖吃，还教她对娘说，那件衣裳不小心叫河水给冲走了。香雪很想吃芝麻糖，可她到底没换。她还记得，那老头真心实意等了她半天呢。为什么她会想起这件小事？她现在也许应该骗娘吧，因为芝麻糖怎么也不能和铅笔盒的重要性相比。她要告诉娘，这是一个宝盒子，谁用上它，就能一切顺心如意，就能上大学、坐上火车到处跑，就能要什么有什么，就再也不会被人盘问她们每天吃几顿饭。娘会相信的，因为香雪从来不骗人。

小溪的歌唱高昂起来了，它欢腾着向前奔跑，撞击着水中的石块，不时溅起一朵小小的浪花。香雪也要赶路了，她捧起溪水洗了把脸，又用沾着水的手抿光被风吹乱的头发。水很凉，但她觉得很精神。她告别了小溪，又回到了长长的铁路上。

前边又是什么？是隧道，它愣在那里，就像大山的一只黑眼睛。香雪又站住了，但她没有返回去，她想到怀里的铅笔盒，想到同学们惊羡的目光，那些目光好像就在隧道里闪烁。她弯腰拔下一根枯草，将草茎插在小辫里。娘告诉她，这样可以"避邪"。然后她就朝隧道跑去。确切地说，是冲去。

香雪越走越热了，她解下围巾，把它搭在脖子上。她走出了多少里？不知道。尽管草丛里的"纺织娘"、"油葫芦"总在鸣叫着提醒她。台儿沟在哪儿？她向前望去，她看见迎面有一颗颗黑点在铁轨上蠕动。再近一些她才看清，那是人，是迎着她走过来的人群。第一个是凤娇，凤娇身后是台儿沟的姐妹们。

香雪想快点跑过去，但脚为什么变得异常沉重？她站在枕木上，回头望着笔直的铁轨，铁轨在月亮的照耀下泛着清淡的光，它冷静地记载着香雪的路程。她忽然觉得心头一紧，不知怎么的就哭了起来，那是欢乐的泪水、满足的泪水。面对严峻而又温厚的大山，她心中升起一种从未有过的骄傲。她用手背抹净眼泪，拿下插在辫子里的那根草茎，然后举起铅笔盒，迎着对面的人群跑去。

山谷里突然爆发了姑娘们欢乐的呐喊。她们叫着香雪的名字，声音是那样奔放、热烈；她们笑着，笑得是那样不加掩饰、无所顾忌。古老的群山终于被感动得颤栗了，它发出洪亮低沉的回音，和她们共同欢呼着。

哦，香雪！香雪！

（《色变》，铁凝著，作家出版社，1997）

【评析】

《哦，香雪》发表于 1982 年，获当年全国优秀短篇小说奖。全篇以农村姑娘渴望走出山林、向往外面世界为主要内容，以香雪为主要人物，以铁轨铺进深山，台儿沟上了列车时刻表为切入点展开情节。列车停留时短暂的一分钟成为全篇扣人心弦的焦点时刻，姑娘们的喜怒哀乐在此刻尽情挥洒。尽管如此，文中描写短暂的一分钟仍有详有略，显示了作者的匠心独运。通览全篇，有两个"一分钟"为全文重点。第一个是全面展现香雪、凤娇等可爱山村姑娘形象的"一分钟"。这"一分钟"写得极富生活情趣，主要通过人物语言完成。在具有个性化的语言中，凤娇的娇憨、大胆，香雪的胆怯、害羞等性格特点都表现得淋漓尽致。再加上其他姑娘七嘴八舌、嬉笑推搡，场面热闹喧嚣而又真实有趣，突出了姑娘们对外面世界的向往与好奇。另一个"一分钟"则是重点突出香雪形象，写她在一分钟内果断决定上火车，用四十个鸡蛋换回自动铅笔盒，并连夜独自走三十里山路返回台儿沟的故事。这个事件发生在性格胆小的香雪身上，乍一看极为反常，但细想又完全符合生活情理。唯有在这反差巨大的举动中，才能深刻地折射出香雪内心对现代文明的新奇与渴望。因此，文中的前"一分钟"是铺垫，后"一分钟"是重点；前"一分钟"是序曲，后"一分钟"是高潮。而二者又环环相扣，层层相因，共同构成了一个完整而又美丽的故事。

其次，与姑娘们清新形象、新奇心理相对应，全篇的语言也犹如童话般真淳亲切，丝丝入耳。作者用轻灵的笔触，抒写着一个平凡而又感人的故事；用轻快的口吻，述说着一个深刻而又严峻的社会问题。真是"看似寻常最奇崛，成如容易却艰辛"！

【练习】

1. 小说的情节是如何步步展开的？这样写有什么好处？

2. 小说的语言有什么特点？作者是如何把语言风格与思想内容统一起来的？

3. 阅读铁凝的其他小说。

（杨晓彩）

秦　腔

贾平凹

贾平凹（1952—），陕西省商洛市丹凤县人，毕业于西北大学中文系，历任陕西人民出版社文艺编辑、《长安》文学月刊编辑。现为陕西省作家协会主席、西安市文联主席、西安建筑科技大学人文学院院长、《美文》杂志主编。1973 年开始发表作品，1982 年后从事专业创作，目前已出版的作品版本达 300 余种。著有长篇小说《商州》、《妊娠》、《逛山》、《油月亮》、《浮躁》、《废都》、《白夜》、《土门》、《病相报告》、《怀念狼》、《秦腔》、《高兴》等；中短篇小说集《山地笔记》、《小月前本》、《腊月·正月》、《天狗》、《黑氏》、《美穴地》、《饺子馆》、《艺术家韩起祥》等；散文集《月迹》、《心迹》、《爱的踪迹》、《走山东》、《商州三录》、《说话》、《坐佛》等；诗集《空白》以及《平凹文论集》等。其作品在国际国内多次获得各项大奖，并被翻译成多种外国文字，在世界 20 多个国家传播。

　　山川不同，便风俗区别，风俗区别，便戏剧存异；普天之下人不同貌，剧不同腔，京，豫，晋，越，黄梅，二簧，四川高腔，几十种品类；或问：历史最悠久者，文武最正经者，是非最汹汹者？曰：秦腔也。正如长处和短处一样突出便见其风格，对待秦腔，爱者便爱得要死，恶者便恶得要命。外地人——尤其是自夸于长江流域的纤秀之士——最害怕秦腔的震撼；评论说得婉转的是：唱得有劲；说得直率的是：大喊大叫。于是，便有柔弱女子，常在戏台下以绒堵耳，又或在平日教训某人：你要不怎么怎么样，今晚让你去看秦腔！秦腔成了惩罚的代名词。所以，别的剧种可以各省走动，唯秦腔则如秦人一样，死不离窝；严重的乡土观念，也使其离不了窝；可能还在西北几个地方变腔走调的有些市场，却绝对冲不出往东南而去的潼关呢。

　　但是，几百年来，秦腔却没有被淘汰，被沉沦，这使多少人在大惑而不得其解。其解是有的，就在陕西这块土地上。如果是一个南方人，坐车轰轰隆隆往北走，渡过黄河，进入西岸，八百里秦川大地，原来竟是：一扶黄褐的平原；辽阔的地平线上，一处一处用木椽夹打成一尺多宽墙的土屋，粗笨而庄重；冲天而起的白杨，苦楝，紫槐，枝干粗壮如桶，叶却小似铜钱，迎风正反翻覆。你立即就会明白了：这里的地理构造竟与秦腔的旋律惟妙惟肖的一统！再去接触一下秦人吧，活脱脱的一群秦始皇兵马俑的复出：高个，浓眉，眼和眼间隔略远，手和脚一样粗大，上身又稍稍见长于下身。当他们背着沉重的三角形状的犁铧，赶着山包一样团块组合式的秦川公牛，端着脑袋般大小的耀州瓷碗，蹲在立的卧的石碌子碌碡上吃着牛肉泡馍，你不禁又要改变起世界观了：啊，这是块多么空旷而实在的土地，在这块土地摸爬滚打的人群是多么"二愣"的民众！那晚霞烧起的黄昏里，落日在地平线上欲去不去的痛苦的妊娠，五里一村，十里一镇，高音喇叭里传播的秦腔互相交织，冲撞，这秦腔原来是秦川的天籁，地籁，人籁的共鸣啊！于此，你不渐渐感觉到了南方戏剧的秀而无骨吗？不深深的懂得秦腔为什么形成和存在而占却时间、空间的位置吗？

八百里秦川，以西安为界，咸阳，兴平，武功，周至，凤翔，长武，岐山，宝鸡，两个专区几十个县为西府；三原，泾阳，高陵，户县，合阳，大荔，韩城，白水，一个专区十几个县为东府。秦腔，就源于西府。在西府，民性敦厚，说话多用去声，一律咬字沉重，对话如吵架一样，哭丧又一呼三叹。呼喊远人更是特殊：前声拖十二分的长，末了方极快地道出内容。声韵的发展，使会远道喊人的人都从此有了唱秦腔的天才。老一辈的能唱，小一辈的能唱，男的能唱，女的能唱；唱秦腔成了做人最体面的事，任何一下乡下男女，只有唱秦腔，才有出人头地的可能，大凡有出息的，是个人才的，哪一个何曾未登过台，起码不能哼一阵秦腔呢！

农民是世上最劳苦的人，尤其是在这块平原上，生时落草在黄土炕上，死了被埋在黄土堆下；秦腔是他们大苦中的大乐，当老牛木犁疙瘩绳，在田野已经累得筋疲力尽，立在犁沟里大喊大叫来一段秦腔，那心胸肺腑，关关节节的困乏便一尽儿涤荡净了。秦腔与他们，要和"西凤"白酒，长线辣子，大叶卷烟，牛肉泡馍一样成为生命的五大要素。若与那些年长的农民聊起来，他们想象的伟大的共产主义生活，首先便是这五大要素。他们有的是吃不完的粮食，他们缺的是高超的艺术享受，他们教育自己的子女，不会是那些文豪们讲的，幼年不是祖母讲着动人的迷离的童话，而是一字一板传授着秦腔。他们大都不识字，但却出奇地能一本一本整套背诵出剧本，虽然那常常是之乎者也的字眼从那一圈胡子的嘴里吐出来十分别扭。有了秦腔，生活便有了乐趣，高兴了，唱"快板"，高兴得似被烈性炸药爆炸了一样，要把整个身心粉碎在天空！痛苦了，唱"慢板"，揪心裂肠的唱腔却表现了多么有情有味的美来，美给了别人的享受，美也熨平了自己心中愁苦的皱纹。当他们在收获时节的土场上，在月在中天的庄院里大吼大叫唱起来的时候，那种难以想象的狂喜，激动，雄壮，与那些献身于诗歌的文人，与那些有吃有穿却总感空虚的都市人相比，常说的什么伟大的永恒的爱情是多么渺小、有限和虚弱啊！

　　我曾经在西府走动了两个秋冬，所到之处，村村都有戏班，人人都会清唱。在黎明或者黄昏的时分，一个人独独地到田野里去，远远看着天幕下一个一个山包一样隆起的十三个朝代帝王的陵墓，细细辨认着田埂土、荒草中那一截一截汉唐时期石碑上的残字，高高的土屋上的窗口里就飘出一阵冗长的二胡声，几声雄壮的秦腔叫板，我就痴呆了，猛然发现了自己心胸中一股强硬的气魄随同着胳膊上的肌肉疙瘩一起产生了。

　　每到农闲的夜里，村里就常听到几声锣响：戏班排演开始了。演员们都集合起来，到那古寺庙里去。吹，拉，弹，奏，翻，打，念，唱，提袍甩袖，吹胡瞪眼，古寺庙成了古今真乐府，天地大梨园。导演是老一辈演员，享有绝对权威，演员是一家几口，夫妻同台，父子同台，公公儿媳也同台。按秦川的风俗：父和子不能不有其序，爷和孙却可以无道，弟与哥嫂可以嬉闹无常，兄与弟媳则无正事不能多言。但是，一到台上，秦腔面前人人平等，兄可以拜弟媳为帅为将，子可以将老父绳绑索捆。寺庙里有窗无扇，屋梁上蛛丝结网，夏天蚊虫飞来，成团成团在头上旋转，薰蚊草就墙角燃起，一声唱腔一声咳嗽。冬天里四面透风，柳木疙瘩火当中架起，一出场一脸正经，一下场凑近火堆，热了前怀，凉了后背。排演到什么时候，什么时候都有观众，有抱着二尺长的烟袋的老者，有凳子高、桌子高趴满窗台的孩子。庙里一个跟头未翻起，窗外就哇地一声叫倒好，演员出来骂一声：谁说不好的滚蛋！他们抓住窗台死不滚去，倒要连声讨好：翻得好！翻得好！更有殷勤的，跑回来偷拿了红薯、土豆、在火堆里煨熟给演员作夜餐，赚得进屋里有一个安全位置。排演到三更鸡叫，月儿偏西，演员们散了，孩子们还围了火堆弯腰踢腿，学那一招一式。

　　一出戏排成了，一人传出，全村振奋，扳着指头盼那上演日期。一年十二个月，正月元宵日，二月龙抬头，三月三，四月四，五月五日过端午，六月六日晒丝绸，七月过半，八月中秋，九月初九，十月一日，再是那腊月五豆，腊八，二十三……月月有节，三月一会，那戏必是上演的。戏台是全村人的共同的事业，宁肯少吃少穿也要筹资积款，买上好的木石，请高强的工匠来修筑。村子富不富，就比这戏台阔不阔。一演出，半下午人就扛凳子去占地位了，未等戏开，台下坐的、站的人头攒拥，台两边阶上立的卧的是一群顽童。那锣鼓就叮叮咣咣地闹台，似乎整个世界要天翻地覆了。各类小吃趁机摆开，一个食摊上一盏马灯，花生，瓜子，糖果，烟卷，油茶，麻花，烧鸡，煎饼，长一声短一声叫卖不绝。锣鼓还在一声儿敲打，大幕只是不拉，演员偶尔从幕边往下望望，下边就喊：开演呀，场子都满了！幕布放下，只说就要出场了，却又叮叮咣咣不停。台下就乱了，后边的喊前边的坐下，前边的喊后边的为什么不说最前边的立着；场外的大声叫着亲朋子女名字，问有坐处没有，场内的锐声回应快进来；有要吃煎饼的喊熟人去买一个，熟人买了站在场外一扬手，"日"地一声隔人头甩去，不偏不倚目标正好；左边的喊右边的踩了他的脚，右边的叫左边的挤了他的腰，一个说：狗年快完了，你还叫啥哩？一个说：猪年还没到，你便拱开了！言语伤人，动了手脚；外边的趁机而入，一时四边向里挤，里边向外扛，人的旋涡涌起，如四月的麦田起风，根儿不动，头身一会儿倒西，一会儿倒东，喊声，骂声，哭声一片；有拼命挤将出来的，一出来方觉世界偌大，身体胖肿，但差不多却光了脚，乱了头发。大幕又一挑，站出戏班头儿，大声叫喊要维持秩序；立即就跳出一个两个所谓"二杆子"人物来。这类人物多是头脑简单，四肢发达，却十二分忠诚于秦腔，此时便拿了树条儿，哪里人挤，哪里打去，如凶神恶煞一般。人人恨骂这些人，人人又都盼有这些人，叫他们是秦腔宪兵，宪兵者越发忠于职责，虽然彻夜不得看戏，但大家一夜满足了，他们也就满足了一夜。

　　终于台上锣鼓停了，大幕拉开，角色出场。但不管男的女的，出来偏不面对观众，一律背身掩面，女的就碎步后移，水上漂一样，台下就叫：瞧那腰身，那肩头，一身的戏哟！是男的就摇那帽翎，一会双摇，一会单摇，一边上下飞闪，一边纹丝不动，台下便叫：绝了，绝了！等到那角色儿猛一转身，头一高扬，一声高叫，声如炸雷豁啷啷直从人们头顶碾过，全场一个冷颤，从头到脚，每一个手指尖儿，每一根头发梢儿都麻酥酥的了。如果是演《救裴生》，那慧娘站在台中往下蹲，慢慢地，慢慢地，慧娘蹲下去了，全场人头也矮下去了半尺，等那慧娘往起站，慢慢地，慢慢地，慧娘站起来了，全场人的脖子也全拉长了起来。他们不喜欢看生戏，最喜欢看熟戏，那一腔一调都晓得，哪个演员唱得好，就摇头晃脑跟着唱，哪个演员走了调，台下就有人要纠正。说穿了，看秦腔不为求新鲜，他们只图过过瘾。

　　在这样的地方，这样的环境，这样的气氛，面对着这样的观众，秦腔是最逞能的，它的艺术的享受，是和拥挤而存在，是有力气而获得的。如果是冬天，那风在刮着，像刀子一样，如果是夏天，人窝里热得如蒸笼一般，但只要不是大雪，冰雹，暴雨，台下的人是不肯撤场的。最可贵的是那些老一辈的秦腔迷，他们没有力气挤在台下，也没有好眼力看清演员，却一溜一排地蹲在戏台两侧的墙根，吸着草烟，慢慢将唱腔品赏。一声叫板，便可以使他们坠入艺术之宫，"听了秦腔，肉酒不香"，他们是体会得最深。那些大一点的、脾性野一点的孩子，却占领了戏场周围所有的高空，杨树上，柳树上，槐树上，一个枝杈一个人。他们常常乐而忘了险境，双手鼓掌时竟从树杈上掉下来，掉下来自不会损伤，因为树下是无数的人头，只是招致一顿臭骂罢了。更有一些爬在了场边的麦秸堆上，夏天四面来风，好不凉快，冬日就扒个草洞，将身子缩进去，露一个脑袋，也正是有闲阶级享受不了秦腔吧，他们常就瞌睡了，一觉醒来，月在西在，戏毕人散，只好苦笑一声悄然没声儿地溜下来回家敲门去了。

　　当然，一次秦腔演出是一次演员亮相，也是一次演员受村人评论的考场。每每角色一出场，台下就一片喊喊喳喳：这是谁的儿子，谁的女子，谁家的媳妇，娘家何处？于是乎，谁有出息，谁没能耐，一下子就有了定论。有好多外村的人来提亲说媒，总是就在这个时候进行。据说有一媒人将一女子引到台下，相亲台上一个男演员，事先夸口这男的如何俊样，如何能干，但戏演了过半，那男的还未出场，后来终于出来，是个国民党的伪兵，还持枪未走到中台，扮游击队长的演员挥枪一指，"叭"地一声，那伪兵就倒地而死，爬着钻进了后幕。那女子当下哼一声，闭了嘴，一场亲事自然了了。这是喜中之悲一例。据说还有一例，一个老头在脖子上架了孙孙去看戏，孙孙吵着要回家，老头好说好劝只是不忍半场而去，便破费买了半斤花生，他眼盯着台上，手在下边剥花生，然后一颗一颗扬手喂到孙孙嘴里，但喂着喂着，竟将一颗塞进孙孙鼻孔，吐不出，咽不下，口鼻出血，连夜送到医院动手术，花去了七十元钱。但是，以秦腔引喜的事却不计其数。每个村里，总会有那么个老汉，夜里看戏，第二天必是头一个起床往戏台下跑。戏台下一片石头、砖头，一堆堆瓜子皮、糖果纸、烟屁股，他掀掀这块石头，踢踢那堆尘土，少不了要捡到一角两角甚至三元四元钱币来，或者一只鞋，或者一条手帕。这是村里钻刁人干的营生，而馋嘴的孩子们有的则夜里趁各家锁门之机，去地里摘那香瓜来吃，去谁家院里将桃杏装在背心兜里回来分红。自然少不了有那些青春妙龄的少男少女，则往往在台下混乱之中眼送秋波，或者就悄悄退出，相依相偎到黑黑的渠畔树林子里去了……

　　秦腔在这块土地上，有着神圣的不可动摇的基础。凡是到这些村庄去下乡，到这些人家去做客，他们最高级的接待是陪着看一场秦腔，实在不逢年过节，他们就会要合家唱一会乱弹，你只能点头称好，不能耻笑，甚至不能有一点不入神的表示。他们一生最崇敬的只有两种人：一是国家领导人，一是当地的秦腔名角。即是在任何地方，这些名角没有在场，只要发现了名角的父母，去商店买油是不必排队的，进饭馆吃饭是会有座位的，就是在半路上挡车，只要喊一声：我是某某的什么，司机也便要嘎地停车。但是，谁要侮辱一下秦腔，他们要争死争活地和你论理，以致大打出手，永远使你记住教训。每每村里过红白丧喜之事，那必是要包一台秦腔的，生儿以秦腔迎接，送葬以秦腔致哀，似乎这个人生的世界，就是秦腔的舞台。人只要在舞台上，生，旦，净，丑，才各显了真性，恶的夸张其丑，善的凸现其美，善的使他们获得了美的教育，恶的也使丑里化作了美的艺术。

　　广漠旷远的八百里秦川，只有这秦腔，也只能有这秦腔，八百里秦川的劳作农民只有也只能有这秦腔使他们喜怒哀乐。秦人自古是大苦大乐之民众，他们的家乡交响乐除了大喊大叫的秦腔还能有别的吗？

1983 年 5 月 2 日于五味村

（《贾平凹文集》，贾平凹著，中国文联出版公司，1985）

【评析】

　　贾平凹题为《秦腔》的作品有二，一为散文，作于 1983 年；一为小说，写于 2005 年。

　　秦腔，一个古老的剧种，扎根于八百里秦川，与秦人的生命世世代代地融汇在了一起。读贾平凹的《秦腔》，我们能够感受到这种潜藏在生命深处的律动。正如贾平凹自己所说的那样："散文是易于表现情绪的。"这篇散文通过对秦人痴迷秦腔的描述，表达出一种对生命的关注，在一片热闹的场景中展现了秦川人粗犷、耐劳、刚烈的性格特点，同时也表现出作者对家乡的无比热爱。在作者的笔下，这片土地上那些最原始和最乡土无不透着一种天真质朴的最美丽。

　　作者一开始就在一个开阔的视野中为我们勾勒出了秦川大地和秦腔的紧密关系：粗犷的地理构造，高个浓眉的秦人，沉重的三角犁铧，充满力度的秦川公牛，甚至是巨大瓷碗里的羊肉泡馍以及蹲着吃饭的姿势，仿佛剪影一般，处处彰显这片土地无边的魅力。而缭绕在这片土地上的秦腔，在这交织冲撞中构成了"秦川的天籁，地籁，人籁"。广袤的秦川大地上，一切都是那么奇妙的和秦腔统一在一起。通过这个线索，我们的目光被紧紧的吸引在了秦川以及那独具魅力的秦腔上。我们可以说这篇散文是对秦腔这个剧种的生成和变迁的描绘，但是透过字里行间，我们能看到的是秦川大地上人们的喜怒哀乐以及他们那蓬勃的生命力。

　　然而我们更应该看到的是在这种文化之下民众的生存状态与生存哲学。"农民是世上最劳苦的人"，一句话将视线拉回到了现实中，秦腔与这片土地的关系，体现在这片土地上的人民身上。朴素的劳动人民，在或贫瘠或富裕的物质生活中，"缺的是高超的艺术享受"，而秦腔，恰好在这方面给予了他们最妥帖的安慰。于是，"有了秦腔，生活便有了乐趣。"劳动人民的快乐和痛苦都是简单而纯粹的，秦腔的大吼大叫，正好符合了这种宣泄需求。"高兴了，唱'快板'，高兴得似被烈性炸药爆炸了一样，要把整个身心粉碎在天空！痛苦了，唱'慢板'，揪心裂肠的唱腔却表现了多么有情有味的美来，美给了别人的享受，美也熨平了自己心中愁苦的皱纹。"正是以这种契合，秦腔溶进了秦川人的生命血脉中。秦腔，实质上就是秦川人的精神家园，是一种文化积淀之下的民族生存状态。

在接下来，作者用了长长的篇幅，为我们描绘了一幅笼罩在秦腔氛围之下的秦川人情世态图。从农闲时候的戏班排演开始写起，作者为我们生动地描写了秦川大地上人们对秦腔的痴迷。条件无疑是艰苦的，排练的地方"有窗无扇，屋梁上蛛丝结网，夏天蚊虫飞来，成团成团在头上旋转，薰蚊草就墙角燃起，一声唱腔一声咳嗽。冬天里四面透风，柳木疙瘩火当中架起，一出场一脸正经，一下场凑近火堆，热了前怀，凉了后背"，然而他们却乐在其中，不管是演员还是观众，那种从骨子里透出来的痴迷，在作者的笔下展示得淋漓尽致。等到戏排成了上演的时候，那简直就是全民狂欢的节日，那种热闹非凡，没有亲身经历过的人绝对无法想象得出来。一出秦腔演出的全过程，就是一出活的人间喜剧。全民上下的齐心协力，这精彩的演出就要开始了。戏台下人声鼎沸，是热气腾腾烟雾缭绕的世俗温暖。偶而的语言失和，拥挤不堪，哭声、喊声、骂声，比起这秦腔演出来说，都只是一些无伤大雅的小插曲。等到终于开演了，所有人的注意力都被牢牢的吸引在了戏台上。一腔一板，一招一式，都有无数的目光追随。更有那老戏迷，"没有力气挤在台下，也没有好眼力看清演员，却一溜一排地蹲在戏台两侧的墙根，吸着草烟，慢慢将唱腔品赏。一声叫板，便可以使他们坠入艺术之宫"。一句俗语"听了秦腔，肉酒不香"，让人立刻联想到孔子的"三月不知肉味"，这大俗和大雅之间谁又能真正地画出界线？至于因为秦腔演出而引发的或悲或喜的故事，就如同花絮一般，更是为这份热闹增添了许多趣味。

秦腔，与这片土地上的人民如此的血脉相连，他们"生儿以秦腔迎接，送葬以秦腔致哀"，如此虔诚的将"这个人生的世界"演绎成了"秦腔的舞台"，这就是秦川大地上最真实的生活。"秦腔在这块土地上，有着神圣的不可动摇的基础"。也只有在这粗犷广漠的的秦川大地上，大喊大叫的秦腔才是大苦大乐的民众表达喜怒哀乐的最好形式。

《秦腔》中很难找到抒情主人公，却让我们在一个独特的叙述视角下，在作者客观冷静的描述中，领略到了秦川大地那苍凉厚重的历史感。作者那精致大气的语言，为我们带来了一次文化与生存、历史与现实、诗意与情感交织的盛宴。

【练习】

1. 这篇文章体现了秦川大地上怎样的地域文化特征？
2. 秦人的生存环境与这种地域文化之间有着怎样的共生关系？
3. 通过南北地域环境的差异比较，试述南北文化的差异性。

（刘睿）

青 龙 河

詹福瑞

　　詹福瑞（1953— ），满族，河北青龙人。教授，博士生导师。1991 年毕业于河北大学，获文学博士学位。现任国家图书馆党委书记、常务副馆长。长期从事中国文学批评史、中国古代文学研究，学术成就斐然。著有《中古文学理论范畴》、《南朝诗歌思潮》、《汉魏六朝文学论集》、《不求甚解——读民国古代文学研究十八篇》、诗集《岁月深处》等。主要社会学术兼职有：中国文心雕龙研究会会长、中国李白研究会副会长等。

当沙滩上的鸟迹
轻得不能再轻时
那就见到滩头的草丛了
当草丛绿得不能再绿时
那就是青龙河了
在河中有一赤条条的金鲤
那就是我的爹爹了

他从赭红的石岩上跳下
溅起的不是浪花
是一滩冲向云天的鸥鹭
他随便牵一枝垂柳
从水中拉出的是悠闲的黄牛

端午　爹妈拉我去河里洗百病

冲走一冬的寒气和烟熏火燎

那是我第一次游泳

妈妈穿着红兜肚

抖动成一川的彩绸

爹说　那是他的一面旗帜

我看爹呢　就是河面兴涛作浪的风

一月又一月　一年越一年

父母与河两岸的人　像水的皱纹

一拨又一拨地流走了

青龙河也变瘦了　走过时

我听到了他长长的苍老的叹息

　　　　　　（《岁月深处》，詹福瑞著，人民文学出版社，2011）

【评析】

　　读现代的诗，更多时候像在猜谜。炫技的诗歌，以其缭乱的语言表象，形成一个个美丽的漩涡，让人沉醉于诗人语言的机智和表达的技巧，获得一时的阅读快感。然而掩卷之后，沉淀在读者心底的却没有更深厚的意蕴。倾向于表达个人感觉的诗歌，以其支离破碎的印象和似是而非的感悟，像一堆落叶偶然聚合在一起，分行的碎片获得了诗歌的外在形式，形式的背后却是空白。你要问这样的诗人他的诗在表达什么，他可能会回答你："只要有感觉就行，诗不是让人读懂的。"诗歌这种高度凝练的语言艺术，确实很难用读懂与否来衡量。但如果诗歌所承载的仅是诗人个体的刹那感觉，那这些诗歌最终也只属于诗人自己，很难具备流传的艺术价值。"为什么我的眼里常含着泪水，因为我对这土地爱得深沉。"（艾青）现代的诗人需要卸下技巧的负担，脱掉晦涩的外衣，袒露真挚的情感，获得隽永的意蕴，艾青做到了，《青龙河》的诗人也做到了。

　　青龙河是诗人故乡的一条河，经诗人高超诗艺的点化，超越了河流的自然属性与时间意义，凸显出青龙河的诗性内在，弥漫着浓郁的象征意味。诗作开篇不凡，"当沙滩上的鸟迹／轻得不能再轻时／那就见到滩头的草丛了"，轻灵、天然的诗句，有种清澈见底的韵致，随手拈来，而又别出心裁。鸟迹的轻与草丛的绿，衔接得天趣盎然，只有对青龙河无比熟稔热爱的人，才写得出这样的诗句。诗人运用镜头感极强的语言，随着鸟迹的深浅与草丛的淡浓，缓慢地渐进地推衍着，直至青龙河。

　　独特的是，诗人没有顺理成章地描写自然的青龙河，而是赫然推出河中"赤条条的金鲤"——我的爹爹，河神一般出现在画面的中央。诗人抒写爹爹的诗作不少，"看父亲抽烟/听母亲闲话"（《蛩声》），"月下/畦间/老父浇园的波光"（《遥远》），尤其是《三十印象》中的父亲："雪打扫得干干净净的院子里/爹劈着木材/斧光一闪一闪/手臂高过头顶/腰沉得更低/新洗过的褂子雪亮/当他低下头去的那一瞬/我发现他的头发也像雪一样白了"，完全是生活画面的忠实还原。正如诗人所写："却偏偏把生活的细节漏下来/一经一纬/编织成一片细密的温情"（《温情》）诗人温情地注视着过往的岁月，借助细节的勾勒，细腻而又不动声色地倾诉着内心的挚爱。而《青龙河》仿佛"冲上云天的鸥鹭"，突破了诗人惯用的朴素手法，无比张扬地借助亮丽的色彩与跃动的节奏，渲染着爹爹妈妈明快的青春，充沛旺盛的生命力，甚至带有神话的色调。金鲤、赭红的石岩、红肚兜、彩绸，洋溢着生命的色彩与活力。穿红肚兜的妈妈，"兴涛作浪"的爹爹，加上"洗百病"的我，与青龙河一起，共同构成幸福的图景，也达到了全诗的情感顶点。

　　如果诗的旋律在顶点戛然而止，从人生的观照来看，是不够完整的。诗人深深懂得"逝者如斯夫，不舍昼夜"的真谛，诗心自然而然地为之叹惋，一切都在青龙河"长长的苍老的叹息"渐渐远离，渐渐消逝。这种叹息基于诗人对故乡的人与风物最深切的情感，表达了对生命源头的追寻与依恋。深具古典文学素养的诗人，对诗歌的理解达到了返璞归真的境界。他的诗歌是从泥土里生长出来的，散发着原野的气息。诗人在用生活写诗，用岁月写诗，用心灵写诗，吟咏性情，绝不矫饰。正如南朝钟嵘《诗品序》所言："观古今胜语，多非补假，皆由直寻。"这告诉我们，好的诗歌技巧必须融进本真的情感之中，才可能臻于化境。

【练习】

1. 诗作题为"青龙河"，笔墨却主要落在"爹爹"和"妈妈"的描写上，这样写有什么好处？
2. "爹说/那是他的一面旗帜"，试析诗句的内在含义。

（徐小洁）

船

苏　童

苏童（1963—）年生于苏州，当代著名作家，20 世纪 80 年代被视为“先锋派”主将，代表作品有《妻妾成群》、《飞越我的枫杨树故乡》、《罂粟之家》、《米》、《1934 年的逃亡》、《我的帝王生涯》、《河岸》等。作品被译成英、法、德、日、韩等多国文字。先后获华语文学传媒杰出作家奖、鲁迅文学奖、曼氏亚洲文学奖和布克奖提名等。

　　到常熟去的客船每天早晨经过我家窗外的河道，是轮船公司的船，所以船只用蓝色和白色的油漆分成两个部分，客舱的白色和船体的蓝色泾渭分明，使那条船显得气宇轩昂。每天从河道里经过无数的船，我最喜欢的就是去常熟的客船。我曾经在美术本上画过那艘轮船，美术老师看见那份美术作业，很吃惊，说，没想到你画船能画得这么好。

　　孩提时代的一切都是易于解释的，孩子们的涂鸦往往在无意中表露了他的挚爱，而我对船舶的喜爱甚至一直延续到了今天。

　　我记忆中的苏州内河水道是洁净而明亮的，六七十年代经济迟滞不动，我家乡的河水却每天都在流动，流动的河水中经过了无数驶向常熟太仓或昆山的船。最常见的是运货的驳船队，七八条驳船拴接在一起，被一条火轮牵引着，突突地向前行驶。我能清晰地看见火轮上正在下棋的两个工人，看见后面的驳船上的一对对夫妇和他们的孩子。让我关注的就是驳船上的那一个个家，一个个年龄与我相仿的孩子，这种处于漂浮和行进中的生活在我眼里是一种神秘的诱惑。

　　我热衷于对船的观察或许隐藏了一个难以表露的动机，这与母亲的一句随意的玩笑有关。我不记得那时候我有多大，也不知道母亲是在何种情况下说了这句话，她说：你不是我生的，你是从船上抱来的。这是母亲们与子女间常开的漫无目的的玩笑，当你长大成人后你知道那是玩笑，母亲只是想在玩笑之后看看你的惊恐的表情，但我当时还小，我还不能分辨这种复杂的玩笑。我因此记住了我的另一种来历，尽管那只是一种可能。我也许是船上人家的孩子，我真正的家也许是在船上！

　　我不能告诉别人我对船的兴趣有自我探险的成分，有时候我伏在临河的窗前，目送一条条船从我眼前经过，我很注意看船户们的脸，心里想，会不会是这家呢？会不会是那家呢？怀着隐秘打量世界总是很痛苦的。在河道相对清净的时候，我常常看见一条在河里捞砖头的小船，船上是母女俩，那个母亲出奇地瘦小，一条腿是残疾的，她的女儿虽然健壮高挑，但脸上布满了雀斑，模样很难看。这种时候我几乎感到一种恐怖，心想，我万一是这家人的孩子怎么办？也是在这种时候我才安慰自己：这是不可能的事，这是胡思乱想，有关我与船的事情都是骗人的谎话。

我上小学时一个真正的船户的孩子来到了隔壁我舅舅家。我舅舅家只有女孩没有男孩，那男孩的父母就通过几道人情关系把儿子送到了我舅舅家。是一个老实而显得木讷的男孩，脖子上戴着船户子弟常戴的银项圈。我对那男孩的船户背景有一种狂热的兴趣，我一边嘲笑他脖子上的项圈，一边还向他提出各种问题，问他为什么不呆在船上，跟他父母在一起，我问他难道在船上不如在我舅舅家好玩吗？那个男孩只是回答我，他要在街上上学。他不愿意跟我谈话，似乎也不愿意跟我做朋友，这使我觉得有点颓丧。有一天我听见窗外的河道响起一片嘈杂声，跑出去一看，一条大木船向我舅舅家的石埠前慢慢靠拢，船上的那对夫妇忙着要靠岸，而一个小男孩站在船头拼命地向岸上挥手，嘴里大叫着：哥哥，哥哥，哥哥！我随后就看见我舅妈拉着那男孩站在石埠上，我知道这就是那男孩家的船，船上的男女是他的父母，那个大叫大嚷的小男孩是他的弟弟。我几乎是怀着一种嫉妒的心情看着眼前这一幕，但我发现那男孩一点也不高兴，他仍然哭丧着个脸，面对着满脸喜色的家人。我觉得他不知好歹，他母亲眉眼周正，他父亲英俊魁梧，他的家在一条船上，可他还哭丧着个脸！

那船户的儿子在我舅舅家住了一个学期后就被他祖父接走了。奇怪的是他一走我对自己身世的想象也停止了，或许是我长大了。或者是一个真实的船户的儿子清洗了我内心对船的幻想。至此船在河道上行驶时我成了一个旁观者，我仍然对船展开着与年龄有关的想象，但那几乎是一种对航行和漂泊的想象了。在寂静的深夜或者清晨，我有时候被窗外的橹声惊醒，有的船户是喜欢大声说话的，一个大声地问：船到哪里去？另一个会大声地答：到常熟去。我就在被窝里想，常熟太近了，你们的船要是能进入长江，一直驶到南京、武汉，一直驶到山城重庆就好了。

我初中毕业报考过南京的海员学校，没有考上，这就注定了我与船舶和航行无缘的命运。我现在彻底相信我与船并没有什么特殊的关系，在我唯一的一次海上旅途中我像那些恐惧航行的人一样大吐不止，但我仍然坚信船舶是世界上最抒情最美好的交通工具。假如我仍然住在临河的房屋里，假如我有个儿子，我会像我母亲一样向他重复同样的谎言：你是从船上抱来的，你的家在一条船上。

关于船的谎言也是美好的。

（《纸上的美女——苏童随笔选》，苏童著，人民日报出版社，1999）

【评析】

苏州籍作家苏童以先锋小说扬名文坛，在他为数不多的散文作品中，童年记事、世态人情与文艺杂谈是最主要的内容。和他那些富有先锋色彩的小说不同，苏童的散文在朴实的语言之中往往透着江南文化熏染下的隽秀之气。

《船》属于童年记事类散文。散文的开篇用一种舒缓的笔调为我们描绘了一幅苏州日常生活图景。苏州城内河网密布，内河水道洁净而明亮，市民沿河而居，面街背河，河水每天都在流动。"流动的河水中经过了无数驶向常熟太仓或昆山的船。最常见的是运货的驳船队，七八条驳船拴接在一起，被一条火轮牵引着，突突地向前行驶。"水乡生活的安详与流动，与作者童年时代对船只的幻想相互依存，形成微妙的心灵图景。

作者对往来船只的关注，一方面是因为其中有一艘自己非常喜欢的客船，有着白色的客舱和蓝色的船体，显得气宇轩昂。另一方面则是因为母亲的一个玩笑："你不是我生的，你是从船上抱来的。"这个几乎天下所有父母都对自己孩子开过的玩笑，在作者的童年世界中如同一颗重磅炸弹，引爆了作者对自己身世的无限遐想。于是他观察船户的生活，过往的船只，"目送一条条船从我眼前经过，我很注意看船户们的脸，心里想，会不会是这家呢？会不会是那家呢？"苏童将最绵密的笔墨，用于追述童年时纠结在身世困惑中的自己。如果遇到那艘在河里捞砖头的小船，他就会感到恐怖，因为船上的母女俩，一个瘦小残疾，一个模样很难看，"我"很害怕自己是这户人家的孩子。又或者嫉妒隔壁舅舅家那个真正的船户家的孩子，因为他母亲眉眼周正，他父亲英俊魁梧，他的家真的在一条船上。在这样的反复幻想中，他幼小的心灵竟然也感觉到"怀着隐秘打量世界总是很痛苦的。"阅读这样的文字，莞尔之际也极易唤醒读者对童年的记忆。在深谙人情世故的成人世界，回望童年的快乐与哀伤，你会讶异于孩子的世界是如此真实而细腻。

《船》的最后两段文字，是作者对人生感悟的升华。抛开童年时对身世的好奇不谈，作者对船只的喜爱最初源于"这种处于漂浮和行进中的生活在我眼里是一种神秘的诱惑"。当船户家儿子离去，作者对身世的幻想也随之停止，船对他而言"几乎是一种对航行和漂泊的想象了"。这船如果能够"进入长江，一直驶到南京、武汉，一直驶到山城重庆就好了"。作者为这个目标努力过，遗憾的是失败了。尽管在船上他也会像那些恐惧航行的人一样大吐不止，但"仍然坚信船舶是世界上最抒情最美好的交通工具"。看到作者决定向自己的孩子传承母亲的谎言，我们会恍然大悟，原来童年的趣事并不仅仅是从我对船的喜爱之情中衍生出来的一段插曲，原来在所有与船相关的渊源终于尘埃落定之后，最值得作者珍爱的还是那段求证谎言的心路历程，因为它只可能属于童年。

　　"关于船的谎言也是美好的。"这句话使《船》这篇看似闲话家常的作品有了独特的诗意与深度。童年是人类成长道路上最具有神话思维的时期，在人类的记忆中，孩提时代的记忆具有不可替代的神秘气质。对于普通人而言，童年或许只是一段经历，对苏童而言，却是传达个人价值判断的重要途径。"从某种意义上说，文学是延续童年好奇心的产物"，"我们如此辛苦地拜访童年生活，只是想探索一条捷径，直抵现实生活的核心。"（苏童《创作，我们为什么要拜访童年?》）可以说，作为一篇有着鲜明闲话风格的散文，《船》除了闲话散文共有的散淡与幽默，最有魅力的地方就是作者对童年记忆的美学思考。

【练习】

1. 作者说"关于船的谎言也是美好的"，为什么？
2. 关于童年，有不少散文名篇，如鲁迅的《从百草园到三味书屋》、冰心的《我的童年》等。对散文创作来说，童年题材是否有特殊的优势？

（潘慧琼）

中编

语言知识通论

第八单元 语音与文字

语音知识概要

第一节 语音的定义和性质

一、语音的定义

语音是由人类通过发音器官发出的声音。与一般的自然界的声音形式不同，语音具有一定的意义，其目的是满足人们社会交际的需要。人类的语言必先以语音的形式而存在，世界上有些语言没有与之对应的文字，但所有的语言都一定有某种语音形式。语音是语言的物质外壳，语音与语言的其他要素之间都存在着密切的关联，而且在语言的诸要素中，语音是居于主导地位的。

语音的性质是由其物理属性、生理属性和社会属性决定的。

二、语音的物理属性

语音同自然界其他声音一样，都是由物体的振动发出的。任何声音都由音高、音强、音长、音质四种要素构成。语音也具有这四个基本物理属性。

1. 音高

音高指声音的高低，由发音体在单位时间内的振动次数的多少（频率）所决定。人们能够感知的各种声音的频率约在 20 至 20000 赫兹之间，不能直接感知高于或低于这一频率范围内的声音。和自然界的其他声音一样，语音频率的高低也由发音体（声带）的特征决定。比较短、薄、紧的声带，发音时音频大且声音高，反之则低。一般说来，女性和儿童的音高要高于成年男性。

汉语声调的不同就是由音高变化决定的。例如在汉语普通话"qi"这个声韵组合中，有"七、奇、起、气"四种不同的声调形式。

2. 音强

音强指声音的强弱，由发音体发音时声波振动幅度的大小（振幅）所决定。声音的强弱取决于发音时所用力量的大小。音强随发音时力量的大小增强或减弱。

现代汉语普通话中，同形词语的意义区分有时就是通过轻重音的变化来实现的。例如：

"大"字重读时：　　　　　　　　"姑"字重读时：

大姑娘——第一个女儿　　　　　大姑娘——已成年的女孩子

3. 音长

音长指声音的长短，由发音体振动持续的时间所决定。发音体振动时间越长，音长就越长，反之就越短，以毫秒（ms）为计算单位。

音长在一些语言里可以区别意义。汉语中一般不以音长作为主要区别意义的手段，但音长经常作为发音中的一个伴随性的特征出现。比如汉语的重读音以音强作为主要音节特征，除音强较强外，音长也较长；相对而言，轻声音节音强较弱，音长也比较短。如汉语普通话里的"东西南北"中"西"的发音音长较长，而"不是东西"中"西"的发音音长较短。

4. 音质

音质指某个声音的特色或个性，也就是该声音的本质。音质是声音与声音之间相互区别的最根本的特征。研究表明，音质受发音体、发音方法和共鸣器形状三个方面因素的制约。

人们发语音时，可以任意控制口腔形状的变化、鼻腔的开合、咽喉的松紧以及气流的强弱这些语音音质形成的重要条件。一个语音系统内部的辅音之间、元音之间以及辅音和元音之间的差异主要就是由彼此之间的音质差异造成的。

三、语音的生理属性

语音是由发音器官发出的声音，因而不可避免地带有生理方面的属性。因此，了解发音器官的构造和活动情况，是学好语音的重要前提。人的发音器官可分为以下三个部分。

1. 肺和气管

所有声音的产生都是物体振动的结果，人们所发出的语音是体内的气流经过一系列的运动和调节，形成振动之后产生的。肺是形成气流的基本来源，气管是气流呼入呼出的通道。气流从肺部产生，经由气管到达喉头，在这里振动声带，最后经口腔和鼻腔等器官的调节，就可以发出各种声音。肺和气管属于人们发音的动力系统。

2. 喉头和声带

声带位于构成喉头的软骨组织之间，由两片有弹性的薄膜组成。平时呼吸时，软骨组织牵引声带呈打开状态，以便气流自由出入；发音时声带合拢，气流从声带间的窄缝中挤出，振动发声。喉头和声带是语音的发音体。

3. 口腔和鼻腔

口腔包括唇、牙齿、齿龈、硬腭、软腭、舌头和小舌。在人类的发音器官中，舌头最为灵活和便于控制，调整舌位是控制不同发音的重要手段。

鼻腔对发音的调节不像口腔那样灵活，只能通过控制气流是否通过鼻腔来实现对声音的控制。如果发音时软腭、小舌下垂，口腔通道关闭，气流在鼻腔发生共鸣，这时发出的就是鼻音。

口腔和鼻腔是我们发音的共鸣器，声带发出的声音经过口腔和鼻腔的调节，形成具有不同特征的音素。

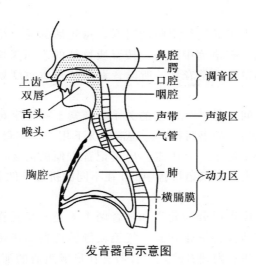

发音器官示意图

四、语音的社会属性

语音的社会属性可以从外部因素和内部因素两个方面进行考察。

1. 外部因素

所有的声音都具有物理属性，所有生物发出的声音都具有生理属性。人类的语音作为语言的物质载体，不同于自然界的其他声音。语音在社会交际中必须代表一定的意义，它和它所表达的意义之间的联系不是由个人决定的，而是由使用这一语言的社会全体成员约定俗成的，也就是说语音形式和意义之间的联系需要全体社会成员的共同认可。擅自改变已有的音义结合状况，是无法实现正常的社会交际的。从承载意义和音义结合的角度来看，语音具有鲜明的社会属性。

2. 内部因素

语音的社会属性还表现在语音的内部系统方面。不同语言和同一语言内部不同方言的语音成分和结构方式都是自成系统的。在不同的语音系统内部，物理属性和生理属性相同的语音形式，所起的作用却不一定相同。例如在汉语普通话里，n 和 l 这两个辅音的发音特点不同，具有区别意义的作用。但在一些汉语方言当中，n 和 l 充当声母时只选择其中的一个使用，有的方言里甚至可以任意互相替换，所表达的意义不变。

从上述两方面来看，语音不同于一般的声音，它具有明显的社会属性，而不是纯粹的物理、生理现象。

第二节　语音单位

一、音素

我们通以语音为工具进行交际的时候，每句话都是一组连续音，这一连串的音称之为语流。把语流中的音，按音质特征的不同来切分，分到不能再分时所剩下的最小单位就是音素，所以音素是从音质角度划分出来的人类语音的最小单位。

音素和字母之间不是一一对应的关系。音素不同于字母，前者是最小的语音符号，后者是最小的书写符号。通常情况下用一个字母来记录一个音素，有时也用两个字母来记录一个因素。出于记音方便的需要，一个字母也可以表示几个不同的音素，如汉语拼音中的 i 在不同的拼合条件下可以表示三个不同的音素。

音素从音质角度可以分为元音和辅音两个大类。发元音时，发音器官包括共鸣器在内均衡地保持紧张状态，气流较舒缓地振动声带，通过发音器官时不会遇到什么阻碍；发辅音时，发音器官在形成阻碍的那一部分是紧张的，其他的部分保持一般状态，气流必须克服它所遇到的阻碍才能通过，所以比较急促，声带不一定振动。

二、音节

在人类的自然语言中，音素是最小的单位。但是我们在日常的话语交际中所能感觉到的最小的单位不是音素，而是音节。罗常培指出："音节是由一个或几个音素组成的最小的语音片段。"（罗常培、王均《普通语音学纲要》）

汉语的音节特征和音节界限十分明显。一般用一个汉字代表一个音节，在标注儿化音时用两个汉字代表一个音节，如"腿儿"（tuǐr）。汉语普通话的音节有以下特点：

1. 一个汉语音节最多能有四个音素，如"先"（xiān）；最少要有一个音素，如"啊"（ā）。

2. 每个汉语音节都要有声调，轻声不是独立的声调，而是某个调值的音变形式。

3. 汉语音节中一般必须有元音，最多可以有三个元音，如"怀"（huái），有"u、a、i"三个元音；鼻辅音有时可以独立成为音节，如"嗯"（ňg）。

4. 汉语音节中没有相连的辅音（复辅音）。

三、声母、韵母、声调

汉语的音节一般由声母、韵母和声调三个部分组成。详见第三、四、五节分别对普通话的声母、韵母和声调系统进行的专门介绍。

四、音位

1. 音位的定义

音位是在一个特定的语音系统中具有区别意义作用的最小的语音单位。音位具有以下三个方面的特点：

（1）音位是属于某个具体的语言的。如汉语音位系统不同于其他语言的的音位系统，汉语普通话的音位系统与汉语其他方言的音位系统也不完全一致。

（2）音位能区别意义。如汉语普通话中"bāi"（掰）和"pāi"（拍）的意义不同，就是因为汉语普通话中 b 和 p 分属不同的音位，具有区别意义的作用。

（3）音位是最小的单位。如"háo"（豪）和"náo"（挠），虽然也具有区别意义的作用，但它们属于不同的音节，还可以分割成更小的语音单位，因而不属于音位的差别。上述音节中的 h 和 n 的对立具有区别意义的作用，并且已经是最小的单位，不能再行分割，所以属于音位的差别。

2. 普通话的音位

普通话的音位分为元音音位、辅音音位和声调音位。元音音位、辅音音位都是从音质角度归纳出来的，称为音质音位，不同的元音和辅音都分属于不同的音位。声调音位也称调位，是从音高角度归纳出来的，属于非音质音位，汉语普通话有四个调位。

五、记音符号和记音方法

记音符号是记录语音的符号。汉字非拼音文字，字形不直接表示读音，所以需要使用记音符号给汉字注音。传统的汉字注音方式主要有直音法、反切法、字母注音法：

1. 直音法。直音法是最古老的注音法，即用同音字来注音，如"根，音跟"。

2. 反切法。反切是"用两个汉字注出另一个汉字的读音"。"反切的基本原理是：上字取声，下字取韵（包括调）。"（唐作藩《音韵学教程》）如《广韵》对"冬"字读音注为"冬，都宗切"。反切法的原理与现在的汉语拼音方案基本相同，是古代汉语中使用方便，影响深远的一种汉字注音方法。

3. 字母注音法。它是一种采用专门设计的字母或符号来给汉字注音的方法，比较有影响的是民国时期的"注音字母"。注音字母所使用的符号是选取汉字的部件加以变化而来，规则与汉语拼音方案基本一致。目前我国台湾地区仍使用注音字母为汉字注音。

　　现代最常用的汉字记音符号系统主要有以下两种。

　　1. 汉语拼音方案。1956 年 2 月中国文字改革委员会组织专家拟定了《汉语拼音方案（草案）》，并于 1958 年 2 月经由第一届全国人民代表大会第五次会议批准，正式颁行。《汉语拼音方案》采用 26 个拉丁字母作为基本符号记录汉语的音位系统，便于对中文信息进行处理和流通。当前，随着汉语的广泛传播，汉语的国际地位不断提升，汉语拼音方案在汉语教学中发挥着越来越重要的作用。

　　2. 国际音标。国际音标是国际语音学会于 1888 年制定公布的一套标音符号。国际音标采用拉丁字母及其各种变化的符号形式记录各种语音音素，严格遵循"一个音素一个符号，一个符号一个音素"的原则，符号与音素之间呈一一对应的关系，记音效果清晰准确。国际音标是一套缜密科学的记音符号系统，在语音研究领域被广泛使用。

汉语拼音字母与国际音标对照表

声母表：

拼音字母	国际音标	拼音字母	国际音标	拼音字母	国际音标
b	[b]	g	[k]	s	[s]
p	[bʻ]	k	[kʻ]	zh	[tʂ]
m	[m]	h	[x]	ch	[tʂʻ]
f	[fʻ]	j	[tɕ]	sh	[ʂ]
d	[t]	q	[tɕʻ]	r	[ʐ]
t	[tʻ]	x	[ɕ]	y	[j]
n	[n]	z	[ts]	w	[w]
l	[l]	c	[tsʻ]	v	[v]

单韵母表（以下韵母为单用或只跟在辅音后）

拼音字母	国际音标	拼音字母	国际音标	拼音字母	国际音标
a	[A]	e	[ɤ]	u	[u]
o	[o]	i	[i]	ü	[y]

复韵母表

拼音字母	国际音标	拼音字母	国际音标	拼音字母	国际音标
ai	[ai]	ing	[iŋ]	uai	[uai]
ei	[ei]	ia	[ia]	ui（uei）	[uei]
ao	[au]	iao	[iau]	uan	[uan]
ou	[ou]	ian	[iæn]	uang	[uaŋ]
an	[an]	iang	[iaŋ]	un（uen）	[uən]
en	[ən]	ie	[iɛ]	ueng	[uəŋ]
in	[in]	iong	[yŋ]	üe	[yɛ]
ang	[aŋ]	iou	[iou]	üan	[yæn]
eng	[əŋ]	ua	[ua]	ün	[yn]
ong	[uŋ]	uo	[uo]	ng	[ŋ]

注：汉语普通话 i 的同一音位有 3 个变体形式：[ɿ]：跟在 z、c、s 后；[ʅ]：跟在 zh、ch、sh、r 后；[i]：跟在其他辅音后。

第三节　现代汉语声母系统

一、声母和辅音

汉语的声母指的是每个音节开头的辅音。如果音节开头没有辅音，则称之为零声母。如"课程"（kèchéng）的"k"、"ch"就是声母；而"奥"（ào）则没有开头辅音，即为零声母。

辅音和声母是两个不同概念。辅音是从音质角度进行区分的，声母是从音节结构角度进行区分的。汉语音节中，辅音既可以充当声母，也可以充当韵尾，如"nán"这个音节中，前边的"n"充当声母，后面的"n"充当韵尾。在汉语普通话中的 22 个辅音中，除"n"和"ng"能作韵尾外，其余的都只能作声母，其中"ng"只能作韵尾。

二、声母的类型

区分声母的不同主要考察两个方面。一个是发音部位的不同，也就是发辅音时发音器官紧张和形成阻碍的位置。普通话声母按照发音部位的不同可以分为双唇音、唇齿音、舌尖前音、舌尖中音、舌尖后音、舌面音和舌根音。另一个是发音方法的不同，又可以从阻碍气流方式、声带是否颤动、气流强弱三个方面加以细分。其中，按阻碍气流方式可以分为塞音、擦音、塞擦音、鼻音和边音；按声带是否颤动可以分为清音和浊音；按气流强弱可以分为送气音和不送气音。

三、普通话声母的发音偏误

现代汉语语音的一个显著特点是方音差别明显。方音的差别表现在汉语的声、韵、调各个方面，而且这些偏误都具有一定的规律。因此，从这些偏误规律入手对方音偏误进行矫正，对推广普通话具有重要意义，这也是汉语标准化的重要任务之一。常见的声母发音偏误有以下几类。

1. n 和 l 的读音偏误

n 和 l 的发音方式有相同之处。发这两个音时，舌尖都翘起顶住上齿龈。不同之处在于，发 n 音时小舌下垂，气流经由鼻腔流出；而发 l 音时小舌抬起，堵住鼻腔的通道，气流经由舌头的两边流出。

汉语方言中 n 和 l 不分的情况分布比较广，表现形式也不同。在有的方言（如兰州话）中两者可以互换，任意使用，如"男篮"可以读成"nánnán"，可以读成"lánlán"；也有的方言（如重庆话）中把 l 变为 n，如把"落难"读成"nuònàn"；有的方言（如南京话）中把 n 变为 l，如把"红男绿女"读成"hónglánlǜlǚ"。普通话存在 n 和 l 的读音偏误情况的人一般是受各自方音的影响，应先对自己方言中 n、l 的使用情况进行详细了解，再根据普通话中这两个音的发音规律进行矫正。

2. zh、ch、sh 与 z、c、s 的读音偏误

zh、ch、sh 与 z、c、s 这两组读音的区别主要在于发音部位的不同。发 zh、ch、sh 这组音时舌尖翘起轻抵或靠近硬腭；而发 z、c、s 这组音时是用舌尖抵住上齿内侧。

zh、ch、sh 与 z、c、s 不分的现象，在许多方言区中存在，如东北方言把"擦手"说成"chāshǒu"，把"中心"说成"zōngxīn"。矫正普通话中这两组发音的偏误，主要手段就是通过练习来体会彼此发音部位的不同。

3. f 和 h 的读音偏误

f 和 h 的发音方法相近，都是清擦音，所以容易混淆。它们的区别主要在于，f 从发音部位上看是唇齿音，而 h 是舌根音。

在西南方言、赣方言、湘方言和粤方言中都存在 f 和 h 混淆的情况，如把"呼吸"说成"fūxī"，把"方法"说成"huānghuǎ"。由于二者发音部位的差别非常明显，所以只要找到各自方言的偏误规律，此种偏误还是不难矫正的。

4. f 与 sh 的读音偏误

通过前面的介绍，我们可以了解到 f 和 sh 的发音方法相近，都是擦音，但它们的发音部位不同。

部分方言里有不区分 f 和 sh 的情况，如鲁西南地区。f 和 sh 相混的情况是经常将声母 sh 读成 f，如把"老鼠"说成"lǎofǔ"。矫正二者的发音偏误应

主要从发音部位的不同入手。

　　矫正普通话声母的发音偏误，除找到方音声母与普通话声母之间的差异规律外，还要多听多练，同时还要克服害羞和抵触心理。

第四节　现代汉语韵母系统

　　一、韵母的类型

　　韵母指的是音节中声母后边的音素。普通话韵母的主要组成部分是元音，有的也包含辅音。如"上课"（shàngkè）这两个音节除了声母 sh 和 k 外，后面分别还有 ang 和 e，我们称 ang 和 e 为韵母。音节里声母后面的部分就是韵母。根据韵母结构可分为单元音韵母、复元音韵母和带鼻音韵母三类，共 39 个。

　　1. 单元音韵母

　　由单元音构成的韵母叫单元音韵母，就是发音时舌位、唇形不变的元音。普通话有 10 个单元音韵母，其发音条件及举例如下：

　　a［A］舌面、央、低、不圆唇元音。如"大坝"、"发达"。

　　o［o］舌面、后、半高、圆唇元音。如"泼墨"、"磨破"。

　　e［ɤ］舌面、后、半高、不圆唇元音。如"各科"、"色泽"。

　　ê［ɛ］舌面、前、半低、不圆唇元音。如"欸"。

　　i［i］舌面、前、高、不圆唇元音。如"机器"、"低级"。

　　u［u］舌面、后、高、圆唇元音。如"布谷"、"读书"。

　　ü［y］舌面、前、高、圆唇元音。如"雨具"、"序曲"。

　　-i［ɿ］舌尖、前、高、不圆唇元音。如"字词"、"自私"。

　　-i［ʅ］舌尖、后、高、不圆唇元音。如"知识"、"实施"。

　　er［ɚ］卷舌、央、中、不圆唇元音。如"二儿"、"尔尔"。

　　2. 复元音韵母

　　复元音韵母是由两个或三个元音结合而成的。普通话共有 13 个复元音韵母。按照其在音节中的响度可以分为：

　　（1）前响复合元音韵母，包括 ai、ei、ao、ou 共 4 个。

　　（2）中响复合元音韵母，包括 iao、iou、uai、uei 共 4 个。

　　（3）后响复合元音韵母，包括 ia、ie、ua、uo、üe 共 5 个。

　　3. 带鼻音韵母

　　汉语普通话中带鼻音韵母共有 16 个。从发音部位的角度分为两种：

　　（1）舌尖鼻音韵母，包括 an、ian、uan、üan、en、in、uen、ün 共 8 个。

　　（2）舌根鼻音韵母，包括 ang、iang、uang、eng、ing、ueng、ong、iong 共 8 个。

二、普通话韵母的发音偏误

与声母的发音偏误一样，普通话韵母发音偏误的成因主要也是受到不同方音的影响。常见的有以下四种：

1. 韵尾 n 和 ng 的读音偏误

韵尾 n 和 ng 从发音部位上看，都属于鼻音；因此容易混读。二者的区别在于，发 n 音时舌尖上翘，靠近上齿内侧，发 ng 音时，舌头向后靠近咽喉部位并保持紧张状态。

汉语方言中的吴方言、西南方言和西北方言等都存在 n 和 ng 不分的情况。有将 n 混入 ng 的，如把"阴阳"说成"yīngyáng"，也有将 ng 混入 n 的，如把"迎宾"说成"yínbīn"。正确区分这两个音，首先根据发音时舌位的不同发准 n 和 ng，再逐渐掌握读 n 和 ng 的常用字词。

2. i 和 ü 的读音偏误

从发音条件上看，i 和 ü 都属于舌面前高元音，许多方言中容易混淆。二者的区别在于前者是不圆唇元音，后者是圆唇元音。

汉语方言中的西南方言和湘方言都有将 ü 读成 i 的情况，如把"具体"说成"jìtǐ"。从圆唇和不圆唇这个特点出发，就能正确区分和掌握这两个读音。

3. o 和 e 的读音偏误

从发音条件上看，o 和 e 都属于舌面后半高元音，因此容易混淆。二者的区别在于前者是圆唇元音，后者是不圆唇元音。

汉语方言中的东北方言将 o 读成 e，如把"寂寞"说成"jìmè"；西南方言容易将 e 读成 o，如把"核对"说成"huóduì"。与矫正 i 和 ü 的读音偏误一样，正确区分和掌握 o 和 e 的读音也要从区分圆唇和不圆唇入手。

4. 韵头脱落引起的读音偏误

汉语方言中的西南方言和湘方言经常发生韵头 i 和 u 脱落的情况。如把"电话"说成"dànhuà"，把"灰色"说成"hēisè"。韵头丢失的原因比较复杂，古今语音的演变不同是一个重要成因。矫正时需要将本方言与普通话的读音进行比较，找出韵头脱落的规律，然后系统地加以矫正。

第五节　现代汉语声调系统

一、声调的定义

音节高低、升降、曲直、长短的变化叫声调。声调的变化，贯穿于整个音节。声调是汉语音节结构的重要特征之一，具有区别意义的作用。如"七、齐、启、器"的声母及韵母都相同，但是声调的不同把"qi"这个音节细分为四个，声调在这一组音节中具有区别意义的作用。声调可以从调类和调值两个方面进行分析。

二、调值和调类

调值指的是声调实际读音高低、升降、曲直和长短的形式。调值跟音高的变化有关，调值的不同不取决于绝对音高，而取决于相对音高。所谓绝对音高就是发音时由频率所决定的声音的高低。一般说来，小孩和女性的发音体声带比较短、比较薄，发音时的频率要高于成年男子，也就是绝对音高较高。相对音高由发音时的音高变化幅度及其形式所决定，比如同是发阳平调，虽然女性的绝对音高要高于男性，但其变化的幅度与上升的形式与男性是相同的，所以调值是相同的。

调类指的是声调的种类，将音高变化相同的音归在一起所形成的类聚就是调类。

最常见的标记声调的方法是"五度标调法"，是一种采用标记调值的方法，由赵元任先生设计，将音高分成五度，分别为：

高——5

半高——4

中——3

半低——2

低——1

例如去声的调值为 51，表示其读法为从高到低的下降调。

普通话有四个声调，即：阴平（高平调，调值为 55），阳平（中升调，调值为 35），上声（降升调，调值为 214），去声（高降调，调值为 51）。

三、古今调类比较

现代汉语的声调由古代汉语的声调演化而来。汉语的四声相传是南朝的沈约发明的，传统的音韵学将其分为平声、上声、去声和入声。王力先生指出："调值的变迁是比较快的，调类的变迁是比较慢的。直到今天，汉语方言虽然复杂，调类还是基本一致的。但是我们也不能说调类没有变化。首先是浊上变去声，其次是声调分阴阳，其次是入声的消失。"（王力《汉语史稿》）现代汉语的四声是从古汉语的四声分化演变而来，声调古今演变所遵循的是"平分阴阳、浊上变去、入派三声"这样的基本规律。

1. 平分阴阳

平分阴阳是指中古汉语平声分成现代汉语的阴平和阳平两类。其中清声母（包括全清、次清）的平声字归阴平，浊声母（包括全浊、次浊）的平声字归阳平，即：

清声母平声——→阴平

浊声母平声——→阳平

2. 浊上变去

浊上变去是指中古汉语全浊声母的上声归入现代汉语的去声，而次浊声母和清声母的上声字在现代汉语中依然读上声，即：

全浊上声——→去声

清和次浊上声——→上声

3. 入派三声

入派三声是指中古汉语入声消失，归入现代汉语的平、上、去三声（即阴平、阳平、上声、去声四声）。其中，全浊入声归入阳平，次浊入声归入去声，而清声母入声字的归并则比较复杂，分散在阴平、阳平、上声、去声中，即：

全浊入声——→阳平

次浊入声——→去声

清入声——→阴、阳、上、去

在语言的三要素（语音、词汇、语法）中，语音的古今变化最为显著；在汉语的声、韵、调系统中，声调的古今变化最为明显。现代汉语的声调系统由古代汉语的声调系统演化而来。但是演化的结果在普通话和各种方言之间并不一致，主要表现为普通话和各方言之间调类差别很大。因此，找出各自方言与普通话之间的调类对应规则，是矫正方音的重要手段。

【练习】

1. 语音具有哪些属性？语音的本质属性是什么？
2. 什么是音素？元音和辅音最重要的区别是什么？
3. 普通话音节的特点有哪些？
4. 声母可以分为哪些类型？
5. 普通话中的单韵母有哪些？
6. 说说普通话复合元音韵母的数量及类型。
7. 什么是调值？什么是调类？

【拓展阅读】

1. 罗常培、王均：《普通语音学纲要》，商务印书馆，1981 年版。
2. 曹剑芬：《现代语音基础知识》，人民教育出版社，1990 年版。
3. 林焘、王理嘉：《语音学教程》，北京大学出版社，1992 年版。
4. 徐世荣：《普通话语音常识》，语文出版社，1999 年版。

5. 杜青：《普通话语音学教程》，中国广播电视出版社，1999 年版。

6. 唐作藩：《音韵学教程》，北京大学出版社，2002 年版。

7. 吴洁敏：《新编普通话教程》，浙江大学出版社，2003 年版。

8. 王力：《汉语史稿》，中华书局，2004 年版。

9. 金晓达、刘广徽：《汉语普通话语音图解课本》，北京语言大学出版社，2006 年版。

（武文杰）

文字知识概要

第一节　文字和文字学

语言是人类最重要的交际工具，是用来传达语义的声音符号系统。文字是记录语言的工具，其功能就是把声音符号系统转化为视觉符号系统，使得语言能够流于异时、传于异地，突破了时空的局限。

广义上的"文字"概念是指人们"用来进行交际的约定俗成的可见符号系统"，狭义上的"文字"则是"记录语言的书写符号"。实际上，"文字"一词既可以用来指单个的字，也可以用来指记录语言的文字符号的整个体系，是这两种意义的综合。

文字学是以文字为研究对象的一门科学，研究内容包括文字的起源、发展、性质、结构、形音义关系、字体规范等。目的是揭示文字的产生、发展、演变的规律，探寻文字和语言之间的关系。

在中国古代，"文字"一词用来专指"汉字"。因此，文字学即为汉字学。东汉许慎对"文字"作出这样的解释："仓颉之初作书也，盖依类象形，故谓之文。其后形声相益，即谓之字。字者，言孳乳而浸多也。"按照段玉裁注的意思，独体构形的叫作"文"，合体构成的叫作"字"，"文字"连称则是指全部汉字。

王宁先生认为汉字学有以下四个方面的分支：

（一）汉字构形学。探讨汉字的形体依一定的理据构成和演变的规律，包括个体字符的构成方式和汉字构形的总体系统中所包含的规律，是其他几个分支的枢纽和基础。

（二）汉字字源学。字源学是研究探讨形源的规律和汉字最初构形方式的学科，就是尽量找出汉字的最早字形，寻找每个字构字初期的造字意图。

（三）汉字字体学。汉字字体指不同时代、不同用途（鼎彝、碑版、书册、信札等）、不同书写工具（笔、刀等）、不同书写方法（笔写、刀刻、范铸等）、不同地区所形成的汉字书写的大类别和总风格。

（四）汉字文化学。这种研究有两方面的目的：一方面是宏观的，即把汉字看成一种文化事象，然后把它的整体，放在人类文化的大背景、巨系统下，来观察它与其他文化事象的关系，这是宏观汉字文化学；另一方面则是微观的，即要研究汉字个体字符构形和总体构形系统所携带的文化信息，对这些文化信息进行分析、加以揭示，这是微观汉字文化学。

学习文字学的意义在于：有助于正确理解古代文献，有助于研究语言学其他门类，有助于了解古代的物质文化和社会习俗，有助于语文教学，有助于汉字的规范化。

第二节　汉字的产生、汉字形体的发展与演变

（一）汉字的产生

探寻汉字的产生，必须以考古学为基础，结合古代文献的记载和其他民族的民俗学知识，综合考察。

1. 有关汉字起源的文献记载主要有以下四种：

（1）仓颉造字说。即认为汉字是黄帝时期的史官仓颉所创，《说文解字·叙》："仓颉之初作书也，盖依类象形。"

（2）结绳记事说。即认为汉字来源于结绳记事，《易经·系辞下》："上古结绳而治，后世圣人易之以书契。"正义引郑玄说："事大，大结其绳；事小，小结其绳。"

（3）八卦说。即认为汉字来源于八卦，《易经·系辞下》第二章："古者包牺氏之王天下也，仰则观象于天，俯则观法于地，观鸟兽之文与地之宜，近取诸身，远取诸物，于是始作八卦，以通神明之德，以类万物之情……上古结绳而治，后世圣人易之以书契，百官以治，万民以察，盖取诸夬。"《说文解字·叙》也有类似表述。

（4）契刻说。即认为汉字来源于契刻，《释名·释书契》："契，刻也。刻识其数也。"古代文献中常常"书契"并提，《尚书序》曰："伏牺氏之王天下也。始画八卦，造书契，以代结绳之政，由是文籍生焉。"

2. 汉字起源的考古学考察得出的结论主要有以下两条：

（1）文字起源于图画。通过对古代岩画研究发现，汉字来自图画。沈兼士说："余以为文字之起源，实由记事之绘画。"（沈兼士《沈兼士学术论文集》）唐兰说："文字本于图画。"（唐兰《中国文字学》）原始图画有两个发展方向：一是向着艺术发展，成为美术绘画；一是向着实用发展，后来演变为文字。

（2）文字起源于刻画符号。随着考古发掘，大量的新石器时代陶器刻画

符号出土。从舞阳、双墩、仰韶、崧泽、良渚、龙山、马家窑、大汶口等地发现的刻划符号的分析来看，这些符号大体上可以分为两类：一类是象形符号，一类是不规则的几何符号。

半坡陶文（仰韶文化，距今 6000 多年）　　　　宁夏岩画

　　3. 民俗学的研究。下列文字起源的说法有的也符合类似仓颉造字说。据苏美尔人和埃及人的古文献记载，苏美尔楔形文字和古埃及的象形字都是神创造的；结绳记事法，过去曾被生活在秘鲁的印第安人广泛使用；而契刻法曾被红河哈尼族、西双版纳州的基诺族用来记录一些重要的事件。

　　对于文字产生，我们的意见如下：

　　（1）图画、陶器刻符都是人类使用的记事符号，是劳动人民在长期社会实践中创造的，是文字的源头。但是图画、刻符本身并不是文字，对于同一幅画，一方面，不同的人会有不同的理解，另一方面，即使理解相同，表述也未必一样；陶器刻符也不是文字，拿它们同以后的真正文字比较，如同甲骨文比较，一是形体过于简单，再是符号过少，它们不可能准确完整地记录语言。就是说，图画、刻符只是记载事情的辅助工具，不能做到与语言的音节严格对应，不是记录声音符号系统的视觉符号系统。

　　（2）文字是一套严密的视觉符号系统，是用来记录语言这一复杂声音符号系统的，需要有专业人员的整理、授受，如《汉书·艺文志》记载："古者八岁入小学，故周官保氏掌养国子，教之六书……"从历史上看，那些没有掌握文字、不会使用文字的人，多为社会底层的劳动人民。从甲骨文以及商周金文来看，文字的使用者都是王、巫史、贵族。

　　总之，作为单个符号，汉字源于图画，其起源与发展要有一个漫长的历史过程。但是，作为记录语言的文字系统，其产生应该有一个质变点，传说中的英雄人物可能在文字的创制、整理和流传过程中起到了特别重要的作用，从这一点看，仓颉作书是有其合理性的一面。

　　仓颉作书合理性还有另一个方面，那就是文字产生的时间。西方学者一般认为人类社会进入文明的标志之一是文字的产生，是在新石器时代到奴隶社会的过渡时期，对应中国的社会发展进程，就是黄帝、尧舜禹时代。

（二）汉字的演变

汉字形体的演变一般分做两个大的阶段，即古文字阶段和今文字阶段。前一阶段起自殷商终于秦，后一阶段自汉代一直延续至今。

1. 商、西周、春秋文字

商、西周、春秋文字主要是甲骨文和金文。"甲骨文"即龟甲和兽骨上的文字，绝大多数是用刀刻的，少数用毛笔书写。甲骨文发现于商代后期王都的遗址殷墟，在今河南安阳市西北。从盘庚迁殷到商纣亡国，一共经历了二百七十多年，大部分甲骨文是这一时期商王的占卜记录。另外，除安阳外，西周故地出土有商周之际的周原甲骨。

商代甲骨文

西周金文（墙盘）

西周是铜器文化的全盛时期，礼器（食器、乐器、水器、酒器等）铸造得非常精美，铭文一般较长，兵器上有的也铸有少量的文字。西周铜器大多为周王朝贵族、臣僚所作，春秋铜器几乎都是各个诸侯国所作。

总的来说，商代文字具有如下特点：

（1）形象程度高。商代后期的文字，跟图画已经有了本质区别，显示出了文字的古老面貌。但是作为一种文字，其象形程度依然很高。有些字抓住了事物的特征，形象逼真，笔划时多时少，也不影响人们的识读和使用。在族名金文和早期甲骨文里，这种现象尤其突出。

（2）字形的方向和写法不固定，大小不一，布局上参差错落。不论在甲骨文还是金文里，几乎每个字都有不少异体字。如"子"字在甲骨文中最少有这么多种写法：

商、西周与春秋文字，是一脉相承的，文字特点基本相似。从商到西周再到春秋，字形有如下变化趋势：（1）字形变得大小匀称，布局整齐。（2）字体变得线条化，平直化，简单化。

2. 战国文字

周平王东迁洛阳之后，天子式微，诸侯称霸，历史进入了礼崩乐坏的春秋战国时代。从春秋中晚期开始，这种礼崩乐坏在文字形体上也逐渐显现出来。在古文字学上，传统上把春秋晚期和秦统一后的文字也列入战国文字研究范围之内。

战国文字形体也随着诸侯割据而发生分化，这种分化朝着两个不同的方向发展：秦国文字较为保守，继承殷周文字没有大的变化；其余国家的文字则变化较大，各自逐步形成鲜明的地域特色。因此，战国文字分为秦、晋、齐、楚、燕五系文字。（参见李学勤《战国题铭概述》，《文物》1959 年第 7—9 期）正如许慎在《说文解字·叙》中所说："其后诸侯力政，不统于王，恶礼乐之害己，而皆去其典籍。分为七国，田畴异亩，车涂异轨，律令异法，衣冠异制，言语异声，文字异形。"

战国文字的使用材料也发生了很大变化。战国文字按材料分主要有：金文、兵器文字、货币文字、陶文、玺印文字、简帛文字、石刻文字等。

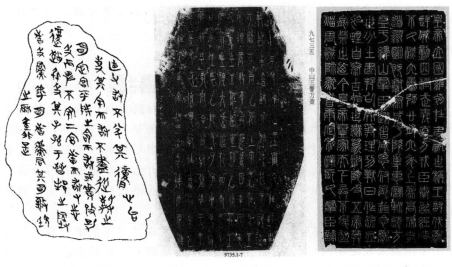

侯马盟书（晋系）　　　中山王方壶（晋系）　　　峄山刻石（秦系）

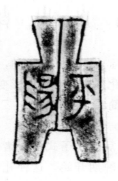

　曾侯戊之戟（楚系）　　　　　　货币（晋系）　　　　　新郪虎符（秦系）

　　　玺印（燕系）　　　　　　　陶文（齐系）

　　战国文字比春秋文字字形更加规整，其最大特点是文字异形。如"市"、"者"写法如下：

市　（秦）　（楚）　（晋）　（齐）　（燕）

者　（秦）　（楚）　（晋）　（齐）　（燕）

　　下面简要介绍一下楚简。楚简的发现，使我们看到了真正意义上的先秦书籍，《尚书·多士》："惟殷先人，有册有典。"说明早在殷周时期，人们就已经使用竹简书写，而且竹简才是先秦时期的主要书写材料。重要的楚简有郭店简、上博简和清华简。郭店简是 1993 年 10 月出土于湖北省荆门市郭店村的竹简，上博简是 20 世纪 90 年代上海博物馆从香港收购回的楚简，清华简是清华大学于 2008 年 7 月收藏的楚简。

　　王国维先生指出："古来新学问，大都由于新发现。"（王国维《最近二三十年中中国新发见之学问》）郭店简、上博简和清华简有重要的文献价值，其中有些篇章见于传世文献，如郭店简《老子》、《缁衣》，上博简《周易》、《缁衣》，清华简《金縢》等。而内容不见于传世文献的居多，如郭店简《鲁穆公问子思》，上博简《孔子诗论》等。李学勤教授在评价清华简时说："这将极大地改变中国古史研究的面貌，价值难以估计。"

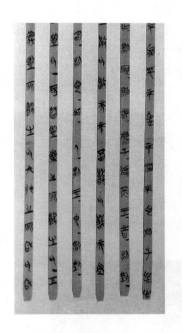

郭店简《五行》（部分）　　　上博简《孔子诗论》（部分）　　　清华简《金縢》（部分）

3. 《说文》小篆

汉代去古未久，所以汉代的小学成就为后世学者所不及，许慎的《说文解字》就是文字学最为经典的巅峰之作，反映了汉代学者的最高学术水平。但是由于很多古文字字形许慎没有看到，所以《说文》的字形分析有很多是不符合甲骨文、金文所体现的造字本意的。

小篆是秦统一后，经过整理的秦文字。《说文解字·叙》："丞相李斯乃奏同之，罢其不与秦文合者。斯作《仓颉篇》，中车府令赵高作《爰历篇》，太史令胡毋敬作《博学篇》，皆取史籀大篆，或颇省改，所谓小篆者也。"但是我们现在见到的《说文》小篆，跟出土的秦文字形体是有差别的。《说文》成书于东汉中期，其字体或许与秦篆本就不同，又经过历代传抄讹误，形体差别是在所难免的。

4. 隶书

隶书形成于战国晚期，当时各国文字都有隶变意味的字体。隶书的出土文字资料较为广泛，主要有竹简、墓碑、石刻、帛、纸等。西汉早期以前的隶书称作"秦隶"或"古隶"，这种字体保留着较多的篆意，典型的隶书特征还没有形成。西汉中晚期后，字体产生了点画的波尾的写法，隶书趋于成熟，称作"汉隶"或"八分"。东汉中期之后，隶书进一步呈现楷书意味，称为"新隶体"。

由篆书变为隶书，是汉字形体最重要的一次变革，是汉字构形由线条向笔划的演变的重要环节，是古文字向今文字转变的分水岭。隶书使得汉字形体变得记号化，使得汉字书写更加便利。隶书对篆文的改造，主要表现在以下几个方面：

(1) 解散篆体，改曲为直。大 —— 大　奕 —— 奕　莫 —— 莫

(2) 省减合并。香 —— 香　曹、曺 —— 曹　無 —— 無　襄 —— 遷

(3) 偏旁变形、混同。秦 —— 秦　奉 —— 奉　泰 —— 泰　春 —— 春

马王堆帛书（西汉早期）　楼兰汉简（西汉晚期）　张盛墓记（东汉）

张君残碑（三国）　　元羽墓志（北魏）

5. 草书、行书、楷书

草书的萌芽可以追溯到秦文字，其正式形成不会晚于东汉晚期，行书大约也是这个时候形成的。汉代的草书称作“章草”，魏晋以后的草书称作“今草”，楷书则形成于汉魏之际。魏晋时期涌现出钟繇、卫夫人、王羲之、王献之等著名书法家。

第三节　汉字的结构

（一）六书说

分析汉字的结构，传统上有六书说。许慎《说文解字·叙》：“周礼八岁入小学，保氏教国子先以六书。一曰指事，指事者，视而可识，察而见意，上下是也。二曰象形，象形者，画成其物，随体诘诎，日月是也。三曰形声，形声者，以事为名，取譬相成，江河是也。四曰会意，会意者，比类合谊，以见指㧑，武信是也。五曰转注，转注者，建类一首，同意相受，考老是也。六曰假借，假借者，本无其字，依声托事，令长是也。”

许慎的六书理论被奉为圭臬，但是后世学者也提出了一些新的看法，如“四体二用”说，支持此说的代表人物是清代学者戴震、段玉裁、王筠等。段玉裁《说文解字注》：“戴先生曰：‘指事、象形、形声、会意四者，字之体也；转注、假借，字之用也’。圣人复起，不易斯言矣。”下面对指事、象形、形声、会意四种造字法进行字例举证。

1. 指事。《说文》：“亦，人之臂亦也。从大，象两亦之形。”甲骨文作，是“腋”的本字。所从的“大”象人形，用两个点指示腋窝之所在。常见指事字有：

刃：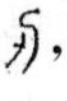，指示刀口锋利部位。本：，指示树根部位。朱：，指示树株部位。末：，指示树梢部位。孔：，指示婴儿尚未骨化的头囟部位。

2. 象形。《说文》：“来（來），周所受瑞麦（麥）来𪎊（𪎊）。一来二缝，象芒刺之形。天所来也，故为行来之来。《诗》曰：‘诒我來𪎊.’”“來”为“麥”之本字，假借作来去之“來”。许慎的“天所来也”为附会之说，但其“來”为“麥”之象形的说法极确，甲骨文“來”字写作、等形，可证。常见象形字有：

网：　牛：　马：豕：　鱼：　犬：　虎：

止：　行：　舟：车：　矢：　册：　雨：

水：　木：　月：人：　女：　自：　目：

3. 形声。形声字是由形旁和声旁两部分组成的，在六书中，形声是一种最高产的造字法。据学者统计，《说文》中的形声字约占百分之八十，在现代汉字中约占百分之九十，从这个数量上可以看出形声字的重要性。需要注意有两点：第一、分析形声字的声符，一定要以古音为标准；第二、有些文字形体已经不能反映其最初的构形了。形声字产生途径主要有以下四种：

（1）在已有的文字上加注声符

"齿"加注"止"声：🔲——🔲　雞（鸡）加注"奚"声：🔲——🔲、🔲

这类字的已有文字多为本字，加注声符后本字字形不再重要，多类化为相近意符。

（2）在已有的文字上加注意符

它——蛇　然——燃　取——娶、趣　辟——避、闢、僻

这类字占形声字的多数，一般是为原字的本义、引申义、假借义另造的字形，本质上是后起分化字，其已有字就是形声字的声旁。

（3）变形音化

"何"甲骨文作：🔲、🔲，象人荷物形，为"荷"之本字，后所荷之物变形为"可"，战国文字作：🔲，变为形声字。

"羞"甲骨文作：🔲，是一从"羊"从"又"的会意字，后"又"变形为"丑"，小篆写作：🔲，成为形声字。

这类字是通过将自身的部分形体改造为声符，而变成形声字的。

（4）声符加意符直接合成

这些字多数是秦汉以后出现的形声字，如：花、运、辽、氢、钾。

4. 会意。早期的会意字以形会意，如《说文》："縣，系也。"金文写作🔲，会树上系挂着一个人头之意。《说文》："析，破木也。一曰折也。从木从斤。"甲骨文作🔲、🔲、🔲，会以斧斤斫木之意。《说文》："陟，登也。从阜从步。"甲骨文作🔲、🔲、🔲，足趾向上登阜，会登攀之意。

较晚出现的会意字，多为会义字，如：尖、尘、甦、孬、歪等。因此，《说文》："武，楚庄王曰'夫武，定功戢兵。'故止戈为武。"的说法是可疑的。因为在早期的会意字中，"止"为动符，与"彳"、"辵"意同，所以"武"是戈动之意，而不是戈止之义。

及：甲骨文作🔲、🔲、🔲，象用手把人抓住，相及之意甚明。

祭：甲骨文作🔲、🔲、🔲，会以手持肉祭祀之意。

休：甲骨文作🔲、🔲、🔲，会人倚靠树休息之意。

臽：甲骨文作🔲，以一个人掉到陷坑里会陷落之意。

取：甲骨文作 、 、 等，会以手取耳献馘之意。

戍：甲骨文作 、 、 ，会人持戈守卫之意。

宿：甲骨文作 ，会人在屋内席子上睡觉之意。

弃：甲骨文作 ，会双手持"其"（箕）丢弃婴儿之意。

育、毓：甲骨文作 、 ，会妇女产子之意，婴儿头向下，三点为羊水血水。

（二）三书说

"三书说"是近代学者提出的，代表学者有唐兰、陈梦家、刘又辛、林沄、裘锡圭等人。最早提出三书说的是唐兰，1935 年他在《古文字学导论》把汉字分成象形文字、象意文字、形声文字三类。陈梦家在 1956 年出版的《殷墟卜辞综述》把汉字分为象形、假借、形声三类。裘锡圭在《文字学概要》把汉字分为表意字、假借字、形声字三类。三书说的提出，对传统的六书理论是一个冲击，对文字学的发展起了促进作用。但是，三书说从本质上没能突破六书说理论。

第四节　汉字的性质

19 世纪末，西方学者首先提出了文字发展三阶段的演化公式，把文字的发展分为图画文字、表意文字和表音文字三个阶段，认为文字的发展演进是由图画进化到表意，再由表意进化到表音。这些理论对我国的汉字学研究产生了重大影响，一些学者接受了文字发展三段论的主张，并结合汉字自身的特点，先后提出了汉字是象形文字、表意文字、意音文字等各种说法。

根据四体二用说和裘锡圭的三书说可知，假借不是造字之法。汉字构形于表意和形声，而形声的基础部件，即形声字的意符、音符，追根到底，仍要归结为表意。所以，构成汉字所有的基本字符都是表意的，因此，汉字应为表意文字。

王宁先生认为，表意文字和拼音文字是世界文字中并存的、代表着两种发展趋势的文字系统，它们各有其特点，又各有其发展规律。汉字在几千年的发展历史中，一直坚持着表意的特点，不停顿地被使用至今，成为世界上唯一的一种有着日渐严密构形系统的表意文字，是表意文字的代表。

第五节　汉字复杂的形、音、义关系

文字是记录语言的工具，语言是由词汇组成的，词汇具有音、义两个要素，而文字却有音、形、义三个要素。语言词汇是本体，文字是其外在的表象。所谓汉字间存在着复杂的形、音、义关系，实际上是汉字在记录汉语中的词汇时，其本体和表象之间所呈现出的复杂的对应关系。

这些复杂的关系就涉及到一些概念：同形字、同义字、多音字、异体字、古今字、繁简字、正体字、俗字等。

同形字就是表示不同的词而形体相同的文字。即同一个字形，记录的却是音义不同的词，同形字的外形虽然相同但实际上却是不同的字。如《广韵》中有一个"姥"（mǔ）字，为"姆"字异体，近代北方人称外祖母为"lǎolao"，最初写作"老老"，后在类化的作用下添加表义部件"女"，成了"姥姥"，"姥"（lǎo）与"姥"（mǔ）同形。"叶"（xié）为古"协"字，树叶的"叶"（yè）为"葉"字简化字，与"叶"（xié）同形。

同义字指意义相同的字，实际上就是记录同义词的字。因此弄清楚了同义词概念，也就弄清了同义字概念。朱光潜《艺文杂谈·谈书牍》："'笺'就是'牍'，古人写信用木简，'笺'、'牍'、'简'、'札'都是同义字。"同义字是不同时代、不同地区、不同的人们为同义词而造的形体、读音都不同的字。

多音字就是一个字有两个或两个以上的读音，不同的读音表义不同，用法不同，词性也往往不同，大多是由于古音分化而成的，这里不再举例。

异体字就是彼此音义相同而外形不同的字。严格地说，只有用法完全相同的字，才能称为异体字。如：

裠——裙　鑑——鑒　歌——謌　悖——誖　膻——羶　體——軆

古今字是相对于不同时代而言的。上古时代，由于词义引申、文字假借等原因，常用一个汉字兼职记录一些意义，一字多义的现象很普遍。后世为理解书面语言时不产生歧义，常为这种兼职字所记录的某项意义再造新字，新造的字与原来兼表原来意义的字合称为"古今字"，新造的字是"今字"，原来兼表意义的字是"古字"。如："莫"的本意是太阳落在草丛中，表示日暮、傍晚，后来"莫"字被假借作否定性无定代词和否定副词，为了在书面语中不至于混淆，就又在"莫"字上再加形符"日"成"暮"字来表示"傍晚"的意思，"莫"和"暮"就成了一对古今字。

繁简字即指繁体字和简化字，是指解放后政府推行的简化字和之前使用的所谓繁体字。1956 年 1 月，国务院公布了《汉字简化方案》，前后公布的 4 批简化字共 517 个，如果把类推的汉字计算在内，在 1964 年发布的《简化字总表》中，共收简化字 2336 个。需要注意的是，繁简字之间并不一定是一一对应的，如王后的"后"和前後的"後"简化字都写作"后"，如果进行繁简转化，要注意其字形差别。

正体字是指书写规范，文字形体被规范的字书所承认的写法。俗体字是指通俗流行而字形不合规范的汉字，是别于正体字而言的，简称俗字。

假借是一种文字借用现象。当一个字被借去记录与之音同或音近的字时，这个字便成了借音字，这个字所记录的与之音同或音近的字的意义叫假借义。许慎《说文解字·叙》云："假借者，本无其字，依声托事，令长是也。"如"北"字，甲骨文作"ᓄᕐ"，像二人相背，本义为"背"。北方的"北"无形可像，就借语音相同的"ᓄᕐ"来表示北方的意思。关于假借字产生的原因，清代学者孙诒让曾经有过很好的论述。他在《与王子壮论假借书》一文中说："天下之事无穷，造字之初，苟无假借一例，则逐事而为之字，而字有不可胜造之数，此必穷之数也，故依声而托以事焉。视之不必是其字，而言之则其声也，闻之足以相喻，用之可以不尽。是假借可救造字之穷而通其变。"

总之，通过对汉字的起源、发展、性质、结构、形音义关系、字体规范等方面的研究，可以看到，汉字经历了一个从无到有的发展过程。无论是汉字的字体写法，还是汉字的使用，也都经历了一个从随意到严谨的规范过程。

【练习】

1. 汉字学有哪几个方面的分支？
2. 有关汉字起源的文献记载主要有哪几类？
3. 商代文字具有哪些特点？
4. 战国文字分哪五系？
5. 隶变的重要意义是什么？
6. 许慎对六书的定义是什么？各举了哪两个字例？指出下列文字属于六书中的哪一种？

　　张　牛　状　羞　鲜　森　赵　鹿　车　聖　休　甘　孔　凤　颖
　　刃　康　春　迪　涂　贿　水　火　看　拿　降　隆　白　韭　更

7. 谈谈你对汉字性质的看法。
8. 举例说明什么是同形字、异体字、古今字、假借字。

【拓展阅读】

1. 陈梦家：《殷墟卜辞综述》，科学出版社，1956 年版。
2. 唐兰：《古文字学导论》，齐鲁书社，1981 年版。
3. 裘锡圭：《文字学概要》，商务印书馆，1988 年版。
4. 王宁：《汉字学概要》，北京师范大学出版社，2001 年版。
5. 王宁：《汉字构形学讲座》，上海教育出版社，2002 年版。

6. 唐兰:《中国文字学》,上海古籍出版社,2005 年版。

7. 黄德宽、陈秉新:《汉语文字学史》,安徽教育出版社,2006 年版。

8. 黄德宽:《汉字理论丛稿》,商务印书馆,2006 年版。

（张振谦）

第九单元　词汇与语法

词汇知识概要

第一节　词汇概说

一、什么是词汇

我们平时交流，和别人说话，说出来的每一句话，都是把一个个词按一定的顺序排列起来形成的一个句子，能表达一个相对完整的意思。如果说句子是一件成品，那么词汇就是构成这个成品的原材料。词汇就是语言的建筑材料，没有建筑材料，就不可能有房屋。同样，没有词汇，就不能造出句子来。

"词汇"这个词，我们平时也经常用，如"鲁迅的词汇"、"你掌握的词汇比我的多"、"《骆驼祥子》的词汇"等，这里的词汇，指的是一个人所使用和掌握的各种词语的总和，或者一个（或几个）语言作品使用的各类词语的总和。既然是总和，就不能是一个、两个、几百个，而应该是很多，是一个整体。

这个总和里面除了词，还有各种和词的作用一样的"固定短语"。固定短语是短语的一种，并非临时的组合，而是由词构成的形式比较固定的短语，是和词一样，"现成地"存在的。

一种语言的词汇，就是这种语言里所有的词和固定短语的总和。

在词汇中，我们除了要认识词和固定短语，还需要认识词的构成单位——语素。

二、词汇单位

（一）词

词是词汇里最核心的内容。那么，什么是词呢？一般来讲，词是语言中最小的能够独立运用的有音又有义的单位。词是语言单位的一种，每个词都有固定的语音形式，能够读出一个或多个音节来，并且这一个或多个音节，能够表达一定的意思。理解词的定义，最关键的有两点，一是"独立运用"，另一个是"最小"，这两个关键的限定成分，把词和不能独立运用的"语素"以及能独立运用但不是最小的"短语"区分开来。

独立运用，是指词能够直接用来造句。这表现为以下几种情况。

　　1. 能单说或能单独回答问题。比如，有人敲门，屋里的人问："谁？"外边的人回答："我。"或者，有人问："你今天买了什么？"回答说："白菜。"这里面，"谁"、"我"、"白菜"都直接用来构成了一个简短的句子，它们都是词。

　　2. 能单独做句法成分。不是所有的词都能单独回答问题，比如，"小王很高。"这句话里，"小王"和"高"都可以单独造句，但是"很"就不可以，例如问："小王多高？"就不能回答"很"。但是，"很"在句子中充当了"状语"，所以它也是词，就是说，能单独充当句法成分的单位也是词。

　　3. 能单独起语法作用。还有一些语言单位，它们既不能单独造句，又不能单独做句法成分，但是，句子缺少了它们又不完整或者意义就不同，这样的单位也是词。例如"我的妹妹吃过饭了"，这句话里的"的"、"过"、"了"，都不能单独回答问题和充当成分。但是，"的"如果换成"和"，句子的意思变了，没有"过""了"，句义也会不一样。这是句子里的虚词。

　　"独立运用"这个特点，是"语素"所不具备的。能独立运用，是词与比它小的语素最大的区别。具体情况，我们谈语素时再说。

　　不只是词具有"独立运用"的能力，短语也有这样的特点。例如，上面提到的很多例子，回答的部分都可以换成短语。比如，问"你买了什么"，可以回答说"一斤白菜"或者"白布"，这样的回答都运用了短语。短语是由词组成的，因此，短语可以拆解为几个词，词的意思加在一起大致相当于短语的意思。因此短语不是"最小的"，例如"一斤白菜"就可以拆解为"一"、"斤"、"白菜"。可是，词是一个整体，不能再拆出更小的单位。

　　检验一个独立运用的单位是短语还是词，通常最有效的方法是"扩展法"，就是把一个待确定的结构扩展开，中间插入一些成分，如果扩展以后的意思和扩展前的意思大致相同，这样的单位是短语；如果扩展后的意思和扩展前的意思相差很大，这样的单位就是词。例如，"白布"和"白菜"插入一个"的"，就是"白的布"和"白的菜"。"白布"基本上就是"白的布"，"白的布"也就是"白布"，因此"白布"是短语；"白菜"却不一定是"白的菜"，往往还有些发绿，"白的菜"有很多品种，包括萝卜、蘑菇等，并不一定是"白菜"，所以"白菜"是词。

　　（二）固定短语

　　前面谈到，词汇里面，除了词以外，还有各种和词的作用一样的"固定短语"。固定短语是短语的一种，其结构是定型的，不能随便更改的，既不能随便增减，也不能随便改换构成成分。固定短语一般包括两大类，一类是专有名称，另一类是熟语。

专有名称简称"专名"，包括各种企事业单位的名称、会议名称、书名、影视作品名等，如"北京大学"、"全国人民代表大会"、《明朝那些事儿》、《不见不散》等。

熟语是一个民族在历史文化进程中逐渐积累下来的相沿习用的固定短语，包括成语、惯用语、歇后语、谚语等。熟语是词汇中民族特色鲜明的一类，我们将专门讨论。

（三）语素

认识词，还需要认识词的结构单位——语素。现代汉语的词，大多是两个或两个以上音节的，大多数情况下，每一个音节都有一定的意思，这样的单位，就是一个语素。比如"人民"、"学习"两个词中的"人"、"民"、"学"、"习"都是语素。语素是最小的有音又有义的语言单位。

如果一个音节能代表一定的意思，它也能在几个不同的词中出现，那么这就是一个语素。比如"人"这个语素读作 rén，表示的意思是"能够制造并使用工具的高级动物"，可以组成"人民"、"人间"、"人生"等词。这样读成一个音节的语素叫做单音节语素，汉语的语素大多是单音节的。

有时，一个词有两个以上的音节，可是这两个以上的音节，每一个音节离开了其他音节就不能代表任何意思了，几个音节在一起时才有意义。比如"蜻蜓"，单独的"蜻"和单独的"蜓"都没有意思，只有"蜻蜓"才有意义，那么这两个音节才算一个语素，这是多音节语素。

另外一种情况是，尽管一个词里的几个音节，单独拿出来也有意义，可是这个意义跟整个词的意思毫无关联。比如"巧克力"这个词里面有三个音节，"巧"、"克"、"力"，"巧"可以代表"灵巧"，"克"可以代表"克服、攻克"，"力"是"力气、力量"，但是，这些意思跟"巧克力"这种食品的意思都毫无联系，它们完全是对英语 chocolate 读音的模仿，每一个音节仅仅是用来记音的，所以"巧克力"整体是一个语素。这也是多音节语素。多音节语素在现代汉语中并不占多数。

语素是组成词的单位，所以语素不能独立地用来造句。如"民"只能组成"人民"、"选民"、"民间"、"民生"、"民众"等词，而不能独立地造句。当然，"人"是可以独立地用来造句的，比如"那边来了一个人"、"人来了"等等。但这时候，"人"是一个词，是由一个语素"人"构成的词。因此，笼统地说，语素是不能独立运用的。

语素是构成词的材料，根据语素构词的能力和作用，语素又可以分为不同的类别。首先，像"人"一样可以直接单独构成词的语素，是"成词语素"；而像"民"一样，不能够单独构词而必须和其他的语素一起构成词的，叫做"不成词语素"。其次，在一个词里面，如果语素意义比较实在，起到了承担词义的主要作用，这样的语素叫做"词根"，如"人民"、"桌子"、"石头"里的"人"、"民"、"桌"、"石"；意义比较空泛甚至很难谈得上有意义，类似英语里表示名词的"－tion"和表示形容词、副词的"－ly"，只能提示词的语法性质和抽象意义的，叫做"词缀"，比如"桌子"、"石头"里的"子"和"头"，同样的还有"老师"、"老鹰"的"老"以及"花儿"、"眼儿"里的"儿"等等。汉语的语素大多是词根语素，词缀语素比较少。

第二节　词

词是最小的能够独立运用的有音又有义的语言单位，下面分别谈一谈词的结构和词的意义。

一、词的结构

词是由语素组成的，根据组成词的语素的数量，可以把词分为两大类：单纯词和合成词。每一类里面又可以继续分为一些小类。

（一）单纯词

由一个语素构成的词是单纯词。汉语的语素大多是单音节的，因此由一个语素构成的单纯词也大多是单音节的，如：

天、地、路、人、水、吃、喝、看、说、好、坏、热、大

但是，有些语素是多音节的，因此也有不少多音节单纯词，多音节单纯词主要包括以下一些类型。

1. 联绵词

联绵词是汉语传承下来的一些由两个不表示意义的音节连缀而成以表示意思的词。根据这两个音节之间的关系又分为以下三种。

（1）双声词。两个音节的声母相同，例如：

伶俐、尴尬、蜘蛛、澎湃

（2）叠韵词。两个音节的"韵"相同，例如：

窈窕、从容、逍遥、徘徊

（3）非双声叠韵词。两个音节声韵都不同，例如：

胡蝶、芙蓉、蝙蝠、鸳鸯

2. 叠音词。叠音词指重复同一音节所构造的词，例如：

姥姥、饽饽、猩猩、皅皅

3. 音译外来词。音译外来词指从别的语言借来的词汇，例如：

巧克力、咖啡、沙发、布尔什维克

（二）合成词

　　由两个以上的语素组合而成的词叫合成词。根据其中语素的性质，又分为复合词与派生词。

　　1. 复合词

　　复合词指由词根语素组合而成的词。根据词根语素间的关系，分为以下六种。

　　(1) 联合式复合词。两个意义相同、相近或相关、相反的语素并列组合而成，也叫"并列式复合词"，例如：

　　途径、美丽、道路、领袖、骨肉、反正、来往、买卖

　　(2) 偏正式复合词。两个语素一偏一正，正的部分在后，是这个词的中心内容，前一个语素修饰限制后一个语素，例如：

　　A：台灯、电扇、汉语、飞机

　　B：雪白、漆黑、筛选、重视

　　其中 A 组的正的部分表示事物现象，整个词类似短语中的"定中结构"；B 组正的部分常常表示动作行为或性质状态，这类词类似"状中结构"的短语。

　　(3) 动宾式复合词。前一个语素表示一种动作行为，后一个语素代表这个动作行为支配的对象，也叫"支配式复合词"，例如：

　　司机、管家、知己、埋头

　　(4) 补充式复合词。后一个语素补充说明前一个语素。分为两类。

　　第一类，前一个语素代表一种动作和行为，后一语素表示这个动作行为带来的结果，例如：

　　提高、扩大、撕毁、缩小

　　第二类，前一个语素代表一种事物，后一语素表示这种事物的计量单位，例如：

　　纸张、船只、人口、房间

　　(5) 主谓式复合词。前一个语素代表被陈述说明的对象，后一个语素表示对这个对象的陈述和说明，也叫"陈述式复合词"，例如：

　　地震、民主、耳鸣、霜降

　　(6) 重叠式复合词。由两个完全相同的词根重叠而成的词，例如：

　　妈妈、哥哥、星星、刚刚

　　要注意，这一类和叠音词不同，叠音词重叠前的单个音节只有音，没有义，而重叠式合成词重叠前是有音又有义的语素。

　　2. 派生词

　　派生词也叫附加式合成词，是由词根和词缀共同构成的。词缀在前的叫

做前加式，词缀在后的叫做后加式。

前加式，例如：

老师、老虎、老乡、老李、阿姨、阿毛、小王、小李

后加式，例如：

镜子、梳子、盘子、木头、馒头、苦头、盖儿、面儿、黄儿

作者、读者、唯物主义者、硬性、原则性、代表性、绿化、美化、现代化

（三）简缩词

有些词是由音节较多的词或者短语简缩而成的，包括以下两种。

（1）简称，是指较复杂的名称的简化形式，通常是保留全称的部分语素或词，形成简短的形式，例如（下面破折号前的是全称，后面是简称）：

北京大学——北大　　人民警察——民警　　空气调节器——空调

简称是一种常见的语言现象，最初只用在有限的范围里，用在非正式的场合，经过长期的使用，逐渐固定成为一般的词，人们都能接受。但要注意的是，因为简称常常是在特定的场合与人群中使用的，因此，有些简称的使用范围是有限的，超出了这个范围，就会引起误解。例如"河北大学"简称"河大"，在河北省内，提到"河大"，人们都能知道是"河北大学"。但是超出了河北省，"河大"这个简称，既可能是"河北大学"，也可以是"河南大学"，还可以是"河海大学"。同样，"人大"有的时候是"中国人民大学"，也可能是"人民代表大会"。所以使用简称时一定要注意场合，避免引起误解。

（2）数词略语。有些联合结构的词语包含共同的语素，简缩时抽出这个共同语素，前面加上联合式的项数，就构成了数词略语，例如：

百花齐放、百家争鸣——双百　　　　　陆军、海军、空军——三军

工业现代化、农业现代化、国防现代化、科学技术现代化——四化

二、词义

词的语音形式代表的内容就是词的意义。词的意义包括语法意义和词汇意义。语法意义是指词在和其他的词组合成句子时表现出来的能力和状况，例如"小麦"这个词，组成句子时可以做主语、宾语或定语，一般不能做谓语或状语，前面可以有数量词语"一斤"、"一堆"，但不能有副词等，这是词的语法意义。关于词的语法意义，本书在语法部分会进一步解释。一般所说的词义，通常是指词的词汇意义。

（一）词义的构成

词汇意义包括理性义和色彩义。

1. 理性义

理性义是词义中跟概念相对的部分，也叫概念义或主要意义，代表人对客观事物的概括反映，词典对词的解释主要是理性义，例如（下列释义均来自商务印书馆出版的《现代汉语词典》）：

风：跟地面大致平行的空气流动的现象，是由于气压分布不均匀而产生的。

吹捧：吹嘘捧场。

忠诚：（对国家、人民、事业、领导、朋友等）尽心尽力。

2. 色彩义

一个词的词汇意义，除去理性义部分，还能表达人或语境赋予的特定的感受，叫做"色彩义"。这些感受是附着在理性以上的，所以也叫做"附加意义"、"附属义"。色彩义多种多样，常见的有以下几种。

（1）感情色彩。有些词在概括了某类事物和现象的同时能够传达出人们对于该事物或现象的主观态度，这就是感情色彩。如果人们对词所反映的事物现象持积极的、赞许的态度，这样的词就是"褒义词"；反之，如果人们对词所反映的事物现象持消极的、否定的态度，这样的词就是"贬义词"；当然还有些词，既没有褒义色彩也没有贬义色彩，这就是"中性词"。例如：

褒义词：慷慨、奉献、壮丽、杰出

贬义词：怂恿、猥琐、小气、吹捧

中性词：水、结论、小麦、跑步

（2）语体色彩。"语体"也叫"文体"，主要包括口语语体和书面语语体。词语在运用的过程中，有些是经常出现在口语中的，就带上了"口语色彩"；有些词因为经常用在书面语中，就带有了"书面语色彩"。例如：

带有口语色彩的词：遛达、脑袋、瞧、白搭

带有书面语色彩的词：散步、凝聚、信念、反思

在组词造句的时候，要注意根据语体选择适当的词语。如果书面语中出现口语色彩非常鲜明的词语，文章就显得不够协调；当然，如果日常交际时明明有相应的口语词，却一定要夹杂书面语词，常常被讥笑为"咬词儿"或"咬文嚼字"，不能顺利地完成交际任务。

大多数词是口语和书面语通用的。

（3）形象色彩。有些词，在表达理性意义的同时往往会令人联想到一些具体可感的形象，这些词就具有形象色彩。例如：

云海、喇叭花、失足、捧腹

（二）词义的类聚

　　每一个词都有意义，词和词之间，常常会根据词义上的联系形成某些类别。

　　1. 单义词和多义词

　　单义词和多义词是根据一个词具有的义项的数量分出来的两个类别。

　　义项是词典中对词的意义的分项说明。只有一个义项的词是单义词，有两个或两个以上有关联的义项的词是多义词。例如：

　　【牢固】结实；坚固；基础牢固；牢固的大坝挡住了洪水。

　　【负担】①承当（责任、工作、费用等）：差旅费由所属单位负担。

　　②承受的压力或担当的责任、费用等：思想负担、家庭负担、减轻负担。

　　其中"牢固"只有一个义项，是单义词。"负担"有两个义项，是多义词。

　　一个词最初产生的时候，常常都是单义的，后来有些就逐渐能够代表有关联的两个或两个以上的意义了，变成了多义词。多义词的几个义项在产生的时间和地位上有所不同。其中，产生的最早的那个义项，即有文献资料可查的最早的义项，叫做"本义"或"原始义"，其他的义项都是以本义为基础衍生出来的，叫做"转义"或"派生意义"。在某个时期的多个义项中，有一个义项是最主要的，一般提到一个多义词人们也首先想到它的这个义项，这就是"基本义"。和基本义相对的是"非基本义"。

　　由于多义词的转义是在本义的基础上派生出来的，因此多义词的几个义项之间是有联系的，这就不同于同样是一个读音形式而代表两个以上意义的同音词。

　　汉语里同音词很多，大多数情况下通过写成不同的汉字加以区分，但有的时候，不仅读出来一样，写下来也用同一个字。比如"面"，可以是"面子"、"脸面"，也可以是"面条"、"面粉"，这之中的"面"就是一组同音词，"面条"、"面粉"的意思跟"面子"、"脸面"毫不相关。而多义词的几个义项之间是有联系的，比如"花"，可以是"花朵"，还可以是"花苞"、"雪花"，这些词里面的"花"是有关联的，"花苞"、"雪花"是由"花朵"的意思派生而来的。

　　2. 同义词

　　意义相同或相近的一组词叫做同义词。同义词有两类，一类是意义完全相同的等义词，另一类是意义大体相同却有细微差别的近义词。例如：

　　等义词：铁路——铁道　衣服——衣裳　眉毛——眼眉

　　近义词：坚决——坚定　祖母——奶奶　结果——成果

　　等义词由于在表义上没有任何区别，对于语言来讲没有什么积极作用，因此数量并不多。同义词中，大部分都是近义词。一组近义词大同小异，其差别主要表现在词义的各个方面。同义词在理性义上的不同，可能是概括范围大小不同，如"气候"比"天气"概括的范围要大；也可能是意义的轻重程度不同，如"优异"要比"优秀"的程度高；或者可能是词义的侧重点不同，如"网罗"和"搜罗"，前者侧重范围广，后者侧重寻找。除了理性义上有区别以外，色彩意义也可能存在差异，如"祖母"与"奶奶"相比书面色彩较浓，而"鼓动"和"鼓励"则在感情色彩上一贬一褒。由于色彩义的多种多样，所以色彩义的差别也多种多样。

同义词的存在是语言词汇丰富的表现。恰当地选用同义词能够使表达更加精确，传情更加细腻，在需要反复表达同一意义时则可避免用词的重复。

因此，不管是学习一种语言还是教授一种语言，都要学会分辨同义词的细微差别。

3. 反义词

一对意义相反或相对的词叫做反义词。比如"高"和"低"；"正"和"反"。

反义词的相反相对，前提是表示同一个意义范畴，否则不能构成反义关系。例如"高"和"低"虽然是相对的，但它们都表示从下到上的距离，"高"不能和"浅"构成反义词，因为"浅"表示的是从上到下或从外到里的距离小。

反义词也有两种不同的类型。一种叫做绝对反义词，一种叫做相对反义词。

（1）绝对反义词。一对反义词 A 和 B，如果是 A 就不是 B，是 B 就不是 A；反过来，不是 A，就一定是 B，不是 B，就一定是 A。也就是说，A 和 B 概括了一个意义范畴内的两种矛盾现象，而这两种现象之间没有第三种状态，这样的是绝对反义词。例如：

正——反　　　动——静　　　男——女　　　死——活

（2）相对反义词。一对反义词 A 和 B，如果是 A 就不是 B，是 B 就不是 A；反过来，不是 A 也不一定是 B，不是 B 也不一定是 A。A 和 B 概括了一个意义范畴内的两种反对的现象，这两种现象之间可能有第三种状态或者过渡状态，这样的是相对反义词。例如：

冷——热　　　大——小　　　软——硬　黑——白　粗——细

词义之间存在着各种错综复杂的关系，使得语言的词汇构成一个相互对立又互相联系和制约的整体。

第三节　词汇的构成

词汇可以分为基本词汇和一般词汇。

一、基本词汇

基本词汇是语言中为数很少但却十分重要的词，它和语法一起构成一种语言的基础。下面的词都属于基本词汇：

（1）表示自然现象和常见事物的词：天、地、日、月、雨、雪、水、火、山、海

（2）表示生产和生活资料的词：车、船、刀、斧、房、布、衣服

（3）表示亲属关系的词：父亲、母亲、叔伯、丈夫、妻子、儿子、女儿、兄弟、姐妹

（4）表示人体器官的词：眼、耳、鼻、舌、手、脚、心、肺、肠、胃

（5）表示方位和时令的词：上、下、前、后、左、右、外、东、南、西、北、春、夏

（6）表示数目的词：一、二、三、四、五、六、七、八、九、十、百、千、万

（7）表示常见动作行为的词：生、死、吃、说、见、想、问、走、跑、听、看、跳

（8）表示常见性状的词：大、小、多、少、高、低、长、短、红、白

（9）各种虚词和没有文言色彩的代词：你、我、他、和、向、对、把、从、啊、吧

基本词汇具有如下三个特点。

1. 全民常用性。基本词汇代表的事物和现象与人们的生活息息相关，因此使用面广，使用频率高。

2. 稳固性。基本词汇大多数使用了较长的一段时间，从产生至今，变得比较慢，变化比较小。

3. 能产性。基本词汇虽然很少，但是大多是单音节的，常常作为词根与其他语素组合成新词，产生一系列的词语。基本词汇是母语学习过程中最先掌握的词语，也是语言教学在初级阶段首先应该教授的词语。

二、一般词汇

基本词汇只是词汇中很少的一部分，大部分词语属于一般词汇。一般词汇数量很多，变化比较快，包括的种类也很多。

1. 固有词

固有词也叫传承词，是语言中早已存在从古至今逐渐沿用下来的词语。

可以说，这类词语也具有较长的历史，但是使用频率和范围不是很高，构词能力也不一定强，所以不属于基本词汇。比如：

夫人　激烈　表达　讽刺

2. 新词

新词，顾名思义，就是新产生的词，在语言中出现时间较短的词。因为新和旧是相对的，所以说哪些词是新词，要有一个立足点。站在今天说，五四时期出现的词当然不算很新，但是，如果在抗日战争期间提到这些词，人们一定感觉很"新鲜"。产生时间距离讨论时间越近，新鲜感越强。比如，下面的一些词都算是较新的：

菜鸟　剩女　宅男　给力

3. 外来词

外来词也叫借词，是汉语从其他语言中借用的词语，一般来说词的意义和语音形式都保留了外语的一些特点，例如：

沙发（sofa）　巧克力（chocolate）　幽默（humor）　黑客（hacker）

冰激凌（ice cream）　迷你裙（miniskirt）　啤酒（beer）

如果词所表达的概念或事物是外来的，但是语音形式和外语词没有任何关联，完全是由汉语选择汉语语素按汉语的结构方式构造的，这样的词叫"意译词"，一般认为不属于外来词。如"水泥（cement）、电脑（computer）"。

日本曾经借用过中国的汉字和汉语书面语。清末以后，汉语也从日语中借入过为数不少的汉字词，如"民主"、"电话"、"美术"、"革命"等。中国人对这些词感到很熟悉，很少会意识到这是借用的，并不按照日语的音去读这些词，所以是一种比较特殊的外来词。

随着世界一体化的趋势、中国改革开放政策的推行以及人们文化水平的提高，近二三十年一些直接使用外文字母书写的外来词逐渐增多，如"CT"、"DNA"、"VCD"、"IQ"等。字母词的使用在年轻人中比较普遍，但是因为字母与我国的传统汉字不同，单个字母一般很难提示所记录的语素或者词的意思，因此使用的时候要慎重，否则会像电影《天下无贼》中范伟扮演的强盗那样闹出"IC、IP、IQ卡，通通告诉我密码"的笑话。（注：IQ，是 Intelligence Quotient 的缩写，即智商，是测量个体智力发展水平的一种指标，不是有密码含资金的卡。）

4. 方言词

方言词是普通话中来源于方言的词。我们现在常用的一些词是来自方言的，时间长了，有些词的方言色彩已经很淡了，比如来自吴方言的"垃圾"、

"龌龊"等。近些年，来自粤方言的词很多，例如去饭店吃饭最后结账时叫服务员"买单"，被老板解雇就是"炒鱿鱼"等。方言词是丰富普通话词汇的重要来源。但是在使用中应该注意，正式场合或书面语中，要尽量少用那些还没有被大家普遍接受的方言词。

　　5. 古语词

　　古语词是源自古代汉语，但是现代汉语中一般情况下已经不再使用的词，包括历史词和文言词。

　　历史词所记录的事物和现象在现代生活中已经不存在了，但是人们在谈到历史时，不可避免地要用到这些词语，比如"丞相"、"书童"、"太监"等等。

　　文言词所表示的事物和现象是古今通有的，但是现代汉语中一般有对应的词语表示大致相同的意思，特殊的场合下为了取得一定的表达效果才会使用，比如"之"、"甚"、"囹圄"等。文言词能够使表达更简洁、更庄重，一般用在书面语中。

　　6. 行业用语和专业术语

　　每一个行业或者每一门科学技术专业内部，都有一些本集团的人使用较多而集团以外的人使用较少的词语，比如会计部门的"呆账"、戏曲界的"水袖"、医学界的"气胸"、物理学界的"电荷"等。这些词大多使用范围有限，主要由本行业或本专业的人使用。

　　也有一些行业用语和科技术语，在一定条件下，会增加义项，突破原来较小的使用范围，进入全民词汇，成为一般人使用的词语。例如，"亮相"本来是戏曲界的专用词语，指的是"人物在舞台上由动的身段变为短时的静止姿势"，后来产生了比喻义，"比喻公开表示态度，亮明观点"或"比喻公开露面或表演"，这样就成了全民词语。类似的还有"细胞"、"战士"、"近视"、"指标"等。

　　一般词汇大多是以基本词汇为基础的，而一般词汇里面的有些词随着时间的推移，会逐渐稳固并进入基本词汇，因此一般词汇又是充实基本词汇的源泉。

第四节　熟语

　　熟语是人们常用的定型化了的固定短语。熟语是一个民族在历史文化进程中日积月累形成的固定短语，因此，熟语的民族特色突出，往往能够表现特定民族的生产生活方式以及思想信仰等。一个民族历史越悠久，熟语数量越大。中华民族的历史源远流长，因此熟语也很多。

一、成语

成语是一种相沿习用，含义丰富，具有书面语色彩的固定短语。汉语成语相当丰富，例如：

水落石出　狐假虎威　望梅止渴　千锤百炼　胸有成竹　刻舟求剑
比比皆是　本末倒置　波澜壮阔　沉鱼落雁　初出茅庐　打草惊蛇

（一）成语的特点

1. 形式上以四字格为主。成语大多数是四个音节的，四个音节两两一组，结构匀称，声韵和谐，具有形式美，同时负载了丰富的含义而具有极大的概括性。

2. 结构定型性强。熟语本来就具有结构定型的特点，成语的这个特点尤为突出。与其他熟语相比，成语的结构凝固性相当强，一般不能任意增删、改换构成成分。例如，"大公无私"不能说成"无私大公"、"大公和无私"等。

3. 意义具有整体性。成语的意义具有整体性强的特点，大多数成语的意义不是构成成分意义的简单相加，常常是在表层意义下有着深层意义。例如"千方百计"，字面意思是"一千个方法和一百个计谋"，即使承认"千"、"百"是虚指，实指数量多，整个成语也不是"很多方法很多计谋"的意思，而是"想尽办法"的意思。

4. 风格典雅庄重。由于成语大多是以书面语形式流传和存在的，因此成语具有书面语色彩较浓，风格庄重典雅的特点。

（二）成语的来源

成语的来源很广泛，以从历史上沿袭而来的为主，也有少部分是当代创造的。

1. 历史继承的成语。①源自寓言神话，如：叶公好龙、刻舟求剑、守株待兔、掩耳盗铃。②源于历史故事，如：望梅止渴、毛遂自荐、破釜沉舟、东施效颦。③源于典籍诗文，如：一鼓作气、学而不厌、舍生取义、老骥伏枥。

2. 当代创造的成语，如：艰苦朴素、绞尽脑汁。

（三）成语的使用

成语简洁庄重，若使用得当，可以言简意赅，增强表达效果。但是，由于成语大多数是从古代传承而来的，成语中保留了较多的古代汉语的词、词义以及结构，其读音、意义甚至书写形式，都有不同于现代汉语其他词汇的特点，因此使用时要格外注意。

首先，弄清实际意义，特别要注意一些词在古代的意义。

其次，由于成语具有结构定型的特点，因此要尽量沿用原型，勿擅自改动。

再次，就是注意成语里面个别字词的读音，同时要选择正确的书写形式。

二、惯用语

惯用语是口语中短小定型的习用短语，例如：

跑龙套 钻空子 卖关子 穿小鞋 炒鱿鱼 闷葫芦 白眼狼 擦边球 醋坛子

惯用语和成语一样，都是短小定型的结构，真正的含义和字面意义有一定的差距。但是，惯用语和成语的差别也是较明显的。

第一，惯用语大多是三音节的；成语以四音节的为主。

第二，惯用语的结构以动宾式为主，兼有偏正式和主谓式，其他结构较少；成语的结构类型多样。

第三，惯用语口语色彩明显，生活气息浓厚；成语具有书面语色彩，庄重文雅。

第四，惯用语多含贬义；成语有褒有贬。

第五，惯用语的定型性比成语弱，有时可以更换某些成分，比如"捅马蜂窝"可以说成"戳马蜂窝"；惯用语中间还可以插入一些成分，如"拉后腿"，可以说"拉了我的后腿"，"磨洋工"可以说成"磨了半天洋工"等等，成语一般不可以这样用。

三、歇后语

歇后语是汉语独具特色的一种熟语。这种熟语的特点是一条歇后语分为前后两部分，中间有相对较长的停歇，前面的部分具体形象，类似谜面，说完这个部分以后，稍作停顿才说出类似谜底的后半部分。例如：

A：懒婆娘的裹脚——又臭又长　　　飞蛾扑火——自取灭亡

　　大路上的电线杆——靠边站　　　木头眼镜——看不透

B：上鞋不用锥子——针（真）好　　孔夫子搬家——尽是书（输）

歇后语分为两类，一类是喻意型的，前半部分是一个比喻，后半部分是对前半部分的解释，比如上面的 A 组；另一类是谐音型的，后半部分往往需要借助同音或近音现象来表达意思，比如上面的 B 组。

歇后语在使用时，可以只说前半部分，特别是那些人们耳熟能详的歇后语。

歇后语要表达的真正含义是在后半部，但是又不直接说出来，而是先说了一个具体生动的形象或事件，给听话者留下思考的空间，然后才说出真意来，显得生动活泼，诙谐幽默。2007 年春节联欢晚会上蔡明和郭达主演的小品《送礼》，在节目的后半段创造了一系列"癞蛤蟆"歇后语，给节目增色不少，例如：

癞蛤蟆插鸡毛掸子——冒充大尾巴狼　　癞蛤蟆趴在马路上——冒充迷彩小吉普
癞蛤蟆戴眼镜——冒充句主任　　　　　癞蛤蟆喝胶水——让我张不开嘴儿

　　歇后语具有轻松幽默的风格，因此一般口语中用得较多，书面语中使用
歇后语需要慎重。书面语中恰当地使用歇后语，也会增强表达效果，例如，
毛泽东在《反对党八股》这篇政论文中抨击那些长而空的文章是"懒婆娘的
裹脚——又臭又长"，语言诙谐幽默，加重了讽刺的意味。

【练习】

1. 什么是词？请把下面一段话中的词标出来。
　　打懂事开始，人们就开始羡慕他人，也开始不停地变换着羡慕对象，还一
　　遍又一遍地梦想着拥有羡慕对象的容貌、身体、学识、才能、名气、地位、
　　财富……
2. 请指出下列词语的结构类型
　　好歹　邮寄　推广　腾飞　笔直　美容　胆怯　来头　方桌
3. 辨析下列几组同义词：陡峭——峻峭　　商量——商榷
4. 什么是基本词汇？基本词汇有哪些特点？
5. 指出成语和惯用语的区别。

【拓展阅读】

1. 葛本仪：《现代汉语词汇学》（修订本），山东人民出版社，2004 年版。
2. 黄伯荣、廖序东：《现代汉语》（增订四版），高等教育出版社，2007 年版。
3. 武占坤：《汉语熟语通论》（修订版），河北大学出版社，2007 年版。

（李彦洁）

语法知识概要

第一节　语法概说

一、什么是语法

　　每种语言都有三个重要的组成部分：语音、词汇、语法。语音是语言的
物质外壳，我们要表达某种思想，主要通过语音来传递。词汇是语言的建筑
材料。语法则相当于钢筋和混凝土，它把建筑材料组合起来，最终构成语言

这座大厦。

有这样一个例子，可以帮助我们更好地理解什么是语法。

有一个天津人，要去美国旅游。可是他担心自己不会英语，到美国之后会遇到各种麻烦。于是想在出国之前报个速成班，迅速提高自己的英语水平。可是他以前没有学过英语，要想在短时间内掌握英语谈何容易。三天下来他就吃不消了，学了很多，但一句都没有记住。出国的日期越来越近，他就急中生智，请老师只教他一句最有用的，至少可以用来应急。老师想了想，就教了他一句："How much?"（多少钱?）可是他连这一句的正确发音也记不住。老师就帮他用天津话注音"好吗吃"。他回家之后每天都练习这一句，在去美国的飞机上也在练习，终于练到了脱口而出的程度。

谁知在入境检查的时候，海关人员怀疑他携带违禁物品，要求打开包裹查验。查验完毕，什么事也没有，他却因为过度紧张，把学的那句英语给忘了。结果他去商店买东西就遇到了麻烦。他指着一种面包问服务员："好吃吗?"对方听不懂他在说什么，就摇摇头。他心里说美国人太实在了，居然承认自己的面包不好吃。他就继续问："吗好吃?"对方还是摇头。他心里嘀咕，这服务员业务水平太低了吧，连自己店里什么东西好吃都不知道。他又问："吃吗好?"对方还是摇头。他一想，对方是一问三不知啊，还是自己来决定吧，管他好吃不好吃，自己现在饿坏了，就来这一个吧。他想问面包多少钱的时候，突然又想起来自己背的那句英语了。他就说："好吗吃?"对方马上点头微笑，表示听懂了。

上面的例子说明，英语和天津话有不同的语法规则。"好"、"吗"、"吃"是两种语言中都有的三个音，可是两种语言对这三个音的组合顺序有不同的要求。在英语中，只有"好吗吃"这样一种组合；而在天津话中，至少有"好吃吗"、"吗好吃"、"吃吗好"三种正确组合。上面故事中的天津人开始说的三种组合都符合天津话的语法，但不符合英语语法，所以对方听不懂。最后一句符合英语语法，对方就听懂了。

语法的定义是：一种语言中由小的语法单位组合成大的语法单位所遵循的规则。

二、语法单位

语法单位是进行语法分析的基本构件。就汉语来说，主要的语法单位有语素、词、词组、句子四种。语素是最小的音义结合体，也是最小的语法单位。词是最小的能够独立运用的音义结合体，主要用来构成词组。词组是由两个或两个以上的词组合而成的较大的语法单位。句子是由词或词组构成，能够表达一个相对完整的意思，且有一定句调的语法单位。

当然，汉语中还可以由两个或两个以上的语素组成语素组，由两个或两个以上的句子组成句群。有的学者把语素组和句群也看作语法单位。但是相对来说，语素组和句群在进行语法分析的时候不太常用，所以多数学者采用语素、词、词组、句子四级语法单位的分类法。

第二节　词类

一、词类划分的标准

词类划分一般采用如下三条标准：第一，意义标准。第二，功能标准。主要包括：充当句子成分的能力、跟其他词语组合的能力。第三，形态标准。如重叠形式。

由于汉语形态不发达，所以主要采用前两个标准。其中功能标准又可以细化为两条，即成分功能和组合功能。成分功能指的是可以充当何种句子成分，组合功能指的是经常跟哪些词语组合。

二、实词

实词是具有实在意义且能够直接充当句子成分的词。汉语中的实词主要有十类，即名词、动词、形容词、状态词、区别词、数词、量词、副词、代词、拟声词。其分类的依据如下：

（一）名词

1. 意义标准。名词主要表示人、事、物、时间、地点等的名称。

2. 功能标准。①成分功能：作主语、宾语。例如：小王看电视。②组合功能：受数量词组修饰。例如：三本书。

3. 典型例子：天、水、教室、演员、周末、屋顶

（二）动词

1. 意义标准。动词主要表示动作、行为、心理活动、存在、变化、判断等。

2. 功能标准。①成分功能：作谓语中心。例如：他走了。②组合功能：受副词修饰，有些可以带宾语。例如：没有迟到、买书。

3. 典型例子：走、跑、哭、想、喜欢、有、是

（三）形容词

1. 意义标准。形容词主要表示事物的性质。

2. 功能标准。①成分功能：作定语、谓语中心。例如：鲜艳的玫瑰花、

玫瑰花很鲜艳。②组合功能：受程度副词修饰，不能带宾语。例如：很漂亮、非常热闹。

3. 典型例子：好、红、大、多、单纯、马虎、美丽、聪明

（四）状态词

1. 意义标准。状态词主要表示事物的状态。

2. 功能标准。①成分功能：作定语、状语、谓语中心。例如：绿油油的麦苗、慢悠悠地走了、这片麦苗绿油油的。②组合功能：不受程度副词修饰，不能带宾语。例如以下说法是错误的：很绿油油、非常雪白、火红了太阳。

3. 典型例子：通红、雪亮、金黄、红彤彤、亮闪闪、金灿灿、傻了吧唧、脏兮兮

（五）区别词

1. 意义标准。区别词主要用来区分事物。

2. 功能标准。①成分功能：作定语。例如：慢性气管炎、初级课本。②组合功能：修饰名词。例如：黑白电视、天然橡胶。

3. 典型例子：黑白、彩色、人造、天然、大号、中号、小号

（六）数词

1. 意义标准。数词主要表示事物的数量和次序。

2. 功能标准。①成分功能：一般不单独作句子成分，跟量词组合后常常作定语。例如：一间教室。②组合功能：在量词前组成数量短语。例如：三斤、四本、五只。

3. 典型例子：一、二、三、第一、第二、第三

（七）量词

1. 意义标准。量词主要用来帮助表示事物的量。

2. 功能标准。①成分功能：一般不单独作句子成分，跟数词组合后常常作定语。例如：一条大河。②组合功能：在数词后组成数量短语。例如：三碗、四天、五次。

3. 典型例子：只、头、棵、斤、两、天、月、次、趟

（八）副词

1. 意义标准。副词主要表示动作行为或性质的程度、范围、情态、时间、频率等。

2. 功能标准。①成分功能：作状语。例如：马上出发、不去。②组合功能：修饰动词、形容词。例如：非常漂亮、十分喜欢、都出去。

3. 典型例子：很、都、只、已经、常常、必须、的确、没有、不、忽然、悄悄、难道

（九）代词

1. 意义标准。代词主要用来代替某个词语或指示某个事物。

2. 功能标准。①成分功能：代替什么词语，就行使该词语的功能。例如："你买什么?"中"什么"代替的是名词，那么就行使名词的功能，作主语、宾语。"你怎么了?"中"怎么"代替的动词，就行使动词的功能，作谓语中心。②组合功能：没有固定的组合。

3. 典型例子：我、你、他们、这、那、什么、哪里、多少、怎么、多么、那么

（十）拟声词

1. 意义标准。拟声词主要用来模拟事物的声音。

2. 功能标准。①成分功能：作状语、定语。例如：北风呼呼地吹、哗哗的流水声。②组合功能：修饰动词、名词。例如：哈哈大笑、轰隆隆的雷声。

3. 典型例子：啪、哗哗、轰隆隆、噼里啪啦、乒乒乓乓、叽里呱啦

三、虚词

虚词是没有实在意义且不能够直接充当句子成分的词。汉语中的虚词主要有四类，即介词、连词、助词、语气词。其分类的依据如下：

（一）介词

1. 意义标准。介词主要用来引介名词，标明该名词所担负的语义角色。比如"在"一般引介时间、地点，"用"一般引介工具，"从"一般引介动作的起点。

2. 功能标准。①成分功能：不单独作句子成分，组成介词短语可以作状语、补语。例如：把衣服洗了、坐在教室里。②组合功能：后面一般跟名词组成介词短语。例如：用毛笔、被小李、从学校、在家里。

3. 典型例子：把、被、用、从、在、向、往、对于、关于、比、根据

（二）连词

1. 意义标准。连词一般用来连接其他词语或句子。

2. 功能标准。①成分功能：不单独作句子成分，组成短语后可以作句子成分，作何种句子成分视连接的词语而定。例如：张三和李四结婚了、他晚上一般看书或运动。②组合功能：没有固定组合，一般要求连接的词语词性相同。例如：老师和同学、继承并发展、不但学习好，而且乐于助人。

3. 典型例子：和、跟、与、同、或、并、并且、而且、不但、虽然、然而、如果、因为、所以

（三）助词

1. 意义标准。助词主要用来帮助表达某种特殊的语法意义。

2. 功能标准。①成分功能：不能单独充当句子成分，有的组成助词短语可以充当句子成分。例如：教室里响起了雷鸣般的掌声。街上没有一个卖菜的。②组合功能：没有固定组合。

3. 典型例子：的、地、得、着、了、过、似的、一样、所、给

（四）语气词

1. 意义标准。语气词主要用来帮助表达某种语气。

2. 功能标准。①成分功能：不单独充当句子成分。②组合功能：不跟其他词语组合，一般放在句子的末尾。例如：你报名了吗？

3. 典型例子：的、了、吧、呢、吗、啊、罢了、嘛、啦

四、兼类词

兼类词是兼具两种或两种以上词类的词。例如：自然、决定、繁荣。"自然"既是名词（大自然、人与自然），又是形容词（很自然）。"决定"既是名词（做决定、一个艰难的决定），又是动词（决定发奋苦读、决定戒烟）。"繁荣"既是形容词（很繁荣），又是动词（繁荣经济）。

注意：有些词语表面上看起来很像兼类词，如：会（开会、会电脑、会来的）、米（一米、一粒米）、谷（深谷、谷物）。实际上它们是同形同音词，而不是兼类词。因为兼类词是一个词兼有两个或两个以上的词类，同形同音词则是几个不同的词借用同一个书写形式和语音形式。区别在于：兼类词的几个不同的意思之间有联系，而同形同音词的几个不同的意思之间没有联系。例如："自然"是兼类词，因为两个意思之间有联系，"很自然"就是没有任何雕琢和掩饰，跟"大自然"的"自然"有某种相似之处。而"米"的两个意思之间看不出有任何联系，属于同形同音词。

有些词语，如"管"，有竹管和管理两个不同的意思，这两个意思之间现在已经没有联系了，属于同形同音词。但是在古代汉语中，它们之间是有联系的，属于兼类词。"管"的意义发展脉络如下：竹管→竹管做的钥匙→掌管钥匙的人→管理。

第三节　短语类型

短语也叫词组，是词和词组合而成的更大的语言单位。它跟词的区别是比词大，至少由两个词组成；它跟句子的区别是没有句调，在书写形式上表现为没有句末标点，如"。""！""？"等。

一、基本短语

汉语中有五种最常见的短语类型，分别是主谓短语、述宾短语、中补短语、偏正短语、联合短语。我们把这五种短语称为基本短语。

（一）主谓短语

1. 结构特点：名词＋动词/形容词

2. 意义特点：谁/什么＋怎么样/是什么

3. 典型例子：西瓜熟了　猴子聪明　鲸是哺乳动物

4. 特殊例子：明天晴天　今天星期三　鲁迅浙江人

这些例子中的谓语是名词或名词短语，但意义上表示"谁/什么＋怎么样/是什么"，所以看作主谓短语。

（二）动宾短语

1. 结构特点：动词＋名词

2. 意义特点：动作＋支配对象

3. 典型例子：看书　吃饭　写作业

4. 特殊例子：喜欢唱歌　买三本　接受批评　允许参加

这些例子中的宾语是动词、数量短语，但都是前面动词的支配对象，所以看作动宾短语。

（三）中补短语

1. 结构特点：a 动词＋形容词/介宾短语/数量成分；b 形容词＋副词

2. 意义特点：a 动作＋结果/数量；b 性质＋程度

3. 典型例子：a 吃多了　写在黑板上　看了三天；b 热极了　坏透了　好得很

4. 特殊例子：拿走了　打死了　扭伤了

这些例子中的补语是动词，但在意义上表示动作造成的结果，所以看作中补短语。

（四）偏正短语

1. 结构特点：a 形容词/区别词/名词/数量＋名词；b 副词/介宾短语＋动词/形容词

2. 意义特点：修饰＋被修饰

3. 典型例子：a 聪明的猴子　女博士　数学老师　三张桌子；b 常常加班　在教室看书　很漂亮

4. 特殊例子：内部解决　电话访谈　屋里说话　天天加班　应该参加　积极报名

这些例子中的修饰语是名词、动词，但在语义上修饰后面的中心语，所以看作偏正短语。

（五）联合短语

1. 结构特点：名词＋名词；动词＋动词；形容词＋形容词；……

2. 意义特点：地位相等、词性相同

3. 典型例子：阿哥阿妹　唱歌跳舞　聪明可爱

4. 特殊例子：勤快、和气、不怕苦　　可以而且曾经

这些例子几个联合成分词性不同，但在意义上地位相等，所以看作联合短语。

二、非基本短语

汉语中还有一些不太常见的短语，主要有连谓短语、兼语短语、双宾短语、量词短语、介词短语、同位短语、助词短语等七种类型。我们称之为非基本短语。

（一）连谓短语

1. 结构特点：动词＋动词＋……

2. 意义特点：多个动作都是同一主体发出，且多个动作时间上有先后关系

3. 典型例子：上山采药　去图书馆看书　打开窗户说亮话

4. 特殊例子：看着心烦　听了很高兴

这些例子后一个词语不是动词，但是跟前面的词语在时间上有先后关系，所以看作连谓短语。

（二）兼语短语

1. 结构特点：动词1＋名词＋动词2

2. 意义特点：名词是动词1的宾语，且是动词2的主语

3. 典型例子：请他听演唱会　叫他回去　有人不来

（三）同位短语

1. 结构特点：名词1＋名词2

2. 意义特点：名词1跟名词2表达的是同一事物

3. 典型例子：首都北京　班长小王　司机老李

4. 特殊例子：咱们老百姓　你们几位　他们俩

这些例子中出现了代词、数量短语，但在语义上都是表达同一事物，所以看作同位短语。

（四）方位短语

1. 结构特点：名词＋方位名词

2. 意义特点：对名词的具体方位进行描述

3. 典型例子：大门后　桌子上　小路旁　路灯下

4. 特殊例子：三天前　晚饭后

这些例子在意义上不表示方位，而是表示时间，但在形式上都有方位名

词，所以暂且看作方位短语。

（五）量词短语

1. 结构特点：数词/代词＋量词

2. 意义特点：计量

3. 典型例子：三拳　五件　那本　这次

（六）介词短语

1. 结构特点：介词＋名词

2. 意义特点：引介施事、受事、对象、工具、时间、处所等

3. 典型例子：被张三（打了）　把米饭（吃了）　比猪（还笨）　在深夜（苦读）

4. 特殊例子：对谈恋爱（不感兴趣）　比玩游戏（还有意思）

这些例子介词的宾语是动词短语，但在意义上是介词引介的对象，所以看作介词短语。

（七）"的"字短语

1. 结构特点：动词/形容词＋的

2. 意义特点：把动词、形容词变成名词

3. 典型例子：开车的　卖菜的　高的　瘦的

第四节　句子成分

汉语有六大句子成分，分别是主语、谓语、宾语、定语、状语、补语。

（一）主语和谓语

1. 语义关系

（1）施事—动作。例如：小王在看书。

（2）受事—动作。例如：书卖完了。

（3）其他—动作。例如：他傻了眼了。

2. 构成材料

（1）主语。①名词性成分：汉语很难。②数量成分：一斤五块钱。③动词性成分：骂人不对。④形容词性成分：谦虚使人进步。

（2）谓语。①动词性成分：小王在吃饭。②形容词性成分：她很聪明。③状态词性成分：这个人傻了吧唧的。④名词性成分：这个人死心眼子。⑤数量成分：菠菜八毛。

（二）动语和宾语

1. 语义关系

（1）动作—受事。例如：买东西

（2）动作—施事。例如：来客人了

（3）动作—工具。例如：吃大碗、抽烟斗

（4）动作—目的。例如：排火车票、跑项目

（5）动作—方式。例如：跳迪斯科、绣十字

（6）动作—处所。例如：写黑板、吃食堂

2. 构成材料

（1）动语。动词性成分：写作业。

（2）宾语。①名词性成分：修自行车。②动词性成分：准备考试、喜欢直来直去。③数量成分：买三斤、做五套。

（三）动语和补语

1. 语义关系

（1）动作—结果。例如：说清楚、学会

（2）动作—趋向。例如：走进去、送来

（3）动作—可能。例如：看得懂、学不会

（4）动作—程度。例如：干得漂亮、学得快

（5）动作—数量。例如：去一次、学三个月

（6）动作—引介（时间、地点等）。例如：生于 1881 年、走向远方

2. 构成材料

（1）动语。动词性成分：吃饱了。

（2）补语。①形容词性成分：染红了。②动词性成分：打死了。③副词性成分：好极了。④数量成分：看三天。⑤介词短语：坐在台下。

（四）定语和中心语

1. 语义关系：修饰—被修饰，前者修饰后者。

2. 构成材料

（1）定语。①名词性成分：木头房子。②代词性成分：我弟弟。③形容词性成分：好书。④数量成分：三个人。⑤状态词性成分：红扑扑的小脸。⑥区别词性成分：男护士。

（2）中心语。①名词性成分：新房子。②动词性成分：春天的到来。③形容词性成分：该死的温柔。

（五）状语和中心语

1. 语义关系：修饰—被修饰，前者修饰后者。

2. 构成材料

（1）状语。①副词性成分：刚走。②形容词性成分：快去。③数量成分：一把拉住、一看就认出了他。④介词短语：在操场比赛。

（2）中心语。①动词性成分：不同意。②形容词性成分：很高兴。

第五节　句子

汉语的句子可以分为单句和复句两种。单句是只有一个主谓结构的句子，复句是由两个或两个以上主谓结构构成的句子。

一、单句

单句可以从不同的角度再加以细分。从句子的构造来分，可以分为主谓句和非主谓句两种，我们称之为句型。从句子的意义来分，可以分为"把"字句、"被"字句、连谓句、兼语句、双宾句、隐现句、比较句等，我们称之为句式。从句子的语气来分，可以分为陈述句、祈使句、疑问句、感叹句，我们称之为句类。

（一）句型

1. 主谓句

（1）动词性谓语句。例如：我喜欢书。

（2）形容词性谓语句。例如：他很认真。

（3）名词性谓语句。例如：这个人高高的个子。

（4）主谓谓语句。例如：大象鼻子长。他肚子疼。

2. 非主谓句

（1）动词性非主谓句。例如：严禁烟火！

（2）形容词性非主谓句。例如：太帅了！

（3）名词性非主谓句。例如：乌鸦嘴！

（4）叹词性非主谓句。例如：喂！喂！

（5）拟声词性非主谓句。例如：哗哗！

（二）句式

1. "把"字句。例如：他把作业做完了。

2. "被"字句。例如：自行车被小偷偷走了。

3. 连谓句。例如：我们去教室上课。

4. 兼语句。例如：我请班长帮个忙。

5. 双宾句。例如：他捐给学校十箱书。

6. 隐现句。例如：大门口来了一辆车。

7. 比较句。例如：南方比北方热。

（三）句类

1. 陈述句，即用来说明事实的句子。例如：晚上下雨了。

2. 疑问句，即用来提出问题的句子。例如：你是做什么的？

（1）是非问句，即要求对方做出肯定或否定回答的疑问句，一般用"是、对"或"不是、不对"来回答。例如：今天是周三吗？

（2）特指问句，即要求对方就某个方面做出明确回答的疑问句。例如：你今天买了什么？

（3）选择问句，即要求对方在几个选择项中做出选择的疑问句。例如：你喝啤酒还是白酒？

（4）正反问句，即要求对方在相反的两个选择项中做出选择的疑问句。例如：你去不北京？

3. 祈使句，即用来要求听话人做某件事情的句子。例如：不要在课桌上乱写乱画！

4. 感叹句，即用来抒发某种强烈感情的句子。例如：今天的天气真好啊！

二、复句

汉语的复句按照各分句之间的地位是否平等，可以分为主次复句和非主次复句两类。主次复句是分句之间的地位不平等，有的分句地位重要，有的相对来说不那么重要。非主次复句是分句之间的地位平等，没有哪个分句特别重要，也没有哪个分句特别不重要。

（一）主次复句

1. 条件复句，即前一分句提出一种条件，后一分句说明在这种条件下会出现的结果。例如：只要你努力学习，将来就一定能考上研究生。

2. 假设复句，即前一分句提出一种假设的情况，后一分句说明在这种假设的情况下会出现的结果。例如：如果你努力学习，将来就一定能考上研究生。

3. 因果复句，即前一分句提出一种原因，后一分句说明由此产生的结果。例如：因为你努力学习了，所以你能够考上研究生。

4. 目的复句，即前一分句提出一种动作行为，后一分句说明这一行为的目的。例如：他学习十分努力，为的是将来能考上研究生。

5. 转折复句，即前一分句提出一种情况，后一分句不是顺着前句说下去，而是说出了一种出乎意料的情况。例如：他学习非常努力，但是考研却失败了。

（二）非主次复句

1. 并列复句，即多个分句之间是平等关系，一般是列举事物的多个方面，或者说明正反两个方面。例如：他有很多优点，也有不少缺点。

2. 承接复句，即前一分句说出一种情况，后一分句顺着说下去。例如：他拿出一本书，又放了回去。

3. 总分复句，即一个分句总说一种情况，其他分句对这一情况加以解释。例如：调查有两种方法：一种是走马观花，一种是下马观花。

　　4. 选择复句，即多个分句提出几种可能的情况，让人做出选择。例如：要么把老虎打死，要么被老虎吃掉。

　　5. 递进复句，即多个分句之间在语义上层层深入。例如：他不但是党员，而且是本单位最优秀的党员。

【练习】

1. 标出下列词语的词类。

突然（　　）　　忽然（　　）　　自然（　　）　　虽然（　　）

坦然（　　）　　安然（　　）　　连忙（　　）　　匆忙（　　）

急忙（　　）　　帮忙（　　）　　精神（　　）　　精力（　　）

精干（　　）　　精灵（　　）　　精明（　　）　　精通（　　）

女（　　）　　　因为（　　）　　所（　　）　　　过（　　）

2. 标出下列短语的类型。

听得很高兴（　　）　　听了很高兴（　　）　　东京北京（　　）

中国北京（　　）　　　首都北京（　　）　　　他是个王八蛋（　　）

他个王八蛋（　　）　　在家（　　）　　　　　家里（　　）

卖菜的（　　）　　　　木头似的（　　）　　　学习条件（　　）

学习文件（　　）　　　学习软件（　　）　　　学习硬件（　　）

学习很好（　　）　　　学得很好（　　）　　　学不学（　　）

学不好（　　）　　　　学好（　　）

3. 按照要求造句。

(1) 名词性谓语句

(2) 动词性非主谓句

(3) 动词性谓语句

(4) 主谓谓语句

(5) "把"字句

(6) 连谓句

(7) 兼语句

(8) "被"字句

(9) 双宾句

(10) 隐现句

【拓展阅读】

1. 胡裕树：《现代汉语》，上海教育出版社，1995 年版。

2. 北京大学中文系现代汉语教研室：《现代汉语》，商务印书馆，2004 年版。

3. 黄伯荣、廖序东：《现代汉语》（增订四版），高等教育出版社，2007 年版。

（蒋静忠）

第十单元　修辞与逻辑

修辞知识概要

第一节　什么是修辞

在日常的对话或文章中，"修辞"一词通常有三种含义：其一，修辞是一种语言活动，即修辞活动，是在使用语言的过程中，运用各种手段、方法对语言材料进行选择、调整和组合，收到尽可能好的表达效果；其二，修辞是增强语言表达效果的方法、技巧的各种修辞现象，即修辞规律；其三，修辞是研究修辞规律的科学，即修辞学或修辞著作。"修辞"的这三种含义，既有区别，又有联系。修辞规律是从大量的修辞活动中概括总结出来的，而修辞规律和修辞活动又是修辞学研究的对象。由此可见，修辞不是像有人所误解的那样，高深莫测，是咬文嚼字、雕词琢句、附庸风雅，只是摇笔杆子的人的事；或者在接触了一些修辞格以后，简单地以为修辞就是些比喻、夸张之类。语言实践告诉我们，修辞在日常生活中随处可见，但凡与语言使用相关的活动，都离不开修辞。或许我们并不知觉，但它确实存在着，大到领导讲话、广告媒体，小到演讲报告、日常谈话，可谓无处不在。

修辞的核心是语言表达效果问题。与其他学科相比，它具有两个比较鲜明的特点。

其一，综合性。一方面，语音、词汇、语法是修辞的基础，是修辞要调动和加工的对象。要想达到理想的表达效果，修辞不可避免地与语音学、词汇学、语法学存在着千丝万缕的联系。另一方面，表达效果是在语言交际中体现的，使得修辞与文艺学、美学、心理学、人类学等也密不可分。

其二，民族性。修辞存在于所有的语言中，不同语言所具有的修辞手法以及修辞活动存有相似性。但是，语言是文化的载体，不同的文化传统造就了不同的思维方式及对应的不同的言语表达方式。产生在语言使用中的修辞活动必然会受到民族文化观念的影响，折射民族的世界观和价值观。

第二节　修辞的作用与原则

一、修辞的作用

　　修辞以切情、切境、切题、切旨、切理为前提，以音顺、意顺、情顺、境顺、旨顺为目的，可以使人得到美的享受。修辞在中国源远流长，甚至有人说"美食"和"美辞"是中华民族的两大绝活。古人讲究"立功、立德、立言"三不朽，古人重视"立言"，把"立言"看成是"经国之大业，不朽之盛事"（曹丕《典论·论文》）。为了实现"立言"目标，古人对修辞常常是"熬得半宵寒"，"拈断数茎须"。今天，社会的飞速发展进步向人的素质发起强有力的挑战，修辞的作用更加突出。我们常发现，同样的文字，同样的说话，有的人说出来苍白、无趣，而被另外的人说出来却生动、新鲜。戴尔·卡耐基在总结成功人士的经验时说："多数事业上成功的人，除了知识之外，还拥有会说话、说服他人、把自己和自己的想法'推销'出去的才华。"善于修辞才善于表达，才能高效能地发挥语言的作用。修辞是研究提高语言表达效果的方法、技巧和规律的科学，能为我们揭示语言的奥秘。学习修辞对语言的表达、理解都大有裨益。第一，学习修辞能使我们知其然并知其所以然，帮助我们敏锐地捕捉到他人语言中的闪光点，日积月累，潜移默化地提高自己语言表达的效果。第二，学习修辞并且自觉地用来指导语言实践，自然可以具备会说话、说服他人的才华，使自己在交际中游刃有余，尽可能完美地完成特定的交际任务。学习修辞的方法很多，行之有效的是比较法。比较成功和失败的用例，比较一般用法和特殊用法的差别，比较同一内容所使用的不同形式以及不同形式所适用的不同方面，从比较中得到启发，从比较中寻找规律，从比较中提高素养。

　　二、修辞的原则

　　如果说语法是管把话说"通"，逻辑是管把话说"对"，那么修辞就是管把话说"好"。怎样说或写才是好的呢？判断所依据的原则是什么呢？关于修辞的原则有众多不同的表述，如修辞"以适应题旨情景为第一义"（陈望道《修辞学发凡》），修辞以"适应现实语境"和"实现交际效果"为原则（张弓《现代汉语修辞学》），修辞以"得体"为原则（王希杰《修辞学通论》）等。目前还没有一种表述能够尽善尽美，我们暂且把"得体性"看作修辞的原则。所谓得体，就是充分考虑时间、地点、场合、对象等客观因素和语言使用者的身份、思想、性格、职业、修养、处境、心情等主观因素，根据表述的主旨恰到好处地选择适当的修辞方式和手段等。这是因为修辞活动的目的是力求与交际对方达到更好的沟通，总是在特定的语言环境中产生的，修辞效果也只有在特定的语言环境中才能体现出来。人们常说"到什么山唱什么歌"、"看菜吃饭，量体裁衣"、"过犹不及"等，得体性原则正是建立在交际活动中语言环境和语言对象的适宜、合理的基础之上的。

第三节 修辞的内容

一般认为，修辞的内容主要表现在三个方面：词语的锤炼、句式的选择、辞格的运用。

一、词语的锤炼

就有声语言而言，意义是语言的内容，声音是语言的形式，二者缺一不可。声音的配合和意义的选择是词语锤炼的基本内容。

（1）声音的配合

声音的配合就是要达到说出来或写出来的话具有音乐美的效果。怎样形成音乐美？汉语的音节，元音占优势，有四声的变化，有声韵的同异联系；汉语的词，有单音的、双音的、多音的形式，有双声词、叠韵词、叠音词，还有同音异义词、同义异音词，这些都为声音的配合提供了充分的条件。只要善于选择就可以收到音节整齐、语气流畅、声调抑扬、节奏鲜明、韵脚和谐、声音传情的美感。

（2）意义的选择

意义的选择是寻求词语的意义和所要表达的思想内容水乳交融，使得词语的运用准确、鲜明、生动、简练。这就需要根据题旨情境的要求，精心挑选、修饰点染、巧妙配合。如：

月光如流水一般，静静地泻在这一片叶子和花上。（朱自清《荷塘月色》）

这里的"泻"字用得出神入化，这悄无声息的月光变成可以用来细细触摸的流水，写尽了月光似锦似缎、光滑细腻的柔美，如果把"泻"换成"照"就平淡无奇了。"泻"和"静静地"巧妙搭配，使得荷塘月色的描写收到静中有动、动中有静的审美效果。

二、句式的选择

汉语历来就有反复推敲词句的传统。汉语中存在着种类繁多、丰富多彩的同义句式，如常式句和倒装句、陈述句和反问句、疑问句和祈使句、肯定句和否定句、主动句和被动句、长句和短句、整句和散句、口语句和书面句等。不同的句式在一定语境下表意有着细微差别，为我们选择和运用各种句子提供了最大限度的可能性。我们可以根据需要斟酌、选择、调整，精心组词造句。如：

我在旧上海见过这情景。

这情景，我在旧上海见过。

此例中的两句分别为常式句和倒装句，单独来看不能确定孰优孰劣。黄宗英在《八面来风》中是这样依据上下文选择句式的：

……我整理行装离开了广州。汽车驶过火车站，那里拥挤着进行黑市交易的人群。这情景，我在旧上海见过，它没有挡住新中国的成立。……

作者在前文描述的是火车站的情景，所以把宾语"这情景"移到前面作主语，变成主谓谓语句，与前文衔接并起到了强调作用，收到了良好的修辞效果。

主动句的作用在于说明主动者（施事）怎么样，让施事成为话题。被动句的作用在于说明受动者（受事）怎么样，让受事成为话题。主动句有主动句的长处，被动句有被动句的优点，要根据内容需要精心选择。如：

也许雨来被鬼子扔在河里冲走了。（管桦《小英雄雨来》）

这是一个被动句，突出和强调受动者"雨来"怎么样了，关心雨来的命运，如果改为主动句，就成了："也许鬼子把雨来扔在河里冲走了。"这是说"鬼子"如何处置雨来，就变了味了。

长句、短句各有修辞效果，长句结构复杂，其修辞效果精确、严密、细致；短句的效果是简洁、明快、有力。要善于根据表达的需要，各取其利，如：

她一手提着竹篮，内中一个破碗，空的；一手拄着一支比她更长的竹竿，下端开了裂：她分明已经纯乎是一个乞丐了。（鲁迅《祝福》）

这里对沦为乞丐的祥林嫂的描写用的都是短句，与所刻画的人物极其吻合。这些短句犹如电影、电视的分镜头，将祥林嫂的形象描写得栩栩如生。如果将这一段描写换成长句："她一手提着内中有个破空碗的竹篮，一手拄着一支比她更长的下端开了裂的竹竿：她分明已经纯乎是一个乞丐了。"不仅收不到上述的效果，且读后感觉味同嚼蜡，无法留下鲜明深刻的印象。

三、辞格的运用

在汉语悠久的历史发展过程中，产生了很多辞格。辞格又叫"修辞格"、"修辞方式"、"修辞手段"、"修辞方法"等。它是在组织语言、提高语言表达效果的过程中，经过无数人无数次的语言实践而形成的具有特定结构、特定方法、特定功能，并被社会所公认的固定的言语格式。在古今汉语中，辞格都得到了充分运用。陈望道先生在《修辞学发凡》里列举了38种辞格，此后学者又一再补充。常见的辞格有比喻、比拟、借代、夸张、婉曲、双关、对偶、互文、顶真、仿拟等数十种。

第四节　比喻、比拟与借代

一、比喻

比喻也叫"譬喻"，是在描绘事物或说明道理时，利用不同事物之间的相似点，以甲事物来比拟乙事物，以便使表达更加生动鲜明的辞格。在形式上，比喻具有本体、喻体和喻词三个成分。因这三个成分的异同和隐现，比喻可分为明喻、暗喻（隐喻）和借喻三类。

（1）明喻

明喻是明确地用一种事物来比喻另一种事物，是十分明显的比喻。本体、喻体、喻词都出现，喻词一般用"似"、"若"、"像"、"如同"、"好比"、"仿佛"等。如：

草原是这样无边的平展，就像风平浪静的海洋。（碧野《天山景物记》）

书籍如同一把钥匙，它能帮助我们开启心灵的智慧之窗。

（2）暗喻

暗喻又叫隐喻，用"是"、"成为"、"成了"、"变成"、"等于"、"算作"等连接喻体和本体，也可不用。如：

这是梅花，有红梅、白梅、绿梅，还有朱砂梅，一树一树的，每一树梅花都是一树诗。（杨朔《茶花赋》）

霎时间，东西长安街成了喧腾的大海。（袁鹰《十月长安街》）

（3）借喻

借喻是直接用喻体代替本体的比喻。本体和比喻词都不出现。如：

不能让这些充满暴力的漫画毒害我们的幼苗。（幼苗＝儿童）

看吧，狂风紧紧抱起一层层巨浪，恶狠狠地将它们甩到悬崖上，把这些大块的翡翠摔成尘雾和碎末。（高尔基《海燕》）（大块的翡翠＝巨浪）

比喻是汉语中历史悠久、运用广泛、效果极佳的辞格之一，它最能体现汉民族具象性文化观念。运用比喻具有生动、具体、形象的表达效果，可以使深奥的道理浅显化，抽象的事物具体化，概括的东西形象化，能给人留下鲜明的印象。古往今来，人们创造出许许多多的形象、贴切、新鲜的比喻。运用比喻应当注意：首先，比喻要贴切。《世说新语》中有一则涉及"比喻"的小故事。在回答谢安"大雪纷纷何所似"这个问题时，谢朗回答"撒盐空中差可拟"，谢道韫回答"未若柳絮因风起"。后一个比喻比前一个好，好在哪里？就是因为"柳絮纷飞"比"空中撒盐"更贴切。其次，喻体应该是人们熟知的、具体的、易懂的。例如，"可怜九月初三夜，露似真珠月似弓"。（白居易《暮江吟》）作者选取人们熟悉的具象事物做喻体，描绘了一幅精美的暮时风光图。而说"这篇文章的结构像神经网那样严密"，就令人费解，不说还明白，越说越糊涂了。另外，比喻要注入感情，褒贬要恰当。例如："运动健儿们像热锅上的蚂蚁一样，活跃在运动场上。""热锅上的蚂蚁"是焦躁不安的意思，与生龙活虎的运动员形似而神非。

二、比拟

比拟是基于想象，把物当作人，或把人当作物，或把此物当作彼物来表述的辞格。比拟可分为拟人和拟物两类。

（1）拟人

拟人即把物当作人来写。如：

无意苦争春，一任群芳妒。陆游《卜算子·咏梅》

矮小而年高的垂柳，用苍绿的叶子抚摸着快熟的庄稼。（郭小川《团泊洼的秋天》）

（2）拟物

拟物就是把人当作物，或把此物当作彼物。如：

咱们老实，才有恶霸，咱们敢动刀，恶霸就得夹着尾巴跑。（老舍《龙须沟》）

蓝色的火苗舔着锅底，锅内热气腾腾。（刘坚《草地晚餐》）

正确地使用比拟，物我交融，可使所表述的对象具有形象性和生动性，唤起人的想象，让人产生鲜明的印象，而且也能体会到作者强烈的爱憎情感。运用比拟时要注意：感情要自然真实，恰如其分，切忌矫揉造作。

三、借代

借代也叫"换名"，是一种不直接说出某人或某事物（即本体），而是借用与某人或某事物密切相联系的词语（即借体）代替它的辞格。根据借体和本体的关系，借代可以分为若干类，常见的有以下四种。

（1）特征代本体。例如：

黄发垂髫，并怡然自乐。（陶渊明《桃花源记》）（"黄发"借指老人，"垂髫"借指小孩。）

（2）专名代泛称。例如：

一千个读者就有一千个哈姆雷特。（"哈姆雷特"借指文学形象。）

（3）具体代抽象。例如：

模范不模范，从西往东看，西头吃烙饼，东头喝稀饭。（赵树理《老杨同志》）（"吃烙饼"、"喝稀饭"借指生活水平的高低。）

（4）部分代整体。例如：

两岸青山相对出，孤帆一片日边来。（李白《望天门山》）（"帆"借指船。）

借代具有委婉曲致、简约鲜明、音韵谐美、游戏趣味的表达效果，是一种人们喜闻乐见的辞格。很多成语也使用了借代，如"青梅竹马"、"高山流水"、"被坚执锐"、"衣轻乘肥"等。运用借代要注意：借体可代替本体，是由于两者的相关性，且其关系是实在的，不是想象的。借体要有明确性和代表性，让人一看就明白。

第五节　夸张、婉曲与双关

一、夸张

夸张是一种为了启发听者或读者的想象力，对客观的人、物、事作扩大、缩小、超前描述的辞格。夸张可以分为扩大夸张、缩小夸张、超前夸张三类。

（1）扩大夸张。扩大夸张是故意把客观事物的形象、性质、状态、数量、作用、程度等往大、快、高、重、强、多、深等方面描述。如：

问君能有几多愁？恰似一江春水向东流。（李煜《虞美人》）

她站在暗处不动，满身是耳朵，满身是眼睛。（茅盾《子夜》）

（2）缩小夸张。缩小夸张是故意把客观事物的形象、性质、状态、数量、作用、程度等往小、慢、矮、轻、弱、少、浅等方面渲染。如：

芝麻粒儿大的事，不必放在心上。

教室里静得连掉根针都能听见。

（3）超前夸张。超前夸张是故意颠倒事件出现的顺序，把后出现的说成先出现的，或是同时出现的。如：

船长……冷冷地说："他是个法国老流氓……!"我父亲脸色早已煞白，两眼呆直……（莫泊桑《我的叔叔于勒》）

本应该是听完后才能动声色，作者却说成"早已煞白"，超前夸张的使用恰如其分地表现了父亲极度失望、极度害怕的心理。

夸张是故意言过其实。把大的往大里说，小的往小里说，多的往多里说，少的往少里说，可以深刻、生动地揭示事物的本质，给人以鲜明深刻的印象或深切的感受，引人入胜。运用夸张修辞时应当注意：夸张虽然言过其实，但一般也需要有客观事实为基础，即夸张必须有度，要以情理、事理为标准，源于现实，高于现实。成功的夸张，要使听者或读者一下子就知道用了辞格，从而顺利接受夸张的形象。夸张不当，信口开河，就成了浮夸和捏造、吹牛、说大话，不免让人觉得荒唐可笑。

二、婉曲

婉曲是对所要表达的意思不直白地说或写出来，而是通过借用一些与之相应的内容委婉曲折、含蓄暗示出来，使人们思而得之的辞格。中国人一向推崇"不著一字，尽得风流"、"言有尽而意无穷"，使得人们对"婉曲"情有独钟，在汉语中被普遍运用并广泛见诸古今汉语中。如：

行者见罗敷，下担捋髭须。少年见罗敷，脱帽著帩头。耕者忘其犁，锄

者忘其锄；来归相怨怒，但坐观罗敷。（《汉乐府·陌上桑》）

这几句虽无一字从正面描绘罗敷的容貌，但从行者、少年、耕者、锄者见到罗敷后举止失态、忘乎所以，间接曲折地突出了罗敷的美丽动人。

我向他打听卖灶糖的老汉，他告诉我，卖灶糖的老汉老去了。（张洁《拣麦穗》）

克明又去摩他的手，然后带哭地吐了三个字："手冷了。"（巴金《家》）

这两个例子中不直说"死"，而说成"老去了"、"手冷了"。"死"是一个悲痛的或不祥的字眼，人们往往不愿意也不忍心说出这个字眼。汉语中关于"死"的委婉说法数以百计，如"驾崩"、"山陵崩"、"弃养"、"仙逝"、"登仙"、"羽化"、"归西"、"捐躯"、"上西天"、"见阎王"、"驾鹤西游"、"命赴黄泉"、"撒手人寰"等。

婉曲的主要特点是"言在意外"，好处在于委婉曲折，给人以回味的余地。运用婉曲要注意：隐而不显，但不要故弄玄虚、转弯抹角、模棱两可、晦涩难懂，在一定的语境中，语意指向要明确。

三、双关

双关是利用语音或语义条件，用词造句时表面上是一个意思，而暗中隐藏着另一个意思的辞格。从构成条件来看，双关可以分为谐音双关和语义双关两类。

（1）谐音双关

两船并行，橹速不如帆快。

八音齐奏，笛清难比箫和。

这是一副有名的双关联。上联表面上是说摇橹的船比不上扬帆的船快，实际上讲东吴谋士鲁肃（同"橹速"谐音）比不上西汉勇士樊哙（同"帆快"谐音）。下联是讲北宋武将狄青（同"笛清"谐音）和西汉谋臣萧何（同"箫和"谐音），一武一文，交错相对，巧极妙极。

（2）语义双关

相君之面，不过封侯，又危不安。相君之背，贵乃不可言。（《史记·淮阴侯列传》）

这里的"背"，表面上是说"脊背"，而深层义是"背叛"，是蒯通在规劝韩信背汉自立，趁机三分天下。

双关表面上说甲，实际上说乙，言在此而意在彼，用得好有一箭双雕之妙，并可以收到冷嘲热讽、指桑说槐或诙谐幽默、活泼风趣的效果。运用双关要注意：不要造成误会或歧义，能让人一听就心领神会，不能使人如坠雾里。

第六节 对偶、互文、顶真与仿拟

一、对偶

对偶是指将结构相同或基本相同、字数相等、意义密切相关的两个短语或句子，成双成对地组织在一起的辞格。从内容上分，对偶常分为正对、反对、串对三种。

（1）正对。正对是由意义相似、相近、相补、相称的前后两部分构成的对偶。如：

日出江花红胜火，春来江水绿如蓝。（白居易《忆江南》）

（2）反对。反对是由意义相反或相对的前后两部分构成的对偶。如：

生当作人杰，死亦为鬼雄。（李清照《绝句》）

（3）串对。串对又叫"流水对"，是由意义上有承接、因果、假设、条件、转折等关系的前后两部分构成的对偶。如：

即从巴峡穿巫峡，便下襄阳向洛阳。（杜甫《闻官军收河南河北》）（承接关系）

野火烧不尽，春风吹又生。（白居易《赋得古原草送别》）（因果关系）

欲穷千里目，更上一层楼。（王之涣《登鹳雀楼》）（假设关系）

春天播下千粒籽，秋后收回万斤粮。（条件关系）

虽为毫末技艺，却是顶上功夫。（转折关系）

对偶植根于汉语的语言形式，与汉民族文化和心理高度和谐。视觉上，结构相同（或基本相同），字数相等，两两相对，具有对称美；听觉上，平仄和谐，节奏鲜明，悦耳动听，有音律美。对偶雅俗共赏，源远流长而兴盛不衰，是中国文学语言中的一朵奇葩，长居中国美文语言之尊。使用对偶时应当注意：必须出于自然，不能生拼硬凑，单纯追求形式。

二、互文

互文又被叫做"互文见义"、"参互"、"互辞"等，是把一个完整的意义拆开，分别放置在前后两句或同一个句子的前后部分中，使前后词语互相补充，合而见义的辞格。根据互文的结构特点，互文大致可以分为单句互文和临句互文两类。

（1）单句互文，即互文出现在同一个句子中。如：

秦时明月汉时关。（王昌龄《出塞》）

从字面上看，"明月"属"秦"，"关"属"汉"。实际上，"明月"也属"汉"，"关"也属"秦"，意即秦汉时的明月照耀着秦汉时的边关。"秦"、"汉"互文，使诗句不仅具有历史的纵深感，而且带有空间的广阔感，征人的焦虑和思妇的愁思给读者留下了深刻的印象。

（2）临句互文，即互文出现在两个或两个以上的句子中。如：

不以物喜，不以己悲。（范仲淹《岳阳楼记》）

将军角弓不得控，都护铁衣冷难着。（岑参《白雪歌送武判官归京》）

"互文"这种辞格在古代汉语中的运用很丰富，至今仍承用不衰，在现代汉语中也很常见。如：

云水间，满眼乱飞的挽幛；风雷中，满耳坚定的誓词。（李瑛《一月的哀思》）

这里是说，云水间既有满眼的挽幛，也有坚定的誓词；风雷中既有坚定的誓词，也有满眼的挽幛。

"互文"的特征是"参互成文"、"文省而意存"，能使语句工整对称，语言凝练简洁，语义含蓄丰富。很多成语也使用了"互文"，如"走南闯北"、"眉来眼去"、"披星戴月"、"惊天动地"、"朝歌夜弦"、"前仰后合"、"道听途说"、"精雕细刻"、"游山玩水"、"穿金戴银"、"心猿意马"等。使用互文时要注意：必须有特定的语言环境，否则会使语意混乱不清。

三、顶真

顶真也称"顶针"，是用前面结尾的词语或句子作下文的起头，使前后的句子上传下接，首尾相连的辞格。顶真应用范围广泛，写景、叙事、抒情、议论都用得上，如：

希望是附丽于存在的，有存在，便有希望，有希望，便是光明。（鲁迅《记谈话》）

顶真在诗歌中尤为多见。如：

天下文章数三江，三江文章数故乡。

故乡文章数舍弟，舍弟与我学文章。

这首打油诗相传是古代一干读书人在野外相遇，互相吹嘘自己的文才是子建再世、太白重生，天下无人能比。争执不下时，内有一人提议，不如每人吟咏一首最能展露自己才华的诗歌，谁高谁低，立见分晓。此诗一出，其他书生再无话说。此诗之所以能够夺魁，妙就妙在用"顶真"层层铺垫，最后水到渠成显豁主旨：天下文章舍我其谁？把打油诗的吹牛功能发挥到登峰造极。

生活中运用"顶真"辞格的也很多，比如丰田车的广告"车到山前必有路，有路就有丰田车"等。

恰当使用"顶真"可使结构紧凑，上下衔接，语势贯通，读起来环环入扣，声韵流畅，妙趣横生。运用顶真时要注意：不能仅从形式上着眼，若写成"流水账"就没有任何审美情趣可言了。

四、仿拟

仿拟是在特定的语境里，有意模仿人们熟知的词语、句子甚至篇章，临时创造出新的词语、句子或篇章的辞格。根据模仿语言材料的不同，仿拟可以分为仿词、仿句、仿篇三类。

（1）"烟酒生"。

（2）"默默无蚊"的奉献。（某蚊香广告）

（3）"有朋自网上来，不亦乐乎？"

（4）"分不在高，及格就行。学不在精，作弊则灵。斯是教室，唯吾邪性，琢磨打游戏，上课发短信，小说看得快，情书写得勤；可以嗑瓜子，交交心。无书声之乱耳，无攻读之劳形。浑身无聊毛病，假装文质彬彬。心里想：混张文凭。"

例（1）和例（2）为仿词，分别仿"研究生"和成语"默默无闻"。例（3）为仿句，仿《论语》"有朋自远方来，不亦乐乎？"例（4）为仿篇，仿刘禹锡的《陋室铭》，揭露和讽刺了心猿意马、不务正业、只想混张文凭的学子。曾有学生说："读一遍哈哈大笑，读二遍脸上发烧，读三遍心惊肉跳，这写的不就是我吗？"从而幡然醒悟，致力学业。

仿拟是一种巧妙、机智、有趣的辞格，化熟悉为陌生，化平淡为新奇，能使语言诙谐幽默，耳目一新，妙趣益然。运用仿拟要注意融会贯通，避免生搬硬套，乱仿乱造，任意篡改。

【练习】

1. 什么是修辞？

2. 修辞的原则是什么？

3. 学习修辞的作用有哪些？

4. 举例说明修辞的内容。

5. 举例说明比喻中借喻和暗喻的区别。

6. 从报刊杂志中分别找出一个有关比喻、比拟、借代、夸张、对偶、婉曲、双关、顶真、互文、仿拟的例句。

【拓展阅读】

1. 王德春：《修辞学词典》，浙江教育出版社，1987 年版。

2. 张　弓：《现代汉语修辞学》，河北教育出版社，1993 年版。

3. 王希杰：《修辞学通论》，南京大学出版社，1996 年版。

4. 骆小所、周芸：《修辞学导论》，云南人民出版社，1999 年版。

5. 马景仑：《汉语通论》，江苏古籍出版社，2002 年版。

6. 吴礼权：《现代汉语修辞学》，复旦大学出版社，2006 年版。

7. 黄伯荣、廖序东：《现代汉语》（增订四版），高等教育出版社，2007 年版。

8. 陈望道：《修辞学发凡》，复旦大学出版社，2008 年版。

（程艳梅）

逻辑知识概要

第一节　逻辑概说

一、什么是逻辑

"逻辑"一词，是由英语 logic 音译过来的。它源于希腊文 logos（逻各斯），意为思想、理性、规律性等。在汉语中，"逻辑"是个多义词。它至少有如下几个义项。

1. 客观事物的规律。例如：

（1）我们要研究市场经济的逻辑。

（2）教育必须遵循教育的逻辑。

2. 思维的规律。例如：

（1）他的话不合逻辑。

（2）我们应当作出合乎逻辑的结论。

3. 研究思维形式及其规律的科学，即逻辑学。例如：

（1）每个人都应当学习逻辑。

（2）我们应当普及逻辑。

4. 某种理论或说法。例如：

（1）把侵略说成友谊，这是帝国主义的强盗逻辑。

（2）把市场经济说成资本主义，这是一种荒谬的逻辑。

在上述四个义项中，前三个义项逐步派生，一脉相承，第四个义项含有贬义。

我们这里所说的逻辑，指逻辑学，即研究思维形式及其规律的科学。

二、思维和思维形式

什么是思维呢？思维是人的认识的理性阶段，是人脑对客观事物间接而概括的反映。人的认识可以分为感性认识和理性认识。感性认识是认识的初级阶段，是对客观事物的现象、部分和外部联系的反映，其形态是感觉、知觉和表象；经过对感性材料的加工整理，产生认识的飞跃，形成概念、命题和推理，把握事物的本质和规律，这就是理性认识阶段，也就是思维的阶段。

思维形式是思维的结构方式，包括概念、命题、推理。任何思维都是思维形式与思维内容的有机统一。不同的思维内容可以运用相同的思维形式。例如：

①所有金属都是导体。

②所有商品都是有价值的。

③所有物质都是可以分割的。

这三句话的内容各不相同，①是物理学方面的；②是经济学方面的；③是哲学方面的。但其思维形式却相同，即"所有 S 都是 P"。

逻辑要研究思维形式，而不研究具体的思维内容。研究思维形式的目的是为了人们在具体思维过程中能够恰当运用思维形式来反映思维内容。

三、思维与语言

思维与语言密切联系，思维是语言的内容，语言是思维的载体。思维活动的进行、思维成果的储存和传播，都离不开语言。一定的思维形式都有与之对应的语言形式。许多语言问题其实质往往是思维问题。

思维与语言又有区别。思维是一种精神现象，语言是以语音为物质外壳的符号系统，是一种物质存在，两者各有自己的规律。语言具有民族性，而思维没有民族性，逻辑的法则具有全人类性。

四、逻辑的作用

逻辑的作用可以从人类社会和社会个体两个方面来看。

从人类社会来看，逻辑是科学的基石。列宁曾经引用黑格尔的话说："任何科学都是应用逻辑。"逻辑又是民主的基石。真正的民主既不是少数人说了算，也不是简单的多数人说了算，简单的多数人说了算很可能造成多数人暴力。真正的民主是多数人甚至全体公民在充分论证的基础上进行社会决策。而逻辑就是论证不可或缺的工具。

从社会个体来说，逻辑的作用在于：

1. 提高思维能力。人人都有思维，但思维的品质不同，有正确和错误之分；有严密和粗疏之别；有开阔和狭窄之差；有敏捷和迟钝之异。所谓思维能力强，就是思维正确、严密、开阔、丰富、敏捷而高效。这其中就有逻辑的功力。逻辑作为思维的工具，能够提供思维方法，畅通思维渠道，拓展思维空间，提高思维效率。

2. 提高语言能力。语言和思维互为表里。任何语言活动都是思维活动。

听和读就是通过语言理解别人的思想；说和写就是通过语言表达自己的思想。语言的运用离不开思维。语言的恰当运用离不开逻辑，如果思维是混乱的，不合逻辑，语言表达就不可能是清楚明白的。而自觉地运用逻辑，能够促进语言的严密准确，深刻有力。著名语言学家吕叔湘、朱德熙两位先生说："要把我们的意思正确地表达出来，第一件事情是要讲逻辑。"毛泽东也曾强调："写文章要讲逻辑。"王力先生说，"教学生作文，最重要的是让学生懂逻辑。"

3. 提高工作能力。工作能力，归根到底是思维能力。假如你是一位医生，你需要根据病人外在的症状推测体内的病变，确定手术方案，而绝不能这儿来一刀试试，那儿来一刀试试。假如你是一位侦探，你必须根据罪犯作案时留下的蛛丝马迹顺藤摸瓜，而不可能让罪犯重新演示一遍看看。假如你是一位教师，逻辑思维具有更重要的意义，因为传授知识需要严谨周密。如果思维混乱，那么无论怎样生动都无济于事。以其昏昏如何使人昭昭？

第二节　概念

一、什么是概念

概念是以类的方式反映事物及其本质属性的思维形式。例如，"桌子"、"跳"、"伟大"。山川草木、阴晴雨雪之类的自然现象，商品货币之类的社会现象，情感意志之类的精神现象，都是概念所反映的事物。事物有各种不同的属性，属性可以分为本质属性和非本质属性。例如，人有眼睛，有四肢，这是人的非本质属性。能够制造和使用生产工具才是人的本质属性。

概念的结构可以分析为内涵和外延。内涵是反映在概念中的对象的本质属性；外延是反映在概念中的具有某些本质属性的事物类。例如，"文学"这个概念的内涵是"以语言反映客观现实的艺术"，其外延是"小说"、"诗歌"、"散文"、"戏剧"。又如，"生物"的内涵是"自然界中有生命的物体，能够进行新陈代谢、生长、发育、繁殖"，外延是"动物、植物、微生物"。

二、概念与语词

与概念相应的语言形式是词和短语。词和短语统称为语词。任何概念都必须用语词表达。

概念与语词又不完全对应。

1. 有些语词表达概念，有些语词不表达概念。例如"树"、"友谊"、"笑"、"三"表达概念，"呢"、"啊"不表达概念。

2. 同一个概念可以用不同的语词表达。例如，"水"与"water"、"红薯"与"地瓜"分别表达同一个概念。表达同一个概念的语词互为等义词。

3. 同一个语词可以表达不同的概念。例如，"书"这个语词可以表达"书本"、"信"、"写"等不同的概念，"先生"这个语词可以表达"教师"、"医生"、"尊者"、"丈夫"、"知识界人士"等不同概念。表达不同概念的语词就是多义词。

三、概念间的关系

形式逻辑所谈概念间的关系，指的是概念外延间的关系。

（一）概念间的基本关系

1. 全同关系。A、B 两个概念，如果所有 A 都是 B，并且所有 B 都是 A，那么，A 与 B 具有全同关系。可以说 A 全同于 B，也可以说 B 全同于 A。全同关系是外延全部重合的两个概念之间的关系（如图 1）。例如：

（1）A. 等边三角形

　　　B. 等角三角形

（2）A. 无产阶级

　　　B. 工人阶级

2. 真包含于关系。A、B 两个概念，如果所有 A 都是 B，但并非所有 B 都是 A，那么，A 与 B 具有真包含于关系，即 A 真包含于 B（如图 2）。例如：

（1）A. 羊

　　　B. 动物

（2）A. 数学教师

　　　B. 教师

3. 真包含关系。A、B 两个概念，如果所有 B 都是 A，但并非所有 A 都是 B，那么，A 与 B 具有真包含关系，即 A 真包含 B（如图 3）。例如：

（1）A. 生物

　　　B. 动物

（2）A. 船

　　　B. 轮船

4. 交叉关系。A、B 两个概念，如果有 A 是 B，有 A 不是 B，并且有 B 不是 A，那么，A 与 B 具有交叉关系（如图 4）。例如：

（1）A. 青年

　　　B. 工人

（2）A. 方桌

　　　B. 木桌

5. 全异关系。A、B 两个概念，如果所有 A 都不是 B，那么 A 与 B 具有全异关系。全异关系是外延没有任何重合的两个概念之间的关系（如图 5）。

例如：

(1) A. 金属

　　B. 非金属

(2) A. 动物

　　B. 植物

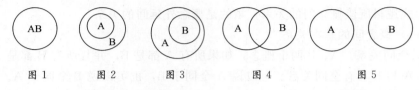

图1　　　　图2　　　　图3　　　　图4　　　　图5

（二）概念间的其他关系

1. 属种关系。属种关系是真包含于关系和真包含关系的概括。属种关系的两个概念，一个概念的外延大，一个概念的外延小。外延大的概念叫做属概念，或大概念，或上位概念；外延小的概念叫做种概念，或小概念，或下位概念。属种关系是没有方向性的。无论属概念在前还是种概念在前，都叫属种关系。例如，"羊"与"动物"的关系和"动物"与"羊"的关系都是属种关系。

2. 矛盾关系。矛盾关系的两个概念的外延之和等于其属概念的外延。例如："金属"与"非金属"、"黑白电视"与"彩色电视"。

3. 反对关系。反对关系的两个概念的外延之和小于其属概念的外延。例如："动物"与"植物"、"正数"与"负数"。

4. 包含于关系。包含于关系是全同关系和真包含于关系的概括。例如"等边三角形"与"等角三角形"、"羊"与"动物"。

5. 不包含于关系。不包含于关系是真包含关系、交叉关系和全异关系的概括。例如"动物"与"羊"、"青年"与"作家"、"动物"与"植物"。

6. 相容关系。相容关系是全同关系、真包含于关系、真包含关系和交叉关系的概括。例如"等边三角形"与"等角三角形"、"羊"与"动物"、"动物"与"羊"、"动物"与"植物"。

7. 不相容关系。不相容关系即全异关系。例如"金属"与"非金属"、"动物"与"植物"。

第三节　命题

一、命题和命题形式

命题是反映事物情况的思维形式。例如：

（1）所有金属是导体。

（2）语言不是上层建筑。

（3）如果下雨，地上就湿。

命题的逻辑特征是有真假。如果一个命题所反映的事物情况存在，那么这个命题是真的，否则就是假的。"真"和"假"统称为"真值"。但逻辑一般不研究具体命题的真假，逻辑要根据命题形式及其相互关系来研究命题的真假。

命题形式是命题的抽象概括。例如，"所有金属是导体"和"所有商品是有价值的"这两个命题的命题形式是"所有 S 是 P"；"如果下雨，地上就湿"和"如果明天不下雨，我们就去踏青"这两个命题的命题形式是"如果 p，那么 q"。

命题形式的结构可以分析为"常项"和"变项"。变项是命题形式中可变的部分，可以代入具体的思维内容。常项是命题形式中不变的部分，它表现命题形式的逻辑意义。例如，"所有 S 是 P"中，"S"、"P"是变项，"所有"、"是"是常项。在"如果 p，那么 q"中，"p"、"q"是变项，"如果"、"那么"是常项。

变项可区别为词项变项和命题变项。词项变项由词项代入（词项是命题中的概念），命题变项由命题代入。词项变项常用大写字母 S、P 等表示。命题变项常用小写字母 p、q、r、s 等表示。根据变项是词项变项或命题变项，可以将命题分为简单命题和复合命题。简单命题有直言命题和关系命题等。复合命题有联言命题、选言命题、假言命题、负命题等。命题变项可称作复合命题的支命题。

逻辑主要研究命题常项。

二、命题与语句

与命题对应的语言形式是语句。任何命题都必须用语句表达。命题与语句又不完全对应。

1. 有些语句表达命题，有些语句不表达命题。表达命题的语句有陈述句、疑问句中的反问句、感叹句中的主谓句和偏正词组构成的非主谓句。例如：

（1）地球是圆的。

（2）战士能够怕死吗？

　　（战士不能够怕死。）

（3）祖国，我们的母亲！

　　（祖国是我们的母亲。）

（4）多么蓝的天哪！

（天是很蓝的。）

不表达命题的语句有祈使句、疑问句中的询问句、感叹句中的独词句。例如：

（1）请把门关上。

（2）你完成作业了吗？

（3）火！

虽然有些语句不表达命题，但所有的语句都隐含命题。语句所隐含的命题叫做语句的预设。例如"请把门关上"这个语句预设"门是开着的。"如果一个语句的预设假，那么这个语句就是不合理的。例如，如果门是开着的，那么"请把门打开"这个语句的预设"门是关着的"就假，因而"请把门打开"这个语句就是不合理的，听话的人便会感到莫名其妙。

2. 同一个命题可用不同的语句表达。例如：

（1）这是我的书。

　　This is my book.

（2）偶数能够被 2 整除。

　　偶数难道不能被 2 整除吗？

表达同一个命题的语句就是同义句。同义句的存在为语句的选择提供了条件。例如"把"字句和述宾谓语句的选择：

（1）孩子把杯子打碎了。

（2）孩子打碎了杯子。

3. 同一个语句可以表达不同的命题。例如：

（1）他的笑话说不完。

（2）老张在火车上写字。

例（1）既可以表达命题"他会讲许多笑话"，也可以表达命题"他做事荒唐，关于他的笑话很多"。例（2）既可以表达命题"老张乘火车时写字"，也可以表达"老张在火车的车厢上写字"。

能够表达不同命题的语句就是多义句。多义句在具体的语境中往往是单义的，否则就成了歧义句，就会妨碍语言的正确理解。例如：

（1）三个学生的家长到学校来反映情况。

（2）我们要学习文件。

例（1）"三个学生的家长"既可以指三个学生的若干位家长，也可以指一两个学生的三位家长。例（2）"要学习文件"既可指"将学习文件"，又可指"索要学习文件"。

从积极方面说，多义句可以构成双关辞格。例如：

（1）我躺着，听船底潺潺的水声，知道我在走我的路。（鲁迅《故乡》）

（2）可是匪徒们走上了这十几里的大山背，他没想到包马蹄的麻袋片会踏烂掉在路上，露出了他们的马脚。（曲波《林海雪原》）

例（1）的"路"既指"交通之路"，又指"生活道路"。例（2）的"露出马脚"既指"马蹄显露出来"，又指"暴露行踪或企图"。两例都语带双关，前者含蓄深刻，后者幽默诙谐。

三、直言命题

（一）什么是直言命题

直言命题是反映事物具有或不具有某种性质的命题，因而也叫性质命题。例如：

（1）所有商品都是劳动产品。

（2）有的金属不是固体。

例（1）反映所有的商品都具有劳动产品的性质；例（2）反映有的金属不具有固体的性质。

直言命题由主项、谓项、联项、量项四部分组成。主项是表示被反映事物的概念。如例（1）中的"商品"和例（2）中的"金属"。主项常用大写字母 S 表示。谓项是表示某种性质的概念。如例（1）中的"劳动产品"和例（2）中的"固体"。谓项常用大写字母 P 表示。联项是表示主项和谓项之间联系的概念。它刻画命题的质，分为肯定联项和否定联项。肯定联项用"是"表示，否定联项用"不是"表示。量项是表示被反映事物数量范围的概念。它刻画命题的量，分为全称量项、特称量项。全称量项用"所有"、"一切"、"凡是"、"凡"、"全部"等表示。特称量项用"有"、"有些"、"有的"等表示。特称量项的逻辑意义是"至少有一个"。如"有些羊是动物"的逻辑意义是"至少有一只羊是动物"。

（二）直言命题的种类

根据质的不同，可以把直言命题分为肯定命题和否定命题两类。肯定命题用肯定联项，否定命题用否定联项。根据量的不同，可以把直言命题分为全称命题、特称命题、单称命题三类。全称命题用全称量项，特称命题用特称量项，单称命题没有量项。全称量项经常省略。例如"所有金属是导体"可以说成"金属是导体"。省略量项的全称命题与没有量项的单称命题的区别在于：全称命题的主项是普遍概念，单称命题的主项是单独概念。

根据质和量的结合，直言命题可分为六类：全称肯定命题、全称否定命题、特称肯定命题、特称否定命题、单称肯定命题、单称否定命题。

全称命题和单称命题都反映了主项的全部外延，具有相似的逻辑性质。

因此，传统逻辑把单称命题当作全称命题来处理。这样，六类直言命题就可以简化为四类。

1. 全称肯定命题。全称肯定命题反映主项与谓项之间的包含于关系。例如：

（1）所有商品都是有价值的。

（2）金属是导体。

其逻辑形式是"所有 S 是 P"，可写作 SAP。简称 A。

2. 全称否定命题。全称否定命题反映主项与谓项之间的不相容关系。例如：

（1）一切事物都不是静止的。

（2）这个工地的工人都不是当地人。

其逻辑形式是"所有 S 不是 P"，可写作 SEP。简称 E。

3. 特称肯定命题。特称肯定命题反映主项与谓项之间的相容关系。例如：

（1）有些文件是绝密的。

（2）有的吸毒者是少年。

其逻辑形式是"有 S 是 P"，可写作 SIP。简称 I。

4. 特称否定命题。特称否定命题反映主项与谓项之间的不包含于关系。例如：

（1）有些天鹅不是白色的。

（2）有些细菌不是有害的。

其命题形式是有"有 S 不是 P"，可写作 SOP。简称 O。

（三）直言命题的真值

一个直言命题的真值取决于它所反映的主项与谓项之间的关系是否符合实际。如果一个直言命题所反映的主谓项之间的关系与主谓项之间客观上的关系一致，那么该直言命题真；如果一个直言命题所反映的主谓项之间的关系与主谓项之间客观上的关系不一致，那么该直言命题假。

全称肯定命题 SAP 反映了主谓项之间的包含于关系。因此，当 S 与 P 客观上具有包含于关系时，SAP 真；否则假。

全称否定命题 SEP 反映了主谓项之间的不相容关系。因此，当 S 与 P 客观上具有不相容关系时，SEP 真；否则假。

特称肯定命题 SIP 反映了主谓项之间的相容关系。因此，当 S 与 P 客观上具有相容关系时，SIP 真；否则假。

特称否定命题 SOP 反映了主谓项之间的不包含于关系。因此，当 S 与 P 客观上具有不包含关系时，SOP 真；否则假。

直言命题真值表

	⬤ SP	⬤ S P	⬤ S P	⬤ S⋯P	◯ S ◯ P
SAP	真	真	假	假	假
SEP	假	假	假	假	真
SIP	真	真	真	真	假
SOP	假	假	真	真	真

（四）直言命题的对当关系

直言命题的对当关系指的是主项和谓项均相同的 A、E、I、O 之间的真值关系。例如，下面几个直言命题之间就存在着有规律的真值关系：

所有鸟都是会飞的。

所有鸟都不是会飞的。

有些鸟是会飞的。

有些鸟是不会飞的。

A、E、I、O 之间的对当关系可用如下的逻辑方阵表示：

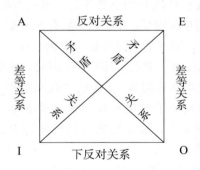

1. 反对关系。反对关系是两个全称命题 A 与 E 之间的真值关系。其内容是"不可同真，可以同假"（见直言命题真值表，下同）。

2. 下反对关系。下反对关系是两个特称命题 I 与 O 之间的真值关系。其内容是"可以同真，不可同假"。

3. 矛盾关系。矛盾关系是质、量都相反的两个直言命题之间的真值关系，即 A 与 O、E 与 I 之间的真值关系。其内容是"不可同真，不可同假"。

4. 差等关系。差等关系是同质的两个直言命题之间的真值关系，即 A 与 I、E 与 O 之间的真值关系。其内容是"可以同真，可以同假"。

差等关系和其他三种关系具有不同的性质。其他三种关系没有方向性，而差等关系有方向性。因此，差等关系需区别为顺差等关系和逆差等关系。顺差等是由全称命题到特称命题的真值关系。其内容是"必同真，不必同假"。逆差等是由特称命题到全称命题的真值关系。其内容是"不必同真，必同假"。

我们在研究直言命题的种类时，把单称命题当作全称命题来处理，因为它们的逻辑性质有很大的一致性。但是，单称命题与全称命题毕竟是有区别的。区别之一就是，两个全称命题之间是反对关系，而两个单称命题之间是矛盾关系。例如"李白是大诗人"真，则"李白不是大诗人"假。

（五）直言命题词项的周延性

直言命题词项的周延性，指的是直言命题对主项或谓项的外延的反映情况。如果一个直言命题反映了主谓或谓项的全部外延，那么该主项或谓项就是周延的；如果一个直言命题没有反映主项或谓项的全部外延，那么该词项是不周延的。下面我们讨论直言命题 A、E、I、O 主项和谓项的周延情况。

1. A 命题主项周延，谓项不周延。A 命题"所有 S 是 P"，反映了主项 S 与谓项 P 之间的包含于关系，即 S 的全部外延包含在 P 的外延之中，也就是反映了 S 的全部外延。所以主项 S 周延。但并未反映 S 的全部外延正好是 P 的全部外延，也就是没有反映 P 的全部外延，因此谓项 P 不周延。

2. E 命题主项、谓项都周延。E 命题"所有 S 不是 P"，反映了主项 S 与谓项 P 之间的不相容关系，即 S 的全部外延与 P 的全部外延没有重合，也就是反映了 S 的全部外延，也反映了 P 的全部外延。因此，主项 S 和谓项 P 都周延。

3. I 命题主项、谓项都不周延。I 命题"有 S 是 P"，反映了主项 S 与谓项 P 之间的相容关系，即反映了 S 的外延与 P 的外延有所重合，但并未反映 S 的全部外延与 P 的外延重合，也未反映 S 的外延与 P 的全部外延重合，因此主项 S 和谓项 P 都不周延。

4. O 命题主项不周延，谓项周延。O 命题"有 S 不是 P"，反映了主项 S 与谓项 P 之间的不包含于关系，即反映了有 S 的外延与 P 的全部外延不重合，也就是反映了 P 的全部外延，因此谓项 P 周延。但并未反映 S 的全部外延不与 P 的外延重合，因此主项 S 不周延。

结论：直言命题主、谓项周延情况的规律是，主项看量项，全称时周延，特称时不周延；谓项看联项，肯定时不周延，否定时周延。

四、联言命题

（一）什么是联言命题

联言命题是反映若干事物情况同时存在的命题。例如：

（1）李白是诗仙，杜甫是诗圣。

（2）刘备字玄德，关羽字云长，张飞字翼德。

联言命题有两个或两个以上的支命题，称作联言支。联言支可用 p，q，r，s 等表示。

联言命题的命题形式是：

p 并且 q

联言联结词"并且"可以写作"∧"，读作"合取"。因而联言命题的命题形式可以写作：

p∧q

（二）联言命题的真值

联言命题的逻辑意义是"各联言支均真"。因此，当全部联言支都真时，该联言命题是真的；否则就是假的。例如"小张既会英语，又会俄语"这个联言命题，在两种语言小张都会的情况下，它是真的；两种语言都不会时，它是假的；会英语不会俄语时，它是假的；不会英语会俄语时，它也是假的。

联言命题与其支命题的真值关系，可用下面的真值表来表示（"1"表示真，"0"表示假，下同）。

p	q	p∧q
1	1	1
1	0	0
0	1	0
0	0	0

（三）联言命题的语言形式

在汉语中，联言命题可用并列复句、递进复句、承接复句或转折复句表达。例如：

（1）从门到窗子是七步，从窗子到门是七步。

（2）他的画好，他的字更好。

（3）先是狂风大作，然后是暴雨倾盆。

（4）张老虽抱病在身，但精神矍铄。

当联言命题中的某个变项相同时，往往只用一个，而将其他省略。这时，整个语句就成了单句。例如："鲁迅是文学家，思想家，革命家。"如果不省略，就有了强调的意味。例如："他，是口的巨人；他，是行的高标。"

五、选言命题

（一）什么是选言命题

选言命题是反映几种事物情况至少有一种存在的命题。例如：

（1）或者是你说错了，或者是我听错了。

（2）不是鱼死，就是网破。

选言命题有两个或两个以上的支命题，称作选言支。选言支也用小写字母 p、q、r、s 等表示。

选言命题的命题形式是：

p 或者 q

选言联结词"或者"可以写作 $\vee$，读作"析取"。因而选言命题的命题形式可以写作：

$p \vee q$

（二）选言命题的真值

选言命题的逻辑意义是"有选言支真"。因此，只要有选言支真，选言命题就真；选言支均假，选言命题就假。例如"小李或者会英语，或者会俄语"这个命题，在小李两种语言均会时真；在小李会英语不会俄语时真；在小李不会英语会俄语时真；在小李英语、俄语都不会时假。

选言命题与其支命题之间的真值关系可用下面的真值表表示。

p	q	$p \vee q$
1	1	1
1	0	1
0	1	1
0	0	0

（三）选言命题的语言形式

选言命题在汉语中的表达形式是"……或者……"。

六、假言命题

假言命题是反映一事物情况是另一事物情况存在条件的命题。例如：

（1）如果谁骄傲了，那么他就要落后。

（2）只有深入生活，才能写出好作品。

假言命题有两个支命题，称作假言支。表示条件的假言支称为"前件"，表示依赖条件而存在的假言支称为"后件"。根据前件与后件之间的不同条件关系，假言命题可以分为充分条件假言命题、必要条件假言命题、充分必要条件假言命题。

（一）充分条件假言命题

充分条件假言命题是反映前件是后件充分条件的假言命题。例如：

（1）如果下雨，地上就湿。

（2）如果敌人不投降，就叫他灭亡。

充分条件假言命题的逻辑形式为：

如果 p，那么 q

"如果……那么……"可以写作→，读作"蕴涵"。因而充分条件假言命题的命题形式可以写作：

p→q

充分条件假言命题在汉语中用假设复句或充分条件的条件复句表达。其常用的表达式除了"如果……那么……"外，还有"如果……就……"、"假如……那么……"、"要是……就……"、"只要……就……"等。

充分条件假言命题的逻辑意义是"有之必然"，即"有前件就一定有后件"。因此，当前件真后件假时，该命题假，而在其他情况下，命题都是真的。例如"如果风调雨顺，那么今年丰收"这个命题在"确实风调雨顺，却没有丰收"的情况下是假的；在"风调雨顺并且丰收"的情况下是真的；在"不风调雨顺却丰收"的情况下是真的；在"不风调雨顺也不丰收"的情况下也是真的。

充分条件假言命题与其支命题间的真值关系，可用下面的真值表表示。

p	q	p→q
1	1	1
1	0	0
0	1	1
0	0	1

（二）必要条件假言命题

必要条件假言命题是反映前件是后件必要条件的假言命题。例如：

（1）只有年满 18 岁，才有选举权。

（2）只有大力发展生产，才能改善人民生活。

必要条件假言命题的逻辑形式是：

只有 p，才 q

"只有……才……"可以写作"←"，读作"逆蕴涵"。因而必要条件假言命题的命题形式可以写作：

p←q

必要条件假言命题在汉语中用表示必要条件的条件复句表达。除"只有……才……"外，其表达式还有"除非……才……"、"除非……不……"等。

必要条件假言命题的逻辑意义是"无之必不然"，即"没有前件就一定没有后件"。因此，当前件假而后件真时，该命题是假的，在其他情况下，命题都是真的。例如，命题"只有李市长去请，老先生才肯出山"在"李市长不去请而老先生肯出山"的情况下是假的；在"李市长去请老先生肯出山"、"李市长去请老先生不肯出山"、"李市长不去请老先生不肯出山"的情况下都是真的。

必要条件假言命题与其支命题间的真值关系可用下面的真值表表示。

p	q	p←q
1	1	1
1	0	1
0	1	0
0	0	1

（三）充分必要条件假言命题

充分必要条件假言命题是反映前件是后件充分必要条件的假言命题。简称充要条件假言命题。例如：

（1）当且仅当一个三角形是等边三角形，这个三角形是等角三角形。

（2）当且仅当一个数能被 2 整除，这个数是偶数。

充要条件假言命题的逻辑形式是：

p 当且仅当 q

"当且仅当"是人工语言，在汉语中没有与之相应的联结词。"当且仅当"可以写作"↔"，读作"等值"或"等值于"。因而充要条件假言命题的命题形式可写作：

p↔q

充要条件假言命题的逻辑意义是"有之必然，无之必不然"，即"有前件就一定有后件，没有前件就一定没有后件"。因此，当有前件而没后件时，前件对后件就是不充分的，即该命题假；当没前件却有后件时，前件对后件就是不必要的，命题假；在前后件均真或前后件均假的情况下，命题真。例如"当且仅当张师傅来，这个难题可以解决"，在"张师傅来了，这个难题却没解决"和"张师傅没来，这个难题却解决了"的情况下都是假的；在"张师傅来了，这个难题解决了"和"张师傅没来，这个难题没解决"的情况下是真的。

充要条件假言命题与其支命题之间的真值关系可用下面的真值表表示。

p	q	p↔q
1	1	1
1	0	0
0	1	0
0	0	1

（四）充分条件假言命题与必要条件假言命题的转换

1. 调换前后件的就改变了条件关系。如果 p 是 q 的充分条件，那么 q 是 p 的必要条件；如果 p 是 q 的必要条件，那么 q 是 p 的充分条件。这种转换关系可用公式表示如下：

（p→q）↔（q←p）

例如：

（1）"如果下雨，地上就湿"，等值于"只有地上湿，才是下雨了"。

（2）"只有年满18岁，才有选举权"，等值于"如果有选举权，那么就满18岁"。

2. 改变前后件的真值就改变了条件关系。如果 p 是 q 的充分条件，那么非 p 是非 q 的必要条件；如果 p 是 q 的必要条件，那么非 p 是非 q 的充分条件。这种转换关系可用公式表示如下：

（p→q）↔（非 p←非 q）

例如：

（1）"如果下雨，地上就湿"，等值于"只有不下雨，地上才不湿"。

（2）"只有年满18岁，才有选举权"，等值于"如果不满18岁，那么就没有选举权"。

七、负命题

负命题是否定一个命题的命题。例如：

（1）并非百兽怕狐狸。

（2）狼不吃羊是假的。

其逻辑形式是：

并非 p

其常项"并非"可以写作"¬"，读作"否定"或"并非"。因此，负命题的逻辑形式也可以写作：

¬p

负命题与原命题互相矛盾，即原命题真，则负命题假；原命题假，负命题真。

负命题与原命题之间的真值关系可用下面的真值表表示。

p	¬p
1	0
0	1

第四节　推理

一、什么是推理

推理是由已知命题获得新命题的思维形式。例如：

（1）金属是导电的，铁是金属，所以铁是导电的。

（2）有些作家是青年，所以有些青年是作家。

推理的结构可以分为前提、结论两个部分。已知的命题叫做前提，推出的新命题叫做结论。例（1）中的"金属是导电的"和"铁是金属"是前提，"铁是导电的"是结论。例（2）中的"有些作家是青年"是前提，"有些青年是作家"是结论。

二、推理的种类

（一）推理按照思维方向可以分为演绎推理、归纳推理、类比推理

1. 演绎推理。演绎推理是由一般到特殊的推理。例如：

金属是导电的，

铁是金属，

所以，铁是导电的。

2. 归纳推理。归纳推理是由特殊到一般的推理。例如：

中国的乌鸦是黑的，

美国的乌鸦是黑的，

印度的乌鸦是黑的，

所以，天下的乌鸦是黑的。

3. 类比推理。类比推理是由特殊到特殊的推理。例如：

锯齿形的草叶子是锋利的，

所以，锯齿形的金属片是锋利的。

上述分类比较容易理解。然而不能穷尽所有的推理。例如，"有些青年是作家，所以，有些作家是青年"，这样的推理没有方向性。

（二）必然性推理和或然性推理

推理按照前提与结论之间的联系可以分为必然性推理和或然性推理。必然性推理的前提与结论之间的联系是必然的，即前提真则结论必真。或然性推理前提与结论之间的联系是或然的，即前提真则结论可能真。演绎推理是必然性推理；归纳推理是或然性推理，因为结论超出了前提的范围。上面例子中的结论"天下的乌鸦是黑的"就是虚假的，因为人类已经发现了白色的乌鸦。类比推理也是或然性推理，因为两类事物总有不同的属性。"锯齿形的草叶子是锋利的，所以锯齿形的金属片是锋利的"这一推理的结论就虚假。

这样的分类能够穷尽所有的推理。上述推理"有些青年是作家，所以，有些作家是青年"是必然性推理。

在必然性推理中，逻辑研究的核心是推理的有效性，凡是能从真实前提必然得到真实结论的推理，就是有效的，否则便是无效的。在或然性推理中，逻辑研究的核心是推理的合理性，即如何提高结论的可靠程度。

三、直接推理

（一）命题变形推理

命题变形推理是通过改变直言命题的形式获得新命题的推理。

1. 换质法。换质法是通过改变直言命题的质获得新命题的推理。例如："书信是有格式的。所以，书信不是没有格式的。"换质法有两条规则：（1）只改变前提的质，不改变前提的量。（2）以前提谓项的矛盾概念作结论的谓项。根据这两条规则，直言命题的换质公式如下：

$$SAP \leftrightarrow SE\neg P$$
$$SEP \leftrightarrow SA\neg P$$
$$SIP \leftrightarrow SO\neg P$$
$$SOP \leftrightarrow SI\neg P$$

例如：

（1）金属是可以导电的。所以，金属不是不可以导电的。

（2）侵略战争不是正义的。所以，侵略战争是非正义的。

2. 换位法。换位法是通过调换直言命题主、谓项的位置得到新命题的推理。例如："固体不是流动的。所以，流动的不是固体。"换位法有两条规则：（1）不改变前提的质。（2）前提中不周延的词项在结论中不得周延。违反第二条规则的逻辑错误叫做"不当周延"。按照这两条规则，直言命题的换位公式是：

$$SAP \rightarrow PIS$$
$$SEP \rightarrow PES$$
$$SIP \rightarrow PIS$$

全称否定命题和特称肯定命题是正常换位。例如：

（1）官僚主义不是人民拥护的。所以，人民拥护的不是官僚主义。

（2）有些青年是工人。所以，有些工人是青年。

全称肯定命题是限量换位。例如："铜是导电的。所以，有些导电的是铜。"

如果不限量，就会造成不当周延。例如："铜是导电的。所以，所有导电的是铜。"词项"导电的"是不当周延。

全称肯定命题是限量换位告诉我们："……是……"句式是不能随便倒过来说的。

特称否定命题不能换位。如果SOP换成POS，那么S不当周延，违反规则（2）；要解决不当周延，就要换成PES，这又违反规则（1），因此，特称否定命题不能换位。

（二）对当关系推理

对当关系推理是根据直言命题的对当关系进行的推理。

1. 反对关系推理。根据反对关系"不可同真"的逻辑意义，反对关系推理公式如下：

$$A \rightarrow \neg E$$
$$E \rightarrow \neg A$$

例如：

（1）市场经济是有规律的。所以，并非市场经济是没有规律的。

（2）鲸不是鱼。所以，并非鲸是鱼。

2. 下反对关系推理。根据下反对关系"不可同假"的逻辑意义，下反对关系推理公式如下：

$$\neg I \rightarrow O$$

¬O→I

例如：

（1）并非有些事物是静止的。所以，有些事物不是静止的。

（2）并非有些事物不是运动的。所以，有些事物是运动的。

3. 矛盾关系推理。根据矛盾关系"不可同真、不可同假"的逻辑意义，矛盾关系推理公式如下：

A→¬O

E→¬I

I→¬E

O→¬A

¬A→O

¬E→I

¬I→E

¬O→A

例如：

（1）一切新生事物都是美好的。所以，并非有些新生事物不是美好的。

（2）并非所有鸟都会飞。所以，有些鸟不会飞。

（3）凡事物都不是静止的。所以，并非有些事物是静止的。

（4）并非所有人都不信仰宗教。所以，有些人信仰宗教。

（5）有些金属是液体。所以，并非所有金属都不是液体。

（6）并非有些事物是静止的。所以，事物都不是静止的。

（7）有些金属不是固体。所以，并非所有金属都是固体。

（8）并非有些金属是导电的，所以，所有金属都是导电的。

4. 差等关系推理。根据差等关系的逻辑意义，差等关系推理的公式如下：

A→I

E→O

¬I→¬A

¬O→¬E

例如：

（1）所有羊是动物。所以，有些羊是动物。

（2）所有官僚主义者都不是受拥护的。所以，有些官僚主义者不是受拥护的。

（3）并非有些塑料导电。所以，并非所有塑料导电。

（4）并非有些人不呼吸空气。所以，并非所有人不呼吸空气。

四、三段论

（一）什么是三段论

三段论是由两个包含着一个共同概念的直言命题推出一个新直言命题的推理。例如：

所有金属都是导体。

铁是金属，

所以，铁是导体。

一个三段论由三个直言命题组成，两个前提，一个结论。在这三个命题中，包含三个不同的词项，每个词项都出现两次。这三个词项是大项、小项、中项。大项是结论中的谓项，如上例中的"导体"，常用 P 表示。小项是结论中的主项，如上例中的"铁"，常用 S 表示。中项是前提中的共同项，如上例中的"金属"，常用 M 表示。大项所在的前提叫做大前提，小项所在的前提叫做小前提。

三段论的一般形式是：

M——P

S——M

─────

S——P

（二）三段论的规则

1. 一个三段论只能有三个不同的概念。违反这一规则的逻辑错误叫做"四概念"。例如：

鲁迅的小说不是一天可以读完的。

《孔乙己》是鲁迅的小说。

所以，《孔乙己》不是一天可以读完的。

这里"鲁迅的小说"这个语词表达了两个不同的概念，在大前提中，"鲁迅的小说"指鲁迅小说的全部，而小前提中"鲁迅的小说"指某篇小说，三个命题包含了四个概念，因此无法得出正确结论。

2. 中项至少周延一次。违反这一规则的逻辑错误叫做"中项不周"。例如：

牛是动物。

羊是动物。

所以，？

这个三段论之所以无法必然得出结论，就是因为中项"动物"在大、小前提中都不周延。

3. 在前提中不周延的词项在结论中不得周延。违反这条规则的逻辑错误叫做"不当周延"，可区别为"大项误周"和"小项误周"。例如：

（1）牛是动物。

　　羊不是牛。

　　所以，羊不是动物。

（2）《红楼梦》是长篇小说。

　　《红楼梦》是古典小说。

　　所以，古典小说是长篇小说。

例（1）中的大项"动物"在前提中不周延，在结论中周延，犯了"大项误周"的逻辑错误。例（2）中的小项"古典小说"在前题中不周延，在结论中周延，犯了"小项误周"的逻辑错误。

4. 两个否定前提不能得出结论。例如：

硅不是金属。

盐不是硅。

所以，？

5. 如果前提中有一个是否定的，则结论是否定的。例如：

客观规律不是可以违背的。

教育规律是客观规律。

所以，教育规律不是可以违背的。

6. 两个肯定前提必得肯定结论。例如：

知识就是力量。

逻辑学是知识。

所以，逻辑学是力量。

五、联言推理

联言推理是依据联言命题的逻辑意义所进行的推理。

规则如下：（1）肯定联言命题，就要肯定任一联言支。（2）肯定每一个联言支，就要肯定联言命题。

根据联言命题的这两条规则，联言推理有两种有效式。

1. 分解式。其公式为：

$$\frac{p \wedge q}{p}$$

例如：

我们要培养德智体全面发展的学生，

所以，我们要培养身体健康的学生。

2. 合成式。其公式为：

p

q
———————
p∧q

例如：

曹操是政治家。

曹操是军事家。

所以，曹操既是政治家，又是军事家。

六、选言推理

选言推理是依据选言命题的逻辑意义所进行的推理。

规则如下：（1）否定部分选言支，就要肯定另一部分选言支。（2）肯定部分选言支，不能否定另一部分选言支。

根据选言推理的规则，选言推理有两种有效形式。

1. 否定肯定式。公式为：

P∨q

￢p
———————
q

例如：

这句话或者有语法错误，或者有逻辑错误。

这句话没有语法错误。

所以，这句话有逻辑错误。

2. 肯定肯定式。公式为：

P
———————
P∨q

例如：

曹操是政治家。

所以，曹操是政治家，或者曹操是军事家。

或：

所以，曹操是政治家，或者曹操不是军事家。

七、假言推理

假言推理是依据假言命题的逻辑意义所进行的推理。根据假言命题的不同，假言推理可以分为充分条件假言推理、必要条件假言推理、充要条件假言推理。

（一）充分条件假言推理

　　充分条件假言推理是依据充分条件假言命题的逻辑意义所进行的推理。规则如下：（1）肯定前件，就要肯定后件。（2）否定后件，就要否定前件。（3）肯定后件，不能肯定前件。（4）否定前件，不能否定后件。

　　根据充分条件假言推理的规则，充分条件假言推理有两种有效形式。

　　1. 肯定前件式。公式为：

p→q

p
——————

q

　　例如：

　　如果下雨，地上就湿。

　　下雨了，

　　所以，地上湿。

　　2. 否定后件式。公式为：

p→q

¬q
——————

¬p

　　例如：

　　如果下雨，地上就湿。

　　地上不湿。

　　所以，没下雨。

　　充分条件假言推理的规则（3）告诉我们："如果……就……"或"如果……那么……"句式不能随便倒过来说。例如，"如果下雨，地上就湿"，不能说成"如果地上湿，就是下雨了"。

　　充分条件假言推理的规则（4）告诉我们："如果……就……"或"如果……那么……"句式不能随便反过来说。例如，"如果下雨，地上就湿"，不能说成"如果地上不湿，就是没下雨"。

　　（二）必要条件假言推理

　　必要条件假言推理是依据必要条件假言命题的逻辑意义所进行的假言推理。规则如下：（1）否定前件，就要否定后件。（2）肯定后件，就要肯定前件。（3）不能靠否定后件来否定前件。（4）不能靠肯定前件来肯定后件。

　　根据这些规则，必要条件假言推理有两种有效形式。

　　1. 否定前件式。公式为：

p←q

$$\frac{\neg p}{\neg q}$$

例如:

只有年满 18 岁,才有选举权。

张三不满 18 岁。

所以,张三没有选举权。

2. 肯定后件式。公式为:

p←q

q

$$\overline{}$$

p

例如:

只有年满 18 岁,才有选举权。

张三有选举权。

所以,张三年满 18 岁。

(三) 充要条件假言推理

充要条件假言推理是依据充要条件假言命题的逻辑意义所进行的假言推理。规则如下:(1) 肯定前件,就要肯定后件。(2) 否定后件,就要否定前件。(3) 否定前件,就要否定后件。(4) 肯定后件,就要肯定前件。

根据这些规则,充要条件假言推理有四种有效形式。

1. 肯定前件式。公式为:

p↔q

p

$$\overline{}$$

q

例如:

当且仅当一个三角形是等边三角形,则它是等角三角形。

三角形 ABC 是等边三角形。

所以,三角形 ABC 是等角三角形。

2. 否定后件式。公式为:

p↔q

$$\frac{\neg q}{\neg p}$$

例如:

当且仅当一个三角形是等边三角形,则它是等角三角形。

三角形 ABC 不是等角三角形。

所以，三角形 ABC 不是等边三角形。

3. 否定前件式。公式为：

p↔q

¬ p

——————————

¬ q

例如：

当且仅当一个三角形是等边三角形，则它是等角三角形。

三角形 ABC 不是等边三角形。

所以，三角形 ABC 不是等角三角形。

4. 肯定后件式。公式为：

p↔q

q

——————————

p

例如：

当且仅当一个三角形是等边三角形，则这个三角形是等角三角形。

三角形 ABC 是等角三角形。

所以，三角形 ABC 是等边三角形。

第五节　逻辑规律

一、同一律

（一）同一律的内容

同一律的内容是：在同一思维过程中，每一思想与自身保持统一。其公式为：

A 是 A。

按照同一律的要求，同一思维过程中的概念和命题都应当确定不变。

（二）违反同一律的逻辑错误

1. 混淆概念。违反同一律的错误在概念方面的表现是混淆概念。例如："群众是真正的英雄，我不是党员，我是群众，所以我是英雄。"这里前面的"群众"是一个集合概念，指人民群众的整体；后面的"群众"是一个非集合概念，指的是一种政治面貌，犯了混淆概念的逻辑错误。

2. 转移论题。违反同一律的错误在命题方面的表现是转移论题。例如："语言和思维是有区别的，也就是说，语言和思维是没有联系的。"把"语言和思维是有区别的"和"语言和思维是没有联系的"这两个不同的命题当作同一个命题来使用,犯了转移论题的逻辑错误。

(三)正确理解同一律

同一律的作用在于在同一思维过程中保持思想的确定性。所谓同一思维过程,指的是同一时间在同一方面对同一思维对象的把握。同一律并不否认事物的发展变化和认识的发展变化。例如,在亚里士多德时代,人们认为地球是宇宙的中心,在哥白尼时代,人们认为太阳是宇宙的中心。但我们思考和讨论问题时,不能一会儿说地球是宇宙的中心,一会儿说太阳是宇宙的中心。

二、矛盾律

(一)矛盾律的内容

矛盾律的内容是:在同一思维过程中,两个互相矛盾的思想不能同真。其公式为:

A 不是非 A

矛盾律告诉我们,两个互相矛盾的思想不能都是真的,其中必有一假,一次不能都加以肯定。

根据直言命题的对当关系,既然矛盾关系的两个思想不能同真,那么反对关系的两个思想也不能同真。

(二)违反矛盾律的逻辑错误

违反矛盾律的逻辑错误是"自相矛盾"。例如:"实践是检验真理的唯一标准,但马克思主义也是检验真理的标准。"

(三)正确理解矛盾律

矛盾律是为了保持思想的无矛盾性。矛盾律要排除逻辑矛盾,但矛盾律并不否认事物的辩证矛盾。辩证矛盾是对事物不同侧面的把握。臧克家的诗说:"有的人死了,他还活着。"这是辩证矛盾,前面说的是自然生命的结束,后面说的是精神永存。如果说一个人的自然生命结束了,又说他的自然生命没结束,那就是逻辑矛盾了。

三、排中律

(一)排中律的内容

排中律的内容是:在同一思维过程中,两个互相矛盾的思想不能同假。其公式为:

A 或者非 A

排中律告诉我们,两个互相矛盾的思想不能都是假的,其中必有一真,因此,不能都加以否定。

根据直言命题的对当关系，既然，两个互相矛盾的思想不能同假，那么，两个下反对关系的思想也不能同假。

（二）违反排中律的逻辑错误

违反排中律的逻辑错误叫做"模棱两可"。例如："选老张当先进生产者不对，不选老张当先进生产者也不对。"

（三）正确理解排中律

排中律要求两个互相矛盾的思想不能同假，这是为了保持思想的明确性。但两个反对关系的思想可以同假，因为反对关系的思想有中间状态。

四、逻辑规律总说

逻辑规律是思维的基本规律。逻辑规律与各种逻辑规则之间是一般与具体的关系，各种逻辑规则是逻辑规律的具体化，逻辑规律是这些逻辑规则的一般抽象。

同一律、矛盾律、排中律三条逻辑规律的目的是一致的。同一律是为了保持思想的确定性，矛盾律是为了保持思想的无矛盾性，排中律是为了保持思想的明确性，其实都是为了保证思想的正确性。

逻辑规律是正确思维的必要条件。违反逻辑规律的思想一定是错误的。但逻辑规律不是正确思维的充分条件。为了保证思想的正确性，还应当遵循具体事物的规律。从另一方面说，错误的思想不一定都是逻辑错误。例如，一朵红色的花，有人认为是黄色的花，这是具体的认知错误，不是逻辑错误。

【练习】

1. 用逻辑图表示下面各组概念之间的关系。

（1）"工人"与"工厂"

（2）"推理"与"三段论"

（3）"彩色电视"、"国产电视"、"黑白电视"

2. 指出下面哪些推理是无效的，并说明它违反了哪条规则。

（1）张刚品德好。张刚有才干。所以张刚德才兼备。

（2）这篇文章或者有语法错误，或者有逻辑错误。这篇文章有语法错误，所以这篇文章没有逻辑错误。

（3）x 是 y，所以 y 是 x。

（4）只有年满 18 岁，才有选举权。小李年满 18 岁，所以小李有选举权。

（5）如果 a 等于 b，那么 b 等于 c。a 不等于 b。所以 b 不等于 c。

3. 下面哪个句子与"如果下雨，地上就湿"等值？

（1）如果地上不湿，那么没下雨。

   （2）只有地上湿，才是下雨了。

   （3）如果地上湿，那么下雨了。

   （4）只有下雨，地上才湿。

   （5）如果没下雨，那么地上不湿。

   （6）只有地上不湿，才是没下雨。

   （7）或者不下雨，或者地上湿。

4. 下面的话，是否违反逻辑规律？如果违反，违反哪一条？

   （1）"羊是动物"不对，"羊不是动物"也不对。

   （2）从来就没有什么救世主。他是人民大救星。

5. 下面的广告词有什么逻辑问题？

   （1）你看，飘着的这绿沫，说明它是正宗的全松茶。喝起来有一股苦味，说明它是野生的。喝完了这茶，我连这沫子都吃了。我告诉你啊，我能多活好几年呢！

   （2）前几年，不少人吃深海鱼油、螺旋藻。这两年人们又吃萝卜、绿豆。看来这一通的瞎吃乱补还真治不了什么病。咱们电视台家属院的刘大爷，喝虫草酒，什么毛病都没有。看来还是虫草酒好。

【拓展阅读】

1. 吴家国主编《普通逻辑》，上海人民出版社，1993 年版。

2. 宋文坚主编《逻辑学》，人民出版社，1998 年版。

3. 陈波：《逻辑学是什么》，北京大学出版社，2002 年版。

4. 吴格明：《逻辑与批判性思维》，语文出版社，2003 年版。

5. 王习胜、张建军：《逻辑的社会功能》，北京大学出版社，2010 年版。

（吴格明）

第十一单元　阅读与检索

怎样阅读古文

　　"古文"是一个多义词。这里所说的"古文"，是指与白话文相对而言的文言文。由于语言、历史、文化等的发展演变，现代一般读者对于古文已经感到有隔膜，甚至连文史专家也常常有解不开的困惑。所以阅读古文，绝不是一件容易的事情。要想在古文阅读方面达到比较高的水平，就需要经过相当长一段时间的持续阅读和知识积累，并需要注意采用正确的方法。这里将阅读古文需要注意的方面概括为四点：一、精选古书善本；二、勤查字典词典；三、掌握语法修辞；四、了解古代文化。以下分别说明。

第一节　精选古书善本

　　古文的载体是古书。古书的质量，往往决定我们读到的古文是否为错误最少、最接近原貌的古文。因此，阅读古文就不能不重视古书的质量。

　　古书分两种，一种是由古人制作，在古代雕印或传抄而流传至今；一种是由现代人制作，运用现代印刷技术影印或排印并出版发行。前一种古书，现在一般都已经成为古籍善本而珍藏于图书馆、博物馆或科研机构，普通读者已不容易看到。后一种古书，则是一般读者都可以获得的。这里所说的古书，主要就是指后一种。

　　古书在流传过程中，常常经过多次传抄、刊刻、编辑和整理，从而形成不同的本子。这些不同的本子，就是古书的版本。不同版本的古书质量往往是参差不齐的。读古书应当尽量选用质量好的版本，即"善本"。"善本"是一个文献学上的概念，通常指时代较早、内容较完备、文字错误较少的古书本子。古人制作的古书，因为时代较早，具有文物价值，现在一般都已成为善本。现代人制作的古书，则由其质量的高低而分为善本、庸本和劣本。我们应当选用善本，而避免使用庸本和劣本。

　　现代影印的古书，是以古人制作的古书为底本，采用照相制版印刷而成的。判断其是否为善本，主要看它据以影印的底本是否为善本。如果底本为善本，并且影印质量较高，那么这个影印本就是善本。此外，为了方便读者，好的影印本往往还会据其他版本补上底本缺损的内容、校出文字差异，或者加上断句、目录、索引等。如中华书局影印清胡克家刻本《文选》，就是以

《文选》善本胡刻本为底本，在影印胡刻本的基础上，加了断句、篇目索引和著者索引，还将宋尤袤刻本与胡刻本较重要的文字差异校出，所以这个影印本就是一个善本。

现代排印的古书，一般经过整理者的标点、校勘和注解。判断其是否为善本，要看三个方面。第一看整理者所依据的底本是否为善本；第二看整理者是否将底本与其他版本作过认真校勘，并撰有校勘记；第三看整理者是否在汇集旧注的基础上，对该书做了新的注解。满足以上三个条件，就可以认为是善本。如上海古籍出版社出版的余嘉锡《世说新语笺疏》，就是这样的善本。首先，该书以王先谦重雕纷欣阁本为底本，同时与唐写本、影宋本、唐宋类书等对校，写出校勘记；其次，该书在广泛吸收前人研究成果的基础上，又重做笺疏，其考校极为精详，无异于在《世说新语》旧有的刘孝标注之外别立一家之言，对读者深入研读《世说新语》有很大帮助；再次，《世说新语》人物众多，名号及称谓不一，刘孝标注征引繁富，故该书在书后附有常见人名异称表、人名索引和书名索引，为检索人物和引书提供了极大便利。

改革开放以来，我国的古籍整理和出版有了很大发展，出版了一大批优秀的古籍图书。但同时也有一些古籍整理者急功近利，加上部分出版机构为了牟利，忽视书籍的质量，从而出版了一些质量不高甚至粗制滥造的古书。在这种情况下，精选善本就成为阅读古书的第一要务。除了前文所介绍的方法，对于初学者而言，判断古书是否为善本还可以借助其他方法。第一，看出版社。像中华书局、上海古籍出版社等名社，在我国的古籍出版社中有良好声誉，它们出版的古书往往质量较高。所以在阅读古文时，应当尽量选用这些名社出版的古书。第二，看文字。优秀的古籍图书，一般都是以繁体字排印。这是因为汉字繁简体的对应关系是比较复杂的，如果以简体字排印，在繁简转换时就难免会出错。所以阅读古书，应当尽量选用繁体字本，读者也应当先掌握繁体字。第三，看内容。古书善本的文字一般都经过精心校对，所以其错误是非常少的。而庸本和劣本往往校对不精，所以错误较多。错误较多的古书，可以一票否决。

阅读古文如果选用了质量不好的古书版本，不仅影响阅读质量，而且可能会引起读者的误解。如曹植《洛神赋》中有两个"眄"字，一处是"容与乎阳林，流眄乎洛川"，一处是"转眄流精，光润玉颜"，两个"眄"都是"看"的意思，"流眄"就是流转目光观看，"转眄"就是转动目光观看。"眄"旧刻本有的误作"盼"，赵幼文《曹植集校注》将"盼"校作"眄"，是完全正确的。但也有现代出版的《曹植集》本子仍沿袭旧本的讹误，这就会让读者误以为三国时代有"流盼"、"转盼"这样的词语，所以这种本子当然不是善本。附带说一下，现代汉语仍然在用的成语"顾盼生姿"，其中的"盼"也应当是"眄"的讹误，只是讹误的词形沿用既久，现在已经习非成是了。

第二节 勤查字典词典

汉语有文献记载的历史已达三千多年，在这漫长的时期中，汉语和汉字都经历了巨大的变化，所以今天的人们阅读古代的文言作品，首先在语言文字方面就有很大的障碍。要想克服这个障碍，就必须勤查字典和词典。

先看文字方面。汉字经历了古文字、近代文字（又叫隶楷文字）和现代文字（又叫简化字）三个阶段。古文字指小篆以前的汉字。用古文字书写的文献资料，多为出土文献，很多不是古书，而且需要具备专门的古文字知识才能阅读，所以这里不讨论。近代汉字主要指隶书和楷书（还包括草书和行书）。除书法作品外，隶书主要见于秦汉魏晋时期的出土文献资料，这部分资料也有很多不是古书，而且需要具备识别隶书的能力才能阅读，所以这里也不讨论。现代简化字使用时间不长，古书也一般不用简化字，所以这方面无须讨论。我们阅读的古书，大都属于传世文献，即主要是用楷书繁体字抄写或刊印的书籍。所以这里主要讨论楷书繁体字。

阅读繁体字古书，首先要掌握常见的繁体字，以减少阅读障碍。同一个字，在古文中所代表的意义往往与现代汉语不同。即使是常见的字，在古文中也往往是用古义，而为今天的一般读者所不了解。如《老子》十二章："五色令人目盲，五音令人耳聋，五味令人口爽。"这个"爽"并不是现代汉语"爽快"的意思，而是"损伤"的意思。"五味令人口爽"是指嗜好美味，时间久了反而使人胃口受到损伤。《淮南子·精神》："五味乱口，使口爽伤。"说的也是这个意思。所以在碰到较生僻而不识的字，以及古今意义不同的字时，就不能不查字典。

按时代先后，我国的字典可以分为古人所编和现代人所编两类。除《说文解字》外，古代的字典（包括韵书）一般是以楷书繁体字作为字头编排的。较重要的字典有汉代许慎的《说文解字》，南朝梁顾野王的《玉篇》（原本《玉篇》现仅存残卷，现在通行的《玉篇》是经过唐宋人增删修订的宋本《玉篇》），宋代陈彭年主编的《广韵》、丁度主编的《集韵》，金代韩孝彦、韩道昭父子的《四声篇海》，明代梅膺祚的《字汇》、张自烈的《正字通》，以及清代张玉书等编纂的《康熙字典》。现代的字典，较重要的有民国时期陆费逵、欧阳溥存主编的《中华大字典》和 20 世纪 80、90 年代出版的《汉语大字典》、《中华字海》。《汉语大字典》是目前编纂水平最高的一部大型字典，基本上吸收了古代字典的精华而又有所创新。《中华字海》则是目前收字最多的一部字典。在阅读古文需要查字典时，首选《汉语大字典》。若《汉语大字典》未收其字，则可以查阅《中华字海》。

再看词语方面。语言的各方面中，词汇变化最快，词汇问题也是现代读者阅读古文的最大障碍。要突破词汇难关，首先必须掌握古汉语常用词。王力先生主编的《古代汉语》常用词部分，对于一般读者掌握古汉语常用词就非常有帮助，可以作为学习古汉语常用词的入门教材。

词汇的发展演变，淘汰了很多词语。如古汉语中"舅姑"（也作"姑嫜"）指公婆（《国语·鲁语下》"古之嫁者，不及舅姑，谓之不幸"），"逸民"指隐居不做官的人（《论语·尧曰》"兴灭国，继绝世，举逸民"），"致仕"指辞去官职（《公羊传·宣公元年》"退而致仕"），"货殖"指经商营利（《论语·先进》"赐不受命，而货殖焉，亿则屡中"）。这些词语在现代汉语中已经基本不用，所以会给读者阅读古文造成障碍，需要查词典才能解决。

阅读古文，还要注意古今词义的异同。这可以分为三种情况：一是古今词义完全相同。如"孤军"都是指孤立无援的军队（《三国志·魏书·武帝纪》裴松之注引《曹瞒传》"（许）攸曰：'公孤军独守，外无救援，而粮谷已尽，此危急之日也。'"），"环绕"都是指围绕（《后汉书·郎颐传》"涉历舆鬼，环绕轩辕"），"东头"都是指东边（《世说新语·赏誉》"蔡司徒在洛，见陆机兄弟住参佐廨中，三间瓦屋，士龙住东头，士衡住西头"）。这一类词语一般不会给阅读造成障碍，但也需要查词典予以确认。二是古今词义完全不同。如"引路"在古汉语中有"起程、上路"的意思，见《晋书·刘琨传》。刘琨在被段匹磾矫诏杀害后，他的下属卢谌等向晋廷上表，申理刘琨之冤。表文称晋元帝在建康登基后，刘琨本以续澹为使，与段匹磾使者荣邵一同前往建康，后段匹磾又打算尊奉南阳王司马保为帝，所以留住荣邵不遣，又怕续澹独自前往建康，泄露真相，"遂不许引路"。这个"引路"，就与现代汉语中"引路"指"带路"的意思完全不同。这一类词语显然会给阅读造成障碍。三是古今词义既有联系，又有区别。如"郑重"在现代汉语中是"严肃认真"的意思，而在古代汉语中则本是"频繁"的意思（《汉书·王莽传》"然非皇天所以郑重降符命之意"），引申有"殷勤恳切"的意思（白居易《庚顺之以紫霞绮远赠以诗答之》"千里故人心郑重，一端香绮紫氛氲"），再引申有"慎重"的意思（《朱子语类》卷九一"大抵前辈礼数，极周详郑重，不若今人之苟简"）。"郑重"的"严肃认真"义，又显然是从"慎重"义引申而来的。把握古今词义的联系和区别，不仅对阅读古文有帮助，而且对学习现代汉语也是有帮助的。后两种情况，都需要查词典才能解决问题。

在阅读古文过程中，不仅要注意字面特殊、不易理解的词语，更要注意字面普通但词义特殊因而容易引起误解的词语。如江淹《别赋》："乃有剑客惭恩，少年报士，韩国赵厕，吴宫燕市，割慈忍爱，离邦去里。"王力先生主编的《古代汉语》注说："惭恩，对所受的恩感到惭愧。"实际上此处"惭"绝不作"惭愧"解，而应当释作"感谢"，"惭恩"就是"感恩"。"惭"作"感谢"解，蒋礼鸿先生的《敦煌变文字义通释》已有详细论述。梁萧统所编的《文选》也收入了《别赋》，唐代的吕向亦释"惭恩"为"感恩"。可见"惭"作"感谢"解，自六朝已有这种用法，后人以"惭"的常见义加以解释，当然是错误的。对于这类词语，阅读古文时很容易望文生义，所以需要特别小心。

面对阅读古文中所碰到的词语障碍，根本的解决之道只有一条，那就是勤查词典，逐一掌握。日积月累，等到掌握了一定数量的古汉语词语的意思，阅读古文自然就会变得相对容易了。常用的古汉语词典，有商务印书馆编印的《辞源》、中华书局编印的《辞海》、张相的《诗词曲语辞汇释》、蒋礼鸿的《敦煌变文字义通释》、中国台湾出版的《中文大辞典》、罗竹风主编的《汉语大词典》等。其中《汉语大词典》收词目 37 万条左右，传世古书中的复音词大都能在这部词典中找到，所以是阅读古文时解决词语问题的首选辞书。

不求甚解、望文生义，是阅读古文的大忌。所以，勤查字典和词典，是阅读古文最需要注意的地方。

第三节　掌握语法修辞

阅读古文，还需要掌握古汉语的语法和修辞。

古文语法与现代汉语语法大同小异，所以阅读古文，语法方面的障碍比词汇方面要小很多。但这并不意味着可以忽视古今语法的差异，因为如果不掌握古文语法，阅读古文同样会遇到很多障碍。以下从虚词、词类活用和句法三方面简要地谈一谈阅读古文时需要注意的语法问题。

古文词语分实词和虚词两种。实词是有实际意义、能独立充当句子成分的词，包括名词、动词、形容词和数量词。虚词则是没有实际意义、只起语法作用的词，包括副词、介词、连词、助词、语气词、叹词和代词。古汉语虚词与现代汉语虚词的差异比较大，需要掌握。拿古汉语常见的虚词"其"来说，就至少有十几种用法。这些用法现代汉语大都已经不用，有时难免引起误解。如《孟子·梁惠王上》："今王发政施仁，使天下仕者皆欲立于王之朝……其若是，孰能御之？"句中"其"是连词，用在假设复句的前一分句，可译为"如果"。"其若是，孰能御之"，意思是如果像这样的话，谁能够阻挡呢？《墨子·小取》："若若是，则虽盗人也，爱盗非爱人也，不爱盗非不爱人也，杀盗非杀人也。""其若是"与"若若是"意思相同。王力《古代汉语》将这个"其"字当作语气词，是不对的。语气词"其"用在句首或句中，表示委婉语气，可译作"大概"、"恐怕"等。这里的"其"显然不能看作语气词。想了解虚词的用法，可以查虚词词典，如刘淇《助字辨略》、王引之《经传释词》、杨树达《词诠》、裴学海《古书虚字集释》、杨伯峻《古汉语虚词》、中国社会科学院语言研究所古代汉语研究室编《古代汉语虚词词典》等。《汉语大字典》和《汉语大词典》也收虚词，亦可参看。

　　词类活用主要有四种情况：一是名词用如动词，如《左传·宣公二年》"晋灵公不君"，"君"用如动词，意为"行君道"。二是形容词、名词的使动用法，如《论语·尧曰》"君子正其衣冠"，"正"本是形容词，这里用如使动，意思是"使……端正"；《史记·晋世家》"齐桓公合诸侯而国异姓"，"国"本是名词，这里用如使动，意思是"使……立国"。三是形容词、名词的意动用法，如《孟子·尽心上》"孔子登东山而小鲁，登泰山而小天下"，"小"本是形容词，这里用如意动，意思是"以……为小"；《左传·襄公三十一年》"不如吾闻而药之也"，"药"本是名词，这里用如意动，意思是"以……为药"。四是名词用作状语，如《战国策·秦策一》"嫂蛇行匍匐"，"蛇"本是名词，这里用作状语，意思是"像蛇一样地"。

　　古汉语句法与现代汉语区别不大，阅读古文需要注意的是古汉语的特殊句法，如宾语前置、定语后置等。现代汉语宾语一般放在动词后面，而古汉语则有时会将宾语放在动词前面。宾语前置有三种情况：一是疑问句中，代词宾语前置。如《左传·成公三年》："臣实不才，又谁敢怨？"《战国策·齐策四》："孟尝君曰：'客何好？'"疑问代词"谁"、"何"作宾语，放到动词前面。二是否定句中，代词宾语前置。如《论语·先进》："居则曰：'不吾知也。'"《孟子·滕文公上》："虽使五尺之童适市，莫之或欺。"代词"吾"、"之"作宾语，放到动词前面。三是为了强调宾语，也将宾语提前。如《左传·僖公五年》："将虢是灭，何爱于虞？"宾语"虢"前置，用代词"是"复指提前的宾语"虢"。《论语·子张》："夫子焉不学，而亦何常师之有？"宾语"何常师"前置，用代词"之"复指提前的宾语"何常师"。现代汉语定语一般放在中心词前面，而古汉语有时会将定语放在中心词后面。定语后置一般是为了突出中心词，或者为了使文句流畅顺口。定语移到中心词之后，要用"者"字煞尾。如《史记·刺客列传》："太子及宾客知其事者，皆白衣冠以送之。"定语"知其事"放在中心语"宾客"之后，用"者"字煞尾。

古汉语修辞格种类繁多，常见的有引用、譬喻、代称、并提、互文、夸饰、倒置、委婉等。引用是指援引前人言语、事迹、文章等，以增强文章的说服力，如《左传·僖公五年》："谚所谓'辅车相依，唇亡齿寒'者，其虞虢之谓也。""辅车相依，唇亡齿寒"就是引用古谚语。譬喻就是打比方，如《荀子·王制》："传曰：'君者，舟也；庶人者，水也。'"将"君"比作"舟"，将"庶人"比作"水"。代称指不用该事物的固有名称，而借用与该事物有某种内在联系的词语作为称谓，如屈原《哀郢》："凌阳侯之氾滥兮，忽翱翔之焉薄。""阳侯"本是传说中的波神，这里用来代指波浪。并提指把两件相关的事并列在一个句子中来表述，如《史记·韩信卢绾列传》："夫种、蠡无一罪，身死亡。"文种无罪而自杀，范蠡无罪而出走，这里将两件事并在一个句子中了。互文是将一个完整的意思拆开，分放在两个句子或词组里，理解时要前后互为补充，如王昌龄《出塞》："秦时明月汉时关，万里长征人未还。""秦时明月汉时关"实际就是"秦汉时的明月秦汉时的关"。夸饰相当于夸张，如司马迁《报任安书》："人固有一死，或重于泰山，或轻于鸿毛。"倒置指故意颠倒语句的次序，以达到特定的修辞效果，如《左传·昭公十九年》："谚所谓'室于怒市于色'者，楚之谓矣。""室于怒市于色"就是"怒于室色于市"的倒置。委婉是用含蓄的语言曲折地表达思想感情的修辞方式，如《战国策·赵策四》："一旦山陵崩，长安君何以自托于赵？""山陵崩"是对最高统治者死亡的一种委婉说法。

阅读古文，如果不熟悉古汉语修辞，也很容易犯错误。如曹植《文帝诔》："爵功无重，戮违无轻。"实际上就是"爵功无轻重，戮违无轻重"，意思是说无论功劳大小，有功必赏；无论过错（"违"是"过错、过失"的意思）大小，有过必罚。曹植集旧刻本"重"或作"私"，就是不明白此处为互文，误将"重"改作"私"。这一改，文意反而不通了。

第四节　了解古代文化

阅读古文，还要对古代历史文化有所了解。所谓"古代历史文化"，可谓包罗万象，如姓氏、名号、避讳、礼俗、宗法、宫室、车马、饮食、衣饰、什物、职官、地理、科举、天文、历法、乐律等，都包括在内，范围是非常广的。王力《古代汉语》第三、四册通论部分对此有比较好的说明，可以参看。这里无法一一介绍，只能选几个因不了解古代历史文化而犯错误的例子，以此说明在阅读古文时了解古代历史文化的必要性。

《诗经·豳风·七月》："七月流火，九月授衣。""火"是星宿名，或称"大火"，就是心宿。在中国古代，心宿很早就开始作为确定季节的标准星。每年夏历五月间的黄昏，心宿出现在东北天空，然后每月向南移动三十度，在六月底到达正南，位置最高，七月初开始偏西向下。"七月流火"，正是指七月初心宿开始向西下行，这是秋天来临的标志。对"七月流火"的解释，从汉代的《毛传》以来就没有歧义。近来有人将"七月流火"解作周历七月（即夏历五月）天气炎热的景象，这种说法显然是不了解古代天文和历法知识的表现，因而是错误的。

《南史·谢瀹传》："尝与刘悛饮，推让久之。悛曰：'谢庄儿不可云不能饮。'瀹曰：'苟得其人，自可流湎千日。'悛甚惭，无言。"谢瀹是谢庄的儿子，刘悛是刘勔的儿子。谢瀹因为不满刘悛当面直呼自己父亲的名字，所以引用晋代张协《七命》中的句子（"倾罍一朝，可以流湎千日；单醪投川，可使三军告捷"）反唇相讥（"流湎"与"刘勔"同音），既反击了对方，又显示了自己的涵养，所以刘悛才感到惭愧而无以应答。旧刻本有将"流"改作"沉"的，显然是不懂古代避讳知识以致误改。

北齐和绍隆墓志："武定初，除颍州别驾，加前将军、护颍川郡事。处别乘之任，成展足之名；在居半之重，得不空之咏。"这里的"别乘"和"居半"，都是古代职官"别驾"的别称。别驾是刺史的重要属官，在跟随刺史巡行辖区时，"别乘传车"（"传车"是古代驿站供官员往来和递送文书用的马车），所以称作"别驾"，或作"别乘"；"其任居刺史之半"（指别驾职务繁多），所以又称作"居半"。《三国志·蜀书·庞统传》："吴将鲁肃遗先主书曰：'庞士元非百里才也，使处治中、别驾之任，始当展其骥足耳。'"这是"处别乘之任，成展足之名"的出典。《艺文类聚》卷一九引王隐《晋书》："王祥为本州别驾，时人歌曰：'海沂之康，实赖王祥；邦国不空，别驾之功。'"这是"在居半之重，得不空之咏"的由来。和绍隆墓志的这一段文字，是说他在任颍州别驾时，政绩显赫，可以和历史上曾经担任别驾一职的名人庞统、王祥相媲美。这种借前代名人以抬高死者地位的写法，在古代墓志中很常见，一般称为"谀墓之辞"。有整理者认为和绍隆墓志的"居半"是"指保卫国家的得力大臣"，这个说法显然是错误的，从中可以看出整理者对相关的古代职官制度缺乏了解。

总之，阅读古文是没有捷径可言的，既需要注意多方面的知识积累，也需要在大量阅读的基础上丰富自己的古汉语知识，提高古汉语语感。这些都不是一朝一夕可以达到的，而必须经过踏踏实实的阅读实践和一点一滴的知识积累。除此之外，没有其他途径。

【练习】

1. 什么叫版本？什么叫善本？读古书为什么要选择善本？如何辨别善本？

2. 读古书为什么要勤查字典和词典？请列举几种重要的字典和词典。

3. 读古文需要注意哪些语法现象？请举例说明。

4. 古汉语常见的修辞格有哪些？请举例说明。

5. 阅读古文为什么要了解古代历史文化？

【拓展阅读】

1. 程千帆、徐有富：《校雠广义》，齐鲁书社，1998 年版。

2. 王力：《古代汉语》，中华书局，1999 年版。

3. 郭锡良等：《古代汉语》（修订本），商务印书馆，1999 年版。

4. 王力：《汉语史稿》，中华书局，2004 年版。

5. 鲍善淳：《读古文入门》，上海古籍出版社，2004 年版。

（梁春胜）

如何检索文献

第一节 文献检索的基本知识

一、文献的含义

"文献"一词最早见于《论语》，"文"指典籍，"献"指贤者。"文献"的定义多种多样，1983 年《中华人民共和国国家标准·文献著录总则》中的定义是："文献：记录有知识的一切载体。"这一概念表明文献有三要素：知识、载体、记录方式。

二、文献的类型及其特点

文献按不同标准，可以分为不同的类型。

1. 按文献载体分：印刷型、缩微型、声像型、电子型、多媒体型。

2. 按内容性质和加工程度不同，可将文献分为三个等级，分别是：一次文献：即原始文献。指基于作者的经验、观察或研究所形成的文献，如论著、期刊论文、研究报告、专利说明书、档案资料、会议论文、学位论文、技术标准等，包括未经出版发行的手稿、个人通信、原始记录。这是文献的主体，是最基本的信息源，是文献检索的对象。二次文献：也叫检索性文献。指对一次文献进行加工整理的系统的便于查考的文献，如目录、题录、索引和文摘等，二次文献是最重要的检索工具，提供一次文献的线索。三次文献：也叫参考性文献。是在二次文献的基础上依据一次文献作出系统整理并概括论述的文献，如字典、词典、百科全书、类书、政书、年鉴、综述、手册、名录、表谱、图录等。三次文献是知识性汇总，是直接提供答案的检索工具。

3. 按文献的出版类型分：图书、期刊、会议文献、科技报告、专利文献、标准文献、学位论文、产品资料、技术档案、政府出版物。

4. 按检索对象所属的学科领域分：社科文献、科技文献。

三、检索工具的类型：检索性工具书和参考性工具书

1. 检索性工具书：目录、题录、索引、文摘，指二次文献。

目录：也称书目，即"一批相关文献的揭示与记录"。目录对文献的描述比较简单，每一个条目的著录项有：书名、卷数、作者、出版时间、出版地点及收藏状况等。

题录：将图书和报刊中论文的篇目按照一定的排检方法编排，供人们查找篇目出处的工具。题录的著录项包括：篇名、著者和来源，无内容摘要。

索引：将图书、报刊中的篇名、语词或主题等项目摘录出来，以此作为标目，注明出处，按一定顺序加以编排的工具书。常用索引有分类、主题、关键词、著者等索引。

文摘：原始文献的摘要，以简明扼要的文字揭示文献的主要内容，并标明出处。由摘要条目构成，每个条目包括题录和摘要两个部分。

2. 参考性工具书：指三次文献。

四、文献检索的方法

常用法：按查检目标年代分，有顺查法（由远而近）、倒查法（由近而远）、抽查法。

追溯法：从已有文献后面所列参考文献入手，逐一检索原文，再从原文后所附参考文献逐一检索，获取一批相关文献的检索方法。

循环法：即综合法，是常用法和追溯法的结合。

五、文献检索的途径

文献检索主要有以下三种途径：

1. 分类途径：确定检索课题学科分类——查分类目次表——确定分类号、类目、页码——查找文献线索——确定文献出处——利用检索工具（馆藏目录、联合目录）——查借或复制原始文献。

2. 著者途径：按著者姓名——查著者索引——查文章线索——确定文献

出处——利用检索工具（馆藏目录、联合目录）——查借或复制原始文献。

3. 主题途径：确定检索课题主题概念——使用汉语主题词表确定主题词——利用检索工具（馆藏目录、联合目录）——查借或复制原始文献。

六、文献检索的步骤

步骤如下：分析研究课题——选择检索工具，确定检索方法——确定检索途径——查找文献线索（即分类号、主题词、著者姓名、出处或文献来源）——索取原始文献。

检索对象决定检索工具、方法与检索途径。中国传统纸质文献以社科文献为大宗，而科技文献不发达，到了现代，科技文献大量涌现、日新月异，这决定了社科文献检索中纸质文献的查检占重要地位，而科技文献的查找更多借助于现代方式检索。同时，社科文献知识的获得主要依靠专著、论文和其他原始材料，更看重一次文献，更重视材料的原始性和可靠性，而科技文献检索更注重利用二次文献检索论文和专利说明，以获得最新知识信息。

七、文献检索的目的和要求

文献检索是从众多文献当中迅速准确地查找出我们所需要的信息的过程，是借助二次文献和三次文献查找一次文献的过程。其目的和要求：保证查全率，力求"竭泽而渔"地占有材料；保证查准率，迅速精准地查找目标文献。正如王力《谈谈写论文》讲稿中所说，要想迅速准确检索文献，头脑要科学，工具要完备，要实践。

第二节　一次文献介绍

一、一次文献与特种文献

一次文献概念如上，直接记录事件经过或展示新知识、新技术等研究成果，具有创新性、原始性等特征，是我们检索的主要对象，如论著、期刊、档案材料等。

特种文献，也称灰色文献，是一种介于图书和期刊之间的文献类型，通常在出版发行方面或获取途径方面较为特殊。特种文献包括会议文献、学位论文、专利文献、标准文献、科技报告、政府出版物、产品样本和产品目录以及档案等类型的文献。特种文献特色鲜明、内容广泛、数量庞大、参考价值高，是非常重要的信息源，是该学科领域最前沿、最高水准的文献资源。

二、一次文献的主要类型

按照一次文献的出版类型，可分为图书、期刊、会议文献、学位论文、专利文献、科技报告、标准文献、档案资料等。

1. 图书

图书有多种类型。如：

（1）丛书、别集、全集、选集、总集、合集

丛书是把多种不同的书编在一起，冠以一个总名。收入丛书的书各自独立，称为该丛书的"子目"。丛书整体性强，有汇集和保存文献、便于查找的优点。重要的丛书有：《四库全书》、《四库全书存目丛书》、《续修四库全书》、《民国丛书》、《当代中国丛书》、《十三经注疏》、《二十四史》、《诸子集成》、《中国方志丛书》、《四部丛刊》、《四部备要》等。

别集与全集：单收一人之作品为别集，如《骆宾王集》；将一个或多个作者的全部著作汇集到一起，称为全集，如《鲁迅全集》、《全唐诗》等。

总集为多位作家诗文词曲之汇集，有全集如《全上古三代秦汉三国六朝文》、《全唐文》、《全宋文》、《先秦汉魏晋南北朝诗》、《全唐诗》、《全元散曲》、《全清词》等，有选集如《昭明文选》、《文苑英华》、《乐府诗集》、《元曲选》、《明文海》等。

合集为特殊文献，如甲骨文、金文、简牍、帛书、石刻、佛教典籍、道教典籍等之结集，如《甲骨文合集》、《殷周金文集成》、《郭店楚墓竹简》、《石刻史料丛书》、《敦煌大藏经》、《藏外道书》等。

（2）档案史料

国家机构、社会组织及个人从事社会活动所形成的原始记录，经立卷归档，成为档案。档案是重要的信息资源，是治史必不可少的原始资料。古代档案重要的有《明实录》、《清实录》、清代历朝起居注、《中华民国史档案资料丛刊》、《中国现代革命史资料丛刊》等。

（3）地方志

分门别类记载地方行政区域内的政治、经济、文化、社会、地理、自然等情况的史籍叫地方志。重要的如《中国地方志集成》、《宋元方志丛刊》等。

（4）书信、日记、笔记、杂著

书信与日记由于其资料的原始性与可靠性，日益为研究者所重视，如《清代名人书札》、《中国近代人物日记丛书》等。笔记、杂著中蕴含着丰富的史料信息，重要者如《唐宋史料笔记丛刊》、《元明史料笔记丛刊》、《清代史料笔记丛刊》、《近代史料笔记丛刊》等。

2. 期刊

期刊，指由多位作者撰写的不同题材的作品构成的定期出版物，有国家级、省级期刊之分。

3. 会议文献

会议文献指在各类学术会议上形成的资料和出版物，包括会议论文、会

议文件、会议报告、讨论稿等。会议文献有会前文献、会中文献、会后文献之分，又有图书、期刊、科技报告、视听材料等出版形式。其内容新颖、报道迅速，比科技期刊迅速和直接，参考价值高。

会议论文是最主要的会议文献，许多学科中的新发现、新进展、新成就以及所提出的新研究课题和新设想，都是以会议论文的形式首次向公众发布。《世界会议》（WM）是预报学术会议消息的主要刊物。

4. 学位论文

学位论文是高等院校或科研单位的毕业生为获取学位资格而撰写的学术性研究论文。分为理论研究型和调研综述型两类。

5. 专利文献

专利指由专利主管部门依照法律授予专利申请人的一种受法律保护、技术专有的权利。专利文献指与专利有关的所有文件。狭义上讲，专利文献指发明或实用新型专利的申请说明书和专利说明书。专利说明书是经专利局审查合格，被授予专利权后，公布其内容的说明书。

6. 科技报告

科技报告指科学、技术研究结果的报告或研究进展的记录。许多最新研究成果，尤其尖端学科的最新探索往往出现在科技报告中。如美国政府四大科技报告，包括 PB 报告（侧重民用工程技术）、AD 报告（侧重军事工程技术）、NASA 报告（报道航空航天技术）、DE 报告（侧重能源技术）等。

7. 标准文献

标准文献是标准化工作的文件，是经过公认的权威当局批准的标准化工作成果，主要为有关工业产品和工程建设的质量、规格和检验方法的技术规定文件。狭义的标准文献指技术标准、规范和技术要求等。有行业标准、国际标准、国家标准、地方标准等。

第三节 二次文献的检索

二次文献又叫检索性工具书，指对一次文献进行加工整理，按照一定的方法编排成系统的便于查考的文献，如目录、题录、索引和文摘等。二次文献是最重要的检索工具，是提供一次文献的线索。

一、国内文献检索的主要中文检索工具

1. 目录型、题录型检索工具，可用于检索国内图书、期刊、标准等。

（1）检索图书。目录作为检索图书的主要工具，分古典书目与现代书目。古典书目包括史志书目、官修书目、私撰书目、版本书目等。现代书目有不同的分类方法：按文献收藏的情况分为联合目录、馆藏目录和私藏目录。按收录文献的类型分图书目录、报刊目录、丛书目录。按文献涉及的学科分综合性书目和专科书目。按收录文献涉及的范围分国家书目、地方文献书目和个人著述书目。按文献出版的时间和书目编制时间关系分回溯性书目、现行书目、预告书目。重要的古籍目录有《四库全书总目提要》、《四库全书存目丛书·目录索引》、《续修四库全书·总目录索引》、《中国丛书综录》、《中国丛书广录》等。现代书目重要的有《民国时期总书目》、《全国总书目》、《全国新书目》、《中国国家书目》、《中国近代现代丛书目录》等。馆藏目录如《北京图书馆善本书目》、《北京大学图书馆藏古籍善本书目》等；联合目录如《中国地方志联合目录》；专科书目如《中国哲学史史料学》、《中国佛教史籍概论》、《道藏书目提要》、《中国近代史论著目录》（1949—1979）、《中国地方志总目提要》等。

（2）检索期刊。近现代期刊有《中国近代期刊篇目汇录》、《中国近代出版史料》、《人民日报索引》、《全国中文期刊联合目录》等；建国后报刊资料包括《全国报刊索引》、《中文社科报刊篇名数据库》、《复印报刊资料》、《报刊资料索引》、《中国报刊名录》等。

（3）检索标准。主要有《中华人民共和国国家标准目录》、《中华人民共和国国家标准和部标准目录》、《中国标准化年鉴》、《中国国家标准汇编》等，其检索需借助《中国标准文献分类法》确定类号进行查检。

（4）其他重要检索工具有《中文科技资料目录》、《中文科技资料馆藏目录》，报道国内公开和内部发行的按专业学科分类的各类科技期刊论文、科技资料、专题资料和会议记录等。

2. 文摘型检索工具，主要检索国内出版的期刊、会议论文、专利文献及学位论文等。

（1）检索期刊。《机械制造文摘》主要报道国内外的期刊论文、专著、专利等多种类型文献；《新华文摘》集国内报刊之精粹，包括政治、经济、哲学、科学、文化教育、历史、文学等七个方面，以供查找当前国内主要报刊上较有水平或参考价值的论文资料。

（2）检索会议论文。如《中国学术会议文献通报》。

（3）检索专利文献。主要使用《中国专利公报》和《中国专利索引》。《中国专利公报》按发明类型可分为：《发明专利公报》、《实用新型专利公报》、《外观设计专利公报》。《发明专利公报》内容包括申请公开部分和申请审定部分，以文摘为主。

（4）检索学位论文。《中国学位论文通报》是我国自然科学类博士硕士学位论文的权威性检索工具。

二、国外文献检索的中文检索工具

1. 目录型、题录型检索工具

（1）检索图书。《外文新书通报》、《上海市外文新书联合目录》，主要报道国外社会科学、自然科学和工程技术方面的最新图书资料。

（2）检索期刊。《国外报刊目录》，选编了 138 个国家和地区的社会科学、自然科学、工程技术方面的期刊，是大型综合性的期刊目录。

（3）检索会议。《会议论文索引》（CPI）报道世界各国举办的有关生命科学、化学、物理学、地球科学及工程技术领域的会议论文，用来检索最新成果；《科技会议录索引》（ISTP）收录自然科学、技术科学以及历史与哲学等学科的会议论文，是检索会议文献的权威工具。

（4）检索标准。主要有国际标准化组织（ISO）制定的《ISO 国际标准目录》和国际电工委员会（IEC）制定的《国际电工委员会标准目录》。

（5）检索学位论文。《国际学位论文文摘》（DAI）供查找国外博士论文。

（6）其他。《国外科技资料目录》、《国外科技资料馆藏目录》以题录、简介、文摘三结合的形式报道国内收藏的国外科技期刊、会议文献、特种文献、技术研究报告等内容，是检索国外期刊论文与其他文献的重要检索工具。

2. 文摘型检索工具

专利文献检索主要是分类检索，依靠《国际专利分类法》（IPC）进行检索。英国德温特出版公司所出版的《世界专利索引》（WPI）是查找世界各主要国家专利文献的检索工具，由题录和文摘组成，使用 WPI 必须掌握两种检索工具："题录周报"和"文摘周报"。"题录周报"分一般、机械、电气、化工四个分册；"文摘周报"分普通专利索引、电气专利索引、中心专利索引，按德温特体系编制，报道专利的题录和专利说明书的内容摘要。《专利文献通报》系统全面地介绍美、英、法、德、日、俄等国专利。

三、科技文献检索的主要外文检索工具

美国《工程索引》（The Engineering Index，EI），创刊于 1884 年，由美国工程信息公司编辑出版，是世界著名的工程技术类综合性检索刊物。《工程索引》收录了 48 个国家、15 种文字的有关工程技术方面的文献，报道的文献类型有科技期刊、会议文献、技术报告、图书、政府出版物、年鉴、标准、论文集等，对纯理论方面的文献或者专利文献则不作报道。名为索引，实为指示性文摘。有印刷版月刊、年刊、光盘、数据库、缩微胶片等载体。《工程索引》的正文文摘是根据主题词组织编排的，检索者需要利用《工程主题词表》（SHE）查找文献。

英国《科学文摘》（Science Abstracts，SA），创刊于 1898 年，现由英国

电气工程师学会所属的国际物理与工程情报服务部（INSPEC）编辑出版，收录来自世界 80 余国的约 40 种语言的期刊论文、科技报告、会议文献、学位论文、图书等，是查找物理学、电气工程与电子学、计算机与自动控制工程等方面极为重要而又常用的综合性科技检索工具。有印刷型、缩微版、电子版数据库等形式。《INSPEC 叙词表》是编制《科学文摘》主题索引的依据，是通过主题途径、分类途径查找《科学文摘》中相关文献的一个极为重要的辅助工具书。

《科学引文索引》（Science Citation Index，SCI），由美国科学信息研究所（ISI）所创办，1961 年创刊。该刊物引用了以英美为主的 40 多个国家的 3000 多种期刊、200 多种专著丛书，报道学科范围有生命科学、医学、物理和化学、农业、生物学、环境科学、工程技术和应用科学、行为科学等，其中以物理、化学和生命科学所占比重较大，而工程技术文献比重不大。它由"引文索引"、"来源索引"、"轮排主题索引"三部分组成。该索引与《社会科学引文索引》（SSCI）、《艺术与人文科学引文索引》（A&HCI）并称为 ISI 三大引文索引。

美国《化学文摘》（Chemical Abstracts，CA）收录了世界上 98％的化学化工文献，来源于 130 多个国家和地区的 17000 余种科技期刊，28 个国家及专利组织的专利文献，是化工化学文献检索的重要工具。

《金属文摘》（Metals Abstracts，MA）摘录了世界上 1300 余种著名的科技期刊以及研究报告、会议文献、图书等出版物上刊载的有关金属冶炼和性能、金属物理和金属加工等方面的论文，是冶金专业的重要检索工具。

第四节　三次文献的检索

三次文献也叫参考性工具书，是在二次文献的基础上依据一次文献作出系统整理并概括论述的文献，专供查阅事实与数据，又称为事实与数据检索工具书。三次文献是知识性汇总，直接提供答案的检索工具。主要类型有各种字典、词典、百科全书、类书、政书、年鉴、手册、名录等。

一、字典、词典

这包括以下三种类型：语文词典，用来查找字词、成语典故，如《说文解字》、《辞海》、《辞源》、《汉语大字典》、《汉语大词典》、《现代科学技术词典》等；缩略语类词典，供查阅各种缩略语及机构名、专业名、地名等，如《英汉科技文献缩略语词典》、《汉语常用简称词典》等；专科性词典，主要是学科名词术语的解释或不同文种互译对照，如《英汉计算机综合词典》、《环境科学大辞典》等。

二、百科全书

百科全书是人类一切知识门类或某一知识门类概述性的著述，收录内容包括各个专业领域的定义、原理、方法、基本概念、历史与现状、统计资料、书目和重大事件等，有综合性百科全书和专科性百科全书之分。百科全书内容由条目组成。重要的有《简明不列颠百科全书》、《中国大百科全书》等。

三、类书

类书指辑录各种古籍中的资料，按内容分类或按字顺韵部汇为一编，以供查检或征引的工具书。有综合性类书与专科性类书之分。重要的类书有唐代四大类书：《艺文类聚》、《北堂书钞》、《初学记》、《白氏六帖》；宋代类书规模大，如《太平御览》、《册府元龟》；明初曾编纂过规模极大的《永乐大典》，但散佚严重；现存部头最大的类书是清代编纂的《古今图书集成》；现代人所编类书多专科性，如《中国地方志民俗资料汇编》、《中国各民族原始宗教资料集成》、《甲骨文献集成》等。

类书的用途：查找典章故事、名物起源、诗句来源、百科词语等各种资料；类书的材料摘自大量单种古籍，可用类书校勘考证各单种古籍；可从类书中辑录已亡佚之书。

四、政书

政书一般指记载典章制度的著作。跟类书仅客观罗列材料不同，政书还有作者论述的语言。政书可根据其记述的时代，分为通史体与断代体两种类型。"三通"（《通典》、《通志》、《文献通考》）与"续三通"（《续通典》、《续通志》、《续文献通考》）是通史体政书；《清朝通典》、《清朝通志》、《清朝文献通考》是断代体政书。会要体专记一个朝代或一定历史时期的典章制度，会典以政府机构为纲纪，记述国家政令，汇编政府文件。

根据查找的目的利用不同的政书。如注重历代制度的沿革，可查阅"十通"；如注重某一朝代的制度，可利用会要、会典；如更深入进行研究，应注重第一手资料，应在政书基础上进一步查阅史志、奏疏、实录等原始材料。

五、年鉴、手册、名录

年鉴是一种按年份出版的，概述或反映上一年有关事物的发展和记录最新事实，汇集重要文献信息和统计资料的连续出版物。有综合性年鉴，如《中国百科年鉴》、《世界知识年鉴》；有专业性年鉴，如《中国经济年鉴》、《中国机械电子工业年鉴》；有统计性年鉴，如《中国统计年鉴》、《中国人口统计年鉴》；有地域性年鉴，如《上海年鉴》、《香港经济年鉴》。年鉴可用来查找当代大事或某方面的统计数据。

手册是汇集某一领域、某一方面经常需要的基本知识和数据资料编辑而成的一种便览性工具书，有综合性手册和专科性手册之分。如《国际资料手册》、《电气工程师手册》等。

名录是汇集机构名称、人名、地名等基本情况和资料的一种工具书。有机构名录，如《学术世界》、《世界大学名录》等；有名人录，如《世界名人录》等；有地名录，如《世界地名录》等。

第五节　电子文献检索

一、光盘数据库和网络数据库

检索文献除了传统手工检索外，还要用计算机检索。计算机检索在文献检索中起着越来越重要的作用。计算机检索除了运用百度、搜狐、雅虎等搜索引擎外，更要充分利用光盘数据库和网络数据库。数据库，又叫机读数据库，指按一定的体系和规则加以处理，由计算机存储和读取的数据集合，其载体有磁带、磁盘、光盘、网络等。古籍中的丛书可以说是后世数据库思想的先导。数据库按其存储内容可分为以下几类：1. 书目数据库，提供图书、论文的线索，即计算机化的书目、索引、文摘，如《中国国家书目（光盘版）》、《中文社科报刊篇名数据库》等；2. 事实数据库，提供人物生平、机构状况等基本事实，如《中国科研机构数据库》、《中国科技名人数据库》等；3. 数值数据库，提供统计资料、数据等，如《世界经济统计数据库》、《中国科学技术成果数据库》等；4. 全文数据库，提供文献的原文，如《全唐诗》、《鲁迅全集》、《四库全书》、《中国学术期刊（光盘版）》、《中国大百科全书》图文数据光盘等全文数据库。

检索数据库文献可以通过检索光盘数据库和网络数据库实现。光盘是一种利用激光将信息写入和读出的高密度存储媒体，光盘数据库有全文型、目录型和事实型之分。网络数据库，指以后台（远程）数据库为基础，加上一定的前台（本地计算机）程序，通过浏览器完成数据存储、查询等操作的系统，将数据和资源共享这两种方式结合在一起。

二、重要数据库举要

1. 查找电子图书

电子图书按载体不同可分为光盘电子图书、网络电子图书（包括印刷型图书的网络版和数字图书馆）。分别介绍如下。

（1）光盘电子图书

《古今图书集成》图文数据光盘、文渊阁《四库全书》原文电子版；《四部丛刊》、《中国历代石刻史料汇编》、《十通》、《大清五部会典》、《大清历朝实录》等全文数据库；1998 年成立的北京爱如生数字化技术研究中心制作的数字化古籍近 5 万种，是目前大陆制作古籍最多的公司，有一个庞大的古籍数字化计划，有的数据库已经完成，如"中国基本古籍库"、"中国经典库"、"中国方志库"、"中国谱牒库"、"中国丛书库"、"中国金石库"等。

（2）网络电子图书

数字图书馆是将传统图书馆藏数字化，用户能通过网络联机存取图书馆以外的其他电子信息资源，实现信息实时更新且高度共享的现代化图书馆。我国数字图书馆建设已初具规模，主要有：中国国家图书馆·中国国家数字图书馆工程、清华大学建筑数字图书馆、上海数字图书馆、中国高等教育文献保障系统、国家科技图书文献中心、中国科学院国家科学数字图书馆（CSDL）等，用户可以查阅图书、期刊、会议文献、科技报告等电子文献资料。

最为常用的数字图书馆有：超星数字图书馆，侧重旧书回溯查询；书生之家数字图书馆和方正数字图书馆，侧重电子新书的阅读和下载；NetLibrary 数字图书系统，收录约 5 万册电子图书，涉及自然科学、社会科学等各个领域；SpringerLink 数字丛书、Wiley 数字图书及参考工具书、NAP 数字图书系统主要提供理工科电子图书；九羽数字图书馆、五车数字图书馆等也有较丰富的电子图书资源。

（3）提供电子图书的网站

台北"中央研究院"的资料库，囊括大部分中国古代典籍，可全文检索。尤其其中《二十五史》、《十三经》、《乐府诗集》等资料可以免费检索。台北"中央研究院"历史语言研究所网页上的"简帛金石资料库"收集了中国大陆、中国台湾和日本的简帛资料，还有相关书目、索引。国学网网站上可进行全文搜索的大型古籍数据库《国学宝典》，收录先秦至清末古籍 4000 多种。目前仍不断扩充，2005 年推出网络版。该网站有《十三经》、《全唐文》、《全宋词》等典籍的在线全文检索。

（4）利用网上馆藏目录和联合目录查找电子图书

网上的馆藏目录和联合目录，帮助我们了解图书馆藏书信息，如清华大学的"国内上网图书馆"有近 800 家图书馆网址的集成，可借以在网上逐一检索某图书馆有哪些藏书。而联合目录能揭示某种书被哪些图书馆收藏。中国有影响的联机公共数据库是 CALIS（中国高等教育文献保障系统），该数据库成员馆主要是全国"211 工程"百余所高校的图书馆。

2. 查找全文期刊

（1）光盘数据库

《中国学术期刊（光盘版）》，是汇集我国自然科学、工程技术、人文社会科学核心期刊和专业特色期刊的大型全文电子检索系统。中文科技期刊数据库收录 1989 年以来所有自然科学、工程技术领域，以及社科领域的中文期刊 5500 多种，包括港台核心期刊 200 余种。

（2）网络数据库

中国期刊全文数据库，是目前世界上最大的连续动态更新的中国期刊全文数据库，精选了 1994 年以来科学技术、人文科学的核心和专业期刊 8200 余种。

维普中文科技期刊数据库，是中国最大的综合性文献数据库，收录了 1989 年以来的 12000 余种中文科技期刊，分类包括社会科学、自然科学、工业技术、农业科学、医药卫生。

万方数据知识服务平台，收录 1998 年以来 5043 种期刊，其中核心刊 1300 余种。

Dialog 国际联机情报检索系统，是世界上最强大的国际联机检索系统，现有全文、题录、事实及数据型数据库 600 多个，如：SCI、SSCI、A&HCI、EI 等。内容涉及自然科学、社会科学、工程技术、人文科学等各个领域。

3. 查找电子报纸

中国重要报纸全文数据库，是收录 2000 年以来中国国内公开发行的约 1000 种重要报纸刊载的学术性、资料性文献的连续动态更新的全文数据库。

4. 查找学位论文、会议论文

中国学位论文全文数据库（万方），收录了自 1977 年以来我国理、工、农、医、人文社科等各个领域的博士及硕士研究生论文，论文总数已达 100 余万篇，并年增约 15 万篇。

中国重要会议论文全文数据库（清华同方知网），收录了我国国家二级以上学会、协会和其他学术机构或团体在国内召开的国际性和全国性学术会议的论文，年更新约 10 万篇文章。

5. 查找专利、标准

中国专利信息网，收录了数十万条专利信息。万方中外专利数据库收录自 1985 年以来的全部专利数据信息，包含专利公开（公告）日、公开（公告）号、主分类号、分类号、申请（专利）号、申请日期等数据项。相关的还有中华人民共和国国家知识产权局（SIPO）专利检索系统、中国专利文摘数据库、中国知识产权网、中国知网中国专利数据库、中国标准在线服务网等。

6. 查找索引、文摘

最重要的光盘数据库有美国《工程索引》光盘数据库、英国《科学文摘》

光盘数据库和《中国科学引文索引》光盘数据库（CSCI）。CSCI 是我国目前收集被引文献最多的电子出版物，收录我国出版的 582 种中英文期刊上发表的数十万篇论文，涵盖数学、化学、物理、天文、生物、农林、医学及工程技术等领域。

网络数据库有：《科学文摘》数据库，是目前世界上最全面的全文科技文献信息数据库和二次文献数据库之一，主题涉及物理、电子与电气工程、计算机与控制、信息技术、生产和制造工程 5 大类，收录了 1969 年至今的世界范围内该领域的科技文献；《中文社会科学引文索引》数据库（CSSCI）（1998—2009）是由南京大学中国社会科学研究评价中心开发研制的引文数据库，用来检索中文人文社会科学领域的论文收录和被引用情况。

7. 查找数据事实

中宏数据库，是国内门类最全、分类最细、容量最大的经济类数据库，是由 18 类大库、74 类中库组成，涵盖了 90 年代以来宏观经济、区域经济、产业经济、金融保险、投资消费、世界经济、政策法规、统计数字、研究报告等方面的详尽内容。又有国家统计数据库、万方科技成果数据库等。

8. 工具类数据库

重要的有中国大百科全书数据库、中国工具书集锦在线（清华同方知网）、中国年鉴全文数据库（清华同方知网）、中国工具书资源全文数据库（方正阿帕比）、中国年鉴资源全文数据库（方正阿帕比）等。

另外，一些重要的外文数据库可供利用，如 ISI 的 Web of Science 数据库，其资源除三大引文索引 SCI、SSCI、A&HCI 外，还有综合学科会议文献数据库，德温特专利引文索引数据库，生命科学数据库，应用生命科学文摘数据库，生物文摘，物理、电子电气、计算机控制及信息科学文摘数据库，食品科学文摘数据库，生物医学数据库，心理学数据库，动物学数据库，机构知识库等。

【练习】

1. 试述一次文献、二次文献、三次文献的异同点。

2. 简述文献检索的步骤和方法。

3. 利用《全国总书目》查找下列主题的书：（1）模拟集成电路；（2）机床夹具设计。

4. 查阅"配电网络重构"相关的文献。

5. 利用哪些工具书可以查找有"雨"字的诗句与典故？

6. 选择你所熟悉的一位老师，检索 1990 年以来其所发表的论文。

7. 河北大学图书馆前有祖冲之的塑像，请问在哪些正史中有其列传？在哪些工具书中可以查到有关他的资料？

【拓展阅读】

1. 王振东等：《科技文献检索方法》，辽宁科学技术出版社，1985 年版。
2. 王西梅、倪晓健：《文献检索与利用》，北京师范大学出版社，1988 年版。
3. 赖茂生等：《科技文献检索》，北京大学出版社，1994 年版。
4. 张白影：《科技文献检索与利用》，华中理工大学出版社，1996 年版。
5. 徐军玲、洪江龙：《科技文献检索》，复旦大学出版社，2004 年版。
6. 赵国璋等：《社会科学文献检索（增订本）》，北京大学出版社，2005 年版。
7. 隋丽萍：《网络信息检索与利用》，清华大学出版社，2008 年版。
8. 杨琳：《古典文献及其利用（增订本）》，北京大学出版社，2010 年版。

（张春国）

下编

常用文体例说

第十二单元　新闻与行政类

通　讯

一、概说

通讯是一种详细报道客观事物或典型人物的新闻文体，它比消息更加生动形象地表现新闻事实。因此通讯不仅具有新闻价值，更有可读性，有的还具有一定的审美性。

作为新闻文体，通讯也讲求真实性、现实性和时效性等，同时它自身的特征也很突出。

（1）完整性：消息大多一事一报，甚至是事件某一片段的报道；通讯则常常要报道事件的"全过程"，或者比较全面地报道事件的各个方面及其历史发展过程，或者对事件某个具有特殊意义的部分作集中突出的描述，即它更具体、详细和完整，被称作"详细的新闻"。它常常单独刊用，也与消息或其他新闻文体配用。

（2）具象性：通讯的主要任务是生动、形象地再现新闻事件的现场与过程，再现新闻人物的形象与事迹。因此通讯所反映的新闻事实是具体的、可感的、形象化的。

（3）生动性：通讯具有具象性，必然也有生动性。一方面在于通讯通过具体的人物、事件，比较详细深入地反映现实生活。另一方面在于通讯的结构形式多样、表现方法灵活等。再一方面，通讯的作者可以直接抒发其主观感受，甚至在叙事中直接融入个人情感。其生动性来自它的真情实感，表现为更富有感染力。

通讯文体种类的划分角度很多，为了包含所有的通讯，有些学者依据通讯对于表达方式运用的侧重点不同，将它分为叙述型通讯、描写型通讯、议论型通讯。

（1）叙述型通讯：叙述型通讯是以叙述为主要表达方式的通讯类型。其基本特征是按照叙述的要素把事情交代清楚，展现事件全过程。但是叙述型通讯并不只运用叙述一种表达方式，而是与其他表达方式综合运用的同时，更以叙述为核心表达方式。叙述型通讯包括事件通讯、人物通讯和风貌通讯。

（2）描写型通讯：描写型通讯是以描写为主要表达方式的通讯类型。其基本特征是重点运用描写的表达方式，绘声绘色地描写人物和事件，具有具体、生动、传神的效果。同样，描写型通讯虽然富于文采，但它并不纯粹使用描写，而是根据内容需要，灵活地运用其他表达方式，尤其是叙述。依照描写手段的不同，描写型通讯分为特写、速写（包括侧记）、素描。

（3）议论型通讯：在新闻文体中，议论通常作为辅助性的表达方式用在叙述和描写中，以强化观点。但在议论型通讯中，议论成为这种文体的主要特征。但不可将议论型通讯视为议论性文体，而是说议论是这类通讯要实现的一种表达效果。其叙述和描写所占的比重仍然很大，甚至占大部分，但它们从根本上来说，是为议论服务的。议论型通讯是典型的议论式，它不按故事情节或者人物情感来组织文本结构，而是按逻辑思维的次序来组织文本结构的。议论型通讯主要有工作通讯和述评通讯。媒体上常见的记者来信、札记也可以归入述评通讯。

人物通讯大多属于叙述型通讯或描写型通讯，通常以叙述、描写为主要表达方式，或者按照叙述的要素把事情交代清楚，或者运用描写的表达方式，绘声绘色地描写人物和事件。人物通讯《坚强"网"住文学梦》是一篇叙述性通讯，文章不是按常规首先交代时间、地点等，而是从人物戏剧化的人生经历切入，抓住读者的视线，进而从头说起；而且文章每个部分均以主人公的生活变迁及其应对方式作标题，充分突出了人物性格。总之，人物独特的人生经历成为贯穿文章的重要线索，虽然没有具体的语言描写，但人物形象跃然纸上。

二、例文

坚强"网"住文学梦

本报记者　刘亚辉

保定人熟识何坤。4 年前，她的作品在网络上有超高的点击率，万千网友每天苦等只为看她的小说。她略显残疾的身影不仅出现在图书大厦的签售台前，还出现在各高校的演讲台上。然而，一场突如其来的疾病让她的身体雪上加霜，不得不从大众视野中"消失"。4 年后，她带着即将出版的第三部小说重新出现在人们面前，执着与坚强中又多了一份善美。

身残志坚成为网络写手

何坤今年 34 岁，保定作家协会会员。5 岁时因感冒，一针打下去伤了神经，改变了她健康的身体，右手丧失功能，右脚也略显残疾。

好强的何坤学会了用左手写字、打羽毛球、玩电脑。2005 年，伤腿突然疼痛起来，而且一天比一天严重。医生诊断，她的胯关节出现半脱位，由于儿时旧伤，无法进行手术治疗，只能靠拐杖行走，而且必须减少运动量。

苦闷的日子里，何坤靠读书和上网打发时光。她经常在网上浏览原创文学，并忍不住将自己对文章的看法反馈给作者。有一次，她给一位作者提完意见，对方对她说，你的构思很好，为什么不自己写作呢？一语点醒梦中人。何坤开始了网络写手生涯。

何坤的第一部网络言情小说《说好爱上你》一开始便受到读者的喜爱，可是由于只能用左手打字，小说更新速度慢，很多网友发帖催促她，希望尽快看到后面的情节。为了满足读者愿望，她在电脑前一坐就是一天，肩膀僵硬、腰疼、腿疼，但想到有那么多人喜欢她的小说，就有使不完的劲儿。连续工作3个月后，一部12万字的长篇小说创作完成。这时，幸运之门向何坤打开了。她接到一位网络编辑的电话，想要出版她的小说。同年，《说好爱上你》正式出版。

何坤在网络文学圈子的名气越来越大，陆续有一些网络写手请她指点、投稿、出版。何坤干脆成立了网络"红太阳出版工作室"，帮更多的网络写手圆梦。在这里，何坤身兼两家公司的外聘编辑，搞策划、审稿子、联系出版公司，全靠一个人打拼。不到两年时间，她创作的小说《这辈子不分开》面世，编辑出版了《不幸遇上守护星》、《天鹅大改造》等20多部青春励志小说，成为网络蹿红的女作家、女编辑。

命运多舛再次接受考验

事业蒸蒸日上，何坤感到莫大的幸福，她看到平凡的自己所具有的社会价值。可是，由于过度劳累，何坤的身体再次亮起红灯。伤腿的剧痛使她连基本的饮食起居都做不了，只能在床上度日。由于严重的神经痉挛，只有俯卧的姿势才能让她减轻一些痛苦，每隔很短一段时间，家人就必须帮她按压一下痉挛的右腿。本想休息一下就会好转，但仅仅两个月，伤腿严重萎缩，明显细了一圈。何坤感到，如果只靠休息的话，可能就再也站不起来了。最终，她在家人的陪同下，到北京治疗。经过诊断，何坤患上了一种罕见的脑部神经性疾病，只能住院治疗。寒冬腊月，她穿着单衣在病房，疼痛来临时，就像被夏天的太阳炙烤，大汗淋漓。

病痛没能阻挡何坤对文学的热爱和追求。她趴在病床上，帮助新疆的网络写手李乐完成书稿的编辑工作，让《红杏枝头春意闹》成功面世。在北京治疗期间，何坤凭借顽强的毅力和病魔抗争，从病床到轮椅，再到挂着双拐站起来，又到扔掉拐杖独立行走，何坤在医生眼里堪称奇迹。身体基本康复后，为方便复查，何坤在北京找到一家出版社做编辑工作，直至2010年回到保定，调养身体的同时，开始蛰居进行文学创作。

（《保定日报》，2013 年 3 月 7 日）

【练习】

1. 在报刊上找一至二篇人物通讯，分析其写作特点。
2. 课余时间采访一位人物，写一篇人物通讯。

（冀秀美）

请　示

一、概说

请示是下级机关向上级领导机关请求指示，批准或批转并要求回复的一种上行公文。只有确属下级单位自身无权处理、无力解决、无法办到，需要得到上级的明确指示或具体帮助的事项或问题；或按有关规定应经由上级决断的事项，方可用请示向上级机关行文。

请示有自身的明显特征，一是写作的超前性，即必须在事前。请示上级指示批准的事项，都应当是还未付诸实施的。二是行文的说明性，即请求的目的在于向上级说明情况，以期获得指示、帮助，因而在行文中一要说明请示的原委、理由；二要说清请示的事项、内容。三是内容的单一性，即请示行文必须坚持一文一事一请的原则，不能在同一份请示中同时请求上级解决两件或两件以上互不相干的事项，以便上级有针对性地作出处理，避免产生混淆，耽误工作。

请示按其内容可分为以下三类：一是请求指示的请示，这类请示多涉及政策上、认识上的问题，如对上级有关文件精神、内容不够明确或有不同理解；或从本单位实际情况出发，须上级对有关的规定作一些变通处理；或在工作中遇到一些无法可依、无章可循的新情况、新问题，须上级指点解决等。二是请求批准的请示。这类请示多用在工作中遇到诸如人力、物力、财力等方面的实际困难，自身又确无能力解决，需要上级给予具体的帮助，以及按有关政策规定，必须先请示，经领导部门批准后方可实施的事项。三是请求批转的请示。这类请示主要用在职能部门针对一些涉及面较广、自身无法独立完成、须其他有关方面协同参与，但按规定又不能直接要求那些单位照办、执行，故须请求上级机关审定后批转到有关方面，要求其参与办理、解决。

二、例文

关于严厉打击非法期货交易的请示

××省人民政府：

自××××年以来，国家三令五申严禁从事外汇期货交易活动。为有力打击非法期货交易，根据国家法律、法规和有关政策规定，现就在全省范围内查处非法境外期货交易提出如下意见：

一、为保证打击非法期货交易工作的顺利进行，成立省整顿期货市场协调小组。

二、各地市政府要加强对查处非法境外期货交易工作的领导，在×月底以前对辖区内的非法境外期货交易情况进行一次认真清查。

三、查处工作要严格按照国务院办公厅国办发［××××］××号、中国证监会证监发字［××××］××号和××省证监会证监发［××××］××号文件精神办理。

四、加强对期货市场知识及国家有关期货市场监管法规政策的宣传，提高投资者的风险和法律意识，引导期货从业人员和客户依法从事期货交易。

以上请示如无不妥，请批转各地各部门执行。

××省证券监督管理委员会
××省工商行政管理局
国家外汇管理局××分局
××省公安厅
××××年×月×日

【练习】

1. 找几篇不同类型的请示，分析它们之间的区别。
2. 找一篇批转性请示分组讨论其写作特点。

（冀秀美　王岩峻）

启　　事

一、概说

启事是单位或个人向公众公开告知、说明某件事情并请求予以关注或帮助而使用的告启性事务文书。启，即陈述；事，即事情。启事即公开陈述事情。可张贴、登载，也可由广播、电视播放。

启事因用途和性质不同，可分为寻人或寻物启事、招领或遗失启事、征文或征订启事、招聘或招商启事、更名或迁址启事、鸣谢或致歉启事、征集或征婚启事等。

启事的写法很多，可直接用"启事"作标题；可由事由加文种组成；可由单位、事由加文种组成；还可以事由为标题；涉及重要、紧急事情可写成"重要启事"、"紧急启事"。

正文由缘由、事项、希望三部分组成。要明确、精练地说明事情、提出要求，结尾要写清希望、要求、酬谢方式等，写清联系地点、联系方式、联系人等，最后要有署名和日期；重要启事应加盖印章。

二、例文

《传统文化》征稿启事

本刊是山西省孔子学术研究会创办的学术性、普及性季刊。

本刊以马克思列宁主义、毛泽东思想为指导方针，坚持古为今用、推陈出新，致力于中国传统文化的研究。目的是批判地继承、弘扬祖国优秀的民族文化传统，为发展三晋文化、繁荣我国的学术园地，为建设有中国特色的社会主义精神文明、振兴中华作出贡献。

本刊贯彻百花齐放、百家争鸣的方针。

本刊重在学术性，兼顾知识性、普及性、趣味性，力求文质并茂、雅俗共赏。

本刊欢迎下列稿件：

一、研究孔子学说、儒家思想文化的专论；

二、对诸子百家的宏观研究或具体剖析；

三、研究传统教育、三晋文化的论文；

四、中西文化的比较研究；

五、文化名人研究、名作鉴赏；

六、民办教育研究、传统文化书评、中外学术动态；

七、文化杂谈、民俗趣谈等。

来稿以五千字以内为宜，尤其欢迎短而精的稿件。来稿一经采用，即薄致稿酬。

本刊欢迎订阅、交流。来稿或汇款请寄：山西太原黄陵路西巷3号，山西省孔子学术研究会《传统文化》编辑部。

　　定　价：2.00 元

本刊编辑部

（《传统文化》，1992 年第 3 期）

【练习】

1. 找几篇不同类型的启事，谈谈它们在写作方面的共同特点。

2. 写一篇寻物启事或招领启事。

（张琼洁　冀秀美）

海　报

一、概说

　　海报是向公众告知文化、娱乐、体育等消息的告启性事务文书。可张贴、登载，也可以通过广播、电视播放。为增强美感和吸引力，除文字说明外，还可进行美术加工，配上美术字、图画、照片或相关图案。

　　从内容分，海报有演出海报、讲演海报、比赛海报、展览海报等；从文字分，海报有文字海报和美术海报两种。

　　海报的写法多种多样，标题的位置也可以根据排版随意摆放；可以用文种作标题，只写"海报"二字；也可以用内容作标题；有的也用主办单位名称作标题。

　　海报的正文要用简洁的文字写清楚活动内容、时间、地点、参加办法等。结构形式有一段式、项目排列式等。一段式，内容简单的通常一段成文；项目排列式，通常活动内容稍多的，可分项排列成文。结尾的内容可以有主办单位、海报制作时间等。如果正文已写清相关内容，可不设结尾。

二、例文

莲池讲坛

　　主讲：王佩瑜老师

　　讲题：浅谈京剧须生的演唱与表演

　　时间：2013 年 5 月 18 日上午 9：00

　　地点：河北大学新校区 D6 座 体检中心二楼报告厅（教学区西北角）

【门票提示】入场免费　不得贩票

【海报背面】真广法师法语："凝聚人心，传递理念；提升正气，促进和谐。"

【练习】

1. 海报标题的写法各种各样，说说其不同写法所产生的不同表达效果。

2. 就实际生活中的某一活动写一篇海报。

（王岩峻　冀秀美）

调查报告

一、概说

调查报告是对客观事物或社会现象进行深入细致的调查和认真严肃的分析研究之后所写的报告性的事务文书。它的目的在于反映客观事物，揭示事物的本质规律。

调查报告可以宣传党和国家的方针、政策，宣传推广先进典型，宣传新生事物；调查报告可以揭露社会问题或工作中的失误，以便总结经验，吸取教训；调查报告还可以为领导决策提供信息和依据。据此写作目的和作用的不同，调查报告可大致分为五类：

一是基本情况的调查报告，即情况调查。重在对某一事物、某一问题或某一突发事件的现状或历史情况进行调查，使人们对有关情况有比较全面的了解。如《历史上科学家成长因素的调查报告》、《哈尔滨市居民住房情况的调查》、《××县重大火灾事故的调查》等。

二是典型经验调查报告，即典型调查。以在某些方面或某项工作中做出较大成绩的单位或个人为调查对象，以总结推广经验、树立典型、推动工作为主要目的。如《繁荣市场的新举措——××县引导农民走向市场的调查报告》等。

三是揭露问题调查报告，即问题调查。以管理混乱、问题成堆、事故严重的单位或个人为调查对象，或以群众反映强烈，要求解决的问题为调查对象，目的在于揭露社会问题或工作中的失误，找出教训，引起警醒与重视，有的还提出具体意见、建议，以谋求解决并达到教育大众的目的。如《沉重的红喜字——××市青年婚礼消费情况调查》等。

四是工作研究的调查报告，即工作调查。以某项工作的进展情况为调查对象。目的在于通过对工作情况的分析探讨，寻求更好的解决问题的途径，往往提出看法、意见或建议。如《只靠发文件减轻不了农民负担——××县××乡"减负"工作的调查报告》等。

五是新生事物的调查报告，即新事物调查。常以研究探讨为目的，旨在宣传某种新生事物，或者探讨某一新的科学命题，力求得出符合客观规律的结论。既是研究探索，不一定必有定论，但又不能没有观点和态度。这类调查报告是冷静客观的态度和大胆探索的精神的结合，并力求科学地预测未来。如《纸浆原料——芦竹的调查》等。

《传统高跷"踩出"现代舞步》是一篇新生事物的调查报告，运用了说明、描写、议论等表达方式。文章一方面对高跷艺术的渊源和现状进行说明和描述，使人们充分感受高跷艺术的魅力，语言富有科学性与感染力；另一方面，文章在说明、描写的基础上引发思考，进行探讨，论述了"老传统"与"新艺术"结合的必然性和可行性，语言严谨而富有逻辑性。文章每个部分的小标题简洁精悍、突出醒目，内容上又做到了叙说翔实，结尾部分概括性、总结性强，提出了一些符合客观规律的建议。

二、例文

传统高跷"踩出"现代舞步
——从安新高跷上春晚的发展历程看如何弘扬传统文化

张广中　彭　帅　李浩迪

核心提示：党的十七届六中全会明确提出建设文化强国的战略目标，强调要以改革创新推动文化繁荣发展。安新县近年来积极推进文化建设，坚持在继承的基础上着力实施创新，文化产业呈现良好发展态势。其中白洋淀永生高跷艺术团就是一大亮点，成为展示安新文化发展的亮丽"品牌"，同时也为全市文化发展探索出一条可资借鉴之路。

在风光秀丽的白洋淀畔，在文化底蕴深厚的雁翎之乡，活跃着这样一支队伍——她延续着传统文化的血脉，散溢着古老"高跷"的醇香；她吮沐着现代文明的新风，捕捉到时尚"街舞"灵动的妙趣；她吐纳秀气，孕育新生，创造出了"高跷街舞"这样鲜活的文化新体，使百年静默的高跷艺术从幽静古朴的自然乡村走向霓虹闪耀的繁华都市，从尘土飞扬的大街小巷走上央视春晚的绚丽舞台——她就是安新县白洋淀永生高跷艺术团。

安新县白洋淀永生高跷艺术团原名增庄登云会，成立于 1922 年。80 多年来，邵氏家族历经几代人，用心血和汗水传承着高跷这门古老的民间艺术。

他们坚定"一定得让高跷继续传承下去"的使命，一点点摸索，一步步磨合。2009 年，安新县白洋淀永生高跷艺术团正式注册。目前，团里有正式演员 15 名，年龄大多在 20 多岁，团长邵永生负责对内管理、对外联系，他的侄子邵海鹏担任队长并负责编导，大儿子邵海波负责网上宣传等。

走过的历程写满艰辛，流过的汗水打造"高跷街舞"如花的容颜。每一个转身，每一次蜕变，写下的是一个团队由"跷"到"舞"的苦苦求索，结出了古老高跷由"土"到"洋"的累累硕果，记录着一个团队由"小"到"大"的成长历练，也开启了高跷表演由"找"到"请"的新篇。让我们走进这个执著的团队，一睹"传统高跷踩出现代舞步"的精彩瞬间。

由"跷"到"舞"的探索

作为今天邵氏家族传承高跷艺术的"顶梁柱"，邵永生眼瞅着祖辈传下来的高跷遭遇冷落，心都在滴血。发展下去的路在哪里？2006 年的一天，电视中的街舞表演不经意间进入他的视线，抻动了他那敏感的"高跷神经"。街舞中蛇行、空翻、倒立等动作都与高跷如此相似，邵永生一下子产生了"将街舞'嫁接'到高跷上，使高跷表演得到像'街舞如此吸引年轻人'一样的力量"的念头。于是他带领队员们通过互联网上学，电视节目中看，一点点摸索，一步步融合，跌倒了爬起来，不理想再重来……老邵的心气不减，队员的苦练不断——坚持就是力量，诚心燃生希望。他们硬是将下腰、快起、后空翻、侧翻等高难度的现代街舞动作融入到了传统高跷表演中，形成了一种新的表演套路和风格，并命名为"高跷街舞"。

由"土"到"洋"的演变

每一次由"跷"到"舞"的苦苦求索，每一场跌倒了又爬起来的"起起落落"，融入着这个团队苦涩的汗水，换来了高跷艺术一步步由"土"到"洋"的喜人改观。以前根据固定节奏常规性的出场"亮相"，已经拓展成配合不同的舞台，随时整合配套动作的各种各样的开场式；以前单纯靠走动、跑跳等简单的"土"踩法，变成了时尚街舞的"洋"动作；以前"面无表情"的"土"样子，也丰富成含有"笑"等表情的多维"话语"传达。模式越趋开放，性情更走向包容……载着传统高跷原汁原味的"土"文化，沐浴着时尚街舞新潮的"洋"气息，"踩着高跷跳街舞"的新"舞者"向我们一路走来。

由"小"到"大"的发展

笋因落箨方成竹，鱼为奔波始化龙。该艺术团在践行祖辈信诺的同时，得到历练与成长。以前该艺术团的演出人员不固定，大多是谁喜好就临时凑在一起演，后来演出人员渐渐集中在某几个人身上。目前，已经是"孙子辈"传承的邵永生成长为中坚力量。艺术团注册后，有了自己的正式演员。该团以全新的"高跷街舞"精彩亮相 2010 年央视春晚而名气大增后，找他们拜师的、恳请加入该艺术团的人越来越多。面对如此的热情，邵永生表示，将来要办一所艺术学校，让更多的年轻人，特别是十四五岁的青少年参与进来，让邵氏几代人的家族式传承拓展到社会各界。

由"找"到"请"的跨越

伴随着高跷艺术由"跷"到"舞"、由"土"到"洋"的转变，安新县白洋淀永生高跷艺术团体味着幸福，尝到过心酸。过去"踩高跷"都是找庙会，靠逢年过节的机会主动去演。后来在一些红白喜事的小场合偶尔也有一些演出。直到 2009 年，艺术团的年轻人将一段"高跷街舞"视频传到网上，被山东电视台《中华达人》节目组看到，"高跷街舞"首次受邀参加节目竞赛获得冠军。一时间，对"高跷街舞"的欢迎，有如种子一般，一旦破土而出，便一发不可收拾。湖南卫视、央视七套、上海吉尼斯、河北春晚等众多知名栏目争相邀请，"高跷街舞"迅速走红，并"踩"上了 2010 年央视春晚舞台。之后，邀请该团参加演出的热情再次高涨：元宵晚会、央视一套《我们有一套》、央视七套《乡村大世界》……还有全球瞩目的上海世博会闭幕式演出都有"高跷街舞"的精彩展现。

从古老高跷的缓缓流淌，到"高跷街舞"璀璨夺目的精彩瞬间，从口耳相传到现代媒体的瞬息万变，从乡村的街台巷舞到春晚舞台的华彩壮观，"高跷街舞"绚丽的光环背后，带给我们更多的是思考与启迪：

老传统要有新意识——传统文化要汲取发展"活水"滋养现代新生。党的十七届六中全会提出："文化引领时代风气之先，是最需要创新的领域。"而创新领域的开启首先在于"要发展"意识的萌动。传统文化之所以能传承下来，不仅证明了其强大的生命力，还因为传统文化本身也在不断创新，适应着时代发展的要求。传统文化要在现代文明中继续传承，就要立足现代环境适时发展。安新县白洋淀永生高跷艺术团在高跷艺术传承的"进行曲"中，以"要发展传统高跷"的基准定调，在演绎"传统高跷现代发展幻想曲"中幻化出了"传统高跷走着现代舞步"的新意象，复苏了高跷再生的活力。可见，以创造的方式进行保护，以发展的思路加以传承，能使像传统高跷这样渐趋式微的传统文化的生命重获生机。

老传统要赋予新内容——传统文化要融入现代文明走进现代视野。借现代文明"反哺"传统文化，让时尚"回溯"传统，用"年轻的方式"传播"古老的艺术"，让传统文化再展新颜，这是传统文化在现代文明里得以传承的一个技巧和直接渠道，也是走下去终究要选择的道路。安新县白洋淀永生高跷艺术团正是因为把时尚、新潮的街舞动作，巧妙地融入到传统高跷表演中，才塑造出"高跷街舞"这一喜人的现代高跷新面容，有力证明了传统文化融合现代文明中的"活力因子"来发展的路子可取，并且是传统文化在现代文明中谋求发展的一条捷径。

老传统要结合新形势——传统文化要凭借市场东风勇闯现代市场。 在市场经济条件下，审视市场形势，摸清市场脉搏，主动与市场结合，是传统文化借力市场东风，驾驭市场前行的智慧抉择。高跷艺术之所以能在市场经济大潮中腾荡出"高跷街舞"的新浪花，关键就是该艺术团选准了"要与年轻人喜欢的东西结合"作为切入市场的着力点，积极对接市场，捕捉融合"街舞"中的"活力因子"，从而爆发新生力，形成了"高跷街舞"。党的十七届六中全会指出的"推动社会主义文化大发展大繁荣，队伍是基础，人才是关键"，化作加强基层文化人才队伍建设，加强职业道德建设和作风建设的缕缕"东风"，徐徐袭来，解析着现代传统高跷舞动的身影，论证着如何使传统文化开拓市场、占领市场不仅是摆在邵永生这样的老艺人面前的命题，也需各界一起来进行"传统产业＋现代公司"的大胆探索。

老传统要嫁接新载体——传统文化要借助现代传媒"给力"现代发展。 党的十七届六中全会指出："要构建公共文化服务体系，发展现代传播体系，建设优秀传统文化传承体系，加快城乡文化一体化发展。""高跷街舞"舞动的轨迹生成传统文化在现代文明中又好又快发展的又一妙笔，即借助现代传媒来发展传统文化、让传统文化从"市井"走向"传媒"。而媒体，特别是能够实现互动的互联网等，越来越成为引导文化生产、传播、消费的主要途径。正是借助了传媒的强大力量，高跷艺术这朵百年静默的"未眠之花"，终于再吐"新红"，有力地散播着古老高跷新生的芳香。而还有那么多没有走出市井的"传统高跷"们是否可以考虑这种"巧借东风"上"青云"的强劲助力呢？

流彩纷呈的现代文明中，"高跷街舞"之于黯然失色的"传统高跷"们，似乎更具警示借鉴意义。十七届六中全会的召开为发展文化产业指明了方向，要贯彻好"二为"方向和"双百"方针，为人民提供更多更好的精神食粮，让传统文化在现代文明中得以传承发展。我们可以把安新县白洋淀永生高跷艺术团"踩"出"高跷街舞"的实践作为一个文化活体，以之为蓝本，努力构绘传统文化的新生代，让传统文化与现代文明碰撞出越来越多的"高跷街舞"，以"传统高跷踩出现代舞步"的新姿态，奋力走出一片传统文化又好又快发展的新天地。

（《保定日报》，2011 年 11 月 22 日）

【练习】

1. 找一篇调查报告分组分析讨论：写好调查报告的核心问题是什么？调查报

告在表达方式的运用方面有什么特点？

2. 通过实际调查，写一篇调查报告。

（冀秀美）

会议纪要

一、概说

会议纪要是根据会议过程、会议讨论问题和会议决议扼要整理后用于记载、传达会议情况和议定事项的公文。会议纪要的作用主要在于将会议全部材料概括、综合和提炼后的内容或向上汇报、向下传达，或予以公布，让有关单位及人员据以了解会议的精神与情况，并在相关工作中共同遵守、执行，表现出明显的指导作用和知照作用；也可以作为宣传教育材料服务于现实，具有宣传作用；还作为会议材料的组成内容存档，有着记载、凭证作用。

会议纪要有以下特征：一是内容的纪实性，会议纪要注重真实、客观、准确、全面地反映会议情况和会议精神，不能随意深化、拔高。二是表述的纪要性，会议纪要主要在于把会议的主要精神和议定事项经择要后归纳整理，表述出来，不涉及会议的一般过程以及议而未决的事项。三是一定的约束性，会议纪要的内容往往对与会者及有关人员是具有约束力的。这些单位及人员的言论、行动通常不能违背会议的精神和议定的事项，而是应当努力地共同遵守或执行。四是明确的知照性，不论是公开发布还是内部交流的会议纪要，其主要目的首先是要让有关单位及人员充分知晓、了解会议的主要精神与重要情况。

根据会议的性质和拟写纪要的目的，会议纪要可以分为三大类：一是决议性会议纪要，它多半是由某种权利机构召开的研究工作的会议，用会议纪要记载会议研究的工作、议定的事项、布置的任务等；此类纪要可以作为传达和部署工作的依据，对今后的工作具有指导意义；往往要求与会单位及有关方面、有关人员共同遵守执行。二是协议性会议纪要，主要是由代表不同方面的不同机构联合召开的商讨共同关心问题的会议，通过纪要记载各方经研讨后所取得的一致意见、达成的某些共识，对各方今后的相关工作的开展有约束力。三是研讨性会议纪要，是供研讨问题、交流情况的会议使用的纪要。与会各方可各抒己见，无须统一认识，统一行动，也不需作出相关决议。纪要只需把各方的主要观点、意见，以及会议的主要精神客观归纳记下即可。

二、例文

城市雕塑规划会议纪要

时间：××××年×月×日

地点：××

参加单位：

　　城乡建设环境保护厅 文化厅 省美术家协会

参加人员：

　　×××（城乡建设环境保护厅副厅长）

　　×××（文化厅副厅长）

　　×××（省美术家协会副主席）

　　来自××、××、××等市和军队系统的雕塑家、建筑师、园林师等专家学者，城建、规划等有关部门的负责人以及新闻记者等30余人。

主要内容：

　　×××致开幕词，×××、×××作了重要讲话。会上宣布了成立省城市雕塑规划组的决定。

　　会议专门研究了××、××的城市雕塑规划建设。××市在大会上介绍了城雕规划建设情况和经验。会议确定：1. 在××等2个市进行城雕建设试点；2. 有关试点城市于××××年底前确定第一批试点规划项目和初步设计方案（包括选题、定点、尺寸、材料、时间）并报省城雕规划组。

　　会议期间，城雕规划组举行了几次专题学术报告，邀请有关专家介绍省外城雕建设情况。

　　会议希望各市努力创作出一批具有较高水平的城市雕塑，为建设文明城市做出贡献。

【练习】

1. 找不同类型的会议纪要各一篇，分析它们各自的写作特点及其区别。

2. 就学校或班级一次活动内容较为丰富的会议写一篇会议纪要。

【拓展阅读】

1. 董小玉、蒲永川、梁多亮主编《现代实用写作》，西南师范大学出版社，2003年版。

2. 中国公文写作研究会编，岳海翔、赵同勤主编《最新实用公文范本大全》，中国言实出版社，2006 年版。

3. 余国瑞、彭光芒主编《实用写作》，高等教育出版社，2007 年版。

（冀秀美　姜剑云）

第十三单元　艺术与学术类

解　说　词

一、概说

解说词是配合事件的进行、展品的呈现或者画面的变换而进行的讲解、介绍、说明的一种应用性文体。随着现代传媒技术的发展，解说词主要用来配合电视专题片的制作。从内容上看，有新闻类的，如体育赛事的解说；有教学类的，如教练体操的解说，讲解制作工序的解说；有广告类的，如企事业单位的形象宣传片的解说；此外，还有文献纪录片的解说词，旅游景点的导游讲解，还有对各种展示会上展品的介绍等等。

解说词的主要特点就是它的非独立性，它的主要功用在于配合，是对人物、事件、物品、画面等进行的补充说明或介绍。为此，撰写解说词要注意以下几个方面的问题：

第一，少用描述性的语言去再现画面。多么丰富的语言，都不能取代画面那种形象与真实。再者，受众已经对画面一目了然了，没必要作大量的描写与刻画。主要是配合画面解说，作简要的概括与提示。

第二，注意揭示画面的内涵、人物的精神、事件的背景。对那些曾经出现或者已经发生的历史事件，未能保留相关图像；对正在发生的事件进行的预测和展望；对画面难以直接揭示的人物复杂的内心世界；对于画面难以揭示的文化精神或意蕴；对画面难以直接显示的如事物的性质、特征、形状、成因、关系、功用等都要进行补充介绍或说明。

第三，根据不同的题材确定语言与写作风格。

对于旅游景点的解说，要注重讲解景点的特色，挖掘它的文化内蕴。要求语言平实、明白易懂、细致有序。如果是景观类的专题片，还要注意语言的形象、生动，抒情性强，给人以沉思、遐想或情绪的感染。对于教学类的解说，如某产品的制作，需要说明教学或制作过程，讲解其中的道理，要求语言明白准确，层次清晰，逻辑性强。文献纪录片的解说词要求有具体的细节或具体的故事情节，有独家资料、独家观点。要求观点明确，语言生动，讲解细致。当然，不同题材的文献纪录片对语言风格的要求也不尽相同。

二、例文

河北邢台临城崆山白云洞解说词（节选）

　　崆山白云洞发育在邢台白云山南端的崆山上，是我国北方新发现的大型喀斯特溶洞。据专家考证，五亿年前，这里曾是一片温暖的浅海，海底是沉积的石灰岩地层，后来这里的地壳抬升，海洋变成了山丘。在漫长的地质演变过程中，由于水对石灰岩的溶蚀作用，造就了这个北方罕见的溶洞。

　　现在，初步探明并对游人开放的有 5 个洞厅，总面积 4000 多平方米，游线总长 4 华里，主要景观 150 多处，罕见的绝妙景观 6 处。洞内常年恒温 17 度。根据洞厅的景观造型特点，专家们把 5 个洞厅起名为"人间"、"天堂"、"迷宫"、"地府"和"龙宫"。就让我们一起做一次科学的探索，共享一次美妙的旅程吧。

　　各位朋友，现在展现在我们眼前的是第一洞厅。因洞内比较宽敞明亮，又有"小西湖"、"万家灯火"等美景，所以我们叫它"人间洞厅"。洞厅南北长 70 米，宽 35 米，高 18 米。请抬头向上看，洞顶这条南北向断裂破碎带十分明显，千百万年前，这里处在地下潜水面以下，含有二氧化碳的地下水，沿着这个断裂破碎带溶蚀，天长日久，随着地壳的抬升，地下水面的下降，就逐渐形成了现在的洞厅。同时，形成了众多奇妙的造型景观。

　　请看，这叫石笋，如果超过 3 米就叫石塔。上面下垂的叫石钟乳。上面的石钟乳与下边的石笋相对着生长，联成一体，就叫石柱。这是洞中最多最常见的景观。那边的石笋很像古代打仗用的鞭，我们就给它取了个响亮的名字，叫"霸王鞭"。那些长短不齐、细密悬挂的石钟乳也被我们叫做"银针倒挂"，这是正在发育的石钟乳。还有，那些像丝瓜瓤一样的毛针状的沉淀物，地质学上叫"网状卷曲石"，这在我国其他溶洞中非常罕见，这是崆山白云洞的第一绝。它是如何形成的呢？地质学家说法不一，但多数人认为，"网状卷曲石"是在毛细水流作用下，首先形成毛状、针状的沉积，由于洞中湿度、气流变化的影响，微小晶体的沉积固结速度各异，导致晶体间孔隙方位的变化，这些毛针状的沉积物无定向地卷曲生长，就形成了卷曲石。

　　朋友们，这像不像一只石化的白色鹦鹉？这一簇簇像菜花一样的钙华沉积，我们习惯上叫"石花"。在地貌学上，大一点的叫"石疙瘩"，小一点的叫"石珍珠"、"石葡萄"。它们是由石壁上凝结的水珠形成的，水珠汇聚成许多线状水流，遇岩面凹凸不平处，就沉淀成菜花状或葡萄状钙华。这种石花在洞中很多，随处可见。它们在洞中开放了成千上万年，今天我们才有幸一睹它们的芳容。

　　我们现在来到了第一洞厅的中央，眼前是白云洞中最大的石柱，高 8.5

米，周长 4.3 米，据地质学家考证，这样的石柱 500 年也长不了 1 毫米，大家可算一下它的寿命有多长。有人说，它像天安门前的华表；有人说，它像一棵万年不老松。依我说呢，它更像一位时间老人，见证着我们崆山白云洞沧海桑田的变迁。

石柱北面有几个小型的石笋，它们有什么特点呢？噢，原来它们的顶部都有一个小坑，因那几个石笋顶部含泥质较多，石质松软，洞顶水滴下来，在石笋顶部击撞成小坑，像朝天开口笑，又像古代"油灯"，因此我们叫它"万家灯火"。

各位朋友，那个怪石像不像一条大金鱼？它打算到湖中游水，背上还驮着一只金蟾，我们称之为"金蟾戏金鱼"。远处那块怪石，像不像济公和尚那顶帽子？

现在，我们站到了西湖"断桥"之上。这个"西湖"是人间洞厅的一个水池。由于池底粘土已把一些裂隙堵塞，故常年有水。湖中这 3 个石笋，虽然高度还没有超过 3 米，但在形成过程中，由于各个阶段的气候不同，沉淀了一层一层的钙华，外形如塔，又立于池中，我们取西湖中"三潭印月"之意，叫"三塔映月"。湖边那些石笋、怪石，哪个像西湖边的"保俶塔"，哪个像"六合塔"，请朋友们自己命名。那边两个相互依偎的一对石笋，有人说是许仙和白娘子在相会，我们不要惊动人家，请继续往前走。

（来自河北邢台崆山白云洞管理处，有改动）

【练习】

1. 为你熟悉的一个旅游景点写一篇解说词。
2. 对本地的某项民俗活动进行实地考察，为它撰写一篇解说词。

（霍贵高）

对　　联

一、概说

对联，是以对仗为修辞手段的一种文学样式，俗称"对子"。人们凡遇到新春佳节、婚丧嫁娶、贺喜祝寿，或文人雅会、游览名胜、楼馆新成，总会写对联抒情言志，或者寄寓自己的美好愿望。题刻在壁柱上的对联称为"楹联"，春节时张贴的对联又叫"春联"。

对联包括两部分——上联和下联，讲究对仗工整、音韵和谐。好的对联还有更高的要求，或寓意深刻，或妙趣横生，或构思新奇，或清丽典雅等等。对联不仅是一种应用范围很广的实用的文学样式，而且还经常作为文人逞才斗巧的一种活动方式。古往今来，做对子堪称一种广泛流行的文学活动，所以，在中国文化史上也出现了不少奇对、妙对甚至绝对。

对仗作为对联最主要的修辞方式，它的历史由来已久。先秦时期诗文的对仗一般不是刻意经营的，而是自然而然形成的，正如刘勰所说："岂营丽辞？率然对尔。"（刘勰《文心雕龙·丽辞》）到了南北朝时期，沈约把对诗歌声律的研究推向了一个新的高度。在他的影响下，人们的诗文创作热衷于骈偶化，注重对仗的工整。因此，南朝的骈文取得了重大的成就。诗歌领域，到唐代形成了格律严谨的律诗，其中，对仗成为重要的组成部分。此后，对仗作为一种常用的修辞手法和重要的表达手段一直被历代文人所重视。

英国视觉艺术评论家克莱夫·贝尔提出，艺术是"有意味的形式"。对联作为一种艺术，以其简洁的对仗形式，含有丰富的"意味"。讲究平仄、押韵、词类相对、结构相应等，对仗的用字法有双声、叠韵、拆字、谐音等多种形式，构句法有正对、反对、流水、倒装等多种形式，对仗的修辞格则有比喻、夸张、双关、借代、引用、反复、摹状、比拟、连珠等，几乎囊括了汉语所有的修辞技巧。风格有的豪放，有的婉约，有的浪漫，有的朴实，还有的幽默诙谐。诚所谓于"方寸之间"，凝聚万千气象。因此，传统的国学教育通过这种看似简单的对仗训练培养学生的遣词造句能力、形象思维能力，乃至构思、立意的创新能力。

在中国文学史上，留下了很多名联、奇联，它们就像中华民族艺术宝库的一颗颗珍珠，让后人不断的欣赏、品味、把玩，从中得到审美的享受和人生的感悟。

二、例文

厚地高天，堪叹古今情不尽

痴男怨女，可怜风月债难偿

（《红楼梦》第五回）

风声雨声读书声，声声入耳

家事国事天下事，事事关心

（东林书院联）

四面荷花三面柳

一城山色半城湖

（济南大明湖铁公祠联）

> 青山有幸埋忠骨
>
> 白铁无辜铸佞臣
>
> （杭州岳坟联）
>
> 翠翠红红处处莺莺燕燕
>
> 风风雨雨年年暮暮朝朝
>
> （杭州西湖花神庙联）
>
> 心有三爱：奇书、骏马、佳山水
>
> 园栽四物：青松、翠竹、白梅兰
>
> （方志敏自题卧室联）
>
> 雾锁山头山锁雾
>
> 天连水尾水连天
>
> （厦门鼓浪屿鱼腹浦联）
>
> 海水朝朝朝朝朝朝朝落
>
> 浮云长长长长长长长消
>
> （山海关孟姜女庙联）

【练习】

1. 诵读清车万育的《声律启蒙》和李渔的《笠翁对韵》。
2. 举办一次对联创作与交流活动。

（霍贵高）

剧　　本

一、概说

　　剧本是戏剧表演的文本基础，是导演和演员进行二次创作的依据。按照应用范围，可分为舞台剧，电影，电视剧等；按照容量的大小，可分为多幕剧和独幕剧；按照戏剧冲突的性质和特点，可分为喜剧、悲剧、正剧；按题材，又可分为历史剧、现代剧、童话剧等。还有一种剧本不以演出为目的，主要追求它的文学性，适合案头阅读，被称为"案头剧"。另外，供表演的相声、小品的脚本也是剧本的一种。

　　当然，剧本的分类还不止以上这些，从不同的角度看，有不同的表现形式。但是，它们都有一个共同的构成特征：主要由台词和舞台提示组成。台词包括对话、独白、旁白，如果是在戏曲、歌剧中，则常用唱词来表现。舞台提示是以作者的口气来叙写的文字说明，包括对剧情发生的时间、地点的交代，对剧中人物的形象特征、形体动作及内心活动的描述，对场景、气氛的说明，以及对布景、灯光、音响效果等方面的要求。在影视剧本中，还有对镜头使用和技巧的说明。

剧本是为了戏剧表演而创作的，而戏剧也随着现代传媒技术的发展出现了一些新的特点。关于戏剧，传统的观点认为有以下一些特征：综合的舞台艺术，集中的矛盾冲突，个性化的人物形象等等。所谓综合的舞台艺术，是指文学、美术、音乐、舞蹈、表演等艺术类型的相互融汇；所谓集中的矛盾冲突，是受限于舞台的空间限制和演员表演、观众观看的时间限制，选取一个恰当的切入点，集中展示戏剧的矛盾冲突；要求人物语言的个性化，乃是因为：作者不能站在旁观者的立场以全知全能的口气来描绘人物性格，只能让人物用自身语言来展示自身性格。无论从哪个角度看，剧本的这些基本特征还是相通的。不过，随着现代科技手段的发展，电影和电视剧的剧本创作有了新的要求和特色。

电影和电视剧表现手段的多样化，对于时间和空间的限制有了明显突破。影视画面的快速切换、叠加等技术手段的运用，可以让时间和空间随意转换。这些在舞台上都是无法实现的。再如表现人物的内心世界，可以用画外音表现内心独白，也可以用"已经实现"的画面表现"并未实现"的遐思或梦想等等。不过，在表达的自由程度上，影视剧本仍然无法跟小说相比。说到底，戏剧主要通过人物的行为和语言再现矛盾冲突；而小说作为一种语言艺术，表现的自由度更大。既可以不断转换时空，又可以深度刻画心理，还可以采用议论、抒情等多种表达方式来反映社会生活。

基于影视表现手段的以上特点，影视剧本的写作要求不同于一般的舞台剧本。一般舞台剧本由台词和舞台提示构成，主要内容前文已述，而影视剧本则包括两种形态：一是文学剧本，二是导演剧本。文学剧本的作者是戏剧作品的原创人或叙事性作品的改编者，主要内容是影视戏剧的文学因素，包括戏剧中人物的语言、动作、神态，剧情发生的时间、地点、环境等要素。导演剧本又叫分镜头剧本，是为了拍摄影视作品而编写的剧本，作者是导演或影片摄制组，剧本内容既有文学因素，又有技术因素。其中，文学因素是未来影片审美价值和艺术价值实现的重要前提，是导演和摄制组进行再创作的依据。技术因素是实现导演审美理想的重要组成部分。比如镜头景别的选用，拍摄手法的变换等。导演以人们的视觉特点为依据划分镜头，按照自己的审美理想进行组接，以此展现人物性格、剧情发展，体现剧本的主题思想，并赋予影片以独特的艺术风格。

小品，作为戏剧的一种，是指短小的戏剧。小品最早是演艺界考试学员基本功的面试项目，后来被搬上了春节联欢晚会，逐渐成为必不可少的独立节目。它短小精悍，情节简单，幽默风趣，题材广泛，富含哲理，是广大人民喜闻乐见的艺术形式。相声是一种民间说唱艺术，主要采用口头方式表演，讲究说学逗唱，深受群众的欢迎和喜爱，有单口相声、对口相声、群口相声等多种形式。

二、例文

这是谁的罪？(节选)

石评梅

剧中人物

王甫仁　年约二十余，美国留学生

陈冰华　年约二十余，甫仁女友

李素贞　年约二十余，甫仁之妻

王老爷　甫仁父，年约五十余

王太太　甫仁母，年约四十余

王　贵　甫仁家中之仆

春　香　甫仁家中之婢

马　利　陈冰华在美时佣人

男女傧相各二人　赞礼人一人

李钧卿　李素贞之父

胡葆中　媒人

第一幕　求　婚

布景　西式读书室，靠右面桌上置一列洋装书籍，鲜花数瓶，桌右置靠椅一。
　　　左面置一衣架，旁放一圆式茶几，上罩白线毡，置茶具数事，古花瓶
　　　一，靠左面置一衣架，尽头为门。开幕后冰华坐椅上作看书状，马利
　　　在旁整理桌上书籍，电铃响，马利出同时王甫仁入，冰华同甫仁握手。

甫仁　密斯陈，近来好吗，一礼拜没有见面了（甫仁将帽子同手杖置衣架上，
　　　二人同坐于靠椅上）。

冰华　我很好，就是这几天我心里很闷，许多天也没有接到国中来信；我正
　　　预备访你去谈谈，可巧你就来了，有什么新闻告诉我吗？

甫仁　我昨天接到家里来信，令我赶快回国，说已经毕业，不必在这里久留；
　　　因为家慈很记念我的缘故。可巧昨天晚上有几个朋友来约我一块儿回
　　　国，他们定在下星期一，因为适好那天有船去中国。我愿意我们一块

儿去，但不知道你能预备及吗？

冰华　很好！就是下星期一吗？还有三四天工夫，有马利帮我，我想没有什么预备不及，就定在下星期一吧。但是船票你购了没有？

甫仁　这倒不必你用心，我昨天已告诉他们了。临时多买几张好了。

冰华　咳，光阴真快呵！我们想起五年前在上海的时候，许多朋友送我们上船来美国的那种情形来，依然还在眼前，觉得没有多大工夫，转眼就离国五年了。我想现在我们回去，和我们来的时候，这当中的变迁，不晓的几经沧桑了？

甫仁　是的，我每每接到朋友来信说，"现在中国一般青年，对于现在中国社会的黑暗，国家的萎弱，他们很有志改建"，那么中国前途的胜利，全在我们一般青年了。

冰华　我常想我们这次回国去，对于社会国家，要有种切实的贡献。但我想我们五年在海外，对于国内现状，不免有许多隔膜，到底我们回国去，对于社会国家的改良，先从什么地方入手呢？

甫仁　我们现在处在中国这种情形之下，我们为国民的责任，比较别国的国民责任更大！而我们这般在海外的留学生，将来回国后，更应加倍的负担，作个改良社会的先导！但我未到美国之前，看到许多留学生，当他们未回国的时候都是抱了极大的目的，并且都是主张拿良心去作事。但归国后未到一二年依然敌不过环境的软化，作起坏事来，更会出花样。所以我以为我们这次归国，就是注意不要被环境无形的软化，这是我们第一步的预备。至于说起改良社会国家的根本问题，据我的意思，应当先解决家庭问题。不知道你以为怎样？（马利持茶同点心上）

冰华　我听到你这些议论，我真佩服你的高见。我们中国那样暮气沉沉，黑暗腐败的家庭中间，着实不知道牺牲了多少有用的青年，而一般男女同胞在那地狱中度生活的更不知道有多少？不从根本去推翻改造，我想绝对不能正本清源。

甫仁　至于说起根本问题，第一件要解决的，就是婚姻要做到自由结合，因为家庭以夫妇两人为单位，若不是性情十分相合和爱恋的万不能免了种种的冲突；那便是好好一个家庭也变成地狱了！所以我的主张，解决家庭问题第一步，先要做到结婚的自由。但是，密斯陈！我说到这里，我要请密斯陈原谅我的冒昧！

冰华　王先生有什么话说请你说，何必这样客气呢！

甫仁　我想我们俩自从到美国后，同学五年；密斯陈的道德学问，我是很佩服的；至于说到改良家庭社会的意见，尤其是志同道合，丝毫不差异的。我所以早想在你面前，提出一种请求，可是苦于没有机会，现在回国在即，不能够再容忍了！所以今天我大胆提出一种数年来心坎里的愿望。

冰华　你有什么事可以请说，何必这样半吞半吐呢？

甫仁　我们的感情既已如此，我愿意……我就是愿意我们俩永远结合……组织……组织个良善的家庭，然后再拿这种精神推广去改良社会国家，不但是能贯彻我们的主张，并且能得永久的幸福；但不知道密斯陈你能够……能够应许我吗？

冰华　（低头不语作沉思状）我们五年在海外同学，彼此性情十分和洽而且互相了解的，你今天提出这种意思，我现在是已经明了……

甫仁　（取出戒指交于冰华）从今日起，我们俩互相尊重神圣的爱情，希望你将我的微物，常常不离你的玉手。（对视不语者久之）我们俩从此可以享美满的幸福了，谢爱的神！你东西可以早点预备，我还要到几位朋友地方辞行去，我们星期一再见吧！（甫仁走出，冰华送到门口握手而别）

冰华　（笑而拍手）啊呀！想不到我又要回国了！（目注视戒指者久之）

（闭幕）（第一幕完）

（《石评梅作品集·戏剧 游记 书信》，杨扬编，书目文献出版社，1985年版）

（附记：《这是谁的罪？》是石评梅唯一的话剧作品，写于她大学三年级时，共六幕）

【练习】

1. 讨论电影剧本与舞台剧本的区别。
2. 把你喜爱的一篇短篇小说改编成剧本。

（霍贵高　梁鸿斐）

书　评

一、概说

书评，就是评论书籍的文章。是对书的内容、装帧、插图、封面设计、印刷质量等方面的评论。当然，书的内容是最重要的评论对象。可以评论其中艺术上的得失，学理上的是非，社会中的影响，探讨其存在价值。

文学活动包括文学创作、文学传播和文学接受三个阶段，写书评是文学接受的重要表现形式。一本书出来，总要有读者，也总有人写成文章表达自己对书的认识和理解，这种文章就是书评。既然要写书评，就与一般的口头评论不同，它更严谨，更专业，更正式。好的书评能够加深对所评论书籍的认识，引导人们的阅读。朱光潜先生说："书是读不尽的，自然也评不尽。一个批评家应该是一个探险家。为着发见肥沃的新陆，不惜备尝艰辛险阻，穿过一些荒原沙漠冰海；为着发见好书，他不能不读超过好书千百倍的坏书。"

关于书评的样式，葛昆元先生认为，常用的有如下几种：

（1）论文式。就是针对书中某个或者某些观点作系统、深入的评论，学术味较浓，一般是专家学者所为。

（2）争鸣式。是指根据不同观点的双方对书的内容或装帧等的争论写成的文章。

（3）鸟瞰式。是指通过一本书或一套书的评论，引申到一个时期的出书倾向或者一类书出版问题的讨论。

（4）剥笋式。是指针对一本书的主题思想、艺术技巧、逻辑结构等方面层层剖析，让读者全面深入地了解一本书。

（5）对话式。就是用对话的形式写成的书评。

（6）求疵式。就是专找书中的缺点、错误、疏漏或者不足的书评。

（7）序跋式。就是书在出版时请专家学者或者师友写的介绍、评论。冠于前者为序，附于后者为跋。

（8）随笔式。就是在读书时，以随笔的形式记录下对书籍的零星感悟。

（9）集评式。就是请若干书评作者同时撰写对同一部书的评论。

（10）丛书式。就是针对一套丛书做整体的、高屋建瓴的评论。

（11）比较式。就是以比较为主要写作方法的评论。

那么，如何写好书评呢？除了要求作者有深厚的思想学识、公正的评论态度，还要注意书评写作的艺术技巧：精心设置标题，精心选择书评的角度，精心构思文章的结构，注重语言的通俗、行文活泼，富有趣味等等。

如果不精心设置书评的标题，往往容易落俗套，写成"读某某书"或者"评某某书"，千篇一律，使读者兴味索然。如王国伟的《道是无情却有情》，化用古诗的句子作为标题，抓住了所评两本书的灵魂所在，评价了书的作者对 20 世纪上半叶前苏联与美国对人性价值的关怀。再如《西部文坛四大高手纵论金庸》，这样设置标题，很有"华山论剑"的气势，让人精神振奋，耳目一新。

读者面对同一本书，可以从多个角度观照，从多个侧面切入。精心选择书评角度，可以避免不同的读者从同一个角度评论，容易写出新意。再者，读者因为学识修养、秉性气质、社会角色等的不同，对一本书也应该"仁者见仁，智者见智"。如叶圣陶的《读〈柚子〉》，就从该书的风格入手，评说了该书"笔调轻松，骨子里确是深潜的悲哀"这一特征。

书评属于评论，是评论的属概念。既然属于评论，就应该有论说文的特征，就是要观点鲜明、论据充分、论证有力。之所以精心构思文章结构，是因为书评不能写得死板，要形式灵活，这样才有可读性。因此，精心设置文章结构就显得尤为重要了。叶圣陶的《读〈柚子〉》写得像散文一样，行文自然，如叙家常，但是它的结构是很讲究的。第一段点题，第二段谈《柚子》"笔调轻松，骨子里确是深潜的悲哀"的风格特征，第三段则是对这一特征的进一步论证，具体谈《狗》这一篇，强化对上述论点的论证力度。

书评是用来引导大众阅读的，并非严格的学术文章，所以，要注意语言的通俗，行文活泼，适合大众阅读；富有趣味，让读者乐于阅读，在轻松的氛围中了解被评论的作品的内容、风格、艺术或思想倾向。

二、例文

《小小说十五家》读评

李　浩

小小说是一种有限制的艺术，它的限制主要来自篇幅。在一般不足一千五百字的篇幅内施展拳脚，并且玩出花样，玩得深沉，是具有一定难度的。它的确像是在鼻烟壶里画出的内画，在桃核上雕出的核舟。在马明博和高海涛主编的这本《小小说十五家》里，我知道，其中有名家也有新人，但他们在小小说领域里都是高手，具有很强的代表性，在小小说的这片江湖里，他们是令狐冲、向闻天、灭绝师太一类的角色，看他们在桃核上的施展是一件有意思的事。

阿成的小小说颇有韵味，有些汪曾祺，淡然地说着，到六七百字的时候还不出现故事或事故，让人不禁为他捏一把汗，小说这么写会成什么样子？到文章结束故事或事故也没有出现，但这时韵味来了，沧桑来了，悄悄的感动来了。《暗示》如此，《夜话》也如此，貌似不经意的絮叨显出了经营的苦心。相比之下，毕淑敏的小小说有"一件小事"的传统，前面大段的铺陈带你进入一种她预设的情绪，在你进入她的情绪的时候峰回路转，小说出现突然的转向，感动在那里有些猝不及防，因此也更显得强烈。《斜视》中那个老教授的以德报怨让我们敬意，而《翻浆》则更为凶险，"我"和汽车司机共同以一种险恶来猜度那个搭车者，给他制造了许多的麻烦，但到最后发现我们误会了他的好心，可他却一直将我们的险恶当成了好心。她将小小说当成了镜子，对个人和我们的灵魂进行着叩问。

　　我曾说过蔡楠改变了小小说的质地，的确如此，他的小小说具有相当强的艺术性，先锋性，没有哪一个小小说作家比他更注重形式探索，更注重小小说人物与主题的多种可能。他在试验中建立深度。《自杀有罪》中的科学家慕容博士也是这样的一个实验者，他以自己身上的细胞创造了一个妩媚，富于浪漫幻想的妩媚在博士拒绝了她的爱之后，和博士的助手发生了关系。她也使博士"消除人的贪欲"的研究化为了泡影。最后博士杀死了由自己细胞创造的妩媚，这种"自杀"行为也是有罪的，于是他被判处死刑。这个故事可有多种解读，它可以象征人类欲望的恒定，可以认为灭绝人性贪欲也是一种自杀行为，可以看成……现代小说的主旨之一是告诉人们，世界并不像你想象得那么简单，而蔡楠竟用小小的核舟实现了它。我将蔡楠看成是小小说的另一条道路，而这条道路需要有更多的人走才对。

　　陈毓用心喂养着她的《爱情鱼》，她的小说里弥漫和充溢的是她的情绪，这情绪来得浓烈却处理得淡然。她有她的《一场风花雪月的梦》，这个将自己放置在始皇身边的女人，终究会醒来，看到消失了多日的男友出现在自己身边。梦是被现实打碎的，打碎这场梦的人还包括自己的男友。申永霞的小小说看得出这个女子的才气，她的《世纪末的晚餐》写得飘忽而诡异，喝一碗米粥的愿望在那种阴冷灰暗的氛围里既具体又虚无，她用文字和叙述的力量牵引着阅读。而《突发事件》则是落实的，她用了另一种笔墨写婚姻，"从恋爱到结婚是闪电，从结婚到离婚是电闪"的一对夫妻在离婚后还得用同一套房子，什么样的事件在这对离异的夫妻中可以发生呢？……高海涛用他的小说建立一种纯净和纯美，他显得有些孩子气。《1991年3月25日》是个人的时间，是爱情的时间，也是孤独和想念的时间，他在物欲的今天不合时宜地经营着已经消失的美好，想留住它，让它停止。高海涛的小小说有一个特别的净化系统，他过滤了太多现实的、复杂的、无奈的东西，却将单纯的美和伤感接收下来。

　　海飞将两个人的爱情看成是《茶的过程》，这过程是故事的，也是曲折的，他试图在简单的叙述中建立繁复的意味；刘卫让父女各自说了一个《谎言》，它违背了诚实却实在无奈，可是，在此次谎言之后会不会有更多无奈让他们再说更多的谎言呢？……

　　十五个人，十五般武艺，构成了《小小说十五家》的丰富图景。当然，因为篇幅的短小，小小说无法展开细节，它多是叙述而不是描述，这也给各自的区别造成了难度。在这十五家小小说作家里，有一些人的面容是模糊的，他们的个人性并不突出。并且，部分作家在前行的意识上不够，满足于小情小调，甚至滥情滥调，有模式化的倾向。尽管如此，这依然是一本足够丰富和厚重的书。

（《北京晨报》，2005 年 10 月 4 日）

【练习】

1. 选择一本你感悟最多的小说写一篇书评。
2. 谈谈书评在作品传播中的影响。

（霍贵高）

微型小说

一、概说

什么是微型小说？顾名思义，就是篇幅短小的小说。那么，究竟短小到什么程度才算微型小说呢？它跟短篇小说有什么区别？从篇幅上看，微型小说肯定要比短篇小说字数少。不过，这是主要区别吗？以上问题都是界定微型小说首先遇到的问题。

关于微型小说字数的限定，目前理论界还没有明确的答案。老舍说：“小小说是最短的短篇小说，比如说每篇至多不超过两千字。”（《多写小小说》，载于《新港》1958 年 2、3 月号）日本小说家星新一说：“超短篇小说必须具有立意新颖、情节严谨、结构新奇三要素。即在一千五百字以内要概括出普通小说应具有的一切。”（马兴国《星新一访问记》，收录于《一分钟小说选》）以上两位中外小说家提到了“小小说”、“超短篇小说”两个概念，时间相隔了约 30 年，一个在 20 世纪 50 年代，一个在 20 世纪 80 年代。两位中外小说家也分别就字数说了两个上限，一是 2000 字，一是 1500 字。如果与时俱进的话，那么又 30 年之后的现在“微时代”，字数上限似乎应该是 1000 字。尤其当下流行的网络或手机微博与微信中属于快餐文学的符合袖珍小说体裁特征的微型小说，字数远在 1000 字以下，一般 500 字左右，甚至更少。

我们认为，微型小说跟短篇小说的区别，其关键是体现在篇幅上，正是因为这种区别，微型小说才具有了与短篇小说不同的特征：

第一，“点”的艺术。“如果说长篇小说是有头有尾地描绘生活的长河，中篇小说是记录生活长河中的一个段落，短篇小说是反映社会生活中的一个横断面，那么，微型小说则常常仅能反映生活长河中的微波细澜——摄取生活中的一朵浪花、一个镜头、一个场景，反映生活的一瞬间。在短篇小说和微型小说之间，可以这么说，短篇小说是反映‘面’的艺术，微型小说只是反映'点'的艺术。"（梁多亮《微型小说写作》）司玉笙的《"书法家"》，只是撷取了一次书法比赛中高局长挥毫写下"同意"二字的瞬间；陈启佑的《永远的胡蝶》抓住了女友过马路送信遇车祸而死的画面，给人留下了深深的思索和无穷的回味。

第二，题材微小。因为篇幅的短小，不适合反映重大主题，不适合容纳重大题材，只能是生活中的一个小小的片段。通过这些片段，既可以折射重大社会现象，又可以表达作者一瞬间的哲思、感悟、情感的波动，但是，这些片段本身则是生活中的小事。林佩芬的《白头吟》通过叙述主人公给孙子讲故事，告诉人们一个道理：人连死都不怕，还怕活着吗？给人以生活的勇气。美国小说家马里杰·斯勒·尼格的作品《多看了一眼》描述了一个衣衫褴褛的老人，因为"我"回头多看了他一眼，发现老人"椅边靠着一副残疾人的拐杖，有一条裤腿空荡荡地直垂到地面上"，顿时改变了对他的看法。小说据此得出了对任何事"不要轻易下结论"的观点。小说记述的事件都是生活琐事，并非历史的、政治的、军事的重大题材。

第三，诗的特征。汪曾祺在《什么是小小说》中说："短篇小说散文的成分更多一些，而小小说则应有更多的诗的成分。小小说是短篇小说和诗杂交出来的一个新的品种。它不能有叙事诗那样恢弘，也不如抒情诗有那样强的音乐性。它可以说是用散文写的比叙事诗更为空灵，较抒情诗更有情节性的那么一种东西。它又不是散文诗，因为它毕竟还是小说。"（载于《文艺学习》1986 年第 3 期）微型小说是浓缩了的精华，它以小说的形式集中描绘或表达某种情感、意境、人生感悟。因为是浓缩的，所以必须精心设置情节。或撷取最富蕴意的情节，如司玉笙的《"书法家"》；或凸现最震撼人心的一刻，如陈启佑的《永远的胡蝶》；或通过某一特定的事物透视整个故事，如马克·吐温的《丈夫支出帐单中的一页》：

　　招聘女打字员的广告费……………………（支出金额）

　　提前一星期预付给女打字员的薪水……（支出金额）

　　购买送给女打字员的花束………………（支出金额）

　　同她共进的一顿晚餐……………………（支出金额）

　　给夫人买衣服………………………………（一大笔开支）

　　给岳母买大衣………………………………（一大笔开支）

　　招聘中年女打字员的广告费……………（支出金额）

这篇小说中"丈夫"的 7 笔支出账单，隐含着一个情节曲折的故事。依序解读，"招聘女打字员风波"是这样的："丈夫"招聘了一名女打字员，支出了一笔费用。这是事情的起因。提前预付工资，暗示了"丈夫"对女打字员格外照顾。这是事情的发展。"丈夫"给女打字员送花了，关系更加暧昧。这是进一步发展。两人关系达到了共进晚餐的地步。给读者留下了想象空间。波澜迭起，矛盾出现了。为"夫人"而"开支"，暗示"丈夫"跟女打字员的事情败露，被妻子发觉，"丈夫"只好给妻子买衣服来讨好妻子。"一大笔开支"暗示了妻子很生气，花钱少了不足以让妻子消气。为"岳母"而"开支"，暗示岳母也知道了这件事，并且很生气，也需要一大笔开支讨好岳母。两项"大笔开支"，是关于矛盾的激化与处理。这是事情的高潮部。化险为夷后，夫妻之间达成了妥协。妻子和岳母不再追究，但是，女打字员必须解聘，再招聘一个中年女打字员，暗示被解聘的这个打字员比较年轻，招聘中年女打字员，以防丈夫再次发生婚外情。这是事情的结局。

　　这篇小说仅仅列出了"丈夫"的一张账单，蕴含了丰富的故事情节。账单直接透露的情节是简单的，需要读者去丰富。主要人物也都没有出场，但是，越是这样越能给人留下广阔的想象空间。所以，无论从结构来看，还是从表现手法来看，都具有诗的特征。

　　二、例文

雪夜访戴

刘义庆

　　王子猷居山阴，夜大雪，眠觉，开室命酌酒，四望皎然。因起彷徨，咏左思《招隐诗》。忽忆戴安道。时戴在剡，即便夜乘小船就之。经宿方至，造门不前而返。人问其故，王曰："吾本乘兴而行，兴尽而返，何必见戴！"

　　　　　　　　　　　（徐震堮《世说新语校笺》，中华书局，1984）

【练习】

1. 课外阅读微型小说，针对你最感兴趣的写一篇读后感。
2. 创作一篇微型小说。

　　　　　　　　　　　　　　　　　　　　（霍贵高　姜剑云）

毕业论文

　　一、概说

　　毕业论文，泛指大学在校生毕业之际撰写的学位论文。在这里，我们主要针对大学本科毕业生谈谈撰写毕业论文的过程，以及毕业论文形式上的要求。《中华人民共和国学位条例暂行实施办法》中，对于授予学士学位的基本要求是："高等学校本科学生完成教学计划的各项要求，经审核准予毕业，其课程学习和毕业论文（毕业设计或其他毕业实距环节）的成绩，表明确已较好地掌握本门学科的基础理论、专门知识和基本技能，并且有从事科学研究工作或担负专门技术工作的初步能力的，授予学士学位。"

（一）毕业论文形成过程

1. 选题

毕业论文选题就是选择、确定毕业论文的写作对象与写作内容，是毕业论文撰写工作的第一步，在整个毕业论文的写作与研究工作中具有重要意义。

大致来说，选题应该注意以下三个方面的问题：

第一，选题应该具有现实意义或理论意义。任何科学研究都是为社会进步服务，为人类文化发展服务，选题应该解决人类社会、文化进步过程中亟待解决的问题。

第二，选题要适合自己的主观条件。所选论题的内容、大小、难易程度要适中，根据自己的知识体系的特点、基础理论的掌握程度，考虑能否驾驭。最好还要符合自己的兴趣，才能有推动研究进行下去的热情和动力。

第三，选题要有创新之处。随着我国科学研究的繁荣，学术人口的大量增加，科研的触角延伸到了很多领域、很多层面，不认真检索文献，就有可能重复研究别人已经研究过的课题，或低层次重复生产，或人云亦云，造成学术浪费。

2. 制定写作计划

毕业论文的写作，是一个繁琐的、系统的工程，没有一个切实可行的计划，不利于论文的顺利完成。

写作计划应包括以下内容：

第一，说明选题的意义，表明选题的动机。

第二，说明研究的主要内容、观点和预期目标。

第三，确定研究思路和方法。

第四，确定写作时间进度表。一般包括，何时选题，何时开题，何时搜集资料，何时撰写提纲，何时写定初稿，何时修改、完善、定稿，何时论文答辩等。

3. 搜集整理资料

搜集丰富的、优质的、可靠的资料，是写好毕业论文的重要保证。

搜集整理资料应该注意的问题：

第一，边搜集边整理。在搜集资料的同时，写出随感或心得，有助于形成观点，澄清认识。

第二，注意资料的分类。分类的过程也是研究的过程，也是思路形成的过程。分类的另外一个好处就是便于使用。

第三，搜集资料要全面，防止主观性、片面性。不要只搜集有利于论证自己观点的资料，对于相反的观点视而不见，要通过对相反观点的资料进行深入思考，形成正确的认识；不能断章取义。

4. 拟定写作提纲

提纲是整个论文的基本框架，拟定提纲是论文构思的重要环节，它进一步梳理、调整、明确了论文的论点和论据，更加清晰地展现论点与分论点，分论点之间以及论据之间的逻辑关系。

毕业论文提纲的内容主要有：论文标题；主要论点；分论点；论文的整个逻辑结构，包括整篇论文的段落层次，段落层次之间的相互关系等。

5. 论文的起草

编写提纲之后，就要执笔写出论文初稿，这就是论文的起草。

6. 论文的修改与定稿

论文初稿完成以后，要进行系统的检查与修改。包括观点、材料、结构、语言等几大要素。首先要检查观点是否正确，有无订正之必要；是否全面，有无增补之必要；是否鲜明，有无强化之必要。其次检查材料是否与论点有关，有无删除之必要；是否芜杂，有无简汰之必要；是否充分，有无增加之必要；有无需要重新核对的引文等。再次，检查层次是否清晰，材料安排是否合理，逻辑关系是否严谨，衔接是否紧密等等。最后，语言的检查。是否有冗余词句，是否有病句、错别字，是否多字、漏字，标点使用是否正确、规范等。

这些工作完成以后，再次通读全文，在必要的地方进行润色加工，直到自己满意为止。至此，就完成了定稿工作。

（二）毕业论文形式上的要求

1. 标题

毕业论文的标题一般分为总标题、副标题、分标题几种。总标题是指论文的主标题，或高度概括全文内容，或揭示文章中心论点。副标题是为了对总标题加以补充、解说、限定或提示。分标题的设置主要是为了清楚地显示文章的层次，内容繁复的还要设置二级标题、三级标题以至于更多。

2. 目录

一般来说，篇幅较长的毕业论文，因其内容的层次较多，理论体系较庞大、复杂，需要设置目录。设置目录的主要目的是使读者能够在阅读论文之前对全文的内容、结构有一个大致的了解，为读者选读论文中的某个章节时提供方便，一般放置在正文的前面。

3. 摘要

摘要是全文内容的浓缩。在这里，要提出论文的主要论点、概括叙述论文的主要内容。

4. 关键词

关键词是用来提示全文主要内容信息的单词或者术语。一篇论文一般可选取 3—5 个语词作为关键词。

5. 正文

6. 结论

结论是毕业论文最终的、总体的结论，是从论文的全部材料出发，经过分析、判断、推理、归纳而得到的总的见解，还可提出需要进一步讨论的问题和建议。

7. 参考文献

在毕业论文后一般应列出参考文献，目的是为了反映出真实的科学依据，体现严肃的科学态度，分清是自己的观点还是参考甚至引用别人的观点，同时也是为了指明引用或参考资料出处，便于检索、查对。因此，凡有引用或涉及他人成果之处，均应列于参考文献中。

8. 附录

对于一些不宜放入正文中，但作为毕业论文又是不可缺少的部分，可编入毕业论文附录中。例如整理、考订的文献资料、问卷调查的原件、相关的数据、图表及其说明等。

9. 致谢

一般来讲，致谢语置于整个论文的最后，表达对指导老师以及在论文写作过程中其他提供帮助、支持或给予建议的机构或个人的感谢。

二、例文

元好问杏花诗的艺术特色及成因

金 强

（河北大学新闻传播学院，河北　保定　071002）

摘要：元好问主体精神强烈，其杏花诗大力渲染杏花繁闹，折射出渴求伟大的强烈心态。其杏花诗角度开阔，意象丰富，远胜前代。元好问对原有意象进行了大肆渲染，更多地使用残谢意象。对盛开杏花的"美女宫妆"意象以及未开杏花的小儿意象都有所开拓，还独创了铜瓶杏花的意象。其杏花诗常笼罩着羁縻丧乱色彩，更显历史沧桑。元好问为我国的杏花诗创作注入了新鲜的血液。

关键词：元好问；杏花诗；艺术特色

中图分类号：I222.7　　文献标识码：A　　文章编号：1008－6471（2004）01－0049－03

历史上，对于杏花的吟咏约始于北朝的庾信。庾信的《杏花》"春色方盈野，枝枝绽翠英。依稀映村坞，烂漫开山城。好折待宾客，金盘衬红琼"被视为开山之作。庾信由南入北，自然对北地杏花有一种特殊的感情，这也多少体现了庾信"接受北方文化的某些因素"，从而形成了自己的独特面貌。庾信的奠基之后，一直到唐以前杏花诗作零零点点。

杏花诗的繁盛始于唐代，韩愈首开先例，其《杏花》共二十句，赞美了荒凉古寺中"两株能白红"的杏花。司空图在唐代写杏花诗最多，有二十一首，其《力疾山下吴村看杏花十九首》，可以称为咏杏花组诗之最。全十九首视角开阔，用语真切，如"起来闻道风飘却，犹拟教人扫取来"。吴融的"一枝红艳出墙头"和"最含情处出墙头"开启了叶绍翁名句的先声。白居易的"杏花结子春深后，谁解多情又独来"颇具情韵。

宋代的杏花诗较唐代少而精。叶绍翁的"春色满园关不住，一枝红杏出墙来"，以及宋祁的"红杏枝头春意闹"都是众口流传的佳句。王禹偁的杏花诗或寄托古意，或回忆年少及第，或有感于落花，并将杏花标格为"不施朱粉是东邻"。王安石的描摹更为生动，如"独有杏花如唤客，倚墙斜日数枝红"，"怊怅有微波，残妆坏难整"开拓了杏花的观赏价值。杨万里的"却恨来时差已晚，不如清晓看新妆"和"绝怜欲白仍红处，政是微开半吐时"也是如此。他们的写法影响了身后的元好问。

金灭北宋后与南宋以淮河为界南北对峙，此时杏花诗的创作又得以繁荣，元好问就是其中的巨擘。在元好问的一千三百多首诗中，专题咏杏花的就达二十七首，在其他诗中还有十余处提及杏花。在杏花诗史上，无论是就数量还是质量而言，元好问都是首屈一指的。从现存元好问诗的选本和鉴赏集来看，对其杏花诗的重视还很不够。从杏花诗鉴赏的角度来看，元好问堪称"集大成者"。

元好问深得唐和北宋杏花诗的精髓，他善于强化和拓展原有意象，并融进了更多的生命和情感因素，使之别具一格。

一、主体精神与杏花生命的交流

唐宋的杏花诗经常用"争"和"闹"来表现杏花蓬勃的生命。元好问对此加以更多的拓展。《杏花杂诗十三首》其五中有"纷纷红紫不胜稠，争得春光竞出头"。《甲辰三月旦日以后杂诗三首》其二中有"溅溅猩红闹晓晴，攒头真似与春争"。《癸卯岁杏花》中有"牙牙娇语山樱破，稠闹成团稀作颗"。《杏花》中有"只嫌憨笑无人管，闹簇枯枝不肯匀"。王禹偁在《杏花七首》其三中写道"桃红梨白莫争春，素态妖姿两未匀。日暮墙头试回首，不施朱粉是东邻"。吴融《杏花》中也说"春物竞相妒，杏花应最娇"。梨花洁白繁盛却有失热闹，桃花红粉却略显妖艳，而李花虽香雅也过于素态，三者从色泽和形态上都少了簇拥欢闹之意。元好问是一位有着强烈主体精神的诗人，他才思敏捷又少有大志，曾自负"动可以周万物而济天下，静可以崇高节而抗浮云"（《新斋赋》）。他年少时即以诗闻名京师，其杏花诗中的繁闹，其实折射出渴求伟大和出众的心态。红杏被誉为"及第花"，进士被称为"红杏园中客"，争春闹春的杏花正表现出诗人的"春风得意"之态。

元好问深爱杏花，在其诗《赋瓶中杂花七首》题引中说"予绝爱未开杏花，故篇末自戏"。在《癸卯岁杏花》中也说"爱花被花恼不彻，一日绕树空千回"，在《纪子正杏园燕集》中又说"爱花常苦得花晚，争教行乐无闲身"。元好问较多使用残谢意象。《甲辰三月旦日以后杂诗三首》其二中有"画图只爱残妆好，未信徐郎解写生"。《纪子正杏园燕集》中也有"落花著衣红缤纷，四座惨澹伤精魂。花开花落十日耳，对花不饮花应嗔。爱花常苦得花晚，争教行乐无闲身。芳苞一破不更合，且看锦树烘残春"。《张村杏花》中有"只应芳树知人意，留著残妆伴酒尊"。《杏花杂诗十三首》其六中有"眼看桃李飘零尽，更拣繁枝插帽檐"。其九有"屈指残春有别期，春风争忍片红飞"。正如罗隐的《杏花》中有"何异荣枯世上人"之句。既然是自然之物，不免让人"惜春常怕花开早"。花期有限，元好问表达更多的是爱怜与期盼，其中"画图只爱残妆好""且看锦树烘残春""留著残妆伴酒尊""更拣繁枝插帽檐""春风争忍片红飞"等句，读来并不感到惆怅与失落，而是对残缺美的欣赏和对花开殆尽的勉励与期望。王禹偁在《杏花七首》其七中有"陌上缤纷枝上稀，多情犹解扑人衣"。和王禹偁一样，面对花落春去，元好问无一字怨春，而是保持着"怨风怨雨两俱非，风雨不来春亦归"的泰然。而频繁使用的落花意象也暗示了诗人从羁縻丧乱中练就的不屈不挠、乐观释然的品格。

综观元好问杏花诗作，其间有不少"花间置酒"的意象。《纪子正杏园燕集》中有"花开花落十日耳，对花不饮花应嗔"。《张村杏花》中有"只应芳树知人意，留著残妆伴酒尊"。《冠氏赵庄赋杏花四首》其四中有"闻道纪园千树锦，一尊犹及醉清明"。《杏花杂诗十三首》其三中有"袅袅纤条映酒船，绿娇红小不胜怜"。其四中有"青旗知是谁家酒，一片春风出树头"。其九中有"若为酿得千日酒，醉著东君不放归"。《荆棘中杏花》中亦有"曲池芳迳非宿昔，苍苔浊酒同天涯"。正如杜牧在《清明》中说道"借问酒家何处有，牧童遥指杏花村"，杏花与酒自此更多融合，成为后人吟咏杏花的重要意象。在元好问的诗中，一种是花与酒的无意叠加，如"青旗知是谁家酒，一片春风出树头"，"袅袅纤条映酒船，绿娇红小不胜怜"；一种则是有意，如"只应芳树知人意，留著残妆伴酒尊"，"花开花落十日耳，对花不饮花应嗔"。不管有意无意，是见花盼酒还是盼酒见花，诗人都与杏花做着精神交往，而酒只是促成交往的媒介。也就是说，与杏花结友和以杏花自比才是饮酒的真正寄托。

　　二、杏花意象的开拓与创新

　　元好问对杏花意象的开拓首先表现在"美女宫妆"上。这一意象较早地出现在唐代刘方平的"犹有春山杏，枝枝似薄妆"（《望夫石》）中。王安石曾用此意象，之后元好问开拓较多。《杏花杂诗十三首》其一写道"杏花墙外一枝横，半面宫妆出晓晴。看尽春风不回首，宝儿元是太憨生"，把横出墙外的一枝杏花比拟为探首墙外、半面宫妆的美貌徐妃，赋予出墙杏花以自觉的意识。其他如"画眉卢女娇无奈"、"今朝红袖已迎门"、"绛唇深注蜡犹新"、"绿娇红小不胜怜"、"粉艳低回工作态，绛唇寂寞独含情"、"红妆翠盖惜风流，春动香生不自由"等。元好问用"红袖""绛唇"等来描摹杏花动态和静态，使其神韵更加通脱，风姿更加绰约。同时，配以"娇""怜""羞""憨"等独具脂粉气息的字眼儿以及"迎""倚""待"等轻盈的动作使一位位"杏花美女"活灵活现。其中最为传神的当属"试遣红妆映银烛，湘桃争合伴仙郎"，红杏被拟成待嫁的新娘，湘桃虽别有姿色但怎能与梳洗打扮好的待嫁的"红杏"相媲美，构思甚为精巧。《杏花二首》其一中有"画眉卢女娇无奈，龋齿孙娘笑不成"，杏花如女人也有了"画眉卢女"和"龋齿孙娘"的区别，更见作者体会之深。元好问的独特才情，使得宫妆意象锦上添花。

　　其次是对未开杏花小儿意象的开拓。《癸卯岁杏花》中有"读书山前二月尾，向阳杏花全未开。待开竟不开，怕寒贪睡嗔人催"，增添了乳儿怕寒贪睡的意象。《冠氏赵庄赋杏花四首》其一中有"一树生红锦不如，乳儿粉抹紫襜褕"，杏花的色调被拟化为调皮的小儿经过一番嬉闹似的涂粉施朱后憨态可掬的脸蛋儿。这在元好问以前的杏花诗史上还不曾见，可称绝唱。

　　综合以上两种意象，元好问还在一首诗中把对杏花的描摹设置在动态的春光里。《纪子正杏园燕集》中有"未开何所似，乳儿粉妆深绛唇。能啼能笑痴复骏，画出百子元非真。半开何所似，里中处女东家邻。阳和入骨春思动，欲语不语时轻颦"。诗中把由未开到半开的杏花比拟成不明世事、憨态可掬的乳儿，和情窦初开、含情脉脉的东邻碧玉。作者如同长辈见证了杏花的成长历程。

元好问还独创了铜瓶杏花的意象。《癸卯岁杏花》中有"两月不举酒，半岁不作诗。更教古铜瓶子无一枝，绿阴青子长相思。今年闰年好寒节，花开不妨迟一月"。《寒食》中有"山斋此日肠堪断，寂寞铜瓶对杏花"。《赋瓶中杂花七首》其七中有"古铜瓶子满芳枝，裁剪春风入小诗"。诗人想用铜瓶来与杏花长久为伴，却只能留住相思，对杏花的感情可见一斑。

三、杏花诗中的丧乱色彩

元好问生长于金代，长期奔波于北国。杏树大多生长在当时金国的疆域内，元好问与同时代南宋的诗人相比就有更多的机会接触杏花。正如杏花诗的缘起，特定的行迹会带来对特定区域内风物的关注，以致萌生感情。元好问在蒙古军队入侵后辗转避难二十多年，那每年春日都能见到的杏花，正如陪同自己四处逃生的老友，不免经受战争蹂躏，于是其杏花诗就蒙上了羁縻丧乱色彩。

《冠氏赵庄赋杏花四首》其二写道"文杏堂前千树红，云舒霞卷涨春风。荒村此日肠堪断，回首梁园是梦中"。其三写道"锦树烘春烂不收，看花人自为花愁。荒蹊明日知谁到，凭仗诗翁为少留"。这组诗大约作于作者由聊城到冠县后开始过遗民生活的第二年，两个"荒"字直接影射出人民的涂炭流离和金王朝的腐败无能。此时元好问"痛定思痛"，虽想寄情山水，但家国兴亡之感冲荡心头。下面的三首诗读来更觉荒凉，《浑源望湖川见百叶杏花二首》其二"儿时忆向西溪（陵川西溪二仙庙，有百叶杏两株在殿前）庙，丹杏曾看百叶花。今日山中见双朵，自怜憔悴老天涯"。诗人在战争带来的灾难之间辗转，见到零落殆尽的杏花。回忆起儿时的美好，眼前却是老来的憔悴。《寒食》中有"山斋此日肠堪断，寂寞铜瓶对杏花"。《杏花二首》其二中有"荒城此日肠堪断，老却探花筵上人"。荒凉中产生了恐惧和无奈。

再如《荆棘中杏花》（一说南宋谢枋得作）：

墙东荒溪抱村斜，荆棘狼藉盘根芽。何年丹杏此留种，小红溅溅争春华。野人惯见谩不省，独有诗客来咨嗟。天真不到铅粉笔，富艳自是宫闱花。曲池芳迳非宿昔，苍苔浊酒同天涯。京师惜花如惜玉，晓担卖彻东西家。杏花看红不看白，十日忙杀游春车。谁家园亭有此树，郑重已著重帏遮。阿娇新宠贮金屋，明妃远嫁愁清笳。落花萦帘拂床席，亦有漂泊沾泥沙。天公无心物自物，得意未用相陵夸。黄昏人归花不语，唯有落月啼栖鸦。

诗的前八句是对荆棘丛中杏花的赞美。先写诗人居室的墙院东面围绕村庄的荒蹊中，荆棘杂生，山路荒凉。由于诗人的敏锐，他赞美荆棘中的杏花胜过宫廷中经过人工培植的艳丽花草。诗人拒绝在元蒙贵族统治下的朝廷做官，隐居山中，不免有沦落人的悲凉。社会环境变化，诗人的生活境遇以及思想感情随之变化。面对苍苔浊酒，又见到了荆棘中的杏花，不禁回想春日金朝"京师惜花如惜玉，晓担卖彻东西家"的繁荣景象。杏花开放时，人人争赏，于是出现了"十日忙杀游春车"的景象，这正是为抒发对金王朝的眷恋做铺垫。"谁家园亭有此树，郑重已著重帏遮"，是在慨叹杏花生不逢地，偏偏长在荒蹊荆棘之中，如果是在京师花园里则会倍受宠爱。诗人在这里自比，徒有殊才懿德，却成为亡国遗民，身受残酷统治。荆棘中的杏花使诗人联想到世事盛衰，人事沉浮。历史上有"阿娇新宠贮金屋"的得志，也有"明妃远嫁愁清筝"的失意。阿娇初蒙恩宠，后来却被武帝遗弃，而阿娇的命运并不比远嫁匈奴的昭君好多少。风吹落花，有的搭落床席，有的落地沾泥，诗人悟到了人生际遇的偶然，得志与失意都不能是永恒。最后暗讽那些投机政治而一时得宠的新贵，他们如同汉代的阿娇和暂落床席的花瓣儿，虽能一时富贵却难一世安宁。此诗题为杏花，却寄寓了怀乡忧国的伟大情怀和洁身自好不与元蒙统治者合作的俊杰情操，最终诉出了对投靠元蒙的金朝叛党们的愤怒。诗人的羁縻丧乱也霎时浮现。此诗是元好问杏花诗中单篇最长的一首，丧乱之意最浓，是其杏花诗中的代表作。

作为体现诗歌整体风格的一部分，元好问的杏花诗也以花事代谢、人情炎凉、国事沉浮相融合的方式刻录着那段令诗人感到无比沧桑的历史。

结论

无可置疑，元好问是金元之际杰出的诗坛领袖，其诗词曲赋散文等都令人瞩目，其杏花诗的创作也成就显赫。这与金元时期的时代精神以及元好问的主体条件有关。

元好问写作杏花诗的时期，社会正充满兵戈、饥馑和灾难，无论是中原地区还是江南地区的士人大多经历了亡国之痛、流徙之苦。因此他这一时期的诗作大多笼罩着时代的浓重的悲哀。历史的大动荡中，元好问既不与蒙古贵族积极合作，也没有以身殉节，而以遗民自居，在精神上承受着巨大的创伤。但诗人胸襟又非常豁达，对于不同形态杏花的奇特想象以及深爱残谢杏花正说明了这一点。

元好问以杏花自拟并与杏花进行生命对话，释放了自我，与杏花同喜同悲。元好问将生命和情感熔铸到花事代谢中，更显其命运的坎坷和人格的独立。诗人爱惜杏花的举动，正标示出他的乐观向上和豁达率真。

　　从元好问的杏花诗中我们不仅了解到了金元时期的时代精神。窥探到了元好问的身世感遇，更感受了他的个性气质，同时也增添了杏花的审美意蕴。元好问为我国诗坛中独放异彩的杏花诗注入了新鲜的血液，可以称为我国杏花诗的"集大成者"。

参考文献：

[1] 薛瑞兆，郭明志编纂．全金诗［M］．天津：南开大学出版社，1995.
[2] 向新阳，孙家富选注．古代百花诗选注［M］．长沙：湖北教育出版社，1985.
[3] 王文章，崔广社，梁再兴．名花百咏［M］．石家庄：河北教育出版社，1990.
[4] 孙望，常国武．宋代文学史［M］．北京：人民文学出版社，1996.
[5] 林从龙．元好问和他的诗［M］．郑州：中州古籍出版社，1984.
[6] 李文禄，刘维治．古代咏花诗词鉴赏辞典［Z］．长春：吉林大学出版社，1990.
[7] 韩秀琪，刘艳丽编注．历代花鸟诗［M］．北京：北京师范大学出版社，1987.
[8] 章培恒，骆玉明．中国文学史［M］．上海：复旦大学出版社．1996.

（《河北大学成人教育学院学报》，2004 年第 1 期）

【练习】

1. 讨论：如何选题？
2. 谈谈如何拟定标题、关键词，如何撰写摘要、序言和结论。
3. 谈谈注释、参考文献的注意事项。

【拓展阅读】

1. 葛昆元：《怎样写书评》，同济大学出版社，1988 年版。
2. 梁多亮：《微型小说写作》，四川文艺出版社，1989 年版。
3. 冯兴炜：《对偶知识》，旅游教育出版社，1990 年版。
4. 何松涛、龚焱：《对联写作入门》，中国文联出版公司，1992 年版。

（霍贵高　王岩峻）